Redes de computadores e comunicação de dados

Tradução da 6ª edição norte-americana

Dados Internacionais de Catalogação na Publicação (CIP)
(Câmara Brasileira do Livro, SP, Brasil)

```
White, Curt
    Redes de computadores e comunicação de dados /
Curt White ; [tradução All Tasks]. -- São Paulo :
Cengage Learning, 2012.

    Título original: Fundamentals of networking and
data communications.
    Bibliografia
    ISBN 978-85-221-1074-2

    1. OSI (Padrão de redes de computadores)
2. Redes de computadores 3. Sistemas de transmissão
de dados I. Título.




11-01506                                       CDD-004.6
```

Índices para catálogo sistemático:

1. Rede e comunicação de dados : Processamento de dados 004.6

Redes de computadores e comunicação de dados

Tradução da 6ª edição norte-americana

▶ Curt M. White

DePaul University

Revisão técnica
Elvio J. Leonardo
Professor assistente no Depto. de Informática da Universidade Estadual de Maringá (UEM). Graduado em Engenharia Elétrica e Mestre em Engenharia Elétrica, ambos pela Faculdade de Engenharia Elétrica da Universidade Estadual de Campinas (Unicamp).

Austrália • Brasil • Japão • México • Cingapura • Espanha • Reino Unido • Estados Unidos

Redes de computadores e comunicação de dados

Tradução da 6ª edição norte-americana

Curt M. White

Gerente Editorial: Patricia La Rosa

Editora de Desenvolvimento: Noelma Brocanelli

Supervisora de Produção Editorial: Fabiana Alencar Albuquerque

Título Original: Fundamentals of networking and data communications

ISBN Original   13: 978-0-538-46934-0
              10: 0-538-46934-X

Tradução: All Tasks

Revisão Técnica: Elvio Leonardo

Copidesque: Solange Gonçalves Guerra Martins

Revisão: Rinaldo Milesi e Kalima Editores

Diagramação: All Tasks

Capa: Absoluta Publicidade e Design

Indexação: Casa Editorial Maluhy & Co.

© 2011 Course Techonology, Cengage Learning.

Todos os direitos reservados. Nenhuma parte deste livro poderá ser reproduzida, sejam quais forem os meios empregados, sem a permissão, por escrito, da Editora. Aos infratores aplicam-se as sanções previstas nos artigos 102, 104, 106 e 107 da Lei nº 9.610, de 19 de fevereiro de 1998.

Esta editora empenhou-se em contatar os responsáveis pelos direitos autorais de todas as imagens e de outros materiais utilizados neste livro. Se porventura for constatada a omissão involuntária na identificação de algum deles, dispomo-nos a efetuar, futuramente, os possíveis acertos.

> Para informações sobre nossos produtos, entre em contato pelo telefone **0800 11 19 39**
>
> Para permissão de uso de material desta obra, envie pedido para **direitosautorais@cengage.com**

© 2012 Cengage Learning.

ISBN 13:978-85-221-1074-2
ISBN 10:85-221-1074-3

Cengage Learning
Condomínio E-Business Park
Rua Werner Siemens, 111 – Prédio 20 – Espaço 04
Lapa de Baixo – CEP 05069-900
São Paulo-SP
Tel.: (11) 3665-9900
Fax: (11) 3665-9901
SAC: 0800 11 19 39

Para suas soluções de curso e aprendizado, visite
www.cengage.com.br

Impresso no Brasil.
1 2 3   12 11 10

Para Kathleen, Hannah Colleen e Samuel Memphis,
eu nunca me canso disso.

Sumário

Prefácio..xv

1 Introdução a redes de computadores e comunicações de dados 1

O idioma das redes de computadores 2

O quadro geral das redes..3

Redes de comunicação – Conexões básicas 5
    Conexões microcomputador-rede local 5
    Conexões microcomputador-internet 6
    Conexões rede local-rede local 6
    Conexões rede pessoal-estação de trabalho 7
    Conexões rede local-rede metropolitana 8
    Conexões rede local-rede de longa distância 8
    Conexões de rede de longa distância-rede de longa distância 9
    Conexões sensor-rede local 9
    Conexões de satélite e micro-ondas 9
    Conexões de telefonia celular 10
    Conexões terminal/microcomputador-computador mainframe 11

Convergência 12

Arquiteturas de rede..13
    O conjunto de protocolos TCP/IP 14
    Modelo OSI 16
    Conexões lógicas e físicas 19

Conexões de rede em ação 20

Conjunto de protocolos TCP/IP em ação 21
    Resumo 22
    Perguntas de revisão 23
    Exercícios 24
    Pensando criativamente 24
    Projetos práticos 25

2 Fundamentos de dados e sinais 27

Dados e sinais..29
    Analógico e digital 30
    Fundamentos de sinais 32
    Perda da intensidade do sinal 33

Conversão de dados em sinais 36
    Transmissão de dados analógicos com sinais analógicos 36
    Transmissão de dados digitais com sinais digitais: esquemas de codificação digital 37
    Transmissão de dados digitais com sinais analógicos discretos 40
    Transmissão de dados analógicos com sinais digitais 44

Códigos de dados 48
    EBCDIC 48
    ASCII 49
    Unicode 50

Conversão de dados e sinais em ação: dois exemplos 50
- *Resumo* *52*
- *Perguntas de revisão* *53*
- *Exercícios* *53*
- *Pensando criativamente* *54*
- *Projetos práticos* *55*

3 Meios com e sem fio 57

Meios com fio 58
- Par trançado 58
- Cabo coaxial 62
- Cabo de fibra óptica 64

Meios sem fio 67
- Transmissão de micro-ondas terrestre 69
- Transmissão de micro-ondas por satélite 70
- Telefones celulares 74
- Transmissões em infravermelho 77
- Sistemas de banda larga sem fio 79
- Bluetooth 80
- Redes locais sem fio 80
- Óptica no espaço livre e banda ultralarga 81
- ZigBee 81

Critérios de seleção de meios 83
- Custo 83
- Velocidade 84
- Expansibilidade e distância 84
- Ambiente 85
- Segurança 85

Meios com fio em ação: dois exemplos 86

Meios sem fio em ação: três exemplos 87
- *Resumo* *90*
- *Perguntas de revisão* *90*
- *Exercícios* *91*
- *Pensando criativamente* *91*
- *Projetos práticos* *92*

4 Fazendo conexões 93

Interface entre computador e dispositivos periféricos 94
- Características dos padrões de interface 94
- Um padrão antigo de interface 95
- USB (Universal Serial Bus) 96
- Outros padrões de interface 97

Conexões de enlace de dados 99
- Conexões assíncronas 99
- Conexões sincrônicas 100
- Conexões isocrônicas 101

Conexões entre terminal e computador mainframe 102

Conexões de computadores em ação 103
Resumo *104*
Perguntas de revisão *105*
Exercícios *105*
Pensando criativamente *106*
Projetos práticos *106*

5 Tornando as conexões eficientes: multiplexação e compressão 107

Multiplexação por divisão de frequência 108
Multiplexação por divisão de tempo 110
Multiplexação síncrona por divisão de tempo 111
Multiplexação estatística por divisão de tempo 115
Multiplexação por divisão de comprimento de onda 117
Multitom discreto 119
Multiplexação por divisão de código 119
Comparação das técnicas de multiplexação 121
Compressão – sem perda *versus* com perda 122
Compressão sem perda 123
Compressão com perda 124
Multiplexação em ação 127
Resumo *129*
Perguntas de revisão *130*
Exercícios *130*
Pensando criativamente *131*
Projetos práticos *131*

6 Erros: tipos, detecção e controle 133

Ruídos e erros 134
Ruído branco 135
Ruído impulsivo 135
Diafonia 136
Eco 136
Jitter 137
Atenuação 138
Prevenção de erros 138
Detecção de erros 139
Verificações de paridade 139
Checksum aritmético 141
Checksum de redundância cíclica 142
Controle de erros 144
Não fazer nada 144
Retornar uma mensagem 145
Correção do erro 150
Detecção de erros em ação 152
Resumo *153*

Perguntas de revisão *153*
Exercícios *154*
Pensando criativamente *155*
Projetos práticos *155*

7 Redes locais: Fundamentos 157

Função principal das redes locais 158

Vantagens e desvantagens das redes locais 160

A primeira rede local – o barramento/árvore 161

Uma LAN mais moderna 163
Protocolos baseados em contenção 165

Comutadores (Switches) 167
Isolamento de padrões de tráfego e oferecimento de acesso múltiplo 171
Comutadores full-duplex 172
LANs virtuais 173

Sistemas populares de rede local 174
Ethernet com fio 174
Ethernet sem fio 175

IEEE 802 179
Formato de quadro IEEE 802.3 180

LANs em ação: uma solução para pequenos escritórios 181

LANs em ação: uma solução para home offices 184
Resumo *185*
Perguntas de revisão *186*
Exercícios *187*
Pensando criativamente *188*
Projetos práticos *189*

8 Redes locais: software e sistemas de suporte 191

Sistemas operacionais de rede 192

Sistemas operacionais de rede antigos e atuais 194
Novell NetWare 194
Microsoft Windows NT e Windows Server 2000, 2003 e 2008 197
UNIX 201
Linux 201
Novell Linux 202
Mac OS X Server 202
Resumo dos sistemas operacionais de rede 203

Servidores de rede 204
Redes cliente/servidor e redes não hierárquicas 206

Software de suporte à rede 206
Utilitários 206
Software de Internet 208

Contratos de licenciamento de software 209

Dispositivos de suporte a LANs 210
Software de LAN em ação: uma pequena empresa faz uma escolha 211
    Principais usos do sistema atual 212
    Manutenção e suporte de rede 212
    Custo do NOS 213
    Escolhas específicas de hardware que afetam a decisão sobre o NOS 213
    Localização simples ou múltipla 213
    Pressões políticas que afetam a decisão 214
    Decisão final 214

Redes sem fio em ação:
criação de uma LAN sem fio em casa...214
    Resumo *215*
    Perguntas de revisão *216*
    Exercícios *217*
    Pensando criativamente *217*
    Projetos práticos *218*

9 Introdução a redes metropolitanas e redes de longa distância 219

Fundamentos da rede metropolitana 220
    SONET e Ethernet 221

Fundamentos da rede de longa distância 224
    Tipos de nuvens de rede 226
    Aplicações de rede orientadas à conexão e sem conexão 228

Roteamento...230
    Algoritmo de custo mínimo de Dijkstra 232
    Inundação (Flooding) 232
    Roteamento centralizado *versus* distribuído 234
    Roteamento adaptativo *versus* fixo 236
    Exemplos de roteamento 237

Congestionamento de rede 237
    Problemas associados ao congestionamento de rede 238
    Soluções possíveis ao congestionamento 238

WANs em ação: Estabelecimento de conexões de internet 239
    Conexão residência-internet 240
    Conexão trabalho-internet 240
    Resumo *241*
    Perguntas de revisão *242*
    Exercícios *242*
    Pensando criativamente *243*
    Projetos práticos *244*

10 A Internet..245

Protocolos de Internet 247
    IP (Internet Protocol) 248
    TCP (Transmission Control Protocol) 250
    ICMP (Internet Control Message Protocol) 253
    UDP (User Datagram Protocol) 253
    ARP (Address Resolution Protocol) 254

xii Redes de computadores e comunicação de dados

  DHCP (Dynamic Host Configuration Protocol) 254
  NAT (Network Address Translation) 255
  Protocolos de tunelamento e VPNs (Virtual Private Networks) 255

A World Wide Web 256
  Localização de um documento na Internet 257
  Criação de páginas da Web 260

Serviços de Internet 263
  Correio eletrônico (e-mail) 263
  FTP (File Transfer Protocol) 264
  Login remoto (Telnet) 265
  Voz por IP 266
  Listservs 268
  Áudio e vídeo em streaming 268
  Mensagens instantâneas, tweets e blogs 268

Internet e negócios 269
  Cookies e informações de estado 269
  Intranets e extranets 270

Futuro da Internet 270
  IPv6 271
  Internet2 272

Internet em ação: uma empresa cria uma VPN 273
  Resumo *275*
  Perguntas de revisão *276*
  Exercícios *276*
  Pensando criativamente *277*
  Projetos práticos *278*

11 Redes de entrega de voz e dados 279

Sistema telefônico básico 280
  Linhas e troncos telefônicos 280
  A rede telefônica antes e depois de 1984 281
  Redes telefônicas após 1996 283
  Limitações dos sinais telefônicos 283
  O modem discado de 56k 284

Digital Subscriber Line 286
  Fundamentos de DSL 286
  Formatos DSL 288

Modens a cabo 288

Serviço de linha contratada T-1 290

Alternativas à T-1 290
  Frame Relay 290
  Modo de transferência assíncrona (ATM) 293
  MPLS e VPNs 296

Comparação de serviços de transmissão de dados 296

Convergência 297
  Integração computador-telefonia 298

Sistemas de telecomunicação em ação: uma empresa faz uma escolha de serviço 299
    Preços 299
    Fazendo a escolha 300
        Resumo *302*
        Perguntas de revisão *303*
        Exercícios *304*
        Pensando criativamente *305*
        Projetos práticos *306*

12 Segurança das redes 307

Ataques-padrão a sistemas 308

Proteção física 311

Controle de acesso 312
    Sistemas de senhas e ID 312
    Direitos de acesso 314
    Auditoria 316

Segurança de dados 317
    Encriptação básica e técnicas de decriptação 317

Segurança de comunicações 325
    Tecnologia de espalhamento espectral 325
    Proteção contra vírus 327
    Firewalls 328
    Segurança sem fio 330

Questões de projeto de política de segurança 330

Segurança de rede em ação: tornando LANs sem fio seguras 332
    Resumo *333*
    Perguntas de revisão *334*
    Exercícios *335*
    Pensando criativamente *335*
    Projetos práticos *336*

13 Projeto e gerenciamento de redes 337

Ciclo de vida do desenvolvimento de sistemas 338

Modelagem de rede 340
    Mapa de conectividade de longa distância 340
    Mapa de conectividade metropolitana 341
    Mapa de conectividade local 342

Estudos de viabilidade 343

Planejamento de capacidade 345

Criação de uma baseline 348

Competências do administrador de redes 350

Geração de estatísticas úteis 351

Ferramentas de diagnóstico de rede 353
    Ferramentas que testam e depuram hardware de rede 353

- Sniffers de rede ... 353
- Administração de operações ... 354
- Protocolo simples de gerenciamento de rede (SNMP) ... 354

Planejamento de capacidade e projeto de redes em ação: Better Box Corporation ... 356
- *Resumo* ... *358*
- *Perguntas de revisão* ... *359*
- *Exercícios* ... *359*
- *Pensando criativamente* ... *360*
- *Projetos práticos* ... *360*

Glossário ... 361
Índice remissivo ... 389

Prefácio

O mundo dos negócios de hoje não funcionaria sem comunicação de dados e redes de computadores. A maioria das pessoas não consegue passar um dia normal sem entrar em contato ou utilizar alguma forma de rede. No passado, esse campo de estudo costumava ocupar o tempo apenas de engenheiros e técnicos, mas, agora, envolve gerentes de negócios, usuários finais, programadores e qualquer um que possa utilizar telefone ou computador! Por isso, *Redes de computadores e comunicação de dados*, tradução da 6ª edição norte-americana, assume a perspectiva do usuário de negócios sobre esse assunto vasto e de importância crescente.

Em geral, este livro serve como um manual de usuário de computador. Em um mundo em que as redes estão presentes em praticamente todos os aspectos dos negócios e da vida pessoal, é imperativo que cada um de nós compreenda os recursos básicos, as operações e as limitações dos diferentes tipos de rede. Essa compreensão nos tornará melhores gerentes, melhores funcionários ou, simplesmente, melhores usuários de computador. O usuário de redes de computadores provavelmente não será aquele que projeta, instala e mantém a rede. Terá de interagir, direta ou indiretamente, com as pessoas que fazem isso. A leitura deste livro lhe fornecerá sólida base em redes de computadores, que permitirá um trabalho eficiente com administradores, instaladores e projetistas.

Alguns dos muitos cenários em que o conhecimento contido neste livro será especialmente útil:

- O funcionário de uma empresa precisa lidar diretamente com um especialista de rede. Para melhor compreendê-lo e ser capaz de conduzir um diálogo significativo com ele, é necessária compreensão básica dos diversos aspectos das redes.
- O gerente de uma empresa depende de numerosos especialistas de rede para obter recomendações sobre o sistema dessa companhia. Ele não gostaria de encontrar-se em uma situação em que tenha de aceitar cegamente as recomendações dos profissionais da área. Para garantir a capacidade de tomar decisões inteligentes sobre recursos de rede, é necessário conhecer os conceitos básicos de comunicação de dados e de redes de computador.
- Outro exemplo é o funcionário de uma pequena empresa onde cada trabalhador assume várias funções. Assim, pode ser necessário executar determinado nível de avaliação, administração ou suporte de rede.
- O proprietário de um negócio próprio precisa compreender plenamente as vantagens do uso de redes de computadores no suporte às suas operações. Para otimizar essas vantagens, deve-se ter bom domínio das características básicas de uma rede.
- Quem utiliza um computador em casa ou no trabalho pode simplesmente querer aprender mais sobre redes.
- Para manter as habilidades profissionais atualizadas e ser um agente importante na área de tecnologia da informação, é necessário compreender como diferentes redes de computadores trabalham e familiarizar-se com suas vantagens e pontos fracos.

Público-alvo

Redes de computadores e comunicação de dados é destinado a um curso de um semestre em comunicação de dados de negócios para graduandos em administração, sistemas de informação, sistemas de informação de gerenciamento e outros campos aplicados de ciência da computação. Até mesmo os departamentos de ciência da computação considerarão este livro valioso, especialmente se os estudantes lerem as seções "Detalhes" que acompanham a maioria dos capítulos. É um recurso de fácil leitura para usuários de redes de computadores que trata de exemplos em ambientes de negócios.

No meio universitário, este livro pode ser utilizado em praticamente qualquer nível após o primeiro ano. Os professores que desejarem utilizá-lo em nível de pós-graduação podem recorrer aos diversos projetos mais complexos oferecidos no final de cada capítulo para criar um ambiente mais desafiador ao estudante avançado.

Descrição das características deste livro

O principal objetivo desta obra é ir além de simplesmente oferecer aos leitores um punhado de novas definições e, em vez disso, introduzi-las com o nível de detalhes encontrado nas áreas de redes de computadores e comunicação de dados. Esse nível superior de detalhes inclui tecnologias e padrões de rede necessários para o suporte de sistemas de rede e suas aplicações. Este livro é mais do que apenas uma introdução à terminologia avançada. Envolve a apresentação de conceitos que ajudarão o leitor a obter compreensão mais profunda do assunto geralmente complexo da comunicação de dados. Espera-se que, uma vez que os leitores obtenham esse entendimento profundo, o assunto se torne menos intimidador. Para facilitar essa compreensão, o livro busca manter altos padrões em três áreas principais: facilidade de leitura, equilíbrio entre técnico e prático e atualização.

Facilidade de leitura

Tivemos muito cuidado em apresentar o material técnico do modo mais simples possível. Em razão da natureza do assunto deste livro, a utilização de terminologia específica é inevitável. No entanto, foram feitos todos os esforços para apresentar os termos de modo claro, com uso mínimo de siglas e até mesmo redução do uso de jargão de computação.

Organização

A organização de *Redes de computadores e comunicação de dados*, 6ª edição segue a da suíte de protocolo TCP/IP, partindo da camada física em direção às camadas superiores. Além disso, o livro foi projetado cuidadosamente para ter 13 capítulos, de modo a se adequar bem a um semestre típico de 15 ou 16 semanas (incluindo as provas necessárias). Enquanto alguns capítulos podem não exigir uma semana inteira de estudos, outros podem precisar de mais. O objetivo foi projetar uma introdução equilibrada para estudar as redes de computadores, criando um conjunto de capítulos coeso, mas, ao mesmo tempo, flexível para um programa semanal.

Assim, os professores podem escolher dar mais ou menos ênfase a determinados tópicos, dependendo do foco de seus programas. Se não for possível cobrir todos os 13 capítulos em um semestre, o professor pode se concentrar em algumas partes. Por exemplo, se o foco do programa for sistemas de informação, o professor pode se concentrar nos capítulos 1, 3, 4, 6-8, 10, 12 e 13. Se o foco forem os aspectos mais técnicos de rede, pode ser dada ênfase aos capítulos 1-11. No entanto, o autor recomenda que todos os capítulos sejam abordados com certo nível de detalhe.

Recursos

Caso de abertura

Cada capítulo começa com um pequeno caso ou vinheta que enfatiza seu conceito principal e cria o ambiente para a exploração. Esses casos destinam-se a despertar o interesse dos leitores e criar o desejo de aprender mais sobre os conceitos do capítulo.

Objetivos de aprendizado

Após o caso de abertura, encontra-se uma lista de objetivos de aprendizado que devem ser realizados até o final do capítulo. Cada objetivo liga-se às principais seções do capítulo. Os leitores podem utilizá-los para ter ideia do escopo e das intenções do texto. Os objetivos também funcionam em conjunto com o resumo do final do capítulo e as questões de revisão, de modo que os leitores possam avaliar se dominam adequadamente o material.

Detalhes

Muitos capítulos contêm uma ou mais seções "Detalhes", que aprofunda um tema particular. Os leitores interessados em detalhes mais técnicos acharão essas seções valiosas. Como as seções "Detalhes" são separadas fisicamente do texto principal, elas podem ser puladas por leitores que não tenham tempo para explorar esse nível de detalhamento técnico. Deixar de ler essas seções não afetará a compreensão geral do material de um capítulo.

Em ação

Ao final da apresentação do conteúdo principal de cada capítulo, encontra-se um exemplo "Em ação", que demonstra aplicação do assunto mais importante do capítulo em ambiente realista. Embora vários exemplos "Em ação" incluam pessoas e organizações fictícias, foram feitos todos os esforços para tornar os cenários hipotéticos o mais representativos possível das situações e questões encontradas em ambientes reais domésticos e de negócios. Assim, os exemplos "Em ação" ajudam o leitor a visualizar os conceitos apresentados no capítulo.

Material do final do capítulo

O material do final do capítulo destina-se a ajudar os leitores a revisar o conteúdo do capítulo e avaliar se eles dominam adequadamente os conceitos. Incluem-se:

- Resumo em lista que os leitores podem utilizar como revisão dos principais assuntos e guia de estudo.
- Questões que podem ser utilizadas para verificar rapidamente se os leitores compreenderam ou não os conceitos fundamentais.
- Conjunto de exercícios que lidam com o material apresentado no capítulo.
- Conjunto de exercícios de "Pensando criativamente", de natureza mais profunda, exigindo que os leitores considerem várias soluções alternativas possíveis e comparem suas vantagens e desvantagens.
- Conjunto de "Projetos práticos", que exigem que os leitores transcendam o material encontrado no texto e utilizem recursos externos para escrever as respostas. Muitos desses projetos se adequam bem a avaliações escritas. Assim, eles podem servir como ferramentas valiosas aos professores, especialmente em um momento em que cada vez mais faculdades e universidades buscam implantar estratégias de "escrita por todo o currículo".

Glossário

No final do livro, encontra-se um glossário que inclui os termos fundamentais de cada capítulo.

Suplemento on-line

Slides em PowerPoint – Este livro vem com slides de Microsoft PowerPoint® para cada capítulo. Eles são oferecidos como auxílio de ensino para apresentações em sala de aula, disponibilização na rede para revisões de capítulo pelos alunos ou para impressão e distribuição em sala. Os professores podem adicionar seus próprios slides sobre assuntos extras acrescentados à aula.

Agradecimentos

A produção de um livro texto exige habilidades e dedicação de muitas pessoas. Infelizmente, o produto final apresenta apenas o nome do autor na capa e não daqueles que ofereceram incontáveis horas de sugestões e conselhos profissionais. Em primeiro lugar, gostaria de agradecer ao pessoal da Course Technology pelo apoio vigoroso e por ser uma das melhores equipes com que um autor poderia querer trabalhar: Charles McCormick Jr., Editor de aquisições sênior, Kate Mason, Gerente de produtos sênior, e Karunakaran Gunasekaran, Gerente de produtos de conteúdo.

Também devo agradecer aos meus colegas da DePaul University, que ouviram meus problemas, ofereceram ideias para exercícios, leram as provas de alguns capítulos técnicos e propiciaram muitas ideias novas nos momentos em que eu não era capaz de pensar em nenhuma sozinho.

Por fim, agradeço a minha família: minha esposa Kathleen, minha filha Hannah e meu filho Samuel. Foi seu amor e apoio (novamente!) que me fez continuar, dia após dia, semana após semana e mês após mês.

Curt M. White

1 Introdução a redes de computadores e comunicações de dados

FAZER PREVISÕES é uma tarefa difícil, e prever o futuro em computação não é exceção. A história está repleta de previsões tão imprecisas relacionadas à computação que hoje são inacreditáveis. Por exemplo, considere as previsões a seguir:

"Acredito que exista um mercado mundial para, talvez, cinco computadores." Thomas Watson, presidente da IBM, 1943.

"Eu viajei por todo o país e conversei com as melhores pessoas; e posso assegurar que o processamento de dados é uma onda que não sobreviverá nem este ano." Editor-responsável por livros de negócios da Prentice Hall, 1957.

"Não há nenhuma razão pela qual alguém desejaria um computador em sua casa." Ken Olson, presidente e fundador da Digital Equipment Corporation, 1977.

"640 K deve ser suficiente para qualquer um." Bill Gates, 1981.

"Acreditamos que o lançamento do irmão menor do PC [PCjr] é um desenvolvimento importante e duradouro na história da computação, como a incursão da IBM na microcomputação provou ser." PC Magazine, dezembro de 1983. (O PCjr durou menos de um ano.)

Não importa quanto você seja famoso ou influente, é extremamente fácil fazer previsões muito ruins. É difícil imaginar que se possa fazer uma previsão pior que qualquer uma das citadas acima. Levados por esse falso senso de otimismo, vamos fazer algumas previsões por nossa conta:

Um dia, antes de colocar os pés fora da porta, você vai pegar seu guarda-chuva e ele dirá a você como está o tempo lá fora. Um sinal de rádio vai conectar o guarda-chuva ao serviço local de previsão de tempo, que fará o download das condições mais recentes do tempo para sua conveniência.

Um dia, você estará dirigindo seu carro e, ao exceder uma velocidade predeterminada, o carro enviará uma mensagem de texto para seus pais, informando-os sobre seus "hábitos de direção".

Um dia, vamos usar o computador como se fosse um conjunto de roupas e, ao cumprimentarmos uma pessoa com um aperto de mãos, serão transferidos dados pela nossa pele e para o "computador" da outra pessoa.

Em algum momento, em um futuro não tão distante, poderemos criar um cartão de visitas que, ao ser movimentado próximo a um computador, fará o computador executar automaticamente uma função, como fazer uma chamada telefônica via internet ou criar um registro de dados com as informações do cartão.

Um dia, você terá uma bateria de carro que, quando estiver muito fraca para dar partida no carro, vai ligar para seu telefone celular e informar que precisa ser substituída.

Um dia, você estará em uma cidade grande e fará uma ligação do seu telefone celular para chamar um táxi. A voz do outro lado vai dizer simplesmente, "Fique onde você está. Você está vendo o táxi vindo pela rua? Quando ele parar à sua frente, embarque".

Estas previsões parecem absurdas e recheadas de tecnologias misteriosas que somente cientistas e engenheiros conseguem compreender? Elas não deveriam, uma vez que não são previsões. São cenários que ocorrem hoje com tecnologias que já existem. Além do mais, nenhum desses avanços seria possível hoje se não existissem as redes de computadores e comunicações de dados.

Objetivos

Após a leitura deste capítulo, você deve ser capaz de:

▸ Definir a terminologia básica das redes de computadores.
▸ Reconhecer os componentes individuais do quadro geral das redes de computadores.
▸ Esquematizar as conexões básicas de rede.
▸ Definir o termo "convergência" e descrever como ele se aplica a redes de computadores.
▸ Citar as razões para utilizar uma arquitetura de rede e explicar como elas se aplicam aos sistemas de rede atuais.
▸ Listar as camadas do conjunto de protocolos TCP/IP e descrever os serviços de cada camada.
▸ Listar as camadas do modelo OSI e descrever os serviços de cada camada.
▸ Comparar o conjunto de protocolos TCP/IP e o modelo OSI e listar suas diferenças e semelhanças.

Introdução

O mundo de redes de computadores e comunicações de dados é um campo de estudo surpreendentemente vasto e cada vez mais importante. Primariamente considerado de domínio dos especialistas e técnicos em rede, as redes de computadores agora envolvem gerentes de negócios, programadores de computador, desenvolvedores de sistemas, gerentes de escritório, usuários de computadores caseiros e pessoas comuns do dia a dia. É virtualmente impossível, para a maioria das pessoas, passar 24 horas sem usar direta ou indiretamente alguma forma de rede de computadores.

Pergunte a qualquer grupo, "Alguém usou uma rede de computadores hoje?", e mais da metade das pessoas vai responder, "Sim". Em seguida, pergunte aos outros que responderam "não": "Como vocês foram ao trabalho, escola ou a uma loja hoje se não utilizaram uma rede de computadores?" A maior parte dos sistemas de transporte usa redes extensas de comunicação para monitorar o fluxo de veículos e trens. Vias expressas e estradas possuem sistemas computadorizados para controle dos sinais de trânsito e limite de acesso durante horários de pico. Algumas cidades grandes estão instalando hardware adequado dentro de ônibus urbanos para que a localização de cada um deles seja conhecida. Essa informação permite que os sistemas de transporte mantenham os ônibus com intervalos regulares e mais pontuais.

Além disso, mais e mais pessoas utilizam dispositivos GPS baseados em satélite em seus carros; se você se perder durante um percurso, eles dizem precisamente onde seu automóvel está e oferecem direções precisas. Sistemas semelhantes podem destravar as portas do seu carro se você deixar as chaves na ignição e podem localizar seu carro em um estacionamento lotado acionando a buzina e acendendo os faróis no caso de você não lembrar onde estacionou.

Mas mesmo que você não tenha usado transporte coletivo ou dispositivo GPS no seu carro hoje, há vários outros modos de usar uma rede de computadores. As empresas podem encomendar peças e inventário sob demanda e desenvolver produtos de acordo com especificações do cliente eletronicamente, sem a necessidade de papel. Lojas varejistas on-line podem rastrear cada item que você pesquisa ou compra. Ao utilizar tais dados, eles fazem recomendações de produtos semelhantes e informam a você, futuramente, quando um novo produto semelhante está disponível. Caixas eletrônicos 24 horas podem verificar a identidade do usuário por meio de sua impressão digital.

Além disso, a televisão a cabo continua a expandir-se, oferece programação extensa, opções de *pay-per-view*, gravação de vídeo, televisão e música digital, e conectividade multimegabit com a internet. O sistema telefônico, a rede de dispositivos de comunicação mais antiga e extensa, vem se tornando, cada dia mais, uma rede de computadores. As redes "telefônicas" mais recentes podem, agora, fornecer voz, internet e televisão em uma única conexão. Sistemas de telefonia celular abrangem virtualmente todo o continente norte-americano e incluem sistemas que permitem aos usuários fazer o upload e o download de dados da internet e para a internet, enviar e receber imagens e fazer o download de transmissões em vídeo, como programas de televisão. O dispositivo portátil que você está segurando pode tocar música, fazer chamadas telefônicas, tirar fotos, navegar na Web, e ainda permite que você jogue enquanto espera pelo próximo trem.

Bem-vindo ao mundo surpreendente das redes de computadores! A não ser que você tenha passado as últimas 24 horas em completo isolamento, é quase impossível não utilizar alguma forma de redes de computadores e comunicações de dados. Em virtude da integração crescente das redes de computadores e comunicações de dados nos negócios e na vida, não podemos deixar essa área de estudos para os técnicos. Todos nós, especialmente estudantes de sistemas de informação, administração e ciência da computação, precisamos entender os conceitos básicos. De posse desse conhecimento, não somente podemos melhorar a comunicação com especialistas em rede e engenheiros, mas também nos tornar estudantes, gerentes e empregados melhores.

O idioma das redes de computadores

Nos últimos anos, vários termos e definições relacionados a redes de computadores e comunicações de dados surgiram. Para obter conhecimento nos vários subcampos de estudo e se familiarizar com o enfoque deste livro, vamos examinar os termos mais comuns e suas definições.

Uma **rede de computadores** é uma interconexão de computadores e equipamentos de computação que usa fios ou ondas de rádio e pode compartilhar dados e recursos computacionais. Redes de computadores que utilizam ondas de rádio são chamadas **sem fio** e podem incluir radiotransmissão, micro-ondas ou transmissões por satélite. Redes que cobrem uma área de vários metros em torno de um indivíduo são chamadas **redes pessoais (PANs)**. Redes de área pessoal incluem dispositivos como notebooks, assistentes pessoais (PDAs) e conexões sem fio. Redes um pouco mais amplas no tamanho geográfico, que cobrem uma sala, um andar em um prédio, um prédio ou um campus, são **redes locais (LANs)**. Redes que servem uma área de até 50 quilômetros, aproximadamente a área de uma cidade típica, são chamadas **redes metropolitanas (MANs)**. Redes metropolitanas são redes de alta velocidade que interconectam empresas com outras empresas e com a internet. Redes amplas que abrangem partes de estados, vários estados, países e o mundo são as **redes de longa distância (WANs)**. Os Capítulos 7 e 8 concentram-se nas redes locais, os Capítulos 9, 10 e 11 nas redes metropolitanas e de longa distância.

O estudo de redes de computadores geralmente começa com a introdução de dois importantes blocos de construção: dados e sinais. Dados são informações que podem ser traduzidas de uma forma mais adequada para armazenamento, transmissão e cálculo. Como veremos no Capítulo 2, um sinal é utilizado para transmitir dados. Definiremos as comunicações de dados como a transferência de dados digitais e analógicos usando sinais digitais ou analógicos. Uma vez criados, esses sinais são, em seguida, transmitidos por meios conduzidos ou sem fio (que serão discutidos no Capítulo 3). Tanto os dados quanto os sinais podem ser analógicos ou digitais, permitindo quatro combinações possíveis. As transmissões de dados analógicos por sinais analógicos e de dados digitais por sinais digitais são processos razoavelmente diretos, e a conversão de uma forma para outra é relativamente simples. A transmissão de dados digitais utilizando sinais analógicos, entretanto, requer que os dados digitais sejam modulados para um sinal analógico, o que ocorre com o modem e o sistema telefônico. A transmissão de dados analógicos usando sinais digitais pede que os dados sejam modelados em intervalos específicos e então digitalizados em um sinal digital, o que ocorre com um dispositivo chamado digitalizador ou **codec**.

A transmissão de dados e sinais entre um transmissor e um receptor ou entre um computador e um modem exige interface, um tópico discutido no Capítulo 4. Como o envio de somente um sinal por vez pelo meio pode ser um modo ineficiente de fazer a interface, muitos sistemas executam multiplexação e/ou compressão. **Multiplexação** é a transmissão de sinais múltiplos em um meio. Para um meio transmitir sinais múltiplos simultaneamente, os sinais devem ser alterados para que não interfiram um no outro. **Compressão** é a técnica de comprimir dados em um pacote menor, reduzindo assim a quantidade de tempo (e o espaço de armazenamento) necessário para a transmissão de dados. Multiplexação e compressão são abordados detalhadamente no Capítulo 5.

Quando os sinais transmitidos entre dispositivos computacionais estiverem corrompidos e resultarem em erro, a detecção e o controle de erros são necessários. Esses tópicos são discutidos em detalhes no Capítulo 6.

Era uma vez, uma **rede de voz** que transmitia sinais telefônicos e uma **rede de dados** que transmitia dados de computador. Com o passar do tempo, entretanto, as diferenças entre redes de voz e de dados começaram a desaparecer. As redes voltadas primariamente para voz agora transmitem dados, e as redes voltadas para tráfego de dados agora transmitem voz em tempo real. Vários especialistas preveem que um dia nenhuma distinção será feita e uma rede vai fazer a transmissão efetiva e eficiente de todos os tipos de tráfego. A fusão das redes de voz e de dados é chamada de convergência, um tópico importante que será apresentado mais tarde neste capítulo e nos capítulos seguintes.

A segurança em computação (abordada no Capítulo 12) é uma preocupação crescente tanto do pessoal profissional de suporte à computação quanto dos usuários domésticos com conexão à internet. **Gerenciamento de rede** é o projeto, instalação e suporte de uma rede e de seu hardware e software. O Capítulo 13 discute muitos aspectos básicos necessários para suportar adequadamente o projeto e o desenvolvimento do hardware e do software de rede, assim como as técnicas mais comuns de gerenciamento utilizadas para oferecer suporte a uma rede.

O quadro geral das redes

Se você pudesse criar um quadro que tentasse oferecer uma visão geral de uma rede de computadores típica, como seria esse quadro? A Figura 1-1 mostra esse quadro e inclui exemplos de redes locais, pessoais e de longa distância. Note que essa figura mostra dois tipos diferentes de redes locais (LAN 1 e LAN 2). Embora uma descrição completa dos diferentes componentes que fazem parte de uma rede local não seja necessária agora, é importante perceber que a maior parte das LANs possui o seguinte hardware:

- **Estações de trabalho** são computadores pessoais/microcomputadores (desktops, notebooks, netbooks, dispositivos de mão, entre outros) em que existem usuários.
- **Servidores** são os computadores que armazenam software de rede e arquivos de uso compartilhado ou privado.
- **Comutadores (*Switches*)** são os pontos de junção dos fios que interconectam as estações de trabalho.
- **Roteadores** são os dispositivos de conexão entre as redes locais e as redes de longa distância.

Redes de longa distância também podem ser de vários tipos. Embora muitas tecnologias diferentes sejam utilizadas para oferecer suporte a redes de longa distância, todas as redes de longa distância incluem os seguintes componentes:

- **Nós**, que são os dispositivos computacionais que permitem a estações de trabalho se conectarem à rede e tomarem as decisões sobre onde rotear um dado.
- Um tipo de **linha de transmissão de alta velocidade**, que viaja de um nó para outro.
- Uma **sub-rede** ou nuvem, que consiste em nós e linhas de transmissão, agrupados em uma unidade coesa.

Para visualizar como as áreas locais e de longa distância funcionam juntas, considere o usuário A (no canto superior esquerdo da Figura 1-1), que deseja acessar uma página Web do servidor Web exibido no canto inferior direito. Para fazer isso, o computador do usuário A deve ter tanto o hardware quanto o software necessários para se comunicar com a primeira rede de longa distância que ele encontrar (WAN1 especificamente, o provedor do serviço de internet do usuário A). Supondo que o computador do usuário A esteja conectado a essa rede de longa distância por meio de uma linha telefônica DSL, o usuário A precisa de algum tipo de modem. Além do mais, se essa rede de longa distância for parte da internet, o computador do usuário A vai necessitar de software que fale a língua da internet: TCP/IP (Protocolo de Controle de Transmissão/Protocolo de Internet).

Note que não existe conexão direta entre WAN 1, em que está o usuário A, e LAN 2, em que está o servidor Web. Para assegurar que a solicitação de página Web do usuário A atinja seu receptor pretendido (o servidor Web), o software desse usuário conecta as informações adequadas de endereço que WAN 1 usa para rotear sua solicitação para o roteador que conecta WAN 1 a LAN 1. Uma vez que a solicitação chegue à LAN 1, o dispositivo tipo comutador que conecta LAN 1 e LAN 2 utiliza as informações de endereço para passar a solicitação para LAN 2. Informações adicionais de endereço fazem o roteamento da solicitação de página Web do usuário A para o servidor Web, cujo software aceita a solicitação.

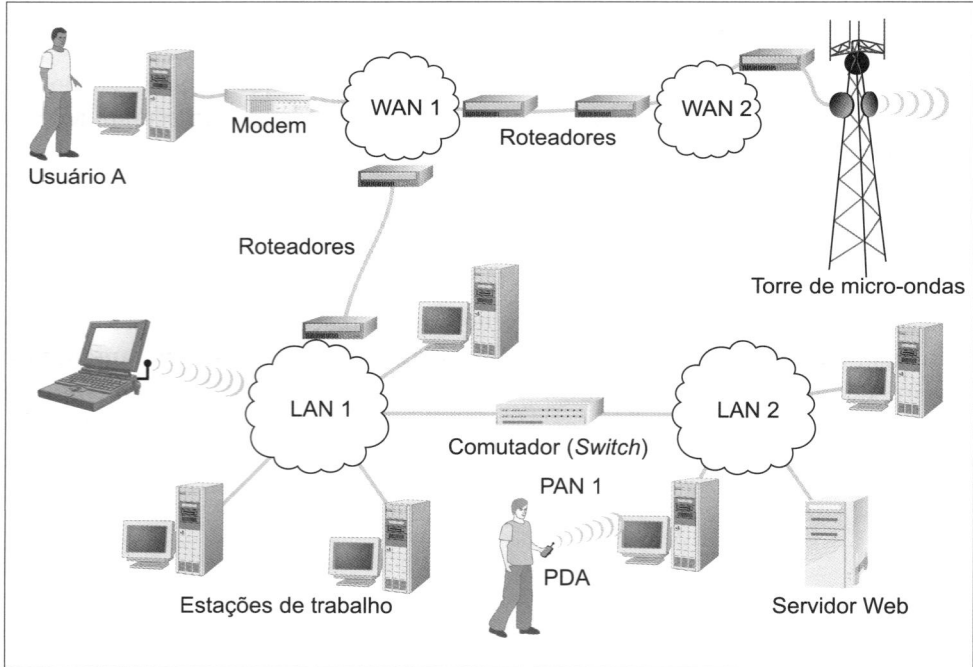

Figura 1-1 Visão geral da interconexão entre diferentes tipos de redes.

Em condições e tráfego normais, esse procedimento deve demorar somente uma fração de segundo. Quando você começar a compreender todos os passos envolvidos e o grande número de transformações que uma simples solicitação de página Web deve sofrer, o fato de demorar somente uma fração de segundo para ser completada é extraordinário.

Redes de comunicação – Conexões básicas

O início deste capítulo descreveu algumas das áreas de aplicação de redes de computadores e comunicações de dados que você encontra diariamente. Com base nessa amostra, é possível ver que todos os diversos tipos de trabalhos e serviços que utilizam algum tipo de rede de computadores e comunicações de dados formaria uma lista enorme. Em vez disso, vamos examinar sistemas básicos de rede e suas conexões para ver quanto são extensivos os usos de comunicações de dados e redes de computadores. As conexões básicas que vamos examinar incluem:

- Microcomputador-rede local
- Microcomputador-internet
- Rede local-rede local
- Rede pessoal-estação de trabalho
- Rede local-rede metropolitana
- Rede local-rede de longa distância
- Rede de longa distância-rede de longa distância
- Sensor-rede local
- Satélite e micro-ondas
- Telefones celulares
- Terminal/microcomputador-computador mainframe

Conexões microcomputador-rede local

Talvez a conexão de rede mais comum hoje, a conexão microcomputador-rede local (LAN), seja encontrada virtualmente em toda empresa e ambientes acadêmicos e mesmo em várias residências. O microcomputador, que também é conhecido como computador pessoal, PC, computador desktop, laptop, notebook, netbook, ou estação de trabalho, começou a emergir no fim da década de 1970 e início da década de 1980. (Para fins de consistência, utilizaremos o termo mais antigo "microcomputador" para referir qualquer tipo de computador baseado em um microprocessador, unidade de disco e memória.) A LAN, como veremos no Capítulo 7, é uma excelente ferramenta para compartilhamento de software e periféricos. Em algumas LANs, o conjunto de dados que acompanham o software de aplicativo fica em um computador central chamado servidor. Ao usar microcomputadores conectados à LAN, os usuários podem solicitar e fazer o download do conjunto de dados para, então, executar o aplicativo em seus computadores. Se os usuários desejam imprimir documentos em uma impressora de alta qualidade em rede, a LAN contém o software de rede necessário para fazer o roteamento de sua solicitação de impressão para a impressora adequada. Se os usuários desejam acessar seu e-mail do servidor de e-mail corporativo, a rede local disponibiliza uma conexão rápida e estável entre as estações de trabalho do usuário e o servidor de e-mail. A Figura 1-2 mostra um diagrama desse tipo de conexão microcomputador-rede local.

Uma forma comum de conexão microcomputador-rede local no mundo dos negócios é o sistema cliente/servidor. Em um **sistema cliente/servidor**, um usuário em um microcomputador ou máquina do cliente emite uma solicitação para algum tipo de dado ou serviço. Pode ser uma solicitação para um registro de banco de dados de um servidor de banco de dados ou uma solicitação para recuperar uma mensagem de e-mail de um servidor de e-mails. Essa solicitação viaja pelo sistema até um servidor que contém um grande repositório de dados e/ou programas. O servidor atende à solicitação e devolve os resultados ao cliente, exibindo-os no monitor do cliente.

Um tipo de conexão microcomputador-rede local que continua a crescer em popularidade é a conexão sem fio. Um usuário sentado em frente de uma estação de trabalho ou *notebook* usa um dispositivo de comunicação sem fio para enviar dados a um ponto de acesso sem fio e receber dados desse ponto, que é conectado à rede local e basicamente serve como a "ponte" entre o dispositivo sem fio do usuário e a rede conectada com fio. Embora tal configuração utilize transmissões com frequência de rádio, ainda consideramos uma conexão microcomputador-área local.

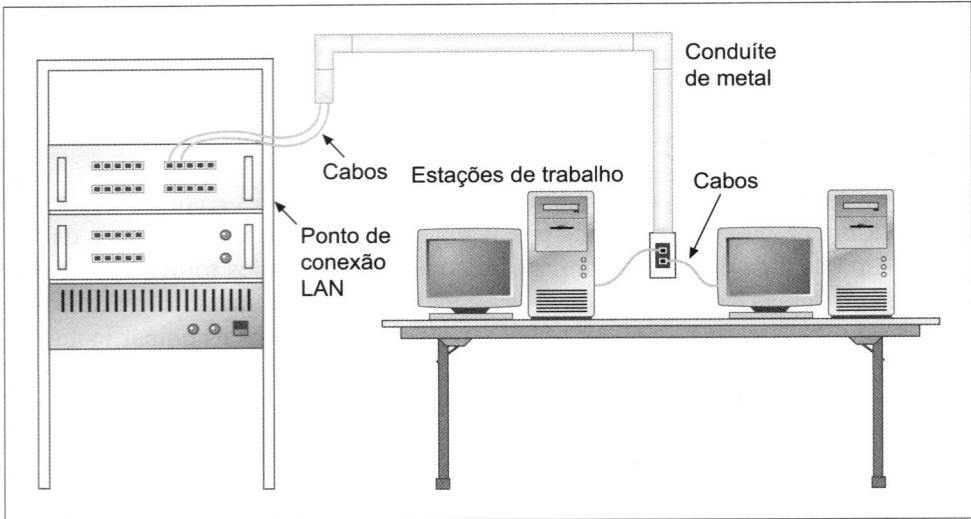

Figura 1-2 Um laboratório mostrando o cabeamento que sai da traseira da estação de trabalho até chegar ao ponto de conexão da LAN.

Conexões microcomputador-internet

Com o crescimento explosivo da internet e o desejo dos usuários de se conectarem a ela de casa (seja por lazer seja por razões de trabalho), a conexão microcomputador-internet continua a crescer constantemente. Atualmente, menos da metade de todos os usuários domésticos se conecta à internet utilizando um modem e um serviço telefônico discado, que oferece taxas de transferência de dados de aproximadamente 56.000 bits por segundo (56 kbps). (As conexões não atingem realmente 56 kbps, mas esse é um mistério que vamos examinar no Capítulo 11.) O número crescente de usuários que desejam conectar-se a velocidades superiores a 56 kbps usam serviços de telecomunicações como linha digital de assinante (DSL) ou acessam a internet por meio de um serviço de modem de cabo. Todos esses serviços alternativos de telecomunicações serão examinados no Capítulo 11. (Ao comparar as várias taxas de transferências de dados de serviços e dispositivos, utilizaremos a convenção na qual o k minúsculo = 1.000. Também como parte dessa convenção, o b minúsculo se refere a bits, enquanto o B maiúsculo se refere a bytes.)

Para a comunicação com a internet usando modem discado ou DSL, o computador do usuário deve se conectar a outro computador que já estiver se comunicando com a internet. O modo mais fácil de estabelecer essa conexão é por meio dos serviços de um provedor de serviço de internet (ISP). Nesse caso, o computador do usuário requer software para comunicação com a internet. A internet "fala" somente TCP/IP, então os usuários utilizam software que suporta os protocolos TCP e IP. Uma vez que o computador do usuário esteja falando TCP/IP, a conexão com a internet poderá ser estabelecida. A Figura 1-3 mostra uma conexão microcomputador-internet típica.

Conexões rede local-rede local

Se a rede local é padrão nos ambientes de negócios e acadêmico, não é surpresa que várias organizações precisem dos serviços de várias redes locais e pode ser necessário que essas LANs se comuniquem entre si. Por exemplo, uma empresa pode querer que a rede local que suporta seu departamento de pesquisa compartilhe sua impressora laser colorida cara com a rede local de seu departamento de marketing. Felizmente, é possível conectar duas áreas locais para que elas compartilhem periféricos assim como software. Os dispositivos que geralmente conectam duas ou mais LANs são o comutador e o roteador.

Em alguns casos, pode ser mais importante impedir o fluxo de dados entre redes locais que permitir dados de uma rede para outra. Por exemplo, alguns negócios têm razões políticas para criar várias redes – cada divisão pode ter sua própria rede para ser executada como desejar. Além disso, há várias razões de segurança para limitar o fluxo de tráfego entre redes; do contrário, permitir que dados destinados a uma rede específica transitem por outras redes simplesmente pode gerar muito tráfego de rede. Dispositivos que conectam redes locais também podem ajudar a administrar esses tipos de serviços. Por exemplo, o comutador pode filtrar o tráfego não desejado

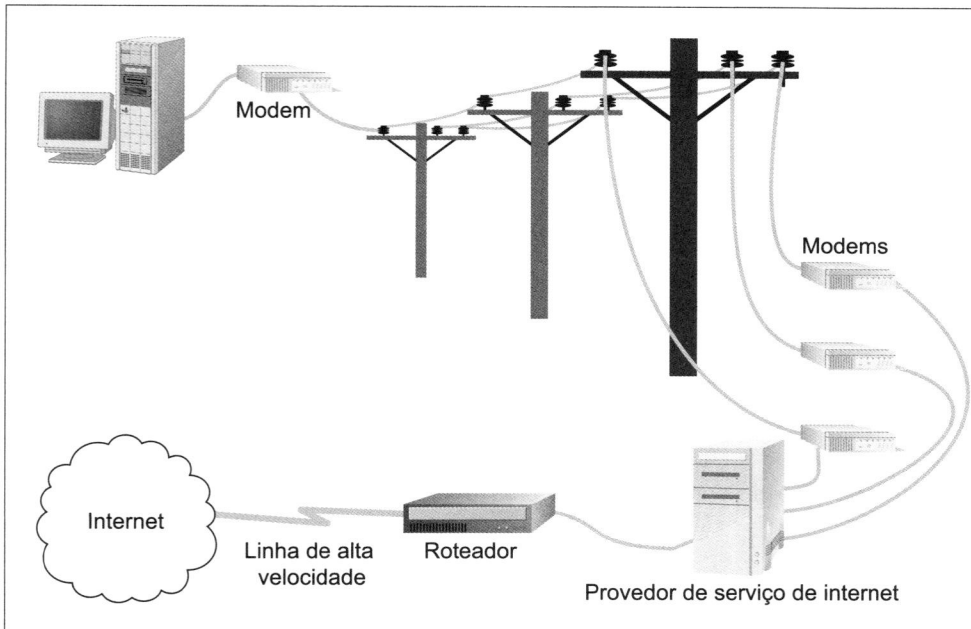

Figura 1-3 Um microcomputador/estação de trabalho enviando dados pela linha telefônica até um provedor de internet e dali à internet.

para a rede vizinha, reduzindo, desse modo, a quantidade total de fluxo de tráfego. A Figura 1-4 disponibiliza um exemplo de duas LANs conectadas por um comutador.

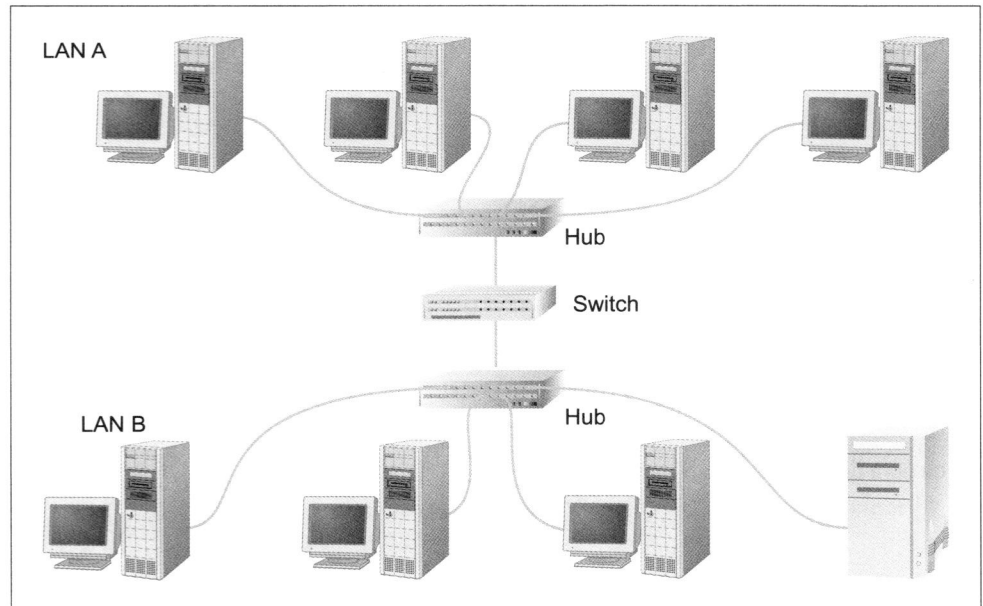

Figura 1-4 Duas redes locais conectadas por um comutador.

Conexões rede pessoal-estação de trabalho

A rede pessoal foi criada no fim dos anos 1990 e é uma das formas mais recentes de redes de computadores. Ao utilizar transmissões sem fio com dispositivos como assistentes pessoais (PDAs), laptops e reprodutores portáteis de música, uma pessoa pode transferir voz, dados e música de dispositivos de mão para outros dispositivos como estações de trabalho (veja a Figura 1-5). Da mesma forma, um usuário pode fazer o download de dados de uma estação de trabalho para um desses dispositivos portáteis. Por exemplo, um usuário pode usar um PDA para gravar mensagens durante uma reunião. Quando a reunião terminar, o usuário pode transmitir as mensagens por uma conexão sem fio do PDA para sua estação de trabalho. A estação de trabalho então inicia o processador de texto para editar as notas, e é feito o upload das notas formatadas para uma rede local a fim de ser disseminada na empresa. Outro exemplo é a conexão viva-voz Bluetooth, que as pessoas penduram na orelha para poder conversar ao telefone celular sem colocar o telefone na orelha.

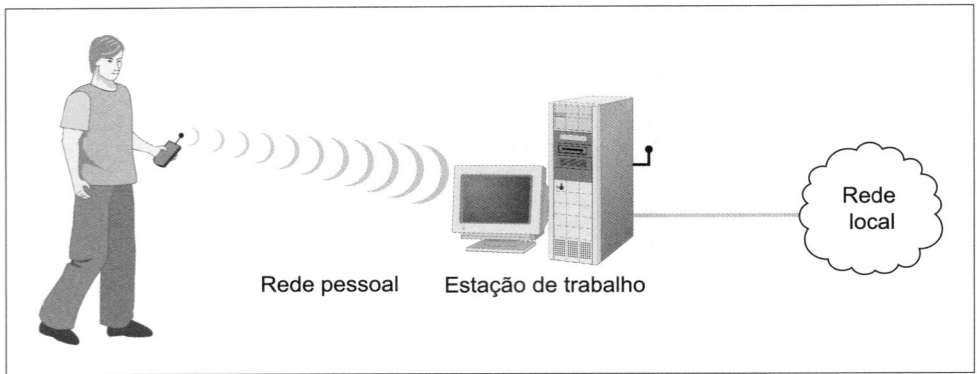

Figura 1-5 Um usuário transferindo dados de um assistente pessoal, por uma rede pessoal, para uma estação de trabalho conectada a uma rede local.

Conexões rede local-rede metropolitana

Ao final do século XX, uma nova forma de rede apareceu para interconectar empresas em uma área metropolitana. Essa interconexão geralmente utiliza ligações de fibra óptica a velocidades extremamente altas. Essas novas redes são chamadas redes metropolitanas. Uma rede metropolitana (MAN) é uma rede de alta velocidade que interconecta vários locais em uma região geográfica próxima, como uma grande área urbana. Por exemplo, empresas que necessitam de conexões de alta velocidade para seus provedores de serviço de internet podem usar uma rede metropolitana para interconexão (veja a Figura 1-6). Como veremos detalhadamente no Capítulo 9, as redes metropolitanas são um cruzamento entre redes locais e redes de longa distância. Elas podem transferir dados em velocidades rápidas de LAN, mas em regiões geográficas mais amplas que as geralmente associadas com uma rede local.

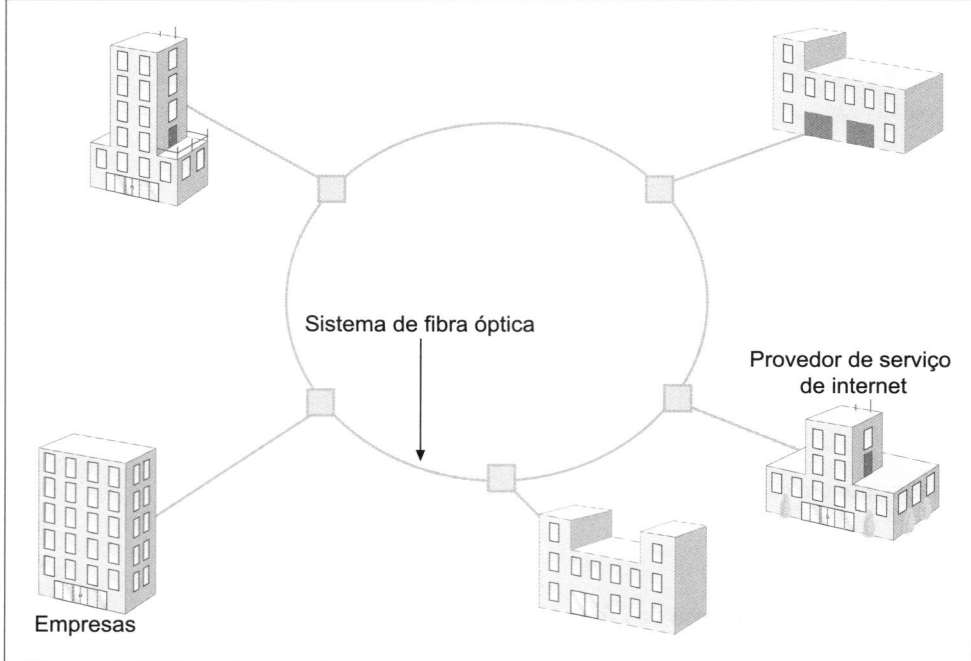

Figura 1-6 Empresas interconectadas em uma grande área metropolitana via rede metropolitana.

Conexões rede local-rede de longa distância

Você já viu que a rede local é comumente encontrada nos ambientes de negócios e acadêmicos. Se um usuário que estiver trabalhando em um microcomputador conectado a uma rede local deseja acessar a internet (uma rede de longa distância), a rede local do usuário tem de possuir uma conexão com a internet. Um dispositivo chamado roteador é empregado para conectar essas duas redes. Um roteador converte os dados da rede local em dados da rede de longa distância. Também executa funções de segurança e deve ser programado apropriadamente para aceitar ou rejeitar certos tipos de pacotes de dados de entrada e de saída. A Figura 1-7 mostra uma rede local conectada a uma rede de longa distância por meio de um roteador.

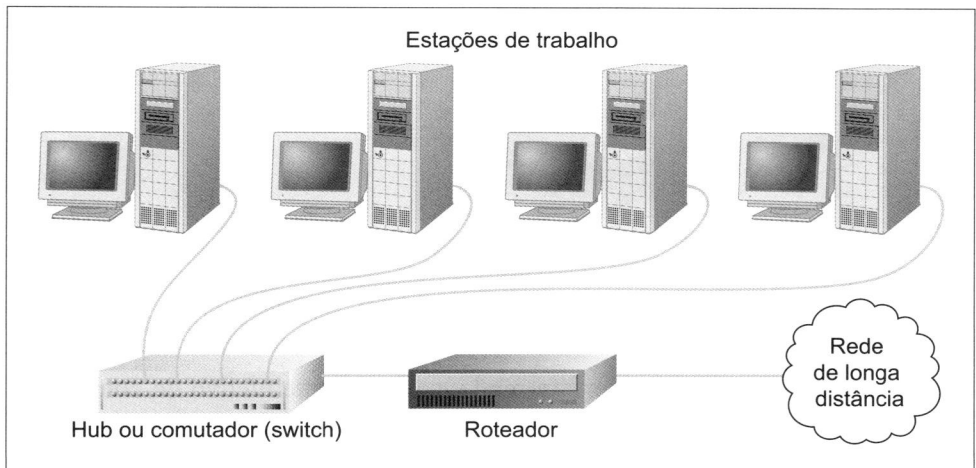

Figura 1-7 Configuração da rede local-rede de longa distância.

Conexões de rede de longa distância-rede de longa distância

A internet não é uma rede única, mas um grupo de milhares de redes. Para viajar qualquer distância pela internet, um pacote de dados, sem dúvida, vai passar por várias redes de longa distância. A conexão de uma rede de longa distância a uma rede de longa distância requer dispositivos especiais que possam fazer o roteamento de tráfego de dados rápida e eficientemente.

Tais dispositivos são roteadores de alta velocidade. Após o pacote de dados entrar no roteador de alta velocidade, um endereço na camada de rede (o endereço IP) é extraído, uma decisão de roteamento é feita e o pacote de dados é encaminhado para o segmento da próxima área de longa distância. Conforme o pacote de dados viaja pela internet, a decisão de roteamento é feita roteador após roteador, movendo os dados até seu destino final. Vamos examinar a internet mais detalhadamente no Capítulo 10, então prosseguiremos com uma discussão de vários outros tipos de tecnologias de rede de longa distância no Capítulo 11.

Conexões sensor-rede local

Outra conexão comum encontrada no dia a dia é a conexão sensor-rede local. Nesse tipo de conexão, a ação de uma pessoa ou de um objeto aciona um sensor conectado a uma rede – por exemplo, um semáforo para conversão à esquerda – em um cruzamento de tráfego. Em várias faixas de conversão à esquerda, um semáforo separado de conversão à esquerda aparece se e somente se um ou mais veículos estiverem na faixa de conversão à esquerda. Um sensor incorporado na rodovia detecta a movimentação de um automóvel na faixa acima e aciona o mecanismo de conversão à esquerda na caixa de controle do semáforo ao lado da rodovia. Se essa caixa de controle de semáforo estiver conectada a um sistema de controle de tráfego mais amplo, o sensor vai estar conectado a uma rede local.

Outro exemplo de conexão sensor-rede local é encontrado em ambientes de produção. Linhas de montagem, dispositivos robóticos de controle, controles de temperatura de forno e equipamentos de análise química geralmente utilizam sensores conectados a computadores de coleta de dados que controlam movimentos e operações, alarmes sonoros, e ainda computam resultados experimentais ou de controle de qualidade. A Figura 1-8 mostra um diagrama de uma conexão típica sensor-rede local em um ambiente produtivo.

Conexões de satélite e micro-ondas

Conexões de satélite e micro-ondas são tecnologias em contínuo desenvolvimento utilizadas em várias aplicações. Se a distância entre duas redes for grande e colocar um fio entre elas for difícil (se não impossível),

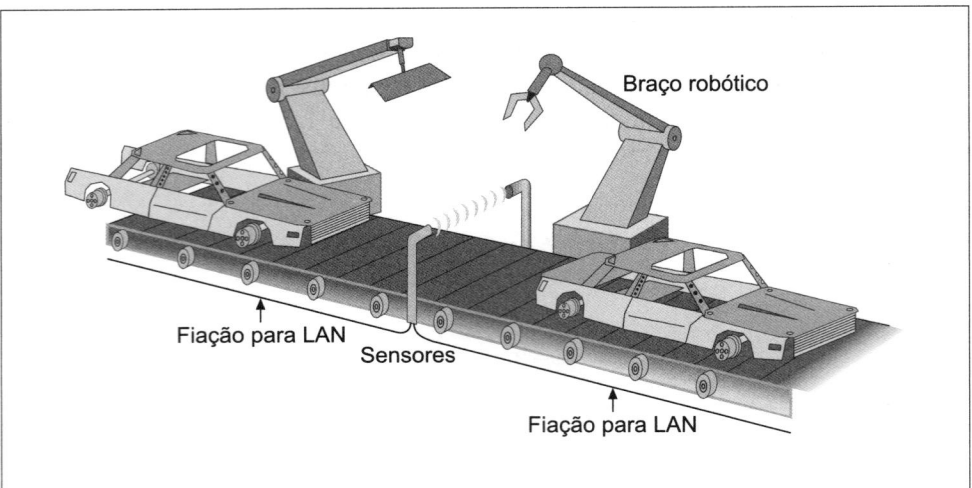

Figura 1-8 Um automóvel move-se ao longo de uma linha de montagem e ativa um sensor.

sistemas de transmissão por satélite e micro-ondas podem ser um modo extremamente efetivo de conectar as duas redes ou sistemas de computadores. Exemplos dessas aplicações incluem TV digital por satélite; meteorologia; operações de inteligência; telefonia marítima móvel; sistemas de navegação GPS (sistema de posicionamento global); e-mail, mensagens de texto sem fio e sistemas mundiais de telefonia móvel; e videoconferência. A Figura 1-9 mostra um diagrama de um sistema de satélite típico.

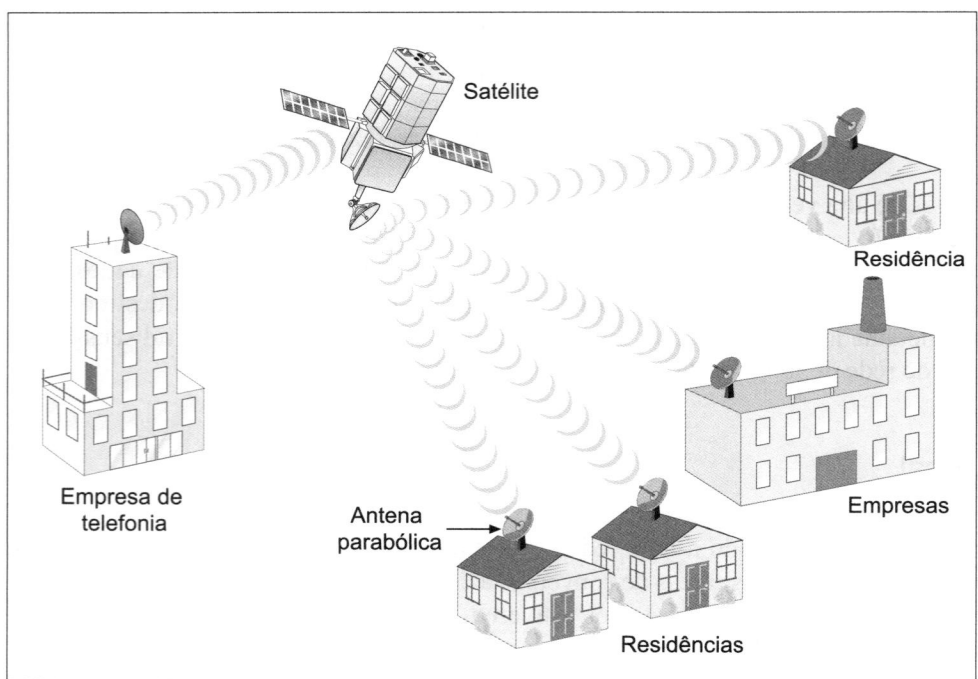

Figura 1-9 Exemplo de uma empresa de televisão utilizando um sistema de satélite para transmitir serviços televisivos para casas e empresas.

Conexões de telefonia celular

Uma das áreas de crescimento mais explosivo nos últimos anos tem sido a telefonia celular, ou redes telefônicas sem fio. O telefone celular praticamente substitui o pager, e novas tecnologias sem fio, que realizam conversas telefônicas com menos barulho de fundo e podem transmitir vários volumes de dados, estão se juntando a serviços mais antigos. A Figura 1-10 mostra um exemplo de um assistente pessoal de mão (PDA) que, além de fazer chamadas telefônicas, pode transmitir e receber dados. O PDA tem um modem instalado, que transmite os dados do PDA por uma rede telefônica sem fio a um centro de comutação de telefonia sem fio. O centro de comutação então transfere os dados do PDA pela rede pública telefônica ou por meio de uma conexão pela internet. Vários outros dispositivos de mão têm capacidades de acesso de dados combinados com um telefone celular e podem transferir dados por conexões telefônicas sem fio.

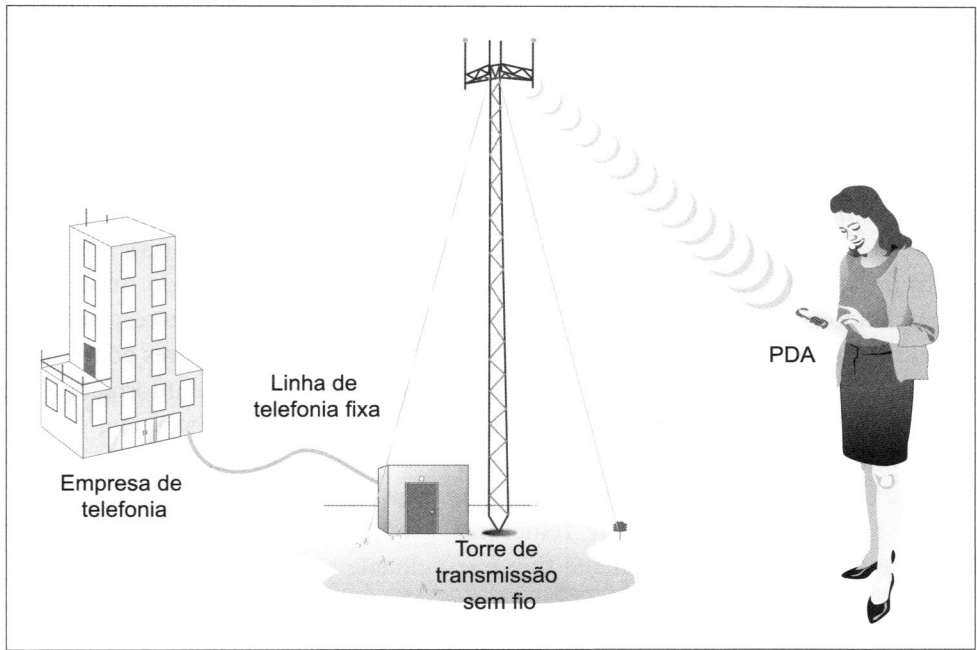

Figura 1-10 Um exemplo de PDA conectado a um sistema telefônico sem fio para transmitir e receber dados.

Conexões terminal/microcomputador-computador mainframe

Hoje, várias empresas ainda empregam uma conexão terminal-mainframe, embora o número desses sistemas em uso não seja o mesmo de antes. Durante as décadas de 1960 e 1970, a conexão terminal-mainframe estava presente em praticamente cada ambiente de escritório, produtivo e acadêmico. Esses tipos de sistemas ainda são utilizados para aplicativos de pergunta/resposta, aplicativos interativos e aplicativos de registro de dados, como os que você encontra ao renovar a carteira de motorista no departamento de trânsito de sua cidade (Figura 1-11).

Figura 1-11 Utilização de um terminal para executar uma transação de entrada de texto.

As conexões terminal-mainframe dos anos 1960 e 1970 utilizavam terminais "burros" porque o usuário final fazia operações de registro e recuperação de dados relativamente simples, e uma estação de trabalho com muita força e armazenamento computacional não era necessária. Um **terminal de computador** era basicamente um dispositivo composto de teclado, tela, sem capacidade de armazenamento não volátil e com capacidade de processamento pequena, se tanto. Terminais de computadores foram usados para o registro de dados no sistema, como um computador mainframe, e, em seguida, para exibir resultados do mainframe. Como o terminal não possuía muita potência computacional, o computador mainframe controlava o envio e o recebimento de dados para cada terminal e de cada um deles. Isso exigia tipos especiais de **protocolos** (conjunto de regras utilizadas por dispositivos de comunicação), e os dados eram geralmente transmitidos a velocidades relativamente baixas, como 9.600 bits ou 19.200 bits por segundo (bps).

Durante esse período, muitos dos mesmos usuários finais que tinham terminais em suas mesas também encontraram um microcomputador lá (e, desse modo, tinham pouco espaço para qualquer outra coisa). Posteriormente, placas de simulação de terminal foram criadas, as quais permitiam que um microcomputador imitasse as habilidades de um terminal de computador. Assim que as placas de simulação de terminal foram acrescentadas a microcomputadores, terminais foram removidos das mesas do usuário final, e os microcomputadores começaram a desempenhar ambas as funções. Agora, se os usuários desejarem, podem fazer o download de informações do computador mainframe para seus microcomputadores, executar operações nos dados e, em seguida, fazer o upload das informações para o mainframe. Hoje, terminais de computador "burros" são raramente vistos. Em vez disso, a maior parte dos usuários usa microcomputadores e acessa o mainframe utilizando uma placa de simulação de terminal, um navegador Web e interface Web, software Telnet (mais sobre o assunto no Capítulo 10), ou um cliente fino (*thin client*). Uma estação de trabalho de cliente fino é semelhante a um microcomputador, mas não tem armazenamento em disco rígido.

Convergência

O dicionário pode definir "convergência" como o processo de chegar junto em direção a um ponto único. Com relação às redes de computador e aos sistemas de comunicação, essa definição é razoavelmente relevante. Nos últimos anos, a indústria de comunicações viu e continua a ver diferentes aplicativos de rede e as tecnologias que os habilitam convergirem para uma única tecnologia capaz de suportar vários aplicativos. Em particular, podemos definir três tipos diferentes de convergência: convergência tecnológica, de protocolo e industrial. Por exemplo, um dos casos mais antigos e comuns de convergência tecnológica foi o uso dos computadores e modems para transmissão de dados pelo sistema telefônico. Esse foi um exemplo de sistemas de transmissão de voz convergindo com sistemas de transmissão de dados e produzindo um sistema capaz de transportar tanto dados quanto voz. Nos anos 1990, sistemas telefônicos conduziam mais dados de computador que voz. Por volta da mesma época, redes locais iniciaram a transferência de chamadas telefônicas. Como as redes locais foram originalmente desenvolvidas para aplicativos de dados, esse foi outro exemplo de sistemas de voz e dados convergindo. Agora, vemos crescimento substancial na área de voz sobre protocolo de internet (VoIP). O VoIP envolve a conversão de sinais de voz em pacotes, enviando em seguida esses pacotes por redes voltadas a pacotes como redes locais e a internet.

Hoje, vemos vários outros exemplos de convergência tecnológica, especialmente nos mercados sem fio. Por exemplo, é bastante comum tirar uma foto com um telefone celular e depois transferir a imagem pela rede do celular para outro telefone celular. Logo após a introdução de telefones celulares que podiam tirar fotos, eles também se tornaram capazes de enviar e receber mensagens instantâneas. Então, em 2005, operadoras de telefonia celular começaram a oferecer serviços que permitiam a um usuário transmitir dados em alta velocidade por uma conexão de telefone celular. Esses são exemplos de convergência de dois aplicativos diferentes (por exemplo, fotografia digital e telefones celulares, no caso de celulares que tiram foto) em uma única tecnologia. Como vamos ver em um capítulo mais adiante, várias empresas telefônicas que oferecem serviço telefônico local e a distância convergiram para um número menor de empresas. Esses são exemplos de convergência industrial. Também em um capítulo mais adiante, veremos como protocolos de rede mais antigos deram lugar a outros protocolos ou se fundiram com eles, demonstrando, assim, convergência de protocolo.

No restante deste livro, vamos examinar outros exemplos de convergência na indústria da comunicação. Além de introduzir as tecnologias envolvidas, também examinaremos os efeitos que uma determinada convergência de tecnologias pode ter em usuários individuais e empresas.

Arquiteturas de rede

Agora que você conhece os diferentes tipos de redes e conexões, precisa de uma estrutura para compreender como os diversos componentes de uma rede interoperam. Quando alguém utiliza uma rede de computadores para executar um aplicativo, várias peças se unem para ajudar na operação. Uma **arquitetura de rede**, ou modelo de comunicação, posiciona as peças de rede apropriadas em camadas. As camadas definem um modelo para as funções ou serviços que precisam ser executados. Cada camada no modelo define quais serviços o hardware ou o software (ou ambos) oferecem. As duas arquiteturas mais conhecidas são o conjunto de protocolos TCP/IP e o modelo interconexão de sistemas abertos (OSI).

O conjunto de protocolos TCP/IP é um modelo de trabalho (atualmente utilizado na internet), enquanto o modelo OSI (originalmente desenvolvido para ser um modelo de trabalho) foi relegado a um modelo teórico. Vamos discutir essas duas arquiteturas mais detalhadamente nas páginas seguintes. Mas, primeiro, você deve conhecer um pouco mais os componentes de uma rede e como uma arquitetura de rede ajuda a organizar esses componentes.

Considere que uma rede típica de computadores em uma empresa contém os seguintes componentes que devem interagir de diversos modos:

- Fios
- Placas de circuitos impressos
- Conectores de fiação e tomadas
- Computadores
- Concentradores de fiação localizada centralmente
- Unidades de disco e de fita
- Aplicativos de computador como processadores de texto, programas de e-mail e software de contabilidade, marketing e comércio eletrônico.
- Programas de computador que suportam a transferência de dados, verificam se há erros quando os dados são transferidos, permitem acesso à rede e protegem transações de usuário de visualizações não autorizadas.

Esse alto número de componentes de rede e suas possíveis interações inspiram duas questões. Primeiro, como todas essas peças funcionam juntas em harmonia? Você não deseja que duas peças executem a mesma função, ou que uma função necessária deixe de ser executada. Como os elementos de uma máquina bem lubrificada, todos os componentes de uma rede de computadores devem trabalhar juntos para produzir um resultado.

Segundo, a escolha de uma peça depende da escolha de outra peça? Para fazer que as peças sejam as mais modulares possíveis, você não deseja que a seleção de uma peça limite a escolha de outra peça. Por exemplo, se você cria uma rede e planeja originalmente utilizar um tipo de fiação, mas depois muda de ideia e usa um tipo diferente de fiação, essa mudança afeta a escolha de seu processador de texto? Tal dependência pode parecer altamente improvável. De outro modo, a escolha de fiação afeta a escolha do programa de software que verifica se há erros nos dados enviados pelos fios? A resposta a essa questão não é tão óbvia.

Para manter as peças de uma rede de computadores trabalhando juntas em harmonia e permitir a modularidade entre as peças, organizações nacionais e internacionais desenvolveram arquiteturas de rede, que são camadas coesas de protocolos que definem um conjunto de serviços de comunicação. Considere o seguinte exemplo não relacionado a computadores: a maior parte das organizações que produzem algum tipo de produto ou prestam um serviço tem uma divisão de trabalho. As secretárias fazem o trabalho burocrático; os contadores mantêm os livros; os operários executam os serviços manuais; cientistas desenvolvem produtos; engenheiros testam os produtos; e gerentes controlam as operações. Raramente uma pessoa é capaz de executar todas essas tarefas. Grandes aplicativos de software operam do mesmo modo. Procedimentos diferentes executam tarefas diferentes, e o todo não funciona sem a operação adequada de cada uma de suas partes. Os aplicativos de rede de computadores não são exceção. Conforme o tamanho dos aplicativos cresce, a necessidade de divisão do trabalho se torna cada vez mais importante. Aplicativos de rede de computadores também têm um delineamento semelhante a funções de serviço. Esse delineamento é a arquitetura da rede. Vamos examinar duas arquiteturas ou modelos de rede: o conjunto de protocolos TCP/IP, seguida pelo modelo OSI.

O conjunto de protocolos TCP/IP

O conjunto de protocolos TCP/IP foi criado por um grupo de cientistas da computação para suportar um novo tipo de rede (a Arpanet) que foi instalada nos Estados Unidos nas décadas de 1960 e 1970. O objetivo era criar uma arquitetura aberta que permitiria a praticamente todas as redes se intercomunicarem. O projeto foi baseado em várias camadas, em que o usuário iria se conectar à camada mais superior e estaria isolado dos detalhes dos sinais elétricos encontrados na camada inferior.

O número de camadas na suíte não é uma entidade estática. Na verdade, alguns livros apresentam o conjunto de protocolos TCP/IP como sendo de quatro camadas, enquanto outros dizem que são cinco. Mesmo assim, fontes diferentes utilizam nomes diferentes para cada uma das camadas. Neste livro, definiremos cinco camadas, como exibido na Figura 1-12: aplicação, transporte, rede, acesso à rede e física. Note que as camadas não especificam protocolos precisos ou serviços exatos. Em outras palavras, o conjunto de protocolos TCP/IP não nos diz, por exemplo, que tipo de fio ou de conector usar para conectar as peças de uma rede. Essa escolha deve ser feita pelo designer ou por quem implanta o sistema. Em vez disso, o conjunto simplesmente diz que se você determinar um tipo de fio ou conector específico, pode fazê-lo em uma camada particular. Além disso, cada camada do conjunto de protocolos TCP/IP disponibiliza um serviço para a camada seguinte. Por exemplo, a camada de transporte assegura que os dados recebidos no ponto final da transmissão sejam iguais aos que foram originalmente transmitidos. Mas ela depende da camada de rede para encontrar o melhor caminho para os dados percorrerem de um ponto a outro dentro da rede. Com cada camada executando sua função designada, as camadas trabalham juntas para permitir que um aplicativo envie seus dados por uma rede de computadores. Vamos dar uma olhada em um exemplo simples de aplicativo de e-mail (Figura 1-12) para compreender como as camadas do conjunto de protocolos TCP/IP trabalham em colaboração.

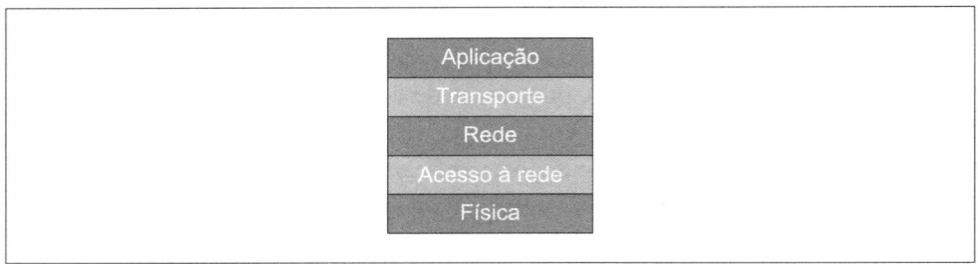

Figura 1-12 As cinco camadas do conjunto de protocolos TCP/IP.

Um aplicativo de rede comum é o e-mail. Um programa de e-mail que aceita e envia a mensagem "Andy, vamos almoçar? Sharon" possui várias etapas. Ao utilizar o conjunto de protocolos TCP/IP, as etapas podem parecer como a seguir. Para começar, o "trabalhador de aplicação" de e-mail solicita que o usuário digite uma mensagem e especifica um recipiente desejado. O trabalhador de aplicação deve criar o pacote de dados apropriado com conteúdo de mensagem e endereço e enviá-lo para um "trabalhador de transporte", que é responsável por providenciar a integridade geral do transporte. O trabalhador de transporte pode estabelecer uma conexão com o receptor desejado, monitorar o fluxo entre o transmissor e o receptor, e executar as operações necessárias para recuperar dados perdidos caso algum dado desapareça ou torne-se ilegível.

O "trabalhador de rede" deve, então, pegar o pacote de dados do trabalhador de transporte e pode acrescentar informações para que o pacote de dados possa achar seu caminho pela rede.

Em seguida, quem deve pegar o pacote de dados é o "trabalhador de acesso à rede", que insere informações de verificação de erros e prepara o pacote de dados para transmissão. O trabalhador final deve ser o "trabalhador físico", que transmite o pacote de dados por algum tipo de fio ou pelo ar por meio de ondas de rádio.

Cada trabalhador tem sua própria função de serviço. A Figura 1-13 mostra como eles trabalham juntos para criar um pacote simples para transmissão.

Vamos examinar cada uma das camadas mais detalhadamente. A camada superior do conjunto de protocolos TCP/IP, a **camada de aplicação**, suporta os aplicativos e pode, em alguns casos, incluir serviços como criptografia ou compressão. A camada de aplicação do TCP/IP inclui vários aplicativos frequentemente utilizados:

- **Protocolo de transferência de hipertexto (HTTP)** para permitir que navegadores e servidores Web possam enviar e receber páginas da World Wide Web.
- **Protocolo simples de transferência de email (SMTP)** para permitir que os usuários enviem e recebam correio eletrônico.

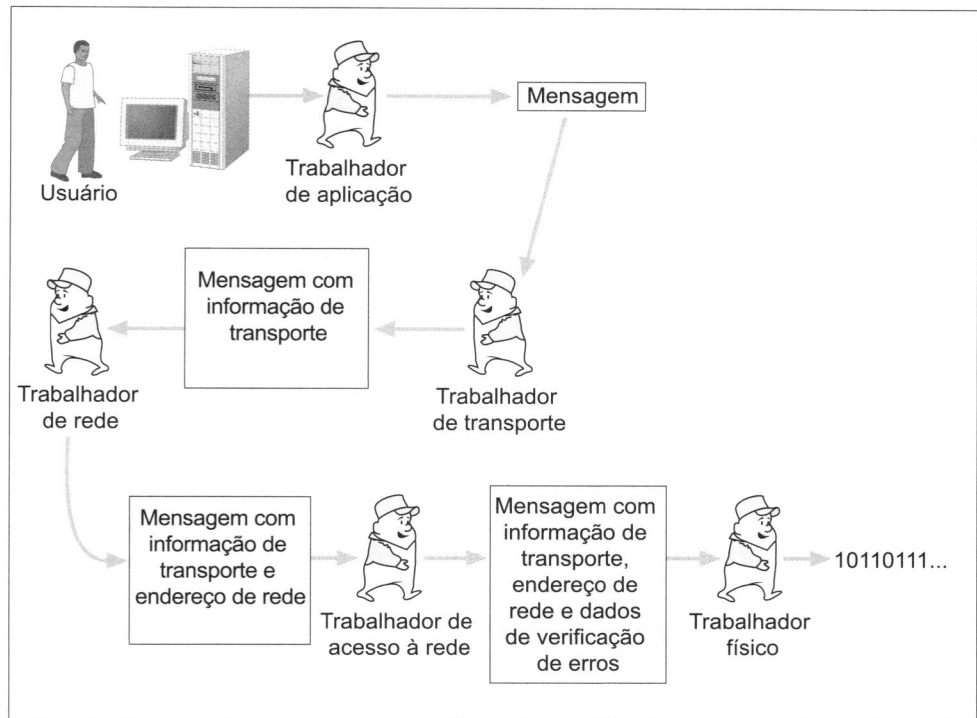

Figura 1-13 Trabalhadores de rede executam seus serviços em cada camada no modelo.

- **Protocolo de transferência de arquivo (FTP)** para transferir arquivos de um sistema de computadores para outro.
- **Telnet** para permitir que um usuário remoto faça o login em outro sistema de computadores.
- **Protocolo simples de gerenciamento de rede (SNMP)** para permitir que os vários elementos em uma rede de computador sejam administrados a partir de um único ponto.

A próxima camada no conjunto de protocolos TCP/IP é a camada de transporte. A **camada de transporte** do **TCP/IP** geralmente utiliza o Protocolo de controle de transmissão (TCP) para assegurar uma conexão sem erros de ponta a ponta.

Para manter essa conexão, o TCP inclui informações de controle de erros, caso um pacote de uma sequência de pacotes não chegue ao destino final, e informações de sequenciamento de pacotes para que permaneçam na ordem adequada. O TCP não é o único protocolo possível encontrado na camada de transporte do TCP/IP. O Protocolo de datagrama de usuário (UDP) também é uma alternativa utilizada, embora com menos frequência, no conjunto de protocolos TCP/IP.

A **camada de rede do TCP/IP**, às vezes chamada camada de internet, é aproximadamente equivalente à camada de rede da OSI. O protocolo usado nessa camada para transferir dados em uma rede e entre redes é o protocolo de internet (IP). O **protocolo de internet** é o software que prepara um pacote (um agrupamento de tamanho fixo) de dados de modo que ele possa se mover de uma rede a outra na internet ou em um conjunto de redes corporativas.

A próxima camada inferior do conjunto de protocolos TCP/IP é a **camada de acesso à rede**. Se a camada de rede lida com a passagem de pacotes pela internet, então a camada de acesso à rede é a camada que encaminha os dados da estação de trabalho do usuário para a internet. Na maior parte dos casos, a conexão que encaminha os dados da estação de trabalho do usuário para a internet é uma rede local. Desse modo, a camada de acesso à rede prepara um pacote de dados (chamado quadro nessa camada) para transmissão da estação de trabalho a um roteador localizado entre a rede local e a internet. Essa também é a última camada antes de os dados serem enviados para transmissão pelo meio. A camada de acesso à rede é geralmente chamada camada de enlace de dados.

A camada mais inferior no conjunto de protocolos TCP/IP (para muitos, pelo menos) é a camada física. A **camada física** é a camada na qual a transmissão real de dados ocorre. Como visto anteriormente, essa transmissão pode ocorrer por um fio físico, ou pode ser transmitida por sinal de rádio pelo ar. Note que algumas pessoas combinam a camada de acesso à rede e a camada física em uma só camada.

Ter camadas distintas definidas permite que você "retire" uma camada e insira outra equivalente sem afetar as demais. Por exemplo, vamos supor que uma rede foi projetada para fios de cobre. Mais tarde, os proprietários do sistema decidem substituir a fiação de cobre por cabos de fibra óptica. Embora a mudança esteja sendo feita na camada física, ela não vai necessariamente provocar qualquer alteração nas outras camadas. Na verdade, entretanto, existem dependências entre as camadas de um sistema de comunicação e, embora poucas, elas não podem ser ignoradas. Por exemplo, se a organização física de uma rede local é alterada, é provável que a descrição de quadro na camada de enlace de dados também precise ser alterada. (Examinaremos esse fenômeno no Capítulo 7.) O conjunto de protocolos TCP/IP reconhece tais dependências e funde vários serviços das camadas física e de enlace de dados em apenas uma camada.

O modelo OSI

Embora o conjunto de protocolos TCP/IP seja o escolhido para a maior parte das redes instaladas, é importante estudar tanto essa arquitetura quanto o modelo OSI. Vários livros e artigos, ao descrever um produto ou protocolo, geralmente se referem ao modelo OSI com afirmações do tipo "Este produto é compatível com a camada OSI xxx". Se você não se familiarizar com as várias camadas do modelo OSI e com o conjunto de protocolos TCP/IP, a falta desse conhecimento básico importante pode impedir a compreensão de conceitos mais avançados no futuro.

O modelo OSI foi desenvolvido com sete camadas, como mostrado na Figura 1-15. Note adiante a relação entre as cinco camadas do conjunto de protocolos TCP/IP e as sete camadas do modelo OSI. A camada superior no modelo OSI é a **camada de aplicação**, onde fica o aplicativo que utiliza a rede.

Detalhes ▶

Solicitação para comentário da internet (RFC)

Modelos de rede, assim como protocolos de comunicação, hardware de computador e software de aplicativo, continuam a evoluir dia após dia. O conjunto de protocolos TCP/IP é um bom exemplo de um conjunto amplo de protocolos e padrões constantemente revisados e melhorados. Um padrão da internet é uma especificação já testada que é útil e deve ser seguida por usuários que trabalham com a internet. Vamos examinar o caminho que uma proposta deve seguir para se tornar um padrão da internet.

Todos os padrões da internet começam como um esboço da internet, que é um trabalho preliminar em progresso. Um ou mais comitês internos da internet trabalham em um esboço, melhorando-o até que ele esteja em uma forma aceitável. Quando as autoridades da internet sentem que o esboço está pronto para o público, ele é publicado como uma solicitação para comentário (RFC), um documento aberto para todas as partes interessadas. É designado um número à RFC e ela entra na primeira fase: proposta de padrão. Uma proposta de padrão é uma proposta que é estável, de interesse da comunidade da internet e razoavelmente bem entendida. A especificação é testada e implantada por vários grupos diferentes, e os resultados são publicados. Se as propostas passarem por pelo menos duas implantações independentes e interoperáveis, a proposta de padrão é elevada a esboço de padrão. Se, após o feedback dos testes de implementações ser levado em consideração, o esboço de padrão não sofrer nenhum problema, a proposta é finalmente elevada a padrão da internet.

Entretanto, se a proposta de padrão for considerado inapropriada em qualquer ponto no processo, ele se torna RFC histórica e é mantida para perspectiva histórica. (Padrões de internet que são substituídos ou suplantados também se tornam históricos.) Uma RFC ainda pode ser categorizada como experimental ou informativa. Nesses casos, a RFC em questão provavelmente não teve a finalidade de se tornar um padrão de internet, mas foi criada por motivos experimentais ou para fornecer informações. A Figura 1-14 mostra os níveis de progresso de uma RFC.

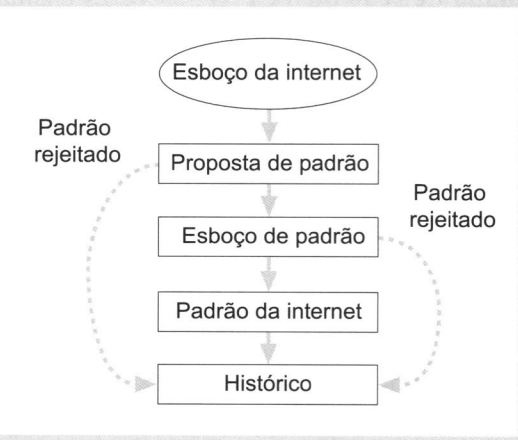

Figura 1-14 Etapas de progressão conforme uma RFC se movimenta para se tornar um padrão.

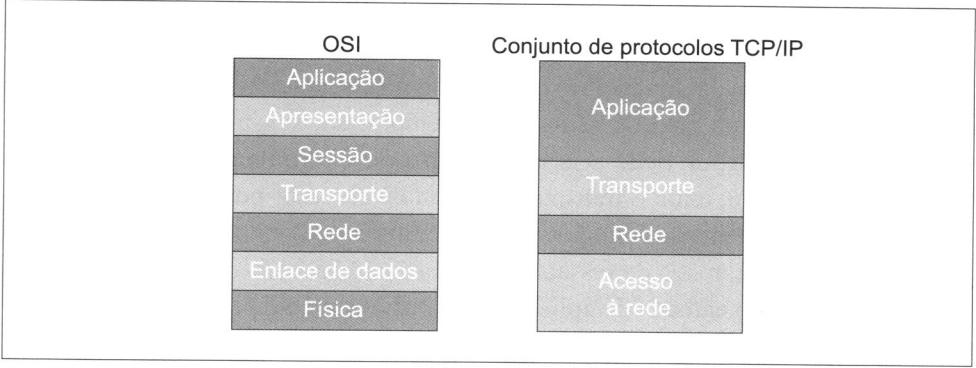

Figura 1-15 As sete camadas do modelo OSI comparadas com as cinco do conjunto de protocolos TCP/IP.

Embora vários tipos de aplicativos empreguem redes de computadores, alguns têm o uso mais disseminado. Aplicativos como correio eletrônico, sistemas de transferência de arquivos, sistemas de login remoto e navegação Web são tão comuns que várias organizações criadoras de padrões (normas) geraram alguns específicos para eles.

A próxima camada no modelo OSI, a **camada de apresentação**, realiza várias funções necessárias para a apresentação adequada do pacote de dados para o transmissor ou receptor. Por exemplo, a camada de apresentação pode executar conversões de caracteres ASCII para não ASCII, criptografia e decodificação de documentos seguros, e compressão de dados em unidades menores.

É possível obter uma lista impressa de cada RFC. Veja a página da Internet Engineering Task Force em http://www.ietf.org/rfc.html para a melhor maneira de acessar as RFCs.

A internet é administrada pelo trabalho de diversos comitês. O mais importante é o Internet Society (ISOC). O ISOC é um comitê internacional sem fins lucrativos que oferece suporte para todo o processo de desenvolvimento de padrões da internet. Associado com o ISOC está o Internet Architecture Board (IAB), que é o consultor técnico do ISOC. Há dois comitês principais subordinados ao IAB: o Internet Engineering Task Force (IETF) e o Internet Research Task Force (IRTF). O IETF administra os grupos de trabalho que criam e suportam funções como protocolos de internet, segurança, serviços de usuários, operações, roteamento e gerenciamento de redes. O IRTF administra os grupos de trabalho que se concentram nos objetivos de longo prazo da internet, como arquitetura, tecnologia, aplicativos e protocolos.

Os comitês da internet não são os únicos grupos que criam protocolos ou aprovam padrões para redes de computadores, comunicação de dados e telecomunicações. Outra organização que cria e aprova padrões de redes é a **International Organization for Standardization** (ISO), um grupo multinacional composto de voluntários dos comitês de desenvolvimento de padrões de vários governos em todo o mundo. A ISO está envolvida no desenvolvimento de padrões no campo da tecnologia da informação e criou o modelo OSI para uma arquitetura de redes.

Outras organizações de desenvolvimento de padrões:

Instituto Nacional de Padrões dos Estados Unidos (ANSI) – Uma organização privada sem fins lucrativos não associada ao governo dos Estados Unidos. A ANSI luta para apoiar a economia norte-americana e proteger os interesses do público ao encorajar a adoção de vários padrões.

União Internacional de Telecomunicações – Setor de Padronização de Telecomunicações (ITU-T) – Anteriormente, Comitê Consultivo Internacional de Telegrafia e Telefonia (CCITT), a ITU-T é voltada à pesquisa e à criação de padrões para telecomunicações em geral e sistemas telefônicos e de dados em particular.

Instituto de Engenheiros Elétricos e Eletrônicos (IEEE) – A maior sociedade de engenharia do mundo, o IEEE luta para promover a padronização nos campos de engenharia elétrica, eletrônica e rádio. De especial interesse para nós é o trabalho que o IEEE executou na padronização de redes locais.

Associação de Indústrias Eletrônicas dos Estados Unidos (EIA) – Ligada ao ANSI, a EIA é uma organização sem fins lucrativos voltada à padronização de produtos eletrônicos. De interesse especial é o trabalho que a EIA executa na padronização das interfaces entre computadores e modems.

A **camada de sessão** é responsável por estabelecer sessões entre usuários e pelo **gerenciamento de *token***, um serviço que controla qual computador de usuário conversa durante a sessão corrente ao passar um *token* de software para frente e para trás. Além disso, a camada de sessão estabelece pontos de sincronização, que são pontos de restauração (backup) utilizados em caso de erro ou falha. Por exemplo, ao transmitir um documento grande, como um livro eletrônico, a camada de sessão pode inserir um **ponto de sincronização** no fim de cada capítulo. Se um erro ocorrer durante a transmissão, tanto o transmissor quanto o receptor podem fazer o backup do último ponto de sincronização (para o início de um capítulo previamente transmitido) e iniciar a retransmissão desse ponto. Vários aplicativos não incluem uma camada de sessão específica e não usam *tokens* para administrar uma conversa. Se o fazem, o *token* é inserido pela camada de aplicação, ou possivelmente pela camada de transporte, em vez da camada de sessão. Do mesmo modo, se os aplicativos utilizam pontos de sincronização, esses pontos geralmente são inseridos pela camada de aplicação.

A quarta camada no modelo OSI, a **camada de transporte**, assegura que o pacote de dados que chega ao destino final seja idêntico ao pacote de dados que saiu da estação de origem. Por "idêntico" queremos dizer que não houve erros de transmissão, os dados chegaram na mesma ordem em que foram transmitidos e não houve duplicação de dados. Desse modo, dizemos que a camada de transporte executa controle de erros de ponta a ponta e controle de fluxo de ponta a ponta. Isso significa que a camada de transporte não está em uso enquanto o pacote de dados está indo de um ponto a outro ponto na rede – ele é utilizado apenas nos dois pontos extremos da conexão. Se a rede experimenta problemas como reset (reinicializar) ou restart, a camada de transporte vai tentar consertar o erro e retornar a conexão ponta a ponta a um estado seguro conhecido. Como veremos, para assegurar que os dados cheguem sem erros ao destino final, a camada de transporte deve ser capaz de trabalhar com todos os tipos de rede, sejam elas confiáveis ou não.

As quatro camadas descritas até agora são chamadas camadas ponta a ponta. Elas são responsáveis pelos dados transmitidos entre os pontos extremos de uma conexão de rede. Em outras palavras, essas camadas executam suas operações somente no ponto inicial e no ponto final da conexão de rede. As três camadas restantes, as camadas de rede, enlace de dados e física, não são camadas ponta a ponta. Elas executam suas operações em cada nó ao longo do caminho de rede, não somente nos pontos finais. A **camada de rede** é responsável pelo estabelecimento, manutenção e finalização das conexões de rede. Conforme essa camada envia o pacote de dados de nó para nó em uma rede e entre várias redes, ela gera o endereçamento de rede necessário para o sistema reconhecer o próximo destino pretendido. Para escolher um caminho por meio de uma rede, a camada de rede determina a informação de roteamento e a aplica a cada pacote ou grupo de pacotes. A camada de rede também executa o controle de congestionamento, assegurando que a rede não se torne saturada em nenhum ponto. Nas redes que utilizam um esquema de transmissão por difusão (broadcast), como uma rede local em que os dados transmitidos são enviados para todas as outras estações, a camada de rede pode ser muito simples.

A **camada de enlace de dados** é responsável por pegar dados da camada de rede e transformá-los em uma unidade coesa chamada **quadro**. Esse quadro contém um identificador que sinaliza o início e o fim do quadro, assim como os espaços para informações de controle e de endereço. As informações de endereço identificam uma estação de trabalho específica em uma linha de várias estações de trabalho. Além disso, a camada de enlace de dados pode incorporar alguma forma de detecção de erros. Se um erro existir, a camada de enlace de dados é responsável pelo controle de erros, que é feito ao informar o emissor do erro. A camada de enlace de dados também pode executar controle de fluxo. Em uma rede grande, em que os dados vão de nó a nó conforme percorrem seu caminho pela rede, o controle de fluxo garante que um nó não sobrecarregue o próximo nó com excesso de dados. Note que tais operações de enlace de dados são bastante semelhantes às operações de camada de transporte. A diferença primária é que a camada de transporte executa suas operações somente nos pontos extremos, enquanto a camada de enlace de dados executa suas operações em cada parada (nó) ao longo do caminho.

A camada inferior no modelo OSI – a **camada física** – é responsável pela transmissão de bits por um canal de comunicação. Para executar essa transmissão de bits, a camada física lida com níveis de tensão, dimensões de plugues e conectores, configurações de pinos e outras questões elétricas e mecânicas. A escolha de meios de transmissão com ou sem fio é geralmente determinada na camada física. Além do mais, como os dados digitais ou analógicos são codificados ou modulados em um sinal digital ou analógico nesse ponto do processo, a camada física também determina a técnica de codificação ou modulação a ser utilizada na rede.

Conexões lógicas e físicas

Um conceito importante para compreender as camadas de um modelo de comunicação são as linhas de comunicação entre um transmissor e um receptor. Considere a Figura 1-16, que mostra transmissor e receptor utilizando um aplicativo de uma rede desenvolvida conforme o conjunto de protocolos TCP/IP.

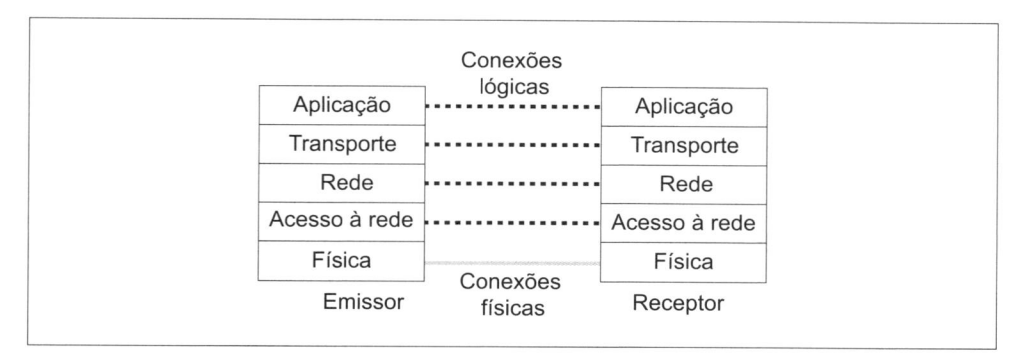

Figura 1-16 Comunicação de transmissor e receptor utilizando o conjunto de protocolos TCP/IP.

Repare nas linhas pontilhadas entre as camadas de aplicação, de transporte, de rede e de acesso à rede do transmissor e do receptor. Nenhum dado flui entre essas linhas pontilhadas. Cada linha pontilhada indica uma conexão lógica. Uma conexão lógica é uma conexão não física entre o transmissor e o receptor que permite um intercâmbio de comandos e respostas. As camadas de transporte do transmissor e do receptor, por exemplo, compartilham um conjunto de comandos utilizados para executar funções de transporte, mas as informações ou dados reais devem ser passados por meio das camadas físicas do transmissor e do receptor, já que não há conexão direta entre as duas camadas de transporte. Sem uma conexão lógica, o transmissor e o receptor não conseguem coordenar suas funções. A **conexão física** é a única conexão direta entre o transmissor e o receptor e está na camada física, em que 1s e 0s reais – o conteúdo digital da mensagem – são transmitidos por fios ou ondas aéreas.

Para um exemplo de conexões lógicas e físicas, considere um cenário imaginário no qual o diretor de artes e ciências deseja criar um curso conjunto com a faculdade de administração. Particularmente, o diretor gostaria de criar um curso que fosse um cruzamento entre ciências da computação e marketing. O diretor de artes e ciências pode ligar para o diretor da faculdade de administração para criar o curso, mas os diretores não são necessariamente especialistas em reunir todos os detalhes relacionados a um novo curso. Em vez disso, o diretor de artes e ciências inicia o processo ao emitir uma solicitação para um novo curso ao diretor da faculdade de administração. Antes de essa solicitação chegar ao diretor da faculdade de administração, entretanto, a solicitação tem de passar por várias camadas. Primeiro, a solicitação chega até o diretor do departamento de ciências da computação. O diretor vai examinar a solicitação para um novo curso e acrescentar as informações necessárias relativas ao pessoal para o programa. O diretor, então, envia a solicitação para a coordenação de programa de ciências da computação, que vai desenvolver diversos cursos novos. A coordenação de programa envia a solicitação para a secretária do departamento, que vai digitar todos os memorandos e criar um pacote legível. Esse pacote é colocado no correio interno do campus e enviado ao departamento de marketing da faculdade de administração.

Uma vez que a solicitação chega ao departamento de marketing, a secretária do departamento abre o envelope e distribui os materiais para a coordenação de programa de marketing. Essa coordenação olha os cursos propostos pela coordenação de programa de ciências da computação e faz algumas alterações e acréscimos. Uma vez que tais alterações são feitas, a proposta é apresentada ao diretor do departamento de marketing, que olha as necessidades de pessoal sugeridas pelo diretor de ciências da computação, verifica se a solicitação está correta e faz algumas alterações. O diretor de marketing envia a requisição ao diretor da faculdade de administração, que examina todo o documento e o aprova com pequenas alterações. Em seguida, a requisição volta para a secretária do departamento de marketing, que a envia para a secretária de ciências da computação. A secretária de ciência da computação, a seguir, envia a resposta à requisição camadas acima até que ela chegue ao diretor de artes e ciências. A Figura 1-17 mostra como essa requisição para um curso pode se mover para cima e para baixo pelas camadas da burocracia universitária.

Note que os dados não fluíram diretamente entre os diretores, nem entre os diretores de departamento ou coordenações de programa. Em vez disso, os dados tiveram de fluir para baixo até a camada física (nesse caso, as secretárias) e de volta para cima, do outro lado. Em cada camada do processo, as informações que podem ser úteis para a camada "ponto" do outro lado foram adicionadas. Esse exemplo distorce a realidade um pouco; programas

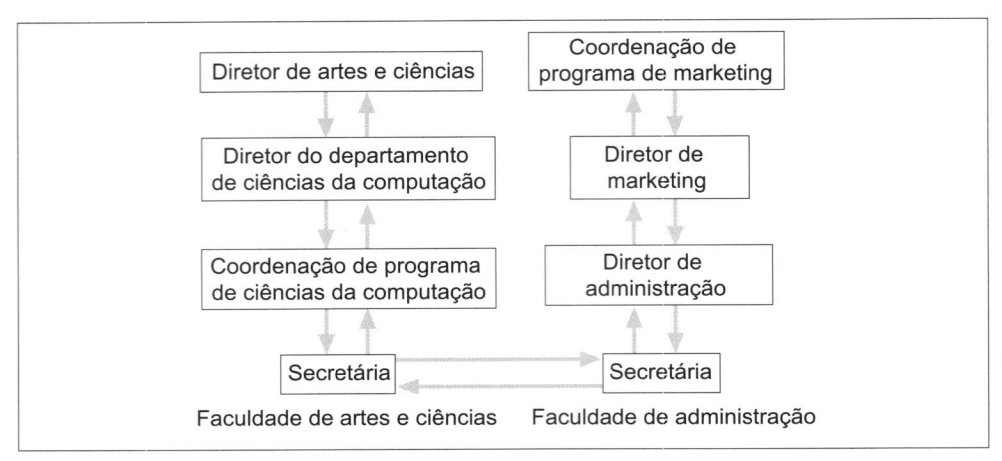

Figura 1-17 Fluxo de dados através das camadas da burocracia.

universitários não são desenvolvidos dessa maneira (o processo, na verdade, é muito mais complexo). Portanto, examinaremos um exemplo mais realista no qual uma pessoa, utilizando um navegador Web, solicita uma página da Web de algum lugar da internet. Mas, antes de examinarmos esse cenário mais difícil, vamos dar uma olhada em um exemplo de conexões que ocorrem quando um usuário conecta seu notebook à rede local de uma empresa.

Conexões de rede em ação

Vamos considerar um cenário no qual um funcionário de uma empresa esteja utilizando um notebook no trabalho e acessando a rede corporativa local por meio de uma conexão sem fio (veja a Figura 1-18). O funcionário está usando um navegador Web e tenta fazer o download de uma página da internet. Quais são as conexões envolvidas nesse cenário? Primeiro, a conexão entre o notebook sem fio do usuário e a rede local corporativa é uma conexão microcomputador-rede local. Quando a solicitação de página da Web estiver na rede local corporativa, ela pode ser transferida por várias redes locais no sistema corporativo. Essas conexões entre redes locais seriam conexões rede local-rede local. Para acessar a internet, precisamos de uma conexão rede local-rede de longa distância. Ou talvez a rede local corporativa se conectasse a uma rede metropolitana, nesse caso necessitaríamos de uma conexão rede local-rede metropolitana para acessar a internet. Uma vez que a solicitação de página da Web do colaborador esteja na internet, é difícil dizer que conexões estão envolvidas. Pode haver mais interconexões de rede de longa distância-rede de longa distância, assim como conexão por micro-ondas ou por satélite. Uma vez que a solicitação da página da Web esteja em seu destino final, pode haver outra rede metropolitana, ou várias conexões de redes locais. O percurso de volta pega o mesmo caminho ou pode envolver outros caminhos e conexões de rede. Obviamente, há vários tipos diferentes de conexões de rede envolvidos, mesmo em aplicações comuns do dia a dia.

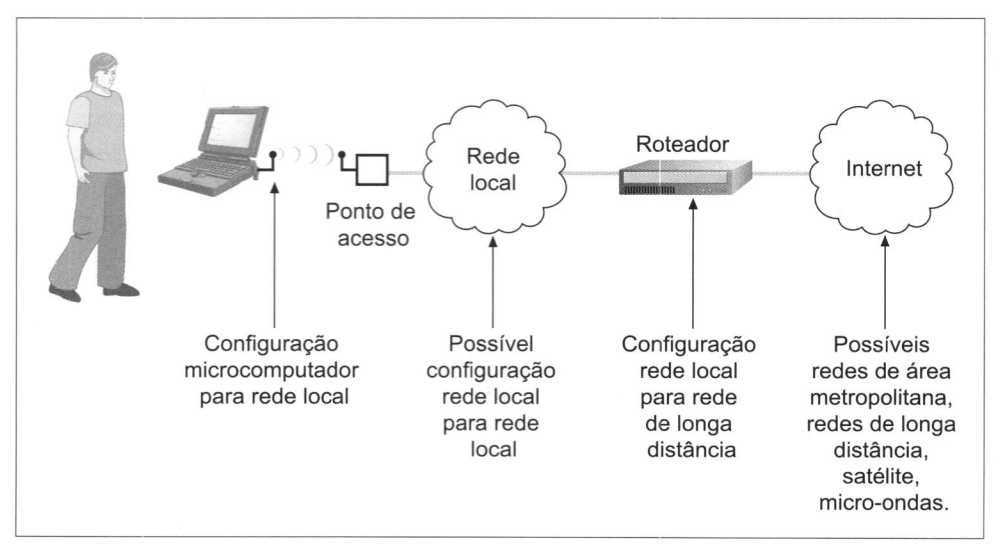

Figura 1-18 Várias conexões de rede envolvidas com um usuário fazendo download de uma página da Web no trabalho.

Conjunto de protocolos TCP/IP em ação

Um exemplo mais detalhado e desafiador de solicitação de serviço que se deslocando pelas camadas de um modelo de comunicação ajudará a tornar os conceitos envolvidos mais claros. Considere a Figura 1-19, na qual um usuário que navega pela internet em um computador pessoal solicita o download de uma página da Web para ser exibida em sua tela.

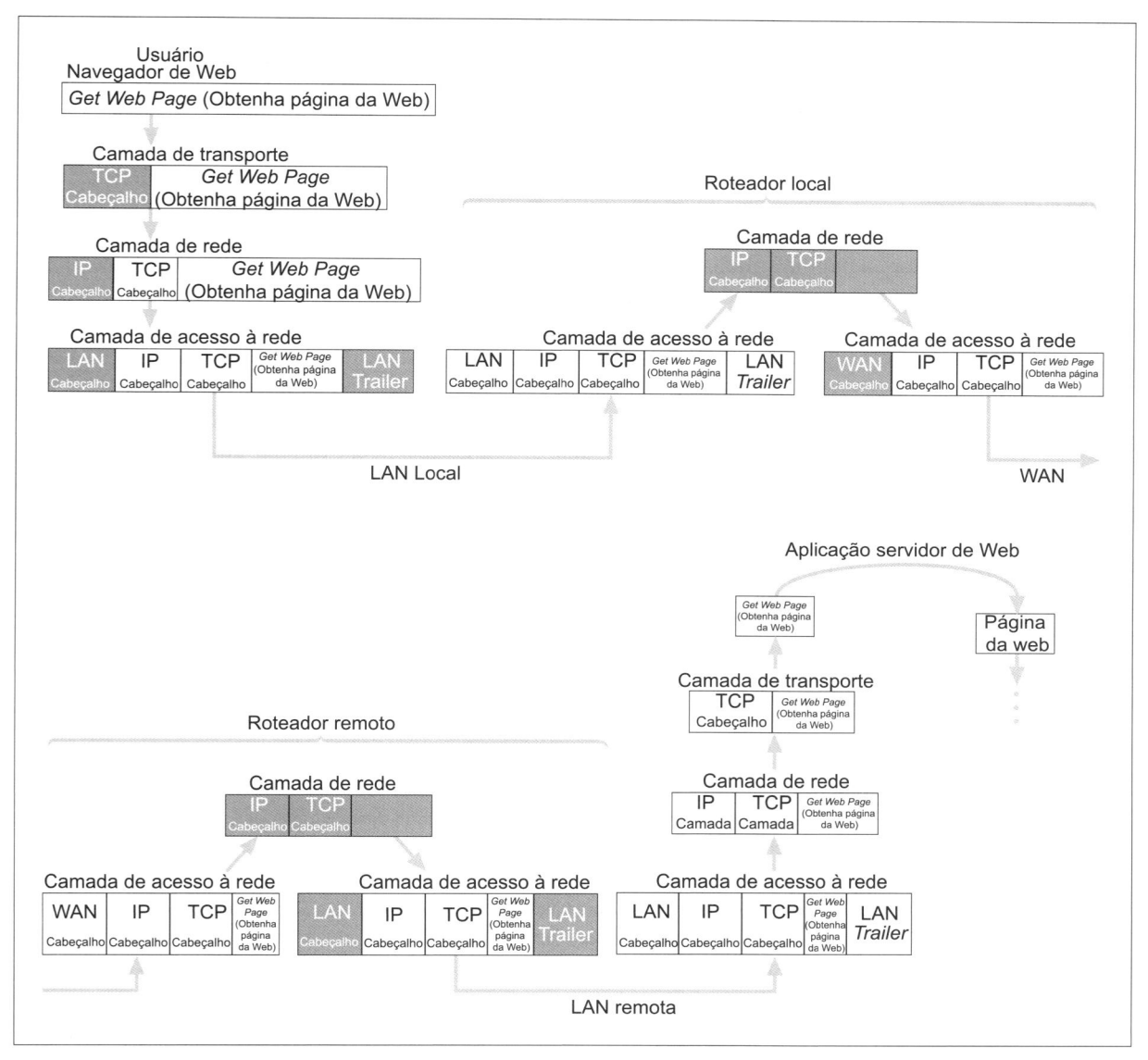

Figure 1-19 Caminho de solicitação de uma página da Web, conforme ela flui do navegador para o servidor de internet e retorna.

Partindo do canto superior esquerdo da figura, o processo é iniciado quando o usuário clica em um *link* na página da Web atual. Em resposta, o software do navegador (o aplicativo) cria um comando *Get Web Page* (Obtenha página da Web), dado à camada de transporte do navegador, TCP. O TCP acrescenta várias informações de cabeçalho a serem utilizadas pelo software do TCP na extremidade receptora. Acrescentadas na frente do pacote, essas informações podem ser usadas para controlar a transferência de dados e ajudam no controle de erros ponta a ponta e no controle de fluxo ponta a ponta, fornecendo o endereço do aplicativo receptor (o servidor de Web).

O pacote aumentado é enviado agora para a camada de rede, onde o IP acrescenta seu cabeçalho. As informações contidas no cabeçalho do IP ajudam o software do IP na extremidade receptora, assim como ajudam o software do IP em cada nó intermediário (roteador) durante o progresso dos dados pela internet. Essa ajuda inclui fornecer o endereço da internet da estação de trabalho que contém a página solicitada.

O pacote é enviado agora à camada de acesso à rede. Como o computador do usuário está conectado a uma rede local, os cabeçalhos apropriados da rede local são acrescentados. Note que, às vezes, além dos cabeçalhos, informações de controle são acrescentadas ao fim do pacote de dados como *trailers*.

Uma das informações mais importantes incluídas em um cabeçalho de rede local é o endereço do dispositivo (o roteador) que conecta a rede local à rede de longa distância (a internet).

Eventualmente, os valores binários 1s e 0s do pacote de dados são transmitidos pela rede local do usuário por meio da camada física, onde eles encontram um roteador. O roteador é um dispositivo que funciona como *gateway* para a internet e remove o cabeçalho e o trailer da rede local. As informações no cabeçalho do IP são examinadas, e o roteador determina se o pacote de dados deve sair para a internet. Informações novas do cabeçalho da rede de longa distância (WAN), que são necessárias para que o pacote de dados atravesse a rede de longa distância, são incluídos, e os valores binários 1s e 0s do pacote de dados são colocados na rede de longa distância.

Após o pacote de dados se deslocar pela internet, ele chega ao roteador conectado à rede local, que contém o servidor de Web desejado. Esse roteador remoto remove as informações de rede de longa distância, verifica que o pacote deve ser colocado na área local e insere as informações de cabeçalho e trailer da rede local. O pacote é colocado na rede local e, utilizando as informações de endereço no cabeçalho da LAN, vai até o computador com o aplicativo do servidor de Web. Conforme o pacote de dados se desloca para cima nas camadas do computador do servidor de Web, os cabeçalhos LAN, IP e TCP são removidos. O aplicativo do servidor de Web recebe o comando Obtenha página da Web, recupera a página solicitada e cria um novo pacote de dados com as informações solicitadas. Esse novo pacote de dados agora se desloca para baixo pelas camadas e retorna, por meio dos roteadores, à rede e à estação de trabalho do usuário. Finalmente, a página da Web é exibida no monitor do usuário.

É interessante notar que, conforme um pacote de dados desce pela estrutura do modelo e passa por todas as camadas do sistema, o pacote de dados cresce de tamanho. Esse crescimento acontece porque cada camada acrescenta mais informações aos dados originais. Algumas dessas informações acrescentadas pela camada são necessárias para os nós e roteadores no caminho do pacote de dados, e algumas são exigidas pelo destino final do pacote de dados. Tais informações ajudam na prestação de serviços como detecção de erros, controle de erros, controle de fluxo e endereçamento de rede. O acréscimo de informações de controle para um pacote conforme ele se move pelas camadas é chamado **encapsulamento**. Note também que, conforme o pacote se move para cima pelas camadas, o pacote de dados diminui de tamanho. Cada camada remove o cabeçalho de que ela precisa para executar seu trabalho. Uma vez que o trabalho estiver completo, as informações de cabeçalho são descartadas e o pacote é entregue à próxima camada.

◆◆

RESUMO

- Vários serviços e produtos que usamos diariamente empregam redes de computadores e comunicação de dados de uma forma ou de outra. Sistemas telefônicos, sistemas bancários, televisão a cabo, sistemas de áudio e vídeo, sistemas de controle de tráfego e telefones sem fio são alguns exemplos.
- O campo de comunicação de dados e redes de computadores inclui redes de dados, redes de voz, redes sem fio, redes locais, redes metropolitanas, redes de longa distância e redes pessoais.
- As áreas de aplicação das redes de computadores e comunicação de dados podem ser compreendidas como conexões gerais de rede:
    - Microcomputador-rede local
    - Microcomputador-internet
    - Rede local-rede local
    - Rede pessoal-estação de trabalho
    - Rede local-rede metropolitana
    - Rede local-rede de longa distância
    - Rede de longa distância-rede de longa distância
    - Sensor-rede local
    - Satélite e micro-ondas
    - Telefones celulares
    - Terminal/microcomputador-computador mainframe

- Um conceito-chave em redes ultimamente é a convergência, fenômeno no qual os aplicativos de rede e as tecnologias que oferecem suporte a eles convergem para uma única tecnologia capaz de suportar vários aplicativos. Particularmente, podemos definir três tipos diferentes de convergência: tecnológica, de protocolo e industrial.
- Uma arquitetura de rede, ou modelo de comunicação, posiciona as peças de rede em camadas. As camadas definem um modelo para as funções ou serviços que precisam ser executados. Cada camada no modelo define que serviços o hardware, o software, ou ambos oferecem.
- Para padronizar o projeto dos sistemas de comunicação, a International Organization for Standardization (ISO) criou o modelo interconexão de sistemas abertos (OSI). Não há, atualmente, implantações reais do modelo OSI. O modelo OSI é baseado em sete camadas:
    - A camada de aplicação é a camada superior do modelo OSI, onde o aplicativo que utiliza a rede está.
    - A camada de apresentação executa várias funções necessárias à apresentação apropriada do pacote de dados para o transmissor ou receptor.
    - A camada de sessão é responsável por estabelecer sessões entre usuários.
    - A camada de transporte está relacionada ao fluxo de dados ponta a ponta sem erros.
    - A camada de rede é responsável pelo estabelecimento, manutenção e finalização das conexões de rede.
    - A camada de enlace de dados é responsável por pegar dados em formato bruto e transformá-los em uma unidade coesa chamada quadro.
    - A camada física é responsável pela transmissão de bits por um canal de comunicação.
- Outra arquitetura de rede (ou modelo de comunicação), chamada conjunto de protocolos TCP/IP, tornou-se o padrão de fato para modelos de rede. O conjunto de protocolos TCP/IP também é conhecido como o modelo da internet e é composto de cinco camadas:
    - A camada de aplicação contém os aplicativos para os quais a rede é utilizada e as funções de apresentação que amparam o aplicativo.
    - A camada de transporte mantém uma conexão ponta a ponta sem erro.
    - A camada de rede, ou camada de internet, usa o protocolo da internet (IP) para transferir dados entre redes.
    - A camada de acesso à rede define o quadro que incorpora o controle de fluxo e erros.
    - A camada física é a camada mais inferior e executa a transferência real de sinais por um meio físico.
- Uma conexão lógica é um fluxo de ideias que ocorre entre o transmissor e o receptor em uma camada específica, sem uma conexão física direta.

PERGUNTAS DE REVISÃO

1. Por que uma arquitetura de rede é útil?
2. Como a convergência se aplica à indústria da comunicação?
3. Que "idioma" um microcomputador tem de utilizar para fazer a interface com a internet?
4. Qual é a diferença entre uma conexão lógica e uma física?
5. Que tipos de aplicativos podem utilizar uma conexão sensor-rede local?
6. Quais são alguns dos aplicativos mais comuns encontrados no conjunto de protocolos TCP/IP?
7. Que tipo de aplicativos pode usar uma conexão microcomputador-computador mainframe?
8. Como as camadas do modelo OSI se comparam com as camadas do conjunto de protocolos TCP/IP?
9. Que tipo de aplicativos pode utilizar uma conexão terminal-computador mainframe?
10. Faça uma lista das cinco camadas do conjunto de protocolos TCP/IP.
11. Qual é a relação entre uma sub-rede e um nó?
12. Faça uma lista das sete camadas do modelo OSI.
13. Qual é a definição de:
    a. rede de computadores?
    b. comunicação de dados?
    c. telecomunicações?
    d. rede local?
    e. rede pessoal?
    f. rede metropolitana?
    g. rede de longa distância?

h. gerenciamento de redes?
i. convergência?

EXERCÍCIOS

1. Você está dirigindo em uma nova cidade e se perdeu. Ao utilizar o sistema de GPS do seu carro, você faz uma solicitação de direções de trânsito de um cruzamento próximo até seu destino. Faça uma lista das diferentes conexões de rede envolvidas nessa operação.
2. Faça uma lista da camada OSI que executa cada uma das funções a seguir:
   a. compressão de dados
   b. multiplexação
   c. roteamento
   d. definição de características elétricas de um sinal
   e. e-mail
   f. detecção de erros
   g. controle de fluxo ponta ponta
3. Com seu telefone celular, você tirou uma foto de seu melhor amigo. Você decide enviar essa foto à conta de e-mail de um amigo em comum do outro lado do país. Faça uma lista das diferentes conexões de rede envolvidas nessa operação.
4. Uma rede metropolitana não é simplesmente uma grande rede local? Explique sua resposta.
5. Você está sentado na padaria da esquina, apreciando seu café favorito. Você pega seu notebook e, utilizando a rede sem fio disponível no local, acessa seu e-mail. Faça uma lista das diferentes conexões de rede envolvidas nessa operação.
6. Quais características diferenciam uma rede pessoal de outros tipos de redes?
7. Você está trabalhando em casa utilizando um microcomputador, um modem DSL e uma conexão telefônica com a internet. A empresa em que você trabalha está conectada à internet e tem tanto redes locais como um computador mainframe. Faça uma lista das diferentes conexões de rede envolvidas nessa operação.
8. Você deseja fazer o download de um arquivo de um local remoto usando o protocolo de transferência de arquivo (FTP). Para executar a transferência de arquivo, seu computador emite um comando *Get file* (Obtenha arquivo). Mostre o progresso das mensagens conforme o comando *Get file* se move de seu computador por meio dos roteadores até o computador remoto, e retorna.
9. Utilizando um notebook com conexão sem fio à rede local de uma empresa, você faz o download da página da Web da internet. Faça uma lista das diferentes conexões de rede envolvidas nessa operação.
10. Você está assistindo a um programa de televisão em que um personagem está processando o outro. Os advogados de ambas as partes se encontram e tentam chegar a um acordo. Há uma conexão física ou lógica entre os advogados? E entre as duas partes?
11. Duas empresas estão considerando juntar seus recursos para fazer uma *joint venture*. O CEO da primeira empresa se reúne com sua equipe jurídica, e ela consulta vários gerentes de nível médio da área de produtos envolvida. Enquanto isso, o CEO da primeira empresa envia um e-mail para o CEO da segunda empresa para oferecer algumas sugestões relacionadas à *joint venture*. Este cenário segue o modelo OSI? Explique sua resposta.
12. De modo semelhante, a camada de enlace de dados oferece controle de fluxo, e a camada de transporte oferece controle de fluxo. Essas são formas diferentes de controle de fluxo? Explique sua resposta.
13. Se você pudesse projetar sua própria casa, que tipos de rede de computadores ou dispositivos de comunicação de dados que facilitariam a sua vida você incorporaria?
14. Se a camada de enlace de dados oferece verificação de erros e a camada de transporte oferece verificação de erros, isso não é redundante? Explique sua resposta.
15. Faça uma lista de todas as ações executadas por você em um dia comum que utilizam comunicação de dados e redes de computadores.
16. As camadas do conjunto de protocolos TCP/IP e OSI são diferentes. Quais camadas estão "faltando" no modelo TCP/IP? Elas estão realmente faltando?
17. Para cada uma das funções no exercício anterior, faça uma lista das camadas do conjunto de protocolos TCP/IP que executam essas funções.
18. Você está enviando e recebendo mensagens instantâneas (IM) de e para um amigo. Essa sessão de IM é uma conexão lógica ou física? Explique sua resposta.

PENSANDO CRIATIVAMENTE

1. Você foi convidado a criar um novo modelo de arquitetura de rede. Ele será em camadas ou seus componentes terão alguma outra forma? Mostre as camadas ou a nova forma de seu modelo e descreva as funções executadas por cada um de seus componentes.

2 Pegue um exemplo de seu trabalho ou escola em que uma pessoa solicita um serviço e faça um diagrama da solicitação. A solicitação passa por camadas antes de atingir o recipiente pretendido? As conexões lógicas, assim como as físicas, existem? Se for o caso, mostre-as no diagrama.

3 Este capítulo fez uma lista de vários tipos diferentes de conexões de rede. Existem outras conexões no mundo real que não foram apresentadas no capítulo? Se for o caso, quais são elas?

4 Descreva uma situação da vida real que utilize pelo menos cinco das conexões de rede descritas neste capítulo.

PROJETOS PRÁTICOS

1. Pense em uma empresa em que você trabalhou (ou ainda trabalha). A cadeia de comando era adequada para garantir a realização das tarefas? Se for o caso, desenhe essa cadeia de comando no papel ou utilizando um programa de computador. Como essa cadeia de comando se compara com o modelo OSI ou o conjunto de protocolos TCP/IP?

2. Como o conjunto de protocolos TCP/IP não é algo rígido, outros livros podem abordar a divisão de camadas de modo um pouco diferente. Encontre outros dois exemplos do conjunto de protocolos TCP/IP que diferem da divisão de camadas deste livro e cite as fontes. No que estes dois modelos são semelhantes, e como eles diferem? Como eles se comparam com o conjunto de protocolos TCP/IP discutida neste capítulo? Escreva um relatório curto e conciso sobre suas descobertas.

3. Qual é a forma mais precisa do comando *Get Web Page* na Figura 1-19? Mostre a forma do comando e descreva a responsabilidade de cada campo.

4. Que tipos de aplicativos de rede existem no seu local de trabalho ou estudo? Redes locais estão envolvidas? Redes de longa distância? Faça uma lista de várias conexões de rede. Desenhe um diagrama ou mapa desses aplicativos e suas conexões.

5. Que outros modelos de rede existem ou existiram além do modelo OSI e do conjunto de protocolos TCP/IP? Pesquise esse tópico e faça uma breve descrição de cada modelo de rede que você encontrar.

6. Quais são os nomes de alguns dos protocolos de roteamento atualmente em uso na internet? Você pode descrever cada protocolo em uma frase ou duas?

2
Fundamentos de dados e sinais

◆◆

NÃO PODEMOS DIZER que não fomos avisados. O governo dos Estados Unidos nos informou anos atrás que, algum dia, todas as transmissões de TV com sinais analógicos seriam encerradas e substituídas por sinais digitais mais modernos. Os sinais digitais, disseram, apresentariam uma imagem muito melhor. No início de 1998, algumas emissoras de TV norte-americanas começaram a transmitir imagens e som digitais em escala limitada. De acordo com a FCC (Federal Communications Commission), mais de mil emissoras transmitiam sinal de TV digital em maio de 2003. A FCC anunciou que, a partir do momento em que pelo menos 85% dos lares de uma determinada área pudessem receber sinal de TV digital, o fornecimento de transmissão analógica seria encerrado nessa área. A primeira data programada foi 18 de fevereiro de 2009. Mas, como o governo foi sobrecarregado de solicitações de aparelhos de conversão digital, a FCC desistiu dessa data e estabeleceu um novo prazo, 12 de junho daquele ano. A data chegou e milhares de telespectadores foram pegos desprevenidos e não puderam mais receber sinal de TV com o velho equipamento analógico. Muitas pessoas passaram por longas filas de espera para obter um aparelho conversor ou, pelo menos, um cupom que lhes permitisse recebê-lo posteriormente. Não obstante, a era da TV digital havia começado oficialmente. Acredito que muitos concordarão, sem dúvida, que assistir TV utilizando antenas melhorou. Onde havia imagens vagas com muitos fantasmas, vemos agora imagens claras como cristal, muitas vezes em alta definição.

Porém, quando comparamos os sinais analógicos e digitais, muitas perguntas ainda permanecem:

Por que os sinais digitais são tão melhores que os analógicos?

Quais outras aplicações foram convertidas de analógicas para digitais?

Restou alguma aplicação que algum dia possa ser convertida para digital?

Fonte: DTV.gov. Acesso em: 18 jun. 2009.

Objetivos

Após ler este capítulo, você deverá ser capaz de:

▶ Distinguir entre dados e sinais e enumerar as vantagens dos dados e sinais digitais em relação aos analógicos.

▶ Identificar os três componentes básicos de um sinal.

▶ Discutir a largura de banda de um sinal e como ela se relaciona com a velocidade de transferência de dados.

▶ Identificar a intensidade e a atenuação do sinal e como elas estão relacionadas.

▶ Descrever as características básicas da transmissão de dados analógicos com sinais analógicos, dados digitais com sinais digitais, dados digitais com sinais analógicos discretos e dados analógicos com sinais digitais.

▶ Listar e fazer esquemas das técnicas básicas de codificação digital e explicar as vantagens e desvantagens de cada uma.

▶ Identificar as diferentes técnicas de (modulação por) chaveamento (também conhecida como chaveamento com deslocamento) e descrever suas vantagens, desvantagens e usos.

▶ Identificar as duas técnicas mais comuns de digitalização e descrever suas vantagens e desvantagens.

▶ Identificar os diferentes códigos de dados e como eles são utilizados em sistemas de comunicação.

Introdução

Quando se pede que um usuário mediano de computador relacione os elementos de uma rede, a maioria provavelmente cita computadores, cabos, unidades de discos, modems e outros componentes físicos facilmente identificáveis. Muitos podem até ver além dos elementos físicos óbvios e mencionar exemplos de software, como aplicativos e protocolos de rede. Este capítulo tratará principalmente de dois elementos que são ainda mais difíceis de ver fisicamente: dados e sinais.

Os dados e sinais são dois dos blocos fundamentais na construção de qualquer rede de computadores. É importante compreender que os termos "dados" e "sinal" não significam a mesma coisa e, para uma rede transmitir dados, eles precisam ser convertidos em sinais adequados. O que os dados e sinais têm em comum é que ambos podem estar na forma analógica ou digital, deixando quatro combinações possíveis de dados em sinais:

- Dados analógicos em sinais analógicos, que envolvem técnicas de modulação em amplitude e frequência.
- Dados digitais em sinais digitais, que envolvem técnicas de codificação.
- Dados digitais em sinal analógico discreto, que envolvem técnicas de modulação.
- Dados analógicos em sinais digitais, que envolvem técnicas de digitalização.

Todas essas quatro combinações ocorrem com muita frequência em redes de computadores e cada uma possui aplicações e propriedades exclusivas, apresentadas na Tabela 2-1.

Tabela 2-1 As quatro combinações de dados e sinais.

Dados	Sinal	Técnica de codificação ou conversão	Dispositivos comuns	Sistemas comuns
Analógicos	Analógico	Modulação em Amplitude Modulação em Frequência	Receptor de Rádio Receptor de TV	Telefone Rádios AM e FM TV TV a cabo
Digitais	Digital	NRZ-L NRZI Manchester Manchester diferencial AMI bipolar 4B/5B	Codificador digital	Redes locais Sistemas telefônicos
Digitais	Analógico (discreto)	Chaveamento de amplitude Chaveamento de frequência Chaveamento de fase	Modem	Acesso discado à internet DSL Modems a cabo TV digital
Analógicos	Digital	Modulação por código de pulso Modulação delta	Codec	Sistemas telefônicos Sistemas de música

A conversão de dados analógicos em sinais analógicos é relativamente comum. Ela é executada por técnicas de modulação e encontrada em sistemas como telefones, rádio AM/FM, TV analógica e TV a cabo. Mais adiante, neste capítulo, veremos como são criados os sinais de rádio AM. A conversão de dados digitais em sinais digitais é relativamente direta e envolve várias técnicas de codificação digital. Chamamos esses sinais de analógicos discretos, pois, apesar do fato de serem essencialmente analógicos, eles assumem um número discreto de níveis. Muitas pessoas chamam esses sinais de digitais por oposição aos analógicos, como veremos em breve. A rede local é um dos exemplos mais comuns de sistema que utiliza esse tipo de conversão. Examinaremos algumas técnicas de codificação típicas e discutiremos suas vantagens e desvantagens básicas. A conversão de dados digitais em sinais analógicos (discretos) exige algum tipo de modem. Em geral, ela é chamada **digitalização**. Os sistemas telefônicos e de música são dois exemplos comuns de digitalização. Quando um sinal de voz viaja de uma residência até a central de comutação da empresa telefônica, ele se torna digitalizado. Do mesmo modo, músicas e vídeos são digitalizados antes de sua gravação em CDs ou DVDs. Neste capítulo, serão introduzidas duas técnicas básicas de digitalização, apresentando suas vantagens e desvantagens. Em todos os exemplos deste capítulo, os dados são convertidos em sinais por um computador ou dispositivo relacionado a computador; em seguida, são transmitidos por um meio de comunicação a outro computador ou dispositivo, que converte os sinais em dados novamente. O dispositivo que origina a transmissão é chamado de transmissor e o dispositivo de destino, receptor.

Uma pergunta importante surge durante o estudo de dados e sinais: por que pessoas interessadas nos aspectos comerciais das redes de computadores devem se preocupar com esse nível de detalhe? Uma resposta para essa pergunta é que a compreensão segura dos fundamentos de sistemas de comunicação fornecerá uma base sólida para o estudo posterior de assuntos mais avançados de redes de computadores. Além disso, este capítulo apresenta muitos termos utilizados pelos profissionais de rede. Para poder compreender esses profissionais e interagir de modo instruído com eles, devemos dedicar um pouco de tempo para cobrir os elementos básicos de sistemas de comunicação. Imagine um projetista que esteja trabalhando em um novo sistema on-line de inventário e deseje que vários usuários dentro da empresa possam ter acesso a esse sistema. O técnico de rede lhe diz que isso não pode ser feito, pois o download de um registro do inventário em um tempo razoável (X segundos) exigirá uma conexão de, pelo menos, Y milhões de bits por segundo, que não é possível diante da atual estrutura de rede. Como saber se o técnico de rede tem razão? O projetista simplesmente acreditará em tudo o que ele diz? O estudo dos dados e sinais também explicará por que quase todas as formas de comunicação, como dados, voz, música e vídeo, estão sendo gradualmente convertidas de suas formas analógicas originais para novas formas digitais. O que é tão importante nessas formas digitais de comunicação e qual é o aspecto dos sinais que representam essas formas? Neste capítulo, responderemos a estas e outras perguntas.

Dados e sinais

As informações armazenadas em sistemas de computadores e transmitidas por uma rede podem ser divididas em duas categorias: dados e sinais. Os dados são entidades que portam significado dentro de um computador ou sistema de computadores. Alguns exemplos comuns de dados são:

- Um arquivo de computador com nomes e endereços, armazenado em uma unidade de disco rígido.
- Os bits ou elementos individuais de um filme armazenado em DVD.
- Os valores binários "1s" e "0s" de uma música armazenados em um CD ou iPod.
- Os pontos (pixels) de uma fotografia digitalizada por uma câmera digital ou armazenada em um cartão de memória.
- Os dígitos de 0 a 9 que podem representar algum tipo de número de vendas de um negócio.

Em cada um desses exemplos, algum tipo de informação foi eletronicamente capturado e armazenado em determinado tipo de dispositivo de armazenamento.

Caso se queira transmitir esses dados de um ponto a outro, seja por cabos físicos seja por ondas de rádio, eles devem ser convertidos em sinais. Os sinais são impulsos elétricos ou eletromagnéticos utilizados para codificar e transmitir dados. Alguns exemplos comuns de sinais são:

- A transmissão de uma conversa ao telefone por uma linha telefônica.
- Uma entrevista ao vivo no noticiário da TV, transmitida da Europa por um sistema de satélite.
- A transmissão de um trabalho de faculdade por um cabo de impressão entre um computador e uma impressora.
- O download de uma página da Web, conforme ela se transfere pela linha telefônica entre seu provedor de internet e seu computador residencial.

Nesses exemplos, os dados, a entidade estática ou o item tangível são transmitidos por um cabo ou onda na forma de sinal, que é a entidade dinâmica ou item intangível. É necessário algum tipo de dispositivo de hardware para converter os dados estáticos em sinal dinâmico, pronto para a transmissão, e, em seguida, converter novamente o sinal em dados no destino.

Mas, antes de examinar as características básicas de dados e sinais e a conversão entre eles, vamos explorar as características que ambos compartilham.

Analógico e digital

Embora dados e sinais sejam duas entidades diferentes, com pouco em comum, a única característica que eles compartilham é poder existir tanto na forma analógica como na digital. Os **dados** e **sinais analógicos** são representados por ondas contínuas, que podem assumir um número infinito de valores dentro de um determinado mínimo e máximo. Por convenção, esses valores mínimos e máximos são apresentados como tensões elétricas. A Figura 2-1 mostra que, entre o valor mínimo A e o máximo B, a onda no momento t pode estar em um número infinito de posições. O exemplo mais comum de dados analógicos é a voz humana. Por exemplo, quando alguém fala ao telefone, o receptor ao lado da boca converte as ondas da fala em pulsos analógicos de tensão elétrica. As músicas e vídeos, quando ocorrem em seus estados naturais, também são dados analógicos. Embora a voz humana sirva como exemplo de dados analógicos, um exemplo de sinal analógico é a transmissão eletrônica, pelo sistema telefônico, de uma conversa de vozes. Assim, vemos que os dados e sinais analógicos são muito comuns e foram incorporados por vários sistemas durante muitos anos.

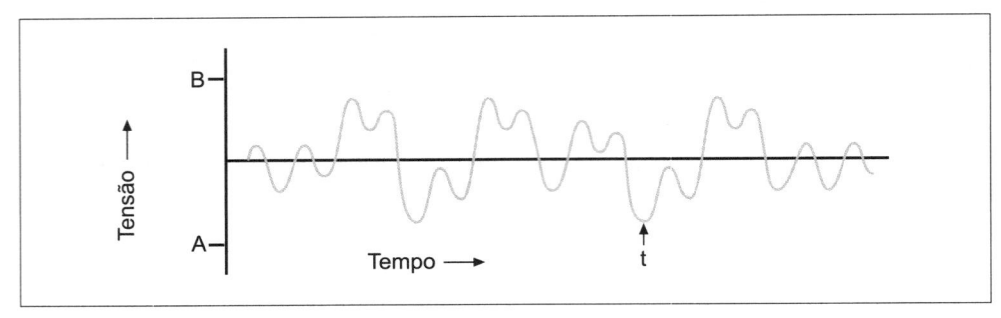

Figura 2-1 Exemplo simples de forma de onda analógica.

Um dos principais pontos fracos dos dados e sinais analógicos é a dificuldade de separar o ruído da forma de onda original. O ruído é uma energia elétrica ou eletromagnética indesejada que degrada a qualidade de sinais e dados. Como o ruído se encontra em todos os tipos de dados e sistemas de transmissão e seus efeitos variam de pequenos chiados ao fundo à completa perda de dados ou sinal, é muito importante que ele seja reduzido ao mínimo possível. Infelizmente, o próprio ruído ocorre como uma forma de onda analógica, o que torna desafiador, se não extremamente difícil, separar o ruído da onda que representa os dados.

Considere a forma de onda da Figura 2-2, que mostra as primeiras notas da abertura de uma sinfonia fictícia. O ruído está entrelaçado à música, aos dados. É possível dizer, olhando para a figura, o que corresponde aos dados e o que corresponde ao ruído? Embora esse exemplo possa parecer extremo, ele demonstra que ruído e dados analógicos podem parecer similares.

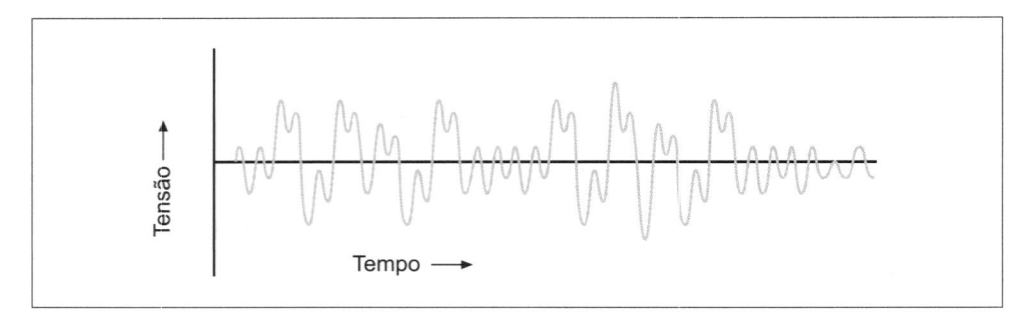

Figura 2-2 Forma de onda de uma sinfonia com ruído.

O desempenho de um gravador é outro exemplo de ruído que interfere nos dados. Muitas pessoas possuem coleções de discos que apresentam estalos e chiados quando tocados; os discos chegam até mesmo a pular faixas. É possível criar um dispositivo que filtre esses estalos e chiados de um disco gravado, sem estragar os dados originais, ou seja, a música? Diversos aparelhos foram criados durante as décadas de 1960 e 1970 para executar esse tipo de filtragem, mas apenas aqueles que removiam (relativamente) os chiados tiveram sucesso. Os dispositivos de filtragem que removiam estalos tendiam também a remover partes da música. Atualmente, existem filtros capazes de remover razoavelmente a maioria das formas de ruído em gravações analógicas; mas eles são, o que é interessante, dispositivos digitais, não analógicos. Ainda mais interessante: algumas pessoas fazem download de softwares da internet que permitem inserir estalos em músicas digitais para fazê-las soar como antigamente (em outras palavras, como se elas estivessem sendo tocadas em um toca-discos).

Outro exemplo de ruído que interfere em sinais analógicos é o chiado que se ouve ao falar ao telefone. Geralmente, o chiado de fundo é tão leve que a maioria das pessoas não o ouve. Mas, de vez em quando, o chiado aumenta a um nível tal que chega a interferir na conversa. Ainda outro exemplo de interferência de ruído ocorre quando se ouve uma estação de rádio AM durante uma tempestade elétrica. O sinal de rádio estala com cada raio na região.

Os **dados** e **sinais digitais** são formas de onda discretas, não contínuas. Entre um valor mínimo A e um valor máximo B, a forma de onda digital assume apenas um número finito de valores. No exemplo apresentado pela Figura 2-3, a forma de onda digital assume somente dois valores diferentes. Nesse caso, a forma de onda é um exemplo clássico de onda quadrada.

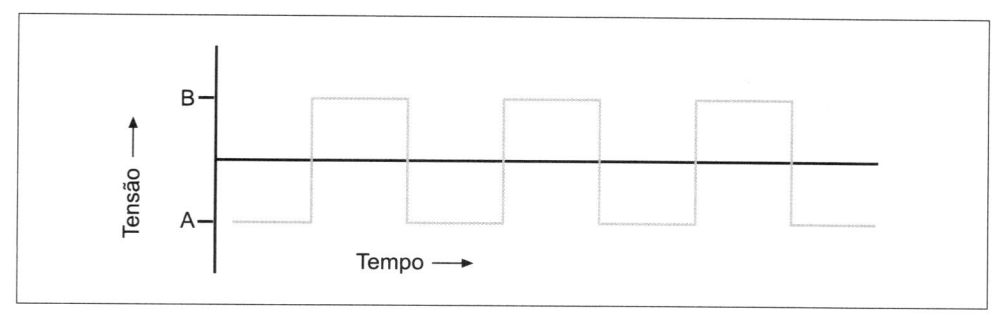

Figura 2-3 Exemplo simples de forma de onda digital.

O que acontece quando se introduz ruído em dados e sinais digitais? Como dito anteriormente, o ruído tem a propriedade de uma forma de onda analógica e, assim, pode ocupar uma faixa infinita de valores; as formas de onda digitais ocupam apenas um número finito de valores. Quando se combinam ruído analógico e forma de onda digital, é muito fácil separar a onda digital original do ruído. A Figura 2-4 mostra um sinal digital com ruído.

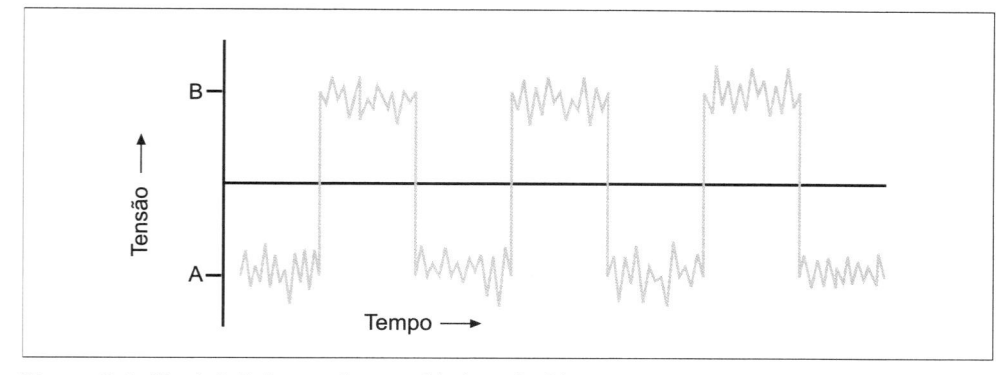

Figura 2-4 Sinal digital com algum ruído introduzido.

Se a quantidade de ruído for baixa o suficiente para que a forma de onda digital original ainda possa ser interpretada, o ruído pode ser filtrado, deixando, assim, a forma de onda original. No exemplo da Figura 2-4, enquanto for possível diferenciar a parte superior da parte inferior da forma de onda, ainda será possível reconhecer a forma de onda digital. Se, no entanto, o ruído se tornar tão grande a ponto de impossibilitar essa distinção entre alto e baixo, conforme mostrado na Figura 2-5, ele terá predominado sobre o sinal, não sendo possível decifrar essa parte da forma de onda.

A possibilidade de separar o ruído da forma de onda digital é um dos principais pontos fortes desse tipo de sistema. Quando os dados são transmitidos, o sinal sempre sofrerá algum nível de ruído. Mas, no caso dos sinais digitais, é relativamente simples passar o sinal ruidoso por um dispositivo de filtragem que remove uma quantidade significativa de ruído e deixa o sinal original intacto.

Apesar dessa forte vantagem do digital em relação ao analógico, nem todos os sistemas utilizam esse sinal para transmitir dados. O motivo é que o equipamento eletrônico utilizado para transmissões via cabo ou ondas normalmente limita o tipo de sinal que pode ser transmitido. Certos equipamentos eletrônicos são capazes de dar suporte apenas a sinais analógicos, enquanto outros, apenas a sinais digitais. Considere, por exemplo, as redes

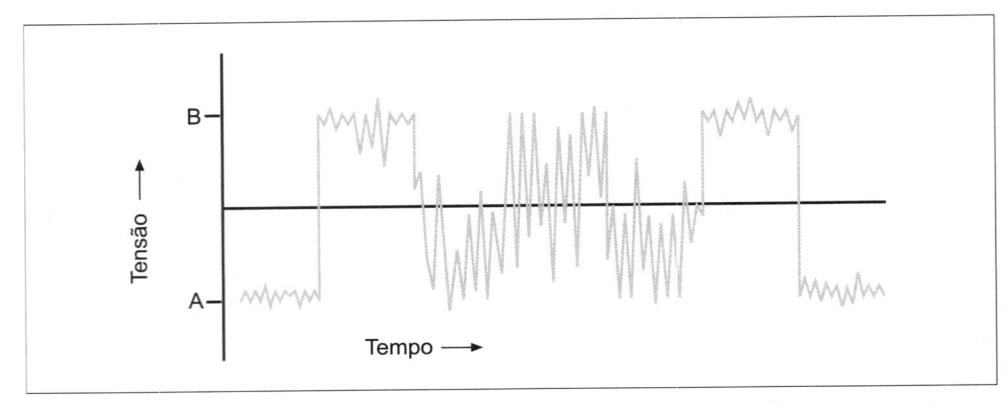

Figura 2-5 Forma de onda digital com ruído tão grande que impossibilita o reconhecimento da forma original.

locais de uma empresa ou residência: a maioria delas sempre deu suporte a sinais digitais. O principal motivo é que essas redes foram projetadas para transmitir dados de computadores, que são digitais. Assim, o equipamento eletrônico para dar suporte a suas transmissões também é digital.

Agora que conhecemos a característica principal compartilhada por dados e sinais (que eles podem existir tanto na forma analógica como na digital), além do principal aspecto que distingue o sinal analógico do sinal digital (que o primeiro ocorre como forma de onda contínua e o segundo como discreta), vamos considerar as características importantes dos sinais com maiores detalhes.

Fundamentos de sinais

Vamos começar nosso estudo de sinais analógicos e digitais considerando seus três componentes básicos: amplitude, frequência e fase. Utiliza-se uma onda senoidal para representar um sinal analógico, conforme mostrado na Figura 2-6. A amplitude de um sinal é a altura da onda acima (ou abaixo) de um determinado ponto de referência. A altura costuma denotar o nível de tensão elétrica do sinal (medido em volts), mas também pode se referir ao nível de corrente (medido em ampères) ou de potência (medido em watts) do sinal. Ou seja, a amplitude de um sinal pode ser expressa em volts, ampères ou watts. Observe que um sinal pode mudar de amplitude com o passar do tempo. Na Figura 2-6, pode-se ver um sinal com duas amplitudes diferentes.

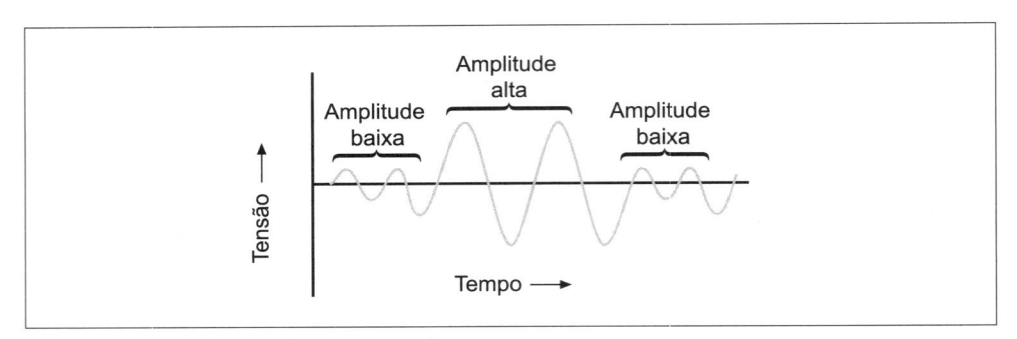

Figura 2-6 Sinal com duas amplitudes diferentes.

A **frequência** de um sinal é o número de vezes que ele faz o ciclo completo em um determinado período de tempo. A duração (ou intervalo de tempo) de um ciclo é chamada **período**. O período pode ser calculado pelo inverso da frequência (1/frequência). A Figura 2-7 mostra três sinais analógicos diferentes. Se o tempo t for um segundo, o sinal da Figura 2-7(a) completa um ciclo em um segundo. O sinal da Figura 2-7(b) completa dois ciclos em um segundo. O sinal da Figura 2-7(c) completa três ciclos em um segundo. Os ciclos por segundo (ou frequência) são representados por **hertz (Hz)**. Assim, o sinal da Figura 2-7(c) possui frequência de 3 Hz.

A voz humana e os sinais de áudio e vídeo – na verdade, a maioria dos sinais – são compostos de várias frequências. É essa diversidade de frequências que permite distinguir a voz de uma pessoa da de outra e um instrumento musical de outro. A faixa de frequência média da voz humana normalmente fica acima de 300 Hz e abaixo de 3.400 Hz, aproximadamente. Como o telefone é projetado para transmitir voz humana, seu sistema transmite sinais na faixa de 300 a 3.400 Hz. O piano possui uma faixa mais ampla do que a voz humana. A nota mais baixa possível é de 30 Hz e a mais alta, de 4.200 Hz.

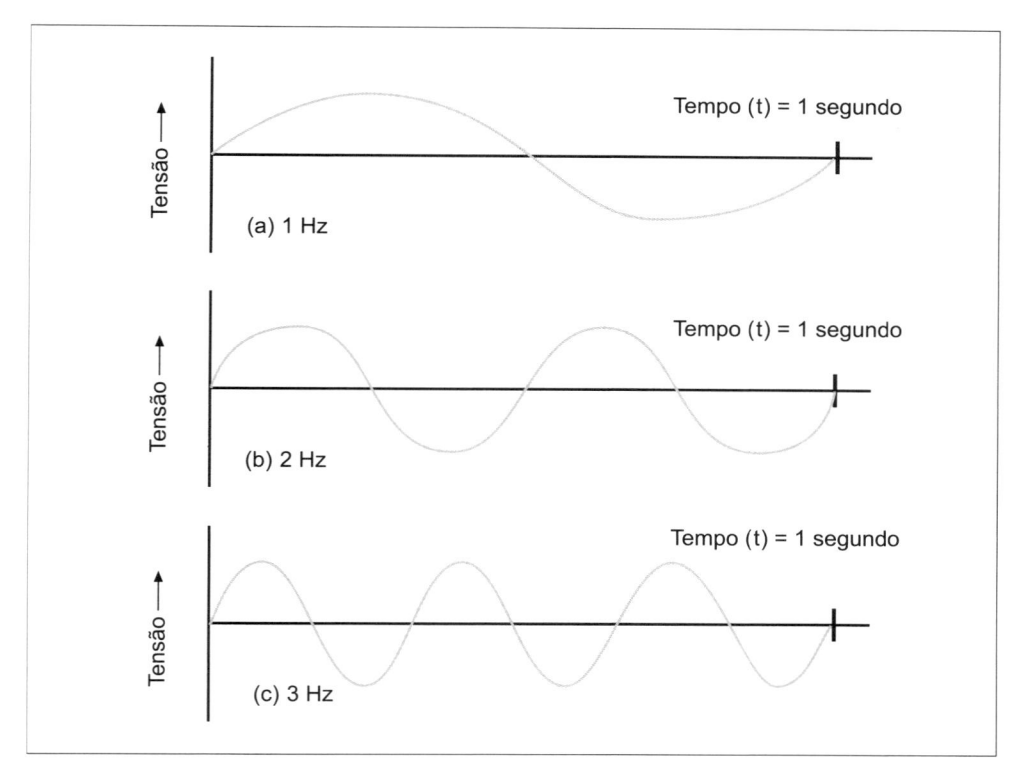

Figura 2-7 Três sinais de (a) 1 Hz, (b) 2 Hz e (c) 3 Hz.

A faixa de frequências pela qual um sinal se estende, de um mínimo a um máximo, é chamada de **espectro**. O espectro do exemplo do telefone é simplesmente de 300 a 3.400 Hz. A **largura de banda** de um sinal é o valor absoluto da diferença entre a frequência mais baixa e a mais alta. A largura de banda de um sistema telefônico que transmita uma única voz na faixa de 300 a 3.400 Hz é 3.100 Hz. Como o ruído externo degrada os sinais originais, os dispositivos eletrônicos geralmente possuem uma **largura de banda efetiva** que é menor que sua largura de banda. Ao tomar decisões sobre comunicação, muitos profissionais levam mais em conta a largura de banda efetiva do que a largura de banda simples, pois a maioria das situações precisam considerar problemas de ruído e interferência encontrados no mundo real.

A **fase** de um sinal é a posição da forma da onda em relação a um determinado momento de tempo ou ao tempo zero. No desenho da onda senoidal simples da Figura 2-8 (a), a forma oscila para cima e para baixo repetidamente. Observe que a onda nunca apresenta uma alteração repentina, mas se mantém continuamente senoidal. A mudança (ou deslocamento) de fase consiste em pular para frente (ou para trás) na forma de onda em um determinado momento do tempo. Pular para frente metade do ciclo do sinal resulta em uma mudança de fase de 180 graus, conforme visto na Figura 2-8 (b). Pular para frente um quarto do ciclo do sinal resulta em uma mudança de fase de 90 graus, como na Figura 2-8 (c). Alguns sistemas, como veremos na seção "Transmissão de dados digitais com sinais analógicos" deste capítulo, podem gerar sinais que fazem mudanças de fase de 45, 135, 225 e 315 graus, conforme necessário.

Perda da intensidade do sinal

Imagine uma situação em que um gerente esteja recomendando uma solução de rede para um problema empresarial. Ele diz aos especialistas de rede que deseja colocar uma estação de computador na mesa da recepção da empresa, de modo que o recepcionista possa tratar de solicitações de agendamento de salas de reunião. O especialista de rede diz que isso não pode ser feito, pois o cabo que conecta a estação à rede será muito longo e o sinal será muito fraco. Ou pior, o especialista de rede utiliza jargão de informática: "O sinal sofrerá atenuação demais, cairá abaixo de um limiar aceitável e o ruído predominará". O especialista está certo ou apenas utiliza jargão para dissuadir o gerente, pois não quer perder tempo instalando o cabo e a estação? Algum conhecimento sobre perda de intensidade do sinal ajudará nessas situações.

Ao viajar por qualquer tipo de meio, o sinal sempre sofre alguma perda de potência em razão da fricção. A perda de potência (ou de intensidade do sinal) é chamada **atenuação**. A atenuação de um meio como o fio de

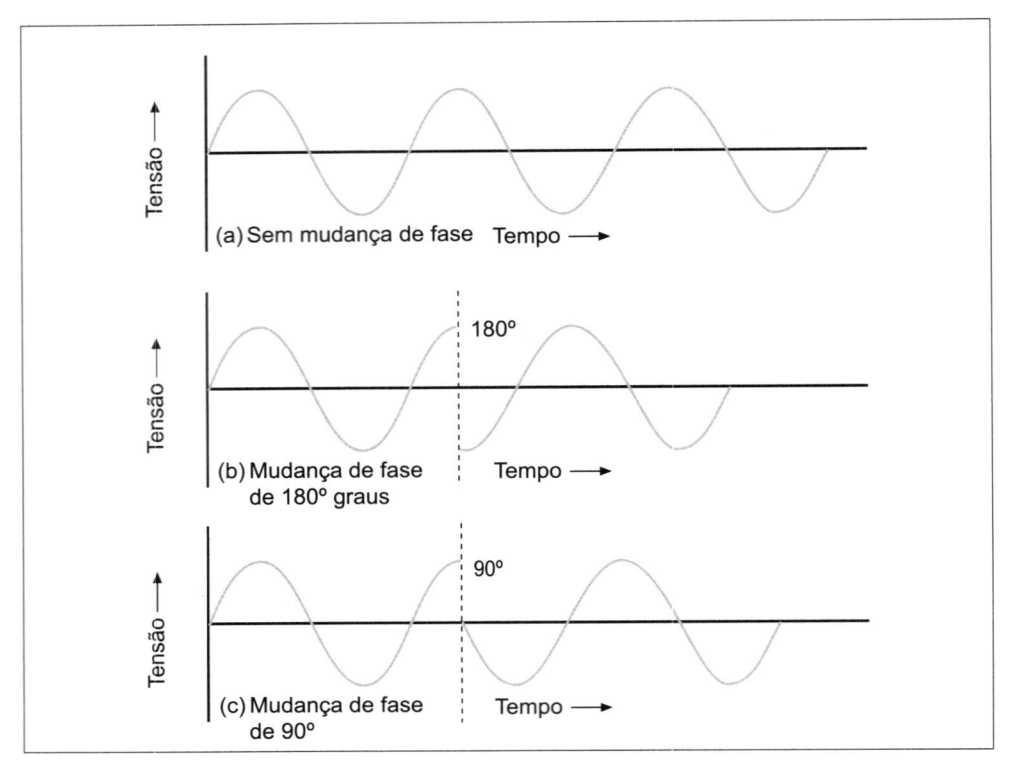

Figura 2-8 Onda senoidal mostrando (a) nenhuma alteração de fase, (b) alteração de fase de 180° e (c) alteração de fase de 90°.

cobre é uma perda logarítmica (em que uma queda de valor 1 representa um enfraquecimento dez vezes maior) e é função da distância e da resistência do fio. Saber a quantidade de atenuação de um sinal (quanta potência o sinal perdeu) permite determinar a intensidade do sinal. O **decibel (db)** é uma **medida** relativa de **perda ou ganho de sinal**, utilizada para **medir a perda ou o ganho logarítmico de um sinal**. A **amplificação** é o oposto da atenuação. Um sinal ganha em decibéis quando é amplificado por um amplificador.

Como a atenuação é uma perda logarítmica, e o decibel, um valor logarítmico, o cálculo da perda ou do ganho geral de um sistema envolve a soma de todas as perdas ou ganhos individuais em decibéis. A Figura 2-9 mostra uma linha de comunicação que parte do ponto A, passa pelo ponto B e termina no ponto C. A linha entre A e B passa por uma perda de 10 dB; o ponto B possui um amplificador de 20 dB (ou seja, ocorre ganho de 20 dB nesse ponto) e a linha de comunicação entre B e C sofre perda de 15 dB. Qual é o ganho ou a perda geral de sinal entre os pontos A e C? Para responder a esta pergunta, some todos os ganhos e perdas em dB:

$$-10 \text{ dB} + 20 \text{ dB} + (-15 \text{ dB}) = -5 \text{ dB}$$

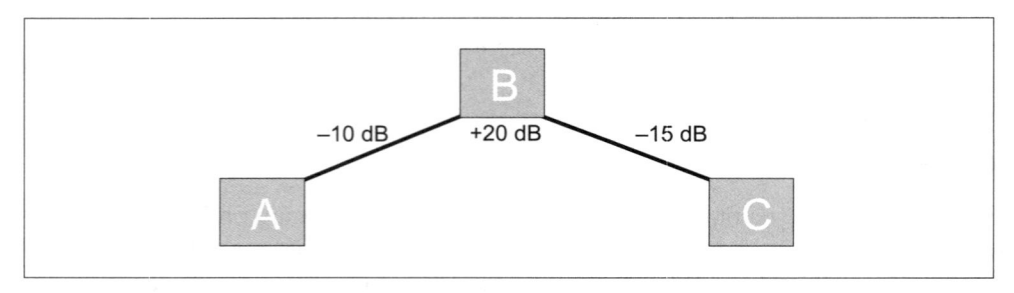

Figura 2-9 Exemplo demonstrando perda e ganho em decibéis.

Voltemos ao exemplo do especialista de rede dizendo que não é possível instalar uma estação de computador conforme planejado. Agora, o gerente compreende como os sinais perdem intensidade quando percorrem determinada distância. Embora não saiba que quantidade de sinal seria perdida, nem em que ponto a intensidade do sinal se tornaria mais fraca que o ruído, ele pode confiar em parte do que o especialista de rede lhe disse. Mas vamos investigar um pouco mais. Se um sinal perde 3 dB, por exemplo, essa perda é significativa ou não?

O decibel é uma medida relativa de perda ou ganho de sinal e é expresso por:

$$dB = 10 \log_{10} (P_2 / P_1)$$

onde P_2 e P_1 são, respectivamente, os níveis de potência inicial e final do sinal, expressos em watts. Se o sinal partir de um transmissor com 10 watts de potência e chegar a um receptor com 5 watts, sua perda em decibéis é calculada assim:

$$\begin{aligned} dB &= 10 \log_{10} (5/10) \\ &= 10 \log_{10} (0,5) \\ &= 10 \, (-0,3) \\ &= -3 \end{aligned}$$

Em outras palavras, ocorre uma perda de 3 dB entre o transmissor e o receptor. Como se trata de uma medida relativa, não é possível tomar um único nível de potência no momento t e calcular o valor em decibéis desse sinal sem ter uma referência ou nível inicial.

Detalhes

Sinais compostos

Quase todos os exemplos de sinais apresentados neste capítulo são ondas senoidais simples e periódicas. No entanto, nem sempre encontramos ondas desse tipo no mundo real. Na verdade, é mais provável encontrar combinações de diversos tipos de ondas senoidais e cossenoidais que, produzem formas de onda únicas.

Um dos melhores exemplos disso é como várias ondas senoidais podem ser combinadas para produzir uma onda quadrada. Colocando de modo diferente, vários sinais analógicos podem ser combinados, resultando em um sinal digital. Um ramo da matemática chamado análise de Fourier mostra que qualquer forma de onda complexa periódica é composta de ondas periódicas mais simples. Considere, por exemplo, as duas primeiras apresentadas na Figura 2-10. A fórmula da primeira forma de onda é 1 sen (2πft), e a da segunda, 1/3 sen (2π3ft). Em ambas as fórmulas, o primeiro número (o 1 e o 1/3, respectivamente) é o valor da amplitude, o termo "sen" se refere à função trigonométrica do seno e os termos "ft" e "3ft" se referem à frequência em um determinado período de tempo. O exame das formas de ondas e suas fórmulas mostra que, enquanto a amplitude da segunda onda é 1/3 da amplitude da primeira, a frequência da segunda onda é 3 vezes maior que a da primeira. A terceira forma de onda da Figura 2-9(c) é a composição (ou adição) das duas primeiras formas de ondas.

Observe a forma relativamente quadrada da forma composta. Agora, suponha que continuemos a adicionar mais formas de onda a esse sinal composto, em particular, formas de onda com valores de amplitude de 1/5, 1/7, 1/9 e assim por diante (denominadores ímpares), e valores do multiplicador de frequência de 5, 7, 9 etc. Quanto mais formas de onda forem adicionadas, mais o sinal composto se parecerá com a forma quadrada do sinal digital.

Outro modo de interpretar essa transformação é afirmar que a adição de formas de onda de frequências cada vez maiores, ou seja, de largura de banda crescente, produzirá uma onda composta que se parece (e se comporta) cada vez mais como um sinal digital. É interessante notar que uma forma de onda digital é, na verdade, uma combinação de ondas senoidais analógicas.

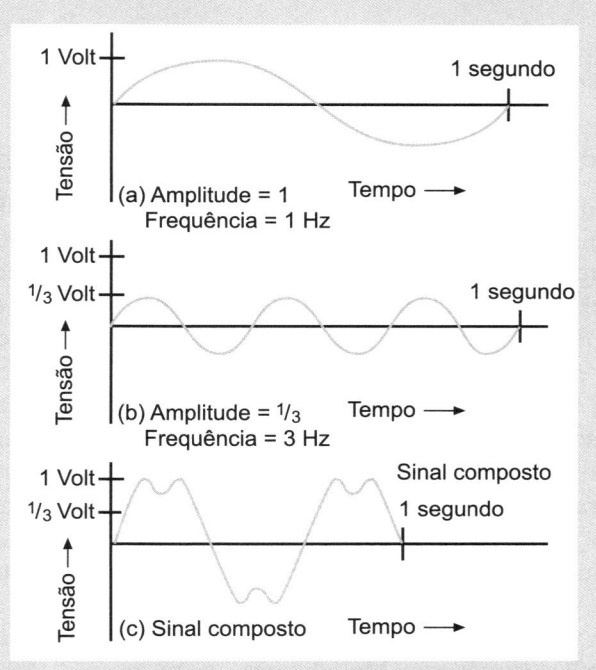

Figura 2-10 Duas ondas senoidais periódicas simples (a) e (b) e sua composta (c).

Em vez de memorizar essa fórmula, vamos recorrer a um rápido raciocínio. Como vimos no cálculo anterior, sempre que um sinal perde metade de sua potência, ocorre uma perda de 3 dB. A queda de um sinal de 10 para 5 watts corresponde a uma perda de 3 dB. A queda de um sinal de 1.000 para 500 watts também corresponde a uma perda de 3 dB. Por outro lado, um sinal cuja intensidade é dobrada, sofre um ganho de 3 dB. Disso, segue que uma queda de sinal de 1.000 para 250 watts é uma perda de 6 dB (de 1.000 para 500 são 3 dB e de 500 para 250 watts, outros 3 dB). Agora temos uma compreensão um pouco melhor da terminologia. Se o especialista de rede nos disser que uma determinada seção de fiação perde 6 dB, por exemplo, o sinal que viaja através dessa fiação perde três quartos de sua potência!

Agora que estamos devidamente instruídos sobre os fundamentos e as diferenças entre dados e sinais, vamos investigar como converter dados em sinais para transmissão.

Conversão de dados em sinais

Como os sinais, os dados podem ser analógicos ou digitais. Em geral, os sinais analógicos transportam dados analógicos e os sinais digitais transportam dados digitais. No entanto, é possível utilizar sinais analógicos para transportar dados digitais e vice-versa. A decisão de utilizar sinais analógicos ou digitais depende, em geral, do equipamento de transmissão e do ambiente que os sinais devem atravessar. Lembre-se de que certos equipamentos eletrônicos são capazes de dar suporte apenas a sinais analógicos, enquanto outros, apenas a sinais digitais. Por exemplo, o sistema telefônico foi criado para transmitir voz humana, que é um dado analógico. Por isso, os sistemas telefônicos foram originalmente projetados para transmitir sinais analógicos. Embora a fiação telefônica seja capaz de transportar tanto sinais analógicos como digitais, o equipamento eletrônico utilizado para amplificar e remover ruído da maioria das linhas só é capaz de aceitar sinais analógicos. Portanto, para transmitir dados digitais de computador por essas linhas telefônicas, costumam-se utilizar sinais analógicos. A transmissão de dados analógicos com sinais digitais também é relativamente comum. Originalmente, as empresas de TV a cabo transmitiam canais de TV analógica por meio de sinais analógicos. Mais recentemente, esses canais foram convertidos para sinais digitais, oferecendo imagens mais claras e definição mais alta. Como vimos na introdução do capítulo, a TV analógica agora é transmitida por meio de sinais digitais. Como podemos ver nos exemplos abaixo, há quatro combinações principais de dados e sinais:

- Dados analógicos transmitidos por sinais analógicos.
- Dados digitais transmitidos por sinais digitais.
- Dados digitais transmitidos por sinais analógicos.
- Dados analógicos transmitidos por sinais digitais.

Vamos considerar cada um deles.

Transmissão de dados analógicos com sinais analógicos

Das quatro combinações de dados e sinais, a conversão de dados analógicos em sinal analógico é provavelmente a mais simples de se compreender. Isso porque os dados estão em uma forma de onda analógica que simplesmente é transformada em outra forma de onda analógica, o sinal, para transmissão. A operação básica a ser executada é a modulação. A **modulação** é o processo de enviar dados por um sinal, variando sua amplitude, frequência ou fase. Os telefones fixos, as rádios AM e FM e a TV analógica são os exemplos mais comuns de conversão de dados analógicos em sinal analógico. Observe a Figura 2-11, que apresenta um exemplo de rádio AM. Os dados de áudio gerados por uma estação de rádio podem ser parecidos com a primeira onda senoidal apresentada na figura. Para transportar esses dados analógicos, a estação utiliza um sinal de onda portadora, como o mostrado na Figura 2-11(b). No processo de modulação, a forma de onda do áudio original e a onda portadora são manipuladas para produzir uma terceira forma de onda. Observe como as linhas tracejadas sobre a terceira forma de onda seguem o mesmo contorno da forma do áudio original. Nesse caso, os dados do áudio original foram modulados para uma frequência de portadora específica (a frequência em que se sintoniza a estação), utilizando modulação em amplitude, daí o nome rádio AM (Amplitude Modulation). A modulação em frequência pode ser utilizada de modo similar para modular dados analógicos em sinais analógicos; isso resulta em rádio FM (Frequency Modulation).

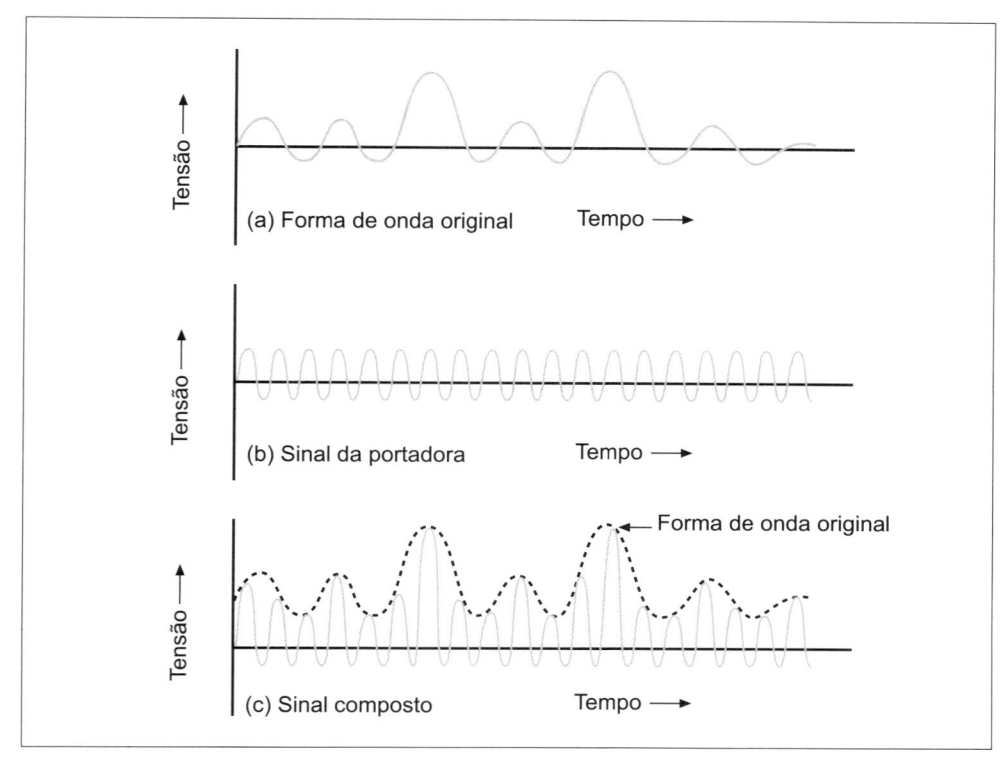

Figura 2-11 Forma de onda de áudio modulada em uma portadora por modulação em amplitude.

Transmissão de dados digitais com sinais digitais: esquemas de codificação digital

Para transmitir dados digitais utilizando sinais digitais, os "1s" e "0s" dos dados digitais devem ser convertidos para a forma física adequada, para que possam ser transmitidos por fios ou ondas. Assim, caso se deseje transmitir um valor de dado igual a 1, pode-se fazer isso transmitindo uma tensão elétrica positiva pelo meio. No caso da transmissão de um valor de dado igual a 0, pode-se transmitir uma tensão elétrica nula. Também é possível recorrer ao esquema oposto: um valor de dado igual a 0 corresponde à tensão positiva, e igual a 1, à tensão nula. Esquemas de codificação digital como esses são utilizados para converter os "0s" e "1s" dos dados digitais para a forma de transmissão adequada. Consideraremos seis esquemas de codificação digital que são representativos da maioria dos esquemas: NRZ-L, NRZI, Manchester, Manchester diferencial, AMI-bipolar e 4B/5B.

Esquemas de codificação digital NRZ

O esquema de codificação digital **NRZ-L (nonreturn to zero-level)** transmite "1s" como tensões nulas e "0s" como tensões positivas. Esse esquema é simples de gerar, e a implementação de seu hardware não é cara. A Figura 2-12(a) mostra um exemplo de esquema NRZ-L.

O segundo esquema de codificação digital, apresentado na Figura 2-12(b), é o **NRZI (nonreturn to zero inverted)**. Ele apresenta alteração de tensão no início de um 1 e não apresenta alteração de tensão no início de um 0. Há uma diferença fundamental entre o NRZ-L e o NRZI. Com o NRZ-L, o receptor tem de verificar o nível de tensão de cada bit para determinar se ele é 0 ou 1. Veja novamente a Figura 2-12 para perceber essa diferença entre os dois esquemas NRZ.

Um problema inerente aos esquemas de codificação digital NRZ-L e NRZI é que longas sequências de "0s" nos dados produzem um sinal que nunca se altera. É comum o receptor procurar alterações de sinais para sincronizar sua leitura com o fluxo efetivo dos dados. Se é transmitida uma longa sequência de "0s" e o sinal não se altera, como o receptor vai perceber quando um bit acaba e o bit seguinte começa? (Imagine como seria difícil dançar uma música que não tem batida regular ou, pior, não tem batida alguma.) Uma solução possível é instalar no receptor um relógio interno que saiba quando procurar cada bit sucessivo. Mas e se o receptor tiver um relógio diferente do transmissor utilizado para gerar os sinais? Quem poderá garantir que esses dois relógios permanecerão em sincronia? Um sistema mais preciso deve gerar um sinal que se altere para cada bit. Se o receptor puder contar com algum tipo de alteração de sinal em cada bit, ele poderá se manter sincronizado com o fluxo de dados de entrada.

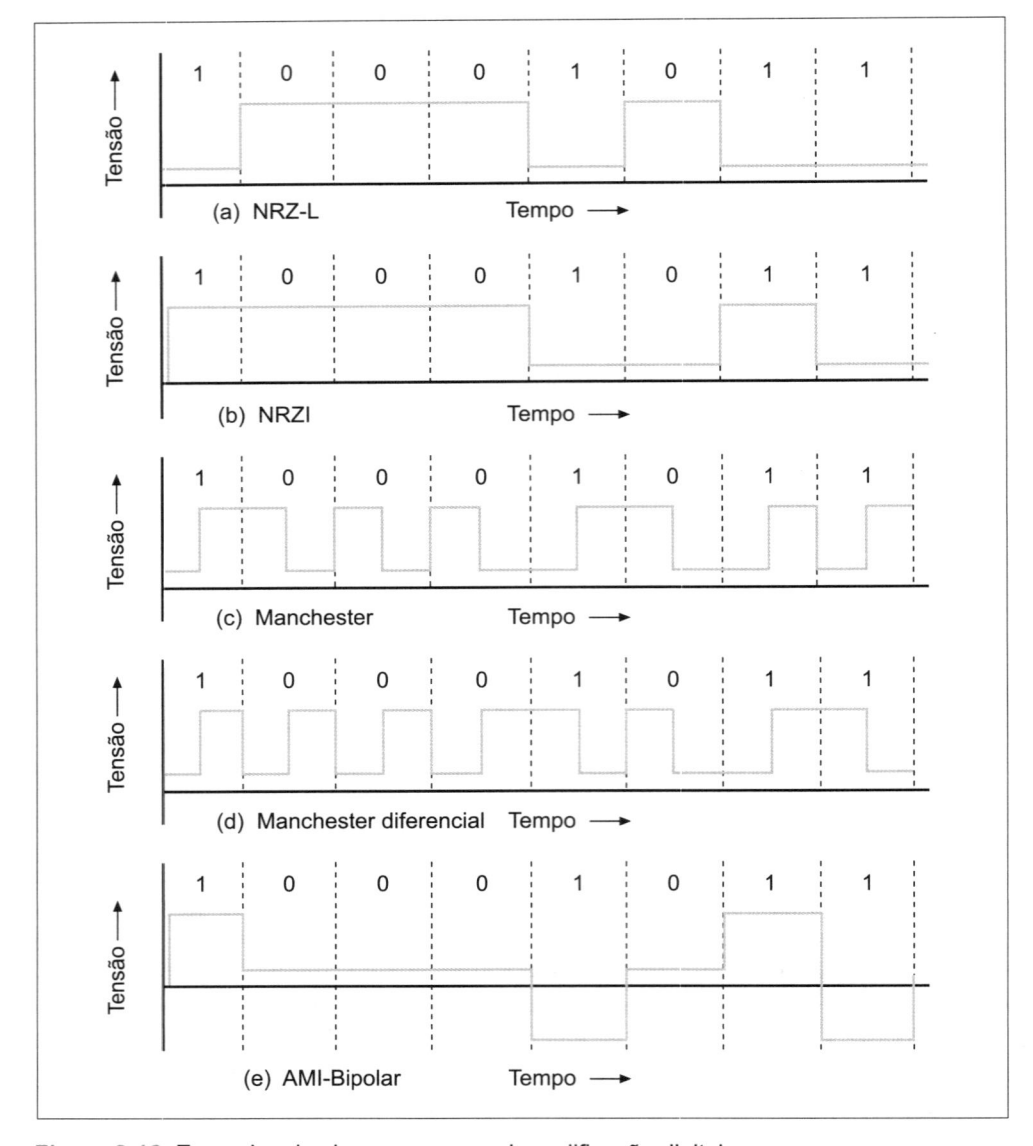

Figura 2-12 Exemplos de cinco esquemas de codificação digital.

Esquemas de codificação digital de Manchester

A classe de esquemas de codificação digital Manchester garante que cada bit apresente algum tipo de alteração de sinal e, assim, resolva o problema da sincronização. O esquema de codificação **Manchester**, apresentado na Figura 2-12(c), possui as seguintes propriedades: para transmitir um 1, o sinal altera-se de baixo para cima no meio do intervalo; para transmitir um 0, o sinal altera-se de cima para baixo no meio do intervalo. Observe que a transição é sempre no meio, um 1 é uma transição de baixo para cima, e um 0, de cima para baixo. Assim, se, num determinado momento, o sinal estiver baixo e o bit seguinte a ser transmitido for 0, o sinal tem de se mover de baixo para cima no início do intervalo para poder fazer a transição de cima para baixo no meio. A codificação Manchester é utilizada na maioria das redes locais para a transmissão de dados digitais por um cabo de rede.

O esquema de codificação digital **Manchester diferencial**, que também é utilizado em redes locais para transmissão por cabo, é similar ao esquema Manchester, pois sempre há uma transição no meio do intervalo. Mas, de modo diferente do código Manchester, a direção dessa transmissão no meio não diferencia um 0 de um 1. Pelo contrário, se há uma transição no início do intervalo, um 0 está sendo transmitido. Se não há uma transição no início do intervalo, um 1 está sendo transmitido. Como o receptor deve procurar o início do intervalo para determinar o valor do bit, o Manchester diferencial é similar ao esquema NRZI (apenas nesse aspecto). A Figura 2-12(d) mostra um exemplo de codificação Manchester diferencial.

Os esquemas Manchester apresentam uma vantagem em relação aos NRZ: neles, há sempre transição no meio de um bit. Assim, o receptor pode esperar uma alteração de sinal em intervalos regulares e sincronizar-se com o fluxo de bits de entrada. Os esquemas de codificação Manchester são chamados autossincronizados, pois a ocorrência de transições regulares é similar aos segundos de um relógio. Como veremos no Capítulo 4, é muito importante que o receptor fique sincronizado com o fluxo de entrada, e o código Manchester permite essa sincronização.

A grande desvantagem dos esquemas Manchester é que em cerca de metade dos casos haverá duas transições para cada bit. Por exemplo, se um esquema de codificação Manchester diferencial for utilizado para transmitir uma série de "0s", o sinal tem de se alterar tanto no início como no meio de cada bit. Assim, para cada valor de dado 0, o sinal se altera duas vezes. O número de vezes que um sinal se altera por segundo é chamado **taxa de transmissão de símbolos** ou simplesmente *baud rate*. Na Figura 2-13, uma série de "0s" binários é transmitida por meio do esquema de codificação Manchester diferencial. Observe que o sinal se altera duas vezes para cada bit. Após um segundo, o sinal alterou-se 10 vezes. Portanto, a taxa de transmissão de símbolos é 10 baud. Durante o mesmo período de tempo, apenas 5 bits foram transmitidos. A **taxa de dados**, medida em **bits por segundo (bps)**, é 5, o que, nesse caso, equivale a metade da taxa de transmissão de símbolos. Muitos indivíduos consideram equivocadamente que a taxa de transmissão de símbolos e o bps (ou taxa de dados) são iguais. Sob certas circunstâncias, a taxa de transmissão de símbolos pode se igualar ao bps, como nos esquemas de codificação NRZ-L ou NRZI apresentados na Figura 2-12. Nesses casos, há, no máximo, uma alteração de sinal para cada bit transmitido. Mas com esquemas como os códigos Manchester, a taxa de transmissão de símbolos não é igual ao bps.

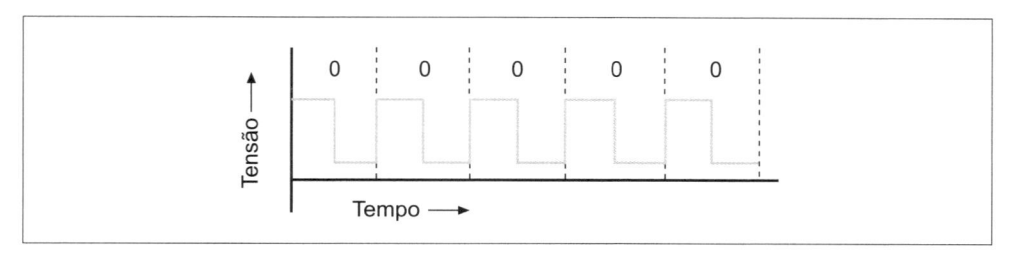

Figura 2-13 Transmissão de cinco "0s" binários utilizando codificação Manchester diferencial.

Por que é importante saber que alguns esquemas de codificação apresentam taxa de transmissão de símbolos duas vezes maior que o bps? Como os códigos Manchester possuem taxa de transmissão de símbolos que é o dobro do bps e os códigos NRZ apresentam taxa de transmissão de símbolos igual ao bps, o hardware que gera sinais codificados em Manchester tem de trabalhar duas vezes mais rápido do que aquele que gera sinais codificados em NRZ. Se são transmitidos 100 milhões de "0s" por segundo utilizando codificação Manchester diferencial, o sinal tem de se alterar 200 milhões de vezes por segundo (em contraste com 100 milhões na codificação NRZ). Como na maioria das coisas na vida, não se pode conseguir um benefício sem um custo. O hardware e o software que lidam com esquemas de codificação Manchester são mais elaborados e caros do que os que lidam com NRZ. Além disso, e mais importante, sinais que se alteram a uma taxa mais alta são mais suscetíveis a ruído e erros, como veremos em breve.

Esquema de codificação AMI-bipolar

O esquema de codificação AMI-bipolar é único entre os esquemas vistos até agora, pois utiliza três níveis de tensão. Quando um dispositivo transmite um 0 binário, ocorre a transmissão de tensão nula. Já quando transmite um 1 binário, pode ser feita a transmissão de uma tensão positiva ou negativa. A tensão transmitida depende de como o valor binário 1 foi transmitido pela última vez. Por exemplo, se o último binário 1 transmitiu tensão positiva, o binário 1 seguinte transmitirá tensão negativa. Do mesmo modo, se o último binário 1 transmitiu tensão negativa, o binário 1 seguinte transmitirá tensão positiva (Figura 2-12).

O esquema bipolar apresenta duas desvantagens evidentes. Primeiro, como se pode ver na Figura 2-12(e), temos novamente o problema da sincronização de uma longa sequência de "0s", conforme ocorria nos esquemas NRZ. Em segundo lugar, agora o hardware tem de ser capaz de gerar e reconhecer tanto voltagens negativas como positivas. Por outro lado, a principal vantagem do esquema bipolar é que quando todas as tensões forem somadas após uma longa transmissão, o valor total deve ser nulo. Ou seja, as tensões positivas e negativas cancelam-se entre si. Essa soma zero de tensões pode ser útil em certos tipos de sistemas eletrônicos (o motivo de ela ser útil foge ao escopo deste texto).

Esquema de codificação digital 4B/5B

Os esquemas de codificação Manchester resolvem o problema da sincronização, mas são relativamente ineficientes, pois possuem uma taxa de transmissão de símbolos duas vezes maior que o bps. O esquema 4B/5B tenta resolver o problema da sincronização e evitar o problema da "transmissão com o dobro do bps". O esquema de codificação **4B/5B** recebe quatro bits de dados, converte os quatro bits em uma sequência única de cinco bits e codifica os cinco bits utilizando NRZI.

O primeiro passo do hardware que executa a geração do código 4B/5B é converter as quantidades de 4 bits dos dados originais em novas quantidades de 5 bits. A utilização de 5 bits (ou cinco "0s" e "1s") para representar um valor produz 32 combinações possíveis ($2^5 = 32$). Dessas, apenas 16 combinações são utilizadas, de modo que nenhuma delas tenha três ou mais "0s" consecutivos. Desse modo, se um dispositivo transmitir as quantidades de 5 bits utilizando codificação NRZI, nunca haverá mais de dois "0s" em sequência (a menos que um caractere de 5 bits termine com 00 e o caractere seguinte comece com 0). Se não houver transmissão de mais de dois "0s" seguidos com codificação NRZI, nunca ocorrerá um período longo em que não haja transição de sinal. A Figura 2-14 mostra o código 4B/5B em detalhes.

Símbolos válidos de dados	
Dados originais de 4 bits	Novo código de 5 bits
0000	11110
0001	01001
0010	10100
0011	10101
0100	01010
0101	01011
0110	01110
0111	01111
1000	10010
1001	10011
1010	10110
1011	10111
1100	11010
1101	11011
1110	11100
1111	11101

Códigos inválidos
00001
00010
00011
01000
10000

0000 (Dados originais) Tornam-se → 11110 (Dados codificados em 5 bits) Transmitidos como → 1 1 1 1 0 (Sinal codificado em NRZI)

Figura 2-14 Esquema de codificação digital 4B/5B.

Como o código 4B/5B funciona? Digamos, por exemplo, que os próximos 4 bits de um fluxo de dados a ser transmitido são 0000, que, como podemos ver, possui uma sequência de zeros consecutivos e, portanto, criaria um sinal que não se altera. Olhando a primeira coluna da Figura 2-14, vemos que a codificação 4B/5B substitui 0000 por 11110. Observe que 11110, como todos os códigos de 5 bits da segunda coluna, não possui mais de dois zeros consecutivos. Após a substituição de 0000 por 11110, o hardware transmitirá 11110. Como o código de 5 bits é transmitido em NRZI, a taxa de transmissão se iguala ao bps, sendo, assim, mais eficiente. Infelizmente, a conversão de código de 4 para 5 bits cria um excedente de 20% (um bit extra). Compare com o código Manchester, em que a taxa de transmissão pode ser duas vezes maior que o bps e, portanto, produzir um excedente de 100%. Evidentemente, um excedente de 20% é melhor que um de 100%. Muitos sistemas mais recentes de codificação digital, que utilizam cabos de fibra óptica, recorrem a técnicas muito similares à 4B/5B. Assim, a compreensão desse esquema mais simples pode levar à compreensão de algumas técnicas de codificação digital mais novas.

Transmissão de dados digitais com sinais analógicos discretos

A técnica de conversão de dados digitais em sinal analógico também é um exemplo de modulação. Mas nesse tipo de modulação, o sinal analógico assume um número discreto de níveis. Ele pode assumir a forma simples de dois níveis de sinal (como a primeira técnica apresentada no próximo parágrafo) ou algo mais complexo, como os

256 níveis utilizados em sinais de TV digital. O receptor procura especificamente esses níveis de sinal. Assim, mesmo que eles sejam fundamentalmente analógicos, os sinais operam em um número discreto de níveis, de modo muito semelhante ao sinal digital da seção anterior. Para evitar confusão, nós os chamaremos de sinais analógicos discretos. Vamos examinar diversas técnicas de modulação discreta, começando com as mais simples (chaveamento) e terminando com as mais complexas, utilizadas em sistemas como sinais de TV digital QAM (modulação por chaveamento de amplitude em quadratura).

Modulação por chaveamento de amplitude

A técnica de modulação mais simples é por chaveamento de amplitude. Como mostrado na Figura 2-15, um valor de dado de 1 e um valor de dado de 0 são representados por duas amplitudes de sinal diferentes. Por exemplo, a amplitude superior pode representar um 1, enquanto a inferior (ou amplitude nula) pode representar um 0. Observe que durante cada período de bit a amplitude do sinal é constante.

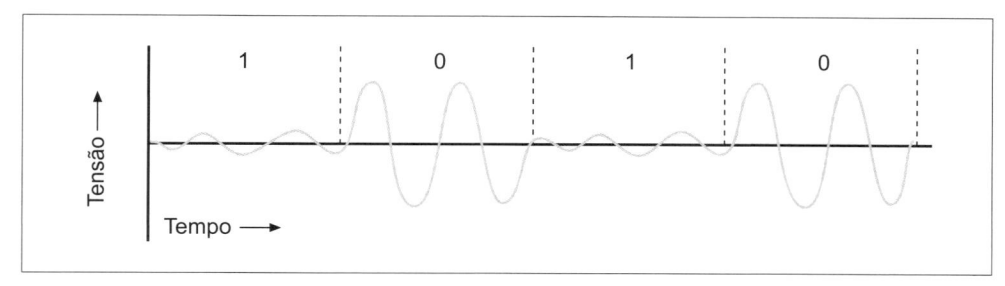

Figura 2-15 Exemplo de modulação por chaveamento de amplitude.

A modulação por chaveamento de amplitude não se restringe a dois níveis. Por exemplo, podemos criar uma técnica que incorpore quatro níveis diferentes de amplitude, conforme apresentado na Figura 2-16. Cada um dos quatro níveis pode representar 2 bits. Lembre-se de que, em contagem binária, 2 bits produzem quatro combinações possíveis: 00, 01, 10 e 11. Assim, a cada vez que o sinal se altera (ou seja, a cada vez que a amplitude se altera), são transmitidos 2 bits. Consequentemente, a taxa de dados (bps) é o dobro da taxa de transmissão de símbolos. Trata-se do caso oposto ao código Manchester, em que a taxa de dados é metade da taxa de transmissão de símbolos. Um sistema que transmite 2 bits por alteração de sinal é mais eficiente do que um que exige duas alterações de sinal para cada bit.

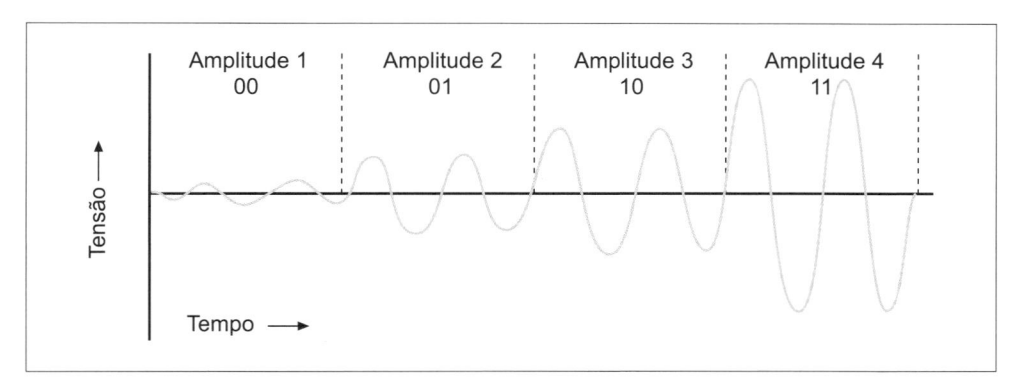

Figura 2-16 Modulação por chaveamento de amplitude utilizando quatro níveis diferentes de amplitude.

A modulação por chaveamento de amplitude tem um ponto fraco: está sujeita a impulsos de ruído repentinos, como cargas de estática criadas por um raio. Quando um sinal sofre interferência de uma grande descarga de estática, ele passa por aumentos significativos de amplitude. Por esse motivo, e como é difícil distinguir com precisão mais que alguns poucos níveis de amplitude, a modulação por chaveamento de amplitude é uma das técnicas de codificação menos eficientes, não sendo utilizada em sistemas que exijam alta taxa de transferência de dados. Ao transmitir dados por linhas telefônicas comuns, esse tipo de modulação não é capaz de exceder os 1.200 bps.

Modulação por chaveamento de frequência

A modulação por chaveamento de frequência utiliza duas faixas de frequência diferentes para representar valores de dados de 0 e 1, conforme mostrado na Figura 2-17. Por exemplo, o sinal de frequência inferior pode representar um 1, enquanto o superior pode representar um 0. Durante cada período de bit, a frequência do sinal é constante.

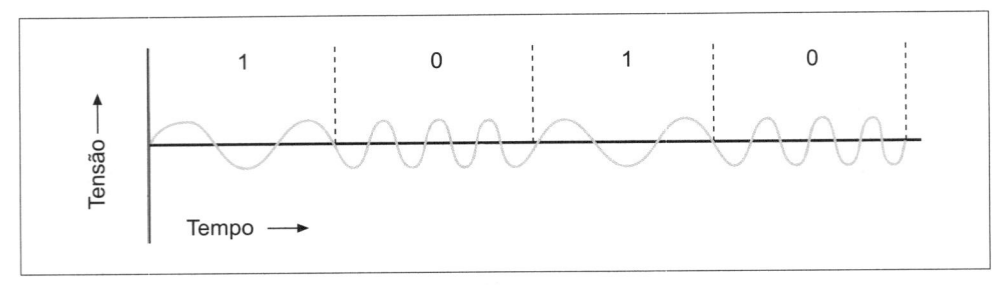

Figura 2-17 Exemplo simples de modulação por chaveamento de frequência.

Diferentemente da modulação por chaveamento de amplitude, a modulação por chaveamento de frequência não apresenta o problema de picos de ruído repentinos que possam causar perdas de dados. Porém, ela não é perfeita, pois está sujeita à **distorção de intermodulação**, fenômeno que ocorre quando as frequências de dois ou mais sinais se misturam, gerando novas frequências. Assim, como a modulação por chaveamento de amplitude, a modulação por chaveamento de frequência não é utilizada em sistemas que exijam alta taxa de dados.

Modulação por chaveamento de fase

A terceira técnica de modulação é por chaveamento de fase. A **modulação por chaveamento de fase** representa "0s" e "1s" por diferentes alterações na fase de uma forma de onda. Por exemplo, um 0 pode corresponder à ausência de alteração de fase, enquanto um 1, a uma alteração de fase de 180 graus, conforme mostrado na Figura 2-18.

As alterações de fase não são afetadas por alterações de amplitude ou distorções de intermodulação. Assim, a modulação por chaveamento de fase é menos suscetível a ruído e pode ser utilizada em frequências mais altas.

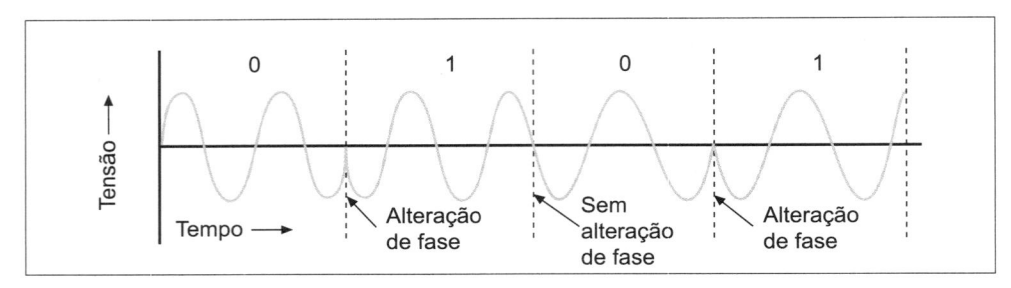

Figura 2-18 Exemplo simples de modulação por chaveamento de fase de onda senoidal.

Ela é tão precisa que o transmissor de sinais pode aumentar a eficiência, introduzindo diversos ângulos de desvio de fase. Por exemplo, a **modulação por chaveamento de fase em quadratura** incorpora quatro ângulos de fases diferentes, cada um representando dois bits: um desvio de fase de 45 graus representa valor de dados de 11; um desvio de fase de 135 graus representa valor de dados de 10; um desvio de fase de 225 graus representa valor de dados de 01; e um desvio de fase de 315 graus representa valor de dados de 00. A Figura 2-19 apresenta um gráfico simplificado desses quatro desvios de fase. Como cada desvio representa 2 bits, a modulação por chaveamento de fase de quadratura possui o dobro de eficiência em relação à de fase simples. Com essa técnica de codificação, uma alteração de sinal é igual a 2 bits de informação, ou seja, 1 baud é igual a 2 bps.

A eficiência dessa técnica pode ser aumentada ainda mais, combinando 12 ângulos diferentes de desvio de fase com duas amplitudes diferentes. A Figura 2-20(a) (conhecida como diagrama de constelação) apresenta 12 ângulos diferentes de desvio de fase e 12 arcos, sendo irradiados do ponto central. São aplicadas duas amplitudes diferentes em cada um dos quatro ângulos. A Figura 2-20(b) mostra um desvio de fase com duas amplitudes diferentes. Assim, oito ângulos de fase possuem uma única amplitude e quatro possuem duas amplitudes, resultando em 16 combinações diferentes. Essa técnica de codificação é um exemplo de uma família de técnicas denominada **QAM (modulação por chaveamento de amplitude em quadratura)**, normalmente empregada em modems contemporâneos, que utiliza cada alteração de sinal para representar 4 bits (4 bits produzem 16 combinações). Portanto, o bps dos dados transmitidos pelo QAM da Figura 2-20 é quatro vezes a taxa de transmissão

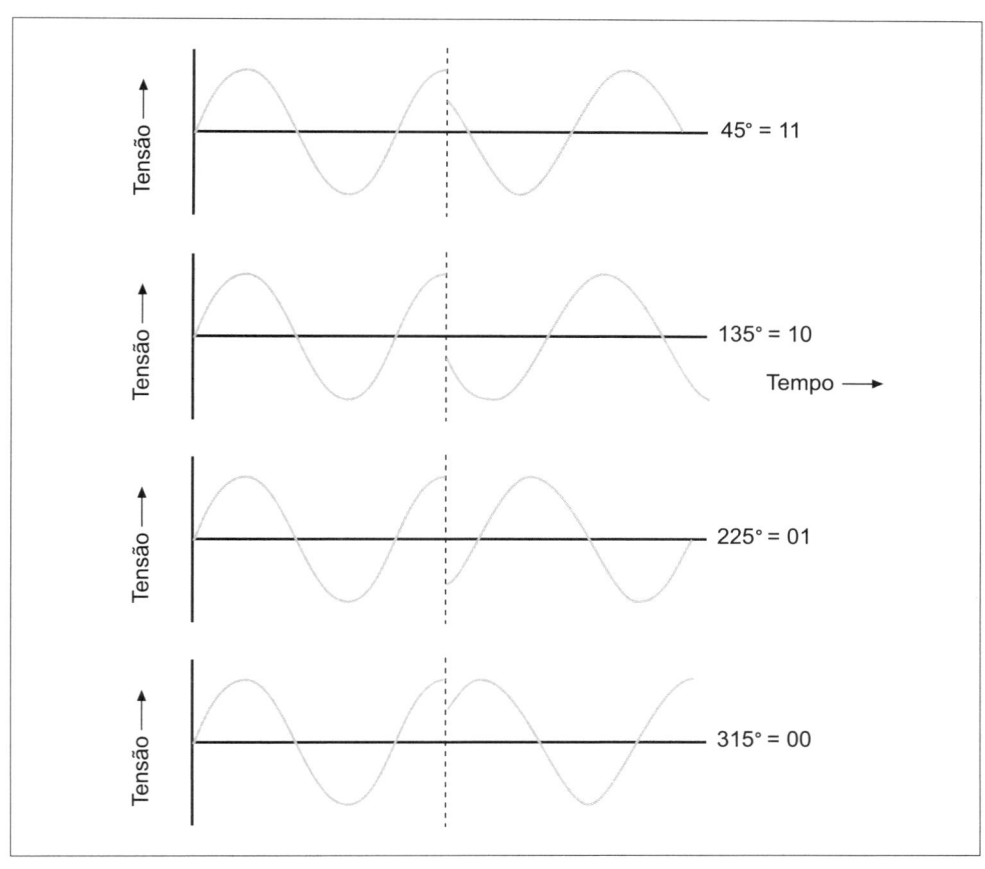

Figura 2-19 Quatro ângulos de fase de 45, 135, 225 e 315 graus, conforme vistos em modulação por chaveamento de fase de quadratura.

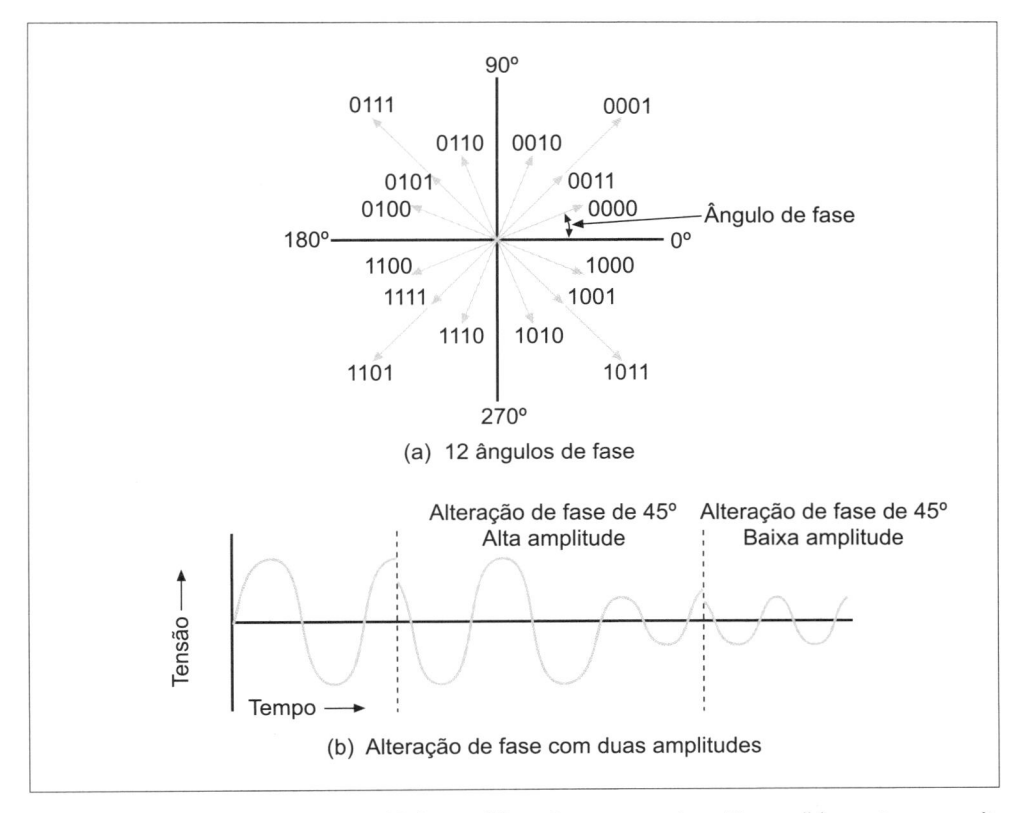

Figura 2-20 A Figura (a) mostra 12 fases diferentes, enquanto a Figura (b) mostra uma alteração de fase com duas amplitudes diferentes.

Transmissão de dados analógicos com sinais digitais

Frequentemente é necessário transmitir dados analógicos por meio digital. Por exemplo, muitos laboratórios científicos possuem equipamentos de teste que geram os resultados como dados analógicos. Esses dados são convertidos em sinais digitais, a serem transmitidos por sistemas de computadores e, eventualmente, armazenados em memória ou disco magnético. Uma gravadora de música, que produz CDs, também converte dados analógicos em sinais digitais. O artista toca músicas, que são dados analógicos. Em seguida, um dispositivo converte esses dados em digitais, de modo que os "1s" e "0s" binários da música digitalizada possam ser armazenados, editados e, eventualmente, gravados em CD. Ao utilizar o CD, o usuário insere o disco em um aparelho de som que converte os "1s" e "0s" binários novamente em música analógica. A seguir, veremos as duas técnicas de conversão de dados analógicos em sinais digitais.

PCM (Modulação por Código de Pulso)

Uma técnica de codificação que converte dados analógicos em sinal digital é a **PCM (modulação por código de pulso)**. O hardware, mais especificamente um **codec**, converte os dados analógicos em sinal digital, analisando a forma de onda analógica e fazendo "capturas instantâneas" (ou amostragens) dos dados analógicos em intervalos fixos. A realização dessas capturas instantâneas envolve o cálculo da altura (ou tensão) acima de um dado limiar da forma de onda analógica. A altura, que é um valor analógico, é convertida em um valor binário equivalente de comprimento fixo. Esse valor binário pode então ser transmitido utilizando alguma forma de codificação digital. A análise de uma forma de onda analógica e sua conversão em pulsos que representam a altura da onda acima (ou abaixo) de um limiar é denominada **PAM (modulação por amplitude de pulso)**. O termo PCM, na verdade, aplica-se à conversão dos pulsos individuais em valores binários. No entanto, para manter a simplicidade, vamos chamar todo o processo apenas de PCM.

A Figura 2-21 mostra um exemplo de PCM. No momento t (eixo x), é realizada uma amostragem da forma de onda analógica, resultando no valor decimal 14 (eixo y). Esse valor é convertido em um valor binário de 5 bits (como 01110) pelo codec e transmitido a um dispositivo para armazenamento. Na Figura 2-21, o eixo y está dividido em 32 segmentos ou **níveis de quantização** (observe que os valores desse eixo vão de 0 a 31, o que corresponde a 32 divisões). Como há 32 níveis de quantização, cada amostragem gera um valor de 5 bits ($2^5 = 32$).

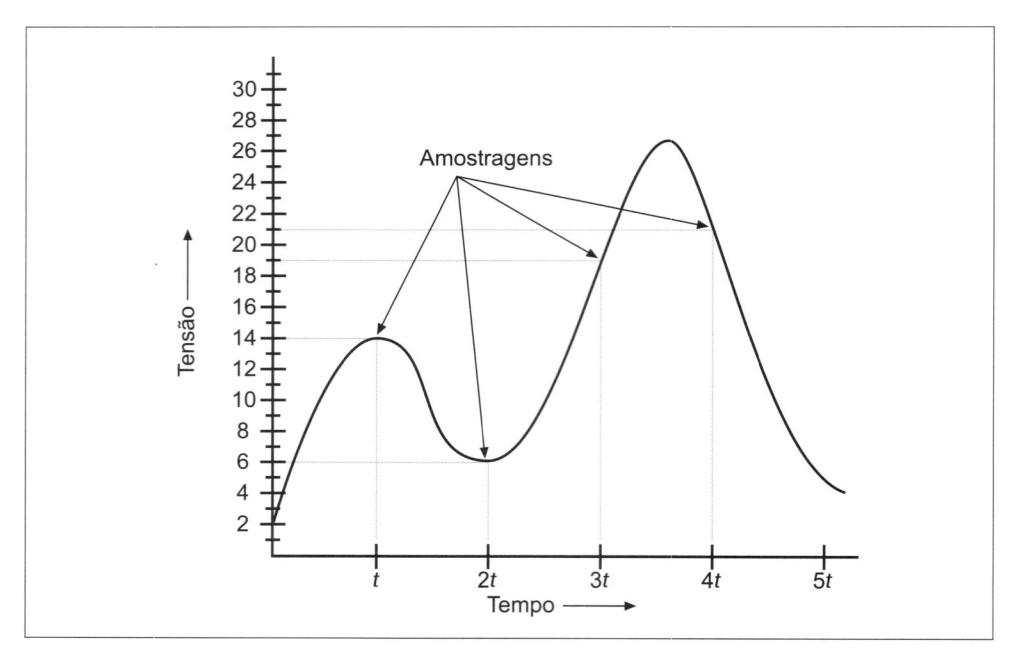

Figura 2-21 Exemplo de captura de "instantâneos" de uma forma de onda analógica para conversão em sinal digital.

O que acontece se o valor da amostra ficar entre 13 e 14? Se estiver mais próximo de 14, devemos aproximar e selecionar 14; se mais próximo de 13, devemos aproximar e selecionar 13. De qualquer modo, nossa aproximação introduzirá um erro na codificação, pois não será codificado o valor exato da forma de onda. Esse tipo de erro é chamado **erro de quantização** (ou **ruído de quantização**) e faz com que os dados analógicos gerados posteriormente fiquem diferentes dos dados analógicos originais.

Para reduzir esse tipo de erro de quantização, poderíamos ter segmentado o eixo y de modo mais preciso, dividindo-o em 64 (ou seja, o dobro de) níveis de quantização. Como sempre, não podemos ter um benefício sem custos. Essa precisão extra exigiria que o hardware fosse mais preciso e teria gerado um valor maior de bits para cada captura (pois 64 níveis de quantização exigem um valor de 6 bits, ou $2^6 = 64$). Prosseguindo a codificação da forma de onda da Figura 2-21, vemos que no momento 2t o codec faz uma segunda captura. Agora, percebemos que a tensão da forma de onda tem um valor decimal 6, e esse 6 é convertido em um valor binário de 5 bits e armazenado. O processo de codificação continua desse modo, com o codec fazendo capturas, convertendo os valores de tensão (também conhecidos como valores PAM) para a forma binária e armazenando-os por toda a extensão da forma de onda.

Para reconstruir a forma de onda original com base nos valores digitais armazenados, um hardware especial converte cada valor binário de n bits em valor decimal e gera um pulso elétrico de magnitude (altura) adequada. Com um fluxo de entrada contínuo de valores convertidos, é possível reconstruir uma forma de onda próxima à original, conforme mostrado na Figura 2-22.

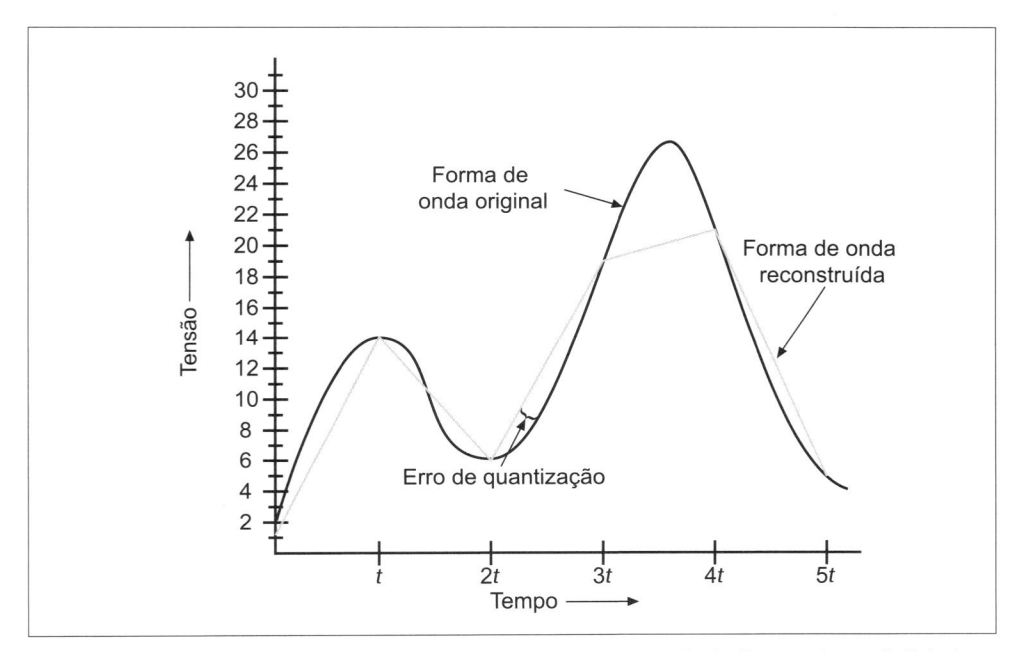

Figura 2-22 Reconstrução da forma de onda analógica a partir de "instantâneos" digitais.

Às vezes, essa forma de onda reconstruída não é uma boa reprodução do original. O que podemos fazer para aumentar a precisão da forma reproduzida? Como já vimos, podemos aumentar o número de níveis de quantização no eixo y. Além disso, quanto mais frequente a captura das amostras (ou seja, quanto menor o intervalo entre elas ou quanto mais fina a resolução), mais precisa será a forma de onda reconstruída. A Figura 2-23 mostra uma reconstrução mais próxima da forma analógica original. Mais uma vez, não podemos ter um benefício sem custos. Para capturar as amostras em intervalos mais curtos, o codec deve ter qualidade suficiente para analisar o sinal de entrada rapidamente e executar as conversões necessárias. Além disso, quanto mais capturas são feitas, mais dados binários são gerados por segundo. A frequência com que as capturas são feitas é chamada taxa de amostragem. Se o codec tira mostras a uma taxa desnecessariamente alta, ele gastará muitos recursos para obter poucos benefícios na reconstrução da forma de onda. É mais comum encontrarmos sistemas de codec que geram poucas amostras – utilizam baixa taxa de amostragem –, reconstruindo uma forma de onda que não constitui reprodução precisa da original.

Sendo assim, qual é o equilíbrio ideal entre uma taxa de amostragem muito alta e uma muito baixa? De acordo com um conhecido teorema da comunicação criado por Nyquist, a taxa de amostragem na utilização de PCM deve ser, pelo menos, o dobro da frequência mais alta da forma de onda analógica original, garantindo uma reprodução razoável. Utilizando o sistema telefônico como exemplo e assumindo que a maior frequência de voz possível é 3.400 Hz, a taxa de amostragem deve ser de, pelo menos, 6.800 amostras por segundo para garantir a reprodução razoável da forma de onda analógica. De fato, o sistema telefônico aloca um canal de 4.000 Hz para o sinal de voz e, assim, captura amostras 8.000 vezes por segundo.

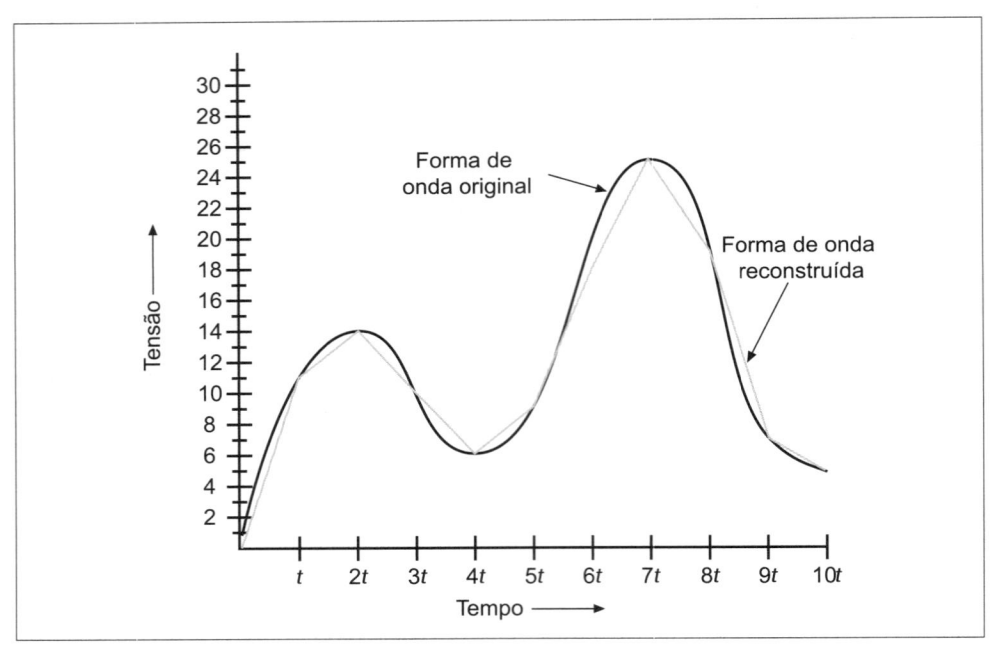

Figura 2-23 Reconstrução mais precisa da forma de onda original, utilizando uma taxa de amostragem mais alta.

Modulação delta

Um segundo método de conversão de dados analógicos em sinal digital é a modulação delta. A Figura 2-24 mostra um exemplo. Com a modulação delta, o codec analisa os dados analógicos de entrada, determinando "degraus" para cima ou para baixo. Em cada período de tempo, o codec estabelece se a forma de onda subiu ou desceu um degrau delta. Se a forma subiu um degrau delta, transmite-se um 1; se desceu, transmite-se um 0. Com essa técnica de codificação, gera-se apenas um bit por amostra. Assim, a conversão de digital para analógico por modulação delta é mais rápida do que por PCM, na qual cada valor analógico é primeiro convertido em valor PAM e, em seguida, o valor PAM é convertido em binário.

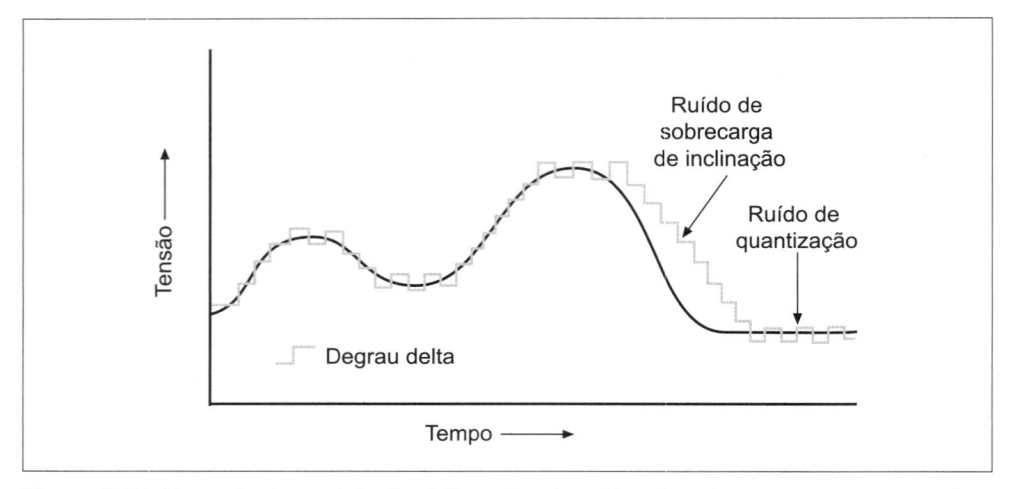

Figura 2-24 Exemplo de modulação delta sofrendo ruídos de sobrecarga em rampa e de quantização.

Há dois problemas inerentes à modulação delta. Se a forma de onda analógica subir ou descer muito rapidamente, o codec pode não ser capaz de rastrear a alteração e ocorre ruído de sobrecarga de inclinação (ou *slope overload*). O que acontece se um dispositivo estiver tentando digitalizar uma voz ou música que mantém frequência e amplitude constantes, como uma pessoa cantando uma única nota com volume fixo? As formas de onda

Detalhes

Relação entre frequência e bits por segundo

Quando uma aplicação de rede está lenta, normalmente os usuários pedem que os especialistas de rede façam os dados serem transmitidos mais rapidamente para, assim, resolverem o problema. O que muitos usuários não compreendem é que, para enviar os dados a uma taxa maior, é necessário mudar uma ou duas coisas: (1) os dados devem ser transmitidos com um sinal de frequência mais alta ou (2) mais bits por símbolo devem ser enviados. Além disso, nenhuma dessas soluções funcionará se o meio de transmissão do sinal não for capaz de dar suporte a frequências mais altas. Para começar a compreender todas essas interdependências, é útil entender o relacionamento entre bits por segundo e frequência de sinal e poder recorrer a duas medidas simples – o teorema de Nyquist e o de Shannon – para calcular a taxa de transferência de um sistema.

Uma relação importante entre a frequência de um sinal e o número de bits que esse sinal é capaz de transportar por segundo é esta: quanto mais alta a frequência do sinal, maior a taxa de transferência de dados possível. O inverso também é verdadeiro: quanto maior a taxa de transferência de dados desejada, mais alta é a frequência de sinal necessária. Pode-se verificar uma relação direta entre a frequência de um sinal e a taxa de transferência de dados (em bits por segundo ou bps) que um sinal pode transportar. Considere a codificação por modulação em amplitude da sequência de bits 1010, apresentada duas vezes na Figura 2-25. Na primeira parte dessa figura, o sinal (amplitude) se altera quatro vezes durante um período de um segundo (taxa de transmissão de símbolos igual a 4 baud). A frequência desse sinal é 8 Hz (8 ciclos completos em um segundo) e a taxa de transferência de dados é 4 bps. Na segunda parte da figura, a amplitude do sinal se altera oito vezes durante um período de um segundo (taxa de transmissão de símbolos igual a 8 baud). A frequência do sinal é 16 Hz e a taxa de transferência de dados é 8 bps. Como a frequência aumenta, a taxa de transferência de dados (em bps) também aumenta.

Esse exemplo é simples, pois contém apenas dois níveis (amplitudes) de sinal, um para 0 binário e um para 1 binário. E se tivéssemos uma técnica de codificação com quatro níveis de sinal, como apresentado na Figura 2-26? Por haver quatro níveis de sinal, cada nível pode representar 2 bits. Mais precisamente, o primeiro nível pode representar os binários 00, o segundo 01, o terceiro 10, e o quarto 11. Agora, quando o nível de sinal se altera, são transferidos 2 bits de dados.

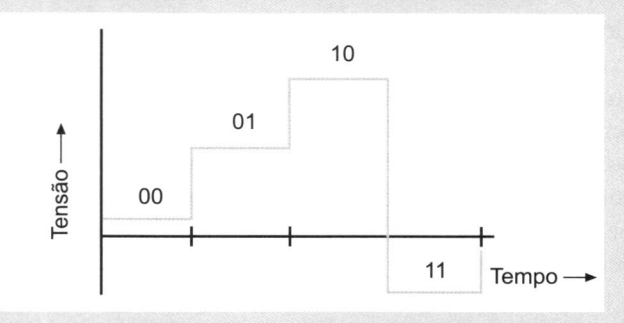

Figura 2-26 Técnica de sinalização hipotética com quatro níveis de sinal.

Duas fórmulas expressam essa relação direta entre a frequência e a taxa de transferência de dados de um sinal: o teorema de Nyquist e o teorema de Shannon. O **teorema de Nyquist** calcula a taxa de transferência de dados de um sinal utilizando sua frequência e o número de níveis de sinalização:

$$C = 2f \times \log_2(L)$$

onde C é a velocidade de transferência de dados por um meio em bits por segundo (a capacidade do canal), f é a frequência do sinal e L é o número de níveis de sinalização. Por exemplo, para um determinado sinal de 3.100 Hz e dois níveis de sinalização, a capacidade de canal resultante é de 6.200 bps, que decorre de $2 \times 3.100 \times \log_2(2) = 2 \times 3.100 \times 1$. Tenha o cuidado de utilizar $\log_2$ e não $\log_{10}$. Um sinal de 3.100 Hz com quatro níveis de sinalização produz 12.400 bps. Observe, ainda, que a fórmula de Nyquist não incorpora ruído, que está sempre presente (a fórmula de Shannon apresentada a seguir incorpora). Assim, muitas pessoas não utilizam a fórmula de Nyquist para obter a taxa de dados, mas para, ao contrário, a partir de determinada taxa de dados e frequência, obter o número de níveis de sinal L.

O **teorema de Shannon** calcula a taxa máxima de transferência de dados de um sinal analógico (com qualquer número de níveis de sinal) e incorpora o ruído:

$$\text{Taxa de dados} = f \times \log_2(1 + S/N)$$

onde a taxa de dados está em bits por segundo, f é a frequência do sinal, S é a potência do sinal em watts e N é a potência do ruído em watts.

Considere um sinal de 3.100 Hz, com nível de potência de 0,2 watts e nível de ruído de 0,0002 watts:

$$\begin{aligned}
\text{Taxa de dados} &= 3.100 \times \log_2(1 + 0{,}2/0{,}0002) \\
&= 3.100 \times \log_2(1001) \\
&= 3.100 \times 9{,}97 \\
&= 30.901 \text{ bps}
\end{aligned}$$

(Se sua calculadora não tiver a tecla de $\log_2$, como na maioria dos casos, sempre é possível obter uma resposta aproximada extraindo o $\log_{10}$ e dividindo por 0,301.)

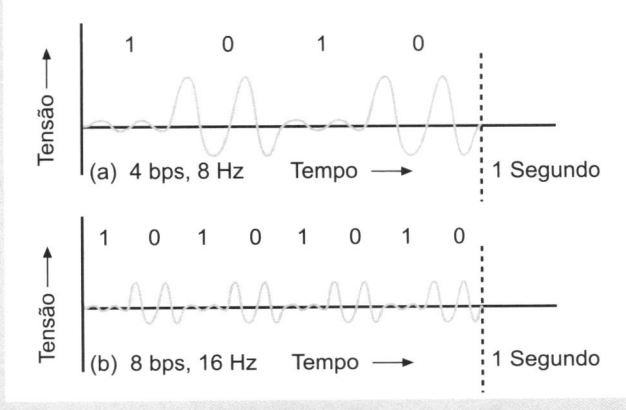

Figura 2-25 Comparação de frequência de sinal com bits por segundo.

analógicas que nunca se alteram revelam o outro problema da modulação delta. Como o codec produz um 1 ou 0 apenas mediante, respectivamente, um aumento ou queda, uma forma de onda que não se altera gera uma sequência de 1010101010..., provocando, assim, ruído de quantização. A Figura 2-24 apresenta a modulação delta e mostra tanto o ruído de sobrecarga de inclinação como o de quantização.

Códigos de dados

Uma das formas mais comuns de dados transferidos de transmissor para receptor são os dados textuais. Por exemplo, instituições bancárias que desejam transferir dinheiro costumam transmitir informações textuais, como números de conta, nomes dos titulares das contas, nomes dos bancos, endereços e quantias de dinheiro a serem transferidas. Essas informações textuais são transmitidas como uma sequência de caracteres. Para que se possa distinguir um do outro, cada caractere é representado por uma única sequência binária de "1s" e "0s". O conjunto de todos os caracteres textuais ou símbolos e seus valores binários correspondentes chama-se **código de dados**. Três códigos de dados importantes são o ECBDIC, o ASCII e o Unicode. Vamos considerar cada um deles nessa ordem.

EBCDIC

O **EBCDIC** (Extended Binary Coded Decimal Interchange Code) é um código de 8 bits que permite 256 ($2^8 = 256$) combinações possíveis de símbolos textuais. Essas combinações incluem todas as letras maiúsculas e minúsculas, os números de 0 a 9, muitos símbolos especiais e sinais de pontuação e vários caracteres de controle. Os caracteres de controle, como o LF (line feed) e o CR (carriage return), fornecem controle entre um processador e um dispositivo de entrada/saída. Certos caracteres de controle fornecem controle de transferência de dados entre um computador de origem e um de destino. Todos os caracteres EBCDIC são apresentados na Figura 2-27.

Bits	4	0	0	0	0	0	0	0	0	1	1	1	1	1	1	1	1
	3	0	0	0	0	1	1	1	1	0	0	0	0	1	1	1	1
	2	0	0	1	1	0	0	1	1	0	0	1	1	0	0	1	1
	1	0	1	0	1	0	1	0	1	0	1	0	1	0	1	0	1
8 7 6 5																	
0 0 0 0		NUL	SOH	STX	EXT	PF	HT	LC	DEL			SMM	VT	FF	CR	SO	SI
0 0 0 1		DLE	DC_1	DC_2	DC_3	RES	NL	BS	IL	CAN	EM	CC		IFS	IGS	IHS	IUS
0 0 1 0		DS	SOS	FS		BYP	LF	EOB	PRE			SM			ENQ	ACK	BEL
0 0 1 1				SYN		PN	RS	UC	EOT					DC_4	NAK		SUB
0 1 0 0		SP												<	(	+	|
0 1 0 1		&								!		$		.	)	:	¬
0 1 1 0		—												%	-	>	?
0 1 1 1														@		=	"
1 0 0 0			a	b	c	d	e	f	g	h	i						
1 0 0 1			j	k	l	m	n	o	p	q	r						
1 0 1 0				s	t	u	v	w	x	y	z						
1 0 1 1																	
1 1 0 0			A	B	C	D	E	F	G	H	I						
1 1 0 1			J	K	L	M	N	O	P	Q	R						
1 1 1 0				S	T	U	V	W	X	Y	Z						
1 1 1 1		0	1	2	3	4	5	6	7	8	9						

Figura 2-27 Conjunto de códigos de caracteres ECBDIC.

Por exemplo, se desejamos que um computador envie a mensagem "Transfer $1.200,00" utilizando EBCDIC, os seguintes caracteres devem ser transmitidos:

1110 0011   T
1001 1001   r
1000 0001   a
1001 0101   n
1010 0010   s
1000 0110   f
1000 0101   e

1001 1001	r
0100 0000	espaço
0101 1011	$
1111 0001	1
1111 0010	2
1111 0000	0
1111 0000	0
0101 1100	0
1111 0000	0
1111 0000	0

Os computadores mainframe da IBM são os principais usuários do conjunto de caracteres EBCDIC.

ASCII

O **ASCII** (American Standard Code for Information Interchange) é um padrão do governo dos Estados Unidos e um dos códigos de dados mais amplamente utilizados no mundo. O conjunto de caracteres ASCII existe em formas um pouco diferentes, incluindo uma versão de 7 bits que permite 128 (2^7 =128) combinações possíveis de símbolos textuais, representando letras maiúsculas e minúsculas, os números de 0 a 9, símbolos especiais e caracteres de controle. Como o byte, composto de 8 bits, é a unidade mais comum de dados, a versão de caracteres ASCII com 7 bits costuma incluir um oitavo bit. Ele pode ser utilizado para detectar erros de transmissão (assunto que será discutido no Capítulo 6). Além disso, o oitavo bit pode oferecer 128 caracteres adicionais, definidos pela aplicação que utiliza o código ASCII, ou ser simplesmente um 0 binário. A Figura 2-28 mostra o conjunto de caracteres ASCII e os valores correspondentes de 7 bits.

		Bits mais significativos (7, 6, 5)							
		000	001	010	011	100	101	110	111
Bits menos significativos (4, 3, 2, 1)	0000	NUL	DLE	SPACE	0	@	P	`	p
	0001	SOH	DC1	!	1	A	Q	a	q
	0010	STX	DC2	"	2	B	R	b	r
	0011	ETX	DC3	#	3	C	S	c	s
	0100	EOT	DC4	$	4	D	T	d	t
	0101	ENQ	NAK	%	5	E	U	e	u
	0110	ACK	SYN	&	6	F	V	f	v
	0111	BEL	ETB	'	7	G	W	g	w
	1000	BS	CAN	(	8	H	X	h	x
	1001	HT	EM	)	9	I	Y	i	y
	1010	LF	SUB	*	:	J	Z	j	z
	1011	VT	ESC	+	;	K	[	k	{
	1100	FF	FS	,	<	L	\	l	|
	1101	CR	GS	-	=	M	]	m	}
	1110	SO	RS	.	>	N	^	n	~
	1111	SI	US	/	?	O	_	o	DEL

Figura 2-28 Conjunto de caracteres ASCII.

Para enviar a mensagem "Transfer $1.200,00" utilizando ASCII, os caracteres correspondentes seriam:

1010100	T
1110010	r
1100001	a
1101110	n
1110011	s
1100110	f
1100101	e
1110010	r
0100000	espaço
0100100	$

0110001	1
0110010	2
0110000	0
0110000	0
0101110	.
0110000	0
0110000	0

Unicode

Um dos principais problemas tanto do EBCDIC como do ASCII é que eles não são capazes de representar símbolos diferentes daqueles encontrados em língua inglesa. Além disso, eles não podem sequer representar todos os tipos diferentes de caracteres em inglês, como, por exemplo, muitos símbolos técnicos utilizados em engenharia e matemática. E se quisermos representar as outras línguas ao redor do mundo? Por isso, precisamos de uma técnica de codificação mais poderosa – o Unicode. O **Unicode** é uma técnica de codificação que fornece um valor de código exclusivo para todos os símbolos de qualquer língua, independentemente da plataforma. Atualmente, o Unicode dá suporte a mais de 110 tabelas diferentes de códigos (línguas e conjuntos de símbolos). Por exemplo, o símbolo grego β possui o valor Unicode hexadecimal 03B2 (binário 0000 0011 1011 0010). O próprio ASCII é uma das tabelas de códigos suportadas. Muitas das grandes empresas de computação, como a Apple, a HP, a IBM, a Microsoft, a Oracle, a Sun e a Unisys, adotaram o Unicode e muitas outras perceberam que sua aceitação continuará crescendo com o tempo. À medida que o setor de computação se tornar um mercado mais global, o Unicode continuará a ganhar importância. Por ser tão grande, não apresentaremos o Unicode aqui. Se estiver interessado, visite o site na web do Unicode em www.unicode.org.

Voltando ao exemplo do envio de mensagem textual, para enviar "Transfer $1.200,00" por Unicode, os caracteres correspondentes são:

0000 0000 0101 0100	T
0000 0000 0111 0010	r
0000 0000 0110 0001	a
0000 0000 0110 1110	n
0000 0000 0111 0011	s
0000 0000 0110 0110	f
0000 0000 0110 0101	e
0000 0000 0111 0010	r
0000 0000 0010 0000	espaço
0000 0000 0010 0100	$
0000 0000 0011 0001	1
0000 0000 0011 0010	2
0000 0000 0011 0000	0
0000 0000 0011 0000	0
0000 0000 0010 1110	.
0000 0000 0011 0000	0
0000 0000 0011 0000	0

Conversão de dados e sinais em ação: dois exemplos

Vamos examinar duas aplicações típicas de negócios em que diversos tipos de conversões de dados e sinais são executados; vejamos como dados analógicos e digitais, sinais analógicos e digitais e códigos de dados trabalham juntos. Primeiro, considere um pessoa no trabalho que queira enviar um e-mail a um colega perguntando sobre o horário da próxima reunião. Para simplificar, vamos supor que a mensagem diz: "Sam, a que horas é a reunião com a contabilidade? Hannah"; e ela está sendo enviada de um microcomputador conectado a uma rede local, que, por sua vez, está conectada à internet. Vamos imaginar que se trata de uma pequena empresa; assim a conexão com a internet é por um modem de discagem (Figura 2-29).

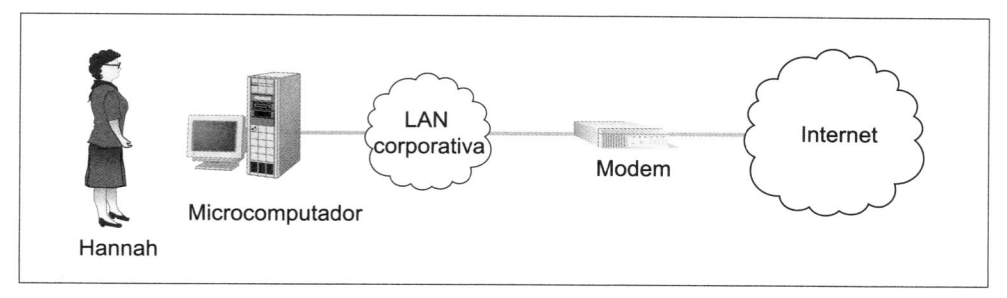

Figura 2-29 Usuário enviando e-mail de um PC por rede de área local e internet com um modem.

Hannah insere a mensagem no programa de e-mail e clica no ícone Enviar. O programa de e-mail prepara a mensagem, que contém os dados "Sam, a que horas é a reunião com a contabilidade? Hannah", além de todas as outras informações necessárias para o envio correto. Como esse programa de e-mail utiliza ASCII, o texto dessa mensagem é convertido para o seguinte:

Mensagem original:	Sam, a que horas é a reunião com a contabilidade? Hannah	
String ASCII:	1010011 1100001 1101101 ...	(Para simplificar, apresentaremos apenas a parte
	S a m	"Sam" da mensagem em ASCII.)

Em seguida, a mensagem ASCII é transmitida por uma LAN (rede local) interna da empresa. Vamos supor que essa LAN utilize codificação Manchester diferencial. A string ASCII surge agora como um sinal digital, conforme mostra a Figura 2-30.

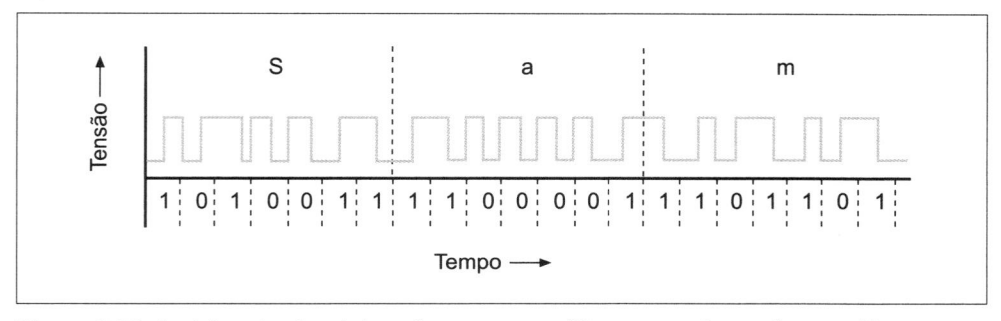

Figura 2-30 As três primeiras letras da mensagem "Sam, a que horas é a reunião com a contabilidade? Hannah", por meio de codificação Manchester diferencial.

Essa codificação Manchester diferencial da mensagem atravessa a rede local e chega a outro computador, conectado a um modem. Esse computador converte a mensagem novamente em uma sequência ASCII e, em seguida, transmite essa sequência ao modem. O modem prepara a mensagem para transmissão via internet, utilizando modulação em frequência. Para simplificar, apenas os 7 primeiros bits da sequência ASCII (correspondentes, neste caso, ao "S" de Sam) são convertidas utilizando modulação por chaveamento de frequência (Figura 2-31).

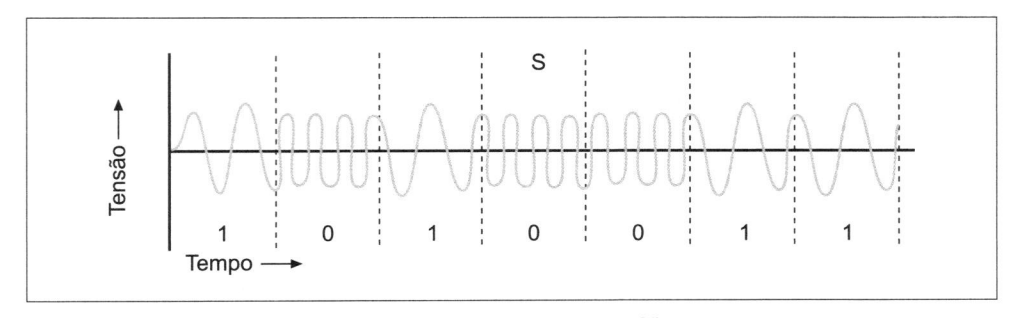

Figura 2-31 Sinal modulado por frequência para a letra "S".

Esse sinal de frequência modulada atravessa as linhas telefônicas e chega ao gateway de internet adequado (o provedor de internet), que desmodula o sinal em uma string ASCII. A partir daí, a string que representa a mensagem original passa para a internet e, enfim, chega ao computador do destinatário pretendido. O processo de transmissão pela internet e de entrega da mensagem ao destinatário envolve várias outras conversões de código. Como ainda não discutimos o que ocorre na internet nem sabemos que tipo de conexão o receptor possui, essa parte do exemplo foi omitida. No entanto, esse caso relativamente simples mostra o número de vezes em que são executadas conversões entre dados e sinais durante a transferência de uma mensagem.

Um segundo exemplo envolve o telefone comum. O sistema telefônico dos Estados Unidos é a união cada vez mais complexa de linhas telefônicas analógicas tradicionais e da moderna tecnologia digital. Praticamente, a única parte do sistema telefônico que permanece analógica é o enlace local – o fio que deixa uma residência, apartamento ou escritório e vai até a central de comutação telefônica mais próxima. A voz, quando se fala ao telefone, é um dado analógico convertido em um sinal analógico que atravessa um cabo até a central de comutação local, onde é digitalizado e transmitido a outra central de comutação em algum lugar da vasta rede de telefonia.

Como a voz humana é analógica, mas boa parte do sistema telefônico é digital, que tipo de conversões, de analógico para digital, é executado? Conforme mencionado anteriormente no capítulo, a voz humana ocupa frequências analógicas de 300 a 3.400 Hz e é transmitida pelo sistema telefônico com largura de banda de 4.000 Hz (4 kHz). Quando esse sinal de 4.000 Hz chega à central telefônica local, são extraídas amostras com o dobro da maior frequência (conforme o teorema de Nyquist), ou seja, 8.000 amostras por segundo. Estudos sobre telefonia mostraram que a voz humana pode ser digitalizada por meio de apenas 128 níveis diferentes de quantização. Como 2^7 é igual a 128, cada uma das 8.000 amostras por segundo pode ser convertida em um valor de 7 bits, resultando em 8.000 X 7 = 56.000 bits por segundo.

Se o sinal de voz fosse digitalizado com 256 níveis diferentes de quantização, ele geraria um sinal de 64.000 bps (256 = 2^8, 8 X 8.000 = 64.000). Como são enviados (por fio ou ondas de rádio) esses 64.000 bits por segundo? Isso depende da técnica de modulação escolhida. Fluxos de dados de velocidade mais baixa utilizam modulação em frequência, enquanto os de velocidade mais alta costumam utilizar alguma variação de QAM (modulação por chaveamento de amplitude em quadratura). Assim, para resumir, começamos com voz humana analógica, que foi digitalizada e, posteriormente, convertida novamente em sinal analógico para transmissão. Dois exemplos mais similares e comuns são a TV a cabo digital e a TV digital.

Como dissemos, para enviar a voz de uma pessoa por um circuito telefônico, 128 níveis de quantização são adequados. Mas e se quisermos gravar um artista cantando uma música e tocando violão? Supondo que se queira criar uma gravação de qualidade suficientemente alta para colocar em CD, precisaríamos de muito mais que 128 níveis diferentes de quantização. Na verdade, a digitalização de uma música para gravação em CD exige milhares, talvez até dezenas de milhares, de níveis de quantização. Mais precisamente, um CD de música tem taxa de amostragem de 44,1 kHz e utiliza conversões de 16 bits (2^{16} = 65.536 níveis de quantização). Assim, o processo de digitalização que converte música analógica em forma digital para armazenamento em CD é muito mais complexo, do ponto de vista técnico, do que o utilizado na realização de uma simples chamada telefônica.

RESUMO

- Os dados e sinais são dois dos blocos fundamentais na construção de redes de computadores. Todos os dados transmitidos por qualquer meio de comunicação são digitais ou analógicos. Os dados são transmitidos por um sinal, que, como eles, pode ser digital ou analógico. A diferença mais importante entre dados ou sinais analógicos e dados ou sinais digitais é que é mais fácil remover ruído dos digitais do que dos analógicos.

- Todos os sinais consistem de três componentes básicos: amplitude, frequência e fase.

- Dois fatores importantes que afetam a transferência de sinal por um meio são o ruído e a atenuação.

- Como tanto os dados quanto os sinais podem ser digitais ou analógicos, são possíveis quatro combinações básicas: dados analógicos convertidos em sinal analógico, dados digitais convertidos em sinal digital, dados digitais convertidos em sinal analógico discreto e dados analógicos convertidos em sinal digital.

- Para transmitir dados analógicos por um sinal analógico, a forma de onda analógica dos dados é combinada com outra forma de onda analógica em um processo conhecido como modulação.

- Os dados digitais transportados por sinais digitais são representados por formatos de codificação digital, que incluem os populares esquemas de codificação Manchester. Os códigos Manchester sempre apresentam transição no meio do bit, o que permite que o receptor se sincronize com o sinal de entrada.

- Para que dados digitais sejam transmitidos por sinais analógicos discretos, eles devem primeiro passar por um processo chamado modulação por chaveamento. As três técnicas básicas de modulação são por chaveamento de amplitude, de frequência e de fase.

- Duas técnicas comuns de conversão de dados analógicos para transporte por sinais digitais são a PCM (modulação por código de pulso) e a modulação delta. A PCM converte amostras de dados analógicos em valores digitais com vários bits. A modulação delta analisa os dados analógicos e transmite apenas um 1 ou 0, conforme os dados "sobem" ou "descem" no período de tempo seguinte.

- Os códigos de dados são necessários para a transmissão de letras, números, símbolos e caracteres de controle encontrados em dados textuais. Três códigos de dados importantes são o ASCII, o ECBDIC e o Unicode. O ECBDIC utiliza código de 8 bits e dá suporte a 256 letras, dígitos e símbolos especiais diferentes. Os mainframes da IBM utilizam código EBCDIC. O ASCII utiliza código de 7 bits e dá suporte a 128 letras, dígitos e símbolos especiais diferentes. O ASCII é o código de dados mais popular nos Estados Unidos. O Unicode é um código de 16 bits que dá suporte a mais de 110 línguas e conjuntos de símbolos diferentes de todo o mundo.

PERGUNTAS DE REVISÃO

1. Quais são as diferenças entre os códigos EBCDIC, ASCII e Unicode?
2. Por que os dados analógicos têm de ser modulados em sinal analógico?
3. O que significa taxa de amostragem de dados analógicos?
4. O que é a largura de banda de um sinal?
5. Qual a diferença entre PCM (modulação por código de pulso) e modulação delta?
6. O que é o espectro de um sinal?
7. Quais são os três tipos principais de modulação por chaveamento?
8. Quais são os três componentes básicos de todos os sinais?
9. Qual é a diferença entre taxa de transmissão de símbolos e bits por segundo?
10. Qual é a diferença entre sinal contínuo e sinal discreto?
11. Qual é a definição de "taxa de transmissão de símbolos"?
12. Quais são as principais vantagens dos sinais digitais em relação aos analógicos?
13. O que significa dizer que um sinal é autossincronizado?
14. Qual é a diferença entre dados e sinais?
15. Qual é a diferença entre códigos diferenciais, como o código Manchester diferencial e códigos não diferenciais, como os NRZs?

EXERCÍCIOS

1. Um sinal parte do ponto X. Ao viajar até o ponto Y, ele perde 8 dB. No ponto Y, o sinal é amplificado em 10 dB. Ao viajar até o ponto Z, ele perde 7 dB. Qual é a intensidade em dB do sinal no ponto Z?
2. No problema anterior, se o sinal partisse do ponto X com 100 watts de potência, qual seria o nível de potência do sinal no ponto Z?
3. Mostre a forma de onda senoidal analógica equivalente à sequência 00110101, utilizando modulação por chaveamento de amplitude, de frequência e de fase.
4. Faça o gráfico de um exemplo de sinal (similar ao mostrado na Figura 2-12) que utilize NRZI, de modo que o sinal nunca mude por 7 bits. Como seria a codificação Manchester diferencial equivalente?
5. Deseja-se transmitir 24 sinais de voz por uma única linha telefônica de alta velocidade. Qual é a largura de banda necessária (em bps), utilizando-se a taxa de amostragem analógico-digital padrão e convertendo-se cada amostra em um valor de 8 bits?
6. Faça o gráfico ou dê um exemplo de sinal para cada uma das seguintes condições: a taxa de transmissão de símbolos é igual à taxa de bits; a taxa de transmissão de símbolos é maior que a taxa de bits; a taxa de transmissão de símbolos é menor que a taxa de bits.
7. Dado o sinal analógico apresentado na Figura 2-32, quais valores de 8 bits modulados por código de pulso (PCM) serão gerados a cada período t?
8. Se utilizamos QAM (modulação por chaveamento de amplitude em quadratura) para transmitir um sinal com taxa de transmissão de símbolos de 8.000 baud, qual é a taxa de bits correspondente?
9. Utilizando o sinal analógico do Exercício 7 e um degrau delta com 1/8 de polegada de comprimento e 1/8 de polegada de altura, qual é o resultado da modulação delta? No gráfico, aponte casos de ruídos de sobrecarga de inclinação.
10. Qual é a taxa de transferência de dados em bps de um sinal codificado por modulação em fase com oito ângulos de fase diferentes e taxa de transmissão de símbolos de 2.000 baud?
11. Se utilizarmos os conjuntos de códigos de caracteres ECBDIC, ASCII e Unicode, quais são as codificações binárias da mensagem "Hello, world"?
12. Apresente o código 4B/5B equivalente da string de bits 1101 1010 0011 0001 1000 1001.
13. Acabamos de criar um sinal modulado por código de pulso (PCM), mas ele não é uma boa representação dos dados originais. O que podemos fazer para aprimorar a precisão do sinal modulado?

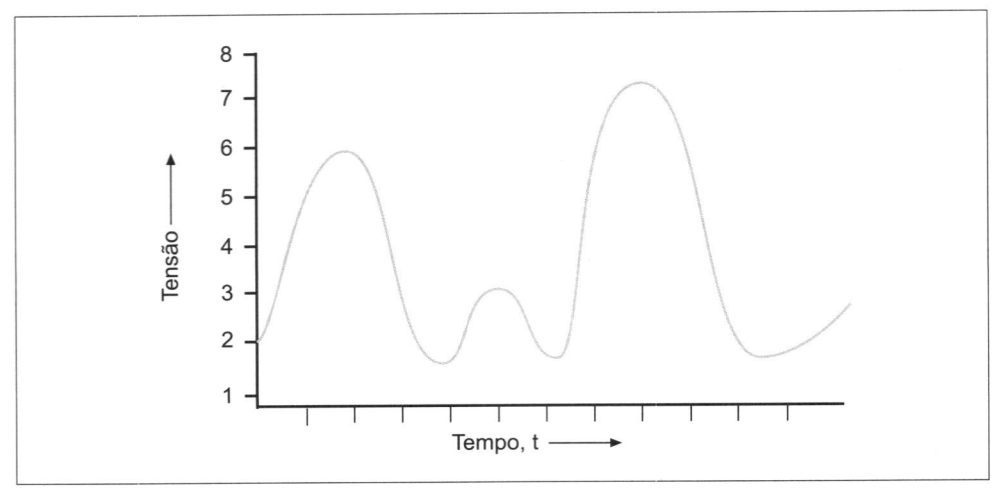

Figura 2-32 Sinal analógico para o Exercício 7.

14. Qual é a taxa de transmissão de símbolos de um sinal digital que emprega Manchester diferencial e possui taxa de transferência de dados de 2.000 bps?
15. Qual é a perda em decibéis de um sinal que parte do ponto A com potência de 2.000 watts e chega ao ponto B com potência de 400 watts?
16. Faça um gráfico (conforme mostrado na Figura 2-12) da representação de tensão da sequência de bits 11010010 nos esquemas de codificação digital NRZ-L, NRZI, Manchester, Manchester diferencial e AMI-bipolar.
17. Qual é a perda em decibéis de um sinal que parte com 50 watts e sofre uma perda de 10 dB ao passar por um determinado segmento de fio?
18. Qual é a largura de banda de um sinal composto de frequências entre 50 Hz e 500 Hz?
19. Qual é a perda em decibéis de um sinal que perde metade de sua potência durante a transmissão?
20. Qual é a frequência em Hertz de um sinal que se repete 80.000 vezes em um minuto? Qual é seu período (a duração de um ciclo completo)?

Exercícios para as seções "Detalhes":

21. Utilizando o teorema de Nyquist, calcule a capacidade de canal C de um sinal que possui 16 níveis diferentes e frequência de 20.000 Hz.
22. Utilizando o teorema de Shannon, calcule a taxa de transferência de dados considerando as seguintes informações:

    frequência do sinal = 10.000 Hz

    potência do sinal = 5000 watts

    potência do ruído = 230 watts
23. Utilizando o teorema de Nyquist e considerando uma frequência de 5.000 Hz e uma taxa de transferência de dados de 20.000 bps, quantos níveis de sinal (L) serão necessários para transportar esses dados?

PENSANDO CRIATIVAMENTE

1. Suponha um funcionário que trabalhe em uma empresa que possui uma aplicação de rede para acesso discado a um banco de dados de arquivos corporativos. Partindo de sua estação de trabalho, a solicitação de um arquivo atravessa a rede local corporativa até um modem. O modem, utilizando uma linha telefônica convencional, disca para o serviço de banco de dados. Esse serviço é constituído basicamente por um modem e um mainframe. Crie uma tabela (ou uma figura) que mostre todas as vezes em que os dados ou sinais são convertidos para formas diferentes nesse processo. Para cada entrada da tabela, mostre onde a conversão ocorre, a forma da informação de entrada e a forma da informação de saída.

2. Os sistemas telefônicos são projetados para transferir sinais de voz (4.000 Hz). Quando um sinal de voz é digitalizado utilizando PCM (modulação por código de pulso), qual é a taxa de amostragem e quantos níveis de quantização são utilizados? Que quantidade de dados esse processo gera por segundo? Essa taxa de amostragem e esses níveis de quantização são iguais aos utilizados em CDs? É possível verificar sua resposta?

3. Se uma linha telefônica é capaz de transportar um sinal com taxa de transmissão de símbolos de 6.000 baud e desejamos transmitir dados a 33.600 bps, quantos níveis de sinal diferentes são necessários? É assim que um modem de 33.600 bps opera?

4. Os modems e codecs podem ser utilizados de modo equivalente? Argumente em favor de sua opinião. (O modem converte dados digitais em sinais analógicos e, posteriormente, novamente em dados digitais; o codec converte dados analógicos em sinais digitais e, posteriormente, novamente em dados analógicos).

5. Este capítulo apresentou um esquema de codificação bipolar. Qual seria um exemplo de esquema de codificação unipolar?

6. A MegaCom é uma empresa comum, com vários usuários, redes locais, acesso à internet etc. Um usuário trabalha em casa e disca para o sistema de e-mail corporativo. Faça um mapa linear da conexão do PC doméstico do usuário com o servidor de e-mail corporativo na rede local. Nesse mapa, identifique cada forma de dados e sinais. Elas são analógicas? Digitais? Que conversões entre dados e sinais ocorrem? Onde acontecem essas conversões?

PROJETOS PRÁTICOS

1. Consultando a biblioteca ou a internet, escreva um trabalho de 2-3 páginas descrevendo como um iPod ou reprodutor de CD executa a conversão de digital em analógico de seu conteúdo.

2. Existem muitos outros esquemas de codificação digital além do NRZ-L, NRZI, Manchester, Manchester diferencial e AMI-bipolar. Relacione três outras técnicas de codificação e apresente um exemplo de como cada uma delas codifica.

3. Qual é o formato de codificação da nova TV digital de alta definição? Os Estados Unidos deram concessão a um único formato ou existem vários formatos?

   Esses formatos são os mesmos utilizados em outros lugares do mundo? Explique.

4. Os sistemas telefônicos utilizam um esquema de codificação digital chamado B8ZS (em inglês, pronuncia-se "bates"), que é uma variação do AMI-bipolar. Como ele funciona? Por que é utilizado? Apresente um exemplo que utilize a sequência binária 01101100000000010.

5. Tente localizar um site da web que mostre graficamente o resultado da adição de várias ondas senoidais para criar ondas compostas, como as quadradas ou dente de serra. Tendo localizado esse site, utilize a ferramenta on-line para criar diversas formas de onda.

6. Quais são as taxas de amostragem e o número de níveis de quantização dos iPods? E dos reprodutores de CD, de vídeo em DVD, de áudio em DVD e dos novos reprodutores de DVD blu-ray?

3
Meios com e sem fio

NÃO ESTÁ CONVENCIDO de que os telefones celulares se tornaram uma parte integral da vida cotidiana? Vamos examinar uma amostra de manchetes de um site popular da web que rastreia tecnologia sem fio.

De acordo com a última pesquisa de um grupo chamado In-Stat, o mercado de telefonia celular vai possuir mais de 2,3 bilhões de assinantes no mundo inteiro até o ano de 2009 e terá um crescimento de 777,7 milhões de novos assinantes entre 2005 e 2009.

De acordo com um relatório recente da AP, você pode agora (se não tiver troco no bolso) utilizar seu telefone celular para abastecer o parquímetro num estacionamento em Coral Gables, Flórida, Estados Unidos. A cidade tornou-se a primeira a utilizar o CellPark, um novo método de pagamento que permite aos motoristas "ligar" para o parquímetro de seu telefone celular: você simplesmente digita o número designado para seu local de estacionamento, e o parquímetro não expira até você ligar novamente e fazer o logoff.

Um toque de celular que imita o som de uma motocicleta se transformou em um CD e ficou tão popular que está à frente dos grandes sucessos da parada britânica. Essa é a primeira vez que um toque de celular chegou às paradas de sucesso e atingiu a posição número um na Inglaterra.

Agora seu bicho de estimação pode ter seu próprio telefone celular. Estão sendo criados telefones celulares especializados que podem ser usados em volta do pescoço de cães e gatos. Eles permitem que os donos liguem e falem com seus bichos de estimação enquanto estão no trabalho ou em viagem de férias. Os telefones celulares também possuem GPS, permitindo que os donos sempre saibam onde seus bichos de estimação estão e os localizem se eles fugirem.

Em uma pesquisa conduzida por Joel Benenson, mais de 50% de 1.013 adolescentes entrevistados disseram que conheciam alguém que havia utilizado um telefone celular para colar na escola.

O seu telefone celular é um acessório necessário quando você sai de casa?

Você sabe que tecnologia sem fio seu telefone celular utiliza?

Quais são algumas outras aplicações das tecnologias sem fio, além de telefones celulares?

Fonte: <www.wirelessguide.org>. Acesso em: 27 jul. 2009.

Objetivos

Após ler este capítulo, você deverá ser capaz de:

▸ Descrever as características do par trançado, incluindo as vantagens e desvantagens.

▸ Descrever as diferenças entre par trançado nas categorias 1, 2, 3, 4, 5, 5e, 6, e 7.

▸ Explicar quando o par trançado blindado funciona melhor que o par trançado sem blindagem.

▸ Descrever as características, vantagens e desvantagens do cabo coaxial e do cabo de fibra óptica.

▸ Descrever as características dos sistemas de micro-ondas terrestres, incluindo as vantagens e desvantagens.

▸ Descrever as características dos sistemas de micro-ondas por satélite, incluindo as vantagens e desvantagens, assim como as diferenças entre satélites de órbita de baixa altitude, órbita de média altitude, órbita geossíncrona e órbita elíptica de grande excentricidade.

▸ Descrever os fundamentos dos telefones celulares, incluindo todas as gerações atuais de sistemas celulares.

▸ Descrever as características de transmissões de curto alcance, incluindo o Bluetooth.

▸ Descrever as características, vantagens e desvantagens de sistemas de banda larga sem fio e várias técnicas de transmissão de rede local sem fio.

▸ Aplicar os critérios de seleção de meios por custo, velocidade, direito de passagem, capacidade de expansão e distância (alcance), ambiente e segurança para vários meios em uma aplicação específica.

Introdução

O mundo das redes de computadores não existiria se não houvesse meios pelos quais transferir dados. Todos os meios de comunicação podem ser divididos em duas categorias: (1) meios físicos ou conduzidos, como linhas telefônicas e cabos de fibra óptica, e (2) meios radiados ou sem fio, como telefones celulares e sistemas de satélite. Meios com fio incluem par trançado, cabo coaxial e cabo de fibra óptica. Além de investigar cada um desses, este capítulo também examinará oito grupos básicos de meios sem fio utilizados para transferência de dados.

- Micro-ondas terrestre.
- Transmissões de satélite.
- Sistemas de telefonia celular.
- Transmissões em infravermelho.
- Serviços de distribuição de banda larga sem fio.
- Bluetooth.
- Sistemas de rede local sem fio.
- Transmissões de curto alcance ZigBee.

A ordem na qual os tópicos sem fio são abordados é basicamente a ordem na qual as tecnologias se tornaram populares.

Enquanto você lê este parágrafo, alguém, em algum lugar, está, sem dúvida, criando materiais e desenvolvendo novos equipamentos que são melhores que os que existem atualmente. As velocidades e distâncias (alcances) de transmissão apresentadas neste capítulo continuarão a evoluir. Tenha isso em mente quando estudar os meios.

O capítulo será concluído com uma comparação entre todos os tipos de meios, seguida de vários exemplos que demonstram como selecionar o meio apropriado para uma aplicação específica.

Meios com fio

Embora meios com fio existam quase há tanto tempo quanto o próprio telefone (até mais, se você considerar o telégrafo), aconteceram poucas inovações recentes ou especiais nessa tecnologia. Uma exceção é o membro mais novo da família de meios com fio: cabo de fibra óptica, que se tornou amplamente utilizado pelas companhias telefônicas na década de 1980 e por desenvolvedores de redes de computadores nos anos 1990. Porém, vamos iniciar nossa discussão dos três tipos existentes de meios com fio pelo mais antigo, simples e comum: o par trançado.

Par trançado

O termo "par trançado" é quase inadequado, já que raramente é encontrado um par único de fios. Mais frequentemente, o **cabo de par trançado** vem em dois ou mais pares de fios de cobre que foram trançados em torno um do outro. Cada fio é revestido por isolamento plástico e cabeado com um revestimento externo, mostrado na Figura 3-1.

A não ser que alguém retire o revestimento externo, você não vê o trançamento dos fios, que é feito para reduzir a quantidade de interferência que um fio pode causar ao outro, que um par de fios pode causar em outro par de fios e que uma fonte eletromagnética pode causar em um fio ou par. Você talvez se lembre de duas importantes leis da física: (1) Uma corrente que passa por um fio cria um campo magnético ao redor daquele fio e (2) um campo magnético que passa por um fio induz uma corrente naquele fio. Portanto, uma corrente ou sinal em um fio pode produzir uma corrente ou sinais indesejados, chamados **diafonia** (ou *crosstalk*), em um segundo fio. Se os dois fios estiverem paralelos, como mostrado na Figura 3-2(a), a chance de diafonia aumenta. Se os dois fios estiverem em ângulos perpendiculares, como mostrado na Figura 3-2(b), a chance de diafonia diminui. Embora não produza ângulos exatamente perpendiculares, o trançamento de dois fios ao redor um do outro, como mostrado na Figura 3-2(c), pelo menos impede que os fios fiquem paralelos, reduzindo a diafonia.

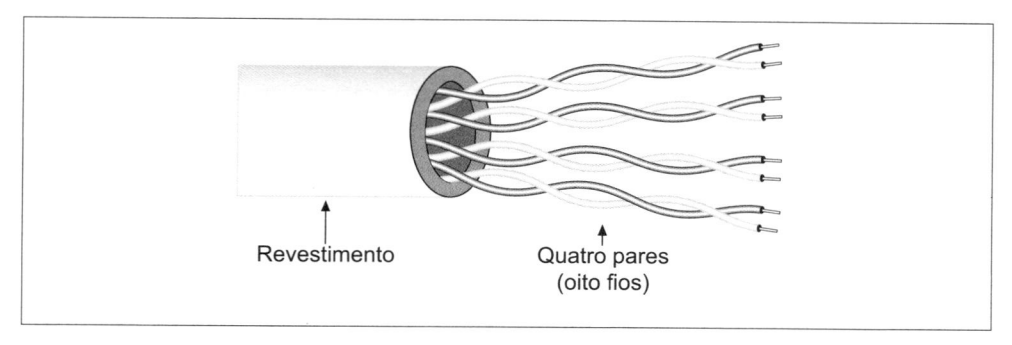

Figura 3-1 Exemplo de um cabo de par trançado com quatro pares de fios.

Você provavelmente já experimentou a diafonia várias vezes. Lembra quando estava falando no telefone e escutou uma conversa baixinha ao fundo? Sua conexão, ou circuito telefônico, estava experimentando a diafonia de outro circuito telefônico.

Por mais que um cabo de par trançado possa parecer simples, ele na verdade possui várias formas e variedades que permitem um número amplo de aplicações. Para ajudar a identificar as numerosas variedades de cabos de par trançado, as especificações conhecidas como **categorias 1-7**, abreviadas como **CAT 1-7**, foram desenvolvidas. O par trançado de **categoria 1** é o fio telefônico-padrão e foi desenvolvido para transportar voz ou dados analógicos em velocidades baixas (inferiores ou iguais a 9.600 bps). O par trançado de categoria 1, entretanto, não é recomendado para transmissão de megabits de dados de computador. Como o fio é feito de materiais de qualidade inferior e o trançamento de pares de fios é relativamente mínimo, o fio de categoria 1 está suscetível a ruídos e atenuação do sinal e não deve ser utilizado para conexões de dados de alta velocidade. O fio de categoria 1 foi substituído (praticamente não existe mais) por um fio de melhor qualidade. Embora ainda seja possível encontrar fios de categoria 1 à venda, não é o tipo de fio que você gostaria de instalar em um sistema moderno de rede.

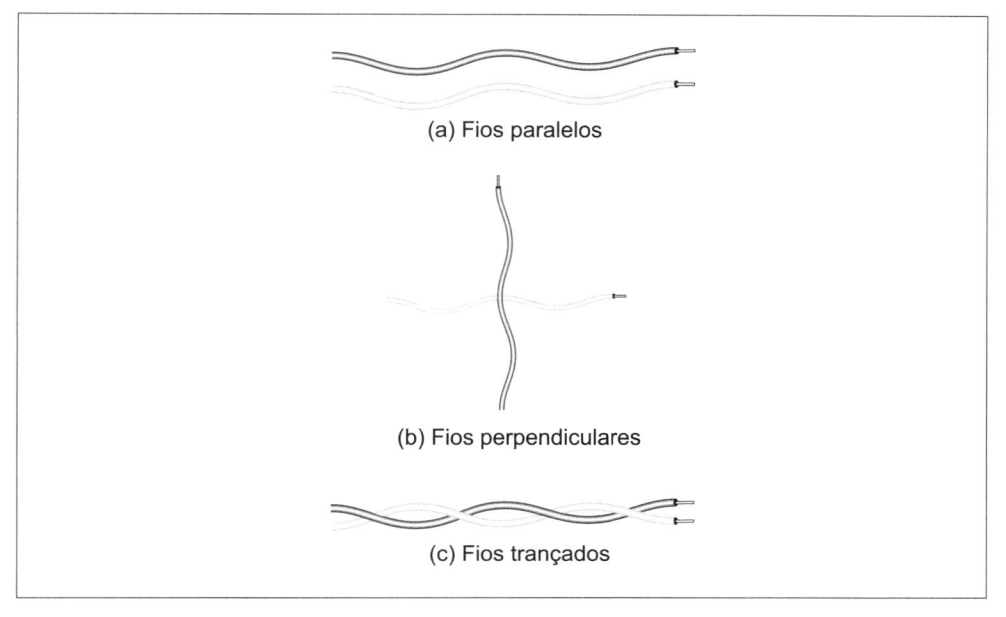

Figura 3-2 (a) Fios paralelos – maior chance de diafonia; (b) Fios perpendiculares – menor chance de diafonia; (c) Fios trançados – diafonia reduzida porque os fios se cruzam em ângulos praticamente perpendiculares.

O par trançado de **categoria 2** também é utilizado para circuitos telefônicos, mas é um fio de qualidade superior ao de categoria 1, produzindo menos ruído e atenuação do sinal. O par trançado de categoria 2 é encontrado, às vezes, em linhas T-1 e ISDN e em algumas instalações de circuitos telefônicos padrão. T-1 é a designação de um circuito telefônico digital que transmite voz ou dados a 1.544 Mbps. ISDN é um circuito telefônico digital que pode transmitir voz ou dados, ou ambos, de 64 kbps a 1.544 Mbps. (O Capítulo 11 traz descrições mais detalhadas do T-1.) Mais uma vez, os avanços em cabos de par trançado, como a utilização de mais trançamentos por metro, estão fazendo com que o fio de categoria 2 seja substituído por um fio de maior qualidade, e é muito difícil encontrar quem ainda venda esse fio. Mas mesmo que eles o vendessem, você não iria nunca utilizá-lo em uma rede moderna.

O par trançado de **categoria 3** foi desenvolvido para a transmissão de 10 Mbps de dados por uma rede local, para distâncias de até 100 metros (328 pés). (Observe que as unidades normalmente utilizadas para especificação de meios com fio são métricas; quando necessário, o equivalente na medida inglesa será mostrado.) Embora o sinal não pare magicamente em 100 metros, ele enfraquece (atenua), e o nível de ruído continua a crescer de tal modo que a probabilidade de o fio transmitir erros após 100 metros aumenta. O limite de não mais que 100 metros se aplica à distância do dispositivo que gera o sinal (a fonte) até o dispositivo que recebe o sinal (o destino). Esse dispositivo de recepção pode ser o destino final ou um repetidor. Um repetidor é um dispositivo que gera um sinal novo ao criar uma réplica exata do sinal original. Desse modo, o par trançado de categoria 3 pode percorrer mais de 100 metros de sua fonte até seu destino final, contanto que o sinal seja regenerado a pelo menos cada 100 metros. Muitos dos fios de categoria 3 vendidos hoje em dia são utilizados para circuitos telefônicos em vez de instalações de rede de computadores. Pode haver, entretanto, algumas instalações de rede de computadores mais antigas que ainda utilizam fios de categoria 3. A instalação de fio de categoria 3 para novas redes não é recomendada.

O par trançado de **categoria 4** foi desenvolvido para a transmissão de 20 Mbps de dados para distâncias de até 100 metros. Ele foi criado em uma época em que as redes locais necessitavam de um fio que pudesse transmitir dados mais rapidamente que na velocidade de 10 Mbps da categoria 3. O fio de categoria 4 raramente é vendido, se é que algum dia o foi, e foi basicamente substituído por tipos mais novos de par trançado.

O par trançado de **categoria 5** foi desenvolvido para a transmissão de 100 Mbps de dados para distâncias de até 100 metros. (Tecnicamente, a categoria 5 é específica para um sinal de 100 MHz, mas como a maior parte dos sistemas transmite 100 Mbps pelo sinal de 100 MHz, 100 MHz é equivalente a 100 Mbps.). O par trançado de categoria 5 tem um número maior de trançamentos por polegada que os fios das categorias 1 a 4 e, desse modo, introduz menos ruído.

Aprovada no fim de 1999, a especificação para o par trançado de **categoria 5e** é semelhante à da categoria 5, uma vez que o fio também é recomendado para transmissões de 100 Mbps (100 MHz) para 100 metros. Várias empresas estão produzindo fio de **categoria 5e a 125** MHz para 100 metros. Embora as especificações para os fios das categorias anteriores de 1 a 5 descrevessem somente os fios individuais, a especificação da categoria 5e indica exatamente quatro pares de fios e oferece designações para os conectores nas extremidades dos fios, cabos de interligação e outros possíveis componentes que se conectam diretamente com um cabo. Desse modo, em razão da especificação mais detalhada que na categoria 5, a categoria 5e pode oferecer um suporte melhor às velocidades mais altas de redes, com 100 Mbps (e superiores). Consulte a seção "Detalhes" cujo título é "Fio de categoria 5e e redes locais de 1.000 Mbps" para descobrir como a categoria 5e pode oferecer suporte a redes locais de 1.000 Mbps.

O par trançado de **categoria 6** é desenvolvido para oferecer suporte à transmissão de dados com sinais de 250 MHz por 100 metros. Isso faz que o fio de categoria 6 seja uma boa opção para percursos de 100 metros em redes locais com velocidades de transmissão de 250 a 1.000 Mbps. Curiosamente, o par trançado de categoria 6 custa um pouco a mais por metro que os fios de categoria 5e. Portanto, se puder escolher entre cabos de par trançado de categoria 5, 5e ou 6, você provavelmente deve instalar o de categoria 6, que é de melhor qualidade, mesmo que você não vá utilizar imediatamente a vantagem de velocidades de transmissão mais altas.

O par trançado de **categoria 7** é a inovação mais recente da família de pares trançados. É desenvolvido para oferecer suporte à largura de banda de 600 MHz por 100 metros. O cabo é solidamente blindado – cada par de fios é blindado por uma lâmina de metal, e todo o cabo também possui blindagem. Algumas empresas estão considerando a utilização de categoria 7 para Ethernet de Gigabit e 10 Gigabits, mas atualmente seu preço está bem acima de US$ 1 por pé US$ 3 por metro.

Detalhes

Fio de categoria 5e e redes locais de 1.000 Mbps

Se o fio de categoria 5e é desenvolvido para oferecer suporte à transmissão de dados de 125-Mbps por 100 metros, como pode ser utilizado para redes locais de 1.000 Mbps (também conhecidas como Ethernet Gigabit)? O primeiro truque é utilizar quatro pares de fio de categoria 5e para as redes locais de 1.000 Mbps (ao contrário dos dois pares para redes locais de 100 Mbps). Com quatro pares, 250 Mbps são enviados para cada par. Quatro pares vezes 250 Mbps equivalem a 1.000 Mbps. Mas isso ainda não responde como um par de fios designados para transmissões de 125 Mbps consegue enviar 250 Mbps. Essa resposta envolve um segundo truque: as redes Ethernet Gigabit utilizam um esquema de codificação chamado 4D-PAM5 (modulação por amplitude de pulso). Embora os detalhes do 4D-PAM5 sejam bastante avançados e ultrapassem o escopo deste texto, vamos dizer que essa é uma técnica que emprega codificação de dados quadridimensionais (4D) juntamente com um sinal com cinco níveis de tensão (PAM5). Essa combinação permite que a Ethernet Gigabit transmita 250 Mbps por um par de fios de categoria 5e.

Todos os fios descritos até agora, com exceção do fio de categoria 7, podem ser comprados como **par trançado sem blindagem (UTP)**, a forma mais comum de par trançado. Nenhum dos fios dessa forma é envolto por uma lâmina ou malha metálica. Por outro lado, o **par trançado blindado (STP)**, que também está disponível nas categorias 5 e 6 (assim como várias configurações de fios), é uma forma em que uma blindagem envolve cada fio individualmente, envolve todos os fios juntos, ou ambos. Tal blindagem disponibiliza uma camada extra de isolamento de interferência eletromagnética indesejada. A Figura 3-3 mostra um exemplo de cabo de par trançado blindado.

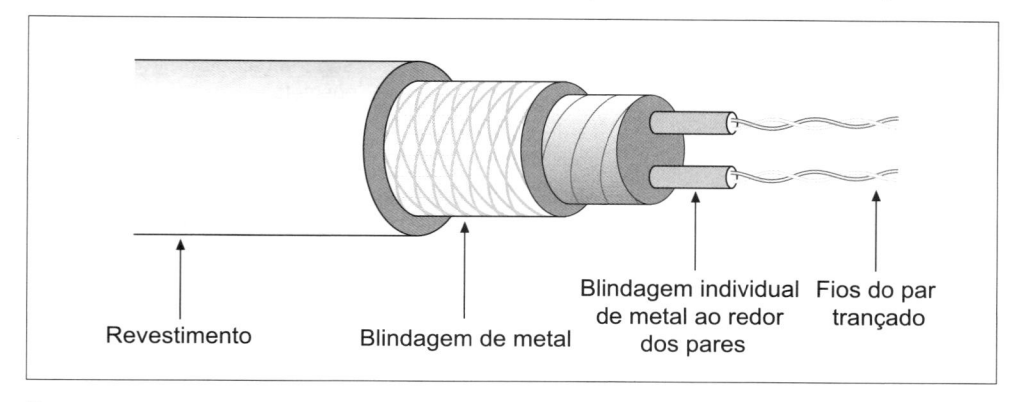

Figura 3-3 Exemplo de cabo de par trançado blindado.

Se um cabo de par trançado precisar atravessar paredes, salas ou prédios onde haja interferência eletromagnética suficiente para causar problemas substanciais de ruído, a utilização de cabo blindado pode oferecer um nível mais alto de isolamento da interferência que o par trançado sem blindagem, e, assim, uma quantidade menor de erros de transmissão. A interferência eletromagnética é geralmente gerada por motores grandes, como aqueles encontrados em equipamentos de aquecimento e resfriamento ou equipamentos de produção. Mesmo luminárias de lâmpadas fluorescentes geram uma quantidade razoável de interferência eletromagnética. Grandes fontes de alimentação também podem gerar quantidades prejudiciais de interferência eletromagnética. Portanto, não costuma ser uma boa ideia colocar a fiação de par trançado e a alimentação elétrica percorrendo juntas uma sala ou através das paredes. Além do mais, mesmo se o par trançado blindado de categorias 5 a 6 tiver um isolamento de ruído melhorado, você não pode exceder o limite de 100 metros. Por último, prepare-se para pagar a mais pelo par trançado blindado. Não é incomum gastar US$ 1 a mais por pé (US$ 3 a mais por metro) de par trançado blindado de boa qualidade. No entanto, as categorias 5, 5e, e 6 UTP geralmente custam entre US$ 0,10 e US$ 0,20 por pé (US$ 0,30 e US$ 0,60 por metro).

A Tabela 3-1 resume as características básicas de cabos de pares trançados sem blindagem. Tenha em mente que, para nossos fins, cabos de pares trançados blindados possuem basicamente as mesmas taxas de transferência de dados e alcances de transmissão que os cabos de pares trançados sem blindagem, mas têm melhor desempenho em ambientes com ruído. Observe também que as distâncias de transmissão e taxas de transferência que aparecem na Tabela 3-1 não são rígidas. Ambientes com ruídos tendem a diminuir distâncias de transmissão e taxas de transferência.

Detalhes

Mais características do par trançado

Quando você seleciona um cabo, pode utilizar as categorias de 5 a 7 e a blindagem para fazer diversas distinções entre tipos diferentes do cabo de par trançado. Além de conhecer essas distinções, você precisa considerar onde seu fio será colocado e qual deve ser sua largura. Por exemplo, quando percorre a sala em um prédio, o fio passa por um *plenum* ou conduíte? Um *plenum* é o espaço em um prédio que foi criado e desenvolvido para a movimentação de ar respirável, por exemplo, o espaço acima de teto suspenso. Um *plenum* também pode ser uma passagem escondida entre salas que abriga as ventilações de aquecimento e resfriamento, linhas telefônicas e outros serviços a cabo. O cabo *plenum* é desenvolvido de modo que, caso haja um incêndio, ele não espalhe chamas ou fumaças nocivas. Para atender a essas normas, o revestimento do cabo é feito de materiais especiais, o que, sem dúvida, aumenta significativamente o seu custo. Na verdade, o cabo *plenum* pode, às vezes, custar duas vezes mais que o cabo de par trançado padrão.

Se, por outro lado, seu cabo estiver passando por um conduíte – um tubo de metal oco que percorre paredes, andares e tetos e envolve os cabos individuais –, então as chamas e fumaças nocivas não são um problema tão sério. Nesse caso, o revestimento plástico padrão pode ser utilizado. Esse tipo de cabo de par trançado é normalmente aquele anunciado e discutido em relação a instalações novas, porque a maioria dessas instalações envolve a passagem de fios e cabos por conduítes.

Tabela 3-1 Resumo das características dos cabos de pares trançados.

Categoria UTP	Uso típico	Taxa máxima de transferência de dados	Distância máxima de transmissão	Vantagens	Desvantagens
Categoria 1	Fio de telefone	<100 kbps	5–6 quilômetros (3–4 milhas)	Barato, de fácil instalação e manuseio	Segurança, ruído, obsoleto
Categoria 2	T-1, ISDN	<2 Mbps	5–6 quilômetros (3–4 milhas)	Como na categoria 1	Segurança, ruído, obsoleto
Categoria 3	Circuitos telefônicos	10 Mbps	100 m (328 ft)	Como na categoria 1, com menos ruído	Segurança, ruído
Categoria 4	LANs	20 Mbps	100 m (328 ft)	Como na categoria 1, com menos ruído	Segurança, ruído
Categoria 5	LANs	100 Mbps (100 MHz)	100 m (328 ft)	Como na categoria 1, com menos ruído	Segurança, ruído, obsoleto
Categoria 5e	LANs	250 Mbps por par (125 MHz)	100 m (328 ft)	Como na categoria 5. Também inclui especificações para conectores, cabos de interligação e outros componentes	Segurança, ruído
Categoria 6	LANs	250 Mbps por par (250 MHz)	100 m (328 ft)	Taxas mais altas que na categoria 5e, menos ruído	Segurança, ruído, custo
Categoria 7	LANs	600 MHz	100 m (328 ft)	Taxas altas de dados	Segurança, ruído, custo

Cabo coaxial

O **cabo coaxial**, em sua forma mais simples, é um fio único (geralmente de cobre) envolto em isolamento de espuma, rodeado por uma blindagem de malha metálica, e então coberto por um revestimento plástico. A blindagem de malha metálica é muito eficiente para bloquear a entrada de sinais eletromagnéticos no cabo e a produção de ruído. A Figura 3-4 mostra um cabo coaxial e sua blindagem em malha metálica. Em virtude de suas propriedades eficientes de blindagem, o cabo coaxial é bom para transmitir sinais analógicos em um alcance amplo de frequências. Desse modo, pode transmitir uma grande quantidade de canais de vídeo, como aqueles encontrados nos serviços de televisão a cabo que são prestados para residências e negócios. O cabo coaxial também tem sido utilizado para transmissão telefônica de longa distância, como o cabeamento em uma rede local em circunstâncias incomuns e como conector entre um terminal e um mainframe.

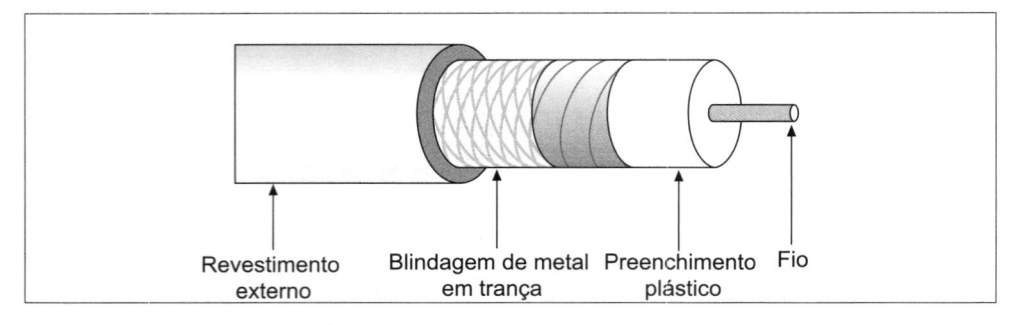

Figura 3-4 Exemplo de cabo coaxial, mostrando trança de metal.

Existem duas tecnologias principais de cabo coaxial, diferenciadas pelo tipo de sinal que cada uma pode transportar: banda-base e banda larga. A tecnologia **coaxial de banda-base** utiliza sinalização digital na qual o cabo transporta somente um canal de dados digitais. Uma aplicação bastante comum para coaxial de banda-base costumava ser a interconexão de comutadores em uma rede local. Em tais redes, o cabo de banda-base transmite tipicamente um sinal de 10 a 100 Mbps e necessita de repetidores a cada poucas centenas de quilômetros.

Atualmente, o cabo de fibra óptica está substituindo o cabo coaxial de banda-base como o método favorito para conectar hubs de interconexão de LAN.

A tecnologia **coaxial de banda larga** geralmente transporta sinais analógicos e é capaz de suportar diversos canais de dados simultaneamente. Considere o cabo coaxial que transporta o sinal de televisão a cabo. Várias empresas de televisão a cabo oferecem mais de 100 canais. Cada canal ou sinal ocupa uma largura de banda de aproximadamente 6 MHz. Quando 100 canais são transmitidos juntos, o cabo coaxial suporta um canal composto de 100 X 6 MHz ou 600-MHz. Comparado com a capacidade de dados do par trançado e cabo de banda-base, cada canal de banda larga é razoavelmente poderoso, uma vez que pode suportar o equivalente a milhões de bits por segundo. Para suportar um alcance amplo de frequências, os sistemas de cabos coaxiais de banda larga precisam de amplificadores (lembre-se da amplificação de sinais analógicos do Capítulo 2) a aproximadamente cada 3 ou 4 quilômetros. Embora a separação e a junção dos sinais e cabos de banda larga sejam possíveis, elas são uma ciência bastante precisa que deve ser abordada por especialistas nesse campo. Por isso, vários administradores de rede costumam contratar especialistas para a instalação e a manutenção de sistemas de banda larga.

Além das duas categorias baseadas em sinal, o cabo coaxial também está disponível em várias espessuras, com dois tipos físicos primários: o cabo coaxial espesso e o cabo coaxial fino, que são ambos mostrados na Figura 3-5. O **cabo coaxial espesso** varia no tamanho de aproximadamente 6 a 10 mm (1/4 a 3/8 de polegada) de diâmetro. O **cabo coaxial fino** tem aproximadamente 4 mm (menos de 1/4 de polegada) de diâmetro. Comparado com o cabo coaxial espesso, que geralmente transmite sinais de banda larga, o cabo coaxial fino tem isolamento

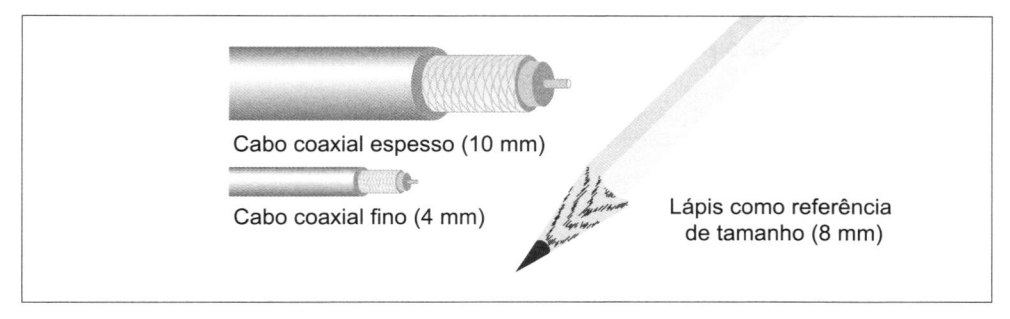

Figura 3-5 Exemplos de cabo coaxial espesso e fino.

Detalhes

Mais características do cabo coaxial

Uma característica importante do cabo coaxial é a sua classificação em ohm. Ohm é a medida de resistência elétrica de um meio. Quanto mais alta a classificação em ohm, maior a resistência do cabo. Embora a resistência não seja uma preocupação fundamental ao escolher um cabo específico, o valor em ohm é indiretamente importante, uma vez que os cabos coaxiais com certas classificações em ohm funcionam melhor com determinados tipos de sinais e, portanto, com determinados tipos de aplicações. Um tipo de cabo coaxial é designado por guia de rádio (RG), uma classificação composta que inclui várias características, incluindo espessura do fio, espessura do isolamento, propriedades elétricas, entre outras. A Tabela 3-2 resume os diferentes tipos de cabo coaxial, seus valores em ohm e aplicações.

Outra característica dos cabos coaxiais, por vezes considerada, é se o fio que vai no centro do cabo é sólido ou trançado. O **cabo coaxial sólido** contém, como o nome quer dizer, um único fio. O **cabo coaxial trançado** é composto de vários fios finos trançados em torno um do outro, atuando como um condutor individual. Se o fio for trançado, é frequentemente mais barato e mais flexível que um fio sólido, em geral mais grosso.

Tabela 3-2 Cabos coaxiais comuns, valores em ohm e aplicações.

Tipo de cabo	Classificação em ohm	Aplicação/comentários
RG-6	75 Ohm	Televisão a cabo, televisão por satélite e modems a cabo
RG-8	50 Ohm	Redes locais Ethernet antigas; o RG-8 está sendo substituído pelo RG-58
RG-11	75 Ohm	Redes locais Ethernet de banda larga e outras aplicações em vídeo
RG-58	50 Ohm	Redes locais Ethernet de banda-base
RG-59	75 Ohm	Circuito fechado de televisão; televisão a cabo (porém, RG-6 é melhor nesse caso)
RG-62	93 Ohm	Interconexão dos terminais IBM 3270

limitado de ruído e costuma transmitir sinais de banda-base. O cabo coaxial espesso tem melhor imunidade ao ruído e é geralmente utilizado para transmissão de dados analógicos, como canais de vídeos únicos ou múltiplos. Alguns cabos coaxiais espessos são tão espessos e rígidos que algumas pessoas brincam, chamando-os de mangueira de jardim congelada. Os preços de cabos coaxiais espessos e finos variam, dependendo da qualidade e da construção do cabo, mas eles costumam ficar entre US$ 0,20 e US$ 1,00 cada pé (US$ 0,60 e US$ 3,00 por metro), e às vezes até mais.

Cabo de fibra óptica

Todos os meios com fio discutidos até agora têm uma grande deficiência: a interferência eletromagnética – distorção eletrônica que um sinal que percorre um fio metálico sofre quando um campo magnético disperso cruza com esse fio. Relacionado a isso está o fato de que um sinal, como vimos anteriormente neste capítulo, que percorre um fio metálico também gera um campo magnético ao redor desse fio e, desse modo, produz, ele mesmo, interferência eletromagnética. Outro problema relacionado (e deficiência do par trançado e cabo coaxial) é que é possível grampear esses meios, isto é, interceptar essa interferência eletromagnética e escutar os dados que percorrem o cabo sem serem detectados. A interferência eletromagnética pode ser reduzida com blindagem adequada, mas não pode ser completamente evitada a não ser que você utilize um cabo de fibra óptica. Um **cabo de fibra óptica** é um cabo fino de vidro, um pouco mais espesso que um fio de cabelo humano, envolto por um revestimento plástico. Quando o cabo de fibra óptica é montado como cabo isolado, ele é coberto por fio de aramida e por um revestimento plástico resistente que o protege da flexão, calor e estresse. Você pode ver um exemplo de cabo de fibra óptica na Figura 3-6.

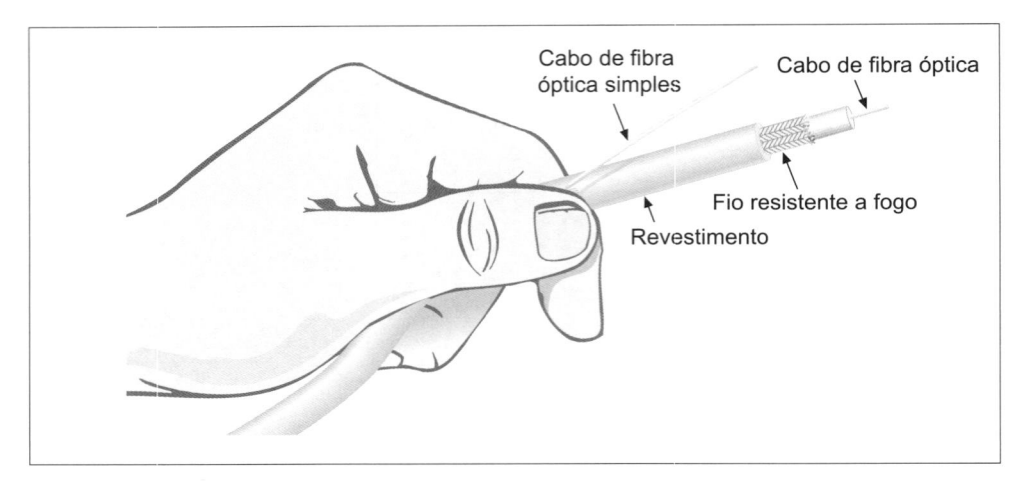

Figura 3-6 Uma pessoa segurando um cabo de fibra óptica simples e um cabo de fibra óptica em um revestimento isolado.

Como um cabo fino de vidro transmite dados? Uma fonte de luz, chamada **fotodiodo**, é posicionada na extremidade transmissora e rapidamente ligada e desligada para produzir pulsos de luz. Os pulsos de luz viajam pelo cabo de vidro e são detectados por um sensor óptico chamado **fotorreceptor** na extremidade receptora. A fonte de luz pode ser um diodo emissor de luz (LED) simples e barato, como aqueles que são encontrados em várias calculadoras de bolso, ou um laser mais complexo. O laser é muito mais caro que o LED e pode produzir taxas de transmissão de dados muito mais altas. O cabo de fibra óptica é capaz de transmitir dados a mais de 100 Gbps (isto é, 100 bilhões de bits por segundo!) por muitos quilômetros. Entretanto, como várias instalações de redes locais comuns utilizam o LED como fonte luminosa, as transmissões de fibra óptica do mundo real estão efetivamente limitadas a 10 gigabits por 300 metros. (Veja a seção "Detalhes" intitulada "Mais características do cabo de fibra óptica" para uma discussão sobre aplicações de LED e laser de fibra óptica.)

Além de oferecer taxas de transmissão de alta-velocidade com poucos erros, o cabo de fibra óptica oferece diversas vantagens sobre o par trançado e o cabo coaxial. Como pelo cabo de fibra óptica passam fótons não condutores elétricos através do meio vítreo, é virtualmente impossível o grampo. O único modo possível de grampear uma linha de fibra óptica é entrar fisicamente na linha, uma intrusão que seria percebida. Do mesmo modo, como o cabo de fibra óptica não gera nem pode ser perturbado por interferência eletromagnética, nenhum ruído é captado de sinais eletromagnéticos estranhos. Embora o cabo de fibra óptica ainda sofra ruído conforme os pulsos de luz viajam dentro do cabo de vidro, esse ruído é significativamente inferior àquele gerado nos fios metálicos do par trançado ou nos cabos coaxiais. A ausência de ruído significativo é uma das razões principais para o cabo de fibra óptica poder transmitir dados por distâncias tão longas.

Apesar dessas grandes vantagens, o cabo de fibra óptica tem duas pequenas, porém significativas, desvantagens. Primeiro, em virtude de como a fonte de luz e o fotorreceptor são dispostos, os pulsos de luz podem viajar somente em uma direção. Desse modo, para permitir uma transmissão de dados em dois sentidos, são necessários dois cabos de fibra óptica. Por essa razão, a maior parte dos cabos de fibra óptica é vendida com pelo menos dois (se não mais) fios individuais de fibra acondicionados em um único pacote, como mostrado na Figura 3-7.

Figura 3-7 Cabo de fibra óptica com vários filamentos de fibra.

Uma segunda desvantagem do cabo de fibra óptica é seu alto custo, mas essa desvantagem está desaparecendo aos poucos. Por exemplo, é possível agora adquirir cabos de fibra ótica no atacado, para uso geral, duplex (dois fios para comunicação em ambos os sentidos) por aproximadamente US$ 0,50 cada pé (US$ 1,50 o metro) (ao contrário do punhado de dólares pagos vários anos atrás), o que se aproxima do preço de vários tipos de cabo coaxial e cabo de par trançado. Ao levar em consideração suas taxas menores de erro e as taxas de transmissão mais altas, o cabo de fibra óptica é, na verdade, uma pechincha, mesmo se comparado ao par trançado mais barato. É interessante notar que o cabo de fibra óptica não é particularmente caro, o alto custo do cabo se deve ao hardware que transmite e recebe os pulsos de luz nas extremidades do cabo de fibra. Mas mesmo essa situação está mudando. Desde 1999, os preços dos fotodiodos e fotorreceptores começaram a cair drasticamente. Antes de 1999, era comum utilizar cabos de fibra óptica somente como **backbone** – o cabo principal que conecta os equipamentos em um centro de comutação – de uma rede, e utilizar par trançado de categoria 5e ou 6 da conexão do backbone até a estação de trabalho. Uma ilustração do backbone de fibra óptica é mostrada na Figura 3-8.

Fibra fotônica

Cabos de fibra óptica, como acabamos de ver, são fios de vidro sólido que transmitem pulsos de luz. Infelizmente, conforme o comprimento do cabo de vidro cresce – e, desse modo, a distância que a luz deve viajar –, o sinal de luz se atenua (se dispersa no vidro) devido à reflexão e à refração. (Consulte a seção "Detalhes" intitulada "Mais características de cabo de fibra óptica" para uma discussão sobre reflexão e refração). Um novo tipo de meio, a **fibra fotônica**, foi introduzido e praticamente eliminou essa atenuação. Esse cabo de vidro é semelhante ao cabo de fibra óptica no que diz respeito a ser fino como um fio de cabelo e transparente. A grande diferença, entretanto, é que esse novo cabo é cheio de orifícios. Se você olhar pela seção transversal do cabo de fibra fotônica, verá que o vidro tem um padrão colmeia. A fonte de luz que é transmitida pelo cabo realmente viaja pelos orifícios, que são apenas ar. Como a luz que viaja pelo ar se move virtualmente sem resistência, o sinal não se degrada. O segredo da fibra fotônica é fazer o revestimento que envolve o cabo não absorver a luz.

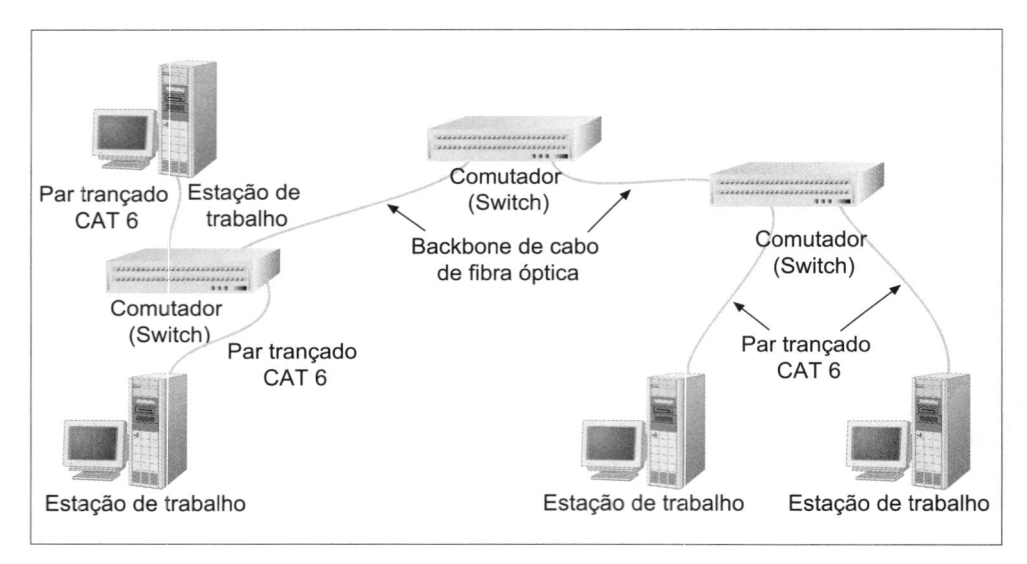

Figura 3-8 Backbone de fibra óptica com par trançado de Categoria 6 se estendendo até as estações de trabalho.

Para resolver esse problema, os cientistas criaram uma superfície refletora que é ainda mais refletora que um espelho. Estima-se que, quando essa tecnologia estiver aperfeiçoada, as fibras fotônicas terão velocidades e distâncias de transmissão pelo menos 10 vezes superiores ao cabo de fibra óptica atual.

A Tabela 3-3 resume os meios com fio discutidos neste capítulo. Os cabos de par trançado de categorias 1 e 3 foram agrupados porque são comumente utilizados para sistemas telefônicos, enquanto os fios das categorias 5 a 7 foram agrupados por serem tipicamente utilizados para redes locais. Em quase todos os casos, as taxas máximas de dados e a frequência máxima de transmissão são valores típicos e podem ser inferiores ou superiores, dependendo de fatores ambientais.

Tabela 3-3 Resumo das características dos meios com fio.

Tipo de meio com fio	Uso típico	Taxa máxima de dados	Distância máxima de transmissão	Vantagens	Desvantagens
Par trançado de categorias 1 e 3	Sistemas telefônicos	<2 Mbps	5–6 quilômetros (3–4 milhas)	Barato, comum	Ruído, segurança, obsoleto
Par trançado de categorias 5, 5e, 6 e 7	LANs	100–1000 Mbps	100 m (328 pés)	Barato, versátil	Ruído, segurança
Cabo coaxial fino (um canal de banda-base)	LANs	10 Mbps	100 m (328 pés)	Baixo ruído	Segurança
Cabo coaxial espesso (multicanal de banda larga)	LANs, TV a cabo, telefone de longa distância, enlaces de sistema de computador de curta distância	10–100 Mbps	5–6 quilômetros (3–4 milhas) (a taxas de dados mais baixos)	Baixo ruído, múltiplos canais	Segurança
Fibra óptica LED	Dados, vídeos, áudio, LANs	Gbps	300 metros (aprox. 1.000 pés)	Segura, alta capacidade, baixo ruído	Interface cara, mas com preço em queda
Fibra óptica laser	Dados, vídeo, áudio, LANs, WANs, MANs	Centenas de Gbps	100 quilômetros (aprox. 60 milhas)	Segura, alta capacidade, ruído muito baixo	Interface cara

Agora que você está familiarizado com os vários tipos de meios com fio, vamos voltar nossa atenção para meios sem fio. Conforme examinarmos as várias tecnologias sem fio, vamos manter uma questão importante em mente: a questão do direito de passagem. **Direito de passagem** é a capacidade legal de uma empresa de instalar um fio ou cabo na propriedade de outra pessoa. Se uma empresa deseja instalar um meio conduzido entre dois prédios e não tem a propriedade entre os prédios, a empresa tem de receber o direito de passagem do proprietário da propriedade intermediária. Como veremos nas seções a seguir, as transmissões sem fio geralmente não têm de lidar com questões de direito de passagem. Tal fato geralmente oferece uma vantagem sólida para meios sem fio sobre meios com fio.

Meios sem fio

A introdução deste capítulo enumera oito tipos separados de meios sem fio. Embora cada tipo de meio possa ser utilizado para uma aplicação diferente, e conjuntos diferentes de frequências são geralmente designados para cada um deles, todos os meios sem fio compartilham a mesma tecnologia básica: a transmissão de dados utilizando ondas de rádio. (Falando rapidamente, em todos esses tipos de tecnologia sem fio, o meio real através do qual as ondas de rádio devem viajar é o ar ou o espaço. Para os fins dessa discussão, entretanto, vamos expandir o termo "meio" para incluir a tecnologia que transmite o sinal.) Vamos examinar essa tecnologia em crescimento e, então discutir cada um dos oito tipos de meio sem fio, com suas características básicas e áreas de aplicação.

Detalhes

Mais características de cabo de fibra óptica

Quando a luz de uma fonte é enviada por um cabo de fibra óptica, a onda de luz salta dentro do cabo e passa por ele até o revestimento protetor exterior. Quando um sinal de luz dentro de um cabo pula para fora da parede do cabo e volta para ele, é chamado **reflexão**. Quando um sinal de luz passa do núcleo do cabo para o material que o envolve, esse fenômeno é chamado **refração**. A Figura 3-9 demonstra a diferença entre reflexão e refração.

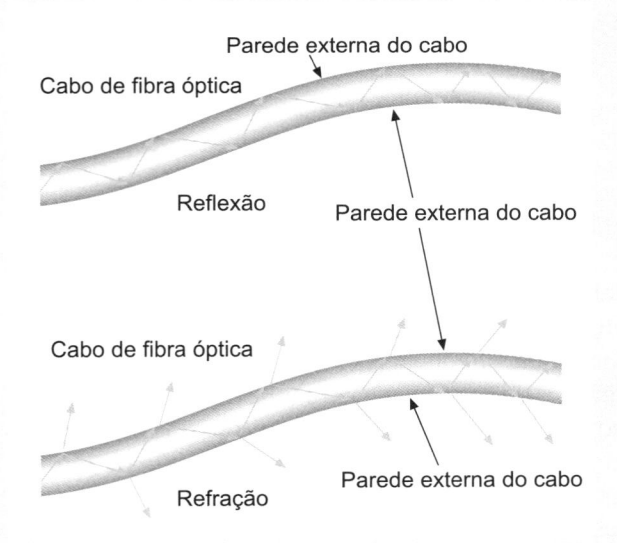

Figura 3-9 Uma simples demonstração de reflexão e refração em um cabo de fibra óptica.

A luz pode ser transmitida através de um cabo de fibra óptica utilizando duas técnicas básicas. A primeira técnica, chamada **transmissão monomodo**, requer o uso de cabo de fibra óptica bem fino e uma fonte de luz com bastante foco, como um laser. Quando um laser é apontado para uma fibra estreita, a luz segue um feixe estreito, e há uma tendência menor de a onda de luz refletir ou refratar. Desse modo, essa técnica permite um sinal muito rápido com degradação pequena do sinal (e, assim, menos ruído) por longas distâncias. Uma vez que os lasers são utilizados como fonte de luz, a transmissão monomodo é uma técnica mais cara que a segunda técnica de sinalização de cabo de fibra óptica apresentada a seguir. Qualquer aplicação que envolva uma grande quantidade de dados transmitidos em altas velocidades é uma candidata para transmissão monomodo.

A segunda técnica de sinalização, chamada transmissão multimodo, utiliza um cabo de fibra óptica mais espesso e uma fonte de luz sem foco, como um LED. Como a fonte de luz não possui foco, a onda de luz sofre mais refração e reflexão (isto é, ruído) conforme se propaga através do fio. Esse ruído resulta em sinais que não podem viajar a mesma distância e com a mesma velocidade que os sinais gerados pela técnica monomodo. De modo correspondente, a transmissão multimodo é menos cara que a transmissão monomodo. As redes locais que empregam cabos de fibra óptica geralmente utilizam transmissões multimodo.

As técnicas de transmissão monomodo e multimodo utilizam o cabo de fibra óptica com características diferentes. O núcleo do cabo de fibra óptica monomodo tem espessura de 8,3 mícrons, e o material que envolve a fibra – o revestimento – tem largura de 125 mícrons. Assim, o cabo de fibra óptica monomodo é chamado **cabo 8,3/125**. O núcleo do cabo de fibra óptica multimodo geralmente tem largura de 62,5 mícrons, e o revestimento, 125 mícrons. O cabo de fibra óptica multimodo é chamado **cabo 62,5/125**. Outros tamanhos de cabo de fibra óptica multimodo são 50/125 e 100/140 mícrons.

A transmissão sem fio tornou-se popular nos anos 1950 com rádio AM, FM e televisão; e, em 1962, as transmissões foram enviadas pelo primeiro satélite orbital, Telstar. Nos 60 anos desde o surgimento da transmissão sem fio, essa tecnologia gerou centenas, se não milhares, de aplicações, algumas das quais serão discutidas neste capítulo.

Em transmissão sem fio, vários tipos de ondas eletromagnéticas são utilizados para transmitir sinais. Radiotransmissões, transmissões por satélite, luz visível, luz infravermelha, raios X e raios gama são todos exemplos de ondas eletromagnéticas ou radiação eletromagnética. Em geral, a radiação eletromagnética é energia propagada pelo espaço e, indiretamente, pelos objetos sólidos na forma de uma perturbação no avanço dos campos elétricos e magnéticos. No caso particular de, digamos, radiotransmissões, essa energia é emitida na forma de ondas de rádio pela aceleração de elétrons livres, como ocorre quando uma carga elétrica passa por um fio de antena de rádio. A diferença básica entre os vários tipos de ondas eletromagnéticas são seus diversos comprimentos de onda ou frequências, como mostrado na Figura 3-10.

Frequências aproximadas

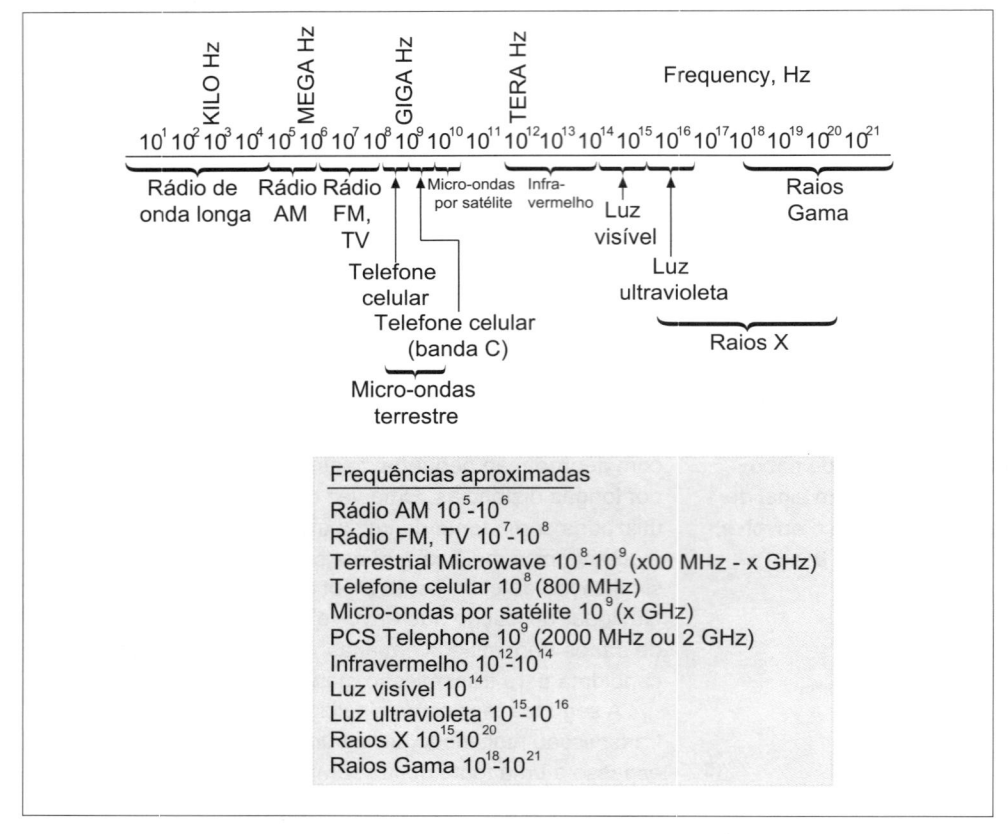

Rádio AM 10^5-10^6
Rádio FM, TV 10^7-10^8
Terrestrial Microwave 10^8-10^9 (x00 MHz - x GHz)
Telefone celular 10^8 (800 MHz)
Micro-ondas por satélite 10^9 (x GHz)
PCS Telephone 10^9 (2000 MHz ou 2 GHz)
Infravermelho 10^{12}-10^{14}
Luz visível 10^{14}
Luz ultravioleta 10^{15}-10^{16}
Raios X 10^{15}-10^{20}
Raios Gama 10^{18}-10^{21}

Figura 3-10 Frequências de ondas eletromagnéticas.

Observe que todos os tipos de sistemas de transmissão, tal como rádio AM, FM, televisão, telefones celulares, micro-ondas terrestre e sistemas de satélite, estão restritos a bandas de frequências estreitas. A Comissão Federal de Comunicações (FCC) mantém controle rigoroso sobre quais frequências são utilizadas para qual aplicação. Ocasionalmente, a FCC vai designar uma faixa de frequências não utilizada para uma nova aplicação. Em outros casos, a FCC faz um edital de leilão de venda de frequências não utilizadas pela proposta mais alta. A ganhadora da licitação tem permissão para utilizar essas frequências para a introdução de um produto ou serviço de seu interesse. É importante perceber, entretanto, que não há tantas frequências disponíveis para serem utilizadas por novas aplicações. Portanto, é crucial que cada aplicação utilize as frequências designadas da melhor maneira possível. O sistema de telefonia celular, como veremos, é um bom exemplo de como uma aplicação pode utilizar suas frequências designadas eficientemente. Vamos levar em consideração esse processo conservador de alocação de frequência quando discutirmos as oito áreas diferentes de sistemas de comunicação sem fio, começando por uma das mais antigas: a transmissão de micro-ondas terrestre.

Transmissão de micro-ondas terrestre

Sistemas de transmissão de **micro-ondas terrestre** propagam sinais de rádio em feixes com foco estreito de uma antena de transmissão de micro-ondas baseada no solo para outra. As duas áreas mais comuns de aplicação de transmissão de micro-ondas terrestre são comunicações telefônicas e intercomunicação comercial. Várias empresas telefônicas implementam diversas antenas, colocando uma torre receptora e transmissora a cada 25 a 50 quilômetros. Tais sistemas oferecem serviço telefônico em áreas metropolitanas, intra e interestaduais. Empresas também podem utilizar transmissão de micro-ondas terrestre para implantar sistemas de telecomunicação entre prédios comerciais. A manutenção dessa disposição pode ser menos cara a longo prazo que alugar uma linha telefônica de alta velocidade de uma empresa telefônica, que exige um pagamento mensal regular. Com um micro-ondas terrestre, uma vez que o sistema está comprado e instalado, nenhuma taxa telefônica é necessária.

Possivelmente, o ponto forte do micro-ondas terrestre é sua habilidade de transmitir sinais até centenas de milhões de bits por segundo sem a utilização de fios de interconexão. A Figura 3-11 mostra uma instalação de antena de micro-ondas comum.

Figura 3-11 Uma torre de micro-ondas e antena típicas.

As transmissões de micro-ondas não seguem a curvatura da Terra, nem passam por objetos sólidos, o que limita sua distância de transmissão. As antenas de micro-ondas utilizam transmissão na linha de visada, significando que, para receber e transmitir um sinal, cada antena tem de estar na linha de visão da antena seguinte (veja a Figura 3-12). Várias antenas de micro-ondas estão localizadas no topo das torres altas, e a distância comum entre torres de micro-ondas é por volta de 25 a 50 quilômetros. Quanto mais alta a torre, maior a distância possível de transmissão. Por isso, torres localizadas em morros ou montanhas ou no topo de edifícios altos podem transmitir sinais além de 50 quilômetros. Outro fator que limita a distância de transmissão é o número de objetos que podem obstruir o caminho dos sinais. Edifícios, morros, florestas e mesmo chuva forte e neve interferem na transmissão de sinais de micro-ondas. (Supondo que não haja interferência, entretanto, e os amplificadores sejam utilizados nas torres para regenerar o sinal, transmissões de micro-ondas terrestres podem percorrer uma distância ilimitada.) Considerando esses limites, as desvantagens de transmissão de micro-ondas terrestre incluem a perda de intensidade do sinal (atenuação) e interferência de outros sinais (intermodulação), além dos custos de contratar o serviço ou instalar e manter as antenas.

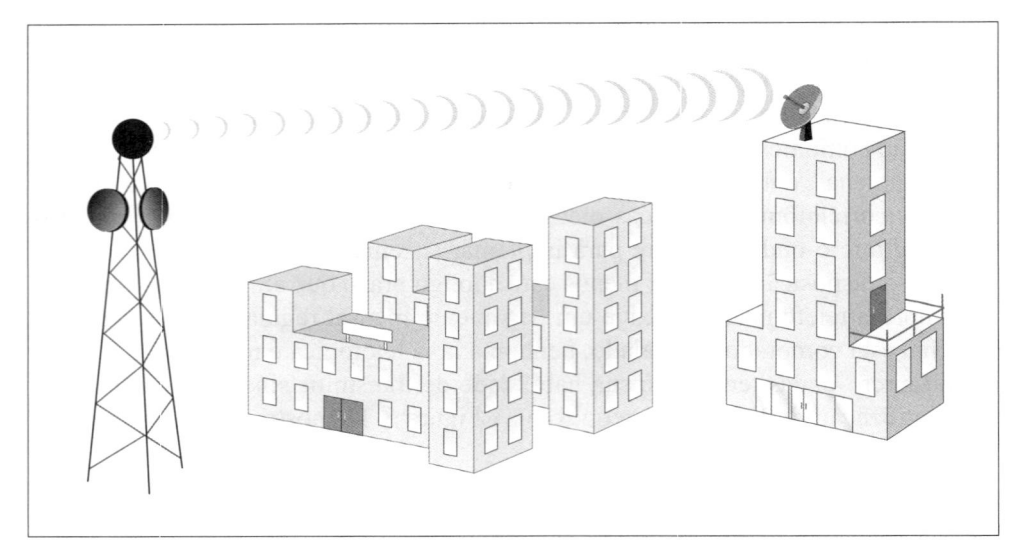

Figura 3-12 Uma antena de micro-ondas no topo de uma torre autônoma transmitindo para outra antena no topo de um edifício.

Transmissão de micro-ondas por satélite

Os sistemas de transmissão de **micro-ondas por satélite** são similares aos sistemas de transmissão de micro-ondas terrestre, exceto pelo fato de que o sinal viaja de uma estação em solo na Terra até um satélite e volta para outra estação na Terra, atingindo assim distâncias muito maiores que as transmissões na linha de visada na Terra. Na verdade, um satélite localizado no ponto mais distante da Terra – 36.000 quilômetros ou 22.300 milhas – pode receber e enviar sinais a aproximadamente um terço da distância em torno da Terra. Sistemas de satélite também podem transmitir um sinal parcialmente ao redor da Terra, enviando-o de um satélite para outro.

Um modo de categorizar sistemas de satélite é pela distância do satélite até a Terra. Quanto mais perto um satélite estiver da Terra, menor é o tempo necessário para enviar dados para o satélite no sentido **ascendente (*uplink*)** e receber dados do satélite no sentido **descendente (*downlink*)**. Esse tempo de transmissão da estação

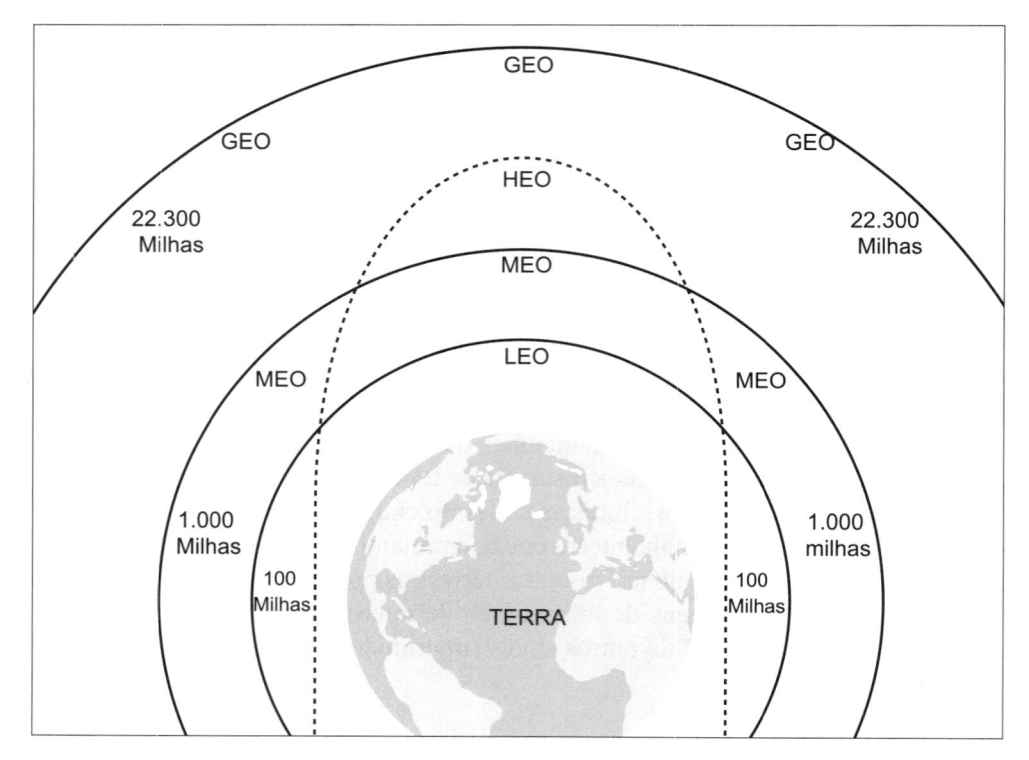

Figura 3-13 A Terra e as quatro órbitas terrestres: LEO, MEO, GEO e HEO.

em solo para o satélite e de volta para a estação em solo é chamado **retardo de propagação**. A desvantagem de estar mais perto da Terra é que o satélite deve circular continuamente a Terra para permanecer em órbita. Assim, esses satélites estão em movimento constante e eventualmente descem abaixo do horizonte, arruinando a transmissão na linha de visada. Satélites que estão sempre sobre o mesmo ponto da Terra podem ser utilizados por longos períodos para transferências de dados de alta velocidade. Por outro lado, como os satélites que estão próximos à Terra não ficam na mesma posição sobre a Terra, eles são utilizados com aplicações que necessitam de períodos mais curtos de transferências de dados, como sistemas de telefonia celular. Como a Figura 3-13 mostra, os satélites orbitam a Terra em quatro faixas possíveis: órbita de baixa altitude (LEO), órbita de média altitude (MEO), órbita geossíncrona (GEO) e órbita elíptica de grande excentricidade (HEO).

Satélites de órbita de baixa altitude (LEO) são os mais próximos da Terra. Eles podem ser encontrados entre 160 e 1.600 quilômetros de distância da superfície. O número de satélites de órbita de baixa altitude está crescendo rapidamente. No final do século XX, havia aproximadamente 300 satélites LEO. Até o ano de 2005, estimava-se um número de mil satélites LEO em órbita. Satélites de órbita de baixa altitude são utilizados primariamente para a transferência eletrônica de correio eletrônico, redes telefônicas móveis globais, espionagem, sensoriamento remoto e videoconferência.

Detalhes

Configurações do satélite

Além de serem classificados como satélites LEO, MEO, GEO e HEO, os sistemas de satélite podem ser categorizados em três topologias básicas: estações terrenas de operadora de grande porte, estações terrenas com tráfego multiplexado e estações terrenas para usuário individual. A Figura 3-14 ilustra cada uma dessas topologias.

Estação de operadora de grande porte
A Figura 3-14(a) mostra que, em uma instalação de operadora de grande porte, o sistema de satélite e todas as frequências designadas são dedicadas a um único usuário. Como um satélite é capaz de transmitir grandes quantidades de dados em um tempo muito curto e o próprio sistema é caro, somente uma aplicação muito grande pode justificar economicamente o uso exclusivo de um sistema de satélite inteiro por um usuário. Por exemplo, faria sentido para uma empresa telefônica utilizar um sistema de satélite de operadora de grande porte para a transmissão de milhares de chamadas telefônicas de longa distância. Sistemas de operadora de grande porte comuns operam nas bandas de 6/4 GHz (uplink de 6 GHz, downlink de 4 GHz) e disponibilizam uma largura de banda de 500 MHz, que pode ser dividida em vários canais de 40-50 MHz.

Estação com tráfego multiplexado
Em um sistema de satélite com tráfego multiplexado, a estação em solo aceita a entrada de várias fontes e de algum modo combina os fluxos de dados, designando frequências diferentes para diferentes sinais ou permitindo que sinais diferentes se revezem na transmissão. A Figura 3-14(b) mostra um diagrama de como uma estação com tráfego multiplexado típica opera.

Como esse tipo de sistema de satélite atende às necessidades dos usuários e atribui espaços de tempo? Cada usuário pode ser questionado se tem dados para transmitir, mas em razão da perda de tempo no processo de questionamento essa técnica não seria economicamente viável. Um cenário de quem chegar primeiro é atendido, em que cada usuário compete com outro, seria um projeto extremamente ineficiente. A técnica que parece funcionar melhor para atribuir acesso a sistemas de satélite multiplexados é um sistema de reserva. Nesse sistema, os usuários fazem uma reserva para espaços de tempo futuros. Quando o espaço de tempo reservado chega, o usuário transmite seus dados no sistema. Existem dois tipos de sistemas de reserva: centralizada e distribuída. Em um sistema de reserva centralizado, todas as reservas vão a um local central, e aquele local controla as solicitações que chegam. Em um sistema de reserva distribuído, nenhum sistema central controla as reservas, mas usuários individuais chegam a um acordo sobre a ordem de transmissão.

Estação para usuário individual
Em um sistema de satélite de estação para usuário individual, cada usuário utiliza sua própria estação em solo para transmitir dados ao satélite. A Figura 3-14(c) mostra uma configuração típica de satélite de estação para usuário individual. O sistema **Terminal de Abertura muito Pequena (VSAT)** é um exemplo de sistema de satélite de estação para usuário individual, onde o indivíduo possui a sua própria estação em solo e uma antena pequena (de 70 cm por 2 m). Entre as estações em solo está a estação-mestre que está geralmente conectada a um sistema de computador tipo mainframe. As estações em solo comunicam-se com o computador mainframe via satélite e a estação-mestre. Um usuário final VSAT precisa de uma unidade interna, que consiste de um transceptor que faz a conexão entre o computador do usuário e a antena parabólica externa (a unidade externa). Esse transceptor, que é pequeno, envia e recebe sinais de um satélite LEO via parabólica. O VSAT é capaz de manipular sinais de dados, voz e vídeo por grande parte da superfície terrestre.

Um dos projetos mais ambiciosos e notórios do final do século XX foi a rede de telefonia e paging portátil global por satélite Iridium. O sistema Iridium foi desenvolvido originalmente para utilizar diversas camadas de satélites com 11 satélites em cada camada, ou um total de 77 satélites. A rede tomou seu nome do elemento irídio, que possui um peso atômico de 77. Após um replanejamento, foi determinado que o sistema também iria trabalhar com seis camadas de 11 satélites, e o projeto foi reescalonado para 66 satélites (o nome, entretanto, não foi alterado para o elemento correspondente disprósio, que, aparentemente, não tinha o mesmo apelo). Mesmo com somente 66 satélites em funcionamento, uma pessoa poderia, de qualquer ponto da Terra, receber ou fazer uma chamada telefônica utilizando um telefone móvel Iridium. Infelizmente, até o verão de 1999, o sistema Iridium não conseguiu atrair um número suficiente de assinantes, fazendo com que os proprietários do sistema vendessem a rede de 66 satélites.

Satélites de órbita de média altitude (MEO) encontram-se entre 1.600 e 4.800 quilômetros da Terra. No final do século XX, havia aproximadamente 65 satélites MEO orbitando a Terra. Embora os sistemas de satélite MEO não estejam crescendo na mesma taxa fenomenal que os sistemas LEO, especialistas do setor estimam que o número de satélites MEO em 2005 tenha chegado a 120.

Satélites de órbita de média altitude são utilizados primariamente para serviços de navegação por sistema de posicionamento global. **Sistemas de posicionamento global** são complexos, mas vale a pena dar uma breve olhada em seu funcionamento.

O **sistema de posicionamento global (GPS)** é um sistema de 24 satélites que foram lançados pelo Departamento de Defesa dos Estados Unidos e são utilizados para identificar localizações na Terra. Ao triangular sinais de pelo menos quatro satélites GPS (cada um dá as coordenadas de direção X, Y, Z e a hora), uma unidade receptora pode estabelecer sua própria localização atual com precisão de uns poucos metros em qualquer ponto da Terra. Várias empresas produzem dispositivos portáteis e automotivos com GPS, com precisão de poucas quadras, e vários fabricantes de carros oferecem automóveis com GPS embutido para que seus clientes possam ter acesso a orientações de trânsito e mesmo à localização do posto de gasolina mais próximo enquanto dirigem seus

Detalhes

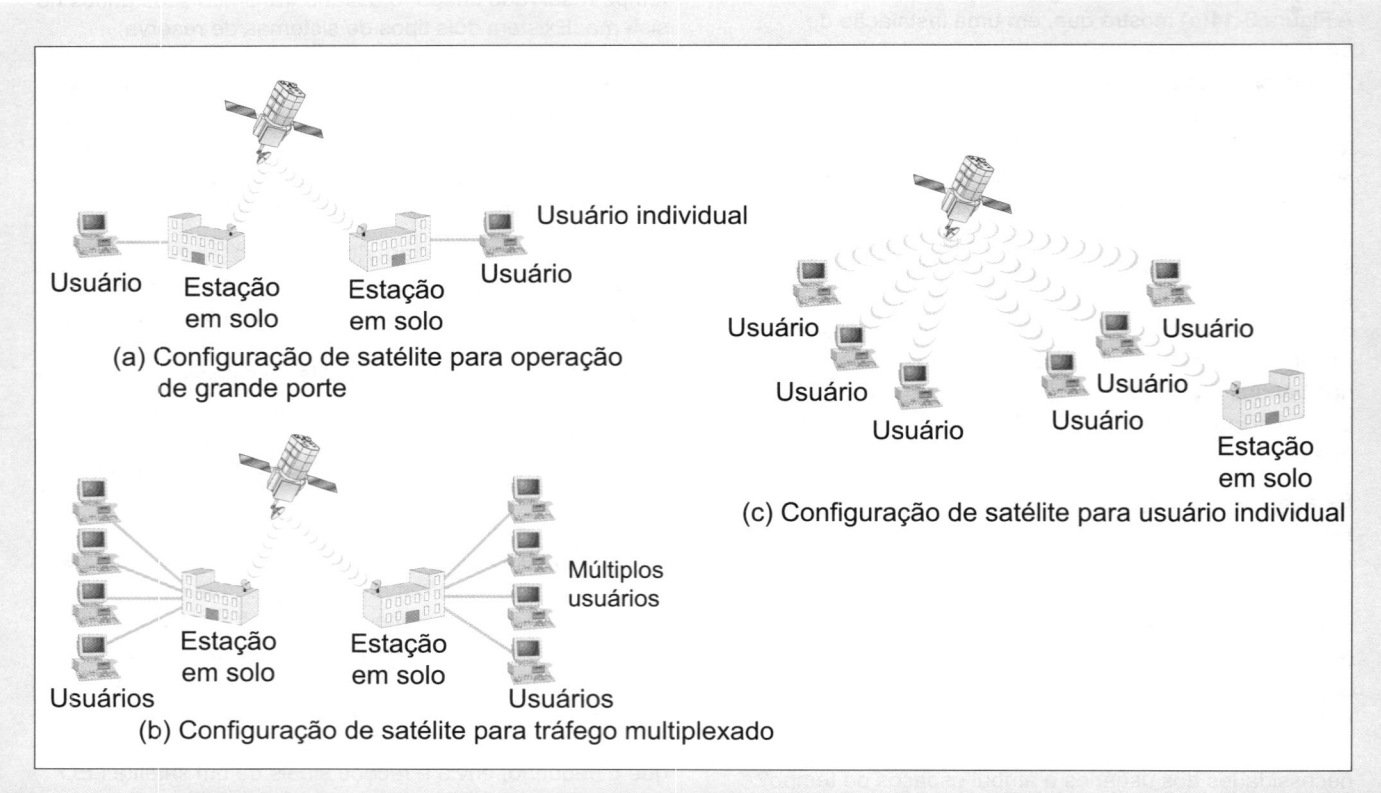

Figura 3-14 Configurações de instalações de operadora de grande porte, estação multiplexada da Terra e estação para um usuário da Terra de sistemas de satélite.

carros. Esses sistemas também habilitam os fabricantes a determinar, caso o motorista esteja perdido ou envolvido em um acidente, a localização do automóvel em qualquer ponto do país.

Satélites de órbita geossíncrona (GEO) são encontrados a 36.000 quilômetros (22.300 milhas) da Terra e estão sempre posicionados sobre o mesmo ponto da Terra (em algum ponto sobre a linha do Equador). Desse modo, duas estações em solo podem conduzir transmissões contínuas da Terra para o satélite e de volta para a Terra. Os satélites de órbita geossíncrona são comumente utilizados para transmissão de sinal para televisão aberta, a cabo e por satélite; meteorologia; operações governamentais de inteligência; e telefonia marítima móvel. A vantagem principal dos satélites GEO é sua capacidade de oferecer transmissões de grande porte, de alta velocidade e em grande quantidade que podem cobrir até um terço da superfície da Terra. Empresas que operam os satélites GEO podem comprometer todos os seus recursos de transmissão com um cliente ou podem compartilhar o tempo do satélite com vários clientes. A utilização do sistema de satélite GEO por um único cliente é cara e geralmente envolve a transferência de grandes quantidades de dados. Estima-se que havia 360 satélites GEO em órbita no fim de 2009.

Um quarto sistema de satélite que tem propriedades únicas é o **satélite de órbita elíptica de grande excentricidade (HEO)**, utilizado pelos governos para espionagem (via fotografias por satélite) e por órgãos científicos para observação de corpos celestiais. Um satélite HEO segue um padrão elíptico, como mostrado na Figura 3-15. Quando o satélite estiver no seu perigeu (o ponto mais próximo da Terra), ele tira fotografias da Terra. Quando o satélite atinge seu apogeu (o ponto mais distante da Terra), ele transmite os dados para a estação em solo. No seu apogeu, o satélite também pode fotografar objetos no espaço.

Sistemas de satélites e micro-ondas terrestres também podem ser classificados pelas frequências com que transmitem, ou a banda do satélite. Todos os sistemas de radiotransmissão, como sistemas de satélite, micro-ondas terrestres, televisão e rádio transmitem seus sinais em bandas de transmissão aprovadas por organismos nacionais e internacionais. Por exemplo, as bandas de rádio definidas pela ITU (União Internacional de Telecomunicações) são as seguintes:

Número da banda	Símbolo	Frequência	Uso típico
4	VLF (frequência muito baixa)	3–30 kHz	Sistemas de radionavegação
5	LF (frequência baixa)	30–300 kHz	Rádio faróis
6	MF (frequência média)	300 kHz–3 MHz	Rádio AM
7	HF (frequência alta)	3–30 MHz	Rádio amador
8	VHF (frequência muito alta)	30–300 MHz	TV VHF, rádio FM
9	UHF (frequência ultra-alta)	300 MHz–3 GHz	TV UHF, telefones celulares, pagers
10	SHF (frequência superalta)	3–30 GHz	Satélite
11	EHF (frequência extremamente alta)	30–300 GHz	Satélite, sistemas de radar

Vários dispositivos que transmitem sinais utilizando as bandas de rádio acima transmitem seus sinais de modo aberto, em que os sinais se propagam de uma torre de transmissão para todas as direções. Do mesmo modo, a maior parte dos sistemas de micro-ondas e satélites transmite seus sinais em uma trajetória estreita na linha de visada e é geralmente classificada por bandas de radar. IEEE e Otan indicam as seguintes bandas de radar:

Banda de radar	Frequência	Uso típico
L	~1–2 GHz	GPS, uso governamental, telefones celulares GSM
S	2–4 GHz	Sistemas de previsão do tempo, sistemas de rádio digitais por satélite
C	4–8 GHz	Sistemas comerciais de satélite
X	~7–12.5 GHz	Alguns satélites de comunicação, tempo e temperatura
Ku	12–18 GHz	Nasa, estações remotas de televisão para estação
Ka	18–40 GHz	Satélites de comunicação
V	50–75 GHz	Não muito utilizada
W	75–111 GHz	Uso misto (militar, sistemas de radares de carros)

Observe a sobreposição entre as duas convenções de nomenclaturas. A banda de rádio SHF (3-30 GHz) compartilha as mesmas frequências que as bandas de radar L e S (1-2 GHz e 2-4 GHz, respectivamente).

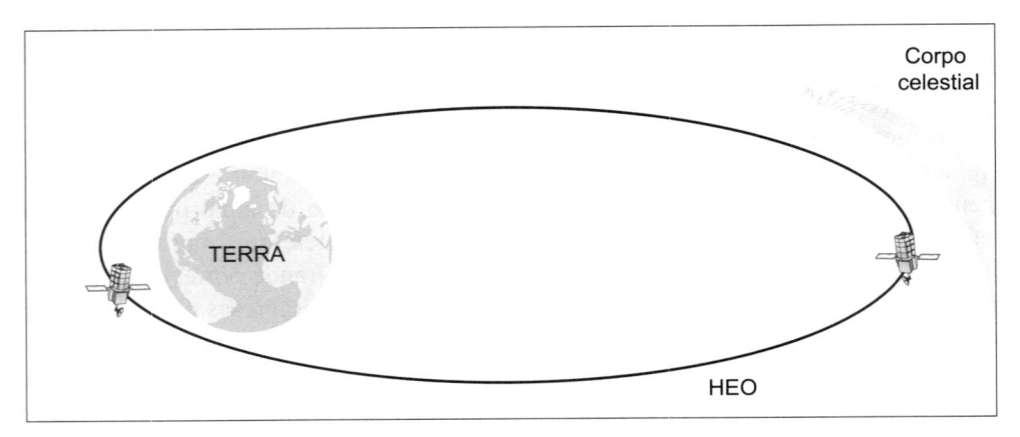

Figura 3-15 Diagrama de um satélite de órbita elíptica de grande excentricidade.

Telefones celulares

Outra tecnologia sem fio que utiliza ondas de rádio é o sistema de telefonia celular. Existem quatro gerações básicas de sistemas de telefonia celular: telefones celulares analógicos de primeira geração; serviços digitais de comunicação pessoal de segunda geração (PCS); uma terceira geração (denominada, de modo interessante, de geração 2.5), que viu a convergência de sinais de dados com sinais de voz; e a geração atual de telefones celulares. Durante os anos 1980 e 1990, vários indivíduos carregavam pagers como um meio de ficar em contato com seus negócios ou famílias. Na virada do século, com o crescimento dos telefones celulares, o uso do pager caiu; e, nos últimos anos, pode ser dito que o telefone celular substituiu efetivamente o pager. Os telefones celulares tornaram-se tão populares que, de acordo com a Forrester Research, um grupo de consultoria de telecomunicações, em novembro de 2009, setenta e um por cento de todas as casas tinham um telefone celular e vinte por cento de todas as casas tinham somente um telefone celular, sem um telefone fixo.

O nome "telefone celular" levanta uma questão interessante: O que o termo celular quer dizer? Para responder a essa pergunta, você precisa examinar a rede de rádio interativa que existia nos anos 1990, antes de os telefones celulares se tornarem populares: Improved Mobile Telephone Services (IMTS) – Serviços Telefônicos Móveis Melhorados. IMTS permitia somente 12 usuários concomitantes em toda uma cidade. A razão para tão poucos usuários concomitantes foi mencionada anteriormente no capítulo – a FCC disponibiliza poucas frequências de rádio para uma aplicação particular. Quando um usuário fala com outro, dois canais são necessários. Um canal é para uma direção da transmissão e um segundo canal é a direção oposta. Cada canal requer uma faixa suficiente de frequências para transportar um sinal de voz. Para permitir a possibilidade de centenas e milhares de usuários simultâneos em uma área metropolitana, uma faixa extremamente ampla de frequências era necessária. A FCC não podia alocar tantas frequências em um único serviço, então ela criou uma alternativa, dividindo o país em mais de 700 **áreas de serviço móvel (MSAs)**, ou mercados. Cada mercado, que geralmente engloba toda uma área metropolitana, é dividido posteriormente em células adjacentes (como mostrado no canto superior esquerdo da Figura 3-16). Observe como as células formam um padrão tipo colmeia.

Células podem variar no alcance, de 2,5 quilômetros de raio a 80 quilômetros de raio. Localizado na interseção de cada celular está um transmissor/receptor de baixa potência, que é geralmente colocado em uma torre (veja a Figura 3-17). Logo após essas torres começarem a aparecer nos bairros, os moradores começaram a reclamar de sua presença. Consequentemente, operadoras de telefonia celular foram criativas ao disfarçar suas antenas nos topos e ao lado de edifícios, dentro de torres de igreja e mesmo em formato de árvores (veja a Figura 3-18).

Um telefone celular em uma célula comunica-se com a torre celular, que por sua vez está conectada à central de comutação telefônica celular (CTSO) por uma linha telefônica. A central de comutação telefônica celular é, então, conectada ao sistema telefônico local. Se o telefone celular se mover de uma célula a outra, a central de comutação telefônica celular transfere a conexão de uma célula a outra.

Como cada célula utiliza transmissões de baixa potência, não é provável que uma transmissão em uma célula específica interfira na transmissão em outra célula que esteja distante a mais de uma ou duas células. Desse modo, somente células próximas adjacentes precisam utilizar grupos diferentes de frequências. Como resultado, as frequências utilizadas em uma célula podem ser reutilizadas em outras células, o que permite mais conexões simultâneas em uma área que o número de frequências disponíveis permitiria.

Em cada célula, pelo menos um canal, o canal de controle, é responsável pelo estabelecimento e pelo controle das chamadas. Assim que o telefone celular é ligado, ele sintoniza no canal de controle e transmite informações

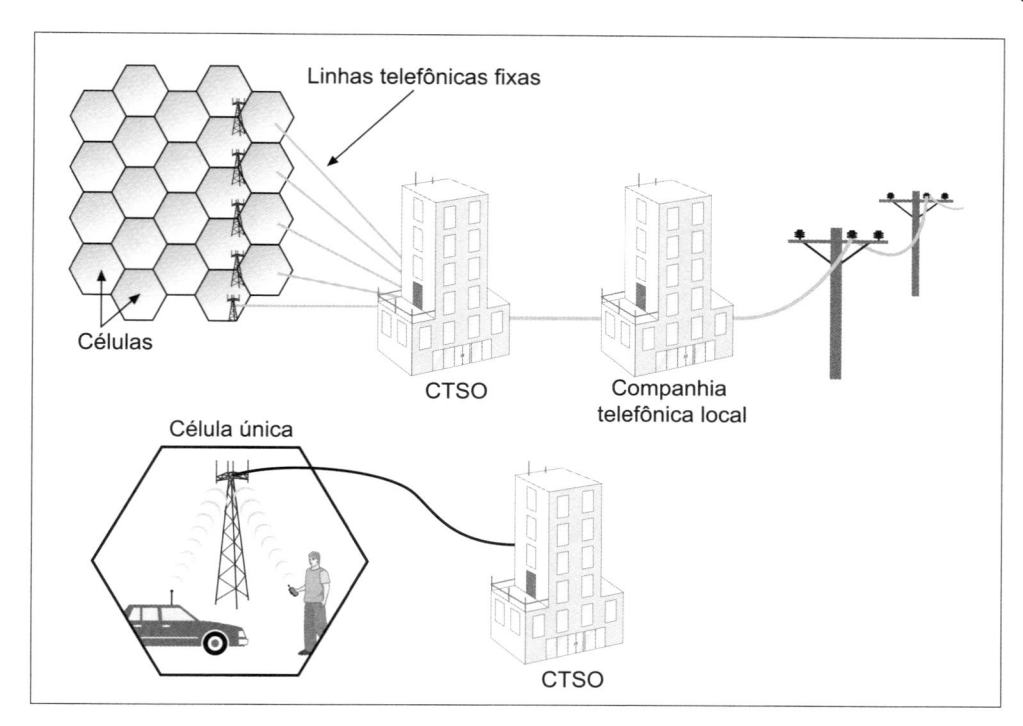

Figura 3-16 Um mercado de telefonia celular dividido em células.

básicas de identificação (ID) do aparelho. A operadora do telefone celular aceita a informação de ID do aparelho e identifica o telefone (e usuário) específico. Agora, a rede do telefone celular sabe em qual célula o usuário está localizado. Periodicamente (a cada poucos segundos), o telefone celular retransmite sua informação de ID, caso o aparelho esteja realmente em movimento.

Na geração mais antiga de sistemas de telefonia celular, uma operadora podia dizer somente em qual célula você estava localizado. Ela não conseguia determinar exatamente onde na célula você estava. Logo após o ano 2000, a FCC pediu às operadoras para desenvolver um sistema no qual a localização exata de um telefone celular pudesse ser determinada. Uma das ideias por trás desse recurso era habilitar serviços de emergência para localização de um usuário de telefone celular caso ele solicitasse um serviço tipo 190 (serviço de emergência policial). A FCC deu às operadoras um prazo de até o fim de 2005 para que 95% de seus telefones celulares tivessem um chip GPS para que, em situações de emergência, a operadora pudesse localizar o telefone celular e o usuário com precisão de 300 metros. Desnecessário dizer que nem todas as operadoras conseguiram atender a essa exigência e foram multadas. Hoje em dia, todas as operadoras podem oferecer esse serviço, mas depende de quão moderno é o seu celular.

Um telefone celular, ao tentar realizar uma chamada, transfere o número de telefone chamado com qualquer outra identificação, como a ID do telefone para o CTSO via canal de controle. A validade da conta do usuário é verificada e, se a conta telefônica tiver sido paga, o CTSO atribui um canal para aquela conexão. O telefone celular, então, libera o canal de controle, toma o canal atribuído e prossegue para realizar a chamada telefônica.

O que acontece quando alguém tenta ligar para um telefone celular? Como a operadora sabe (se o telefone estiver ligado) em qual célula o telefone celular está, ela transmite a ID do telefone para aquela célula. Quando a ID é reconhecida pelo telefone celular, ele tenta tomar o canal de controle da célula local. Quando o canal de controle é tomado, o telefone envia um sinal para o CTSO, que verifica o número da ID do celular e um canal é atribuído ao telefone, então a chamada de entrada é conectada.

Atualmente, várias tecnologias de telefonia celular estão em operação nos Estados Unidos. **Serviço avançado de telefonia móvel (AMPS)** foi o sistema de telefonia celular de primeira geração; ele cobria toda a América do Norte e mais de 35 países, inclusive o Brasil. O AMPS utilizava tecnologia de multiplexação por divisão de frequência (discutida detalhadamente no Capítulo 5), que opera como transmissões de televisão. O AMPS era o equivalente celular ao "velho e simples sistema telefônico" (POTS). Nenhuma operadora norte-americana oferece mais o serviço AMPS. **Serviço avançado digital de telefonia móvel (D-AMPS)** é o novo equivalente digital do serviço telefônico celular analógico. Ele utiliza tecnologia de multiplexação por divisão do tempo (também discutida no Capítulo 5), além da multiplexação por divisão de frequência, e oferece maior clareza de sinal e segurança que o AMPS. Como o D-AMPS inicia com multiplexação por divisão de frequência e em seguida acrescenta

Figura 3-17 Torre de telefone celular.

Figura 3-18 Torres de telefone celular disfarçadas de árvores.

técnicas de multiplexação por divisão de tempo, sistemas analógicos de telefonia celular podem ser atualizados para o D-AMPS, uma atualização que aumenta a clareza do sinal, os recursos de segurança, o número de serviços especiais oferecidos e o número de canais disponíveis por célula. A maioria das operadoras atualizou seus telefones celulares AMPS para o serviço D-AMPS a fim de oferecer serviços mais novos, totalmente digitais.

A próxima categoria de tecnologia em telefonia celular são os **Serviços em comunicação pessoal (PCS)**, que não se baseia em técnicas analógicas mais antigas. Esses sistemas são considerados telefones celulares de segunda geração. Os telefones celulares PCS foram aprovados pela FCC em 1993, e o primeiro sistema de telefonia celular PCS apareceu em Washington, D.C., em novembro de 1995. Desde então, três tecnologias PCS concorrentes (e incompatíveis) surgiram. A primeira tecnologia PCS utiliza uma forma de multiplexação por divisão de tempo chamada de **Acesso múltiplo por divisão de tempo (TDMA)** para dividir os canais de usuários disponíveis por tempo, dando a cada telefone celular em transmissão um breve período para transmitir. A segunda tecnologia PCS utiliza tecnologia de **Acesso múltiplo por divisão de código (CDMA)**, que espalha a transmissão do sinal do telefone celular por uma faixa ampla de frequências, utilizando cálculos matemáticos. O CDMA é baseado em tecnologia de espalhamento de espectro, que será apresentado no Capítulo 12. A terceira tecnologia PCS é o **Sistema global para comunicações móveis (GSM)** e utiliza uma forma diferente de tecnologia de acesso múltiplo por divisão de tempo.

Após o PCS, a próxima geração de serviço telefônico celular deveria ser a terceira geração, mas por várias razões (principalmente, o fato de que representava uma melhoria menor na tecnologia em relação à geração anterior) a indústria de telefonia celular a nomeou geração 2.5. Os telefones celulares de geração 2.5 são capazes de receber e transmitir dados digitais entre um telefone celular e um provedor de serviço de internet. Utilizando um telefone celular com uma tela pequena, o usuário pode fazer download de várias informações da internet. Exemplos do tipo de dados dos quais podem ser feitos download incluem valores de ações, previsão do tempo, resultados esportivos, direções de trânsito e outras informações de pouco volume de tráfego, baseadas em texto. Vários telefones celulares têm câmeras embutidas e os usuários conseguem enviar fotos de um celular para outro.

Para permitir os fluxos de dados de textos e imagens mais intensos em largura de banda da geração 2.5, novos protocolos de transmissão de dados a velocidades mais altas foram desenvolvidos. Em particular, redes GSM foram convertidas para **Serviço geral de rádio por pacote (GPRS)**, que podem transmitir dados de 30 kbps a 40 kbps. Redes CDMA foram convertidas a uma forma atualizada de CDMA chamada **CDMA2000 1xRTT** (Tecnologia de transmissão de rádio com uma portadora). Essa tecnologia mais nova é capaz de transmitir dados de 50 kbps a 75 kbps.

A geração atual da tecnologia de telefonia celular surgiu no começo de 2005 e representa realmente a terceira geração. Para suportar a demanda crescente por largura de banda para upload e download de texto e imagens via telefone celular, sistemas GPRS estão sendo convertidos para a tecnologia de **Sistema universal de telecomunicação móvel (UMTS)**. O UMTS é capaz de suportar taxas de dados no downlink de 220 kbps a 320 kbps. Os sistemas 1xRTT estão sendo convertidos para uma tecnologia chamada 1xEV (1 x versão melhorada) – especificamente uma versão de 1xEV chamada **Evolução somente dados (EV-DO)**. Os sistemas EV-DO são capazes de suportar taxas de dados no downlink de 300 kbps a 500 kbps. Sistemas de quarta geração, que podem começar a aparecer em 2010, podem se basear tanto em tecnologia LTE (Evolução de longo prazo) ou Wi-MAX (discutido brevemente). Confuso? Você não está sozinho.

Transmissões em infravermelho

A **transmissão em infravermelho** é uma forma especial de radiotransmissão que utiliza um raio de luz na faixa de frequência infravermelha (10^{12}-10^{14} MHz). Ela funciona de maneira semelhante aos dispositivos de controle remoto utilizados para operar aparelhos de televisão, em que um raio infravermelho com foco estreito carregando informações é enviado do transmissor para o receptor por uma transmissão na linha de visada. Geralmente, a distância entre esses dispositivos é de somente um a três metros (três a dez pés), mas existem sistemas infravermelhos que podem transmitir de um quilômetro e meio a dois quilômetros e meio.

Os sistemas de transmissão em infravermelho são geralmente associados a notebooks, computadores de mão, dispositivos periféricos como impressoras e aparelhos de fax, câmeras digitais e até mesmo jogos eletrônicos portáteis de crianças. A transmissão em infravermelho funciona bem nas seguintes atividades:

- Transmissão de documentos de seu notebook para uma impressora ou modem.
- Troca de arquivos pequenos como cartões de visitas entre computadores de mão.

- Sincronização de agendas telefônicas e organizadores.
- Recuperação de registros bancários de caixas eletrônicos através de um dispositivo de mão como um PDA, que é apontado para o terminal.

Em cada um desses exemplos, o transmissor e o receptor estão na mesma sala ou a uma curta distância, e as taxas de transferência de dados não costumam ser superiores a 4 Mbps.

Existem sistemas de infravermelho que podem transferir dados a velocidades de até 16 Mbps, e velocidades ainda mais altas estão em desenvolvimento.

Apesar da Associação de Dados Infravermelhos (IrDA) liderar o esforço de normatização da tecnologia infravermelha e da incorporação do infravermelho em várias áreas de aplicação, especialistas começam a questionar se o infravermelho vai se expandir muito além do seu uso atual. De fato, uma tecnologia relativamente nova, que vamos examinar adiante, o Bluetooth, tem o potencial para substituir o infravermelho em conexões sem fio de curta distância.

Detalhes

Divisão de canais entre células

Para uma melhor compreensão de como as frequências são divididas entre as células de um sistema de telefonia celular, vejamos um exemplo simples: o sistema de telefonia celular de primeira geração. Tanto o sistema de telefonia celular AMPS quanto o D-AMPS alocavam seus canais utilizando faixas de frequência dentro do espectro de 800-900 Megahertz (MHz). Para ser mais preciso, a faixa de 824-849 MHz era utilizada para a recepção de sinais dos telefones celulares (o enlace ascendente ou uplink), enquanto a faixa de 869-894 MHz era utilizada para transmissão de sinais para os telefones celulares (o enlace descendente ou downlink). Em uma área metropolitana, essas duas bandas de frequências permitiam aproximadamente 50 MHz para a transmissão de sinais. Tais bandas de frequência foram divididas em sub-bandas de 30 kHz, chamadas canais. Essa divisão do espectro em canais de sub-bandas era feita pelo Acesso múltiplo por divisão de frequência (FDMA), em que era atribuído, a cada canal (assim como na televisão e no rádio), um grupo diferente de frequências para transmitir.

Um total de 1.666 canais estava disponível para transmissão de sinais em uma área metropolitana (50 MHz dividido por 30 kHz por canal resulta em 1.666 canais). Para transportar uma conversação de dois sentidos em um telefone celular, dois canais são necessários: um para o enlace ascendente e o outro para o enlace descendente. Com cada conversa necessitando de dois canais, 833 (1.666 canais divididos ao meio) conexões de dois sentidos estavam disponíveis em uma área metropolitana. Além disso, a FCC permitia que até duas operadoras concorrentes oferecessem serviço telefônico móvel AMPS dentro de uma área metropolitana específica. Assim, 416 conexões por operadora (833 conexões divididas por 2 operadoras) por área metropolitana estavam disponíveis para uso. Finalmente, essas 416 conexões eram divididas por todas as células em uma área metropolitana. Desse modo, uma área metropolitana como a cidade de Nova York podia ter duas operadoras, cada uma oferecendo somente 416 chamadas telefônicas concomitantes para toda a cidade. Felizmente, há mais um passo crucial. Lembre-se de que as células em uma área possuem um padrão de colmeia (um belo padrão de colmeia no papel, mas não tão bonito assim na vida real) e conjuntos de frequências podem ser reutilizados. Como somente as frequências nas células adjacentes precisam ser diferentes, as operadoras reúnem grupos de sete células. Desse modo, somente sete grupos de frequências são necessários, o próximo grupo de sete células pode reutilizar esses sete grupos de frequências. Isso resultava em 59 conexões de duas vias por célula (416 dividido por 7) por operadora sendo disponibilizadas em uma área metropolitana. Essas 59 conexões eram mais tarde reduzidas em virtude de serem utilizados uns poucos canais em cada célula para controle de chamadas.

Embora 59 conexões AMPS disponíveis por célula não pareçam um grande número comparado com o número total de usuários de telefones celulares em uma área, leve em consideração o seguinte:

- Os usuários de telefones em uma célula não estão todos utilizando seus telefones concomitantemente.
- As células podem ter somente dois quilômetros e meio de extensão.
- Existiam vários provedores de serviço para os sistemas AMPS e D-AMPS.

Sistemas de banda larga sem fio

Um **sistema de banda larga sem fio**, também conhecido como wireless local loop (circuito local sem fio) ou ponto fixo sem fio, é uma das técnicas mais recentes para o fornecimento de serviços de internet em residências e empresas. Esses sistemas evitam o uso do circuito local (local loop) da operadora telefônica fixa (o último trecho da linha telefônica entre central telefônica e a residência ou empresa) ao transmitir voz, dados e vídeo por frequências muito altas de rádio. Como mostrado na Figura 3-19, o provedor de serviço de banda larga sem fio (centro de comutação de banda larga) recebe transmissões de banda larga de um sistema de satélite ou conexão de internet de alta velocidade. Essas transmissões de banda larga são então enviadas para uma ou mais antenas locais de transmissão (estações-base). Empresas e residências recebem essas transmissões com uma antena parabólica, que converte os sinais em forma mais apropriada para um computador ou rede de computadores.

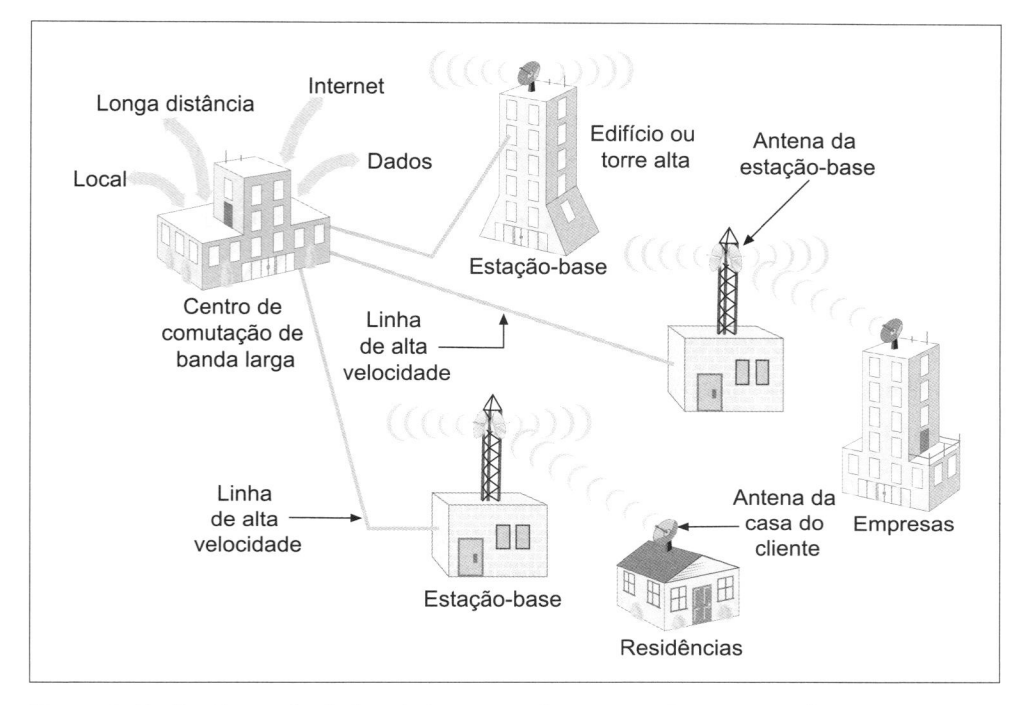

Figura 3-19 Configuração de banda larga sem fio em uma área metropolitana.

Duas tecnologias de transmissão de banda larga sem fio surgiram na virada do século XXI – Serviço local de distribuição multiponto (LMDS) e Serviço multicanal de distribuição multiponto (MMDS) –, mas ambas parecem ter caído no esquecimento nos últimos anos. Em seu lugar há uma nova tecnologia: **WiMAX**, uma tecnologia de transmissão de banda larga sem fio baseada em várias normas do IEEE. Por exemplo, uma tecnologia WiMAX, projetada para prover acesso à internet em alta velocidade para residências e pequenas empresas e, assim, competir com DSL e modems a cabo, é chamada IEEE 802.16a. A IEEE 802.16a opera no espectro 2-11 GHz, oferece conexões na linha de visada e fora da linha de visada e pode transferir dados de até 70 Mbps por 50 quilômetros. Outra tecnologia WiMAX, IEEE 802.16c, foi desenvolvida para operar no espectro 10-66 GHz e opera somente na linha de visada. A IEEE 802.16d (às vezes chamada de IEEE 802.16–2004) combina as normas 802.16a e 802.16c em uma única norma. A IEEE 802.16e é uma revisão da norma 802.16, que oferece conexão em alta velocidade para dispositivos que se movem lentamente, como quando alguém está andando ou dirigindo em uma zona residencial e estiver utilizando um telefone celular WiMAX. Como a 802.16 foi originalmente desenvolvida para dispositivos fixos, a versão 802.16e, portanto, não é uma norma adequada para dispositivos móveis em geral. É preferível a norma lançada mais recentemente (em 2008), a IEEE 802.20, que foi criada especificamente para dispositivos móveis de alta velocidade – nesse caso, "alta-velocidade" se refere tanto à taxa de dados quanto à taxa de movimento que o dispositivo pode experimentar quando está conectado. A IEEE 802.20 pode operar com dispositivos que se movem a até 290 quilômetros por hora e efetivamente executa hand-offs (a transferência de um grupo de frequências de transmissão para o próximo) e pode transmitir dados na faixa desde centenas de kbps até mais de um milhão de bits por segundo. Alguns especialistas do mercado preveem que a norma IEEE 802.20 possa comandar o crescimento do futuro padrão de telefonia celular de quarta geração. Teremos de ficar atentos à norma 802.20 nos próximos anos.

Bluetooth

O protocolo **Bluetooth,** chamado assim devido ao viking Harald Bluetooth, que unificou a Dinamarca e a Noruega no século X, é uma tecnologia sem fio que utiliza radiofrequências de baixa potência e curto alcance para se comunicar com dois ou mais dispositivos. Mais precisamente, o Bluetooth utiliza a banda ISM (industrial, científica e médica) de 2,45 GHz e é geralmente limitado a distâncias entre 10 cm e 10 metros (equivalente a 4 polegadas e 30 pés). Diferentemente do infravermelho, o Bluetooth é capaz de transmitir através de objetos metálicos. Desse modo, um dispositivo que esteja transmitindo sinais em Bluetooth pode ser carregado em um bolso, bolsa ou pasta. Além disso, é possível transferir dados com Bluetooth em velocidades razoavelmente altas. Também está disponível uma conexão assimétrica que pode transmitir dados a 57,6 kbps em uma direção e 722 kbps na direção oposta.

O Bluetooth também pode se comunicar com vários dispositivos. Por exemplo, considere um escritório com vários computadores, impressoras, aparelhos de fax e fotocopiadoras. Com o Bluetooth, cada dispositivo pode enviar sinais aos outros ou para um ponto único, por exemplo, para indicar instruções de serviço como "sem papel" ou "pouco toner". Uma pequena rede como essa, com oito ou menos dispositivos, é chamada **piconet**. Outro termo para piconet é rede pessoal ou PAN, que apresentamos no Capítulo 1. Várias piconets podem ser interconectadas para formar uma **scatternet**.

O aspecto mais interessante do Bluetooth é o número de aplicações que se beneficiam dessa tecnologia de transmissão de curto alcance. Essas aplicações incluem:

- Transmissão sem fio entre um reprodutor de música portátil e um fone de ouvido.
- Transmissões entre um assistente digital pessoal (PDA) e outro computador.
- Transmissões entre dispositivos periféricos e um computador.
- Transmissões sem fio entre um PDA e um automóvel, casa, ou local de trabalho.

Para ter noção do potencial da tecnologia Bluetooth, considere os exemplos mais descritivos a seguir: Você pode sincronizar automaticamente e-mails entre seu PDA e seu computador desktop/notebook; conforme você se aproxima do seu carro, seu PDA faz o carro destravar as portas e colocar o rádio na sua estação favorita; conforme você vai até a porta da frente da sua casa, seu PDA vai instruir a casa para destravar a porta da frente, ligar as luzes, e ligar um sistema de entretenimento; e enquanto você se senta em uma reunião de negócios, seu PDA/notebook vai transmitir sem fio sua apresentação em slides para um projetor e suas notas para o PDA/notebook de cada participante.

Apesar do amplo apoio, o Bluetooth tem tido impacto relativamente baixo no mercado. A tecnologia Bluetooth atual tem tido problemas em fazer com que múltiplos (mais de dois) dispositivos sincronizem os dados um com o outro. A distância curta de transmissão de 10 metros (30 pés) também é vista por muitos como uma fraqueza. Embora seja possível (sob condições especiais) transmitir sinais Bluetooth a até 100 metros (328 pés), isso iria exigir baterias muito mais potentes para os transmissores e aumentaria o problema da interferência. Não obstante, o Bluetooth é uma tecnologia que certamente precisa ser observada e compreendida.

Redes locais sem fio

Embora as redes locais sejam discutidas detalhadamente no Capítulo 7, pode ser útil apresentar a forma sem fio das redes locais agora, enquanto estivermos discutindo vários tipos de sistemas sem fio. A primeira norma de rede local sem fio surgiu em 1997 pelo IEEE e tem o nome IEEE 802.11. O IEEE 802.11 é capaz de sustentar taxas de dados de até 2 Mbps e permite que estações de trabalho sem fio se comuniquem com um ponto de acesso a até centenas de metros de distância. Esse ponto de acesso é a conexão com a parte fixa (com fio) de uma rede local. Em 1999, o IEEE aprovou um novo protocolo para 11 Mbps, IEEE 802.11b. Esse protocolo também é conhecido como **fidelidade sem fio (Wi-Fi)** e transmite dados na faixa de frequência 2,4 GHz. Depois do 802.11b, chegaram mais dois protocolos: 802.11a e 802.11g. O IEEE 802.11a transmite dados em velocidades de até 54 Mbps (54 Mbps teóricos, mas, na realidade, por volta de metade disso) utilizando frequências na faixa de 5 GHz. O 802.11g também transmite dados em velocidades de até 54 Mbps (teóricos), mas utiliza as mesmas frequências – 2,4 GHz – que o 802.11b. Como 802.11b e 802.11g compartilham a mesma faixa de frequência, 802.11g é mais atraente que 802.11a para aqueles usuários que já têm o 802.11b instalados e querem atualizar seu sistema. Originalmente, 802.11a era chamado de Wi-Fi5, porém esse termo não é mais utilizado.

Um quarto protocolo sem fio LAN que foi recentemente aprovado no fim de 2009 é o IEEE 802.11n. Essa norma é capaz de manter um sinal de 100 Mbps entre dispositivos sem fio e utiliza múltiplas antenas para permitir fluxos de dados múltiplos independentes. Todos esses protocolos – 802.11a, 802.11b, 802.11g, e 802.11n – são agora chamados Wi-Fi.

Óptica no espaço livre e banda ultralarga

Duas tecnologias adicionais sem fio dignas de menção são a óptica no espaço livre e a transmissão em banda ultralarga. A **óptica no espaço livre** utiliza lasers, ou, em alguns casos, dispositivos de transmissão em infravermelho, para transmitir dados entre dois prédios em distâncias curtas, como do outro lado da rua. As velocidades de transferência de dados com essa tecnologia pode chegar a 45 Mbps, e velocidades mais altas serão possíveis no futuro. Um dos maiores problemas, entretanto, com a óptica no espaço livre é a neblina. Os lasers perdem sua força quando transmitem através da neblina. Desse modo, se a neblina é espessa, as distâncias de transmissão diminuem para menos de 50 metros (150 pés).

O segundo meio sem fio é a banda ultralarga. Os sistemas de banda ultralarga transmitem dados por uma faixa ampla de frequências, em vez de limitar transmissões a uma banda estreita e fixa de frequências. O aspecto interessante de transmitir sobre uma faixa ampla de frequências é que algumas dessas frequências são utilizadas por outras fontes, como sistemas de telefonia celular. Então, os sinais de banda ultralarga interferem nos sinais dessas outras fontes? Os proponentes da banda ultralarga alegam que, mesmo utilizando uma faixa ampla de frequências, a banda ultralarga transmite em níveis baixos o suficiente para que outras fontes não sejam afetadas. Os opositores da banda ultralarga argumentam que isso não é correto, que transmissões de banda ultralarga afetam outras fontes e deveriam ser controladas com cuidado. Apesar da questão da interferência, a banda ultralarga é capaz de sustentar velocidades de até 100 Mbps, mas em distâncias menores como as encontradas nas redes locais sem fio.

ZigBee

ZigBee é uma tecnologia sem fio relativamente nova apoiada pela norma IEEE 802.15.4. Ela foi desenvolvida para transmissão de dados entre dispositivos menores, integrados, que necessitam de taxas baixas de transferências de dados (20-250 KBps) e consumo de energia baixo. Por exemplo, a ZigBee Alliance afirma que o ZigBee é ideal para aplicações como automação residencial ou predial (aquecimento, resfriamento, segurança, iluminação e detectores de fumaça e CO_2), controle industrial, leitor automático e sensoriamento e monitoramento médico. Ele opera nas bandas ISM (industrial, científica e média) e requer suporte de software muito pequeno e muito pouca energia. Na verdade, o consumo de energia é tão baixo que alguns fornecedores dizem que os dispositivos equipados com ZigBee vão durar vários anos com a bateria original.

Um aspecto interessante do ZigBee é a maneira como os dispositivos são capazes de manter o consumo de energia baixo. A primeira técnica emprega comunicação em malha. Utilizando comunicação em malha, todos os dispositivos não transmitem diretamente para um único recipiente. Em vez disso, cada dispositivo transmite seu sinal ao dispositivo ZigBee seguinte mais próximo, que por sua vez passa o sinal para o próximo dispositivo. Eventualmente, o receptor de destino será alcançado e uma ação será tomada. Como as distâncias de transmissão são tipicamente mais curtas em uma configuração em malha, menos energia é necessária para transmitir o sinal.

Em segundo lugar, os dispositivos ZigBee não precisam comunicar-se constantemente com outros dispositivos. Quando não está transmitindo um sinal para um receptor, o dispositivo coloca-se para dormir. Quando alguém ou algo ativa um dispositivo com ZigBee, o circuito ZigBee desperta, transmite o sinal e volta a dormir.

Como muitas pessoas confundem o ZigBee com o Bluetooth, será interessante ver os dois sobreviverem. Ambos deveriam, porque cada um é voltado para uma área diferente de aplicação – o Bluetooth é melhor para substituir cabos em distâncias curtas, enquanto o ZigBee será bom para enviar sinais de baixa velocidade em distâncias curtas a médias.

A Tabela 3-4 resume os meios sem fio discutidos aqui, incluindo o uso típico, taxa máxima de transferência de dados, distância máxima de transmissão, vantagens e desvantagens de cada um.

Agora que você está familiarizado com as categorias e tipos de meios com e sem fio disponíveis, você precisa considerar outros critérios para poder tomar uma decisão sobre qual meio escolher.

Tabela 3-4 Resumo de meios sem fio.

Tipo de meio sem fio	Uso típico	Taxa máxima de transferência de dados	Distância máxima de transferência	Vantagens	Desvantagens
Micro-ondas terrestre	Telecomunicação de longo alcance, edifício para edifício	100s-Mbps	30-50 quilômetros	Confiável, alta velocidade, alto volume	Longo alcance, caro para implantar, linha de visada
Satélite LEO	Comunicações com e-mail, pagers, rede mundial de telefonia móvel, espionagem, sensoriamento remoto, videoconferência	100s-Mbps	Depende do número de satélites	Transferências em alta velocidade, distância muito ampla, barato para algumas aplicações	Caro para algumas aplicações, interferência
Satélite MEO	Sistemas de navegação de superfície tipo GPS	100s-Mbps	Depende do número de satélites	Transferências em alta velocidade, distância ampla	Caro para contratar, alguma interferência
Satélite GEO	Retransmissão de sinal para televisão a cabo e aberta	100s-Mbps	Um terço da circunferência da Terra (128.000 quilômetros)	Distância muito longa, alta velocidade e alto volume	Caro para contratar, alguma interferência
Satélite HEO	Monitoramento global, aplicações científicas	100s-Mbps	Variável	Variabilidade da distância	Caro
Celular (AMPS e D-AMPS)	Telefones celulares	19.2 kbps	Cada célula: raio de 1 a 80 quilômetros, mas com cobertura nacional	Disseminado, aplicações baratas	Ruído
PCS	Telefones celulares	9.6 kbps	Cada célula: raio de 1-40 quilômetros	Digital, baixo ruído	Taxas baixas de dados
GPRS, 1xRTT	Telefones celulares	30–75 kbps	Cada célula: raio de 1-40 quilômetros	Digital, baixo ruído	Taxas baixas de dados
UMTS	Telefones celulares	320 kbps	Cada célula: raio de 1-40 quilômetros	Digital, baixo ruído	
EV-DO	Telefones celulares	500 kbps	Cada célula: raio de 1-40 quilômetros	Digital, baixo ruído	
Infravermelho	Transferência de dados a curta distância	16 Mbps	2,5 quilômetros	Rápido, barato, seguro	Distâncias curtas, linha de visada
WiMAX	Acesso sem fio à internet	30 Mbps	50 quilômetros	Alta velocidade	
Bluetooth	Transferência de curta distância	722 kbps	10 metros (30 pés)	Protocolo universal	Distâncias limitadas
LANs sem fio	Redes locais	100 Mbps	< 100 metros (328 pés)	Uso relativamente fácil	Várias normas
Óptica no espaço livre	Transferências de curta distância, alta velocidade	45 Mbps	Centenas de metros (Milhares de pés)	Alta velocidade	Linha de visada, afetada pela neblina

Tabela 3-4 Resumo de meios sem fio (continuação).

Tipo de meio sem fio	Uso típico	Taxa máxima de transferência de dados	Distância máxima de transferência	Vantagens	Desvantagens
Banda ultralarga	Transferências de curta distância, alta velocidade	100 Mbps	< 100 metros (328 pés)	Alta velocidade, não limitada a frequências fixas	Pode interferir em outras fontes
ZigBee	Transferências de curta a média distâncias, baixa velocidade	250 KBps	Distância ilimitada (malha)	Potência baixa	Velocidades baixas de transferência

Critérios de seleção de meios

Ao desenvolver ou atualizar uma rede de computadores, a seleção de um tipo de meio em vez de outro é uma questão importante. Projetos baseados em redes de computadores tiveram um desempenho abaixo das expectativas e até mesmo falharam como resultado de uma decisão ruim sobre o tipo apropriado de meio. Além do mais, é importante ressaltar que o preço de compra e os custos de instalação para um meio particular são geralmente os mais altos na instalação de redes de computadores. Uma vez que tempo e dinheiro tenham sido gastos na instalação de um meio particular, uma empresa tem de usar o meio escolhido por vários anos para recuperar os gastos iniciais. Em resumo, a escolha do meio deve ser levada a sério. Supondo que você tenha a opção de escolher um meio, você deve considerar vários **critérios de seleção de meios** antes de fazer a escolha ou escolhas finais. Os fatores principais que você deve levar em conta em sua decisão são **custo**, direito de passagem, **velocidade**, **expansibilidade** e **distância**, **ambiente** e **segurança**. A discussão a seguir vai considerar esses fatores em relação ao par trançado, cabo coaxial, cabo de fibra óptica, micro-ondas terrestre, micro-ondas por satélite, sistemas celulares, infravermelho, WiMAX, Wi-Fi e Bluetooth.

Custo

Os custos estão associados a todos os tipos de meio, e há tipos diferentes de custos. Por exemplo, o cabo de par trançado é geralmente menos caro tanto em relação ao cabo de fibra óptica quanto em relação ao cabo coaxial. Para tomar uma decisão que tenha um bom custo-benefício, entretanto, é necessário considerar mais que o custo inicial do cabo, você também deve considerar o custo dos dispositivos necessários na origem e no término dos cabos, o custo de instalação e a razão custo-benefício. Por exemplo, o par trançado é tipicamente o meio menos caro para comprar. Cada fio utiliza terminações com um pequeno conector modular similar àquele que conecta um telefone a uma tomada telefônica de parede. Esses conectores modulares são na maior parte plásticos e não são caros, custam somente centavos cada um. A instalação do par trançado é geralmente direta, mas pode ser custosa, dependendo do ambiente de instalação específico e de quem faz a instalação.

Em comparação, o cabo coaxial é geralmente um cabo mais caro para comprar, custando às vezes mais de US$ 1 cada pé (US$ 3 por metro). Os conectores no término do cabo coaxial são geralmente de metal e um pouco mais caros que os conectores do par trançado. Também é um pouco mais difícil instalar cabos coaxiais.

O cabo de fibra óptica, se for comprado com dois condutores e no atacado, pode ser mais caro que o par trançado, mas pode ser comparável em custo com o cabo coaxial. Os conectores no término dos cabos de fibra óptica são, como dito anteriormente, mais caros que os do par trançado ou cabo coaxial. Mais importante que isso, se você precisar conectar um cabo de fibra óptica a um cabo ou dispositivo que não seja de fibra óptica, os custos aumentam ainda mais, porque você tem de converter pulsos de luz em sinais elétricos e vice-versa. Embora os custos de instalação dos três meios com fio não sejam significativamente diferentes, aqueles relacionados com o cabo de fibra óptica são geralmente mais caros. Considere, entretanto, o custo/benefício do cabo de fibra óptica em relação ao par trançado e o cabo coaxial. Embora a fibra seja um pouco mais cara para comprar e instalar, ela possui maior capacidade de transmissão com a menor quantidade de ruído. O que é mais importante: economizar dinheiro na compra de um meio, ou ter um meio que é capaz de atingir velocidades de transmissão muito altas?

Sistemas de transmissão de micro-ondas terrestre que cobrem distâncias amplas e sistemas de satélite são meios caros, considerando o custo das torres de micro-ondas e satélites. Poucas empresas, entretanto, instalam suas próprias torres e lançam seus próprios satélites. Em vez disso, a maior parte das empresas aluga tempo de outras empresas que se especializam em sistemas de micro-ondas. Considerando a opção da contratação, e o fato de que os sistemas de micro-ondas podem enviar fluxos de dados rapidamente, algumas empresas podem achar que uma solução de micro-ondas é menos cara que uma solução baseada em fios. Sistemas de micro-ondas privados, que são instalados em prédios comerciais, são significativamente menos caros que micro-ondas terrestre e sistemas de satélite. Considerando o custo de instalação de cabos (supondo que você possa até instalá-los), os sistemas de micro-ondas de curta distância podem, em certas situações, oferecer também uma alternativa razoável à instalação de cabos ou aluguel de tempo de um provedor de serviços.

Em muitos casos, não é possível instalar seus próprios cabos. Por exemplo, se você possui dois prédios que estão separados por uma via pública, pode não ter como conectar um cabo de um prédio ao outro. Mesmo se houver uma passagem elevada ou subterrânea pela qual o cabo possa ser puxado, você é proprietário da passagem? Em outras palavras, você pode não ter direito de passagem de instalação dos cabos. Se a passagem não é sua, o proprietário da passagem permitirá que você passe cabos por ela? E se for o caso, qual será o custo para você? Se não for possível ou viável instalar seus próprios cabos, você pode considerar alguma forma de transmissão sem fio. Ou você pode considerar contratar um provedor de serviço de telecomunicações local (como a operadora telefônica local), para ver que opções estão disponíveis (mais sobre isso no Capítulo 11).

Cada tipo de meio tem o custo adicional de manutenção. Um certo tipo de fio vai durar x anos quando submetido a um ambiente específico? Esta é uma questão difícil de responder, mas deve ser perguntada à empresa que fornece o meio. Enquanto é fácil folhear catálogos e estimar o custo inicial de certo tipo de cabo, é mais difícil determinar os custos de manutenção daqui a dois, cinco ou dez anos. Frequentemente, o foco excessivo no custo inicial impede que os tomadores de decisões levem em consideração os custos de manutenção de longo prazo e, portanto, considerem tipos melhores de meio.

Velocidade

Para avaliar os meios apropriadamente, você precisa considerar dois tipos de velocidade: velocidade de transmissão de dados e velocidade de propagação. A **velocidade de transmissão de dados** é o número de bits por segundo que podem ser transmitidos. O número máximo de bits por segundo para um meio particular depende proporcionalmente da largura de banda efetiva daquele meio, a distância que os dados têm de viajar, e o ambiente pelo qual o meio deve passar (ruído). Se uma das demandas da rede que você está projetando é uma velocidade minimamente aceitável de transmissão de dados, então o meio que você escolher tem de suportar essa velocidade. Tal questão pode soar trivial, mas é complexa pela dificuldade de prever o crescimento da rede. Embora um meio escolhido possa permitir um nível particular de tráfego no momento, o meio pode não ser capaz de suportar um acréscimo futuro de novos usuários ou novas aplicações. Desse modo, o planejamento cuidadoso para o crescimento futuro é necessário para suporte adequado de rede (analisaremos a questão mais detalhadamente no Capítulo 13). Outra questão importante a considerar é que mesmo se uma tecnologia específica anuncia uma velocidade de transmissão de dados, essa velocidade pode não ser a vazão real de dados. Por exemplo, as LANs sem fio IEEE 802.11a e 802.11g oferecem velocidades de transmissão de dados de 54 Mbps, mas na verdade os usuários experimentam taxas que são por volta de metade desse valor. Isso, como veremos nos próximos capítulos, é causado por ruído, interferência e sinais fracos.

A **velocidade de propagação** é a velocidade na qual um sinal se move por um meio. A velocidade de propagação do meio de fibra óptica é próxima da velocidade da luz, e meios sem fios na verdade se propagam na velocidade da luz, que é 186.000 milhas por segundo (3×10^8 metros por segundo). Para meios conduzidos eletricamente (par trançado e cabo coaxial), a velocidade de propagação é aproximadamente dois terços da velocidade da luz, ou 124.000 milhas por segundo (2×10^8 metros por segundo). Embora essas velocidades sejam rápidas o suficiente para a maior parte dos aplicativos, tenha em mente que o tempo requerido para enviar um sinal a um satélite na órbita da Terra e ele voltar à estação em solo – retardo da propagação – é de aproximadamente 0,25 a 0,75 segundos, dependendo da distância real para o satélite e o número de dispositivos que os sinais devem passar. Se você estiver transferindo dados de um lado do estado para o outro, você pode querer considerar um meio com um retardo de propagação menor.

Expansibilidade e distância

Certos meios se rendem mais facilmente à expansão. O cabo de par trançado é mais fácil de expandir que o cabo coaxial ou o cabo de fibra óptica, e o cabo coaxial é mais fácil de expandir que o cabo de fibra óptica.

O cabo coaxial é mais difícil de expandir que o par trançado por causa dos tipos de conectores nas extremidades do cabo. Os conectores de fibra óptica são ainda mais elaborados, e a junção de duas peças do cabo de fibra óptica requer prática e o jogo adequado de ferramentas.

Outra consideração relacionada à expansibilidade é que a maior parte das formas de par trançado pode operar somente por 100 metros (328 pés) antes de o sinal requerer regeneração. Algumas formas de sistema de cabo coaxial podem se estender por comprimentos maiores (quilômetros), e cabos de fibra óptica podem se estender por vários quilômetros antes de haver necessidade da regeneração do sinal.

Micro-ondas terrestres privados têm uma taxa de transmissão alta, mas se as antenas parabólicas são instaladas em edifícios comerciais, os edifícios não podem estar a mais de 30 a 45 quilômetros de distância. Além do mais, essa configuração vai funcionar somente se os edifícios forem altos e não houver obstruções, como outros edifícios no caminho. Os sistemas celulares estão disseminados e em constante expansão. Novas tecnologias como celulares de terceira geração e WiMAX são promissores quanto à expansibilidade. Por outro lado, no que diz respeito a tecnologias sem fio, é importante não confundir as várias áreas de aplicação. Bluetooth e infravermelho são estritamente para distâncias curtas. Wi-Fi foi desenvolvido para redes locais e tem um alcance máximo de poucas centenas de metros (equivalente a poucos milhares de pés). WiMAX é projetado para acesso à internet em alta velocidade em distâncias de até 45 quilômetros. Celulares de terceira geração como UMTS são capazes de transferir dados em centenas de kbps e vão eventualmente cobrir o país.

Ao considerar a expansibilidade, não se esqueça da questão do direito de passagem. Se você estiver tentando passar o cabo por terreno que não seja seu, você tem de obter permissão do proprietário. Às vezes essa permissão pode não ser concedida, e às vezes você pode conseguir permissão, mas precisa pagar uma taxa periódica ao proprietário.

Se você espera criar um sistema que possa se expandir no futuro, vale a pena considerar o uso de um meio que pode se difundir a um custo razoável. Note, entretanto, que a expansão de um sistema é, muitas vezes, determinada mais pelo projeto do sistema e pelo uso de equipamentos eletrônicos de apoio que pela seleção de um tipo de meio.

Ambiente

Outro fator que deve ser considerado no processo de seleção de meio é o ambiente. Vários tipos de ambiente são prejudiciais a certos meios. Ambientes industriais com maquinário pesado produzem radiação eletromagnética que pode interferir com cabos mal blindados. Se seus cabos podem percorrer um ambiente eletromagneticamente ruidoso, você deve considerar a utilização de cabo com blindagem ou cabo de fibra óptica.

A transmissão sem fio também pode ser interrompida por ruído eletromagnético e interferência de outras transmissões. Manchas solares, embora não aconteçam com frequência, podem interromper transmissões por satélite. Como muitas pessoas dependem de serviços sem fio para voz, dados e mensagem de texto, os jornais geralmente avisam o público quando a atividade das manchas solares pode estar alta. Vale a pena observar que as transmissões de micro-ondas e óptica de espaço livre podem ser prejudicadas pelo tempo ruim. Antes de selecionar um meio, é importante conhecer o ambiente pretendido do meio e ter noção de como esse ambiente pode influenciar ou interferir nas transmissões.

Segurança

Se dados devem ser seguros durante a transmissão, é importante que o meio não seja fácil de grampear. Todos os meios com fio, exceto o cabo de fibra óptica, podem ser facilmente grampeados, o que quer dizer que alguém pode "ouvir" o sinal eletromagnético que viaja pelo fio. Comunicações sem fio também podem ser interceptadas, mas é muito mais fácil grampear uma transmissão sem fio aberta, como uma rede local sem fio, que um sistema sem fio de feixe estreito como micro-ondas. Felizmente, há meios de melhorar a segurança dos dados tanto do meio conduzido quanto do sem fio. Software de encriptografia e decriptografia pode ser utilizado com meios com fio. A tecnologia de espalhamento de espectro pode ser aplicada a comunicações sem fio, tornando-as virtualmente imunes à interceptação. As tecnologias de encriptografia, decriptografia e espalhamento de espectro serão discutidas no Capítulo 12.

Agora que cobrimos os diferentes tipos de meios e critérios de seleção, vamos voltar nossas atenções a como os meios com e sem fio funcionam em uma rede.

Meios com fio em ação: dois exemplos

Vamos considerar a fiação de uma rede local. A Figura 3-20 mostra uma situação comum, em que uma estação de trabalho conectada a uma rede local deve primeiro conectar-se a um dispositivo, como um comutador (switch). Um comutador é um dispositivo que conecta várias estações de trabalho e passa o sinal de transmissão de uma estação de trabalho para qualquer outra estação de trabalho (os capítulos 7 e 8 examinam os comutadores mais detalhadamente). Em instalações comuns, é bastante improvável que o cabo que sai da estação de trabalho vá diretamente ao comutador. Em vez disso, o cabo que sai da parte de trás se conecta primeiro a uma tomada na parede da sala onde o microcomputador está localizado. Essa tomada de parede é um dispositivo passivo, um ponto simples de conexão entre dois cabos que não regenera o sinal no cabo.

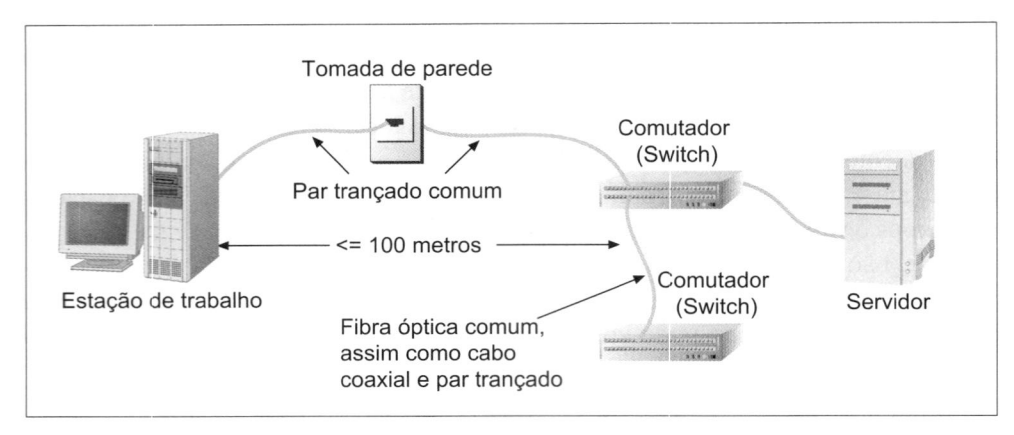

Figura 3-20 Exemplo de uma situação de fiação envolvendo uma estação de trabalho e uma rede local.

Para selecionar o meio apropriado para essa conexão, você deve levar em conta duas questões principais: a distância do cabo e a taxa de dados. Para saber a distância do cabo nessa situação, você deve considerar a distância total da parte de trás do microcomputador até o comutador. Se a distância for inferior a 100 metros (328 pés), você pode considerar a utilização do par trançado para conectar o microcomputador ao comutador. Se o cabo não passar por um ambiente com ruído, você então pode considerar a utilização de par trançado sem blindagem, o cabo menos caro e mais fácil de trabalhar. Se você supõe que a taxa de dados de conexão não vai exceder 1.000 Mbps, deve ser possível estabelecer a conexão utilizando quatro pares de categoria 5e, 6 ou 7.

Se, entretanto, a taxa de dados for superior a 1.000 Mbps, você pode considerar alternativas ao par trançado. O cabo de fibra óptica é uma boa opção para taxas de transmissão de dados acima de 1.000 Mbps, mas vai custar mais que uma conexão de par trançado. Também, como o cabo de fibra óptica é um cabo de uma via e o fluxo de dados entre uma estação de trabalho e um comutador é de duas vias, são necessários dois cabos de fibra óptica.

Nesse caso, como a taxa de dados entre a estação de trabalho do microcomputador e o comutador é de 100 Mbps ou menos, o par trançado sem blindagem de categoria 5, 5e, ou 6 seria uma escolha aceitável (a categoria 7 seria um gasto desnecessário nesse ponto). O cabo de fibra óptica também seria uma escolha razoável, por ser adaptável a velocidades de transmissão mais altas no futuro.

E quanto ao cabeamento da conexão entre o comutador e o próximo ponto na rede local (geralmente outro comutador)? Se a distância entre os dois comutadores exceder o comprimento de 100 metros ou se o cabo percorrer um ambiente com ruído, como uma sala mecânica de aquecimento e resfriamento, um cabo que não o de par trançado deve ser considerado. Nessas circunstâncias, você deve considerar um cabo coaxial muito bom ou, melhor ainda, um cabo de fibra óptica para conexão de dois comutadores. Por que você deveria considerar o cabo de fibra óptica mais caro? A diferença de preço entre o cabo coaxial e o cabo de fibra óptica é muito menor que as diferenças de desempenho. Portanto, faz sentido escolher o melhor cabeamento e instalar o cabo de fibra óptica.

Em um segundo exemplo, vamos considerar o cenário em que uma empresa tenha dois prédios separados em aproximadamente um quilômetro e meio. A empresa deseja transmitir dados entre os dois edifícios rotineiramente em velocidade de até 100 Mbps. O que você recomenda como o melhor tipo de meio de interconexão? Antes de considerarmos qualquer forma de meio com fio, precisamos responder à pergunta: A propriedade entre os dois prédios é de propriedade da empresa? Vamos supor que não seja (caso mais provável). A empresa pode considerar utilizar uma forma de transmissão sem fio, como micro-ondas terrestre ou óptica de espaço livre (supondo que não haja estruturas que atrapalhem), ou contatar uma operadora telefônica e perguntar se o serviço de transmissão de dados de 100 Mbps está disponível para interconectar os dois edifícios.

Se a propriedade entre os dois prédios for da empresa, a escolha de um meio conduzido ainda é difícil. Qual meio de condução é capaz de permitir 100 Mbps por um quilômetro e meio? O cabo de fibra óptica atende a esses requisitos, mas como a empresa vai instalar o cabo: subterrâneo por algum tipo de conduite ou túnel, ou elevado em algum tipo de poste telefônico? Ambas as soluções seriam razoavelmente caras, a não ser que uma infraestrutura para permitir cabos novos de fibra óptica já exista. A instalação de um fio em um edifício é mais fácil que tentar instalá-lo entre edifícios, mas nenhuma das tarefas é simples. Como a instalação de um meio é cara e de longo prazo, o planejamento de cuidados e a tomada de decisões são essenciais antes de o projeto poder ser iniciado.

Vamos considerar cada um dos critérios de seleção dos meios como aplicados para essa solução de dois edifícios:

- Custo – A fibra óptica é a opção de meio mais cara, mas vale o custo, dados os requisitos do problema. Alguma forma sem fio pode ser uma boa alternativa, em contato com a empresa telefônica local para ela sugerir soluções.
- Velocidade – Fibra óptica, par trançado e cabo coaxial vão atender os requisitos necessários de velocidade, mas também micro-ondas e óptica de espaço livre.
- Expansibilidade e distância – A distância de um quilômetro e meio elimina o par trançado e o cabo coaxial das considerações. Direito de passagem é definitivamente uma questão nesse caso. Se você não possui direito de passagem, não pode instalar seu próprio cabo.
- Ambiente – O cabo de fibra óptica não deve ser afetado pelo ambiente. Se uma solução sem fio for aplicada, a linha de visada e as condições climáticas podem ser impedimentos sérios.
- Segurança – Um sistema de fibra óptica deve estar seguro contra grampos.

Concluindo, a colocação de fios entre dois edifícios geralmente não é possível em virtude de questões de preferência ou restrições de distância máxima. Quando meios com fio não forem viáveis, outras opções sem fio devem ser consideradas. Mesmo se meios com fio forem viáveis, uma solução sem fio pode ser mais econômica em longo prazo. Muitas vezes a solução para a interconexão de várias empresas envolve a companhia telefônica, como veremos em um capítulo posterior

Meios sem fio em ação: três exemplos

Na sua casa você tem dois computadores, cada um em um quarto diferente. Cada computador tem uma impressora jato de tinta barata conectada a ele, e somente um computador tem acesso à internet. Você gostaria de conectar ambos os computadores à internet e comprar uma boa impressora a laser para ser compartilhada por ambos. Para isso você vai precisar interconectar os computadores, mas passar fios através de suas paredes e portas não parece uma opção atraente. E quanto ao sem fio? Você pode comprar placas de interface de rede sem fio que utilizam um dos protocolos IEEE 802.11 e criam uma rede local sem fio. Os produtos IEEE 802.11b transmitem dados a velocidades de até 11 Mbps e são muito comuns e podem manter seus custos a níveis razoáveis. O protocolo mais recente 802.11g pode permitir velocidades de transferência de dados mais altas, mas, por ser mais novo, custa um pouco mais que o 802.11b.

Você também pode considerar substituir seus dispositivos existentes, como impressoras, modems e scanners, por dispositivos habilitados com Bluetooth. Ao utilizar Bluetooth, é possível reduzir a dependência de cabos entre estações de trabalho e periféricos, aumentando assim a flexibilidade na localização de seus equipamentos. Vamos discutir o tópico de redes locais residenciais (frequentemente chamadas instalações de pequeno escritório/escritório residencial, ou Soho) mais detalhadamente em um capítulo posterior.

Como um segundo exemplo, vamos considerar a DataMining Corporation, uma grande organização que tem sede em Chicago e filial em Los Angeles. DataMining coleta dados de quitandas sobre cada compra feita por cada cliente. Utilizando esses dados, a empresa extrai tendências de gasto e vende essas informações a outras empresas que negociam bens vendáveis. Os dados são coletados no escritório de Chicago e transmitidos para o escritório de Los Angeles, onde são armazenados e recuperados depois. Assim, há uma necessidade de transmitir grandes quantidades de dados entre os dois locais continuamente.

Atualmente, a DataMining contrata um serviço telefônico entre Chicago e Los Angeles, mas as contas telefônicas estão altas. A empresa está tentando cortar custos e considera alternativas aos serviços telefônicos contratados. Outras formas de serviço telefônico estão disponíveis, porém não serão apresentadas antes do Capítulo 11. Vamos dizer simplesmente que a DataMining verificou outras formas de serviço que também achou caras, daí a necessidade de considerar mais alternativas. A DataMining descobriu que várias empresas oferecem níveis diversos de serviços de comunicação por satélite. Por exemplo, a Hughes Network Systems oferece interligação de redes locais, transferências de imagens multimídia, conexões de voz interativas, transferências de dados interativas e por lote, e serviços de transmissão de vídeo e comunicação de dados. Como a DataMining está primeiramente interessada em transmissão de dois sentidos, ela está considerando o serviço de comunicação de dados oferecido pela Hughes por meio de um sistema de satélite VSAT. Como mostrado na Figura 3-21, esse serviço de dados de dois sentidos requer a instalação de antenas parabólicas de estação para usuário individual em cada uma das instalações da DataMining.

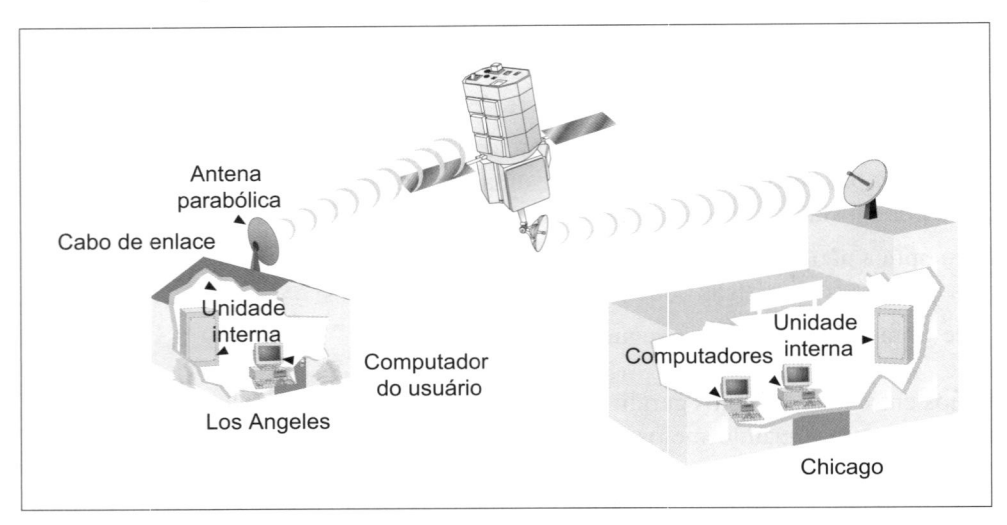

Figura 3-21 Solução de satélite VSAT para a DataMining Corporation

Cada estação para usuário individual na Terra é composta de duas partes: uma unidade interna e uma externa. A unidade externa consiste da antena parabólica e é geralmente instalada no topo do edifício. O tamanho da antena parabólica depende das taxas de dados utilizados e da cobertura exigida pelo satélite. A unidade externa é conectada à unidade interna via um único cabo de enlace. A unidade interna tem uma ou mais portas às quais os equipamentos de processamento de dados podem ser conectados.

A manutenção e a assistência para esse serviço VSAT são disponibilizadas pela empresa de satélite 24 horas por dia, 7 dias por semana, e incluem configuração de equipamentos, relatório de status do sistema, alocação de banda larga, download de qualquer software necessário e despacho de pessoal de campo se necessário.

A DataMining Corporation decidiu instalar o sistema de satélite VSAT. Para resumir, vamos considerar cada um dos critérios de seleção dos meios como aplicados para essa solução VSAT:

▶ Custo – O sistema VSAT é relativamente caro, mas oferece taxa de transferência de dados com alta confiabilidade.

▶ Velocidade – O sistema VSAT pode permitir as taxas de transferência de dados exigidas pela DataMining Corporation.

▶ Expansibilidade e distância – O sistema de satélite pode facilmente se estender de Chicago a Los Angeles. Direito de passagem não é uma questão nesse caso.

▶ Ambiente – Sistemas de satélite podem ser interrompidos por forças eletromagnéticas fortes, que podem ser um problema. Se a DataMining não puder tolerar nenhuma interrupção de serviço, eles podem considerar a instalação de um sistema reserva caso o sistema VSAT falhe temporariamente.

▶ Segurança – Os sistemas de satélite VSAT são difíceis de interceptar porque o feixe de transmissão enviado entre estações em solo e o satélite é estreito. Além disso, o fluxo de dados pode ser criptografado.

Outra empresa, a American Insurance Company, possui dois escritórios, ambos em Peoria, Illinois. O primeiro coleta todos os pagamentos de apólices, e o segundo contém os equipamentos principais de processamento de dados. A American Insurance precisa transferir as informações das apólices coletadas para o centro de processamento de dados toda a noite. Os dois escritórios estão separados a aproximadamente três quilômetros, mas não é possível passar o cabo da empresa por propriedades públicas e privadas. Alguma forma de sistema telefônico deve providenciar uma solução razoável, mas a American Insurance está interessada em investir em seu próprio sistema e gostaria de evitar tarifas telefônicas permanentes, porque elas eventualmente excederiam o custo de instalação de seu próprio sistema.

A ProNet é uma empresa que oferece sistemas de micro-ondas terrestres que podem transferir voz privada, dados de rede local, videoconferência e imagens de alta resolução entre locais remotos separados por até 25 quilômetros. A Figura 3-22 mostra uma configuração de micro-ondas típica, como seria a disposta entre os dois escritórios comerciais da American Insurance.

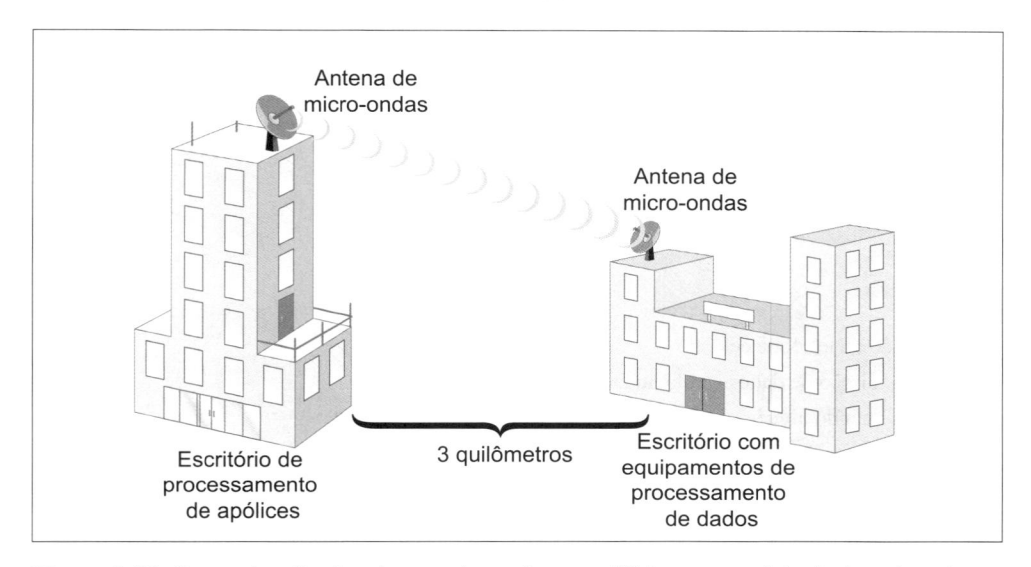

Figura 3-22 Comunicação de micro-ondas entre os edifícios comerciais da American Insurance.

Vamos considerar cada um dos critérios de seleção dos meios como aplicados para essa solução de micro-ondas terrestre da ProNet:

▶ Custo – O sistema ProNet é caro em um primeiro momento, quando os equipamentos são adquiridos, mas depois disso a American tem de pagar somente pela manutenção.

▶ Velocidade – O sistema ProNet pode permitir as taxas de transferência de dados exigidas pela American Insurance.

▶ Expansibilidade e distância – O sistema de micro-ondas terrestre pode transmitir a até 25 quilômetros. Os dois edifícios comerciais estão separados por 3,5 quilômetros. Direito de passagem não é uma questão nesse caso.

▶ Ambiente – Os sistemas de micro-ondas podem ser interrompidos por forças eletromagnéticas fortes e condições climáticas adversas. A ProNet, entretanto, afirma que seu sistema não é afetado por neblina ou neve e ela oferece uma confiabilidade e disponibilidade de serviços de 99,97 por cento.

▶ Segurança – Os sistemas de micro-ondas terrestres podem ser interceptados, mas o fluxo de dados pode ser criptografado.

A American Insurance vai considerar seriamente a utilização do sistema de micro-ondas terrestres da ProNet, em comparação com outros sistemas, e caso ele atinja as metas da empresa de posse do sistema, as altas taxas de transferência e os custos permanentes baixos.

RESUMO

- Todos os meios de comunicação podem ser divididos em duas categorias básicas: (1) meios físicos ou conduzidos, como fios; e (2) meios radiados ou sem fio, como sistemas de satélite.
- Os três tipos de meios com fio são par trançado, cabo coaxial e cabo de fibra óptica.
- Par trançado e cabo coaxial são ambos fios de metal e estão sujeitos à interferência eletromagnética. O cabo de fibra óptica é um cabo de vidro que é imune à interferência eletromagnética; portanto, ele sofre um nível de ruído menor que o par trançado e o cabo coaxial.
- O cabo de fibra óptica tem as melhores velocidades de transmissão e desempenho de longa distância de todos os meios com fio, pois (1) possui um nível de ruído menor e (2) os sinais de luz não se atenuam tão rapidamente quanto os elétricos.
- Existem vários grupos básicos de meios sem fio: transmissões em micro-ondas terrestres, transmissões por satélite, sistemas de telefonia celular, transmissões em infravermelho, WiMAX, Bluetooth, Wi-Fi, óptica de espaço livre, banda ultralarga e ZigBee.
- Cada uma das tecnologias sem fio é voltada para aplicações específicas. Velocidades de transferências de dados, distâncias de transmissão, vantagens e desvantagens devem ser levadas em conta para cada uma delas.
- Ao escolher um meio específico para uma aplicação, é útil comparar os diferentes meios utilizando estes cinco critérios: custo, velocidade, expansibilidade e distância, direito de passagem e segurança.

PERGUNTAS DE REVISÃO

1. O que significa direito de passagem?
2. Qual é a função de uma central de comutação de telefone celular?
3. Qual é a diferença entre velocidade de transmissão de dados e velocidade de propagação?
4. Qual é a sequência de eventos que ocorrem quando alguém faz uma chamada de um telefone celular?
5. Quais são os tipos diferentes de custos de meios com fio?
6. Faça uma lista de áreas comuns de aplicação para cada sistema de satélite de órbita.
7. Em qual situação devemos utilizar a óptica no espaço livre?
8. Quais são os quatro níveis de órbita para sistemas de satélite?
9. Quais são os diferentes protocolos de rede local sem fio?
10. Faça uma lista de aplicações comuns para transmissão de micro-ondas terrestre.
11. Faça uma lista de três possíveis aplicações do Bluetooth.
12. Que tipos de objetos podem interferir nas transmissões de micro-ondas terrestres?
13. Quais são as principais vantagens e desvantagens do Bluetooth?
14. Qual é a distância média para transmissão de micro-ondas terrestre?
15. O serviço de banda larga sem fio permite que tipo de aplicações?
16. Qual é a diferença entre micro-ondas terrestre e por satélite?
17. Quais são as principais vantagens e desvantagens do ZigBee?
18. Quais são as vantagens e desvantagens do cabo de fibra óptica?
19. A transmissão em infravermelho pode ser utilizada para quais tipos de aplicações?
20. Por que o cabo de fibra óptica é imune à interferência eletromagnética?
21. Qual é a vantagem da IEEE 802.20 sobre a IEEE 802.16e?
22. Qual é a diferença entre cabo coaxial de banda-base e de banda larga?
23. Para que os protocolos WiMAX são utilizados?
24. Qual é a vantagem principal do cabo coaxial em comparação com o par trançado?
25. O que significa linha de visada?
26. Quais são as vantagens e desvantagens do par trançado blindado?
27. Quais são as diferenças entre os serviços telefônicos de geração 2.5 como GPRS e 1xRTT e os mais recentes UMTS, 1xEV e EV-DO?
28. Para quais fins os fios de par trançado de categorias 1, 2, 3, 4, 5, 5e, 6 e 7 são utilizados?
29. Qual é a diferença principal entre sistemas celulares AMPS (ou D-AMPS) e os mais recentes telefones móveis PCS?
30. Como ocorre a diafonia no par trançado?
31. Qual é a diferença principal entre os sistemas celulares AMPS e D-AMPS?
32. Por que o par trançado recebe esse nome?

EXERCÍCIOS

1. Você está considerando substituir seu sistema de transmissão de micro-ondas terrestre por um sistema de óptica no espaço livre. Quais são as vantagens e desvantagens de fazer isso?
2. As micro-ondas terrestres são uma transmissão na linha de visada. Que tipos de objetos são altos o suficiente para interferir na transmissão de micro-ondas terrestre?
3. Um serviço T-1 oferecido por empresas de comunicação de voz e dados é capaz de permitir 1,5 Mbps de transferência contínua de dados por um fio telefônico de alta qualidade. Quais são as vantagens e desvantagens desse serviço comparado com serviços como WAP, Bluetooth e micro-ondas terrestre?
4. Utilizando os mesmos cinco exemplos de meios dos exercícios anteriores, classifique-os em ordem de transmissão mais segura até transmissão menos segura.
5. Uma empresa em sua comunidade começa a oferecer serviço WiMAX para acesso à internet. A empresa promete downloads de 2 Mbps. Se a empresa prever que esse novo serviço atrairá 2.000 clientes, qual é a banda larga necessária para sustentar o serviço?
6. Utilizando os mesmos cinco exemplos de meios dos exercícios anteriores, classifique-os em ordem de transmissão com mais ruído até transmissão com menos ruído.
7. Qual é o problema potencialmente sério com a utilização de assistente pessoal digital e Bluetooth para destravamento sem fio de portas? Explique.
8. Faça a classificação dos cinco exemplos de meios – par trançado, cabo coaxial, cabo de fibra óptica, micro-ondas e satélite – em ordem de velocidade mais alta de transmissão de dados até velocidade mais baixa de transmissão de dados.
9. Por que sistemas telefônicos celulares necessitam somente de sete grupos de frequências em uma área metropolitana?
10. A empresa local de TV a cabo mudou de ideia. Ela agora vai substituir todos os cabos coaxiais existentes por par trançado sem blindagem. Faça uma lista das vantagens e desvantagens desse plano.
11. Você está falando em seu telefone celular e passa de uma célula para outra. Seu telefone celular vai utilizar na nova célula o mesmo conjunto de frequências que ele estava usando na célula anterior? Explique.
12. A empresa local de TV a cabo está considerando remover todos os cabos coaxiais e substituí-los por cabos de fibra óptica. Faça uma lista das vantagens e desvantagens desse plano.
13. Que tecnologias sem fio podem transmitir através de objetos sólidos? Que tecnologias sem fio não podem?
14. É possível transmitir um sinal de vídeo por par trançado? Explique. Certifique-se de considerar cenários diversos.
15. Você está andando pela rua e seu celular toca. Qual foi a sequência de eventos que permitiu que uma pessoa com um telefone convencional ligasse para seu telefone celular?
16. Que características do par trançado de categoria 5/5e fazem dele o fio conduzido mais comumente utilizado?
17. Quanto tempo demora para um sinal atingir um satélite em órbita terrestre baixa? Mostre os cálculos.
18. Faça uma lista de três exemplos diferentes de diafonia que não envolvem sinais elétricos e fios. (Dica: olhe à sua volta.)
19. Dado que um sinal de satélite viaja na velocidade da luz, quanto tempo leva exatamente para um sinal ir da Terra para um satélite em órbita geossíncrona e voltar para a Terra? Mostre os cálculos
20. A Tabela 3-1 mostra o fio de categoria 1 transmitindo um sinal por 5-6 quilômetros (3-4 milhas), mas a categoria 5e por apenas 100 metros (328 pés). Isso quer dizer que a categoria 1 representa o melhor fio para transmissões de longa distância? Explique.
21. A sua empresa possui dois escritórios distantes a aproximadamente um quilômetro e meio um do outro. Há necessidades de transferências de dados entre os dois escritórios em velocidades de até 100 Mbps. Faça uma lista do maior número possível de soluções para interconectar os dois locais. Cada uma das soluções é tecnicamente viável? Financeiramente viável? Politicamente viável? Defenda sua posição.

PENSANDO CRIATIVAMENTE

1. Pediram a você que recomendasse um tipo de fiação para um edifício industrial. O tamanho do edifício é 200 por 600 metros (equivalente a aproximadamente 650 por 2.000 pés) e ele abriga maquinário grande e pesado. Aproximadamente 50 dispositivos desse edifício devem estar conectados a um sistema de computadores. Cada dispositivo transmite dados a 2 Mbps e envia um pequeno pacote de dados a cada dois ou três segundos. Em razão de vários fatores relacionados ao edifício, qualquer cabo utilizado para essa rede tem de ser suspenso em uma elevação alta, de difícil acesso. Que tipo de cabo você recomendaria? Use os critérios de seleção de meios apresentados neste capítulo para chegar a uma resposta.
2. A GJ Enterprises contratou você como consultor de produtividade. Atualmente, a empresa emprega seis empregados que trocam informações rotineiramente via pen drives. Todos os colaboradores da GJ utilizam o mesmo prédio físico, mas não a mesma sala. Eles vão enviar documentos de processador de texto e pequenas

planilhas, assim como trocar e-mails. A GJ deseja a solução de fiação de rede mais barata com o suporte de hardware minimamente necessário. Que meio você recomendaria, e por quê?

3. Você é o especialista em tecnologia de uma empresa interestadual de caminhões. Você precisa manter contato constante com sua frota de caminhões. Que tecnologias sem fio permitirão que você faça isso?

4. Você precisa conectar dois prédios por uma via pública, e não é viável utilizar uma conexão direta por cabo. Sob quais circunstâncias você utilizaria um enlace de micro-ondas? Um enlace de rádio? Um enlace de laser infravermelho? E quanto às demais alternativas sem fio?

5. Há muitos anos, você tem um computador em casa para todos os membros da família utilizarem. Recentemente, entretanto, você comprou um segundo computador. Você deseja conectar os dois computadores para compartilhamento de dados e da impressora de alta qualidade. Infelizmente, um computador está no primeiro andar, e o outro está no andar de cima. Como você vai conectar os dois computadores? Faça uma lista do máximo de soluções possíveis, com as vantagens e desvantagens de cada uma delas. Por exemplo, você deve usar um meio com ou sem fio? Se for com fio, que tipo de fios? Onde os fios ficarão? Você pode utilizar a fiação existente? Se você utilizar sem fio, qual tecnologia você poderia utilizar?

6. Você está sentado em sua mesa no trabalho, utilizando seu notebook. O chefe convoca uma reunião de emergência com você e vários colegas e pede a todos que tragam seus notebooks. Quando você chega à sala de reuniões, o chefe quer fazer o download de um arquivo importante do notebook dele para todos os notebooks de seus colegas. Faça uma lista de soluções possíveis de meios que vão suportar esse download, incluindo suas vantagens e desvantagens.

PROJETOS PRÁTICOS

1. Reúna e nomeie amostras do maior número possível de meios com fio e exiba-as em uma cartolina.
2. Utilizando a internet, localize as especificações técnicas de dois tipos diferentes de cabos.
3. Quantos tipos diferentes de meios com fio existem em sua empresa ou escola? Como eles são utilizados? Faça um diagrama básico que mostre a localização aproximada e os tipos de fio.
4. Utilizando qualquer fonte possível, investigue uma empresa que ofereça serviços de micro-ondas em sua região. Relate que tipos de aplicações são permitidos, que equipamentos serão necessários, onde os equipamentos serão colocados e quais serviços essa empresa oferece.
5. Utilizando qualquer fonte possível, investigue uma empresa que ofereça serviços de satélite VSAT em sua região. Relate que tipos de aplicações são permitidos, que equipamentos serão necessários, onde os equipamentos serão colocados e quais serviços essa empresa oferece.
6. Alguém em sua região oferece serviços WiMAX? Se sim, faça um resumo de uma página com as principais características do serviço.
7. Quantas operadoras diferentes de celulares oferecem serviços em sua região? Os serviços são D-AMPS ou PCS? Se forem PCS, eles são CDMA, TDMA, ou GSM? Eles são GPRS ou CDMA2000 1xRTT? Eles são UMTS ou EV-DO? As empresas têm estimativas do número atual de clientes? Elas sabem quantas células existem em sua região?
8. Pergunte à empresa local de televisão a cabo como ela recebe seus sinais de televisão. Se for um serviço por satélite, ele é LEO, MEO ou GEO? Qual é a faixa de frequência dos sinais que eles recebem? Eles recebem sinais de várias fontes? Eles têm um plano reserva se um dos serviços for desabilitado?
9. Visite o site da FCC (www.fcc.gov) ou da Anatel (www.anatel.gov.br) e diga quantas frequências estão atualmente em licitação.
10. Já existe par trançado de categoria 8? Há a necessidade de um fio desse tipo? Utilize outras fontes em papel ou da internet para encontrar a resposta.
11. Utilizando uma fonte externa, como a internet ou uma biblioteca, determine a altura típica de uma torre de transmissão de micro-ondas terrestre. Se a altura da torre for aumentada por 10 metros, a qual distância ela consegue transmitir?
12. Utilizando um notebook com uma placa de LAN sem fio instalada, localize as LANs sem fio em seu campus e então crie um mapa dessas redes.

4
Fazendo conexões

◆◆◆

A CONEXÃO DE DISPOSITIVOS PERIFÉRICOS a um computador nunca foi uma tarefa fácil. A interface entre um computador e um periférico é complexa e contém muitas camadas de hardware e software. Os especialistas da área trabalharam durante anos para simplificar o processo de interconexão, e o USB (Universal Serial Bus) está liderando essa investida como um dos melhores concorrentes para padrão de interface universal.

Novos padrões de interface dificilmente funcionam conforme desejado na primeira tentativa. Um dos exemplos clássicos ocorreu durante a feira de computação Comdex Spring 98, em que Bill Gates, o CEO da Microsoft Corporation, e um sócio, numa tentativa de fazer uma demonstração do Windows 98 (então em vias de ser lançado) e sua interface USB, experimentaram conectar um scanner a um computador enquanto era ligado. Embora o USB e o Windows 98 tivessem sido projetados para aceitar periféricos automaticamente após sua conexão, o computador de Gates não aceitou o dispositivo e apresentou falha. Para delírio da plateia, Gates respondeu rapidamente: "É por isso que não lançamos o Windows 98 ainda".

Que aspectos estão presentes na conexão entre computadores e outros dispositivos?

Implementar uma interface é mesmo tão difícil que até os especialistas têm problemas?

Realmente precisamos saber o que ocorre no nível de interface?

Fonte: CNN Interactive, download de
<www.cnn.com/TECH/computing/9804/20/gates.comdex/>.
Acesso em: 8 ago. 2005.

Objetivos

Após ler este capítulo, você deverá ser capaz de:

▶ Relacionar os quatro componentes de todos os padrões de interface.

▶ Discutir as operações básicas do padrão de interface USB.

▶ Reconhecer a diferença entre conexões half-duplex e full-duplex.

▶ Citar as vantagens dos padrões de interface FireWire, SCSI, iSCSI, InfiniBand e Fibre Channel.

▶ Descrever as características das interfaces de enlace de dados assíncronas, sincrônicas e isócronas.

▶ Identificar as características de operação das conexões entre terminal e mainframe e explicar por que elas são únicas em comparação com outros tipos de conexões de computadores.

Introdução

Os computadores seriam inúteis se não pudessem ser conectados a outros dispositivos. Imagine um computador sem monitor para a visualização da saída e sem teclado para a entrada de dados. Muitos também achariam que seus computadores teriam pouco valor se não houvesse modo de conectá-lo a uma impressora, a um modem DSL para navegação na Internet ou acesso a um sistema remoto de computadores. Muitas pessoas do mundo corporativo dependem quase exclusivamente da conexão entre seu computador e a rede local da empresa. Por essa conexão, elas podem acessar bancos de dados corporativos, e-mail, internet e outras aplicações de software. Sabendo dessa diversidade de expectativas dos consumidores, os fabricantes de computadores e itens relacionados criam constantemente novos dispositivos a serem conectados. Esses dispositivos periféricos incluem aparelhos de reprodução de música (como iPods), scanners de documentos, câmeras digitais e de vídeo, entre outros.

A conexão de um dispositivo periférico a um computador pode ser uma tarefa desafiadora. Deve haver compatibilidade entre vários níveis de hardware e software para que o computador possa se "comunicar" com o dispositivo e vice-versa. É necessário resolver questões como: o conector na extremidade do cabo que vem com o dispositivo é compatível com o plugue atrás do computador? As propriedades elétricas dos dois dispositivos são compatíveis? Mesmo se a resposta para essas perguntas for "sim", resta outra: o computador e o dispositivo "falam a mesma língua"? A conexão de computadores a outros dispositivos apresenta muitas armadilhas e obstáculos.

Para compreender melhor a conexão entre computador e dispositivo periférico, é necessário familiarizar-se com o conceito de interface. Considerada principalmente uma atividade de camada física, a interface é um processo complexo e relativamente técnico que varia intensamente, dependendo do tipo de dispositivo, do computador e da conexão desejada entre eles. Examinaremos os quatro componentes básicos de interface – elétrico, mecânico, funcional e de processo – e, em seguida, introduziremos diversos padrões de interface comuns, como EIA-232F, USB (Universal Serial Bus), FireWire, SCSI, iSCSI, InfiniBand e Fibre Channel.

No entanto, a conexão entre computador e dispositivo exige mais do que a resolução de problemas na camada física. Também é necessário definir o modo como os dados são organizados em pacotes para transferência. Em geral, a configuração básica de pacotes é determinada pelos padrões da camada de enlace de dados. Portanto, examinaremos três configurações comuns dessa camada: conexões assíncronas, conexões sincrônicas e conexões isócronas.

Por fim, examinaremos a conexão entre terminal e mainframe. Como o terminal é um dispositivo relativamente sem inteligência, o mainframe cria um diálogo exclusivo chamado polling, que solicita informações do terminal para verificar se ele tem dados a serem transmitidos.

Mas, primeiro, vamos começar com os elementos básicos de conexão entre computadores e outros dispositivos.

Interface entre computador e dispositivos periféricos

A maioria das pessoas concorda que o computador é uma ferramenta fantástica. Ela é capaz de executar milhares de operações, principalmente em razão de dois fatos importantes: o computador é programável e pode ser conectado a uma ampla gama de dispositivos de entrada/saída ou periféricos. A conexão a um periférico normalmente é chamada **interface**, e o processo de fornecer todas as conexões adequadas entre computador e periférico é chamado interfaceamento. Não é possível discutir o interfaceamento sem discutir padrões. Discutiremos muitos tipos de conexão, e cada uma delas com muitos padrões de interface possíveis. O interfaceamento entre dispositivo e computador é considerado principalmente uma atividade de camada física, pois lida diretamente com sinais analógicos, sinais digitais e componentes de hardware.

Começaremos nossa discussão sobre interface explorando as características gerais dos padrões e, em seguida, examinando os aspectos particulares de dois padrões muito populares (o EIA-232F e o USB) e de algumas interfaces mais recentes, de alta velocidade.

Características dos padrões de interface

Há muitos anos, os fabricantes e usuários de computadores e periféricos perceberam que, se uma empresa fizer um computador e outra empresa fizer um dispositivo periférico, a probabilidade de ambas conseguirem se "comunicar" era pequena. Assim, diversas organizações trataram de criar uma interface padrão entre dispositivos como computadores e modems. Mas, como havia muitos ambientes diferentes de transmissão e interface, um único padrão não era suficiente. Consequentemente, centenas de padrões foram criados. Apesar disso, todos os padrões de interface apresentam duas características básicas: foram criados e aprovados por uma instituição responsável por padrões e podem consistir de um a quatro componentes, cada um dos quais será discutido em breve.

As principais organizações envolvidas na criação de padrões são:

- International Telecommunication Union (ITU), ex-Consultative Committee on International Telegraphy and Telephony (CCITT)
- Electronic Industries Association (EIA)
- Institute for Electrical and Electronics Engineers (IEEE)
- International Organization for Standardization (ISO)
- American National Standards Institute (ANSI)

Frequentemente, empresas específicas têm tanta pressa em lançar um produto no mercado que criam um dispositivo que incorpora um protocolo de interface não padronizado. Embora certamente haja vantagens de marketing em ser a primeira a oferecer uma nova tecnologia, há também uma desvantagem considerável em utilizar um protocolo de interface que ainda não tenha sido aprovado por uma das instituições responsáveis por padrões. Por exemplo, assim que uma empresa apresentar seu novo produto, uma dessas instituições pode criar um novo protocolo que execute a mesma função do protocolo não padronizado, podendo tornar obsoleto o produto lançado. No mundo de rápidas mudanças da tecnologia de computadores, a criação de produtos em conformidade com padrões de interface aprovados é difícil, mas altamente recomendável. Oportunamente, uma empresa pode criar um protocolo que, embora não seja padrão oficial, torne-se tão popular que outras empresas passem a adotá-lo. Nesse caso, o protocolo é considerado o **padrão de fato**. Por exemplo, o sistema operacional da Microsoft para PCs não é um padrão oficial. Porém, mais de 90% de todos os PCs utilizam o sistema operacional da Microsoft, fazendo com que o Windows seja o padrão de fato.

A segunda característica de um padrão de interface é sua composição. Ele pode consistir de quatro partes (ou componentes), todos localizados na camada física: elétrico, mecânico, funcional e de processo. Todos os padrões existentes atualmente tratam de um ou mais desses componentes. O **componente elétrico** lida com tensões, capacidade de linha e outras questões elétricas. Os componentes elétricos dos padrões de interface são de responsabilidade, principalmente, de técnicos e, portanto, não os discutiremos detalhadamente. O **componente mecânico** lida com itens como descrição de conectores e plugues. As questões normalmente relacionadas a esse componente incluem: qual é o tamanho e a forma de um conector? Há quantos pinos no conector? Qual é a disposição dos pinos? O **componente funcional** descreve a função de cada pino (que também é chamado circuito quando se leva em consideração o sinal que atravessa o pino e o fio) utilizado em determinada interface. O **componente de processo** descreve como os circuitos particulares são utilizados para executar uma operação. Enquanto o componente funcional de um padrão de interface pode, por exemplo, descrever dois circuitos como RTS (Request to Send) e CTS (Clear to Send), o componente de processo descreve como esses dois circuitos são utilizados para que o computador possa transferir dados para o periférico e vice-versa.

Um padrão antigo de interface

Atualmente, a interface USB é a forma mais popular em PCs e provavelmente continuará a ser por algum tempo. Mas nem sempre foi assim. Vamos apresentar rapidamente um dos primeiros padrões de interface, apenas para dar um ponto de referência sobre quanto as coisas progrediram. A interface **RS-232**, criada em 1962, é um exemplo clássico desses primeiros padrões. Em razão de sua popularidade, o RS-232 evoluiu – em vez de se tornar obsoleto – com o passar dos anos e sua encarnação atual é chamada EIA-232F (também conhecida como TIA-232-F). Mais precisamente, o **EIA-232F** é um padrão de interface para a conexão de um computador ou terminal (DTE) a um modem de voz (DCE) a ser utilizado em sistemas públicos analógicos de telecomunicação. (Em terminologia de interface de modem, a extremidade do computador ou terminal de uma interface é chamada **DTE (data terminating equipment)**, ao passo que o modem é chamado **DCE (data communicating equipment)**.

O padrão de interface EIA-232F é, na verdade, composto de vários outros padrões: o ITU V.28, que define o componente elétrico do EIA-232F; a ISO 2110, que define o componente mecânico; e o ITU V.24, que define os componentes funcional e de processo. (Para uma descrição mais completa desses padrões de suporte, visite o site do autor na web: <http://facweb.cs.depaul.edu/cwhite>.)

Vale a pena observar que as interfaces EIA-232F são o que chamamos **conexão full-duplex**, aquela em que tanto o emissor como o receptor podem transmitir ao mesmo tempo. Isso é possível no EIA-232F, pois há fios separados para transmissão e recepção. Alguns sistemas, por diversos motivos, permitem que apenas um lado ou outro (ou seja, o transmissor ou o receptor) transmita por vez. Nesse caso, como veremos em breve, trata-se de um exemplo de **conexão half-duplex**.

Apesar da longevidade do padrão EIA-232F, outros padrões de interface parecem tê-lo substituído. Porém, ele ainda é um exemplo clássico sobre o assunto e seu estudo fornece uma porta interessante para o funcionamento interno da comunicação entre computador e periférico. Agora, veremos o padrão de interface que provavelmente substituirá o EIA-232F.

USB (Universal Serial Bus)

O **USB (Universal Serial Bus)** é um padrão moderno para conexão de muitos tipos de dispositivos periféricos a computadores. Mais precisamente, o USB é uma interface digital que utiliza um conector (plugue) padronizado para todos os dispositivos dos tipos serial e paralelo. Como o USB fornece uma interface digital, não é necessário converter os sinais digitais do microcomputador em sinais analógicos a serem transferidos pela conexão. Conforme visto no Capítulo 2, sistemas que passam por conversões digital-analógica e analógica-digital geralmente apresentam mais ruído no sinal como consequência da conversão. O USB evita a introdução desse ruído. Além disso, trata-se de um cabo relativamente fino, que poupa espaço, ao qual se pode adicionar ou remover dispositivos enquanto o computador e o periférico estão ativos, fato que torna o USB hot pluggable, ou seja, passível de fazer e desfazer conexões sem desligar os dispositivos. A ideia por trás disso é que o periférico pode ser simplesmente conectado e ligado e o computador deve reconhecer dinamicamente o dispositivo e estabelecer a interface. Em outras palavras, não é necessário abrir o gabinete do computador nem instalar dispositivos de software e hardware. Quando utilizamos periféricos projetados com conector USB, também podemos conectar um periférico a outro. Essa técnica de conexão de um dispositivo ao dispositivo subsequente (e não atrás do computador) é conhecida como daisy-chaining. Outro recurso exclusivo do USB é a possibilidade de fornecer, por meio do próprio cabo de conexão, a energia elétrica necessária para operar o periférico. Com essa opção, não é necessário dispor de várias tomadas elétricas (uma para cada periférico). Por fim, a transferência de dados por cabo USB é bidirecional, mas apenas um dispositivo, o computador ou o periférico, pode transmitir por vez. Isso faz com que o USB seja outro exemplo de conexão half-duplex.

Uma desvantagem inicial do USB, pelo menos em comparação com outras interfaces de alta velocidade (como o FireWire, que discutiremos em breve), era sua velocidade relativamente baixa. A versão 1.1 do USB apresentava velocidade de transferência máxima de 12 Mbps, significativamente menor do que os 400 Mbps do FireWire. Felizmente, a versão 2.0 possui velocidade máxima de 480 Mbps e mantém-se compatível com a versão 1.1 anterior, permitindo que dispositivos com a interface nova se conectem à interface antiga (mas à velocidade de 12 Mbps). Mais precisamente, o USB 2.0 pode dar suporte a dispositivos de baixa velocidade (de 10 a 100 Kbps), como teclados, mouse e periféricos de jogo, de velocidade plena (de 500 Kbps a 10 Mbps), como circuitos telefônicos, áudio e vídeo comprimido e de alta velocidade (superior a 10 Mbps), como vídeos, dispositivos de imagem e banda larga. A versão mais recente, o USB 3.0, tem taxa de 4,8 Gbps (10 vezes mais rápida que o USB 2.0) e foi lançada em novembro de 2008.

Como acabamos de aprender, os padrões de interface consistem de quatro componentes. No padrão USB, os componentes elétrico e funcional dão suporte à transferência de energia e de sinal por um cabo de quatro fios. Dois desses fios, o VBUS e o GND (ground, ou seja, terra), transportam um sinal de 5 volts que pode ser utilizado para alimentar o dispositivo. Os outros dois fios, D+ e D–, transportam dados e informação de sinalização.

O componente mecânico do USB especifica estritamente as dimensões exatas dos conectores e cabos da interface. São especificados quatro tipos de conectores: um conector A, um conector B, um miniconector A e um miniconector B. Como podemos ver na Figura 4-1, tanto o conector A como o B possuem quatro pinos, um para cada fio do componente elétrico, enquanto os miniconectores possuem cinco pinos. Esse quinto pino é chamado pino de sinal e, em geral, é apenas conectado aos pinos do VBUS ou do GND. Embora haja quatro tipos diferentes de conectores, o conector A é o utilizado com mais frequência.

O componente de processo do USB é provavelmente o mais complexo dos quatro componentes. Para compreender como ele funciona, precisamos primeiro nos familiarizar com dois termos: barramento e polling. Barra-

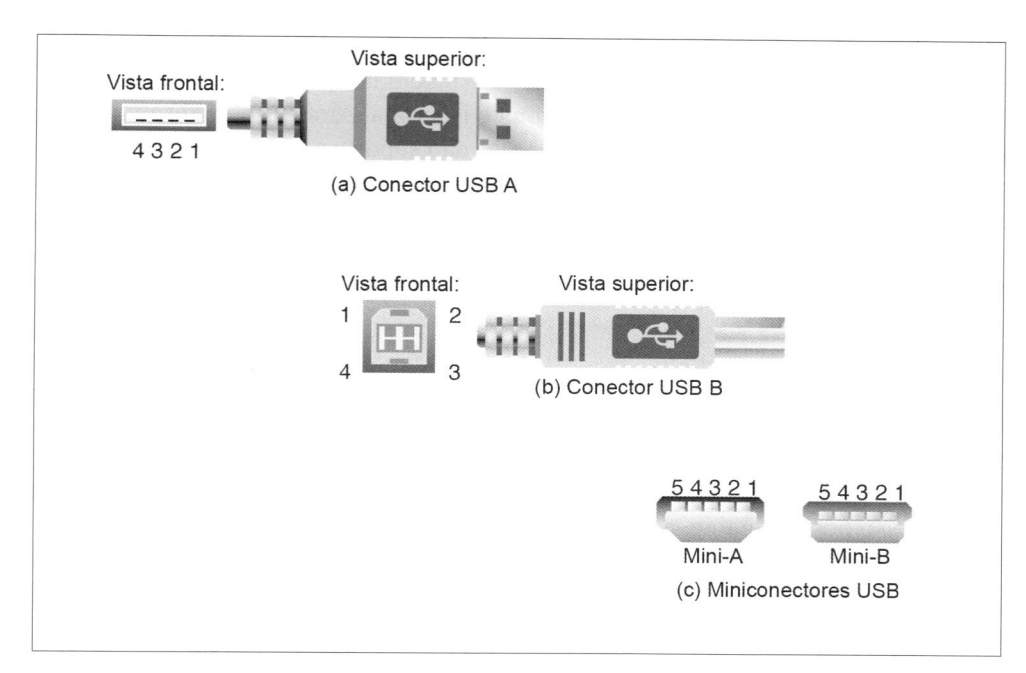

Figura 4-1 Os quatro tipos de conectores USB.

mento é simplesmente uma conexão de alta velocidade à qual se conectam vários dispositivos, e polling (descrito em mais detalhes na seção sobre conexões entre terminal e mainframe, neste capítulo) é um processo em que um computador solicita que um periférico informe se possui dados a serem transmitidos. O USB é um barramento com polling em que o controlador host (a interface de USB com o computador host) inicia todas as transferências de dados. O barramento USB é capaz de reconhecer quando um dispositivo é conectado a sua porta ou hub (dispositivo que funciona como um cabo de extensão e fornece várias portas USB). Ele também é capaz de reconhecer quando esse dispositivo é removido. Além disso, o barramento pode dar suporte a quatro tipos básicos de transferências de dados: transferências de controle, utilizadas para configurar um dispositivo periférico no momento da conexão; transferências de dados em massa, utilizadas para dar suporte a grandes quantidades ou surtos de dados; transferências de dados de interrupção, utilizadas para entrega confiável de dados e em tempo adequado; e transferências isócronas de dados, que, como veremos um pouco mais adiante neste capítulo, são conexões que exigem transferências de dados contínuas e em tempo real, como streaming de áudio e vídeo.

Em razão de sua capacidade e flexibilidade, o USB provavelmente será a interface utilizada com mais frequência no futuro. Se isso acontecer, veremos outro exemplo de convergência em direção a um único padrão de interface, capaz de dar suporte a uma grande variedade de dispositivos, com ampla gama de velocidades de transferência, e de reconhecer automaticamente a conexão de um dispositivo, recebendo os drivers adequados.

Outros padrões de interface

Além do USB, foram criados, com o passar dos anos, outros padrões de interface para fornecer conexões de alta velocidade a diversos tipos de dispositivos periféricos. Como veremos em breve, alguns desses padrões, como o FireWire, têm um funcionamento muito parecido com o USB e, diante das vantagens consideráveis do USB, podem ser substituídos um dia por ele, enquanto outros coexistirão com ele, pois foram projetados para dar suporte a formas de interface diferentes. Continuaremos nossa discussão dos padrões de interface, examinando outros cinco protocolos projetados para servir como interfaces de alta velocidade entre computadores e periféricos: FireWire, SCSI, iSCSI, InfiniBand e Fibre Channel.

FireWire

Concebido pela Apple Computer em meados da década de 1990 e, em seguida, oficializado pelo IEEE como padrão número 1.394, o **FireWire** é um tipo de conexão entre dispositivos periféricos (como modems sem fio e câmeras de vídeo digitais de alta velocidade) e microcomputador. O FireWire é uma interface digital fácil de usar, flexível e de baixo custo, capaz de dar suporte a velocidades de transferência de até 400 Mbps (uma versão mais recente do FireWire, de até 3,2 Gbps, foi aprovada em 2007). Como o FireWire, semelhantemente ao USB, fornece uma interface digital, não é necessário converter os sinais digitais do microcomputador em sinais analógicos a serem transferidos pela conexão. Assim, o FireWire, também como o USB, evita a introdução desse tipo de ruído no sinal. Outra semelhança do FireWire com o USB é o fato de ambos serem hot pluggable.

O FireWire dá suporte a dois tipos de conexões de dados: assíncrona e isócrona. Ambas serão discutidas em detalhes mais adiante neste capítulo; mas, resumindo, conexões assíncronas dão suporte a dispositivos periféricos mais tradicionais, como modems e impressoras, e conexões isócronas fornecem garantia de transporte de dados a uma taxa predeterminada, o que é fundamental para aplicações multimídia. As aplicações multimídia são únicas, pois exigem transporte ininterrupto de dados sensíveis ao tempo e entrega no momento exato. O FireWire é uma boa escolha para o interfaceamento com aparelhos eletrônicos digitais e periféricos de áudio e vídeo, como câmeras digitais.

SCSI e iSCSI

O **SCSI**, sigla para **Small Computer System Interface**, pronunciada, em inglês, como "skuzzy", é uma técnica para interfaceamento de computador com dispositivos de alta velocidade, como unidades de disco rígido, fitas, CDs e DVDs. Enquanto o USB e o FireWire foram projetados para utilização com dispositivos que possam ser adicionados ou removidos e, portanto, são hot pluggable, o SCSI foi projetado para dar suporte a dispositivos de natureza permanente. Portanto, o SCSI é uma interface de sistemas, não apenas uma interface técnica para unidades de disco (como algumas pessoas acham), e, consequentemente, otimiza a interação entre dispositivo de entrada/saída e o processador central de um computador.

Para se aproveitar a velocidade superior dessa interface, é necessário instalar um adaptador SCSI no computador. Uma vez instalado, pode conectar-se a sete dispositivos SCSI diferentes. Para conectar vários dispositivos SCSI a um único adaptador, cada dispositivo adicional deve ser ligado, por daisy-chaining, ao dispositivo SCSI anterior. A interface SCSI existe há algum tempo (desde 1986) e sofreu uma série de modificações. Portanto, existe toda uma gama de modelos SCSI, de Fast SCSI e UltraSCSI a Narrow SCSI e Wide SCSI. Cada um desses modelos difere quanto à velocidade de transmissão permitida e ao número de bits transferidos em um determinado momento (que é projetado como se fosse a "largura" do cabo). Por exemplo, o Ultra 160 SCSI é projetado para transferências de dados de até 160 M bytes/segundo, que são quase três vezes mais rápidas que os 480 Mbps do USB 2.0. Apesar de ter algumas vantagens, muitos acreditam que o SCSI fatalmente perderá espaço para o USB.

Outra variação, mais recente, da interface SCSI é o iSCSI. O **iSCSI** ou **Internet SCSI** é uma técnica para realização de interface entre armazenagem em disco e computador por meio da internet. Assim, caso se tenha grande quantidade de armazenagem em disco localizada remotamente na internet, é possível conectar um computador a essa armazenagem, utilizando a internet e o padrão de interface iSCSI. Basicamente, o que ocorre nesse caso é o encapsulamento de comandos de SCSI em pacotes TCP/IP, enviados pela internet como se fossem um comando comum, tal qual um envio de e-mail ou uma solicitação de página da web.

InfiniBand e Fibre Channel

O InfiniBand e o Fibre Channel são dois protocolos modernos, utilizados na interface de computador com dispositivos de entrada e saída por meio de conexão de alta velocidade. Mais precisamente, o **InfiniBand** é uma conexão ou barramento serial capaz de transportar vários canais de dados ao mesmo tempo. Ele pode dar suporte a velocidades de transferência de 2,5 bilhões de bits (2,5 gigabits) por segundo (taxa de dados simples), 5 gigabits por segundo (taxa de dados dupla) e 10 gigabits por segundo (taxa de dados quádrupla); também é capaz de endereçar (interconectar) milhares de dispositivos, utilizando fios de cobre ou cabos de fibra óptica. O InfiniBand não é um único barramento compartilhado, mas uma rede de enlaces e comutadores de alta velocidade. Assim, o tráfego transportado entre um computador e seus dispositivos de entrada/saída move-se, na verdade, por uma rede de alta velocidade.

O **Fibre Channel** é semelhante ao InfiniBand por também ser uma rede serial de alta velocidade que conecta um computador a vários dispositivos de entrada/saída. Ele ainda fornece taxas de transferência de dados de até bilhões de bits por segundo, mas é capaz de dar suporte à interconexão de, no máximo, 126 dispositivos.

Evidentemente, as interfaces percorreram um longo caminho desde os primeiros dias do EIA-232. Se essa tendência em direção a interfaces simples, porém sofisticadas como o USB, o FireWire, o SCSI e o Fibre Channel, continuar (como certamente fará), o tema da interface utilizando o EIA-232F pode um dia se tornar uma aula de história. Agora, voltaremos nossa atenção, das propriedades da camada física da conexão entre computador e periféricos, para as propriedades do enlace de dados de uma conexão.

Conexões de enlace de dados

Como vimos, os padrões de interface como EIA-232F, USB e FireWire consistem de quatro componentes: elétrico, mecânico, funcional e de processo. Como esses quatro componentes definem a conexão física entre computador e periférico, eles se localizam na camada física do modelo de internet. Mas na criação de conexões é necessário mais que apenas definir os diversos componentes físicos. Para transmitir com sucesso os dados entre dois pontos de uma rede, como, por exemplo, entre um DTE e um DCE ou entre um transmissor e um receptor, também precisamos definir as conexões de enlace de dados. Se novamente relacionarmos isso com o modelo de internet, notaremos que a definição dessa conexão é executada no enlace de dados ou camada de acesso à rede.

Para tratarmos das questões envolvidas na definição de conexões de enlace de dados, primeiro vamos assumir que as conexões de camada física já estão definidas por algum protocolo como EIA-232-F ou USB. Agora, considerando-se que o transmissor e o receptor estão utilizando o mesmo protocolo de camada física, as próximas perguntas a serem respondidas são: qual é a forma básica do quadro de dados transmitido entre o transmissor e o receptor? Os dados são transmitidos em blocos de um único byte ou a conexão cria um bloco maior, de vários bytes? A primeira opção de transmissão é um exemplo de conexão assíncrona, enquanto a segunda, de conexão sincrônica. Os dados devem ser entregues a uma taxa constante, como a necessária em uma conexão de câmera de vídeo? Se afirmativo, trata-se de um exemplo de conexão isócrona. A conexão é capaz de transmitir dados em ambas as direções ao mesmo tempo ou apenas em uma direção por vez? Essa, como vimos, é a diferença entre conexão full-duplex e conexão half-duplex. Perguntas como estas determinam o tipo de conexão encontrada na camada de enlace de dados.

Ao examinar a conexão de enlace de dados, lembre-se das atribuições da camada de enlace de dados do modelo de internet – duas dessas atribuições são a criação de quadros de dados para transmissão entre transmissor e receptor e o fornecimento de um modo de verificar erros durante a transmissão. Tenha em mente essas atribuições ao examinar os três tipos diferentes de conexões de enlace de dados.

Conexões assíncronas

A conexão assíncrona é um dos exemplos mais simples de protocolo de enlace de dados encontrado principalmente em conexões entre microcomputadores ou terminais e modems. Em uma **conexão assíncrona**, um caractere simples (ou byte de dados) é a unidade de transferência entre transmissor e receptor. O transmissor prepara um caractere de dados para transmissão, envia-o e, em seguida, prepara o caractere seguinte. Pode passar um período indefinido de tempo entre a transmissão de um caractere de dados e a transmissão do caractere seguinte.

Para preparar o caractere de dados para a transmissão, são incluídos alguns bits adicionais de informações aos bits de dados, criando um **quadro (frame)** ou pequeno pacote de dados. Adiciona-se um **bit de partida (start bit)**, que é sempre um 0 lógico, ao início de um caractere para informar ao receptor que um quadro de dados está chegando. O bit de partida sempre permite que o receptor sincronize-se com o caractere. No final do caractere de dados, adicionam-se um ou dois **bits de parada (stop bits)**, que são "1s" lógicos, ao sinal para encerrar o quadro (embora haja, normalmente, apenas um bit de parada, alguns sistemas ainda permitem a escolha de um ou dois). Os bits de partida e parada fornecem, em essência, delimitação de começo e fim entre os quais estão colocados os dados. Por fim, pode-se adicionar um único bit de paridade, inserido entre os bits de dados e o bit de parada. Esse **bit de paridade** (coberto em mais detalhes no Capítulo 6) pode indicar paridade par ou ímpar e executa uma verificação de erro apenas nos bits de dados. Essa verificação é obtida colocando-se o bit de paridade em 0 ou 1, de modo que o conjunto dados e bit de paridade mantenham um número par ou ímpar de "1s". A Figura 4-2 apresenta o exemplo do caractere A (em ASCII) com adição de um bit de partida, um bit de parada e um bit de paridade par.

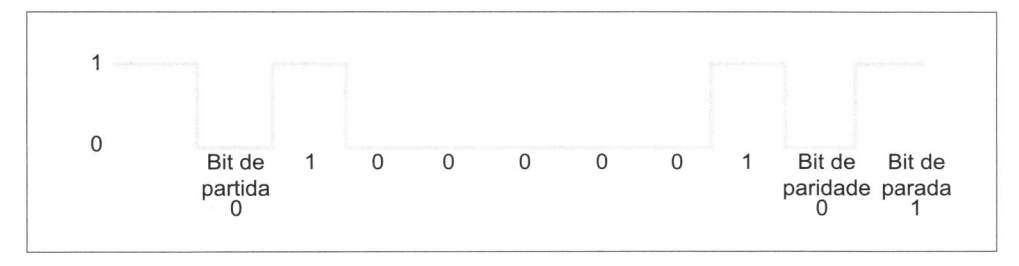

Figura 4-2 Exemplo do caractere A com um bit de início, um bit de fim e paridade par.

Como cada caractere tem seus próprios bits de partida, parada e paridade, é possível a transmissão de vários caracteres, como em "HELLO". A Figura 4-3 demonstra a transmissão de "HELLO".

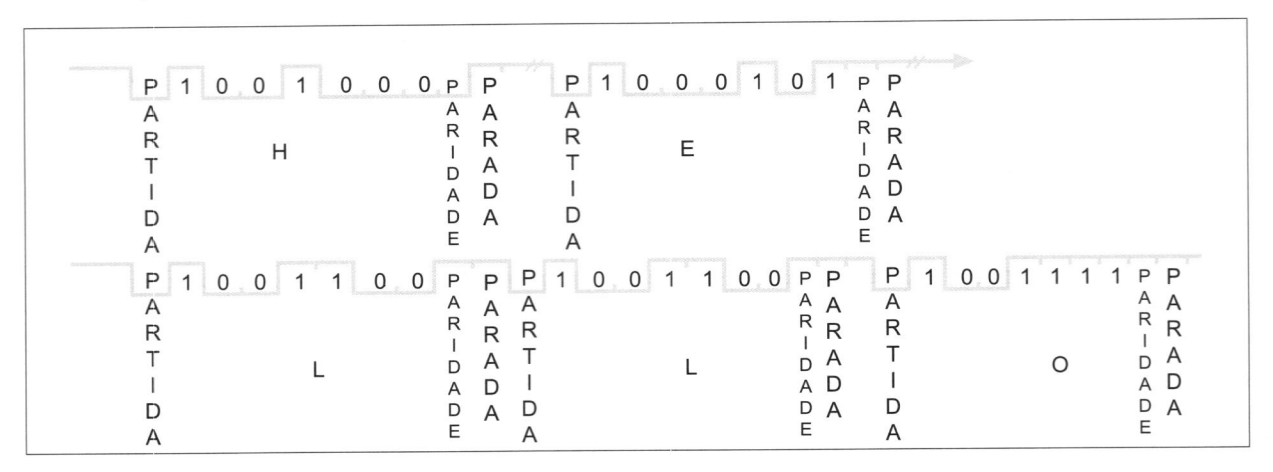

Figura 4-3 Exemplo da string de caracteres HELLO com inclusão de bits de início, fim e paridade.

A conexão assíncrona apresenta vantagens e desvantagens. Quanto aos aspectos positivos, a geração dos bits de partida, parada e paridade é simples e exige pouco de hardware e software. Quanto aos negativos, a conexão assíncrona possui uma desvantagem específica que não pode ser negligenciada. Como sete bits de dados (no conjunto de código de caracteres ASCII) costumam ser combinados com um bit de partida, um bit de parada e um bit de paridade, o caractere resultante transmitido contém três bits de verificação e sete bits de dados, uma relação de 3:7. Nesse cenário de 10 bits totais de verificação e de dados, 3 dos 10 bits ou 30% são utilizados para verificação. Essa razão entre bits de verificação e bits de dados não é muito eficiente para grandes quantidades de transferência de dados e, portanto, resulta em perda de velocidade.

É interessante notar que o termo *conexão assíncrona* pode ser confuso para iniciantes, pois o protocolo, na verdade, permanece sincronizado com o fluxo de dados de entrada, apesar do nome *assíncrona*. Lembre-se, no Capítulo 2, da importância do receptor ficar sincronizado com o fluxo de entrada, especialmente se esse fluxo contém uma longa sequência de valores sem alteração. Os códigos Manchester foram projetados para amenizar esse problema, mas eles ainda não haviam sido criados quando ocorreu o desenvolvimento das conexões assíncronas. Por isso, essas conexões incorporaram seus próprios métodos para manter a sincronia do receptor com o fluxo de dados de entrada. Como elas fazem isso? Dois recursos fundamentais as ajudam a manter a sincronização:

▸ Tamanho do quadro – Como cada quadro de uma conexão assíncrona é um caractere com alguns bits de verificação, o receptor tem de receber apenas uma pequena quantia de informações por vez. Portanto, não deve ser difícil manter a sincronia por esse curto período de tempo.

▸ Bit de partida – Quando o receptor reconhece o bit de partida, a sincronização começa. Como se seguem apenas 8 ou 9 bits, não há uma sequência longa de valores sem alteração.

Durante os primeiros anos do setor de microcomputadores, a simplicidade (e, portanto, o baixo custo) das *conexões assíncronas* eram razoavelmente adequadas para o segmento de mercado de lazer. Mas o segmento de negócios precisava de uma conexão de enlace de dados mais eficiente e poderosa. As empresas necessitavam de uma conexão eficaz e de velocidade superior – uma conexão sincrônica.

Conexões sincrônicas

O segundo tipo de conexão de enlace de dados (com um nome menos enganoso) é a conexão sincrônica. Na conexão sincrônica, a unidade de transmissão é uma sequência de caracteres. Essa sequência pode ter milhares de caracteres de comprimento. Assim como os bits de partida, parada e paridade delimitam os bits de dados em conexões assíncronas, uma sequência (flag) de partida, um byte de controle, um endereço, um checksum e uma sequência (flag) de encerramento delimitam os bits de dados em conexões sincrônicas, conforme mostrado na Figura 4-4.

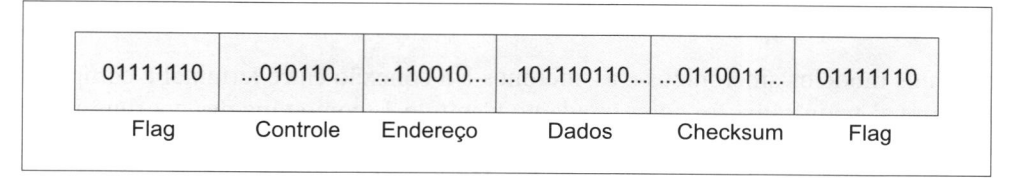

01111110	...010110...	...110010...	...101110110...	...0110011...	01111110
Flag	Controle	Endereço	Dados	Checksum	Flag

Figura 4-4 Diagrama em blocos das partes de uma conexão sincrônica genérica.

As sequências de início e encerramento de conexões sincrônicas são chamadas flags e, normalmente, têm 8 bits (ou um byte) de comprimento. Após a flag de partida, há, normalmente, um ou mais bytes de informações de controle. Eles fornecem informações sobre os dados que se seguem ou referente ao status do transmissor, do receptor ou de ambos. Por exemplo, um determinado bit do byte de controle pode ser configurado como 1, indicando que os dados correspondentes são de alta prioridade. É comum o byte de controle conter informações de endereçamento que indicam de onde os dados vêm e para onde se deseja que eles sigam. O campo de endereço indica o destino do quadro, a proveniência do quadro ou ambos. Após os dados, quase sempre há alguma forma de sequência de verificação de erros, como o checksum cíclico. O checksum cíclico (explicado em detalhes no Capítulo 6) é uma técnica mais avançada do que a verificação de paridade e é utilizado em muitas implementações modernas de redes de computadores. Depois da sequência de verificação de erros, há a flag de encerramento.

Como as conexões sincrônicas mantêm transmissor e receptor sincronizados? Esta pergunta é muito importante, pois é possível enviar milhares de caracteres em um único pacote. São utilizados três modos para manter a sincronia nesse tipo de conexão:

1. Envio de um sinal de relógio (clock) de sincronização por uma linha separada correndo paralelo ao fluxo de dados. Conforme os dados chegam por uma linha, o relógio chega por outra. O receptor pode utilizar esse sinal de relógio para manter-se sincronizado com os dados de entrada.

2. Em transmissões de sinal digital, utiliza código Manchester. Como o código Manchester sempre possui transição de sinal no meio de cada bit, o receptor pode antecipar essa transição e ler o fluxo de dados de entrada sem erros. O sinal digital codificado por Manchester é um exemplo de sinal autossincronizado.

3. Se estiver transmitindo sinal analógico, usa as propriedades do próprio sinal analógico para autossincronização: por exemplo, um sinal analógico com alteração de fase periódica pode fornecer a sincronização necessária.

Em razão de sua eficiência superior, as conexões sincrônicas substituíram quase completamente as assíncronas. Mas há ainda um outro tipo de conexão que vale a pena apresentar – a conexão isócrona.

Conexões isocrônicas

A **conexão isócrona** é um tipo especial de conexão de enlace de dados utilizada para dar suporte a diversos tipos de aplicações em tempo real. Alguns exemplos dessas aplicações são streamings de voz, vídeo e música. As aplicações em tempo real são únicas, no sentido de que seus dados devem ser entregues a um computador com uma velocidade exata. Se os dados forem transmitidos muito devagar, a música ficará distorcida e o vídeo parará. Se forem entregues muito rápido, o computador receptor pode não ser capaz de armazená-los, o que pode resultar em perdas de dados.

Como vimos neste capítulo, tanto o USB como o FireWire podem dar suporte a conexões isócronas. Porém, antes que qualquer transferência de dados possa começar, os recursos isócronos adequados têm de ser alocados na conexão. Para executar essa alocação, o transmissor e o receptor trocam alguns pacotes iniciais, que determinam, entre outras coisas, qual será o canal utilizado na transferência e que largura de banda é necessária. Outro problema a ser resolvido entre transmissor e receptor é que a verificação de erros deve ser desativada em ambos os lados. A verificação de erros não é executada em transferências de dados em tempo real, pois o tempo necessário para solicitar uma retransmissão dos dados, bem como o tempo da própria retransmissão, faria com que os dados chegassem muito tarde para ser apresentados ao espectador em tempo real. A principal característica da transferência de dados em tempo real é exatamente essa – os dados devem ser entregues em tempo real (imediatamente ou quase imediatamente após sua geração). A solicitação de retransmissão de alguns bytes de dados errôneos pelo transmissor comprometeria a precisão temporal da entrega em tempo real.

Conexões entre terminal e computador mainframe

Um tipo de conexão que se baseia nos modelos sincrônicos e assíncronos é a conexão entre terminal e computador mainframe. A configuração terminal-mainframe foi apresentada no Capítulo 1, como uma das configurações de rede mais antigas, porém ainda presentes. Como os terminais (ou as estações de microcomputadores funcionando como terminais) possuem pouca potência de processamento em comparação com microcomputadores, o mainframe tem de assumir o controle e executar todas as operações de transferência de dados. Como podemos imaginar, as operações executadas pelo mainframe dependem do tipo de conexão física existente entre ele e o terminal. A conexão direta entre terminal e mainframe, como a mostrada na Figura 4-5(a), é uma **conexão ponto a ponto**. Um fio simples percorre o caminho entre os dois dispositivos e nenhum outro terminal ou computador compartilha essa conexão. Quando vários terminais compartilham uma conexão direta com o mainframe, como a mostrada na Figura 4-5(b), a conexão é chamada multiponto. A **conexão multiponto** é um fio simples com um mainframe conectado a uma extremidade e vários terminais conectados à outra.

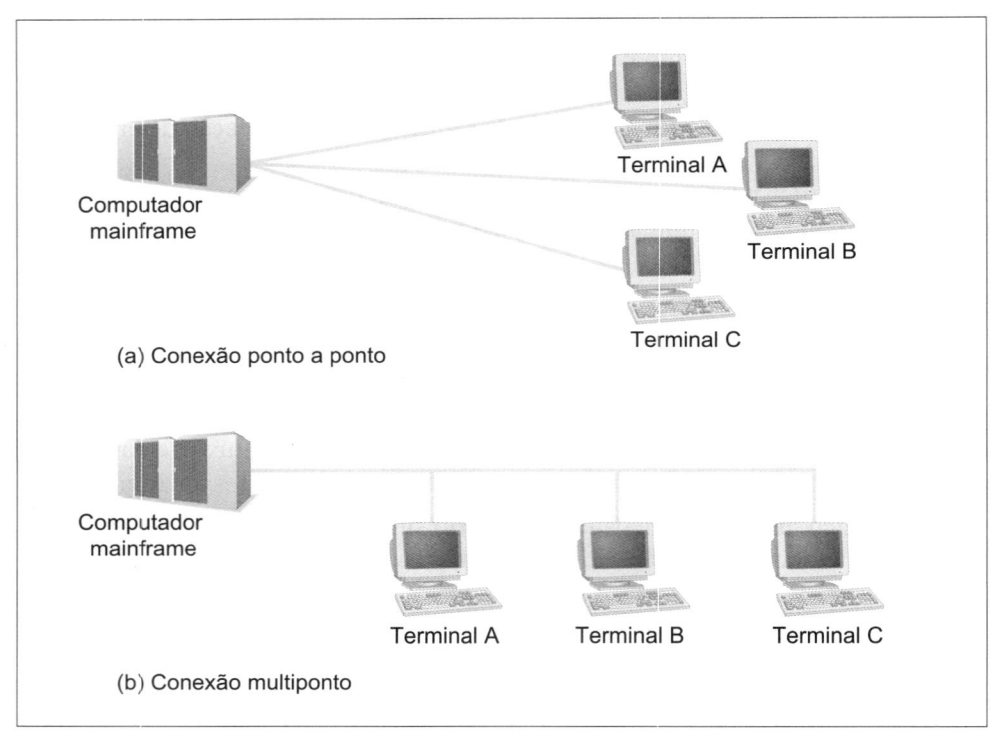

Figura 4-5 Conexões ponto a ponto e multiponto entre terminais e mainframe.

Novamente, se vários dispositivos compartilham uma única linha, é necessário tomar medidas especiais para que não ocorram tentativas de transmissão de mais de um dispositivo ao mesmo tempo. Uma técnica chamada **polling**, que permite que apenas um terminal transmita por vez, controla com sucesso vários terminais que compartilham uma conexão com mainframe (como veremos adiante, devemos estar cientes de que o conceito de polling não é exclusivo de terminais e mainframes; voltaremos a esse conceito no Capítulo 5, quando tratarmos da multiplexação e, novamente, no Capítulo 7, na apresentação das redes locais). O polling surgiu nos primeiros anos da computação, quando os terminais eram dispositivos relativamente pouco inteligentes, incapazes de executar muitas operações que não fossem entrada e exibição de dados. Durante esse período, o computador mainframe era chamado **primário**, e cada terminal, **secundário**. Com a técnica de polling, o terminal (ou secundário) só transmite dados quando solicitado. O **polling de chamada** é um método de polling em que o computador mainframe (primário) sonda um terminal (secundário) por vez, de modo circular. Se os terminais A, B e C compartilharem uma conexão, como na Figura 4-6, o primário começará a sondagem pelo terminal A. Se A tiver dados a enviar ao host, ele o fará. Quando A tiver terminado a transmissão, o primário sondará o terminal B. Se B não tiver nada a enviar, ele informará o primário sobre isso e o primário sondará o terminal C. Quando o terminal C tiver acabado, o primário retornará ao terminal A e continuará o processo de polling. Se B não tiver nada a enviar, ele informará o primário sobre isso e o primário sondará o terminal C. Quando o terminal C tiver acabado, o primário retornará ao terminal A e continuará o processo de polling.

```
① O HOST SONDA A
③ O HOST SONDA B
⑤ O HOST SONDA C
⑦ REPETIÇÃO
```

Computador mainframe (primário)

Terminal A
② A não envia dados

Terminal B
④ B não envia dados

Terminal C
⑥ C envia dados

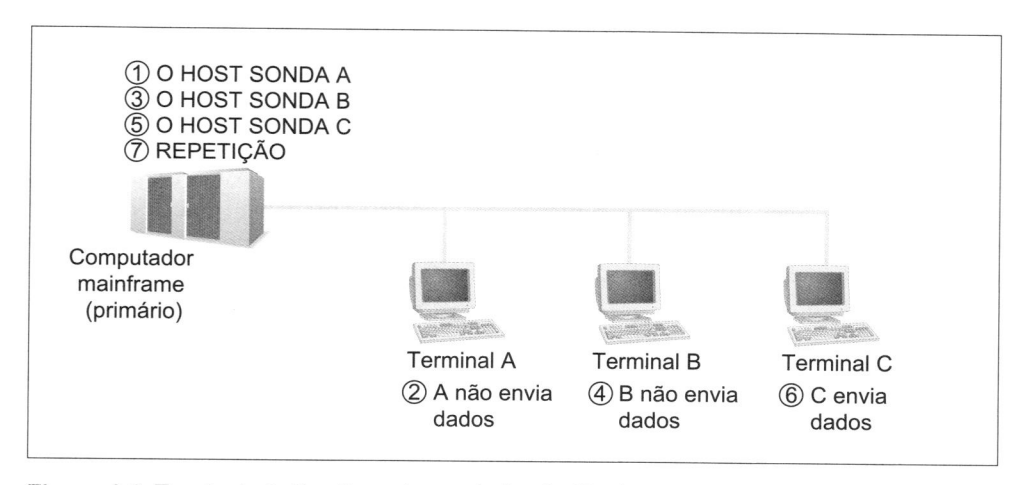

Figura 4-6 Terminais A, B e C sendo sondados (polling) pelo primário.

Observe que apenas um dispositivo transmite por vez. Ou, mais precisamente, apenas um lado da conexão transmite por vez. Isso ocorre apesar do fato de o cabo ser capaz de transmitir dados em ambas as direções. Trata-se de outro exemplo de conexão half-duplex.

Um polling de chamada alternativo é o polling de hub. O primário que executa **polling de hub** sonda apenas o primeiro terminal, que, em seguida, passa a sondagem para o segundo terminal e cada terminal sucessivo passa adiante a sondagem. Por exemplo, após ser sondado pelo primário, o terminal A, ao encerrar sua resposta, passa a sondagem ao terminal B. Esse, ao terminar a transmissão, passa a sondagem ao terminal C. Nesse cenário, o primário não precisa sondar cada terminal separadamente. O processo em que o primário envia sondagem a um terminal e aguarda resposta leva algum tempo. Quando são transmitidas grandes quantidades de dados, esse tempo pode ser significativo.

Quando deseja enviar dados a um terminal, o primário utiliza um processo chamado seleção. Na **seleção**, o primário cria um pacote de dados com os endereços dos terminais pretendidos e transmite o pacote. Apenas esse terminal específico reconhece o endereço e aceita os dados de entrada. O primário também pode utilizar seleção para transmitir dados a todos os terminais.

Se a simplicidade de controle for o objetivo principal, a conexão ponto a ponto de terminais é evidentemente superior às conexões multiponto. Com conexões ponto a ponto, não é necessário haver polling, pois há apenas um terminal por linha. Em conexões multiponto, o terminal deve dispor do software necessário para permitir o polling. Outra desvantagem das conexões multiponto, em que vários terminais compartilham uma conexão, é que cada terminal tem de aguardar enquanto outro transmite. Por outro lado, embora as conexões ponto a ponto façam um uso mais eficiente do tempo de transmissão, elas também exigem hardware mais caro, ou seja, é necessário mais cabeamento para conectar cada terminal diretamente ao primário.

Conexões de computadores em ação

O laptop que a empresa encomendou para um funcionário acabou de chegar. Embora seja muito fácil abrir a parte superior do computador e ligá-lo, o funcionário nota que há um grande número de conectores nas quatro laterais do aparelho. Na verdade, há, pelo menos, 12 locais onde algo pode ser conectado a seu novo computador. Vamos dar uma olhada nessas conexões e ver para que elas podem ser utilizadas.

A primeira conexão é a mais fácil – é onde o cabo de alimentação é ligado. Todos os aparelhos eletrônicos domésticos operam com alimentação CC (corrente contínua). Para reduzir o tamanho do laptop, o dispositivo que converte a CA (corrente alternada) da tomada em CC normalmente está integrado ao cabo de alimentação e não ao computador. O cabo evidentemente mantém as baterias carregadas e o funcionamento do laptop quando ele não estiver com alimentação por bateria.

Os próximos três conectores são relativamente simples – são conectores USB. Pode-se reconhecê-los como do Tipo A e saber que provavelmente esses conectores serão utilizados mais que qualquer outro. Os próximos dois conectores são pequenos e relativamente quadrados – são os conectores RJ-11 e RJ-45. O conector RJ-11 é utilizado para conectar o laptop a uma linha telefônica por meio de um modem integrado, e o RJ-45 é utilizado para conectar o laptop a uma rede local Ethernet por meio de uma placa Ethernet de interface de rede integrada.

O conector relativamente pequeno e quase quadrado, com o número 1.394 impresso ao lado, é o conector FireWire. Os dois pequenos conectores coloridos são para a conexão de microfone, fones de ouvido ou alto-faltantes externos.

Em seguida, veremos um encaixe retangular relativamente grande na lateral da unidade. Esse conector é utilizado para conexão de PC Card/SmartCard. O PC Card, que costumava ser chamado PCMCIA Card, é um padrão de interface antigo que permite aos dispositivos, como placas de memória, modems, placas de rede e disco rígido, serem adicionados a um laptop. Embora o PC Card tenha sido quase totalmente substituído pela interface USB, ele tem a vantagem de deslizar para dentro do laptop, ficando, assim, praticamente fora da vista e do caminho. O conector SmartCard permite que o usuário conecte um SmartCard com conectores metálicos (há também SmartCards que não utilizam conectores, mas sinais sem fio para se comunicar com outros dispositivos). Os SmartCards têm aproximadamente o tamanho de um cartão de crédito e possuem recursos de processamento integrados. Em geral, são utilizados para fornecer segurança ao laptop.

Próximo ao encaixe do PC Card, há um pequeno conector retangular, com tamanho similar ao conector USB, mas com um D acima. Trata-se de um conector DisplayPort, um conector similar ao DVI e ao HDMI utilizados em televisões e outros aparelhos de vídeo, permitindo conectar o laptop a dispositivos de áudio/vídeo. Outro conector retangular relativamente pequeno (um pouco mais largo que o conector DisplayPort) é o leitor de placas de mídia 7 em 1. Esse conector permite a conexão de placas de mídia como SD, SD HC, xD, xD Tipo H, MMC, MS e MS-PRO. Esses tipos de placas encontram-se geralmente em câmeras digitais de foto e vídeo e são utilizados para armazenar imagens e vídeos. Assim, para copiar fotos digitais da câmera para o computador, pode-se utilizar esse encaixe.

Por fim, há um conector retangular com quinze orifícios pequenos. Trata-se do conector para monitor externo, que pode ser utilizado para conectar o laptop a outros dispositivos de vídeo, como projetores.

Agora, temos uma compreensão básica dos diferentes tipos de conectores e conexões disponíveis em um laptop/notebook comum. Embora não tenhamos examinado cada tipo em detalhes, sabemos que há muitas conexões diferentes possíveis, cada uma com várias camadas de padrões de interface. Evidentemente, o conector USB (ou qualquer outro) não substituiu todas as formas de interface até agora.

RESUMO

- A conexão entre computador e periférico normalmente é chamada interface, e o processo de fornecer todas as conexões adequadas entre computador e periférico é chamado interfaceamento.

- Os padrões de interface apresentam duas características básicas: foram criados e aprovados por uma instituição responsável por padrões e podem consistir de um a quatro componentes (elétrico, mecânico, funcional e de processo).

- DTE é um dispositivo terminal de dados, como o computador, e DCE é um dispositivo terminal de circuito de dados, como o modem.

- Com o passar dos anos, foram desenvolvidos vários padrões de interface. Vale a pena estudar mais dois deles: o EIA-232F e o USB (Universal Serial Bus). O EIA-232F foi um dos primeiros padrões, tendo alcançado grande popularidade por anos; o USB, por sua vez, é atualmente o padrão de interface mais popular. Ambos os padrões fornecem especificações elétricas, mecânicas, funcionais e de processo.

- Os sistemas de transmissão half-duplex podem transmitir dados em ambas as direções, mas em apenas uma direção por vez. Os sistemas full-duplex podem transmitir dados em ambas as direções ao mesmo tempo.

- Outros padrões de interface com periféricos que fornecem alimentação, flexibilidade, alta velocidade e facilidade de instalação são FireWire, SCSI, iSCSI, InfiniBand e Fibre Channel.

- O interfaceamento com um computador é considerado atividade de camada física e, portanto, localiza-se principalmente nessa camada. Mas, ao transmitir dados entre dois pontos de uma rede, também é necessária a conexão de enlace de dados. Três conexões de enlace de dados comuns são as conexões assíncronas, as conexões síncronicas e as conexões isócronas.

- As conexões assíncronas utilizam quadros de um único caractere e bits de partida e parada para estabelecer os pontos de começo e encerramento do quadro.

- As conexões síncronicas utilizam quadros com vários (às vezes milhares) caracteres. Em transmissões síncronicas, é necessário utilizar um sinal de relógio de sincronização ou algum tipo de autossincronização para permitir que o receptor se mantenha sincronizado durante um quadro grande.

- As conexões isócronas fornecem conexões em tempo real entre computadores e periféricos e exigem um diálogo razoavelmente complexo no suporte à conexão.
- A conexão entre terminal e mainframe dedicada a um único terminal é chamada conexão ponto a ponto. A conexão entre mais de um terminal e um mainframe é chamada conexão multiponto. Os mainframes utilizam técnicas de polling, como polling de chamada e de hub, para dar suporte a conexões multiponto.

PERGUNTAS DE REVISÃO

1. Como o mainframe solicita que um terminal envie dados?
2. É provável que InfiniBand e Fibre Channel sejam utilizados em computadores domésticos?
3. Qual é a diferença entre conexão ponto a ponto e conexão multiponto?
4. Quando se pode utilizar SCSI para conectar um periférico?
5. Qual é a diferença entre conexões half-duplex e full-duplex?
6. Qual é a diferença entre SCSI e iSCSI?
7. Quais são as vantagens e desvantagens da comunicação sincrônica?
8. Quais são as vantagens do FireWire?
9. Como é o diagrama básico de um quadro sincrônico?
10. O FireWire e o USB são padrões para conexão entre quais dispositivos?
11. Quais são as vantagens e desvantagens da comunicação assíncrona?
12. Quais são as vantagens do USB em relação ao EIA-232F e a outros tipos de padrões de interface?
13. Em conexões assíncronas, quantos caracteres são colocados em um quadro?
14. Quais são os quatro componentes de uma interface?
15. Em conexões assíncronas, quais bits adicionais são introduzidos em um caractere para prepará-lo para transferência?
16. O que é DTE e DCE?
17. Quais são as diferenças principais entre conexões assíncronas, sincrônicas e isócronas?

EXERCÍCIOS

1. Os terminais A, B e C estão conectados a um mainframe. Apenas o terminal C tem dados a serem transmitidos. Mostre a sequência de mensagens enviadas entre o mainframe e os três terminais, utilizando polling de chamada.
2. Uma empresa tem um computador poderoso e deseja conectá-lo a um grande número de dispositivos de armazenamento em disco de alta velocidade. Qual(is) protocolo(s) apresentado(s) neste capítulo forneceria(m) uma boa interface para esse cenário?
3. Mostre a sequência de bits de partida, de dados e de parada gerada durante a transmissão assíncrona da cadeia de caracteres LUNCH.
4. Em que tipo de situação é preferível utilizar polling de hub a polling de chamada?
5. Relacione dois exemplos não mencionados neste livro para cada uma das seguintes conexões: half-duplex e full-duplex.
6. Que tipos de dispositivos são mais bem atendidos por conexão isócrona?
7. Crie uma tabela comparando as vantagens e desvantagens do USB em relação à interface EIA-232F.
8. Como o receptor de uma conexão sincrônica mantém a sincronia com o fluxo de dados de entrada?
9. Se um usuário possui um dispositivo com interface USB 2.0, mas seu computador possui apenas um conector USB 1.1, o dispositivo funcionará? Explique por que sim ou por que não.
10. Relacione dois aspectos da conexão assíncrona que permitem ao receptor manter-se sincronizado com o fluxo de dados de entrada.
11. Qual é a principal vantagem da interface FireWire em relação à USB 1.1?
12. Suponha que se deseje enviar 1.000 caracteres de 7 bits de dados. Quantos bits totais seriam enviados por meio de transmissão assíncrona? Quantos bits totais seriam enviados por meio de transmissão sincrônica? Suponha que todos os 1.000 caracteres caibam em um único quadro de transmissão sincrônica.
13. Quais são as vantagens, caso existam, da antiga interface EIA 232F em relação à interface USB mais recente?
14. Utilizando o mesmo cenário do problema anterior, mostre a sequência de mensagens trocadas utilizando polling de hub.

PENSANDO CRIATIVAMENTE

1. Você está projetando uma aplicação que transmite registros de dados a outro edifício na mesma cidade. Os registros de dados têm 500 bytes de comprimento e a aplicação enviará um registro a cada 0,5 segundo. É mais eficiente utilizar conexão sincrônica ou assíncrona? Que velocidade de linha de transmissão é necessária para dar suporte a cada tipo de conexão? Apresente todo o trabalho realizado.

2. Imagine um sistema de computadores com 20 terminais conectados a um mainframe que utiliza polling de chamada. Cada terminal é sondado uma vez por segundo pelo mainframe e envia um registro de 200 bytes a cada 10 segundos. O gerente da empresa deseja remover os terminais, instalar estações de computadores e substituir o polling por conexões assíncronas. O que seria mais eficiente: manter os terminais com polling ou utilizar estações de trabalho com conexões assíncronas?

3. Compare a conexão isócrona com as conexões assíncrona e sincrônica, levando em consideração as aplicações e a eficiência de cada uma.

4. Um fabricante de computadores deseja modernizar seus produtos, lançando um computador com um único conector USB e nenhum outro conector. Essa é uma boa ideia? Isso é possível? Explique.

5. Continuando o problema do capítulo anterior (veja a questão 5 da seção "Pensamento não convencional" do Capítulo 3), imagine um computador no primeiro andar de uma casa e outro computador em um quarto no segundo andar. Deseja-se conectar os dois computadores de modo que eles compartilhem uma conexão de internet de alta velocidade e uma impressora de alta qualidade. Que tipo de meio deve ser utilizado para conectar esses dois computadores entre si e com um dispositivo de acesso à impressora e à internet; que tipo de interface/conector cada um deve utilizar?

PROJETOS PRÁTICOS

1. Existe um padrão de interface chamado X.21. Compare-o com o USB. Que sinais além de T, C, R e I são utilizados no padrão de interface X.21?

2. O protocolo assíncrono, quando surgiu pela primeira vez, descrevia uma opção para 1, 1,5 ou 2 bits de parada. Por que alguém iria precisar ou querer utilizar 1,5 ou 2 bits de parada?

3. Crie uma lista de diferentes produtos que utilizem interface USB. Quais são os mais "criativos"?

4. Qual é a situação atual do padrão FireWire? Ele será superado pelo padrão USB? Explique sua resposta.

5
Tornando as conexões eficientes: multiplexação e compressão

◆◆◆

MUITAS PESSOAS AGORA TÊM um sistema portátil de reprodução de música como o iPod da Apple Computer. O iPod de 20 GB tem capacidade de armazenamento de até 5.000 músicas. Quanto armazenamento é necessário para essa quantidade de música? Se considerarmos que uma música comum copiada de um CD é composta de aproximadamente 32 milhões de bytes (supondo que a duração média de uma música é de 3 minutos, que é feita a amostragem da música 44.100 vezes por segundo, e cada amostra tem 16 bits nos canais esquerdo e direito), então o armazenamento de 5.000 músicas de 32 milhões de bytes cada exigiria 160 bilhões de bytes. Como é possível espremer 5.000 músicas (160 bilhões de bytes) em um espaço de armazenamento de pouco mais de 20 bilhões de bytes? A resposta é: por meio de compressão. Embora existam vários tipos de técnicas de compressão, no fundo o objetivo básico é mesmo espremer a maior quantidade possível de dados em uma quantidade limitada de espaço de armazenamento. A música não é o único tipo de dado que pode ser comprimido. Os iPods também podem comprimir discursos, permitindo, assim, que os usuários gravem mensagens e notas de voz para si próprios ou para transmissão posterior para outra pessoa. Da mesma forma, vídeos musicais, programas de televisão e filmes podem ser comprimidos, armazenados e então tocados novamente utilizando várias versões do iPod ou de outros reprodutores portáteis de música e vídeo. Claramente, o iPod não seria o dispositivo que é hoje sem uma técnica de compressão.

Há algum tipo de perda quando comprimimos dados em um formato menor?

Há várias formas de compressão?

Certas técnicas de compressão funcionam melhor com certos tipos de aplicações?

Fonte: <www.Apple.com.>

Objetivos

Após ler este capítulo, você será capaz de:

▸ Descrever a multiplexação por divisão de frequência e elaborar uma lista de suas aplicações, vantagens e desvantagens.

▸ Descrever a multiplexação síncrona por divisão de tempo e elaborar uma lista de suas aplicações, vantagens e desvantagens.

▸ Definir as características básicas de multiplexação dos sistemas telefônicos T-1 e SONET/SDH.

▸ Descrever a multiplexação estatística por divisão de tempo e elaborar uma lista de suas aplicações, vantagens e desvantagens.

▸ Citar as características principais da multiplexação por divisão de comprimento de onda e suas vantagens e desvantagens.

▸ Descrever as características básicas do multitom discreto.

▸ Citar as características principais da multiplexação por divisão de código e suas vantagens e desvantagens.

▸ Aplicar uma técnica de multiplexação para uma situação típica de negócios.

▸ Descrever a diferença entre compressão com perda e sem perda.

▸ Descrever a operação básica da compressão run-length, JPEG e MP3.

Introdução

Nas condições mais simples, um meio pode transmitir somente um sinal em qualquer momento por vez. Por exemplo, o cabo de par trançado que conecta um teclado a um microcomputador transmite um único sinal digital. Da mesma forma, o cabo de par trançado de Categoria 6 que conecta um microcomputador a uma rede local transmite somente um sinal digital por vez. Muitas vezes, entretanto, desejamos que um meio transmita múltiplos sinais ao mesmo tempo. Ao assistir televisão, por exemplo, desejamos receber múltiplos canais de televisão para o caso de não gostarmos do programa no canal que estivermos assistindo no momento. Temos as mesmas expectativas na transmissão por rádio. Além do mais, quando você caminha ou dirige por uma cidade e vê várias pessoas falando em seus telefones celulares, você está testemunhando a transmissão simultânea de múltiplos sinais de telefones celulares pelo meio sem fio. A técnica de transmissão de múltiplos sinais por um único meio é a **multiplexação**.

Para que múltiplos sinais compartilhem um meio, o meio deve ser "dividido" de alguma forma para oferecer a cada sinal uma parte da largura de banda total. No momento, um meio pode ser dividido em três modos básicos: divisão de frequências, divisão de tempo e divisão de códigos de transmissão. Independentemente do tipo de divisão executado, a multiplexação pode tornar um enlace ou conexão de comunicação mais eficiente ao combinar os sinais de múltiplas fontes. Examinaremos os três modos em que um meio pode ser dividido ao descrever em detalhes a técnica de multiplexação que corresponde a cada divisão e, em seguida, apresentaremos uma discussão que compara as vantagens e desvantagens de todas as técnicas.

Outro modo de tornar a conexão entre dois dispositivos mais eficiente é comprimir os dados que são transferidos pela conexão. Se um arquivo for comprimido para metade de seu tamanho normal, a transferência desse arquivo levará metade do tempo ou metade da largura de banda para ser feita. Esse arquivo comprimido também tomará menos espaço de armazenamento, o que é claramente outro benefício. Como veremos adiante, algumas técnicas de compressão são utilizadas em sistemas de comunicação (e entretenimento). Algumas dessas técnicas de compressão são capazes de retornar uma cópia exata dos dados originais (sem perda), enquanto outras não (com perda). Mas comecemos com a multiplexação.

Multiplexação por divisão de frequência

A multiplexação por divisão de frequência é a técnica mais antiga de multiplexação e é utilizada em vários campos de comunicação, como televisão e rádio abertos, televisão a cabo e telefones celulares. É também uma das técnicas de multiplexação mais simples. A **multiplexação por divisão de frequência (FDM)** é a atribuição de faixas de frequências que não se sobrepõem a cada "usuário" de um meio. Um usuário pode ser uma estação de televisão que transmite seu sinal de televisão por ondas de rádio (o meio) para residências e empresas. Um usuário também pode ser o telefone celular que transmite sinais por um meio no qual você está falando, ou pode ser um terminal que envia dados por um fio até um mainframe. Para permitir que múltiplos usuários compartilhem um único meio, a FDM atribui a cada usuário um canal separado. Um **canal** é um conjunto atribuído de frequências que é utilizado para transmitir o sinal do usuário. Na multiplexação por divisão de frequência, esse sinal é analógico.

Vários exemplos de multiplexação por divisão de frequência podem ser encontrados nas empresas e no dia a dia. A televisão a cabo ainda é uma das aplicações mais comuns que encontramos de multiplexação por divisão de frequência. Como mostrado na Tabela 5-1 para um exemplo nos Estados Unidos, para cada canal de televisão a cabo é atribuída uma faixa única de frequências pela Comissão Federal de Comunicações[1], e essas atribuições são fixas, ou estáticas. Observe, na Tabela 5-1, que as frequências dos vários canais não se sobrepõem. O aparelho de televisão, o receptor da televisão a cabo, ou o DVR, contém um sintonizador ou seletor de canais. O sintonizador separa um canal dos demais e apresenta cada um com um fluxo individual de dados para você, o telespectador.

---

1. No Brasil a Anatel é responsável pela atribuição das faixas de frequências para televisão bem como para outros serviços que utilizem o meio sem fio. (NRT)

Tabela 5-1 Distribuição de frequências para canais de televisão a cabo nos Estados Unidos.

	Canal	Frequência em MHz
VHF e cabo de banda baixa	2	55–60
	3	61–66
	4	67–72
	5	77–82
	6	83–88
Cabo de banda média	95	91–96
	96	97–102
	97	103–108
	98	109–114
	99	115–120
	14	121–126
	15	127–132
	16	133–138
	17	139–144
	18	145–150
	19	151–156
	20	157–162
	21	163–168
	22	169–174
VHF e cabo de banda alta	7	175–180
	8	181–186
	9	187–192
	10	193–198
	11	199–204
	12	205–210
	13	211–216

Outros exemplos comuns de multiplexação por divisão de frequência são os sistemas de telefonia celular. Esses sistemas dividem a largura de banda disponível em múltiplos canais. Assim, para a conexão telefônica de um usuário, é atribuído um conjunto de frequências para transmissão, enquanto para a conexão telefônica de um segundo usuário é atribuído outro conjunto de frequências. Como explicado no Capítulo 3, os sistemas telefônicos celulares de primeira geração alocavam canais utilizando faixas de frequência no espectro de 800 a 900 megahertz (MHz). Para ser mais preciso, a faixa de 824 a 849 MHz era utilizada para a recepção de sinais de telefones celulares (o uplink), enquanto a faixa de 869 a 894 MHz era utilizada para transmissão para telefones celulares (o downlink). A fim de configurar a realização de uma conversa de duas vias, dois canais eram atribuídos para cada conexão telefônica. Os sinais que chegavam ao telefone celular o faziam em uma banda de 30 kHz (na faixa de 869 a 894 MHz), enquanto os sinais que saíam do telefone o faziam em uma banda de 30 kHz diferente (na faixa de 824 a 849 MHz). Embora os telefones celulares de última geração possam utilizar faixas diferentes de frequências, os conceitos de multiplexação são semelhantes. Os telefones celulares são um exemplo de canais distribuídos dinamicamente. Quando um usuário insere um número de telefone e aperta o botão Enviar, a rede celular atribui a essa conexão uma faixa de frequências baseada na disponibilidade atual da rede. Conforme esperado, a distribuição dinâmica de frequências é menos dispendiosa que a distribuição estática de frequências, que é encontrada nos sistemas de multiplexação terminal para mainframe e de televisão.

Em geral, o dispositivo que aceita a entrada de um ou mais usuários é chamado **multiplexador**. O dispositivo conectado na extremidade receptora do meio, que reparte cada sinal para envio ao receptor adequado, é chamado segundo multiplexador, ou **demultiplexador**. Em todos os sistemas de multiplexação por divisão de frequência, o multiplexador aceita a entrada do(s) usuário(s), converte os fluxos de dados para sinais analógicos, utilizando frequências fixas ou dinamicamente atribuídas, e transmite os sinais analógicos correspondentes por um meio que tenha uma largura de banda suficiente para sustentar a faixa total de todas as frequências atribuídas. O demultiplexador, então, aceita os sinais analógicos correspondentes, separa um ou mais sinais analógicos individuais e os envia para o(s) usuário(s) apropriado(s). A Figura 5-1 mostra um diagrama simplificado de multiplexação por divisão de frequência.

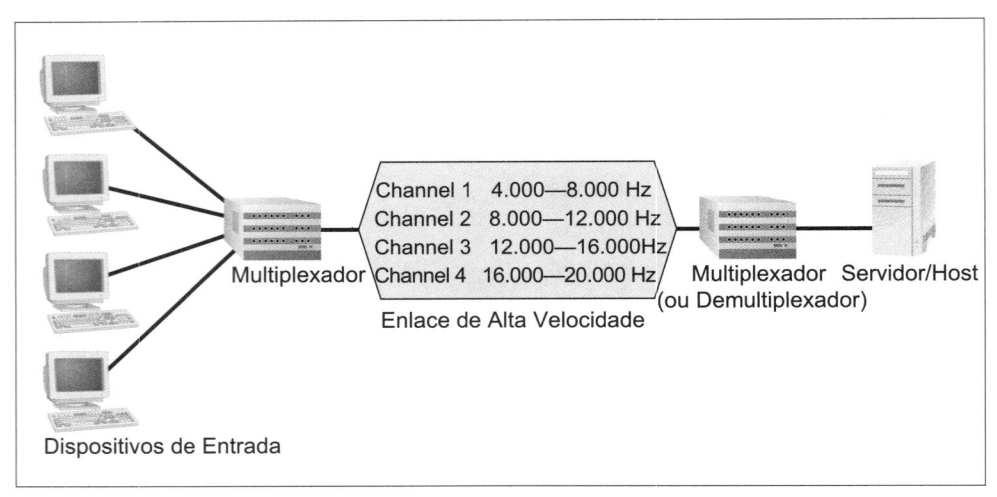

Figura 5-1 Exemplo simplificado de multiplexação por divisão de frequência.

Para evitar que um sinal interfira em outro, um conjunto de frequências não utilizadas, chamadas **banda de guarda**, é geralmente inserido entre os dois sinais, como uma forma de isolamento. Essas bandas de guarda utilizam frequências que poderiam ser usadas por outros canais de dados e, desse modo, representam certo nível de desperdício. Esse desperdício é semelhante àquele produzido em sistemas estáticos de distribuição, quando um usuário a quem foi atribuído um canal não transmite dados e, portanto, é considerado uma ineficiência na técnica FDM. Em um esforço para melhorar tais deficiências, outra forma de multiplexação – a multiplexação por divisão de tempo – foi desenvolvida.

Multiplexação por divisão de tempo

A multiplexação por divisão de frequência pega a largura de banda disponível em um meio e divide as frequências entre múltiplos canais ou usuários. Essencialmente, essa divisão permite que múltiplos usuários transmitam ao mesmo tempo. Por outro lado, a **multiplexação por divisão de tempo (TDM)** permite que somente um usuário transmita por vez, e o compartilhamento do meio é feito pela divisão do tempo de transmissão disponível entre os usuários. Aqui, um usuário utiliza toda a largura de banda do canal, mas somente por um breve momento.

Como a multiplexação por divisão de tempo funciona? Suponha que um professor em uma aula faça uma pergunta controversa aos alunos. Em resposta, várias mãos se levantam, e o professor chama todos os alunos, um por vez. É responsabilidade do professor certificar-se de que somente um aluno fale em um dado momento, para que cada resposta seja ouvida. De modo relativo, o professor é um multiplexador por divisão de tempo, que oferece a cada usuário (aluno) um momento para transmitir os dados (expressar sua opinião para o restante da turma). De modo semelhante, um multiplexador por divisão de tempo chama um dispositivo de entrada após o outro, dando a cada dispositivo uma oportunidade para transmissão de dados em uma linha de alta velocidade. Suponha que dois usuários, A e B, desejam transmitir dados por um meio compartilhado para um computador distante. Podemos criar um esquema bastante simples de multiplexação por divisão de tempo, ao permitir que o usuário A transmita durante o primeiro segundo e, em seguida, o usuário B, durante o segundo seguinte, seguido novamente pelo usuário A durante o terceiro segundo, e assim por diante. Desde que a multiplexação por divisão de tempo surgiu (nos anos 1960), ela se dividiu em duas tecnologias razoavelmente paralelas, porém separadas: multiplexação *síncrona* por divisão de tempo e multiplexação *estatística* por divisão de tempo.

Multiplexação síncrona por divisão de tempo

A **multiplexação síncrona por divisão de tempo (Sync TDM)** disponibiliza a cada fonte de sinal a sua vez para a transmissão, atendendo as fontes de modo alternado. Dadas n entradas, um multiplexador por divisão de tempo aceita uma parcela de dados, como um byte, do primeiro dispositivo, o transmite por um enlace de alta velocidade, aceita um byte do segundo dispositivo, o transmite pelo enlace de alta velocidade e continua esse processo até que um byte seja aceito do enésimo dispositivo. Após o primeiro byte do enésimo dispositivo ser transmitido, o multiplexador retorna ao primeiro dispositivo e continua nesse modo alternado. De modo alternativo, em vez de aceitar um byte por vez de cada fonte, o multiplexador pode aceitar bits individuais como a unidade de entrada de cada dispositivo. A Figura 5-2 mostra um fluxo de saída produzido por um multiplexador de divisão por tempo.

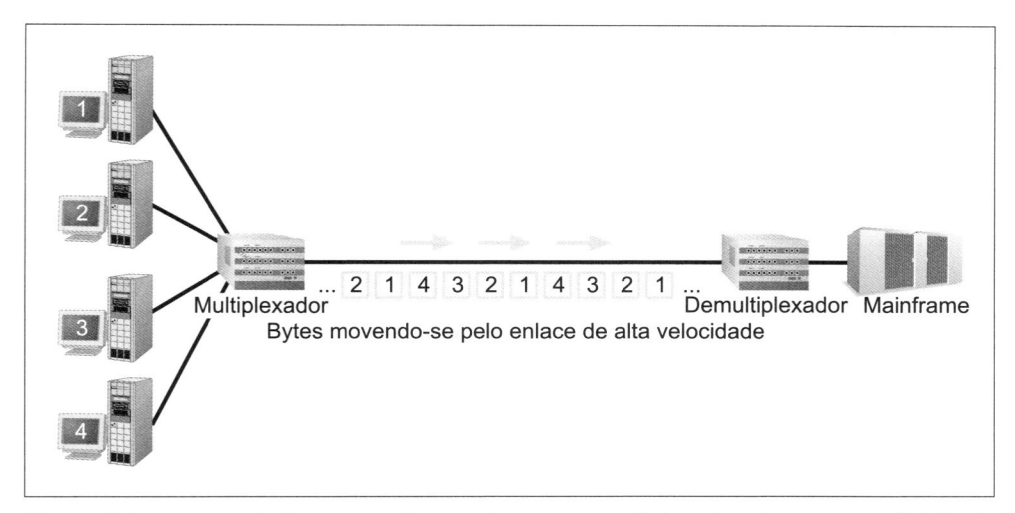

Figura 5-2 Amostra do fluxo de saída gerado por um multiplexador síncrono por divisão de tempo.

Observe que o demultiplexador na extremidade receptora do enlace de alta velocidade desmonta o fluxo de bytes de entrada e envia cada byte para o destino apropriado. Devido ao fato de o fluxo de dados de saída de alta velocidade gerado pelo multiplexador não conter informações de endereçamento para bytes individuais, uma ordem precisa deve ser mantida, o que permitirá que o demultiplexador desmonte e envie os bytes aos respectivos proprietários na mesma sequência em que os bytes foram colocados.

Em circunstâncias normais, o multiplexador síncrono por divisão de tempo funciona seguindo a ordem alternante simples de amostragem dos dispositivos de entrada, como mostrado na Figura 5-2. O que aconteceria se um dos dispositivos de entrada enviasse dados a uma taxa muito mais alta que os demais? Um vasto buffer (como

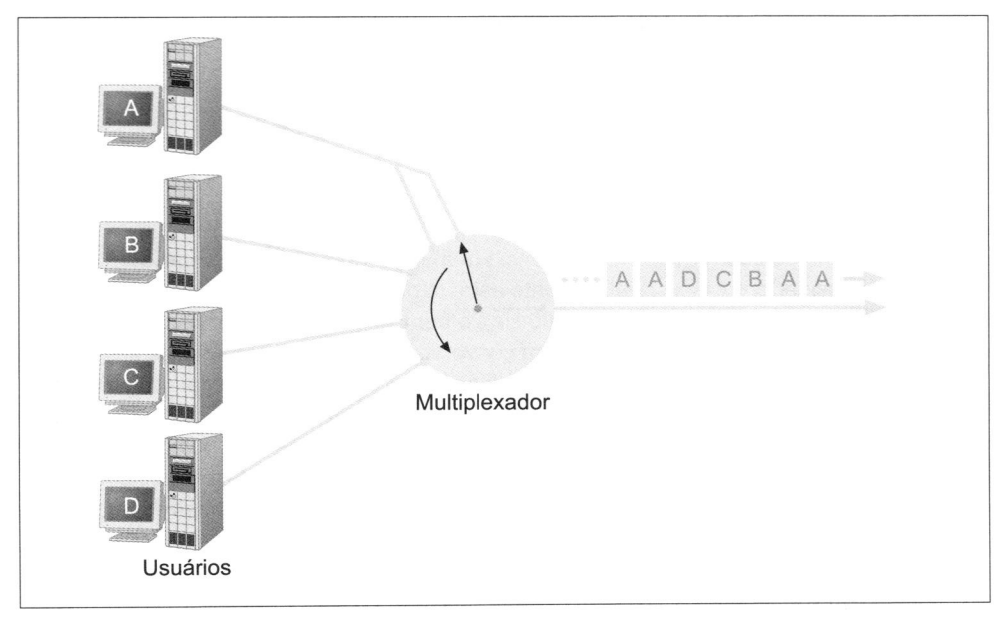

Figura 5-3 Um sistema de multiplexação síncrona por divisão de tempo que faz a amostragem do dispositivo A duas vezes mais rápido que os outros dispositivos.

um grande banco de memória de acesso randômico) poderia armazenar os dados do dispositivo mais rápido, mas ele estaria oferecendo somente uma solução temporária para o problema. Uma solução melhor é fazer a amostragem da fonte mais rápida várias vezes durante uma passagem alternada. A Figura 5-3 demonstra como é feita a amostragem da entrada do dispositivo A duas vezes para cada amostra dos outros dispositivos de entrada. Contanto que o demultiplexador compreenda essa disposição e essa disposição não se altere dinamicamente, em teoria, não devem ocorrer problemas. Na realidade, entretanto, outra condição deve ser atendida. A técnica de amostragem funciona somente se o dispositivo mais rápido for duas, três ou quatro – um múltiplo inteiro – vezes mais rápido que os outros dispositivos. Se o dispositivo A for, digamos, duas vezes e meia mais rápido que os outros dispositivos, essa técnica não funciona. Nesse caso, o fluxo de entrada do dispositivo A teria de ser preenchido com bytes adicionais "não utilizáveis" para fazer que seu fluxo de entrada pareça ser três vezes mais rápido que os outros dispositivos.

O que acontece se o dispositivo não tiver nada para transmitir? Nesse caso, o multiplexador deve alocar um espaço para aquele dispositivo no fluxo de saída de alta velocidade, mas aquele espaço de tempo estará, em essência, vazio. Como cada espaço de tempo está estaticamente fixado na multiplexação síncrona por divisão de tempo, o multiplexador não pode aproveitar o espaço vazio e atribuir a ele dispositivos que tenham dados para transmitir. Se, por exemplo, somente um dispositivo estiver transmitindo, o multiplexador ainda deve fazer a amostragem de cada dispositivo de entrada (Figura 5-4). Além do mais, o enlace de alta velocidade que conecta

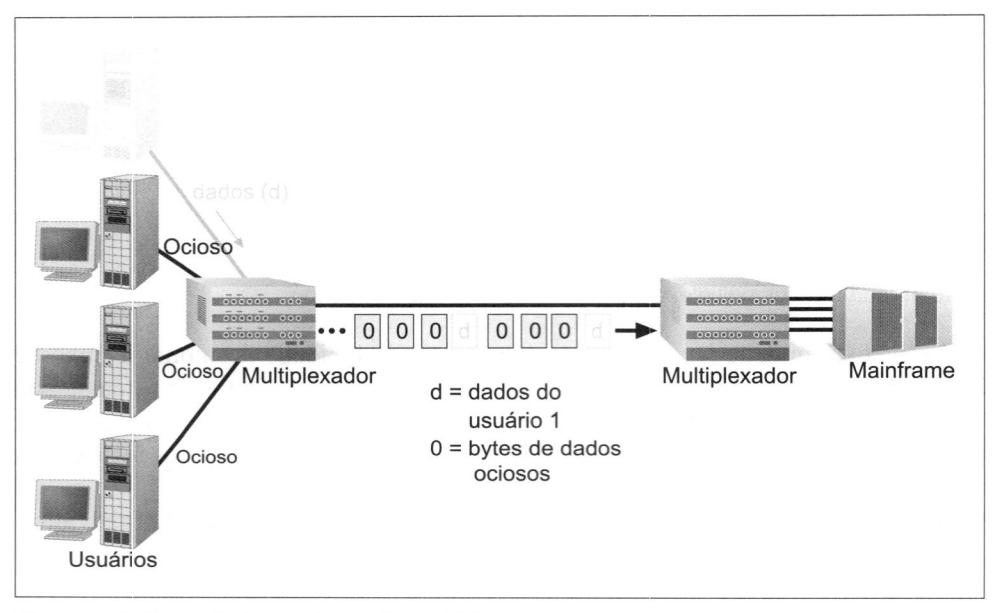

Figura 5-4 Fluxo de transmissão de multiplexador com somente um dispositivo de entrada transmitindo dados.

Detalhes

Multiplexação T-1

As linhas de comunicação T-1 são uma tecnologia popular para conexão de empresas a fontes de alta velocidade, como provedores de serviço de internet e outras redes de longa distância. Como a multiplexação T-1 é um exemplo clássico de multiplexação síncrona por divisão de tempo, ela merece um exame mais cuidadoso.

Uma linha de telecomunicações T-1 utiliza uma técnica de multiplexação chamada **sinalização DS-1**, que estabelece a multiplexação de até 24 canais a uma velocidade total de 1,544 Mbps. Como a linha T-1 atinge a velocidade única de transmissão de 1,544 Mbps?

Para responder a essa pergunta, vamos considerar um exemplo no qual a linha T-1 atende o máximo de 24 canais de voz.

Como a voz humana média ocupa uma faixa relativamente estreita de frequências (aproximadamente 300 a 3.400 Hz), é bem simples digitalizar a voz. Na verdade, um conversor analógico-digital precisa somente de 128 níveis diferentes de quantificação para atingir uma representação digital correta da voz humana. Uma vez que 128 é igual a 2^7, cada amostra de voz modulada por código de pulso cabe em um valor de 7 bits. Duzentos e cinquenta e seis níveis de quantificação permitem uma representação ainda mais precisa da voz humana. Uma vez que $256 = 2^8$, e 8 bits é igual a 1 byte, o sistema telefônico atual utiliza 256 níveis de quantificação para digitalizar a voz humana. (Se você precisar de uma revisão deste material, consulte "Modulação do código de pulso" no Capítulo 2.)

os dois multiplexadores deve sempre ser capaz de enviar o total de todos os sinais de entrada possíveis, mesmo quando nenhuma das fontes de entrada estiver transmitindo dados.

De maneira similar a uma conexão simples entre um dispositivo transmissor e um dispositivo receptor, a manutenção da sincronização por um enlace multiplexado é importante. Para manter a sincronização entre o multiplexador transmissor e o demultiplexador receptor, os dados das fontes de entrada são geralmente agrupados em um quadro simples, e os bits de sincronização são acrescentados em algum lugar dentro do quadro (Figura 5-5). Dependendo da tecnologia de TDM utilizada, qualquer quantidade entre um e diversos bits pode ser adicionado a um quadro para permitir a sincronização. Os bits de sincronização atuam de modo semelhante ao sinal constantemente variando da codificação Manchester diferencial, – disponibilizam uma sequência de bits que reaparecem regularmente que o receptor pode antecipar e a qualele pode se sincronizar.

| ... | B s Bytes de dados | 1 | A s Bytes de dados | 0 | D s Bytes de dados | 1 | C s Bytes de dados | 0 | B s Bytes de dados | 1 | A s Bytes de dados | 0 | ... |

Bits de sincronização ... 1 0 1 0 1 0 ...

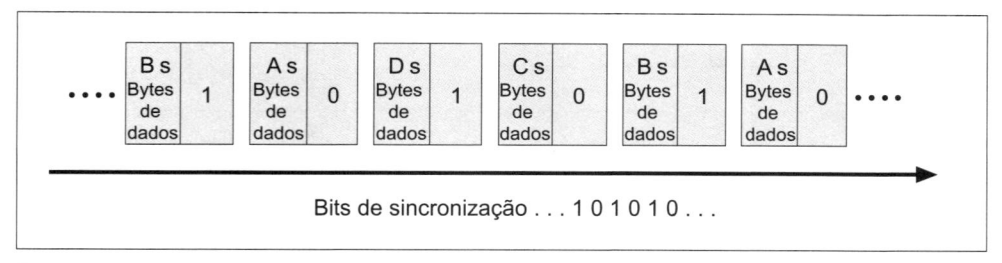

Figura 5-5 Frame transmitido com bits de sincronização adicionados.

Dois tipos de multiplexação síncrona por divisão de tempo, hoje populares, são a multiplexação T-1 e SONET/SDH. Embora os detalhes de T-1 e SONET/SDH sejam altamente técnicos, um breve exame de cada tecnologia mostra como é feita a multiplexação de vários canais de informação juntos em um único fluxo de dados.

Multiplexação T-1

Nos anos 1960, a AT&T criou um serviço conhecido como T-1, que fazia a multiplexação de dados digitais e voz digitalizada em uma linha telefônica de alta velocidade com uma taxa de dados de 1,544 megabit por segundo. O objetivo original do T-1 era oferecer uma conexão em alta velocidade entre os centros de comutação da AT&T. Quando as empresas ficaram sabendo desse serviço de alta velocidade, começaram a solicitá-lo para conectar seus computadores e seus sistemas de comunicação de voz à rede telefônica. Em 1984, a AT&T finalmente começou a oferecer esse serviço a seus clientes corporativos.

Na **multiplexação T-1**, os quadros do fluxo de saída do multiplexador T-1 são divididos em 24 canais separados de voz digitalizada/dados de 64 Kbps cada (Figura 5-6). Usuários que desejam utilizar 24 canais usam um T-1 completo, enquanto outros usuários, que precisam somente de parte dos 24 canais, podem solicitar um T-1 fracionado. O fluxo multiplexado T-1 é uma repetição contínua de quadros. Cada quadro consiste de 1 byte de

Lembre-se que, para criar uma representação digital precisa de um sinal analógico, você precisa fazer a amostragem do sinal analógico a uma taxa que seja duas vezes a frequência mais alta. Como a companhia telefônica atribui um canal de 4.000 Hz para enviar o sinal de voz, você precisa, ao digitalizar a voz, fazer a amostragem do sinal analógico de voz 8.000 vezes por segundo. Lembre-se, também, da Figura 5-6, a sequência do quadro T-1. Como cada quadro de T-1 contém 1 byte de dados de voz para 24 canais diferentes, o sistema precisa de 8.000 quadros por segundo para manter 24 canais de voz simultâneos. Como cada quadro possui 193 bits de comprimento (24 canais X 8 bits por canal + 1 bit de controle = 193 bits), 8.000 quadros por segundo é multiplicado por 193 bits por quadro, o que resulta em uma taxa de 1,544 Mbps.

A T-1 pode ser utilizada para transferir dados, assim como a voz. Se dados estiverem sendo transmitidos, o byte de 8 bits para cada canal é dividido em 7 bits de dados e 1 bit de informações de controle. Sete bits de dados por quadro X 8.000 quadros por segundo = 56.000 bits por segundo por canal. Assim, quando utilizados para dados, cada um dos 24 canais T-1 é capaz de manter uma conexão de 56 Kbps.

cada um dos 24 canais (usuários) mais 1 bit de sincronização. Desse modo, aos dados do primeiro usuário seguem-se os dados do segundo, e assim por diante, até que aos dados do 24º usuário seguem-se novamente os dados do primeiro. Se uma das 24 fontes de entrada não tiver dados para transmitir, o espaço no quadro ainda é alocado para aquela fonte de entrada. Os dados de entrada de, no máximo, 24 dispositivos são distribuídos em intervalos fixos. Cada dispositivo pode transmitir somente durante esse intervalo fixo. Se um dispositivo não tiver dados úteis para transmitir, o espaço de tempo ainda é atribuído a ele, e dados como vazios ou "zeros" são transmitidos. O sistema T-1 é uma aplicação clássica da multiplexação síncrona por divisão de tempo.

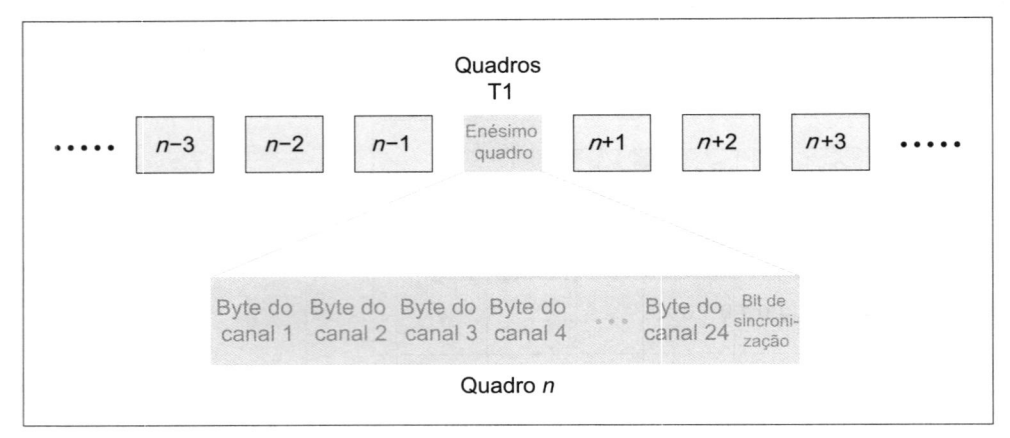

Figura 5-6 Fluxo de dados multiplexados T-1.

Multiplexação SONET/SDH

A **Rede síncrona óptica (Sonet)** e a **Hierarquia síncrona digital (SDH)** são normas poderosas para multiplexação de fluxos de dados por um meio único. A Sonet (desenvolvida nos Estados Unidos pela ANSI) e a SDH (desenvolvida na Europa pela ITU-T) são duas normas quase idênticas para transmissão de grande largura de banda para uma faixa ampla de tipos de dados por cabo de fibra óptica. A Sonet e a SDH possuem duas características de interesse específico no contexto da multiplexação. Primeiro, ambas são técnicas síncronas de multiplexação. Um único relógio controla a temporização de toda transmissão e de todo equipamento pela rede Sonet (ou SDH) inteira. A utilização de um único relógio para medir o tempo de todas as transmissões de dados produz um nível mais alto de sincronização, porque o sistema não tem de lidar com dois ou mais relógios com tempos pouco diferentes. Esse alto nível de sincronização é essencial para atingir o alto nível de precisão necessário quando os dados estiverem sendo transmitidos a centenas e milhares de megabits por segundo.

Segundo, Sonet e SDH conseguem fazer a multiplexação de fluxos de dados de velocidades diferentes em uma única conexão por fibra. A Sonet define uma hierarquia de níveis de sinalização, ou taxas de transmissão de dados, chamados **sinais síncronos de transporte (STS)**. Cada nível STS permite uma taxa específica de dados, como mostrado na Tabela 5-2, e é amparado por uma especificação física chamada **portadora óptica (OC)**.

Tabela 5-2 Níveis de sinalização STS, níveis OC correspondentes e taxas de dados.

Nível STS	Especificação OC	Taxa de dados (em Mbps)
STS-1	OC-1	51,84
STS-3	OC-3	155,52
STS-9	OC-9	466,56
STS-12	OC-12	622,08
STS-18	OC-18	933,12
STS-24	OC-24	1244,16
STS-36	OC-36	1866,24
STS-48	OC-48	2488,32
STS-96	OC-96	4976,64
STS-192	OC-192	9953,28

Observe que a taxa de dados da OC-3 é exatamente três vezes a taxa da OC-1; essa relação é respeitada por toda a tabela de valores. A Sonet é projetada com essa relação de taxa de dados de forma que a multiplexação de sinais seja relativamente direta. Por exemplo, é razoavelmente simples fazer a multiplexação de três sinais STS-1 em um sinal STS-3. Do mesmo modo, quatro sinais STS-12 podem ser multiplexados em um sinal STS-48. O multiplexador STS em uma rede Sonet pode aceitar sinais elétricos dos meios baseados em cobre, converter esses sinais elétricos em pulsos de luz e então fazer a multiplexação de várias fontes em um fluxo de alta velocidade.

Cada quadro da Sonet contém os dados sendo transmitidos mais um número de bits de controle, que são espalhados pelo quadro. A Figura 5-7 mostra o formato do quadro para o nível de sinalização STS-1. O nível de sinalização STS-1 permite 8.000 quadros por segundo, e cada quadro contém 810 bytes (6.480 bits). A multiplicação de 8.000 quadros por segundo com 6.480 bits por quadro resulta em 51.840.000 bits por segundo, que é a taxa de dados da OC-1. Os outros níveis de sinalização STS são semelhantes, exceto pela posição dos dados, a colocação e a quantidade de bits de controle.

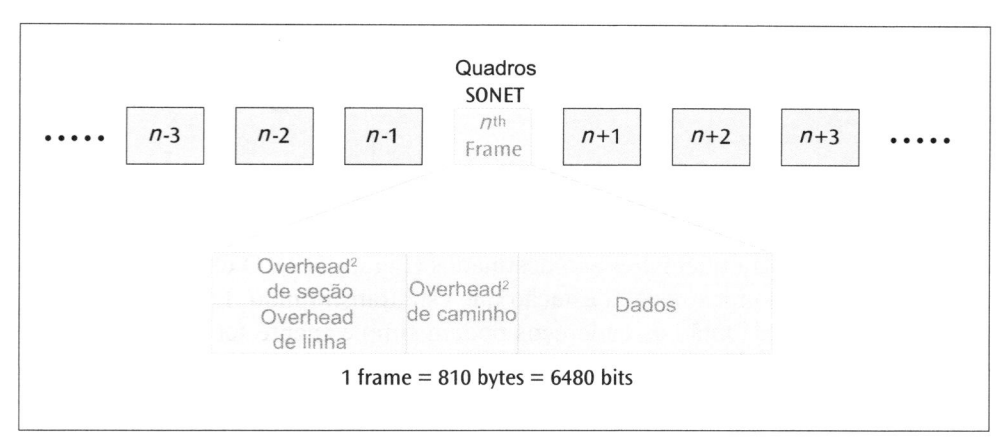

Figura 5-7 Formato de quadro da Sonet STS-1.

Sonet e SDH são utilizados em várias aplicações, nas quais são necessárias taxas de transferências de dados muito altas por linhas de fibra óptica. Por exemplo, dois usuários comuns da Sonet são a companhia telefônica e as empresas provedoras de serviço de backbone de internet. Tanto as empresas telefônicas quanto os provedores de backbone de internet possuem linhas de transmissão de velocidade muito alta que cobrem regiões do país e devem transmitir centenas e milhares de milhões de bits por segundo por longas distâncias. A instalação das linhas de fibra óptica, que permitem a tecnologia de transmissão da Sonet, é um dos melhores modos de atender à demanda dessas aplicações desafiadoras.

Multiplexação estatística por divisão de tempo

Como vimos em discussões anteriores, tanto a multiplexação por divisão de frequência quanto a multiplexação síncrona por divisão de tempo podem desperdiçar espaço de transmissão quando um usuário não tem dados para transmitir. Uma solução para esse problema é a multiplexação estatística por divisão de tempo. Às vezes chamada multiplexação assíncrona por divisão de tempo, a **multiplexação estatística por divisão de tempo (Stat TDM)** transmite dados somente de usuários ativos e não transmite espaços de tempo vazios. Para transmitir dados somente de usuários ativos, o multiplexador cria um quadro mais complexo que contém dados apenas das fontes de entrada que têm algo a enviar. Por exemplo, considere o cenário simplificado colocado a seguir: Se quatro estações, A, B, C, e D, estiverem conectadas a um multiplexador estatístico, mas somente as estações A e C estiverem transmitindo no momento, o multiplexador estatístico envia somente os dados das estações A e C, como mostrado na Figura 5-8. Observe que, a qualquer momento, o número de estações transmitindo dados pode mudar de dois para zero, um, três ou quatro. Se isso acontecer, o multiplexador estatístico deve criar um novo quadro que contenha dados das estações que estiverem transmitindo no momento.

Como somente duas das quatro estações estão transmitindo dados, como o demultiplexador na extremidade receptora identifica os receptores corretos dos dados? Algum tipo de endereço deve ser incluído com cada byte de

---

2 O termo overhead pode ser traduzido como custo fixo (e mínimo) para a manutenção do serviço. Neste caso, para a manutenção dos quadros da Sonet de forma organizada e síncrona, independentemente se dados úteis estão sendo transmitidos ou não. (NRT)

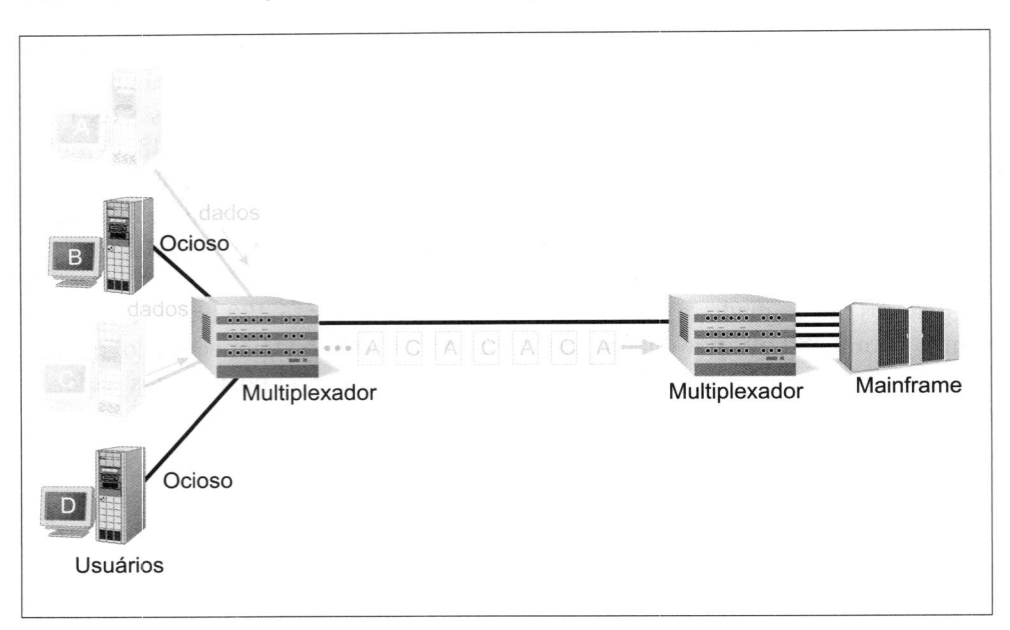

116 Redes de computadores e comunicação de dados

Figura 5-8 Duas estações em quatro transmitindo dados via um multiplexador estatístico.

dados para identificar quem enviou os dados e para quem eles são destinados (Figura 5-9). O endereço pode ser simples, como um número binário que identifica unicamente a estação que está transmitindo. Por exemplo, se o multiplexador estiver conectado a quatro estações, então os endereços podem simplesmente ser 0, 1, 2, e 3 para as estações A, B, C, e D. Os valores binários seriam 00, 01, 10, e 11, respectivamente.

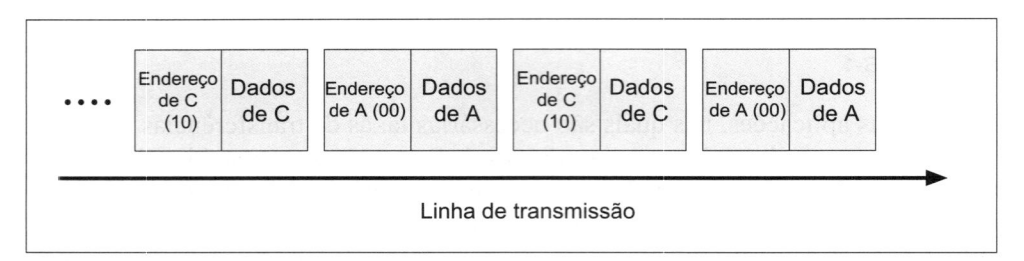

Figura 5-9 Amostra de endereço e dados de um fluxo de saída de multiplexador estatístico.

Se o multiplexador transmite mais de um byte de dados por vez de cada fonte, então uma forma alternativa de endereço e de dados é necessária. Para transmitir pedaços de dados de tamanhos variados, um campo de comprimento que define o tamanho do bloco de dados é incluído juntamente com o endereço e os dados. Esse pacote de *endereço/comprimento/dados/endereço/comprimento/dados* é mostrado na Figura 5-10.

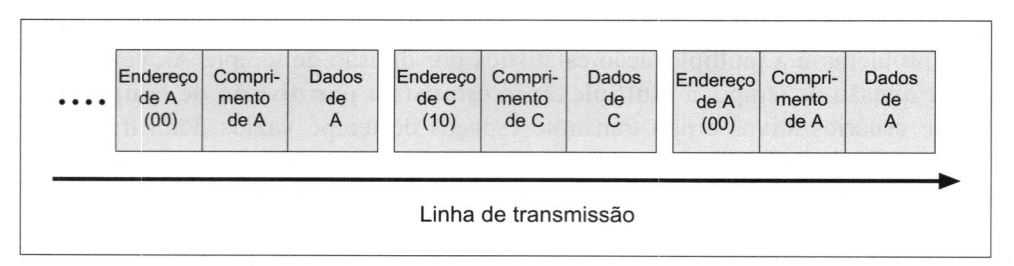

Figura 5-10 Pacotes de campos de endereço, comprimento e dados em um fluxo de saída de multiplexador estatístico.

Finalmente, a sequência de *endereço/comprimento/dados/endereço/comprimento/dados...* é agrupada em uma unidade maior pelo multiplexador estatístico. Essa unidade maior, mostrada na Figura 5-11, é um exemplo mais realístico que o da Figura 5-10 e parece muito com o quadro que é transmitido utilizando uma conexão síncrona. As sinalizações no início e no final delimitam o começo e o fim do quadro. O campo de controle disponibiliza a informação que é utilizada pelos multiplexadores de envio e recepção para controlar o fluxo de dados entre eles. Por último, a sequência de verificação de quadro (FCS) fornece as informações que o multiplexador receptor pode utilizar para detectar erros de transmissão no quadro.

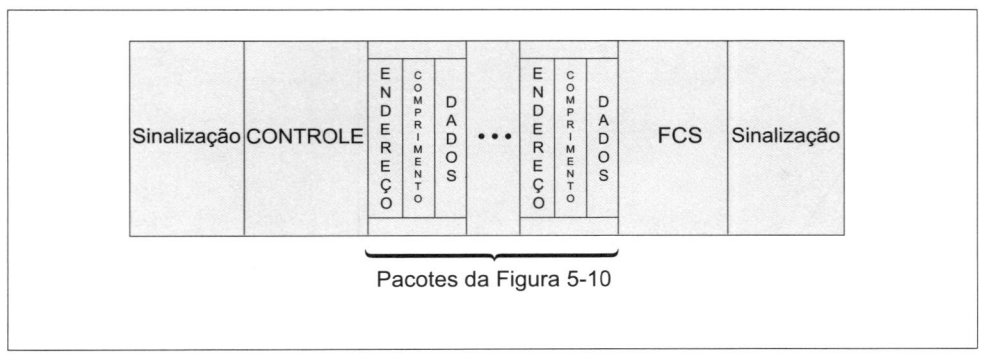

Figura 5-11 Formato de quadro para o pacote de informações transferido entre multiplexadores estatísticos.

Multiplexação por divisão de comprimento de onda

Embora as divisões por frequência e por tempo sejam técnicas de multiplexação muito comuns, outra técnica – a multiplexação por divisão de comprimento de onda – surgiu há alguns anos e tornou-se uma alternativa poderosa. Quando os primeiros sistemas de transmissão que empregavam cabos de fibra óptica foram instalados (nos anos 1980), o crescimento explosivo da internet e de outras redes de transmissão de dados não havia sequer sido imaginado. Agora que o século 21 começou, é bastante óbvio que as previsões iniciais de crescimento foram muito subestimadas. Com o acesso à internet crescendo a mais de 100% ao ano e com indivíduos que demandam várias linhas telefônicas para utilização com faxes e modems, transmissões por vídeo e teleconferência, uma única linha de fibra óptica (um par para operação full-duplex) que transmita bilhões de bits por segundo simplesmente não é mais suficiente. Essa incapacidade de uma única linha de fibra óptica atender às necessidades dos usuários é chamada **exaustão da fibra**. Por muitos anos, especialistas em tecnologia pensaram em várias maneiras de resolver a exaustão da fibra além da instalação de linhas adicionais de fibra, o que costuma ser muito dispendioso. Agora, parece haver uma solução atraente que se aproveita das linhas de fibra óptica já instaladas – a multiplexação por divisão de comprimento de onda.

A **multiplexação por divisão de comprimento de onda (WDM)** faz a multiplexação de vários fluxos de dados em uma única linha de fibra óptica. Ela é, essencialmente, uma técnica de multiplexação por divisão de frequência que distribui fontes de entrada a conjuntos separados de frequências. A multiplexação por divisão de onda utiliza lasers de diferentes comprimento de onda (frequência) para transmitir sinal ao mesmo tempo, por um único meio. O comprimento de onda de cada laser colorido diferente é chamado **lambda**. Assim, a WDM suporta vários lambdas.

A técnica atribui um laser colorido único a cada fonte de entrada e combina os vários sinais ópticos das fontes de entrada para que eles possam ser amplificados como um grupo e transportados por uma única fibra. É interessante notar que, devido às propriedades dos sinais e da fibra de vidro, somadas à natureza da luz, cada sinal transportado na fibra pode ser transmitido a uma taxa diferente dos outros sinais. Isso significa que uma única linha de fibra óptica pode permitir velocidades de transmissão simultâneas como 51,84 Mbps, 155,52 Mbps, 622,08 Mbps e 2,488 Gbps (que, por acaso, são múltiplos das velocidades T-1 e são definidas como OC-1, OC-3, OC-12, e OC-48, as especificações de portadora óptica para linhas de fibra óptica de alta velocidade). Além do mais, uma única linha de fibra óptica pode permitir vários formatos diferentes de transmissão como Sonet, modo de transferência assíncrona (ATM), entre outros, com várias combinações (veja a Figura 5-12).

A multiplexação por divisão de comprimento de onda também é escalonável. Conforme as demandas de um sistema e de suas aplicações crescem, é possível adicionar comprimentos de onda, ou lambdas, adicionais à fibra, multiplicando assim a capacidade total do sistema original de fibra óptica. Enquanto a maior parte dos sistemas pode sustentar pouco mais de 100 lambdas, alguns dos sistemas mais caros podem permitir bem mais que esse número. Quando a WDM tem capacidade para manter um grande número de lambdas, ela geralmente é chamada **multiplexação densa por divisão de comprimento de onda (DWDM)**. Essa capacidade extra implica custo maior, entretanto. A multiplexação densa por divisão de comprimento de onda é um modo caro de transmitir sinal de vários dispositivos devido ao alto número de lasers coloridos necessários em uma unidade. Uma variação menos cara da multiplexação densa por divisão de comprimento de onda é multiplexação por divisão de comprimento de onda esparsa. A **multiplexação por divisão de comprimento de onda esparsa (CWDM)** é uma tecnologia mais barata por ser desenvolvida para conexões de curta distância e possuir

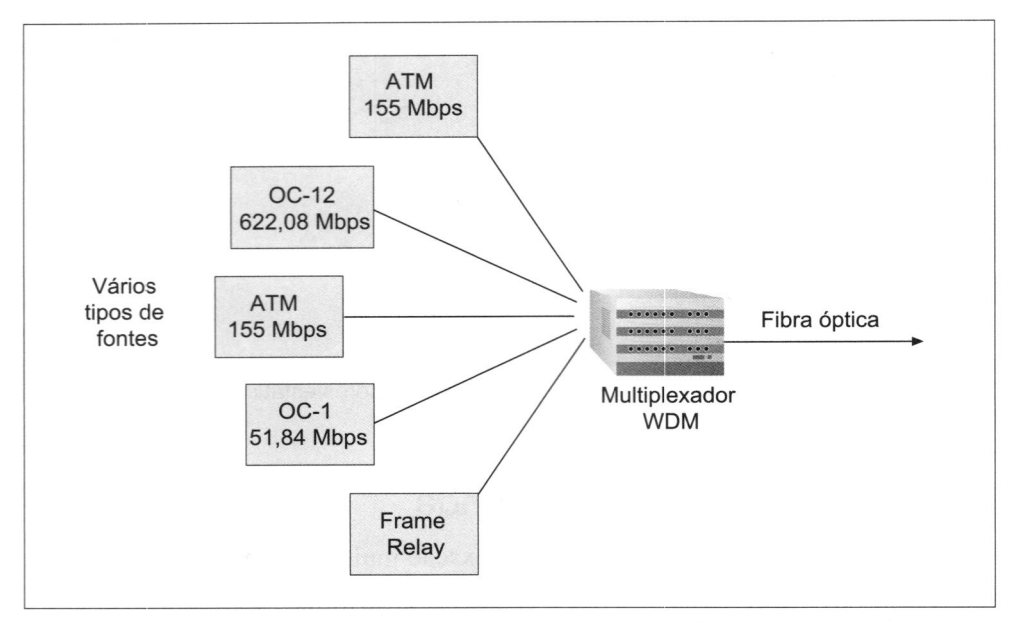

Figura 5-12 Linha de fibra óptica utilizando multiplexação por divisão de comprimento de onda e suportando transmissões de múltiplas velocidades.

somente poucos lambdas, com um espaço maior entre lambdas. Como os comprimentos de onda estão mais separados e não agrupados como na DWDM, os lasers utilizados para a multiplexação por divisão de comprimento de onda esparsa são mais baratos e não necessitam de resfriamento intensivo. Apesar de seu custo e complexidade, vários especialistas em tecnologia preveem que a multiplexação por divisão de comprimento de onda vai permanecer uma tecnologia poderosa.

Enquanto a multiplexação por divisão de comprimento de onda é uma tecnologia poderosa, que é relativamente cara e incomum, o próximo tipo de multiplexação que examinaremos – o multitom discreto – não é menos impressionante. Além de ser bastante comum e barato, o multitom discreto é a tecnologia por trás do sistema linha digital de assinante (DSL).

Detalhes

Técnicas adicionais de multiplexação

Várias técnicas de multiplexação apareceram nos últimos anos, sendo todas interessantes e promissoras. Três dessas técnicas são a multiplexação óptica por divisão espacial (OSDM), multiplexação ortogonal por divisão de frequência (OFDM) e a multiplexação óptica por divisão de tempo (OTDM). A primeira, a multiplexação óptica por divisão espacial, permite a multiplexação de tráfego "de rajadas" (isto é, o tráfego que vem em rajadas e é produzido por várias fontes de voz e dados de internet) em uma tecnologia óptica de transmissão que não tolerava bem esse tipo de tráfego no passado. Um exemplo dessa tecnologia é a Sonet. Como a maioria, se não todas, as companhias telefônicas utilizam a Sonet em algum ponto em suas redes backbone de alta velocidade, a utilização da OSDM cria sistemas que podem transportar mais tráfego e talvez até disponibilizá-los a um custo inferior.

Uma segunda técnica, a multiplexação ortogonal por divisão de frequência, é uma tecnologia de multitom discreto (utilizada em sistemas DSL) que combina múltiplos sinais de frequência diferentes em um sinal único, mais complexo. Antes de os sinais múltiplos serem combinados, cada um é modulado em fases. Os sinais modulados em fases são, então, combinados para criar um fluxo de dados compacto e de alta velocidade. A OFDM é utilizada em aplicações como redes locais sem fio, televisão digital, rádio digital e transmissões residenciais pela rede elétrica.

A terceira técnica de multiplexação, a multiplexação óptica por divisão de tempo, é semelhante à multiplexação por divisão de comprimento de onda no que diz respeito aos cabos de fibra óptica serem utilizados extensivamente. Mas, enquanto a multiplexação por divisão de comprimento de onda é uma forma de multiplexação por divisão de frequência, a OTDM (como seu nome já diz) é uma forma de multiplexação por divisão de tempo. Um multiplexador OTDM combina os dados de cada fonte de entrada em um fluxo multiplexado por tempo de alta velocidade. Nos sistemas melhores, todos os fluxos de entrada e de saída são ópticos, e os dados, em vez de se alterarem para a forma elétrica, permanecem em forma óptica por todas as fases de multiplexação e demultiplexação. Esses sistemas totalmente ópticos são muito rápidos (com velocidade na faixa de terabits por segundo) e são bastante promissores quanto a aplicações futuras.

Multitom discreto

O **multitom discreto (DMT)** é uma técnica de multiplexação comumente encontrada nos sistemas linha digital de assinante (DSL). DSL, como já vimos, é uma tecnologia que permite que um sinal de dados de alta velocidade percorra uma linha telefônica padrão baseada em cobre. Também vimos que a velocidade mais alta de transmissão que podemos atingir com a linha telefônica discada padrão é de 56 Kbps. DSL, entretanto, pode atingir velocidades de até milhões de bits por segundo. Como isso é possível? A resposta é a técnica de multiplexação DMT. O DMT essencialmente combina centenas de sinais diferentes, ou subcanais, em um fluxo; ao contrário das técnicas de multiplexação discutidas anteriormente, entretanto, o DMT é desenvolvido de tal forma que esses subcanais sejam destinados a um único usuário.

A força real do DMT está no fato de cada um dos subcanais poder executar sua própria modulação por chaveamento de amplitude em quadratura (QAM). (Lembre-se do Capítulo 2, em que um exemplo comum de QAM é o que envolve um código de quadro bits no qual oito ângulos de fase possuem uma única amplitude e quatro ângulos de fase possuem amplitudes dobradas.) Por exemplo, uma forma de DMT permite 256 subcanais, cada um deles capaz de fluxo modulado QAM de 60 Kbps (Figura 5-13). Desse modo, 256 X 60 Kbps resultam em um sistema de 15,36 milhões de bps.

Infelizmente, por causa do ruído, nem todos os 256 subcanais podem transmitir a uma taxa total de 60 Kbps. Esses subcanais que sofrem ruído modificarão sua técnica de modulação e a baixarão a uma velocidade mais lenta. Desse modo, os sistemas DSL que transmitem dados a centenas de milhares de bits por segundo são mais comuns.

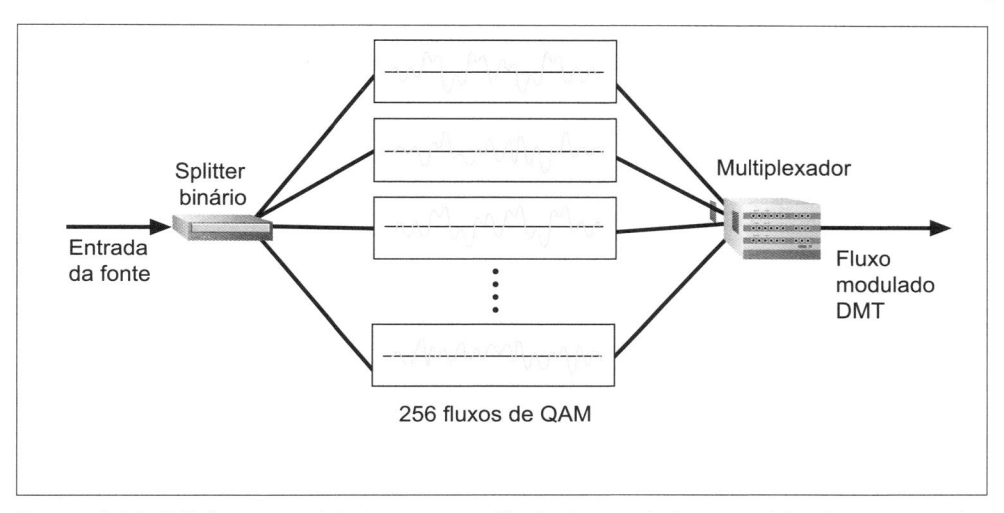

Figura 5-13 256 fluxos modulados por amplitude de quadratura combinados em um sinal DMT para serviço DSL.

O DMT é uma tecnologia fascinante que foi desenvolvida na busca por velocidades mais altas de transmissão de dados ao consumidor médio. Imagine uma tecnologia que possa permitir 256 fluxos modulados independentemente, com vários deles transmitindo dados em velocidades diferentes! Voltemos nossa atenção para outra técnica de multiplexação que também está aumentando a capacidade da tecnologia existente: a multiplexação por divisão de código.

Multiplexação por divisão de código

Também conhecida como acesso múltiplo por divisão em código, a **multiplexação por divisão de código (CDM)** é uma tecnologia relativamente nova e bastante utilizada pelos militares e por operadores de telefonia celular. Enquanto outras técnicas de multiplexação diferenciam um usuário do outro, atribuindo faixas de frequência ou intercalando sequências de bit no tempo, a multiplexação por divisão de código permite que vários usuários compartilhem um conjunto comum de frequências, atribuindo um código digital único a cada usuário.

Mais precisamente, a multiplexação por divisão de código é baseada em um tipo de técnica de modulação conhecido como tecnologia de espalhamento de espectro. A tecnologia de espalhamento de espectro será discutida mais detalhadamente no Capítulo 11, mas, resumidamente, ela é uma técnica utilizada no mercado de comunicações para modular um sinal em um novo sinal que seja mais seguro e, assim, mais resistente a grampos. Essa tecnologia se divide em duas categorias: salto em frequência e sequência direta. A multiplexação por divisão de código utiliza a tecnologia de espalhamento espectral por sequência direta, uma técnica que espalha a transmissão de um sinal por uma faixa ampla de frequências, usando valores matemáticos. Como os dados originais são colocados em um modulador de sequência direta, cada binário 1 e 0 é substituído por uma sequência de bits maior, única. Por exemplo, para cada dispositivo no mercado de telefones celulares que utiliza a multiplexação por divisão de código é atribuída uma sequência de bits própria. Quando as sequências de bits chegam até a estação de destino, o multiplexador de divisão de código é capaz de diferenciar uma sequência de bits de um dispositivo móvel de outra. Nos sistemas de telefonia celular reais, a multiplexação por divisão de código somente é utilizada da central de telefonia celular para os telefones celulares, não durante a transmissão dos telefones para a central de telefonia celular. Isso acontece devido a problemas de sincronização inerentes na multiplexação por divisão de código. Não obstante, para fins de simplicidade do exemplo, simularemos telefones celulares transmitindo para a central de telefonia celular utilizando a multiplexação por divisão de código.

Apesar de ser um procedimento bastante complexo, a multiplexação por divisão de código é uma das tecnologias mais fascinantes em comunicações de dados e merece um exame mais detalhado. Vamos criar um exemplo utilizando três usuários móveis: A, B, e C (para ajudar na compreensão dessa tecnologia, esse exemplo simplifica os conceitos técnicos envolvidos). Suponha que foi atribuído, ao usuário móvel A, o código binário 11110000, ao usuário móvel B, o código 10101010, e ao usuário móvel C, o código 00110011. Esses códigos binários são chamados **códigos de espalhamento de chip**. No mundo real, esses códigos possuem 64 bits de comprimento. Com o intuito de simplificar o exemplo, utilizaremos códigos de 8 bits. Se o usuário móvel A desejar transmitir um binário 1, ele envia seu código – 11110000. Se o usuário móvel A desejar transmitir um binário 0, ele envia o inverso de seu código – 00001111. Na verdade, o usuário móvel transmite uma série de tensões positivas e negativas: uma tensão positiva para 1 e uma negativa para 0. Agora, por exemplo, vamos supor que o usuário móvel A transmita um binário 1, o usuário móvel B transmita um binário 0, e o usuário móvel C transmita um binário 1. O que vem a seguir é realmente transmitido:

O usuário móvel A envia um binário 1 (11110000), ou ++++––––

O usuário móvel B envia um binário 0 (01010101), ou –+–+–+–+

O usuário móvel C envia um binário 1 (00110011), ou ––++––++

O receptor recebe todos os três sinais ao mesmo tempo e acrescenta as tensões como mostrado abaixo:

	+	+	+	+	–	–	–	–
	–	+	–	+	–	+	–	+
	–	–	+	+	–	–	+	+
Somas:	–1	+1	+1	+3	–3	–1	–1	+1

Em seguida, para determinar o que cada usuário móvel transmitiu, o receptor multiplica as somas pelo código original de cada usuário móvel, expresso como valores + e –, e então faz a soma desses produtos:

Somas:	–1	+1	+1	+3	–3	–1	–1	+1
Código do usuário móvel A:	+1	+1	+1	+1	–1	–1	–1	–1
Produtos:	–1	+1	+1	+3	+3	+1	+1	–1
Soma dos produtos:	+8							

Como a soma dos produtos é maior ou igual a + 8 (≥ + 8) nesse exemplo de 8 bits, o valor transmitido deve ser um binário 1. No mundo real, com o sistema de 64 bits, a soma dos produtos teria de ser maior ou igual a + 64 (≥ + 64). Se a soma dos produtos fosse ≤ – 8 (ou ≤ – 64, utilizando códigos reais), o valor transmitido teria sido um binário 0.

O mesmo procedimento deve ser feito para determinar o valor transmitido do usuário móvel B:

Somas:	–1	+1	+1	+3	–3	–1	–1	+1
Código do usuário móvel B:	+1	–1	+1	–1	+1	–1	+1	–1
Produtos:	–1	–1	+1	–3	–3	+1	–1	–1
Soma dos produtos:	–8							

Como a soma dos produtos é ≤ – 8, o valor transmitido deve ser um binário 0.

Agora que examinamos o funcionamento das várias técnicas de multiplexação, vamos comparar suas vantagens e desvantagens.

Comparação das técnicas de multiplexação

A multiplexação por divisão de frequência possui duas grandes desvantagens. A primeira desvantagem é encontrada nos sistemas baseados em computadores que fazem a multiplexação de vários canais por um único meio. Como as frequências são geralmente atribuídas estaticamente, os dispositivos que não têm nada para transmitir ainda mantêm suas frequências atribuídas e, assim, a largura de banda é desperdiçada.

A segunda desvantagem da multiplexação por divisão de frequência se deve ao fato de a técnica utilizar sinais analógicos, que são mais suscetíveis à interrupção por ruído que os sinais digitais. Não obstante, vários tipos diferentes de aplicações (como televisão e rádio) utilizam a multiplexação por divisão de frequência em razão de sua simplicidade, e essa técnica provavelmente continuará conosco por muito tempo.

A multiplexação síncrona por divisão de tempo também é relativamente direta, mas, como na multiplexação por divisão de frequência, os dispositivos de entrada que não têm nada para transmitir podem desperdiçar espaço de transmissão. A grande vantagem da TDM síncrona em relação à multiplexação por divisão de frequência é ter menos ruído em razão do uso de sinais digitais durante a transmissão. Embora T-1s utilizem TDM síncrona, e T-1s não desaparecerão do dia para a noite, a TDM síncrona está sendo gradualmente substituída por sistemas como Ethernet, como veremos em um capítulo posterior.

A TDM estatística é uma variação de TDM que transmite dados somente a partir daqueles dispositivos que tiverem dados para transmitir. Por isso, a TDM estatística desperdiça menos largura de banda no enlace de transmissão. Multiplexadores estatísticos possuem outra vantagem muito boa em relação aos multiplexadores por divisão de tempo. Embora ambos os tipos de multiplexação por divisão de tempo possam transmitir dados por um enlace de alta velocidade, a multiplexação estatística por divisão de tempo não precisa de uma linha com velocidade tão alta como aquela da multiplexação síncrona por divisão de tempo. A multiplexação estatística por divisão de tempo supõe que nem todos os dispositivos transmitem dados ao mesmo tempo; portanto, ela não necessita de um enlace de alta velocidade que seja o total de todos os fluxos de dados de entrada. Outra consequência dessa suposição é que a capacidade de linha de saída vinda do multiplexador estatístico é inferior à capacidade de linha de saída do multiplexador síncrono, o que também permite um enlace de velocidade mais baixa entre multiplexadores. Esse enlace de velocidade mais baixa geralmente significa custos mais baixos.

Uma desvantagem dos multiplexadores estatísticos é seu alto nível de complexidade. A TDM síncrona simplesmente aceita os dados de cada dispositivo conectado e transmite os dados em um ciclo sem fim. O multiplexador estatístico tem de coletar e armazenar em buffer os dados dos dispositivos conectados ativos e, após criar um quadro com informações necessárias de controle, transmitir aquele quadro para o multiplexador receptor. Embora esse nível um pouco mais alto de complexidade signifique custos iniciais mais altos, esses custos são geralmente compensados pela capacidade da TDM estatística de utilizar uma linha de interconexão de menor capacidade.

A multiplexação estatística por divisão de tempo é uma boa escolha para conectar vários dispositivos de baixa velocidade que não transmitam dados continuamente para um sistema remoto de computadores. Exemplos desses sistemas são sistemas de registro de dados, sistemas de ponto de venda e outras aplicações comerciais nas quais os usuários inserem dados em terminais.

A multiplexação por divisão de comprimento de onda é uma técnica eficiente para transmissão de sinais concomitantes por uma linha de fibra óptica. A multiplexação por divisão de comprimento de onda também é escalonável. Conforme as demandas de um sistema e de suas aplicações crescem, é possível adicionar mais comprimentos de onda, ou lambdas, à fibra, multiplicando, assim, a capacidade total do sistema original de fibra óptica. Sistemas de multiplexação por divisão de comprimento de onda que utilizam um grande número de lambdas são chamados *multiplexação densa por divisão de comprimento de onda*, enquanto os sistemas que utilizam somente alguns lambdas são chamados *multiplexação por divisão de comprimento de onda esparsa*. Enquanto a multiplexação por divisão de comprimento de onda pode ser uma alternativa dispendiosa, ela pode ser mais barata que tentar instalar mais linhas de fibras ópticas.

A tecnologia de multitom discreto é uma forma única de multiplexação em que todos os subcanais multiplexados agrupados são destinados para um usuário. Desse modo, o multitom discreto não pode ser comparado diretamente com outras técnicas de multiplexação, em que cada subcanal ou canal é destinado a um usuário diferente. Entretanto, o multitom discreto é uma tecnologia complexa e pode sofrer muito ruído.

Por último, a multiplexação por divisão de código, ao mesmo tempo em que utiliza uma largura de banda bastante ampla e é uma tecnologia complexa, é escalonável, como a WDM, e pode produzir capacidades de sistema que são de 8 a 10 vezes maiores que as dos sistemas de multiplexação por divisão de frequência.

As vantagens e desvantagens de cada técnica de multiplexação estão resumidas na Tabela 5-3.

Até agora, com a multiplexação, examinamos como os múltiplos fluxos de dados podem ser combinados para maximizar o número deles, que pode ser transmitido por diferentes tipos de meio, resultando, assim, em uma conexão mais eficiente. Examinemos, agora, outra técnica que pode aumentar a quantidade de dados que podem ser transmitidos por vez ou ser armazenados em um dado espaço, isto é, o processo conhecido como compressão.

Tabela 5-3 Vantagens e desvantagens das técnicas de multiplexação.

Multiplexing Technique	Vantagens	Desvantagens
Técnica de multiplexação	Simples. Popular com rádio, TV, TV a cabo. Todos os receptores, como telefones celulares, não precisam estar no mesmo local	Problemas de ruído devido aos sinais analógicos. Desperdiça largura de banda. Limitado por faixas de frequência
Multiplexação síncrona por divisão de tempo	Sinais digitais. Relativamente simples. Comumente utilizada com T-1, Sonet	Desperdiça largura de banda
Multiplexação estatística por divisão de tempo	Uso mais eficiente da largura de banda. Quadro pode conter informações de controle e erro. Os pacotes podem ser de tamanho variável	Mais complexa que a multiplexação síncrona por divisão de tempo
Multiplexação por divisão de comprimento de onda	Capacidades muito altas pela fibra. Os sinais podem ter velocidades variáveis. Escalonável	Custo. Complexidade
Multitom discreto	Capacidade de velocidades altas de transmissão	Complexidade, problemas com ruído
Multiplexação por divisão de código	Capacidades grandes. Escalonável	Complexidade. Primeiramente, uma tecnologia sem fio

Compressão – sem perda *versus* com perda

Como vimos anteriormente, **compressão** é o processo de pegar dados e, de alguma forma, agrupar uma parte maior deles no mesmo espaço, seja na forma de um dispositivo de armazenamento, como um disco rígido, seja um iPod ou um meio como a linha de fibra óptica. Quando os dados são comprimidos para transmissão, eles são transferidos mais rapidamente porque há, realmente, menos dados, e isso pode resultar em uma conexão mais eficiente. Da mesma forma, em capacidade de armazenamento, a compressão também permite que mais dados sejam armazenados na mesma quantidade de memória ou espaço em disco. O modo básico de fazer a compressão é procurar por algum padrão comum nos dados e substituir cada padrão de dados por símbolo ou símbolos que vão consumir menos espaço durante a transmissão ou armazenamento. Por exemplo, se um documento contém um grande número de ocorrências da palavra *neve*, o transmissor pode substituir a palavra *neve* por um símbolo, como um sinal de porcentagem (%). Após a transmissão dos dados, o receptor substitui o símbolo % pela palavra original, *neve*. Essa substituição levanta, imediatamente, duas questões: Como o receptor sabe que tem de substituir o símbolo % por *neve*? O que acontece se o sinal de porcentagem (%) realmente aparecer no documento como um sinal de porcentagem? Certamente não queremos que o receptor substitua sinais válidos de porcentagem pela palavra *neve*. Conforme lidamos com exemplos reais de compressão, você verá como essas questões, e outras semelhantes, são abordadas.

Antes de examinarmos algumas técnicas reais de compressão, entretanto, devemos dividir o processo de compressão em duas categorias. Se uma técnica de compressão comprime dados e os descomprime de volta aos dados originais, ela é classificada como uma técnica sem perda. Em uma técnica de **compressão sem perda**, nenhum dado é perdido em razão da compressão. Se uma técnica de compressão perde alguns dados como resultado do processo de compressão, então ela é classificada como uma técnica de **compressão com perda**. Considere um exemplo de um banco que deseja comprimir todas as contas de seus clientes para aumentar o espaço de armazenamento de dados do sistema de computadores. Como seria um desastre se fossem perdidos dados das contas dos clientes por causa da compressão, o banco obviamente deseja utilizar uma técnica de compressão sem perda para executar essa tarefa. Por outro lado, suponha que você deseje copiar uma música de um CD para um iPod. Para fazer isso, você deve primeiro comprimir a música. Durante o processo de compressão, se alguns dados forem perdidos, você talvez nem perceba a perda, especialmente se o algoritmo de compressão for desenvolvido para "perder" intencionalmente somente aqueles sons que os ouvidos humanos em geral não conseguem detectar. Como certos dados de faixas de áudio e vídeo não podem ser detectados facilmente, os algoritmos de compressão com perda são geralmente utilizados para comprimir arquivos de música e vídeo, sendo, assim, comumente incorporados em dispositivos como reprodutores portáteis de música digital. Para investigar o processo de compressão mais detalhadamente, vamos começar examinando as técnicas sem perda.

Compressão sem perda

Um dos exemplos mais comuns e simples de compressão sem perda é a **codificação run-length**. Essa técnica substitui toda repetição do mesmo bit ou byte que ocorrer em uma sequência de dados por uma única ocorrência do bit/byte e uma contagem de ocorrências ou simplesmente com uma contagem de ocorrências. Por exemplo, essa técnica funciona no nível binário por meio da contagem de séries longas (ou ocorrências) de binários 0s ou séries longas de binários 1s. Vamos considerar a seguinte série de dados, composta predominantemente de binários 0s:

00000100000000011000000000000000010000110000000000000000000001000000

Uma técnica de compressão baseada na codificação run-length comprimiria os 0s contando primeiro as "ocorrências" dos 0s, isto é, ela começaria contando os 0s até um binário 1 ser encontrado. Se não houver 0 entre um par de 1, então aquele par seria considerado uma ocorrência que contém zero 0s. Ao fazer isso na nossa série de dados, temos as seguintes ocorrências:

5   9   0   15   4   0   20   6

Assim, na primeira ocorrência, encontramos cinco 0s, enquanto, na segunda, nove 0s.

A terceira ocorrência tinha zero 0 porque um 1 aparece em seguida a outro 1. Na ocorrência seguinte, encontramos quinze 0s, seguidos por uma ocorrência de quatro 0s, zero 0, vinte 0s e, finalmente, seis 0s.

O próximo passo nessa técnica de compressão seria converter cada um dos valores decimais (5, 9, 0, 15 e assim por diante) em valores binários de 4 bits, ou nibbles. A única regra exclusiva a ser seguida durante essa conversão aparece quando você encontra um valor decimal de 15 ou mais. Como o maior número decimal que um nibble binário de 4 bits pode representar é 15 (o que corresponde a quatro 1s binários – 1111), você deve converter uma ocorrência que tenha um valor decimal superior a 15 em múltiplos de nibbles de 4 bits. Por exemplo, uma ocorrência de 20 seria convertida para 1111 0101, na qual o primeiro nibble é o valor 15, e o segundo, o valor 5. Um caso especial nessa regra é que, se você estiver convertendo o próprio valor de 15, então deve também criar dois nibbles: 1111 seguido de 0000. A razão para isso é simplesmente ser consistente de modo que, quando um nibble binário de 1111 (ou 15) for encontrado, o nibble seguinte (0000, que corresponde ao valor decimal de 0) é acrescentado àquele nibble.

Desse modo, ao converter as ocorrências acima de 5, 9, 0, 15, 4, 0, 20 e 6, você produz os seguintes nibbles:
0101 1001 0000 1111 0000 0100 0000 1111 0101 0110

Nesse exemplo, observe que a série original de bits, que consistia de 68 bits, é comprimida a 40 bits – uma redução de 42% – e nenhum dado foi perdido (daí o nome sem perda). Uma desvantagem dessa técnica é que ela vale a pena somente se os dados originais consistirem predominantemente de 0s binários. Como veremos mais adiante neste capítulo, a codificação run-length é utilizada para compressão de imagens de vídeo (em virtude da presença de vários valores zero), assim como para a compressão de outros documentos que possuem caracteres repetidos.

Uma segunda técnica que pode ser utilizada para comprimir dados quando uma compressão sem perdas é necessária é a técnica de Lempel-Ziv. Essa técnica é bastante popular e é usada por programas como pkzip, WinZip, gzip, Unix compress e Microsoft compress. Embora o algoritmo real seja bastante complexo, é possível obter um conhecimento básico de como o algoritmo funciona. Conforme a série a ser transmitida é processada, o transmissor dos dados cria um "dicionário" de séries de caracteres e códigos associados. Esse conjunto de códigos é transmitido e o receptor então recria o dicionário e a série original de dados conforme os códigos de dados são recebidos.

O algoritmo de Lempel-Ziv pode ser muito eficiente na compressão de dados. Estudos mostram que arquivos de programa de computador podem ser reduzidos a 44 por cento do tamanho original, arquivos de texto podem ser reduzidos a 64 por cento do tamanho original, e arquivos de imagem podem ser reduzidos a 88 por cento do tamanho original.

Também é possível fazer a compressão de arquivos de música (e áudio) e não perder nenhuma parte de seu conteúdo musical. Enquanto a maior parte dos reprodutores de música portáteis utilizam um esquema de compressão com perda (como MP3), cada vez mais usuários estão se voltando para a compressão sem perda de música para preservar uma cópia mais fiel de suas gravações analógicas. Do mesmo modo, a maior parte dos usuários comerciais que digitalizam e comprimem gravações analógicas não querem perder nenhuma parte da música original. Para esse fim, há disponíveis vários esquemas de compressão de áudio sem perda. Entre eles, temos o Flac (Codec de áudio livre sem perda), MPEG-4 ALS (Codificação sem perda de áudio), TTA, WavPak, Codificador sem perda da Apple (ALE), e Monkey's Audio. Enquanto alguns desses esquemas são proprietários, Flac, TTA, e WavPak são grátis e/ou de fonte aberta. E a maioria, se não todos, pode comprimir fontes de áudio a pelo menos 50%.

Compressão com perda

Todas as técnicas de compressão descritas até aqui foram exemplos de compressão sem perda. A compressão sem perda é necessária quando é tal a natureza dos dados que se torna importante que nenhum dado seja perdido durante os estágios de compressão e descompressão. Como arquivos de programas, texto e imagem, os arquivos de imagens de vídeo e de áudio de alta qualidade (como acabamos de ver) também podem ser comprimidos utilizando compressão sem perda, mas a porcentagem de redução geralmente não é tão significante. Isso se deve à natureza dos dados nos arquivos de vídeo e áudio – não há um símbolo ou conjunto de símbolos, que ocorrem frequentemente, suficiente para produzir um nível razoável de compressão. Por exemplo, se você pegar algum vídeo e digitalizá-lo, você vai produzir um fluxo longo e binários 1 e 0. Para comprimir esse fluxo, você pode escolher executar uma codificação run-length sem perda nos 1s ou 0s. Infelizmente, entretanto, como esse tipo de dado é dinâmico, não haverá provavelmente ocorrências suficientes de repetição de qualquer bit para produzir uma compressão razoável. Assim, você deve considerar alguma outra técnica de compressão.

Entretanto, música e vídeo têm outras propriedades que podem ser exploradas para executar uma compressão eficiente. Vamos considerar a música primeiro. Quando alguém escuta música, se dois sons tocam ao mesmo tempo, o ouvido escuta o mais alto e geralmente ignora o mais baixo. Da mesma forma, o ouvido humano pode escutar sons somente em certa faixa, que é, para uma pessoa comum, de 20 Hz a 20 kHz (20.000 Hz). Consequentemente, há sons que geralmente ocorrem nos extremos da faixa normal de audição, que o ouvido humano não pode escutar bem ou simplesmente não escuta. Engenheiros de áudio aproveitam-se desses (e de outros) fatos para comprimir música por meio de técnicas chamadas correção perceptiva de ruído, ou **codificação perceptiva**. Se a codificação perceptiva for bem executada, a versão comprimida de um fluxo de áudio parece bastante com a versão descomprimida (isto é, quase com qualidade de CD), mesmo se alguns dos dados originais foram removidos.

O **MP3**, que é uma abreviação para camada de áudio 3 MPEG (Moving Picture Experts Group), é uma forma comum de compressão de áudio. (O Moving Picture Experts Group, também desenvolveu normas de compressão para transmissões de HDTV, sistema de satélite digital (DSS), e filmes em DVD.) Após o emprego desses truques de codificação perceptiva, o codificador MP3 produz um fluxo de dados que tem uma taxa de dados mais lenta que a da música com qualidade convencional de CD. Enquanto um reprodutor de CD é desenvolvido para reproduzir músicas que tenham sido codificadas com 44.100 amostras por segundo, que gera um fluxo de dados de 705.600 bits por segundo (44.100 amostras por segundo vezes 16 bits por amostra) ou por volta de 706 Kbps, um codificador MP3 geralmente reproduz um fluxo de dados de 128 Kbps a 192 Kbps. Esse tipo de redução de dados reduz uma música comum a uma proporção de compressão de 10 para 1. Assim, o processo de compressão reduz tanto a quantidade de dados como a taxa de transferência de dados da música no dispositivo gerador da música.

Arquivos de vídeo também podem ser comprimidos removendo pequenos detalhes que, nesse caso, o olho humano não vai perceber que estão faltando. **JPEG**, que é a abreviação de Joint Photographic Experts Group, é uma técnica comumente utilizada para a compressão de imagens de vídeo. O processo de conversão de uma imagem para formato JPEG envolve três fases: transformação discreta cossenoidal, quantificação e codificação run-length. Para executar a transformação discreta cossenoidal, a imagem é dividida em múltiplos blocos de 8 por 8 pixels, em que cada pixel representa um único ponto de cor em uma imagem colorida ou um tom único de preto e branco em uma imagem preto e branco. Cada bloco de 8 por 8 (equivalente a 64 pixels) está então sujeito a uma

5. Tornando as conexões eficientes: multiplexação e compressão   125

rotina matemática bastante comum chamada transformação discreta cossenoidal. Essencialmente, o que essa transformação faz é produzir um novo bloco de valores 8 por 8. Esses valores, entretanto, são chamados agora de frequências espaciais, que são cálculos cossenoidais de quanto cada valor de pixel muda como uma função de sua posição no bloco. Em vez de tratar da matemática desse processo, vamos examinar dois exemplos bem simples. Se você tiver uma imagem com alterações uniformes de cor pela área da imagem – em outras palavras, não muitos detalhes finos –, então um de seus blocos de 8 por 8 de pixels pode parecer como o bloco seguinte, em que cada valor decimal representa um nível específico de cor:

15	18	21	24	28	32	36	40
19	22	25	28	32	36	40	44
22	25	28	32	36	40	44	48
26	29	32	35	39	43	47	51
30	34	38	42	46	51	56	61
34	38	42	46	51	56	61	66
38	42	46	51	56	61	66	72
43	48	53	58	63	68	74	80

Após a aplicação da transformação discreta cossenoidal a esses pixels, teríamos então um conjunto de frequências espaciais como as seguintes:

628	−123	12	−8	0	−2	0	−1
−185	23	−5	0	0	0	0	0
10	0	0	0	0	0	0	0
0	0	0	0	0	0	0	0
3	0	0	0	0	0	0	0
−1	0	0	0	0	0	0	0
0	0	0	0	0	0	0	0
0	0	0	0	0	0	0	0

Observe as várias ocorrências de zero, e também que as ocorrências diferentes de zero estão agrupadas no canto superior esquerdo do bloco. Isso acontece em razão dos cálculos discretos cossenoidais, que em essência descrevem a diferença entre a cor de um pixel em relação à do pixel vizinho, em vez do valor absoluto de uma cor específica de pixel. A outra razão para o agrupamento é que essa imagem, como mostrada antes, possui cor bastante uniforme, isto é, sem muita variação de cores, e, assim, há pouca mudança conforme você se afasta do canto superior esquerdo.

Suponha, por outro lado, que temos uma imagem com vários detalhes de resolução fina. Ela terá um bloco de 8 por 8 de pixels que possuem valores muito diferentes e podem ter a seguinte aparência:

120	80	110	65	90	142	56	100
40	136	93	188	90	210	220	56
95	89	134	74	170	180	45	100
9	110	145	93	221	194	83	110
65	202	90	18	164	90	155	43
93	111	39	221	33	37	40	129
55	122	52	166	93	54	13	100
29	92	153	197	84	197	84	83

Após a aplicação da transformação discreta cossenoidal para os pixels dessa imagem, teríamos então um conjunto de frequências espaciais como as seguintes:

652	32	−40	54	−18	129	−33	84
111	−33	53	9	122	−43	65	100
−22	101	94	−32	23	104	76	101
88	33	211	2	−32	143	43	14
132	−32	43	0	122	−48	54	110
54	11	133	27	56	154	13	−94
−54	−69	10	109	65	0	27	−33
199	−18	99	98	22	−43	8	32

Note que há poucas ocorrências de zeros nesse bloco de frequências espaciais. Vamos continuar com o processo de conversão focando nesse bloco, que corresponde à imagem com vários detalhes de resolução fina.

A segunda fase na conversão de uma imagem para um arquivo JPEG é a quantificação. O objetivo dessa fase é tentar gerar mais ocorrências de zeros no bloco de 8 por 8. Para fazê-lo, precisamos dividir cada valor no bloco por algum número predeterminado e desconsiderar os restantes. Por exemplo, se o bloco de pixels contiver uma frequência espacial com o valor 9, dividimos por 10 para chegar ao resultado de 0. Mas não queremos dividir todas as 64 frequências espaciais pelo mesmo valor, porque os valores no canto esquerdo superior do bloco têm mais importância (devido à operação de transformação discreta cossenoidal). Vamos dividir o bloco de frequências espaciais por um bloco de valores no qual o canto superior esquerdo de valores está mais próximo a 1 e assim servirá para reproduzir o número original em uma divisão.

Um exemplo desse bloco é como se segue:

1	4	7	10	13	16	19	22
4	7	10	13	16	19	22	25
7	10	13	16	19	22	25	28
10	13	16	19	22	25	28	31
13	16	19	22	25	28	31	33
16	19	22	25	28	31	33	36
19	22	25	28	31	34	37	40
22	25	28	31	34	37	40	43

Agora, quando dividimos o bloco de frequências espaciais por esse bloco de valores ponderados, devemos produzir um novo bloco de valores com mais ocorrências de zero, como mostrado aqui:

652	8	−5	5	−1	8	0	3
27	−4	5	0	7	−2	2	4
−3	10	7	2	1	4	3	3
8	2	13	0	−1	5	1	0
10	−2	2	0	4	−1	1	3
3	0	6	1	2	4	0	−2
−2	−3	0	3	2	0	0	0
9	0	3	3	0	−1	0	0

Uma pergunta que você deve fazer nesse ponto é: se executarmos 64 divisões e excluirmos os remanescentes, não estaríamos perdendo algo da imagem original? A resposta é sim, perdemos. Mas esperamos selecionar um conjunto adequado de valores para não perder muito da imagem original. Em outras palavras, ao maximizar o número de zeros em cada bloco (para que possamos executar com sucesso a codificação run-length da fase final), permitimos que os dados, isto é, a imagem mude um pouco, mas não tanto que o olho humano possa detectar grandes diferenças entre o arquivo original e o que foi comprimido e descomprimido.

Por último, a terceira fase da compressão JPEG é pegar a matriz de valores quantificados e executar a codificação run-length nos zeros. Mas o truque aqui é que você não faz a codificação run-length dos zeros simplesmente subindo e descendo as linhas do bloco 8 por 8. Em vez disso, nos aproveitamos do fato de atingir sequências mais longas de zeros se codificarmos na diagonal, como mostrado na Figura 5-14.

E quanto a imagens móveis de vídeo, como as que você encontra ao assistir televisão digital ou um DVD? Esse tipo de dados tem uma característica única que podemos explorar para fazer a compressão? Na verdade, sim. Um vídeo é, seguramente, uma série de imagens. Quando tais imagens, ou quadros, são mostrados em sucessão rápida, parece que os objetos nas imagens estão em movimento. Para fazer com que o movimento (de personagens, objetos, cenário) em um filme pareça fluido, um dispositivo de projeção de filmes ou uma televisão exibe essas imagens de quadros a uma taxa de aproximadamente 30 quadros por segundo. Mas há um aspecto interessante desses quadros que você pode ter percebido se tentou criar um desenho animado desenhando imagens em várias folhas de papel e depois virando as páginas. A não ser que haja uma alteração completa de cena, uma imagem parece bastante similar à seguinte. No contexto da compressão, a questão a considerar é: Se imagens sucessivas são muito semelhantes, por que transferir toda a imagem para cada quadro? Por que não transferir a *diferença* entre os dois quadros? Esse tipo de transferência é um exemplo de codificação diferencial. MPEG-1 e MPEG-2, ou simplesmente **MPEG**, são exemplos comuns dessa forma de compressão.

Lembre-se de que um dispositivo de vídeo exibe vários (geralmente 30) quadros por segundo. Para economizar espaço, nem todos os 30 quadros têm imagens completas. O MPEG na verdade cria um quadro completo de

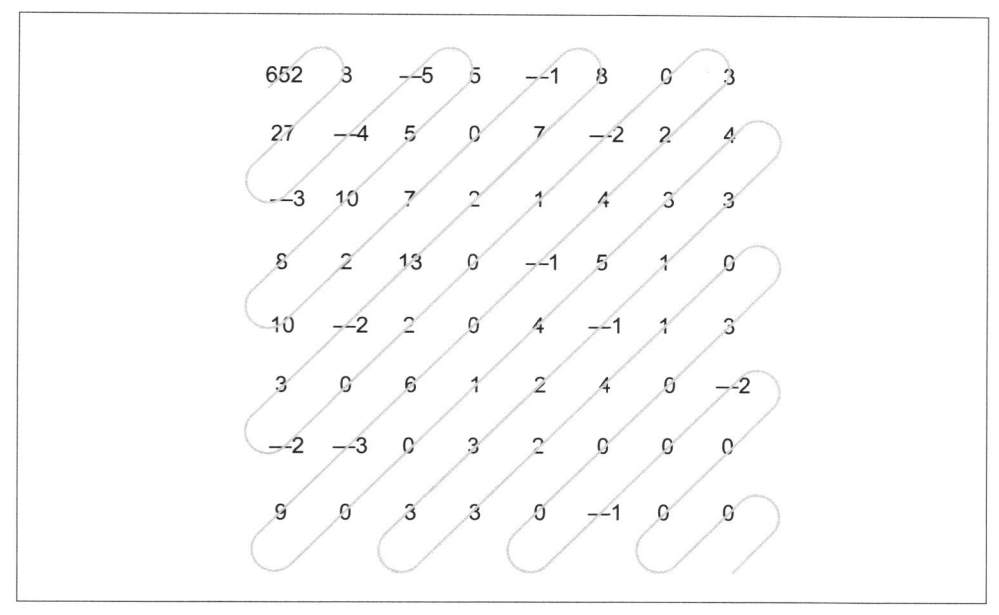

Figura 5-14 Codificação run-length de uma imagem JPEG.

informações, seguido de vários quadros parciais, ou de diferença, seguidos por um quadro completo. Mais precisamente, os seguintes quadros são criados:

    I   B   B   P   B   B   I   B   B   P ...

onde o quadro I é um quadro completo, o quadro P é a diferença entre o quadro I anterior (e é criado utilizando predição por compensação de movimento) e os quadros B são os quadros de diferença, que contêm as menores diferenças entre o quadro I e o quadro P e são inseridos entre os quadros I e P para suavizar o movimento.

Como o MPEG é computacionalmente complexo, chips de processador foram desenvolvidos, como a tecnologia MMX da Intel, especificamente para a compressão e a descompressão das imagens MPEG.

Multiplexação em ação

A XYZ Corporation tem dois prédios, A e B, separados por uma distância de 300 metros, ou por volta de 1.000 pés (veja a Figura 5-15). Um túnel de diâmetro de 3 polegadas percorre o subsolo entre os dois prédios. O prédio B contém 66 terminais de texto (também conhecidos como estações de trabalho de cliente fino (thin client), porque não tem um disco rígido) que precisam ser conectados a um mainframe no prédio A. As estações de trabalho do cliente fino transmitem volumes relativamente baixos a aproximadamente 9.600 bits por segundo. Quais são as maneiras eficientes de conectar as estações de trabalho de cliente fino no prédio B ao mainframe no prédio A? Há alguma que maximize a vazão da conexão?

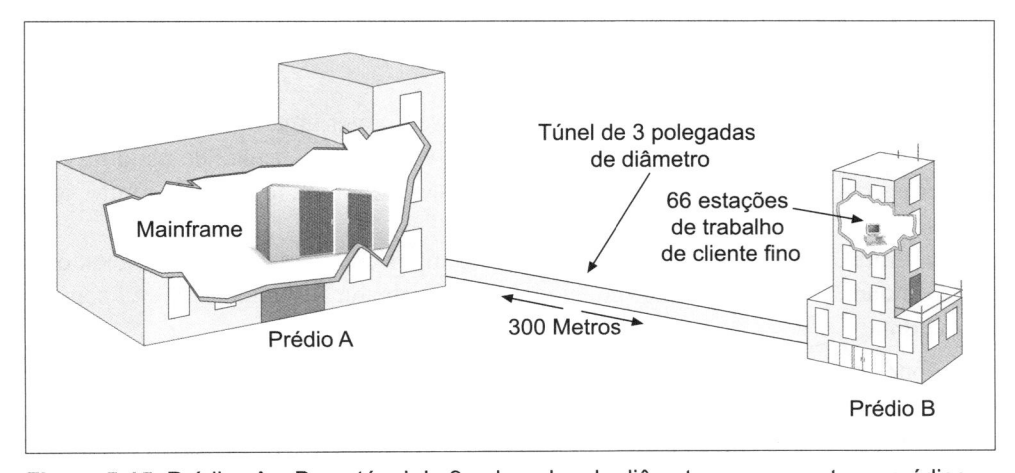

Figura 5-15 Prédios A e B e o túnel de 3 polegadas de diâmetro que conecta os prédios.

Considerando as tecnologias que foram introduzidas no texto até agora, há quatro cenários possíveis para conexão de terminais e mainframe:

1. Conecte cada estação de thin client ao mainframe utilizando linhas separadas ponto a ponto. Cada linha será uma forma de meio com fio.
2. Colete todas as saídas das estações de trabalho de thin client e utilize transmissões de micro-ondas, óptica de espaço livre ou WiMAX para enviar os dados ao mainframe.
3. Colete todas as saídas das estações de trabalho de thin client utilizando multiplexação e envie os dados ao mainframe por uma linha de meio com fio.
4. Conecte todas as estações de trabalho de thin client a uma rede local.

Examinemos os prós e contras de cada solução.

A primeira solução de conexão de cada estação de trabalho de thin client para o mainframe, utilizando um meio com fio ponto a ponto, tem algumas vantagens, mas também algumas desvantagens. A distância de 300 metros impõe um problema imediato. Ao transmitir dados em milhões de bits por segundo, o par trançado geralmente tem uma distância máxima de 100 metros. Os dados da XYZ Corporation não estão sendo transmitidos a milhões de bits por segundo, mas a 9.600 bits por segundo. Nessa taxa mais lenta, podemos transmitir dados com sucesso por uma distância superior a 100 metros, porém fazer isso pode não ser uma boa ideia. O ruído eletromagnético é sempre um problema potencial, e podemos descobrir, após a instalação dos fios, que há muito ruído. Um meio mais resistente ao ruído, como cabo coaxial ou cabo de fibra óptica, pode ser uma opção razoável. Porém, 66 cabos coaxiais (um para cada estação de trabalho de thin client) provavelmente não caberão em um túnel de 3 polegadas. O cabo de fibra óptica tem basicamente as mesmas dimensões do cabo coaxial e um custo muito mais alto, se você levar em conta os 66 pares de dispositivos ópticos que seriam necessários nas extremidades dos cabos. Mesmo se pudéssemos colocar 66 fios de algum meio pelo túnel, o que aconteceria se a diretoria decidisse, um mês após a instalação, acrescentar mais 10 estações de trabalho de cliente fino ao prédio B? Dez cabos adicionais não devem caber no túnel e, mesmo se coubessem, colocar mais 10 cabos consumiria tempo e dinheiro.

As vantagens principais da primeira solução são o custo menor de utilizar um meio com fio relativamente barato e o fato de várias linhas ponto a ponto eliminarem a necessidade de serviços adicionais como polling ou multiplexação.

A segunda solução, a transmissão de dados utilizando sinais de micro-ondas, óptica de espaço livre ou WiMAX, é interessante. Todas as três tecnologias são muito rápidas, e a propriedade privada dos equipamentos pode ser atrativa. As preocupações a seguir, entretanto, devem ser investigadas:

- A linha de visada entre o prédio A e o prédio B está obstruída por árvores ou outros prédios? Se houver uma obstrução, micro-ondas e óptica de espaço livre não funcionarão.
- Qual é o custo de instalação de sistemas de micro-ondas, óptica de espaço livre ou WiMAX entre os dois prédios? Se o custo for alto, pode haver uma alternativa mais razoável.
- O sistema ainda precisa de algum tipo de dispositivo que colete dados das 66 estações de trabalho de cliente fino e prepare um fluxo de dados únicos para transmissão. O sistema vai dar conta dessa coleta, ou precisará de algo como um multiplexador?

Além disso, micro-ondas e óptica de espaço livre são soluções possíveis se houver uma linha de visada clara entre os dois prédios e os custos associados não forem muito altos. WiMAX, entretanto, é capaz de penetrar prédios e não impõe os mesmos problemas de linha de visada. Infelizmente, Wi-MAX é uma tecnologia muito nova para que a XYZ Corporation a considere.

A terceira solução – instalar multiplexadores em cada extremidade do túnel e conectar os multiplexadores com algum tipo de meio de alta velocidade – também requer consideração antecipada e investigação. As seguintes questões devem ser levadas em conta:

- Um par de multiplexadores pode dar conta de 66 estações de trabalho de thin client? Se não, talvez tenhamos de instalar dois pares de multiplexadores.
- Quanto custa um par de multiplexadores? O custo será tão alto que seremos forçados a considerar outras possibilidades?

- Que tipo de meio nós podemos utilizar para conectar os multiplexadores? Quantos fios seriam necessários? O cabo de fibra óptica ou o cabo coaxial seria uma boa escolha. Mesmo se o sistema precisasse de vários filamentos de fibra ou cabo coaxial, eles caberiam no túnel de 3 polegadas de diâmetro, porque seriam necessários muito menos que 66 conjuntos de cabos.

- A solução do multiplexador é escalonável? O sistema pode expandir-se para incluir mais terminais no futuro? No pior cenário, teríamos de acrescentar um par adicional de multiplexadores e outro cabo no túnel. Poderíamos planejar e colocar vários filamentos de fibra ou cabo coaxial pelo túnel a fim de nos prepararmos para uma expansão futura.

Finalmente, a quarta solução também deve ser levada em conta. Há algum modo de conectar todas as estações de trabalho de cliente fino a uma rede local? Então, como vimos no Capítulo 1, podemos instalar o software apropriado em cada cliente fino que permitiria que a estação de trabalho agisse como um terminal que responde a pollings do mainframe. Infelizmente, não cobrimos ainda redes locais, então o exame dessa solução terá de esperar.

Concluindo, parece que, desta vez, um esquema de multiplexação disponibiliza o uso mais eficiente de um número pequeno de cabos que percorrem o pequeno túnel. Se um cabo de alta qualidade como o fio de fibra óptica for utilizado, ele diminuirá a entrada de ruído e permitirá maior crescimento futuro. A solução microondas/óptica de espaço livre também é atrativa, mas pode custar mais que um par de multiplexadores e cabos de conexão. WiMAX ou redes locais podem ser soluções interessantes que teremos de ficar de olho em um futuro próximo.

RESUMO

- Para que sinais múltiplos compartilhem um único meio, o meio deve ser dividido em múltiplos canais. As três técnicas básicas para dividir um meio em múltiplos canais são: divisão de frequências, divisão de tempo e divisão de códigos de transmissão.

- A multiplexação por divisão de frequência envolve atribuição de faixas de frequência que não se sobrepõem a sinais diferentes. A multiplexação por divisão de frequência utiliza sinais analógicos, enquanto a multiplexação por divisão de tempo usa sinais digitais.

- A multiplexação por divisão de tempo de um meio envolve a divisão do tempo de transmissão disponível em um meio entre os usuários. A multiplexação por divisão de tempo tem duas formas básicas: multiplexação síncrona por divisão de tempo e multiplexação estatística por divisão de tempo.

- A multiplexação síncrona por divisão de tempo aceita a entrada de um número fixo de dispositivos e transmite seus dados em um padrão repetitivo sem fim. Os sistemas telefônicos T-1 e Sonet/SDH são exemplos comuns de sistemas que utilizam multiplexação síncrona por divisão de tempo. A atribuição estática de dispositivos de entrada para frequências específicas ou espaços de tempo pode ser desperdiçadora se os dispositivos não estiverem constantemente transmitindo dados.

- A multiplexação estatística por divisão de tempo aceita a entrada de um conjunto de dispositivos que tenham dados para transmitir, cria um quadro com dados e informações de controle e transmite esse quadro. Os dispositivos que não possuem dados para enviar não estão incluídos no quadro.

- A multiplexação por divisão de comprimento de onda envolve sistemas de fibra óptica e a transferência de vários fluxos de dados por uma única fibra utilizando múltiplos transmissores a laser coloridos. Os sistemas de multiplexação por divisão de comprimento de onda podem ser densos ou esparsos.

- O multitom discreto é uma tecnologia utilizada em sistemas DSL. Múltiplos subcanais, cada um utilizando uma forma de modulação por chaveamento de amplitude em quadratura, são multiplexados juntos para oferecer um fluxo de dados para um usuário.

- A multiplexação por divisão de código permite que vários usuários compartilhem o mesmo conjunto de frequências ao atribuir um código digital único a cada usuário.

- A compressão é um processo que compacta dados em um pacote menor. Quando armazenados, os dados comprimidos economizam espaço; quando transmitidos, resultam em tempos menores de transmissão.

- Existem duas formas básicas de compressão: sem perda, na qual nenhum dado é perdido durante os estágios de compressão e descompressão; e com perda, no qual alguns dos dados originais são perdidos.

PERGUNTAS DE REVISÃO

1. Quais são as três fases da compressão JPEG?
2. Se um multiplexador estatístico estiver conectado a 20 dispositivos, ele necessita de uma linha de saída de alta velocidade que é equivalente à soma dos 20 fluxos de transmissão? Defenda sua resposta.
3. A codificação *run-length* pode ser utilizada para comprimir qual(is) tipo(s) de dados?
4. Quais são as principais diferenças entre a multiplexação estatística por divisão de tempo e multiplexação síncrona por divisão de tempo?
5. Quais são as duas formas básicas de compressão
6. Qual é a semelhança entre T-1 e Sonet?
7. Como a multiplexação por divisão de código distingue um sinal do outro?
8. Um multiplexador T-1 combina quantos sinais separados em um fluxo?
9. Qual é a diferença entre multitom discreto e as outras técnicas de multiplexação? Qual a semelhança?
10. Como um multiplexador síncrono por divisão de tempo fica sincronizado com o demultiplexador na extremidade receptora?
11. Qual é a diferença entre a multiplexação por divisão de comprimento de onda densa e a multiplexação por divisão de comprimento de onda esparsa?
12. O que aconteceria se um multiplexador síncrono por divisão de tempo fizesse a amostragem dos sinais de entrada fora de ordem?
13. Quantos comprimentos de onda diferentes a multiplexação por divisão de comprimento de onda densa pode colocar em uma conexão?
14. Em qual ordem a multiplexação síncrona por divisão de tempo faz a amostragem dos sinais de entrada?
15. Que tipo de meio é necessário para permitir a multiplexação por divisão de comprimento de onda?
16. A multiplexação por divisão de frequência é associada com qual tipo de sinal?
17. Por que o endereçamento dos fluxos individuais de dados é necessário para a multiplexação estatística?
18. Faça uma lista de três exemplos comuns de multiplexação por divisão de frequência.

EXERCÍCIOS

1. MP3, JPEG e MPEG dependem de que característica nos dados para executar a compressão?
2. Um sistema multitom discreto está utilizando uma técnica de modulação em seus subcanais, cada um deles gerando um fluxo de 64 kbps. Supondo condições ideais (sem ruído), qual é a taxa máxima de dados do sistema multitom discreto?
3. Você pode comprimir um conjunto de extratos bancários utilizando a compressão JPEG?. Explique
4. A companhia telefônica tem uma linha de fibra óptica com multiplexação por divisão de tempo que vai dos Estados Unidos até a Inglaterra e está no fundo do mar. Essa linha de fibra óptica atingiu sua capacidade. Que alternativas a companhia telefônica pode considerar para aumentar a capacidade?
5. Dada a série de bits a seguir, mostre a codificação run-length resultante:
00000001000001100000000000000000010000001110000000000
6. Quando os dados são transmitidos utilizando um multiplexador estatístico, as unidades individuais de dados têm de ter alguma forma de endereço que permita ao receptor identificar o destino pretendido de cada parte de dados. Em vez de atribuir endereços absolutos a cada parte de dados, é possível incorporar endereçamento relativo? Se sim, explique os benefícios.
7. Se os dados têm um número alto de um tipo de símbolo, que espécie de compressão seria a mais eficiente?
8. Dez estações de trabalho de computador estão conectadas a um multiplexador síncrono por divisão de tempo. Cada estação de trabalho transmite a 128 Kbps. Em qualquer ponto no tempo, 40% das estações de trabalho não estão transmitindo. Qual é a velocidade mínima necessária da linha que deixa o multiplexador? A resposta será diferente se utilizarmos um multiplexador estatístico? Explique seu raciocínio.
9. A forma de DSL que uma empresa utiliza é diferente da forma da DSL que um usuário residencial contrata? Explique.
10. Qual é o objetivo do bit de sincronização em um quadro de T-1? Por que ele é necessário?
11. Em teoria, a multiplexação por divisão de código pode ter 264 sinais diferentes na mesma área. Na realidade, isso não é possível. Por que não? Mostre um exemplo.

12. Se somente quatro computadores estiverem transmitindo dados digitais por uma linha de T-1, qual é a taxa máxima possível de dados para cada computador?
13. Qual das técnicas de multiplexação pode ser utilizada tanto nos meios com fio quanto nos meios sem fio, quais somente nos meios com fio, e quais somente nos meios sem fio?
14. Vinte sinais de voz vão ser multiplexados e transmitidos por par trançado. Qual é a largura de banda necessária (em bps) se a multiplexação síncrona por divisão de tempo, juntamente com a taxa de amostragem padrão analógico-digital, e cada amostra é convertida em um valor de 8 bits?
15. Por que a multiplexação por divisão de comprimento de onda é mais semelhante à multiplexação por divisão de frequência e menos semelhante à multiplexação por divisão de tempo?
16. Vinte e quatro *sinais de voz* vão ser multiplexados e transmitidos por par trançado. Qual é a largura de banda total necessária se a multiplexação por divisão de frequência for utilizada?
17. Quantos quadros por segundo T-1 e Sonet transmitem? Por que esse número?
18. Um benefício da multiplexação por divisão de frequência e a multiplexação por divisão de código é que todos os receptores não têm de estar no mesmo local. Explique as consequências desses benefícios e dê um exemplo.
19. O usuário móvel A está utilizando a multiplexação por divisão de código e foi atribuído um código binário de 00001111. O usuário móvel B também utilizando a multiplexação por divisão de código e foi atribuído um código binário de 01010101. O usuário móvel A transmite um 1, enquanto o usuário móvel B transmite um 0. Mostre a soma dos produtos que resulta e seus cálculos.
20. Comparadas com as outras técnicas de multiplexação, aponte duas vantagens e duas desvantagens de cada um dos seguintes:
    a. multiplexação por divisão de frequência
    b. multiplexação síncrona por divisão de tempo
    c. multiplexação estatística por divisão de tempo
    d. multiplicação por divisão de comprimento de onda
21. A companhia de telefonia celular na cidade utiliza a multiplexação por divisão de código para transmitir sinais entre seus telefones celulares e as torres celulares. Você está utilizando seu telefone celular próximo a outra pessoa que está utilizando o telefone celular dela. Como o sistema distingue os dois sinais?

PENSANDO CRIATIVAMENTE

1. Uma empresa tem dois prédios que estão separados por 50 metros (por volta de 50 jardas). Entre os prédios, há um terreno privado de propriedade da empresa. Um grande túnel de passagem conecta os dois prédios. Em um prédio está um conjunto de 30 estações de trabalho; no outro prédio está um mainframe. Qual é a melhor maneira de conectar as estações de trabalho ao mainframe? Explique seu raciocínio e todas as soluções possíveis que você considerou.
2. Uma empresa tem dois prédios que estão separados por 100 metros (por volta de 100 jardas). Entre os prédios há um terreno público sem túnel de acesso. Em um prédio está um conjunto de 30 estações de trabalho; no outro prédio está um mainframe. Qual é a melhor maneira de conectar as estações de trabalho ao mainframe? Explique seu raciocínio e todas as soluções possíveis que você considerou.
3. Qual é a relação, se é que existe, entre a multiplexação síncrona por divisão de tempo e as conexões síncronas e assíncronas descritas no Capítulo 4?
4. Compare e avalie as diferenças entre as técnicas mais antigas de multiplexação, como multiplexação por divisão de frequência e divisão de tempo, e as técnicas mais novas, como multitom discreto e multiplexação ortogonal por divisão de frequência. O que parece ser a tendência nesses protocolos novos?
5. Você está recebendo acesso à internet de alta velocidade de um provedor DSL. Você também vive na rua em que há uma antena de transmissão de uma estação de rádio AM. Sua DSL é afetada por essa antena? Explique.
6. Considere uma tela VGA que tenha 640 X 800 pixels por tela. Suponha, além disso, que cada pixel seja de 24 bits (8 para vermelho, 8 para azul e 8 para verde). Se um filme em vídeo apresenta 30 quadros (imagens) por segundo, quantos bytes um filme de duas horas necessitará para armazenamento? Quantos bytes um DVD padrão pode ter? Qual deve então ser a proporção de compressão?

PROJETOS PRÁTICOS

1. Encontre um material de divulgação que faça uma lista do número máximo de dispositivos que um multiplexador por divisão de tempo ou de frequência pode dar conta. Esse número é consistente com o que foi apresentado no capítulo?
2. A televisão aberta digital vai substituir, algum dia, a televisão convencional analógica. Que forma de multiplexação é utilizada para sinais de televisão digital aberta?

3. O rádio aberto é uma das últimas formas de entretenimento a se tornar digital. Encontre o último material que descreve o estado atual do rádio aberto digital, e escreva um relatório de duas a três páginas que inclui o tipo de multiplexação previsto e o impacto que o rádio digital terá no mercado atual de rádio.

4. A FCC criou um conjunto de frequências para rádios walkie-talkie. Esse conjunto é chamado serviço de família de rádio e permite que dois rádios transmitam a uma distância de vários quilômetros. Que tipo de multiplexação é utilizado com esses rádios? Quantos canais simultâneos são permitidos? Há uma tecnologia mais nova que o serviço de família de rádio? Se sim, descreva suas características.

5. O enlace local do circuito telefônico que entra em sua casa utiliza a multiplexação para que as pessoas nas duas extremidades da conexão possam falar ao mesmo tempo (se elas quiserem). Que tipo de multiplexação é utilizado? Apresente os detalhes da técnica de multiplexação.

6. Existem formas numerosas de compressão MPEG (como MPEG-1, MPEG-2, entre outras). Faça uma lista de cada uma das formas com uma sentença que descreva para que tipo de dados esta forma da compressão é projetada.

7. Que outros esquemas de compressão existem além dos listados neste capítulo? Quais são os usos de cada esquema de compressão?

6

Erros: tipos, detecção e controle

DURANTE O VERÃO DE 2003, o planeta Marte chegou a uma distância de 55.758.000 km da Terra. Foi o mais próximo que Marte esteve da Terra em 59.619 anos. Porém, mesmo a essa distância, um sinal de rádio levaria 3 minutos e 6 segundos para viajar entre os dois planetas. Agora, imagine uma sonda em Marte capaz de atravessar a paisagem marciana e fazer manobras como ir para a frente, virar para a direita, tirar fotos e escavar uma amostra. A sonda pode tomar suas próprias decisões sobre o que fazer ou, provavelmente por razões de segurança, enviar uma imagem de volta para a Terra e aguardar instruções dos cientistas. Passam-se 3 minutos e 6 segundos para que o sinal se propague até a Terra, vários minutos para que os cientistas decidam o que a sonda deve fazer e, finalmente, 3 minutos e 6 segundos para que o sinal se propague de volta a Marte; sendo assim, é improvável que a sonda realize tarefas com rapidez. Agora, vamos considerar mais um problema. Suponhamos que durante a transferência de dados por mais de 55 milhões de quilômetros, o sinal fique corrompido e o lado receptor tenha de solicitar que o transmissor reenvie a mensagem, pois não foi possível ler os dados. Nesse caso, fazer a sonda executar uma operação simples poderia levar horas para os cientistas. Diante disso, é provável que sejam desenvolvidas versões futuras da sonda, capazes de tomar suas próprias decisões em vez de desperdiçar tanto tempo enviando informações de um lado para outro entre a Terra e Marte. Mas, enquanto isso, o melhor jeito de resolver esses atrasos de tempo pode ser o aprimoramento do modo como o sinal transmitido é enviado.

O ruído é um problema tão grande durante a transmissão de sinais?

Não existe um modo de enviar um sinal de maneira que não seja necessário reenviá-lo completamente em caso de erro?

É possível ocorrer um erro não detectado durante a transmissão?

Objetivos

Após ler este capítulo, você deverá ser capaz de:

▶ Identificar os diferentes tipos de ruído normalmente encontrados em redes de computadores.

▶ Especificar as diversas técnicas de prevenção de erros e ser capaz de aplicar cada técnica a um tipo de ruído.

▶ Comparar as diferentes técnicas de detecção de erros em termos de eficiência e eficácia.

▶ Executar cálculos de paridade simples e longitudinal e relacionar seus pontos fortes e fracos.

▶ Relacionar as vantagens do checksum de redundância cíclica (CRC) e especificar quais tipos de erro ele detecta.

▶ Relacionar as vantagens do checksum aritmético e especificar quais tipos de aplicações o utilizam.

▶ Diferenciar as formas básicas de controle de erro e descrever as circunstâncias sob as quais cada uma pode ser utilizada.

▶ Compreender um exemplo de código de autocorreção de Hamming.

Introdução

O processo de transmissão de dados por um meio costuma funcionar de acordo com a Lei de Murphy: se algo puder dar errado, provavelmente dará. Mesmo se todas as medidas possíveis de redução de erros forem aplicadas antes e durante uma transmissão de dados, algo invariavelmente acabará alterando a forma dos dados originais. Se essa alteração for grave o suficiente, esses dados podem ficar corrompidos, impedindo que o receptor obtenha os dados originalmente transmitidos. Até em cabos de fibra óptica da melhor qualidade, o ruído se infiltra e começa a interferir na transmissão dos dados. Assim, mesmo que se façam os maiores esforços para controlar o ruído, ele é, em certa medida, inevitável. Quando a relação entre a potência do ruído e a potência do sinal se torna tal que o ruído predomina sobre o sinal, ocorrem os erros. É nesse momento que as técnicas de detecção de erros tornam-se ferramentas valiosas.

Como o ruído é inevitável e erros ocorrem, é necessário fazer algo para detectar condições de erro. Este capítulo examina alguns dos métodos mais comuns de detecção de erro e os compara em termos de eficiência e eficácia.

Antes de começarmos a aprender sobre as técnicas de detecção de erros, é fundamental compreender as diferentes formas de ruído que ocorrem com frequência durante a transmissão de dados. Uma melhor compreensão dos diferentes tipos de ruído e de suas causas permitirá a aplicação de técnicas de redução de ruído em sistemas de comunicação e, assim, limitará a quantidade de ruído, impedindo-o de alcançar o limite a partir do qual os erros ocorrem.

Uma vez detectado um erro, que medida o receptor deve tomar? Há três opções de controle de erros: ignorá-lo, retornar uma mensagem de erro ao transmissor ou corrigir o erro sem a ajuda do transmissor. Embora ignorar o erro pareça uma postura irresponsável, ela tem sua utilidade e merece ser examinada. A segunda opção, retornar uma mensagem de erro ao transmissor de modo que ele possa reenviar os dados originais, é a medida mais comum de controle de erros. A terceira opção, corrigir o erro sem pedir ajuda adicional ao transmissor, pode parecer a solução ideal, mas é difícil de manter e exige uma quantia significativa de overhead.

Como a detecção e o controle de erros se integram ao conjunto de protocolos TCP/IP apresentados no Capítulo 1? A maioria das pessoas associa detecção de erros à camada de enlace de dados/acesso à rede. Quando a camada de enlace de dados cria um quadro, normalmente ela insere um código de verificação de erros após o campo de dados. Quando o quadro chega à estação seguinte, esse código de verificação é extraído, e o quadro verificado quanto a sua exatidão. Mas a camada de enlace de dados não é a única que executa detecção de erros. A camada de transporte também inclui um esquema de detecção. Quando o pacote de transporte chega ao destino final (e apenas no destino final), o receptor pode extrair um código de verificação de erros do cabeçalho de transporte e efetuar a detecção. Além disso, alguns protocolos de camada de rede, como o IP (Internet Protocol), incluem código de detecção de erros no cabeçalho da camada de rede. No caso do IP, no entanto, a detecção é executada apenas no cabeçalho de IP, e não no campo de dados. Muitas aplicações também executam algum tipo de verificação de erro, como a detecção de pacotes perdidos a partir de uma sequência de pacotes transmitidos. Por enquanto, vamos nos concentrar nos detalhes de detecção e controle de erros referentes às camadas de enlace de dados e de transporte. Observe, porém, que todos os assuntos discutidos até aqui neste livro, com possível exceção das conexões assíncronas, sincrônicas e isocrônicas, eram atividades de camada física. Para compreender como a detecção e o controle de erros se integram às diversas camadas de uma rede, é importante lembrar o conceito básico do conjunto de protocolos TCP/IP e do modelo OSI: as atividades de uma camada não devem ser afetadas pelas atividades de outra. Assim, a seleção de um esquema de detecção ou controle de erros é um problema não relacionado ao tipo de meio selecionado ou da escolha da técnica de multiplexação. Todos os esquemas de detecção e controle de erros apresentados neste capítulo podem ser aplicados a qualquer tipo de sistema de comunicação.

Ruídos e erros

Como é de esperar, podem ocorrer diversos erros durante uma transmissão de dados. De uma simples intermitência a uma interrupção enorme, os dados transmitidos, tanto analógicos como digitais, estão suscetíveis a muitos tipos de ruídos e erros. Os meios com base em cobre são tradicionalmente infestados por vários tipos de interferência e ruído. Até redes de satélite, microondas e rádio são propensas a sofrer interferência e diafonia. Mesmo os quase perfeitos cabos de fibra óptica podem introduzir erros em um sistema de transmissão, embora a probabilidade de isso ocorrer seja menor que com outros tipos de mídia. Examinemos vários tipos importantes de ruídos que ocorrem em sistemas de transmissão.

Ruído branco

O **ruído branco**, também chamado ruído térmico ou de Gauss, é um tipo relativamente contínuo de ruído, muito parecido com a estática que se ouve entre duas estações quando se está sintonizando um rádio. Em certo grau, está sempre presente nos meios de transmissão e dispositivos eletrônicos e depende da temperatura do meio. Conforme a temperatura aumenta, o nível de ruído também aumenta em razão da atividade ampliada dos elétrons no meio. Como o ruído branco é relativamente contínuo, pode ser reduzido significativamente, mas nunca eliminado por completo. O ruído branco é o tipo de interferência que reduz a clareza de sinais analógicos e digitais (Figura 6-1).

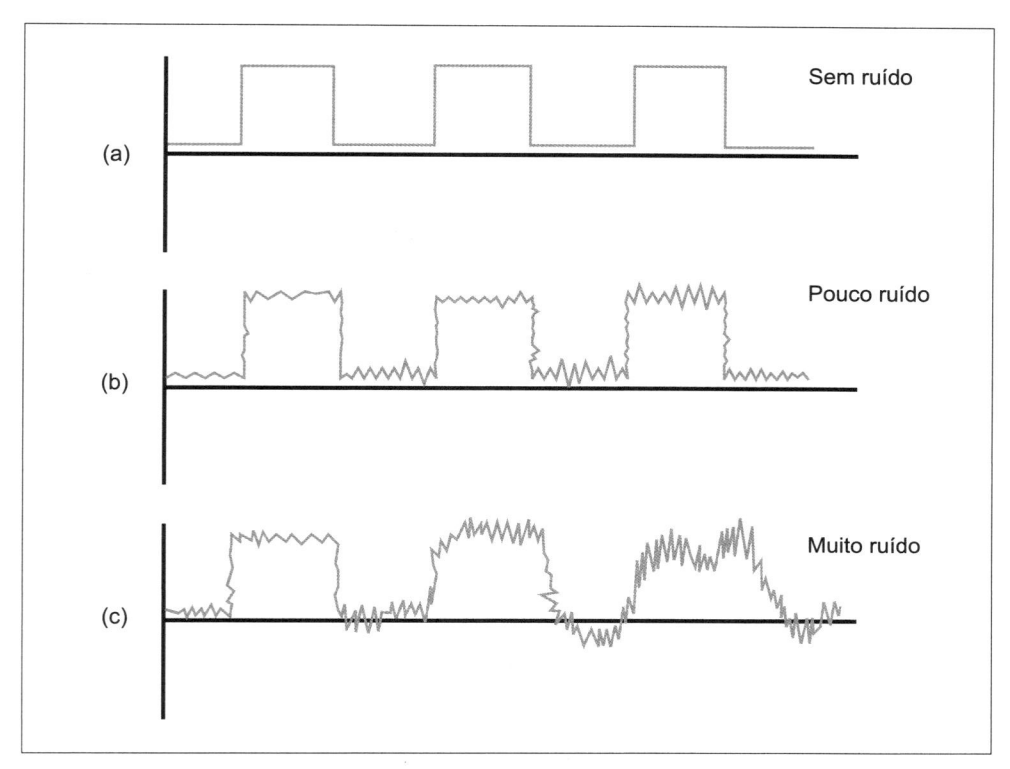

Figura 6-1 Interferência de ruído branco em um sinal digital.

A redução do ruído branco de um sinal digital é relativamente simples, caso o sinal possa atravessar um regenerador antes de ser totalmente sobrepujado pelo ruído. A redução também é possível em sinais analógicos e envolve a passagem do sinal ruidoso por um conjunto adequado de filtros, que (espera-se) deixa apenas o sinal original.

Ruído impulsivo

O **ruído impulsivo**, ou pico de ruído, é um ruído não contínuo, constituindo um dos erros mais difíceis de detectar, pois pode ocorrer aleatoriamente. A dificuldade surge ao se separar o ruído do sinal. Normalmente, o ruído é um surto analógico de energia.

Se o pico de ruído interferir em um sinal analógico, poderá ser difícil removê-lo sem afetar o sinal original. Lembre-se do exemplo do Capítulo 2 sobre discos de música arranhados. Nos discos, os picos de impulso correspondem a estalos e cliques altos que surgem durante a reprodução e podem interferir na fruição do ouvinte. Um segundo exemplo de ruído impulsivo ocorre quando ouvimos rádio AM durante uma tempestade elétrica. Os raios que caem na área provocam estática intensa no rádio, tão intensa que não é possível ouvir as transmissões normais.

Se o ruído impulsivo interferir em um sinal digital, normalmente o sinal original pode ser reconhecido e recuperado. Quando o ruído destrói completamente um sinal digital, o sinal original não pode ser recuperado (veja a Figura 6-2).

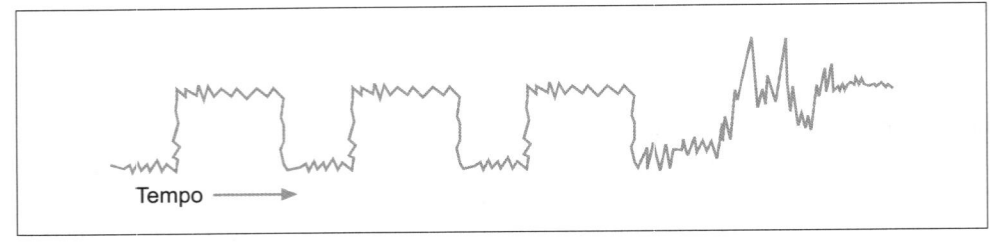

Figura 6-2 Efeito de ruído impulsivo em um sinal digital.

O ruído é um problema de sinais analógicos e digitais, mas em sinais digitais a velocidade de transmissão pode determinar se o ruído é ou não significativo. De fato, às vezes a influência da velocidade é bastante problemática e pode ser facilmente demonstrada. A Figura 6-3 mostra a transmissão de um sinal digital a uma velocidade relativamente baixa e a uma velocidade relativamente alta. Observe na figura que, quando a velocidade de transmissão é menor, ainda é possível determinar o valor de um sinal; porém, quando a velocidade aumenta, não é mais possível determinar se o sinal é 0 ou 1.

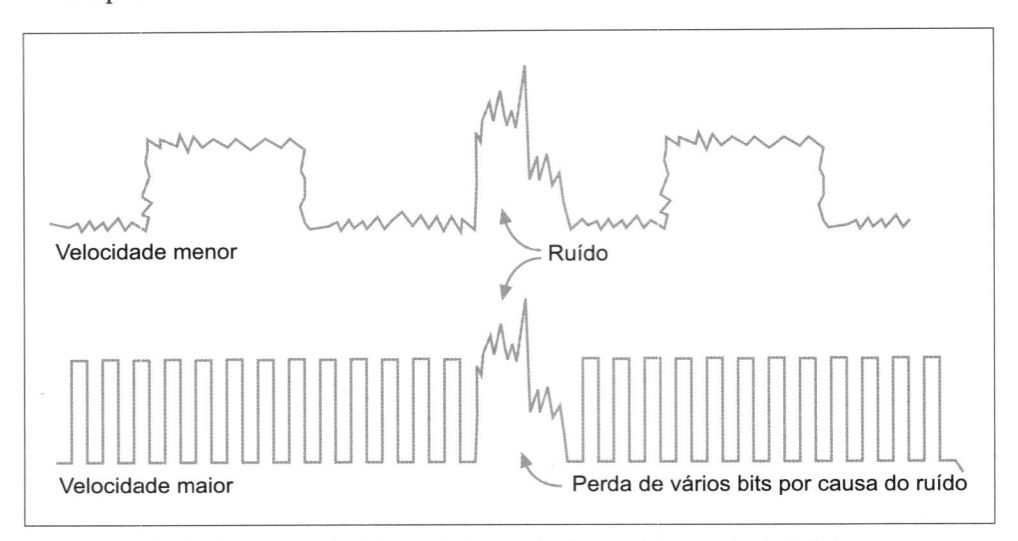

Figura 6-3 Relação entre velocidade de transmissão e ruído em sinal digital.

Diafonia

A **diafonia** (*crosstalk*) é um acoplamento indesejado entre sinais percorrendo duas trajetórias diferentes. Essa ligação indesejada pode ser elétrica, como entre dois conjuntos de par trançado (caso da linha telefônica), ou eletromagnética, como a captação de sinais indesejados por antenas de micro-ondas. A diafonia de sinal telefônico foi um problema mais comum há 20 ou 30 anos, antes de as empresas telefônicas utilizarem cabos de fibra óptica e outros fios com melhor blindagem. Quando ocorre diafonia em uma conversa telefônica, é possível ouvir outra conversa ao fundo (Figura 6-4). Alta umidade ou o clima úmido podem causar um aumento da diafonia elétrica em um sistema telefônico. Embora a diafonia seja relativamente contínua, ela pode ser reduzida com precauções e dispositivos adequados, como veremos em breve.

Eco

O **eco** é o retorno refletivo de um sinal transmitido conforme o sinal passa através do meio. De modo muito similar a uma voz que ecoa em uma sala vazia, um sinal pode chegar ao final de um cabo, refletir-se através do fio e interferir no sinal original. Esse erro ocorre com mais frequência em junções em que fios são conectados ou na extremidade aberta de um cabo coaxial. A Figura 6-5 demonstra um sinal sendo refletido a partir do final de um cabo e criando eco. Para reduzir o efeito do eco, pode-se incorporar à linha um dispositivo chamado supressor de eco. O supressor de eco é basicamente um filtro que permite que o sinal passe em apenas uma direção. Em redes

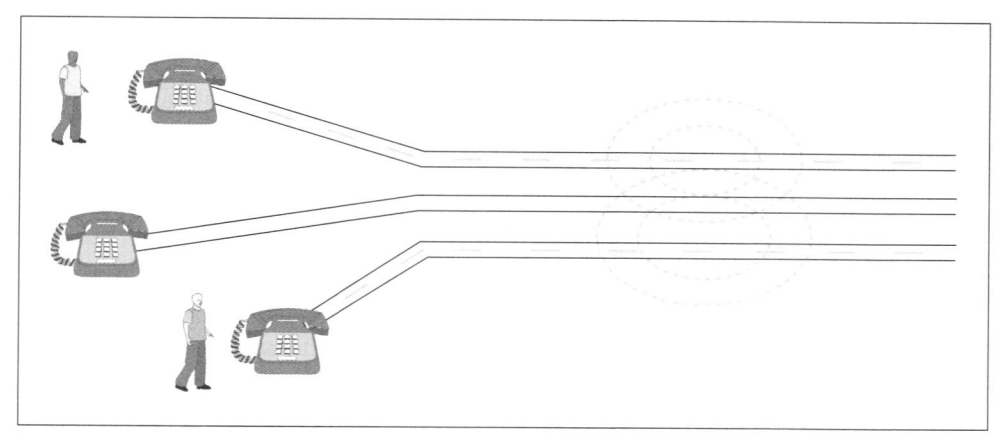

Figura 6-4 Três circuitos telefônicos sofrendo diafonia.

locais que utilizam cabo coaxial, normalmente se coloca um pequeno filtro na extremidade aberta de cada cabo para absorver quaisquer sinais que cheguem.

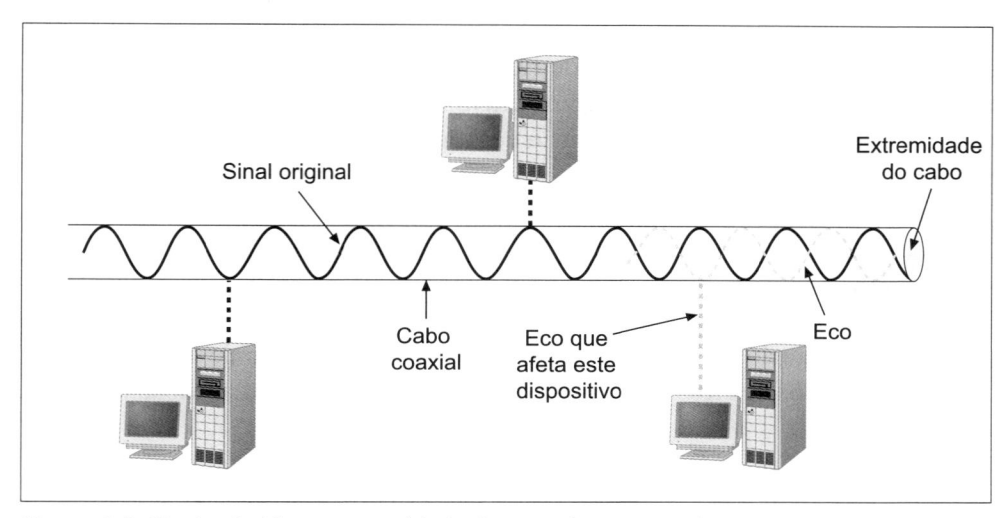

Figura 6-5 Sinal refletido na extremidade de um cabo, causando eco.

Jitter

O **jitter** é o resultado de pequenas irregularidades de temporização, que podem ser amplificadas durante a transmissão de sinais digitais conforme eles passam de um dispositivo a outro. Colocando de outro modo, quando um sinal está sendo transmitido, as subidas e descidas do sinal podem começar a desviar ou podem tornar-se vagas, produzindo jitter. Se não detectado, o jitter pode fazer que imagens de vídeo fiquem trêmulas, transmissões de áudio sofram cliques e interrupções e dados transmitidos cheguem com erros. Se o jitter se tornar muito grande, sua correção pode exigir que se reduzam as taxas de transmissão dos dispositivos, o que, por sua vez, limita o desempenho geral do sistema. A Figura 6-6 mostra um exemplo simplificado de sinal digital passando por jitter.

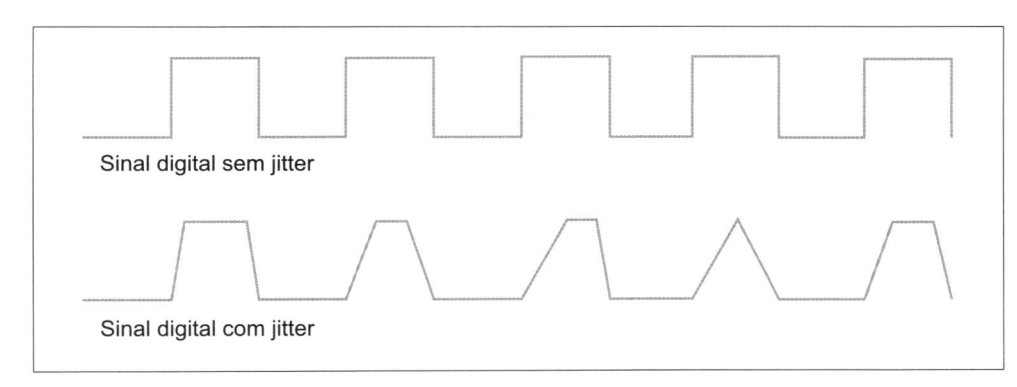

Figura 6-6 Sinal digital original e sinal digital com jitter

As causas do jitter incluem interferência eletromagnética, diafonia, passagem do sinal por muitos repetidores e utilização de equipamento de baixa qualidade. Algumas soluções possíveis envolvem a instalação de blindagem adequada, capaz de reduzir ou eliminar interferência eletromagnética e diafonia, e limitação do número de vezes em que um sinal é repetido.

Atenuação

A **atenuação** é a perda contínua de força de um sinal conforme ele atravessa um meio. Não é necessariamente uma forma de erro, mas pode levar indiretamente a um aumento de erros que afetem o sinal transmitido. Como vimos no Capítulo 2, a atenuação pode ser eliminada com o uso de amplificadores em sistemas analógicos ou repetidores em sistemas digitais.

Prevenção de erros

Como há muitas formas de ruídos e erros, e a presença de uma ou outra forma em um sistema deve ser considerada virtualmente uma certeza, todos os sistemas de transmissão de dados têm de tomar precauções para reduzir o ruído e a possibilidade de erros. Um efeito colateral indesejável do ruído durante a transmissão é que a estação transmissora tem de reduzir sua taxa de transmissão. Por isso, quando um modem faz uma conexão pela primeira vez com outro modem, ambos entram em uma negociação de posição de recuo. Isso quer dizer que, se o modem transmissor enviar dados e eles chegarem adulterados, o modem receptor pode solicitar que o transmissor retroceda para uma velocidade de transmissão menor. Essa redução de velocidade cria um sinal cuja duração de bit para cada 0 e 1 é maior ou, no caso de QAM (modulação por chaveamento de amplitude em quadratura), um diagrama em que há menos níveis discretos ou símbolos, fornecendo ao receptor uma chance maior de distinguir um valor do seguinte, mesmo na presença de ruído. Porém, se for possível reduzir a possibilidade de ruído antes que ele ocorra, pode ser que a estação transmissora não tenha de reduzir a velocidade de seu fluxo de transmissão.

Podemos evitar a ocorrência de muitos tipos de erros de transmissão aplicando as técnicas adequadas de prevenção, que incluem as listadas abaixo:

- Instalar fiação com blindagem adequada para reduzir a interferência magnética e a diafonia.
- Saber que muitos tipos diferentes de aplicações sem fio compartilham as mesmas frequências. Até mesmo alguns dispositivos que não possuem transmissão sem fio geram sinais capazes de interferir em aplicações sem fio. Por exemplo, fornos de micro-ondas podem interferir em sinais de LAN sem fio.
- Substituir equipamentos mais antigos por equipamentos digitais mais modernos; embora inicialmente cara, essa técnica costuma ter melhor custo-benefício para minimizar erros de transmissão no longo prazo.
- Utilizar o número adequado de repetidores digitais e amplificadores analógicos para aumentar a intensidade do sinal, reduzindo, assim, a probabilidade de erros.
- Observar a capacidade especificada de cada meio e, para reduzir a possibilidade de erros, evitar forçar as velocidades de transmissão acima dos limites recomendados. Por exemplo, lembre-se, como visto no Capítulo 2, que cabos de par trançado Categoria 5e/6 não devem exceder a distância recomendada de 100 metros ao transmitir a 100 Mbps.

A redução do número de dispositivos, do comprimento dos cabos e da velocidade de transmissão dos dados também pode ser eficiente para diminuir a possibilidade de erros. Embora escolhas como essa nem sempre são desejáveis, às vezes são as alternativas mais razoáveis à disposição.

A Tabela 6-1 demonstra os diferentes tipos de erros que podem surgir e apresenta uma ou mais técnicas de prevenção de erros possíveis para cada um deles.

Não podemos nos iludir pensando que a simples aplicação de diversas técnicas de prevenção impedirá a ocorrência de erros. Ainda é necessário implantar métodos adequados de detecção de erros. Vamos examinar as principais técnicas a seguir.

Tabela 6-1 Resumo de erros e técnicas de prevenção.

Tipo de erro	Técnica de prevenção
Ruído branco	Instalar filtros para sinais analógicos; implantar regeneração de sinal para sinais digitais
Ruído impulsivo	Instalar filtros especiais para sinais analógicos; implantar processamento de sinal para sinais digitais
Diafonia	Instalar blindagem adequada nos cabos
Eco	Instalar terminação adequada nos cabos
Jitter	Utilizar aparelhos eletrônicos de melhor qualidade e menos repetidores; reduzir a velocidade de transmissão
Atenuação*	Instalar dispositivo que amplifica sinais analógicos; implantar regeneração de sinais digitais

* Não é um tipo de erro, mas afeta indiretamente o erro.

Detecção de erros

Apesar de todos os esforços de prevenção, os erros ainda vão ocorrer. Como a maioria dos dados transferidos por uma linha de comunicação é importante, normalmente é necessário aplicar uma técnica de detecção de erro para os dados recebidos, a fim de garantir que nenhum erro tenha sido introduzido durante a transmissão. Se for detectado um erro, uma reação comum é executar algum tipo de solicitação de transmissão.

A detecção de erro pode ser executada em vários pontos de um modelo de comunicação. Um dos locais mais comuns é a camada de enlace de dados. Ao criar um quadro de dados nessa camada, um dispositivo insere algum tipo de código de detecção de erros. Quando o quadro chega ao dispositivo seguinte na sequência de transmissão, o receptor extrai esse código e verifica a integridade do quadro recebido. Em seguida, o quadro de dados é reconstruído e enviado ao dispositivo seguinte na sequência de transmissão. Alguns protocolos executam uma rotina de detecção de erro no destino final. Como vimos no Capítulo 1, o TCP executa detecção de erro nos pontos extremos da conexão.

Independentemente de onde a detecção é aplicada, todos os sistemas reconhecem a importância de verificar erros de transmissão. As técnicas de detecção podem ser relativamente simples ou relativamente elaboradas. Como é de se esperar, técnicas simples não fornecem o mesmo grau de verificação que os esquemas mais elaborados. Por exemplo, a técnica mais simples de detecção de erros é a paridade simples, que adiciona um único bit ao caractere de dados; em compensação, é a técnica que detecta o menor número de erros. Na outra extremidade do espectro, temos a técnica mais elaborada e eficiente disponível atualmente, o checksum de redundância cíclica (CRC). O CRC não é apenas mais complexo que a paridade simples; por adicionar, normalmente, de 8 a 32 bits de código de detecção de erros ao bloco de dados, é também a técnica mais custosa já projetada. Vamos examinar quatro técnicas de detecção de erros e avaliar as vantagens e desvantagens de cada uma delas.

Verificações de paridade

As técnicas de detecção de erro mais elementares são as verificações de paridade, normalmente utilizadas em conexões assíncronas. Embora haja várias formas de verificação de paridade para um único caractere, um aspecto é constante: elas deixam passar muitos erros não detectados. Apenas por esse motivo, as verificações de paridade raramente são utilizadas (se é que são utilizadas) em transmissões sérias de dados. Apesar disso, duas formas de verificação de paridade, simples e longitudinal, ainda existem e merecem nossa atenção.

Paridade simples

A **paridade simples** (às vezes referida como paridade de redundância vertical) é o método de detecção de erros mais fácil de incorporar a um sistema de transmissão; ela possui duas formas básicas: paridade par e paridade ímpar. O conceito básico de verificação de paridade é a adição de um bit a uma cadeia de bits para criar paridade par ou ímpar. Com **paridade par**, o 0 ou 1 adicionado à cadeia resulta em um número par de "1s" binários. Com **paridade ímpar**, o 0 ou 1 adicionado à cadeia resulta em um número ímpar de "1s" binários. Ao se utilizar o código de caracteres ASCII de 7 bits, o bit de paridade é adicionado como o oitavo bit. Suponha, por exemplo, que o caractere "k" – que é 1101011 em código binário – seja transmitido com aplicação de paridade par. Nesse caso, seria adicionado um bit de paridade 1 ao final do fluxo de bits, do seguinte modo: 11010111. Agora, há um número par (6) de "1s" (se fosse utilizada paridade ímpar, um 0 seria adicionado ao final, resultando em 11010110).

Assim, se um erro de transmissão fizer que um dos bits seja trocado (valor interpretado erroneamente com 0 em vez de 1, ou vice-versa), o erro pode ser detectado, caso o receptor saiba que precisa verificar a paridade par. Voltando ao exemplo do caractere "k" enviado com paridade par, se for enviado 11010111, mas for recebido 01010111, o receptor contará os "1s", verá que há um número ímpar e saberá que um erro ocorreu.

O que aconteceria se fosse enviado 11010111 com paridade par e fossem corrompidos dois bits? Por exemplo, se fosse recebido *00*010111. O erro seria detectado? A resposta é não; o erro não seria detectado, pois o número de "1s" ainda é par. A paridade simples só é capaz de detectar um número ímpar de bits errôneos por caractere. É possível que mais de um bit de um caractere seja alterado em consequência de erro de transmissão? Sim. Erros de um único bit isolado ocorrem de 50% a 60% dos casos. Os surtos de erros, em que dois bits errôneos são separados por menos de 10 bits não corrompidos, ocorrem de 10% a 20 % das vezes.

Observe que, quando utilizamos código de caracteres ASCII de 7 bits, um bit de paridade é adicionado para cada 7 bits de dados, resultando em uma relação de 1:7 bits de paridade por bits de dados. Assim, a paridade simples resulta em relações relativamente altas entre bits de verificação e bits de dados, mas obtendo resultados médios (50%) de detecção de erros.

Paridade longitudinal

A **paridade longitudinal**, às vezes chamada verificação de redundância longitudinal ou paridade horizontal, tenta solucionar as principais fraquezas da paridade simples, isto é, a não detecção de nenhum número par de erros. Para fornecer esse nível extra de proteção, a paridade longitudinal precisa utilizar bits de verificação adicionais, como veremos rapidamente. A primeira etapa desse esquema de paridade consiste no agrupamento de caracteres individuais em um bloco, como mostrado na Tabela 6-2. Cada caractere (também chamado linha) do bloco possui seu próprio bit de paridade. Além disso, após o envio de certo número de caracteres, é enviada também uma linha de bits de paridade ou um bloco de verificação de caracteres. Cada bit de paridade nessa última linha é uma verificação de paridade para todos os bits na coluna acima. Se um bit for alterado na Linha 1, o bit de paridade no final da Linha 1 apontará o erro. Além disso, o bit de paridade da coluna correspondente também o perceberá. Se dois bits da Linha 1 forem trocados, a verificação de paridade da Linha 1 não apontará o erro, mas duas verificações de paridade de coluna o farão. Assim, a paridade longitudinal é capaz de detectar mais erros que a paridade simples. Observe, porém, que se dois bits forem trocados na Linha 1 e dois na Linha 2, e os erros ocorrerem na mesma coluna, eles não serão detectados. Essa situação, apresentada na Tabela 6-3, é uma limitação da paridade longitudinal.

Tabela 6-2 Exemplo simples de paridade longitudinal.

	Dados							Paridade
Linha 1	1	1	0	1	0	1	1	1
Linha 2	1	1	1	1	1	1	1	1
Linha 3	0	1	0	1	0	1	0	1
Linha 4	0	0	1	1	0	0	1	1
Linha de paridade	0	1	0	0	1	1	1	0

Tabela 6-3 O segundo e o terceiro bits das Linhas 1 e 2 apresentam erros, mas a paridade longitudinal não os detecta.

	Dados							Paridade
Linha 1	1	1→0	0→1	1	0	1	1	1
Linha 2	1	1→0	1→0	1	1	1	1	1
Linha 3	0	1	0	1	0	1	0	1
Linha 4	0	0	1	1	0	0	1	1
Linha de paridade	0	1	0	0	1	1	1	0

Embora a paridade longitudinal forneça um nível adicional de proteção, utilizando verificação dupla, esse método, como a paridade simples, também introduz um número elevado de bits de verificação em relação aos bits de dados, com resultados de detecção de erros apenas ligeiramente acima da média. Se forem transmitidos n caracteres em um bloco, a relação de bits de verificação por bits de dados será de n + 8: 7n. Em outras palavras, para transmitir um bloco de dados de 20 caracteres, por exemplo, um bit de paridade simples precisa ser adicionado a cada um dos 20 caracteres, além de uma verificação em bloco de 8 bits no final, resultando em uma relação de bits de verificação por bits de dados de 28:140, ou seja, 1:5.

Checksum aritmético

Muitos protocolos de camadas superiores utilizados na Internet (como o TCP e o IP) recorrem a uma forma de detecção de erro em que os caracteres a serem transmitidos são "somados". Essa soma é então adicionada ao final da mensagem, que é transmitida ao receptor. O receptor aceita a mensagem transmitida e executa a mesma operação de soma, comparando seu resultado com o gerado pelo transmissor. Se as duas somas forem iguais, nenhum erro ocorreu durante a transmissão. Se não forem, o receptor informa o transmissor de que houve um erro. Como a soma é gerada executando uma aritmética relativamente simples, essa técnica costuma ser chamada **checksum aritmético**.

Mais precisamente, consideremos o seguinte exemplo: suponha que quiséssemos transmitir a mensagem "This is cool". Em ASCII (do Capítulo 2), essa mensagem apareceria em código binário como: 1010100 1101000 1101001 1110011 0100000 1101001 1110011 0100000 1100011 1101111 1101111 1101100 0101110 (não se esqueça dos espaços entre as palavras e do ponto final da frase).

Na prática, o TCP e o IP fazem a adição desses valores, criando uma soma binária. Mas a adição binária de tantos operandos pode ser confusa. Para não termos de somar todos esses valores binários, vamos convertê-los em forma decimal. Caso o leitor não conheça as operações binárias, nós as faremos. O primeiro valor binário 1010100 corresponde ao valor decimal 84. 1101000 equivale a 104. O valor binário seguinte 1101001 equivale a 105; 1110011 equivale a 115; 0100000 equivale a 32; 1101001 equivale a 105; 1110011 equivale a 115; 0100000 equivale a 32; 1100011 equivale a 99; 1101111 equivale a 111; 1101111 equivale novamente a 111; 1101100 equivale a 108 e 0101110 equivale a 46. Se somarmos essa coluna de valores, obteremos o seguinte:

```
      84
     104
     105
     115
      32
     105
     115
      32
      99
     111
     108
 +    46
   1.056
```

Assim, a soma 1.056 é adicionada à mensagem de saída e enviada ao receptor. O receptor utilizará os mesmos caracteres, somará seus valores em ASCII e, se não houver erros de transmissão, deverá obter a mesma soma, 1.056. Novamente, os cálculos para o TCP e o IP são executados em valores binários, com um pouco mais de complexidade; esperamos, porém, que o exemplo tenha apresentado a ideia geral do processo.

Vale a pena observar que o checksum aritmético é relativamente fácil de calcular e executa um trabalho relativamente bom na detecção de erros. Obviamente, se o ruído trocar um ou dois bits durante a transmissão, o receptor muito provavelmente não obterá a mesma soma. Pode-se imaginar que, se os planetas e estrelas se alinharem exatamente, seria possível que o ruído "baixasse" o valor de um caractere e "aumentasse" o de outro, de modo tão perfeito que a soma sairia exatamente igual. Mas a probabilidade de isso ocorrer é pequena. Porém, isso nos faz imaginar se existe outro método de detecção de erros cuja probabilidade de falha seja tão pequena que quase nenhum erro possa escapar da detecção. De fato, existe o checksum de redundância cíclica (CRC).

Checksum de redundância cíclica

Diferentemente das técnicas de paridade simples e longitudinal, que resultam em altas relações de bits de verificação por bits de dados, com resultados médios de detecção de erro, o método de **checksum de redundância cíclica** (**CRC** ou checksum cíclico) adiciona de 8 a 32 bits a pacotes de dados potencialmente grandes e propicia uma capacidade de detecção de erros que tende a 100%.

O método CRC de detecção de erros trata o pacote de dados a ser transmitido (a mensagem) como um grande polinômio. O bit mais à direita dos dados é designado como termo x^0, o bit seguinte à esquerda, como x^1, e assim por diante. Quando um bit da mensagem for 1, inclui-se o termo polinomial correspondente. Assim, os dados 101001101 seriam equivalentes ao polinômio:

x^8		$+x^6$			$+x^3$	$+x^2$		$+x^0$
1	0	1	0	0	1	1	0	1

(Como todo valor elevado à potência 0 é 1, o termo x^0 é sempre escrito como 1.) Utilizando aritmética polinomial, o transmissor divide esse polinômio da mensagem por um determinado polinômio gerador, criando um quociente e um resto. O quociente é descartado, mas o resto (em forma de bits) é anexado ao final do polinômio da mensagem original, formando um conjunto de bits que é transmitido pelo meio. Quando os dados e o resto chegam ao destino, o mesmo polinômio gerador é utilizado para detectar erros. O **polinômio gerador** é uma cadeia de bits aprovada em norma, utilizada para criar o resto do checksum cíclico. Alguns polinômios geradores comuns, de ampla utilização, são:

- CRC-12: $x^{12} + x^{11} + x^3 + x^2 + x + 1$
- CRC-16: $x^{16} + x^{15} + x^2 + 1$
- CRC-CCITT: $x^{16} + x^{15} + x^5 + 1$
- CRC-32: $x^{32} + x^{26} + x^{23} + x^{22} + x^{16} + x^{12} + x^{11} + x^{10} + x^8 + x^7 + x^5 + x^4 + x^2 + x + 1$

Detalhes

Cálculos do checksum de redundância cíclica

O processo de divisão polinomial é executado, de modo muito rápido, em hardware. O hardware básico utilizado para os cálculos de CRC é um simples registrador que desloca todos os bits de dados para a esquerda sempre que um novo bit é inserido. O aspecto característico desse registrador de deslocamento é que o bit mais à esquerda é realimentado em pontos selecionados. Nesses pontos, o valor do bit realimentado passa por operação de disjunção exclusiva (OU exclusivo) com os bits estão se deslocando para a esquerda no registrador (para mais detalhes sobre a operação de disjunção exclusiva, consulte o material on-line associado a este livro). A Figura 6-7 mostra o esquemático de um registrador de deslocamento utilizado para CRC. Pode-se ver na figura que onde há um termo no polinômio gerador há uma disjunção exclusiva (indicada por um sinal de mais dentro de um círculo ⊕) entre duas caixas de deslocamento sucessivas. Conforme os bits de dados são inseridos no registrador (a partir da direita), todos os bits se deslocam uma posição para a esquerda. Mas antes de o bit se deslocar, se há uma disjunção exclusiva no caminho (entre as duas caixas), o último bit mais à esquerda no registrador é realimentado e sofre uma operação de disjunção exclusiva com o bit em deslocamento. A Tabela 6-4 mostra um exemplo de geração de CRC, utilizando a mensagem 1010011010 e o polinômio gerador $x^5 + x^4 + x^2 + 1$, que foi criado para este exemplo simplificado, não sendo um polinômio-padrão.

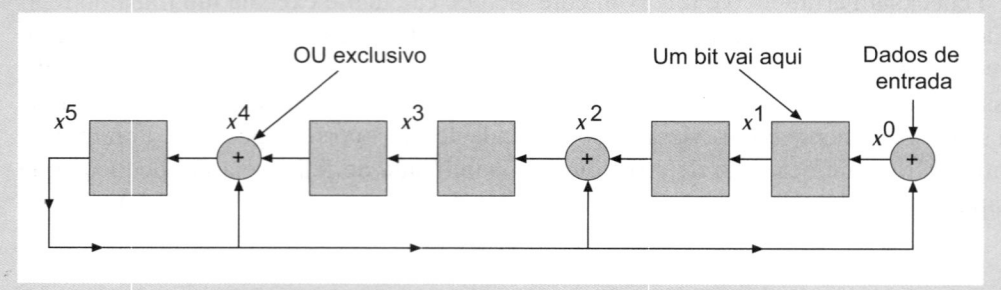

Figura 6-7 Registrador de deslocamento utilizado para a geração de CRC.

- CRC de modo
  de transferência
  assíncrona $x^8 + x^2 + x + 1$

O receptor divide os dados de entrada (o polinômio da mensagem original acrescentado do resto) exatamente pelo mesmo polinômio gerador utilizado pelo transmissor. Se nenhum erro foi introduzido durante a transmissão de dados, a divisão deve produzir um resto zero. Se ocorreu um erro, o polinômio original da mensagem mais o resto não terão divisão exata pelo polinômio gerador e produzirão um resto não nulo, indicando a condição de erro.

Na realidade, os transmissores e receptores não executam divisão polinomial por software. Em vez disso, um hardware projetado em um circuito integrado é capaz de executar os cálculos de modo muito mais rápido.

O método CRC é quase à prova de falhas. A Tabela 6-5 resume o desempenho da técnica de CRC. Em casos em que o tamanho do surto de erro é inferior a r + 1, em que *r* é o grau do polinômio gerador, a detecção de erros é de 100%. Por exemplo, suponha que seja utilizado o CRC-CCITT e o grau (ou maior potência) do polinômio seja 16. Nesse caso, se o surto de erro for inferior a r + 1, ou seja, a 17 bits de comprimento, o CRC o detectará. Apenas em casos em que o surto de erro for maior ou igual a r + 1 bits de comprimento, haverá a chance de que o CRC não detecte o erro. A chance (ou probabilidade) de que um surto de erro de tamanho r + 1 seja detectado é $1 - (½)^{(r-1)}$. Supondo novamente que r = 16, $1 - (½)^{(16-1)}$ é igual a 1 − 0,0000305, que é igual a 0,999969. Assim, a probabilidade de que um grande erro seja detectado é muito próxima de 1,0 (100%).

O checksum de redundância cíclica é um dos poucos casos do campo da ciência da computação em que quase se pode ter benefícios complementares sem custos adicionais. Ao contrário da verificação de paridade, o checksum de redundância crítica detecta quase 100% dos erros. Lembre-se de que a verificação de paridade, dependendo de ser simples ou longitudinal, é capaz de detectar de 50% a 80% dos erros apenas. Podem-se fazer cálculos manuais de paridade muito rapidamente, mas os métodos em hardware do cálculo do checksum de

Tabela 6-4 Exemplo de geração de CRC com o método de registrador de deslocamento.

	0	⊕	0		0	⊕	0		0	⊕	Dados de entrada ↓
	0		0		0		0		1	|	1
	0		0		0		1		0	|	0
	0		0		1		0		1	|	1
	0		1		0		1		0	|	0
	1		0		1		0		0	|	0
	1		1		1		0		0	|	1
	0		1		1		0		0	|	1
	1		1		0		0		0	|	0
	0		0		1		0		0	|	1
	0		1		0		0		0	|	0
	1		0		0		0		0	|	0
	1		0		1		0		1	|	0
	1		1		1		1		1	|	0
	0		1		0		1		1	|	0
Resto	1		0		1		1		0	|	0

} r 0s

redundância cíclica também são bem rápidos. Como vimos, os esquemas de paridade exigem um alto número de bits de verificação por bits de dados. Por outro lado, o checksum de redundância cíclica exige que seja adicionado à mensagem um número de bits de verificação do tamanho do resto (8, 16 ou 32 bits, como se vê na lista de polinômios geradores). A mensagem, por si mesma, pode ter centenas ou milhares de bits de comprimento. Portanto, o número de bits de verificação por bits de dados na redundância cíclica pode ser relativamente baixo.

O checksum de redundância cíclica é uma técnica poderosa de detecção de erros e deve ser considerada seriamente em todos os sistemas de transmissão de dados. Na verdade, todas as redes locais utilizam técnicas de CRC (o CRC-32 é encontrado em LANs Ethernet) e muitos protocolos de rede de longa distância incorporam checksum cíclico.

Agora que compreendemos as técnicas básicas de detecção de erros, vejamos o que ocorre quando um erro é detectado.

Tabela 6-5 Desempenho de detecção de erros do checksum de redundância cíclica.

Tipo de erro	Desempenho de detecção de erros
Erros de um único bit	100%
Erros de dois bits	100%, contanto que o polinômio gerador tenha pelo menos três "1s" (todos têm)
Número ímpar de bits de erro	100%, contanto que o polinômio gerador contenha um fator x + 1 (todos têm)
Surto de erros de comprimento < r + 1	100%
Surto de erros de comprimento = r + 1	probabilidade = $1 - (1/2)^{(r-1)}$ (muito próximo de 100%)
Surto de erros de comprimento > r + 1	probabilidade = $1 - (1/2)^r$ (muito próximo de 100%)

Controle de erros

Uma vez detectado um erro no fluxo de dados recebido, o que o receptor deve fazer? A medida tomada pelo receptor é chamada **controle de erros**, que envolve, basicamente, a escolha de uma destas três ações:

- Não fazer nada.
- Retornar uma mensagem ao transmissor solicitando reenvio do pacote de dados com erro.
- Corrigir o erro sem retransmissão.

Vamos considerar cada uma dessas opções em mais detalhes.

Não fazer nada

A primeira opção de controle de erros – não fazer nada – nem sequer parece ser uma opção. Porém, não fazer nada para controlar os erros está se tornando o modo de operação de algumas técnicas de transmissão mais recentes em redes de longa distância. Por exemplo, o frame relay, que existe apenas desde 1994 e é oferecido por empresas telefônicas para transferência de dados para longas distâncias, dá suporte à abordagem "não fazer nada" quanto ao controle de erros. Se chegar um quadro de dados no comutador de frame relay e for detectado um erro após o checksum cíclico, o quadro é simplesmente descartado. O raciocínio por trás dessa medida é duplo. As redes de frame relay são criadas, principalmente, a partir de cabos de fibra óptica. Como esses cabos são os meios menos propensos à geração de erros, assume-se que a taxa de erros é baixa, tornando seu controle desnecessário. Se um quadro apresentar erro e for descartado, o frame relay assume que a camada de transporte ou uma aplicação de camada superior que utilize o serviço rastreará os quadros e perceberá que um quadro foi descartado. Assim, seria responsabilidade da camada superior solicitar que o quadro perdido seja reenviado. Considere o exemplo em que uma empresa possui uma aplicação de banco de dados que envia registros entre dois escritórios da empresa, atravessando todo o país. A aplicação de banco de dados (na camada de aplicação) utiliza frame relay na camada de enlace de dados para transferir os registros. Se um registro ou parte dele for perdido pelo frame relay em consequência de um erro de transmissão, o frame relay não informa a aplicação. Pelo contrário, cabe à aplicação de banco de dados rastrear todos os registros enviados e recebidos e, se um deles não chegar ao destino, solicitar retransmissão.

Retornar uma mensagem

A segunda opção – enviar uma mensagem de volta ao transmissor – é provavelmente a forma mais comum de controle de erros. O retorno de mensagem foi também uma das primeiras técnicas desenvolvidas para controle de erros e está intimamente associado a uma técnica específica de controle de fluxo. Lembre-se, como visto no Capítulo 1, que o controle de fluxo é um processo para evitar que um transmissor envie muitos dados a um receptor, sobrecarregando seu buffer. Com o passar dos anos, surgiram duas versões básicas de controle de erro por retorno de mensagem: *stop-and-wait* e janela deslizante. Vejamos primeiro o controle de erros stop-and-wait.

Controle de erros stop-and-wait

O **controle de erros stop-and-wait** é uma técnica normalmente associada ao protocolo de controle de fluxo stop-and-wait. Esse protocolo e sua técnica de controle de erros são os mais antigos, os mais simples e, portanto, os mais limitados. Uma estação (Estação A) transmite um pacote de dados a outra estação (Estação B); em seguida, para e aguarda uma resposta da Estação B. Podem ocorrer quatro coisas nesse momento. Primeiro, se o pacote de dados chegar sem erros, a Estação B responde com uma confirmação positiva, como ACK. Ao receber um ACK, a Estação A transmite o pacote de dados seguinte. Segundo, se os dados chegarem com erro, a Estação B responde com uma confirmação negativa, como NAK ou REJ (de rejeitado). Ao receber um NAK, a Estação A reenvia o pacote de dados anterior. A Figura 6-8 mostra um exemplo dessas transações.

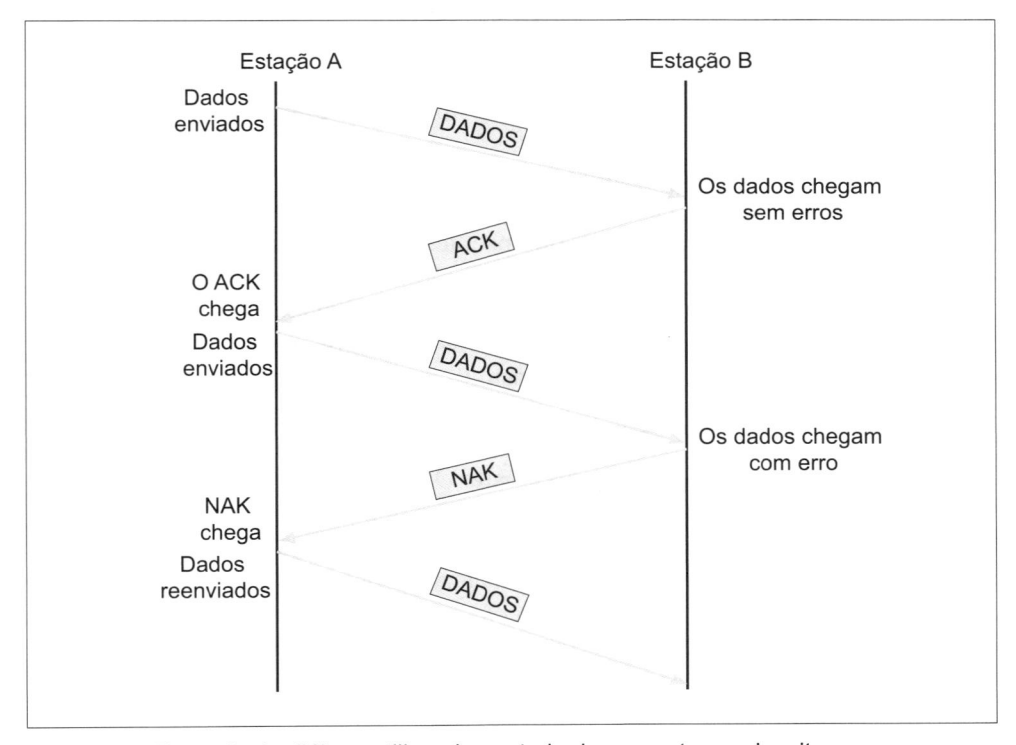

Figura 6-8 Exemplo de diálogo utilizando controle de erros stop-and-wait.

Terceiro, um pacote não corrompido chega à estação B, que transmite um ACK, mas o ACK é perdido ou corrompido. Como a Estação A tem de aguardar alguma forma de confirmação, ela não pode transmitir mais nenhum pacote de dados. Após certo período de tempo (chamado **timeout**), a Estação A reenvia o último pacote de dados. Mas, agora, se esse pacote chegar não corrompido à Estação B, ela não saberá que se trata do mesmo pacote que o recebido anteriormente. Para evitar tal confusão, os pacotes de dados são numerados com 0, 1, 0, 1 e assim por diante. Se a Estação A enviar um pacote 0 e o ACK desse pacote for perdido, ela reenviará o pacote 0. A Estação B perceberá dois pacotes 0 seguidos (o original e o duplicado) e deduzirá que o ACK do primeiro pacote se perdeu.

Quarto, a Estação A envia um pacote, mas ele se perde. Como o pacote não chegou à Estação B, ela não retornará um ACK. Por não receber um ACK, a Estação A aguardará o timeout e reenviará o pacote anterior. Por exemplo, a Estação A envia o pacote 1, aguarda o timeout e o reenvia. Se esse pacote 1 chegar à Estação B, ela responderá com um ACK. Mas como a Estação A saberá se o ACK é uma confirmação do primeiro ou do segundo pacote? Para evitar confusão, assim como os pacotes de dados, os ACKs são numerados. Mas, ao contrário dos pacotes (numerados com 0, 1, 0, 1 etc.), os ACKs são numerados com 1, 0, 1, 0 e assim por diante.

Uma das principais desvantagens do controle de erros stop-and-wait é seu alto grau de ineficiência. Trata-se de um protocolo *half-duplex*, ou seja, apenas uma estação pode transmitir por vez. O tempo que as estações transmissoras perdem enquanto aguardam confirmação poderia ser mais bem utilizado na transmissão de mais pacotes. Existem técnicas mais eficientes que a *stop-and-wait*. Um desses protocolos é a técnica de janela deslizante.

Controle de erros de janela deslizante

O controle de erros de janela deslizante baseia-se no **protocolo de janela deslizante**, que é um esquema de controle de fluxo que permite a uma estação transmitir diversos pacotes de dados ao mesmo tempo antes de receber algum tipo de confirmação. Os protocolos de janela deslizante existem desde a década de 1970, quando as redes de computadores apresentavam duas limitações importantes. Primeiro, as velocidades de linha e a capacidade de processamento eram muito menores do que hoje. Por esse motivo, era importante que a estação transmissora não enviasse os dados muito rapidamente, sobrecarregando a estação receptora. Segundo, a memória era mais cara e, por isso, os dispositivos de rede tinham espaço de buffer limitado para armazenar pacotes de dados de entrada e saída. Em razão dessas limitações, os protocolos-padrão de janela deslizante estabeleceram em sete pacotes o tamanho máximo de janela. Uma estação que tenha tamanho máximo de janela de 7 (como era o caso dos primeiros sistemas) pode transmitir apenas sete pacotes de dados por vez antes de parar e aguardar confirmação. Como esse tamanho de janela era pequeno, logo foram criados protocolos de janela deslizante *expandida*, capazes de oferecer suporte a 127 pacotes. Hoje, o protocolo TCP utilizado na Internet pode ajustar dinamicamente seu tamanho de janela na casa dos milhares para obter desempenho ideal. Para simplificar, os exemplos a seguir considerarão o protocolo-padrão com tamanho máximo de janela igual a 7.

Para organizar o fluxo de dados em um protocolo com tamanho de janela 7, são atribuídos aos pacotes os números 0, 1, 2, 3, 4, 5, 6 e 7. Após a transmissão de um pacote número 7, a sequência numérica recomeça do 0. Embora os pacotes sejam numerados de 0 a 7, o que corresponde a oito pacotes diferentes, apenas sete pacotes de dados podem estar pendentes (sem terem recebido confirmação) por vez (o motivo disso ficará claro em breve). Como, no máximo, sete pacotes de dados podem estar pendentes por vez, nunca haverá dois pacotes com o mesmo número (por exemplo, com o número 4) sendo transmitidos ao mesmo tempo. Se o emissor tiver tamanho máximo de janela de 7 e transmitir quatro pacotes, ainda é possível transmitir mais três pacotes antes de aguardar confirmação. Se o receptor confirmar todos os quatro pacotes antes do emissor transmitir mais dados, o tamanho de janela do emissor retorna a 7.

Considere um cenário em que o emissor transmite cinco pacotes e para. O receptor recebe os cinco pacotes e os confirma. Antes de a confirmação ser recebida, o emissor pode enviar mais dois pacotes, pois o tamanho de janela é 7. Ao receber a confirmação, o emissor pode enviar mais sete pacotes antes de parar novamente.

A confirmação que um receptor transmite ao emissor também é numerada. No protocolo de janela deslizante, as conformações sempre contêm valor igual ao número do *próximo pacote esperado*. Por exemplo, se o emissor, como mostrado na Figura 6-9, transmitir três pacotes numerados com 0, 1 e 2, e o receptor quiser confirmá-los todos, ele retornará uma confirmação (ACK) com valor 3, pois o pacote 3 é o próximo que o receptor espera.

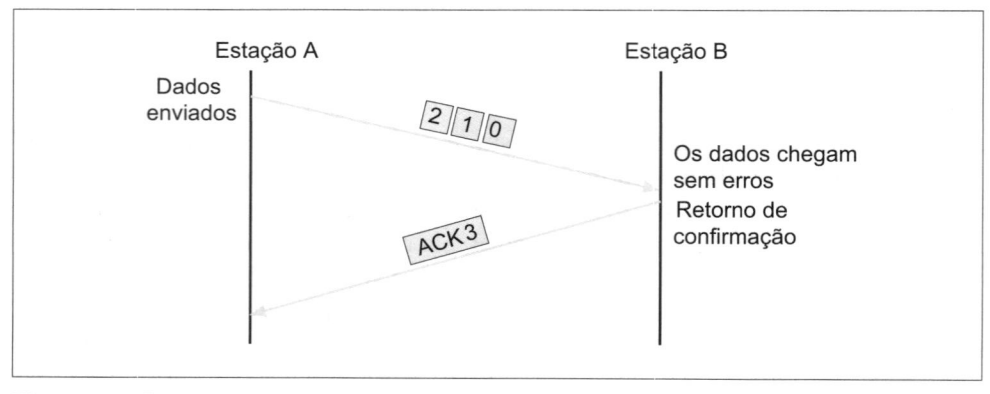

Figura 6-9 Exemplo de janela deslizante.

Vamos retornar e considerar o que aconteceria se o protocolo permitisse que oito pacotes fossem enviados por vez. Assuma que o emissor envie pacotes numerados de 0 a 7. O receptor recebe e confirma todos eles, enviando uma confirmação numerada com 0 (o próximo pacote esperado). Mas e se nenhum dos pacotes tivesse chegado ao receptor? O receptor não responderia uma confirmação positiva e o emissor não receberia nada. Se, após um breve período de tempo (timeout), o emissor solicitar do receptor o número do próximo pacote esperado, o receptor responderia com 0. O emissor não poderia saber se isso significa que todos os pacotes foram recebidos ou nenhum chegou. Essa possível confusão poderia levar o emissor a reenviar todos os pacotes quando não fosse necessário, ou não reenviar pacotes quando o receptor tentasse indicar um erro.

Agora, vamos adicionar controle de erro ao protocolo de janela deslizante. Podem ocorrer, basicamente, quatro coisas a um pacote de dados quando ele é transmitido:

- o pacote chega sem erro
- o pacote se perde (nunca chega)
- o pacote é corrompido (chega, mas com erro de checksum cíclico)
- o pacote se atrasa (se o atraso for suficiente, pode ser transmitido um pacote duplicado, resultando em duas cópias do mesmo pacote)

O protocolo de janela deslizante com controle de erros deve ser capaz de lidar com cada uma dessas quatro possibilidades. Antes de prosseguirmos, talvez seja útil lembrar uma distinção importante. A função do protocolo de janela deslizante é simplesmente informar ao transmissor qual fragmento de dados é esperado a seguir. A função de um protocolo de janela deslizante com controle de erros é, além disso, especificar o que ocorrerá se algo der errado durante uma de suas operações.

Ao examinarmos as quatro possibilidades de erro durante a transmissão, também é importante observar uma diferença no modo como diferentes protocolos numeram os dados. Os mais antigos, como o HDLC (protocolo de controle de enlace de dados de alto nível), numeram os pacotes transmitidos, cada um podendo conter centenas de bytes. Assim, se um transmissor enviar quatro pacotes, eles podem ser numerados com 0, 1, 2 e 3, respectivamente. Se algo der errado com um pacote de dados, o receptor solicitará que o pacote *n* seja retransmitido. Por outro lado, protocolos mais recentes, como o TCP, numeram os bytes individualmente. Nesse caso, se o transmissor enviar um pacote com 400 bytes, eles podem ser numerados, por exemplo, de 8.001 a 8.400. Se algo der errado com o pacote, o receptor indicará que precisa da retransmissão dos bytes 8.001 a 8.400. Vejamos alguns exemplos que ilustram os quatro cenários básicos possíveis de controle de erros com protocolos de janela deslizante. Para o primeiro cenário, veremos um exemplo de numeração de pacotes, mas, em geral, vamos nos concentrar mais em exemplos do esquema de numeração do protocolo TCP, pois é o mais popular.

No primeiro cenário (apresentado na Figura 6-10), um ou mais pacotes, numerados individualmente, são transmitidos e todos chegam sem erros. Mais especificamente, a Estação A transmite quatro pacotes numerados com 2, 3, 4 e 5, e a Estação B os recebe e envia um ACK 6, confirmando os quatro. Observe que a Estação B

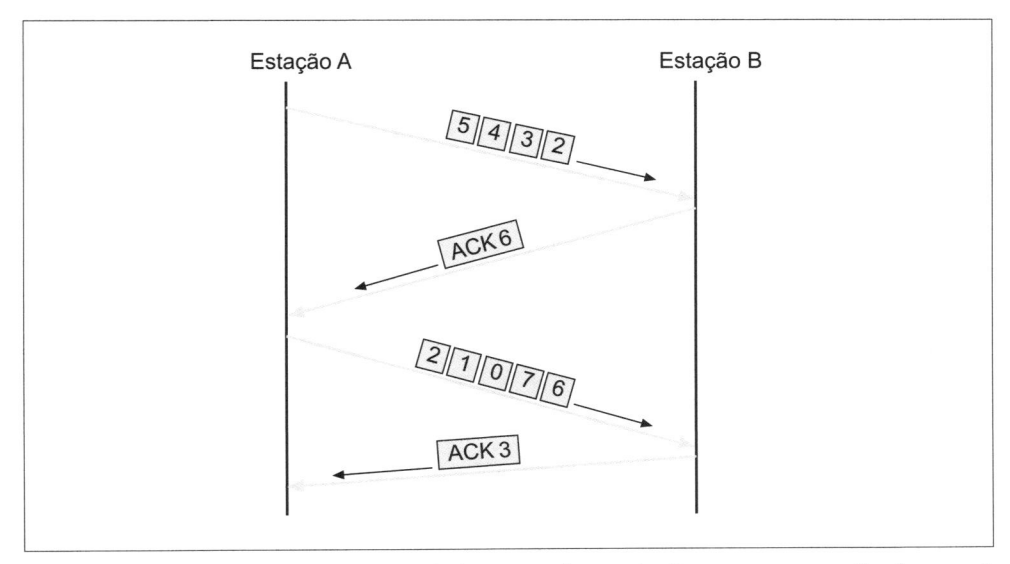

Figura 6-10 Transferência normal de dados entre duas estações com numeração dos pacotes.

também está dizendo à A qual pacote espera receber (pacote 6). A Estação A responde enviando mais cinco pacotes numerados com 6, 7, 0, 1 e 2. A Estação B confirma todos os pacotes, retornando um ACK 3.

Se o protocolo de janela deslizante numerasse bytes em vez de pacotes, poderíamos ter um exemplo como o apresentado na Figura 6-11. A Estação A transmite um pacote com os bytes 0-400, seguido por um segundo pacote com os bytes 401-800. A Estação B recebe ambos os pacotes e confirma todos os bytes. Observe, mais uma vez, que o ACK informa à Estação A o próximo byte que a B espera receber (801).

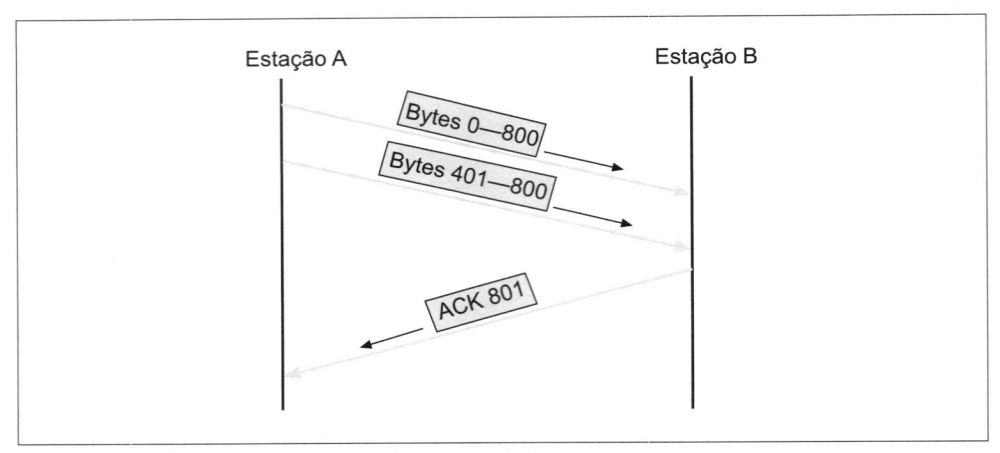

Figura 6-11 Transferência normal de dados entre duas estações com numeração dos bytes.

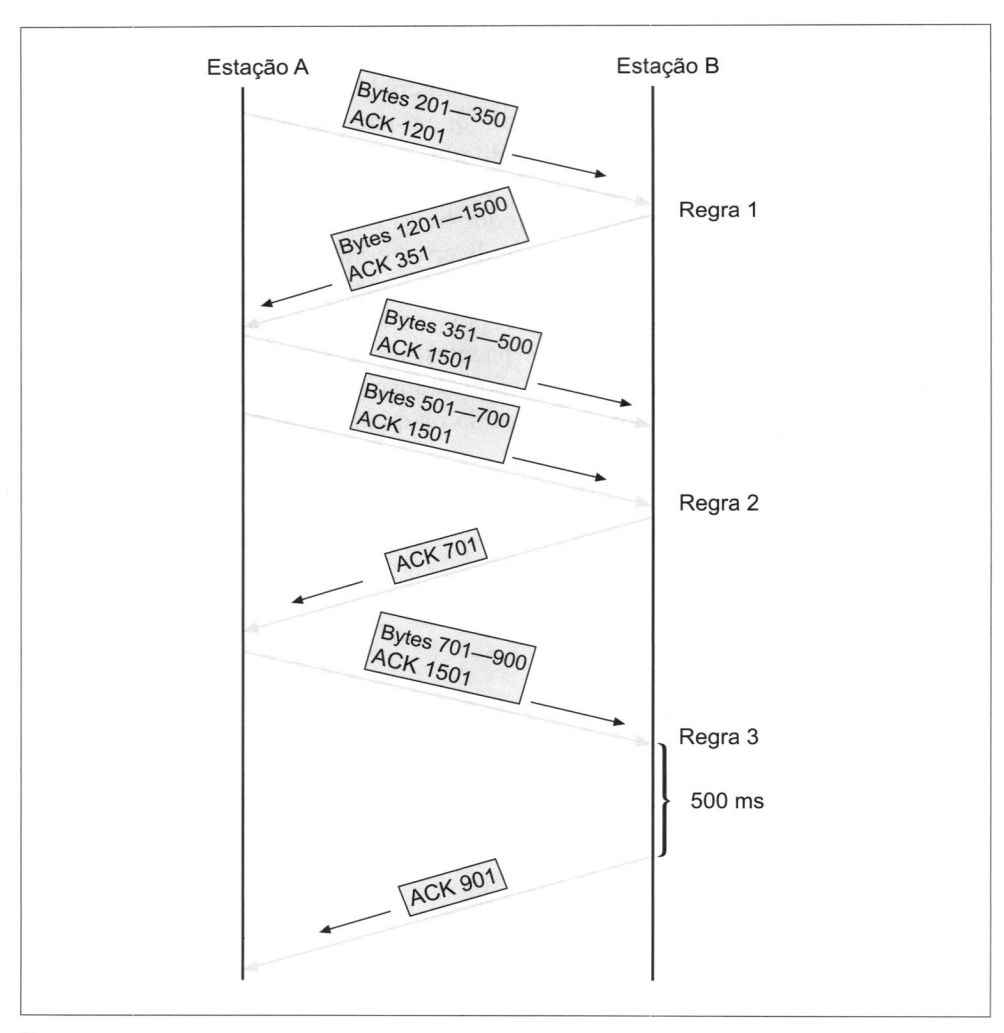

Figura 6-12 Três exemplos de retorno de confirmação (ACK).

Surge uma pergunta interessante: o receptor tem de confirmar os dados toda vez que algo é recebido? Ou ele pode aguardar se algo mais está vindo antes de enviar uma confirmação? No mundo do TCP/IP, as estações receptoras seguem algumas regras para responder a essa pergunta. A primeira regra (apresentada na Figura 6-12) é que, se um receptor acabou de receber alguns dados e deseja enviar dados de volta ao emissor, o receptor deve incluir um ACK com os dados que está para enviar. Isso se chama **piggybacking** e poupa o receptor de enviar uma mensagem separada de ACK. A segunda regra é que, se o receptor não estiver com dados a retornar ao emissor e tiver acabado de confirmar o recebimento do pacote enviado anteriormente, ele deve aguardar 500 milissegundos para ver se outro pacote chegará. Porém, caso um segundo pacote chegue antes do final dos 500 milissegundos, o receptor deve enviar imediatamente um ACK. Por fim, a terceira regra estabelece que, se o receptor estiver esperando a chegada de um segundo pacote e os 500 milissegundos acabem, ele encerra a espera por esse segundo pacote e emite imediatamente um ACK.

O que acontece quando um pacote se perde? A Figura 6-13 ilustra a situação em que a Estação A transmite uma sequência de pacotes de dados e o segundo é perdido na rede. Quando o receptor, a Estação B, percebe o terceiro pacote fora da sequência, retorna um ACK com o número sequencial que estava esperando (byte 2.401). A Estação A percebe que algo deu errado e retransmite o segundo pacote. Ocorreria um resultado semelhante se o segundo pacote chegasse, mas com erro de CRC. Em ambos os casos, o pacote é considerado "perdido".

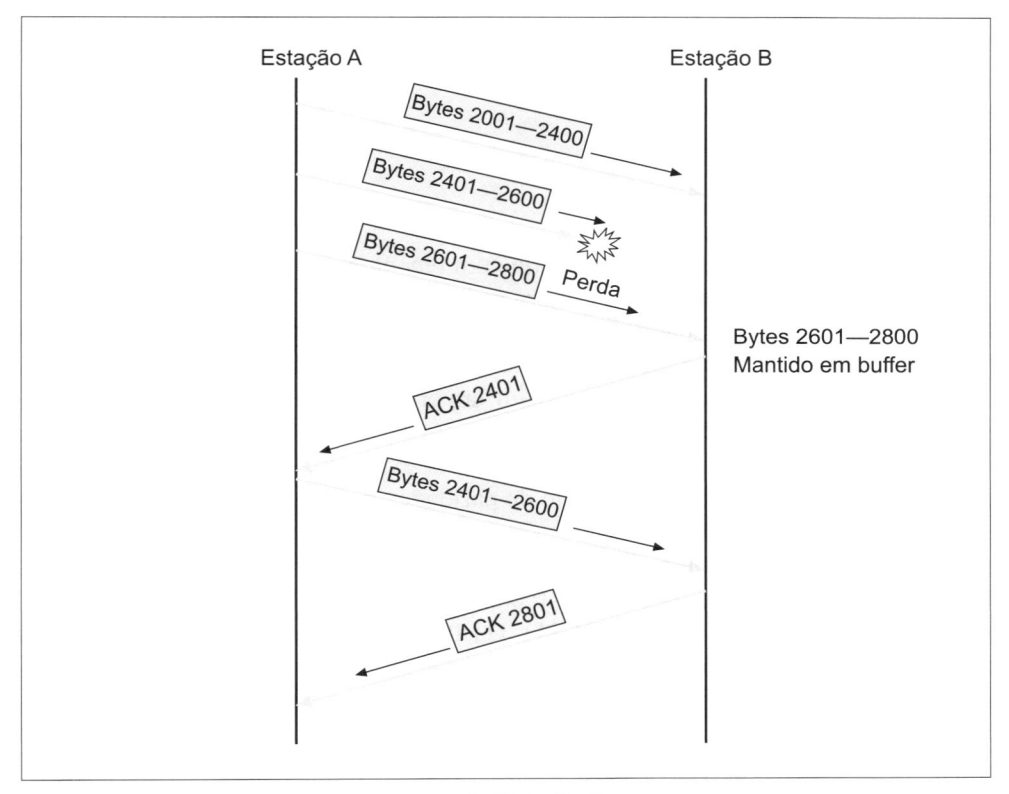

Figura 6-13 Perda de pacote e resposta da Estação B.

O que acontece se um pacote se atrasar ou um pacote duplicado chegar ao destino? Se o pacote se atrasar tempo suficiente para sair de ordem, o receptor também o tratará como perdido e enviará um ACK com o valor adequado. Quando ou pacote atrasado ou duplicado chegar, o destino perceberá um pacote com número sequencial inferior ao dos bytes confirmados anteriormente e simplesmente o descartará.

Por fim, o que acontece se uma confirmação se perder? Há duas situações possíveis. Se um comando de confirmação for seguido, em um curto espaço de tempo, por outro comando de confirmação que não tenha se perdido, nenhum problema ocorrerá, pois as confirmações são cumulativas (a segunda confirmação terá número de pacote igual ou superior). Se um comando de confirmação se perder e a ele não se seguir nenhuma confirmação, a estação transmissora aguardará o timeout e tratará o pacote anterior como perdido, retransmitindo-o (Figura 6-14).

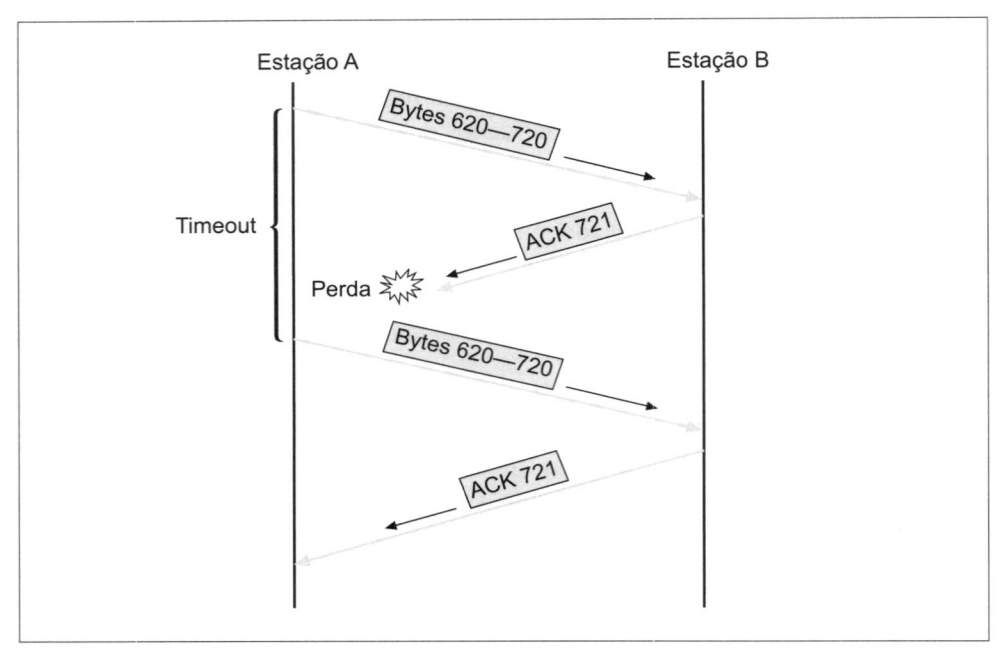

Figura 6-14 Perda de confirmação e retransmissão de pacote.

Correção do erro

O início desta seção sobre controle de erros relacionou três medidas que um receptor pode tomar se um pacote de dados com erro for considerado corrompido: não fazer nada, retornar uma mensagem ou corrigir o erro. A correção do erro parece uma solução razoável. O pacote de dados é recebido e a lógica de detecção de erros determinou que ocorreu um erro. Por que não corrigir o erro simplesmente e continuar o processamento? Infelizmente, a correção de erros não é tão simples. Para que um receptor possa corrigir um erro, em um processo chamado **correção antecipada de erros**, é necessário que informações redundantes estejam presentes, de modo que o receptor possa saber quais bits estão com erro e quais eram seus valores originais. Por exemplo, se a um receptor chegarem os dados 0110110, seguidos da informação de que a verificação de paridade detectou erro, ele poderia determinar quais bits foram corrompidos? Não, pois não há informações suficientes.

Para compreendermos a extensão completa do problema, vejamos o que aconteceria se fossem transmitidas três cópias idênticas de cada bit. Por exemplo, transmitiu-se 0110110 como 000 111 111 000 111 111 000. Agora, suponhamos que um bit tenha sido corrompido: 000 111 111 001 111 111 000. É possível determinar qual deles foi corrompido? Supondo que apenas um bit tenha sido corrompido, é possível aplicar a regra da maioria e determinar que o bit com erro é o 1 final do quarto grupo. Observe, porém, que, mesmo nesse exemplo simples, a correção antecipada implica a transmissão do *triplo* da quantia original de dados, fornecendo apenas um pequeno nível de correção de erros. Esse nível de custo excedente limita a aplicação desse tipo de correção.

Um tipo mais útil de correção antecipada é o código de Hamming. O **código de Hamming** é um código projetado com a adição de bits especiais de verificação aos bits de dados, de modo que, se ocorrer um erro durante a transmissão, o transmissor possa corrigi-lo utilizando os bits de dados e de verificação incluídos (para saber mais sobre as minúcias técnicas do código de Hamming, veja a seção "Detalhes" intitulada "Correção antecipada de erros e distância de Hamming"). Por exemplo, vamos supor que queiramos transmitir um caractere de 8 bits, como 01010101, visto na Figura 6-15. Vamos numerar os bits desse caractere $b12, b11, b10, b9, b7, b6, b5$ e $b3$ (faremos a numeração da direita para a esquerda, deixando espaços para os bits de verificação a serem adicionados em breve). Agora, vamos adicionar os seguintes bits de verificação: $c8, c4, c2$ e $c1$, de modo que $c8$ gere uma paridade par simples para os bits $b12, b11, b10$ e $b9$. O bit de verificação $c4$ gera uma paridade par simples para os bits $b12, b7, b6$ e $b5$. O bit de verificação $c2$ gera uma paridade par simples para os bits $b11, b10, b7, b6$ e $b3$. Por fim, o bit de verificação $c1$ gera uma paridade par simples para os bits $b11, b9, b7, b5$ e $b3$. Observe que cada bit de verificação atua sobre sequências diferentes de bits de dados.

Vamos ver mais de perto como funciona cada bit de verificação do código de Hamming na Figura 6-15. Observe que o $c8$ "cobre" os bits $b12, b11, b10$ e $b9$, que são 0101. Para gerarmos um bit de paridade par com base nesses quatro bits, teríamos um 0 (há um número par de "1s"). Assim, o $c8$ é igual a 0. O $c4$ cobre $b12, b7,$

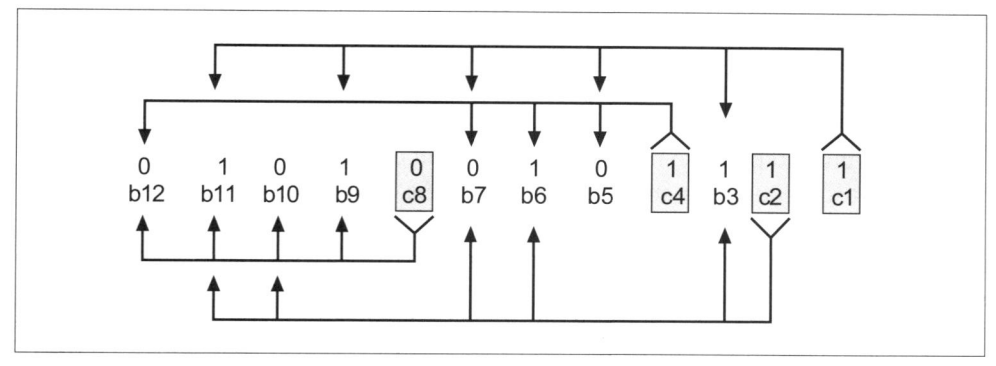

Figura 6-15 Bits de verificação do código de Hamming gerados a partir dos dados 01010101.

b6 e b5, que são 0010; portanto, o c4 é igual a 1. O c2 cobre b11, b10, b7, b6 e b3, que são 10011; portanto, o c2 é igual a 1. O c1 cobre b11, b9, b7, b5 e b3, que são 11001; portanto, o c1 é igual a 1. Consequentemente, se tivermos os dados 01010101, geraremos os bits de verificação 0111, conforme mostrado na Figura 6-15. O caractere de 12 bits agora é transmitido ao receptor. O receptor aceita os bits e executa quatro verificações de paridade sobre os bits de verificação c8, c4, c2 e c1. Se nada tiver acontecido ao caractere de 12 bits durante a transmissão, nenhuma verificação de paridade resultará em erro. Mas o que aconteceria se um dos bits fosse corrompido e, de algum modo, acabasse com o valor oposto? Por exemplo, e se o bit b9 for corrompido? Com b9 corrompido, teríamos agora a cadeia 010000101111. O receptor executaria as quatro verificações de paridade, mas, dessa vez, encontraria erros. Mais precisamente, como c8 verifica b12, b11, b10, b9 e c8 (01000), haveria um erro de paridade – como podemos ver, há um número ímpar de "1s" na cadeia de dados, mas o bit de verificação é igual a 0.

Detalhes ▶

Correção antecipada de erros e distância de Hamming

Para que códigos de dados como ASCII possam executar correção antecipada de erros, é necessário adicionar bits redundantes aos bits de dados originais. Esses bits redundantes permitem que o receptor olhe os dados recebidos e, se houver erro, recupere os dados originais utilizando um consenso de bits recebidos. Para darmos um exemplo simples, vamos transmitir três cópias idênticas de um único bit (operação de maioria). Assim, para enviar um 1, transmitiremos 111. Em seguida, vejamos o que aconteceria se os 3 bits recebidos tivessem os valores 101. Com a correção antecipada, o receptor assumiria que o bit 0 deveria ser 1, pois a maioria dos bits é 1. Para compreender como são criados bits redundantes, é necessário analisar a distância de Hamming de um código, que é o menor número de bits pelos quais os códigos de caracteres diferem. A **distância de Hamming** é uma característica de cada código. Para se criar um código de autocorreção ou correção antecipada de erros, é necessário que ele seja criado com a distância de Hamming apropriada.

No conjunto de caracteres ASCII, a letra B, em valores binários, é 1000010, e a letra C, 1000011. A diferença entre B e C é de um bit, aquele mais à direita. Se compararmos todos os caracteres ASCII, descobriremos que alguns pares de caracteres diferem por um bit, e outros, por dois ou mais bits. Como a distância de Hamming de um código se baseia no *menor* número de bits pelos quais os códigos de caracteres diferem, o conjunto de caracteres ASCII possui distância de Hamming de 1. Infelizmente, se um conjunto de caracteres tem essa distância de Hamming, não é possível detectar ou corrigir erros. Faça a si mesmo a seguinte pergunta: se um receptor aceita o caractere 1000010, como ele saberá com certeza que se trata da letra B e não da letra C com erro de 1 bit?

Quando se atribui um bit de paridade ao ASCII, a distância de Hamming passa a ser 2. Como o bit mais à direita é o bit de paridade, o caractere B, assumindo-se paridade par, torna-se 10000100, e o caractere C, 10000111. Agora, os dois últimos bits de B têm de mudar de 00 para 11 para que o caractere B se torne C; a diferença entre os dois caracteres é de 2 bits. Agora que a distância de Hamming é 2, é possível detectar erros de um único bit, porém ainda não é possível *corrigir* erros. Desse modo, se o caractere B for transmitido, mas um bit for trocado por erro, ocorrerá erro de verificação de paridade; porém, ainda não será possível dizer qual é o caractere que buscamos. Por exemplo, o caractere B com paridade par adicionada é 10000100. Se um bit for alterado, como, por exemplo, o segundo, o valor binário passará a ser 11000100. Esse caractere levaria a um erro na verificação de paridade, mas como poderíamos saber qual era o caractere original? Qualquer bit poderia ter sido trocado, permitindo, assim, muitos caracteres originais possíveis. Podemos corrigir erros de um único bit e detectar erros de dois bits quando a distância de Hamming do conjunto de caracteres é de, pelo menos, 3. Mas obter uma distância 3 exige um nível ainda maior de redundância e, consequentemente, de custos.

O c4 verifica b12, b7, b6, b5 e c4 (00101) e, assim, não resultaria em erro de paridade. O c2 verifica b11, b10, b7, b6, b3 e c2 (100111), não produzindo nenhum erro de paridade. O c1 verifica os bits b11, b9, b7, b5, b3 e c1 (100011), o que resultaria em erro de paridade. Observe que, se examinarmos apenas os bits de verificação e denotarmos erro de paridade por 1 e ausência de erro por 0, obteríamos 1001 (erro no c8, sem erro no c4, sem erro no c2, erro no c1). O 1001 é o valor binário para 9 e nos diz que o bit com erro está na nona posição.

Apesar dos custos adicionais de se utilizar correção antecipada de erros, há aplicações que podem se beneficiar dessa tecnologia? Dois grupos principais de aplicações podem efetivamente ter algum benefício: transmissões de TV digital e aplicações que enviam dados por distâncias muito longas. Os sinais de TV digital utilizam formas avançadas de correção antecipada de erro chamadas códigos Reed-Solomon e codificação em treliça. Observe que não seria possível solicitar retransmissão de sinal de TV se houvesse um erro. Seria tarde demais! Os dados têm de ser entregues em tempo real e, portanto, precisam da correção antecipada.

No segundo exemplo, se os dados têm de ser enviados por uma longa distância, é custoso, tanto em termos de tempo como de dinheiro, retransmitir um pacote que chegou com erro. Por exemplo, o tempo necessário para que a Nasa envie uma mensagem à sonda de Marte é de vários minutos. Se os dados chegarem adulterados, se passarão vários outros minutos antes do recebimento da confirmação e da retransmissão dos dados. Se um grande número de pacotes chegar adulterado, a transmissão de dados para Marte poderá ser um processo muito demorado e cansativo.

Detecção de erros em ação

Imaginemos um gerente de uma empresa de finanças que tem escritórios em dois locais de regiões opostas de uma grande área metropolitana. A empresa possui vários computadores em ambos os escritórios, com constante transmissão de dados entre dispositivos em locais diferentes. No momento, um serviço telefônico dedicado transfere todos os dados entre os edifícios a taxas de, aproximadamente, 128.000 bits por segundo. Solicitou-se ao gerente que ele tratasse de selecionar um esquema de detecção de erros. Ele deve escolher a verificação de paridade mais simples ou utilizar o elaborado checksum de redundância cíclica? Consideremos dois fatores ao tomarmos nossa decisão: a probabilidade de um erro não ser detectado e a quantidade adicional de bits de detecção de erros a ser transmitida entre os dois locais.

Considerando primeiro a probabilidade de um erro não ser detectado, lembre-se de que a paridade simples detecta apenas números ímpares de erros de bits. Números pares passam sem detecção. Assim, apenas 50% dos erros serão percebidos, ou seja, 50% de todos os quadros transmitidos com erro não serão detectados. Com que frequência ocorre um quadro transmitido com erro? Suponhamos uma taxa de erro relativamente conservadora, de um quadro em 10.000; em outras palavras, uma taxa de erro de 10^{-4}. Se ocorrer erro em apenas um quadro de cada 10.000 e o erro não for percebido em metade das vezes, então um erro escapará uma vez em cada 20.000 quadros. Como o quadro que inclui um bit de paridade tem, normalmente, 8 bits de comprimento, haverá um erro não detectado em cada 160.000 bits. Isso significa que, se estivermos transmitindo a 128.000 bits por segundo, ocorrerá um erro não detectado a cada um segundo e meio.

Utilizando checksum de redundância cíclica, a pior situação possível é um surto de erros maior que r + 1 em comprimento, que possui probabilidade de não ser detectado igual a $(½)^r$. Considerando-se um polinômio gerador de 16 bits, $(½)^{16}$ é igual a 0,000015258. Novamente, supondo que ocorra um quadro com erro a cada 10.000 quadros (probabilidade de 0,0001), 0,00001528 X 0,0001 é igual a 0,000000001528. Tomando o inverso, isso significa que 654.450.261 quadros serão transmitidos antes que um erro passe despercebido. Se assumirmos que o tamanho normal de quadro com checksum de redundância cíclica é de 1.000 bits, 6,5445 X 10^{11} bits serão transmitidos antes de ocorrer um erro não detectado. Transmitindo a 128.000 bits por segundo, 5.112.892,7 segundos se passarão antes de o erro acontecer. Isso equivale, aproximadamente, a 59 dias de transmissão contínua (24 horas, 7 dias da semana). Compare esse valor com o de um erro a cada um segundo e meio na utilização de paridade.

Agora, vamos considerar quantos bits de detecção de erros devem ser adicionados em cada transmissão. Para paridade, vamos assumir o caractere ASCII padrão de 7 bits. Para cada caractere ASCII, adiciona-se um bit de paridade. Assim, um de cada 8 bits transmitidos é de verificação. Em checksum de redundância cíclica, o resto tem tamanho r. Supondo novamente um checksum de 16 bits e um tamanho de quadro de 1.000 bits, 16 de cada 1.000 (ou um de cada 62,5) são bits de verificação. É quase oito vezes melhor que a paridade.

Concluindo, o checksum de redundância cíclica adiciona muito menos bits de verificação a cada quadro e apresenta uma taxa de detecção de erros significativamente superior. Não há dúvida de que, considerando esses dois fatores, o checksum de redundância cíclica é superior à paridade.

RESUMO

- O ruído está sempre presente em redes de computadores e, se seu nível for muito alto, serão introduzidos erros durante a transmissão de dados. Os tipos de ruído são, entre outros, ruído branco, ruído impulsivo, diafonia, eco, jitter e atenuação. Apenas o ruído impulsivo é considerado não contínuo; as outras formas são contínuas.

- Entre as técnicas de redução de ruído estão: blindagem adequada dos cabos, reconhecimento de possíveis conflitos de sinais sem fio com outras fontes de rádio, utilização de equipamento digital moderno, utilização de repetidores digitais e amplificadores analógicos e observância das capacidades determinadas para o meio. Outras opções razoáveis para a redução da possibilidade de erro são: diminuição do número de dispositivos em um fluxo de transmissão (número de repetidores, por exemplo), do comprimento dos cabos e da velocidade de transmissão de dados.

- As três formas básicas de detecção de erros são paridade, checksum aritmético e checksum de redundância cíclica. A paridade simples adiciona um bit a cada caractere e é um esquema muito simples de detecção de erros, apresentando baixas taxas de detecção e relação relativamente alta de bits de verificação por bits de dados. A paridade longitudinal adiciona um caractere inteiro de bits de verificação a um bloco de dados, aumentando a detecção de erros, mas ainda com os problemas de capacidade inadequada de detecção e relação relativamente alta de bits de verificação por bits de dados.

- O checksum aritmético é um esquema de detecção de erros utilizado no IP, que produz uma soma aritmética de todos os caracteres transmitidos em uma mensagem.

- O checksum de redundância cíclica é um esquema superior de detecção de erros, com capacidade de quase 100% de identificação de pacotes de dados corrompidos. O cálculo do resto do checksum é razoavelmente rápido quando executado em hardware e adiciona relativamente poucos bits de verificação a pacotes de dados potencialmente grandes.

- Uma vez detectado erro, há três opções: não fazer nada, retornar uma mensagem e corrigir o erro. A opção "não fazer nada" é utilizada por algumas tecnologias de transmissão mais recentes, como o frame relay. O frame relay pressupõe a utilização de linhas de fibra óptica, o que reduz significativamente a chance de erros. Se ocorrer um erro, um protocolo de camada superior perceberá e executará algum tipo de controle. A opção de retornar uma mensagem ao transmissor é a reação mais comum a erros e envolve os protocolos *stop-and-wait* e de janela deslizante.

- O protocolo *stop-and-wait* permite que apenas um pacote seja enviado por vez. Antes que seja possível enviar outro pacote, o emissor tem de receber uma confirmação positiva. O protocolo de janela deslizante permite que vários pacotes sejam enviados por vez. O receptor pode utilizar, para vários pacotes, uma única confirmação.

- Correção de erros permite, se os dados transmitidos tiverem informações redundantes suficientes, que o receptor corrija adequadamente o erro sem solicitar informações adicionais ao transmissor. Essa forma de controle de erros exige grande quantidade de overhead e é utilizada em aplicações especiais, nas quais as retransmissões de dados sejam indesejáveis.

PERGUNTAS DE REVISÃO

1. Que condições devem ser atendidas para que a correção de erros seja executada?
2. Que tipos de erros a paridade simples não é capaz de detectar?
3. Quais são os dois modos diferentes de numerar sequências de dados?
4. Qual é a relação entre número de bits de verificação e número de bits de dados na paridade longitudinal?
5. Por que os tamanhos de janela nos primeiros sistemas de janela deslizante eram tão pequenos?
6. Qual é a diferença entre paridade par e paridade ímpar?
7. Em sistemas de comunicação, o que significa timeout?
8. Qual é a relação entre número de bits de verificação e número de bits de dados na paridade simples?
9. Qual é a função do NAK no controle de erros stop-and-wait?
10. A blindagem adequada de um meio aumentará ou reduzirá a chance de erros? Explique seu raciocínio.
11. Qual é a função do ACK no controle de erros stop-and-wait?
12. Que tipos de ruídos apresentados neste capítulo são contínuos e quais não são contínuos?
13. Quantos pacotes podem ser enviados por vez utilizando controle de erros stop-and-wait?
14. O que é jitter e por que ele é um problema para sinais digitais?
15. O frame relay executa que tipo de controle de erros?
16. O que é eco e como ele afeta a transmissão de dados?
17. Que tipos de erros o checksum cíclico não é capaz de detectar?
18. O que é diafonia e como ela afeta um sinal?

19. O que é polinômio gerador?
20. O que é ruído impulsivo e por que ele é o mais agressivo?
21. No checksum aritmético, o que é adicionado?
22. O que é ruído branco e como ele afeta um sinal?
23. Que tipos de erros a paridade longitudinal não é capaz de detectar?

EXERCÍCIOS

1. Em sistemas com controle de erros *stop-and-wait*, a Estação A envia o pacote 0 e ele chega sem erros, retornando um ACK; porém o ACK se perde. O que ocorre em seguida?
2. Construa um código de Hamming de 12 bits para os caracteres A e 3.
3. Em um sistema de controle de erros *stop-and-wait*, a Estação A envia o pacote 0 e ele se perde. O que ocorre em seguida?
4. A cadeia de 12 bits 010111110010 com bits incorporados de código de Hamming (c_8, c_4, c_2 e c_1) acabou de chegar. Há algum erro? Se há, qual bit apresenta erro?
5. Por que todos os polinômios geradores de CRC terminam com 1?
6. O sistema transmitirá o byte 10010100. Mostre os quatro bits de verificação c_8, c_4, c_2 e c_1 a serem adicionados a esse byte.
7. Relacione os tipos de erros que podem passar pelo sistema de checksum de redundância cíclica sem ser detectados.
8. Crie um conjunto de códigos para os dígitos 0 a 9 que apresente distância de Hamming de 2.
9. Relacione os tipos de erros que não podem passar pelo sistema de checksum de redundância cíclica sem serem detectados.
10. O controle de erros *stop-and-wait* é um protocolo *half-duplex* ou *full-duplex*? Explique sua resposta.
11. Com relação à mensagem "Hello, goodbye", apresente o checksum aritmético decimal que será gerado.
12. Se for utilizada janela deslizante de 7 bits, quantos pacotes podem ser enviados antes do transmissor ter de parar e aguardar confirmação?
13. Gere os bits de paridade par simples e longitudinal para os caracteres 0101010, 0011010, 0011110, 1111110 e 0000110.
14. Suponha que um protocolo de janela deslizante tenha um campo de 3 bits para o tamanho de janela. Um valor de três bits fornece oito combinações, de 0 a 7. Sendo assim, por que um transmissor pode enviar, no máximo, sete pacotes por vez e não oito? Apresente um exemplo.
15. Considerando o caractere 1010010, qual bit será adicionado para dar suporte à paridade ímpar?
16. Em um sistema de controle de erros de janela deslizante, a Estação A envia um pacote com os bytes 501–700, seguido imediatamente por um pacote com os bytes 701–900. Crie um diagrama dessa situação de controle de erros e mostre a(s) resposta(s) que a Estação B enviará se ambos os pacotes chegarem, mas ocorrer um erro de checksum no segundo pacote.
17. Considerando o caractere 0110101, qual bit será adicionado para dar suporte à paridade par?
18. Em um sistema de controle de erros de janela deslizante, a Estação A envia três pacotes com os bytes 0-100, 101–200 e 201–300, respectivamente. O segundo pacote com os bytes 101–200 é retido em algum lugar da rede por tempo suficiente para que o terceiro pacote chegue antes do segundo. Crie um diagrama dessa situação de controle de erros e mostre a(s) resposta(s) que a Estação B enviará. Agora, suponha que cinco segundos após a Estação B responder, o segundo pacote apareça. O que a Estação B deve fazer agora?
19. Que tipo de cabo é mais suscetível a eco?
20. Em um sistema de controle de erros de janela deslizante, a Estação A envia um pacote com os bytes 501–700, seguido imediatamente por um pacote com os bytes 701–900. Crie um diagrama dessa situação de controle de erros e mostre a(s) resposta(s) que a Estação B enviará se o segundo pacote se perder na rede.
21. Explique a relação entre fios de par trançado e diafonia.
22. Em um sistema de controle de erros de janela deslizante, a Estação A envia um pacote com os bytes 501–700, seguido imediatamente por um pacote com os bytes 701–900. Crie um diagrama dessa situação de controle de erros e mostre a(s) resposta(s) que a Estação B enviará se não houver erro.
23. Qual tipo de ruído é mais difícil de remover de um sinal digital? Por quê?
24. Em um sistema de controle de erros de janela deslizante, em que cada byte é numerado, a Estação A envia um pacote com os bytes numerados de 801 a 900. Se o pacote chegar sem erros, como a estação B deve responder?
25. Que tipo de ruído é mais difícil de remover de um sinal analógico? Por quê?
26. Em um sistema de controle de erros de janela deslizante, em que cada byte é numerado, a Estação A envia os pacotes 4, 5, 6 e 7. A Estação B os recebe e quer confirmar todos eles. O que a Estação B envia para a A?

PENSANDO CRIATIVAMENTE

1 Uma empresa transmite registros (bytes) de 500 caracteres a uma taxa de 400.000 bits por segundo. É necessário determinar o modo mais eficiente de transmitir esses registros. Se for utilizado um sistema de controles de erro stop-and-wait, quanto tempo levaria a transmissão de 1.000 registros? E se for utilizado controle de janela deslizante com tamanho de janela de 127? Se, na média, um registro a cada 200 for adulterado, quanto tempo levaria a transmissão de 1.000 registros? Quais as suas conclusões?

2 O presidente de uma empresa foi informado sobre o checksum de redundância cíclica, mas não se convenceu de que ele é muito melhor que a paridade simples. O gerente mencionou alguns números e probabilidades de detecção de erros, mas isso não ajudou muito a convencê-lo. Para conquistar o presidente, é necessário dar um exemplo mais concreto sobre a qualidade do checksum de redundância cíclica. Lembre-se das probabilidades apresentadas na Tabela 6-4. Se a empresa transmitir um fluxo de dados contínuo a 128.000 bits por segundo, quanto tempo levará para que o checksum de redundância cíclica deixe passar um erro não detectado?

3 Considerando a tecnologia de rede atual, tamanhos de janela deslizante de 3 e 7 bits parecem muito restritos. Qual seria um tamanho mais razoável nos dias de hoje? Explique seu raciocínio.

4 Afirmou-se neste capítulo que alguns protocolos mais recentes estão adotando "não fazer nada" como forma de controle de erros. Essa parece ser uma opção razoável? Se for, crie um exemplo em que essa opção não seria razoável.

PROJETOS PRÁTICOS

1. Que outras técnicas de detecção de erros estão disponíveis? Compare-as com a paridade e o checksum de redundância cíclica.
2. O que é distorção de intermodulação? Que tipos de sinais estão suscetíveis a essa forma de distorção?
3. Encontre um exemplo de outro código de Hamming e descreva seu funcionamento.
4. Descreva duas situações em que a transmissão sem erros é fundamental para a comunicação.
5. Considerando os dados 10001010010 e o polinômio gerador de CRC 10011, apresente o resto gerado. É possível utilizar o método de divisão por extenso ou de registrador de deslocamento.
6. Utilizando a linguagem de programação de sua escolha, escreva um programa que, utilizando determinado polinômio gerador, calcule o resto do checksum cíclico para uma determinada cadeia de caracteres de entrada.
7. Há outros polinômios geradores de CRC além dos relacionados neste capítulo?

7
Redes locais: Fundamentos

OS AUTOMÓVEIS ATUAIS têm, de acordo com a revista *Network World*, mais poder computacional que o foguete Apollo usado no pouso na Lua nos anos 1970. Embora surpreendente, de certo modo, não é difícil acreditar nisso. Os automóveis atuais podem registrar operações de direção como frenagem e aceleração; regular misturas de ar e combustível; controlar freios antitravamento, controles antiderrapagem e sistemas de suspensão; gerenciar sistemas de entretenimento de áudio e vídeo frontais e traseiros; e informar o motorista via vídeo embutido quando o carro está prestes a colidir com a bicicleta de uma criança.

Mais do que isso, as montadoras estão desenvolvendo veículos com serviços de monitoramento remoto que podem auxiliar o proprietário no agendamento da manutenção preventiva. Novos serviços de rádio por satélite podem ser usados para fazer o download de sistemas de entretenimento e notícias em tempo real. Sistemas com Bluetooth são utilizados atualmente para oferecer serviço de viva-voz para telefones celulares, mas no futuro também oferecerão controles do automóvel ativados por voz. Além disso, suponha que seu carro esteja na beira da estrada em uma noite escura. Há projetos para criar sistemas de prevenção de colisão, que farão a comunicação entre seu carro e os outros veículos na estrada, para evitar acidentes.

No centro desses sistemas de comunicação haverá uma ou mais redes locais. Na verdade, redes locais vão eventualmente assumir várias funções em um carro. Redes locais de baixa velocidade serão usadas para controlar luzes, ventoinhas e outros sistemas de reação lenta. Redes de alta velocidade serão utilizadas para controlar freios antitravamento, controle antiderrapagem e os controles correspondentes do motor. Outras redes ainda serão usadas para executar funções críticas durante uma colisão como a ativação do airbag. Em razão de todas as aplicações existentes e as possíveis, o automóvel está se tornando, rapidamente, uma rede sobre rodas.

As redes locais são tão vitais para a vida cotidiana que se tornarão itens de série nos automóveis?

Se seu trabalho, sua residência e seu automóvel dependessem de redes locais, qual seria o próximo passo?

Fonte: MARSAN, Carolyn Duffy. Networks drive car of the future. *Network World*, 23 maio 2005.

Objetivos

Após ler este capítulo, você será capaz de:

- Formular a definição de rede local.
- Relacionar as principais funções, atividades e áreas de aplicação de uma rede local.
- Citar as vantagens e desvantagens de redes locais.
- Identificar os leiautes físicos e lógicos das redes locais.
- Citar as características das redes locais e seus protocolos de controle de acesso ao meio.
- Especificar as diferentes técnicas de controle de acesso ao meio.
- Reconhecer os diferentes formatos de quadro dos padrões IEEE 802.
- Descrever sistemas comuns de rede local.

Introdução

Uma **rede local (LAN)** é uma rede de comunicações que interconecta vários dispositivos de comunicação de dados em uma área geográfica pequena e transmite dados em taxas altas de transferência. Vários pontos nessa definição merecem uma descrição mais detalhada. A expressão "dispositivos de comunicações de dados" abrange computadores dos tipos computadores pessoais, estações de trabalho e mainframes, assim como dispositivos periféricos como unidades de disco, impressoras e modems. Dispositivos de comunicações de dados também incluem itens como sensores de movimento, fumaça e calor; alarmes contra incêndio; sistemas de ventilação; e controles de velocidade de motor. Esses últimos dispositivos são geralmente encontrados em ambientes corporativos e industriais, onde linhas de montagem e robôs são comumente utilizados.

A definição a seguir, "em uma área geográfica pequena", geralmente implica que uma rede local pode ser do tamanho de uma sala, ou pode se expandir para várias salas, por vários andares em um prédio, e até mesmo por vários prédios em uma área única de instalações. As áreas geográficas mais comuns, entretanto, são uma sala ou várias salas em um único prédio.

Por último, a expressão final da definição afirma que redes locais são capazes de transmitir dados "em taxas altas de transferência". Enquanto as primeiras redes locais transmitiam dados a somente 10 milhões de bits por segundo, as redes locais mais recentes têm capacidade de transmissão de dados a 10 bilhões de bits por segundo ou mais.

Talvez a vantagem que sobressai mais em uma rede local seja a capacidade de permitir que os usuários compartilhem recursos de hardware e software. Por exemplo, suponha que a versão em rede de um programa popular de banco de dados seja comprada e instalada em uma rede local. Os arquivos que contêm todas as informações de banco de dados são armazenados em um local central como um servidor de rede. Quando qualquer usuário de uma rede local quiser acessar registros daquele programa de banco de dados, os registros podem ser recuperados do servidor e transmitidos pela rede local até a estação de trabalho do usuário, onde podem ser exibidos. Do mesmo modo, uma impressora de alta qualidade pode ser instalada na rede para que todos os usuários compartilhem acesso a esse periférico relativamente caro.

Desde que a rede local apareceu nos anos 1970, seu uso se espalhou em ambientes corporativos e acadêmicos. Na verdade, seria difícil imaginar um grupo de estações de trabalho em um ambiente computacional que não empregasse algum tipo de rede local. Vários usuários individuais de computador estão começando a instalar redes locais em casa para interconexão de dois ou mais computadores. Como em ambientes corporativos, uma das principais vantagens na instalação de uma rede local em uma residência é a capacidade de compartilhamento de periféricos como impressoras de alta qualidade e conexões em alta velocidade com a Internet. Para compreender melhor esse fenômeno, é necessário examinar várias "camadas" da tecnologia de rede local. Este capítulo começa discutindo a função primária de uma rede local, assim como suas vantagens e desvantagens.

Em seguida, os leiautes físicos (hardware) ou topologias básicas das redes locais mais comuns são discutidos, seguidos por um estudo dos protocolos de controle de acesso ao meio (software), que permitem que uma estação de trabalho transmita dados na rede. Vamos, então, examinar os produtos mais comuns de redes locais, como as várias versões de Ethernet. O Capítulo 8 vai apresentar o software que opera em redes locais, incluindo o sempre importante sistema operacional de rede. Antes de começar a examinar as configurações básicas, discutiremos a função principal e as vantagens e desvantagens das redes locais.

Função principal das redes locais

Para melhor compreensão das capacidades das redes locais, vamos examinar sua função principal e algumas atividades e áreas de aplicação mais comuns. A maioria dos usuários espera que uma rede local ofereça acesso a recursos de hardware e software que lhes permitam executar uma ou mais das atividades a seguir em um ambiente corporativo, acadêmico ou industrial: gerenciamento de arquivos, banco de dados e aplicativos, gerenciamento de impressão, acesso à Internet, transferências de e-mail, vídeo e música, controle e monitoramento de processos e processamento distribuído.

Uma rede local realiza o gerenciamento de arquivos enquanto estiver conectada a uma estação de trabalho com uma unidade de disco com grande capacidade de armazenamento que atua como um depósito central de armazenamento, ou um **servidor de arquivos**. Por exemplo, quando uma rede local oferece acesso a aplicativos de alto nível, como um aplicativo comercial de gestão de projetos, a rede armazena o software de gestão de projetos (ou uma parte dele) no servidor de arquivos e transfere uma cópia dele para uma estação de trabalho adequada por solicitação. Ao manter todo o aplicativo no servidor ou, mais provavelmente, parte dele no servidor e parte na estação de trabalho do cliente, a rede pode controlar o acesso ao software e pode reduzir a quantidade de armazenamento em disco necessária na estação de trabalho de cada usuário para esse aplicativo. Em um segundo exemplo, suponha que dois ou mais usuários desejam compartilhar um conjunto de dados. Nesse caso, o conjunto de dados, do mesmo modo que o software aplicativo, é armazenado no servidor de arquivos, enquanto a rede fornece acesso àqueles usuários que possuem as permissões necessárias.

Uma rede local também pode oferecer acesso a uma ou mais impressoras de alta qualidade. O software de rede local, chamado **servidor de impressão**, fornece às estações de trabalho com autorização de acesso uma impressora específica, aceita e coloca na fila trabalhos de impressão, imprime folhas de capa e permite acesso dos usuários à fila de trabalhos para funções administrativas de rotina.

A maior parte das redes locais disponibiliza serviço de envio e recepção de e-mail. Esse serviço de e-mail pode operar tanto na rede local quanto entre a rede local e outras redes, como a Internet. Em algum lugar da rede está armazenado um banco de dados de mensagens de e-mail, antigas e recentes. Quando os usuários fazem o log-in para acessar seu e-mail, suas mensagens são armazenadas e recuperadas a partir do servidor de e-mail.

Uma rede local pode fazer a interface com outras redes locais, redes de longa distância (como a Internet) e mainframes. Desse modo, uma rede local é geralmente a cola que une vários tipos diferentes de sistemas e redes de computadores. Uma empresa pode utilizar a habilidade da interface de rede local de permitir que seus colaboradores interajam com pessoas externas à empresa, como clientes e fornecedores. Por exemplo, se os colaboradores desejarem enviar ordens de compra a fornecedores, eles podem fazer as transações a partir de suas estações de trabalho. Tais transações viajam pela rede local da empresa, que está conectada a uma rede de longa distância. Os fornecedores recebem os pedidos ao se conectarem a essa rede de longa distância por meio de sua própria rede local.

A Figura 7-1 mostra interconexões típicas entre uma rede local e outras entidades. É comum interconectar a rede local a outra rede local por meio de um dispositivo como um comutador (switch). A interconexão entre uma rede local e uma rede de longa distância por meio de um roteador também é comum. Uma rede local também pode ser conectada a um mainframe para habilitar o compartilhamento dos recursos de duas entidades.

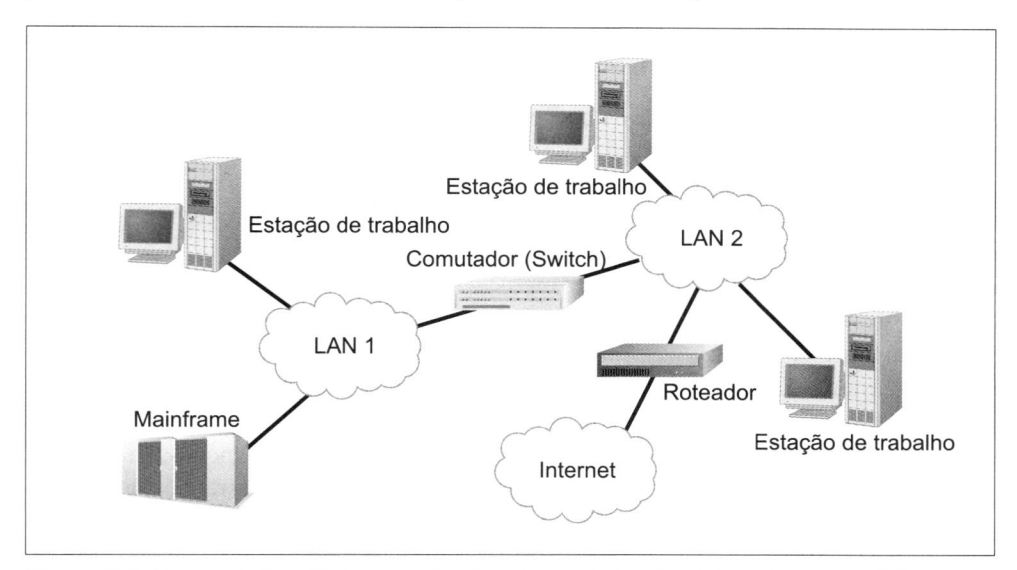

Figura 7-1 Uma rede local interconectando outra rede local, a Internet e um mainframe.

A maioria, se não todas, das redes locais atuais oferece a capacidade de transferência de imagens de vídeo e fluxos de vídeo. Por exemplo, uma rede local pode permitir a um usuário a transferência de imagens gráficas de alta resolução e de fluxos de vídeos e a realização de teleconferência entre dois ou mais usuários.

Em ambientes de produção e industriais, as redes locais são geralmente usadas para monitorar eventos de produção e relatar e controlar sua ocorrência. A rede local fornece controle e monitoramento de processo. Uma linha de montagem automotiva que utiliza sensores para monitorar parcialmente automóveis completos e controlar robôs na montagem é um exemplo excelente de uma rede local executando funções de controle de processo.

Dependendo do tipo de rede e da escolha do sistema operacional de rede, uma rede local pode sustentar processamento distribuído, no qual uma tarefa é subdivida e enviada a estações de trabalho remotas na rede para execução. Muitas vezes, essas estações de trabalho remotas estão ociosas; desse modo, a tarefa de processamento distribuído resume-se a "roubar" tempo de CPU de outras máquinas (o que geralmente é chamado computação em grade). Os resultados dessas execuções remotas são devolvidos à estação de trabalho original para disseminação ou processamento posterior. Ao delegar tarefas àqueles computadores que são mais capazes de lidar com trabalhos específicos, a distribuição de tarefas ou de parte delas pode levar a um aumento da velocidade da execução.

Além de executar essas atividades comuns, uma rede local pode ser uma ferramenta eficiente em várias áreas de aplicação. Uma das áreas de aplicação mais comuns é o ambiente corporativo. Uma rede local em um escritório pode disponibilizar processamento de texto, operações com planilhas, funções de banco de dados, acesso a e-mail, acesso à Internet, agendamento eletrônico de compromissos e criação de imagem gráfica em uma faixa ampla de plataformas e em um número grande de estações de trabalho. Os documentos completos podem ser direcionados a impressoras de alta qualidade para papéis timbrados, boletins informativos com design gráfico e documentos formais.

Uma segunda área de aplicação comum para uma rede local é o ambiente acadêmico. Em um laboratório, por exemplo, uma rede local pode fornecer aos estudantes o acesso às ferramentas necessárias para lições de casa, envio de e-mail e utilização da Internet. Em uma sala de aula, uma rede local pode permitir que os professores disponibilizem tutoriais e lições com gráficos e som de alta qualidade para os estudantes. Várias estações de trabalho podem ser usadas para oferecer aos estudantes instruções de acordo com seu próprio ritmo, enquanto o professor monitora e registra o progresso de cada estudante em cada estação de trabalho.

Uma terceira área de aplicação comum para uma rede local é o ambiente industrial. Na verdade, linhas de montagem modernas operam exclusivamente sob o controle de redes locais. Conforme os produtos se movem pela linha de montagem, sensores controlam operações rotineiras, de precisão ou perigosas; e submontagens de produtos são inventariadas e ordenadas. A linha de montagem moderna é uma grande proeza tecnológica, incorporando várias redes locais e mainframes.

Agora que estamos familiarizados com as atividades e aplicações mais comuns das redes locais, vamos examinar algumas vantagens e desvantagens.

Vantagens e desvantagens das redes locais

Uma das maiores vantagens das redes locais é sua habilidade de compartilhar recursos de modo econômico e eficiente. Recursos compartilhados de hardware são impressoras de alta qualidade, sistemas de backup em fita, plotters, reprodutores de CD, sistemas de armazenamento em massa e outros dispositivos de hardware. No lado dos softwares, as redes locais permitem o compartilhamento de aplicativos comerciais, aplicativos internos e conjuntos de dados com uma estação de trabalho de usuário ou com todas. Além disso, em relação às comunicações, cada estação de trabalho em uma rede local pode enviar e receber mensagens de e para outras estações e redes. Essa intercomunicação permite que os usuários enviem e-mails, acessem páginas da Web, enviem trabalhos de impressão e recuperem registros de banco de dados. (Um efeito colateral interessante das redes locais é que uma estação de trabalho individual pode continuar funcionando após uma falha na rede se ela não depender do software ou do hardware encontrado em outras estações ou no servidor). Outra vantagem é que a evolução dos componentes pode ser independente da evolução do sistema, e vice-versa. Por exemplo, se forem necessárias novas estações de trabalho, é possível substituir as antigas pelas novas com poucas, se for o caso, alterações na própria rede. Da mesma forma, se um ou mais componentes de rede se tornarem obsoletos, é possível atualizar o componente de rede sem substituir ou alterar radicalmente estações de trabalho individuais.

Em algumas condições, redes locais permitem que equipamentos de fabricantes diferentes sejam integrados na mesma rede. Por exemplo, é possível criar uma rede local que incorpore computadores pessoais tipo IBM com microcomputadores Apple. Outras duas vantagens são as altas taxas de transferências e as baixas taxas de erro. As redes locais geralmente possuem taxas de transferência de dados entre 10 milhões de bits por segundo até 10 bilhões de bits por segundo. Em virtude dessas taxas, documentos podem ser transferidos por uma rede local de forma rápida e confiável. Por último, como as redes locais podem ser adquiridas de modo completo, toda a rede e suas estações de trabalho e os dispositivos podem ser possuídos e mantidos de modo privado. Desse modo, uma empresa pode oferecer seus serviços necessários utilizando o hardware e o software que achar melhores para seus colaboradores.

O que é interessante, entretanto, é que algumas empresas começam a ver a aquisição de equipamentos como uma desvantagem. O suporte a uma corporação inteira com os recursos computacionais adequados é caro. Também não ajuda o fato de, quando o computador faz seu primeiro aniversário, já existir um computador mais novo, veloz e barato disponível no mercado. Por isso, algumas empresas alugam equipamentos de rede local ou contratam o serviço de terceiros para oferecer suporte a suas redes.

As redes locais possuem, ainda, algumas outras desvantagens. Uma é que o hardware, os sistemas operacionais e o software de rede local que operam na rede podem ser caros. Os componentes de LANs que exigem mais investimento são o servidor de rede, o sistema operacional de rede, o sistema de cabeamento de rede, como comutadores e roteadores, os aplicativos baseados em rede, a segurança, o suporte e a manutenção da rede. Apesar de uma rede local poder permitir vários tipos de hardware e software, esses diferentes tipos podem não ter a capacidade de interoperação. Por exemplo, mesmo se uma rede local permite dois tipos diferentes de sistemas de banco de dados, os usuários podem não ser capazes de compartilhar dados entre os dois sistemas de banco de dados. Outra desvantagem é o potencial de aquisição de software com a licença de usuário incorreta. Por exemplo, é quase sempre ilegal adquirir uma cópia de um usuário de software e instalá-la em uma rede local para uso múltiplo. Para evitar o uso ilegal de softwares, as empresas devem estar cientes do contrato especial de licenciamento associado a redes locais.

Uma desvantagem importante subestimada no passado é que o gerenciamento e o controle da rede local exigem várias horas de dedicação e serviço. Um gerente, ou administrador de rede, de uma rede local deve ser treinado adequadamente e não deve supor que a rede vá oferecer suporte por si mesma simplesmente por meio de poucas horas de dedicação por semana. Além do mais, uma rede local necessita de pessoal especializado, de conhecimento e do hardware e software de diagnóstico adequados. Infelizmente, várias horas desse tempo de suporte são gastas, com frequência, combatendo vírus e outras questões relacionadas à segurança da rede (o Capítulo 12 é inteiramente dedicado a questões de segurança de rede).

Finalmente, uma rede local é tão sólida quanto seu enlace mais frágil. Por exemplo, uma rede pode sofrer tremendamente se o servidor de arquivos não puder atender adequadamente às solicitações de todos os usuários da rede. Ao atualizar um servidor, uma empresa pode descobrir que o cabeamento não é mais capaz de permitir o tráfego maior. Ao atualizar o cabeamento, pode tornar óbvio que o sistema operacional não é mais capaz de executar as funções necessárias. Atualizações de parte da rede podem causar efeitos de ondulação pela rede, e o ciclo de atualizações geralmente continua até ser a hora de atualizar novamente o servidor. Considerando todas as vantagens e desvantagens relacionadas a redes locais, não deve ser surpreendente que a decisão de incorporar uma LAN em um ambiente existente requer muito planejamento, treinamento, suporte e dinheiro. Vamos, agora, analisar mais detalhadamente como as estações de trabalho em uma rede local são interconectadas para gerenciar as atividades e aplicações discutidas até agora.

A primeira rede local – o barramento/árvore

A **rede local de barramento/árvore**, em geral chamada simplesmente de **LAN de barramento**, foi o primeiro projeto físico quando as LANs se tornaram disponíveis no mercado, no fim dos anos 1970, e essencialmente consistiam de um cabo simples, ou barramento, ao qual todos os dispositivos eram conectados. Desde a década de 1970, a utilização de um barramento para configuração de rede local diminuiu ao ponto de não existir mais. É interessante notar, entretanto, que os sinais da televisão a cabo ainda são enviados por um barramento de rede. Assim, conhecer a rede de barramento/árvore ainda é importante. Como mostrado na Figura 7-2, o barramento é simplesmente um cabo coaxial linear ao qual vários dispositivos ou estações de trabalho se conectam.

Quando um dispositivo transmite pelo barramento, todos os outros dispositivos conectados recebem a transmissão. A conexão ao cabo necessita de um dispositivo simples chamado **derivação** (Figura 7-3). Essa derivação é um **dispositivo passivo**, uma vez que ele não altera o sinal e não precisa de eletricidade para operar. Na extremidade do cabo da estação de trabalho há uma placa de interface de rede. A **placa de interface de rede (NIC)** é um dispositivo eletrônico, geralmente na forma de uma placa de circuito de computador, que realiza as conversões de sinal e operações de protocolo necessárias que permitem que a estação de trabalho envie e receba dados pela rede.

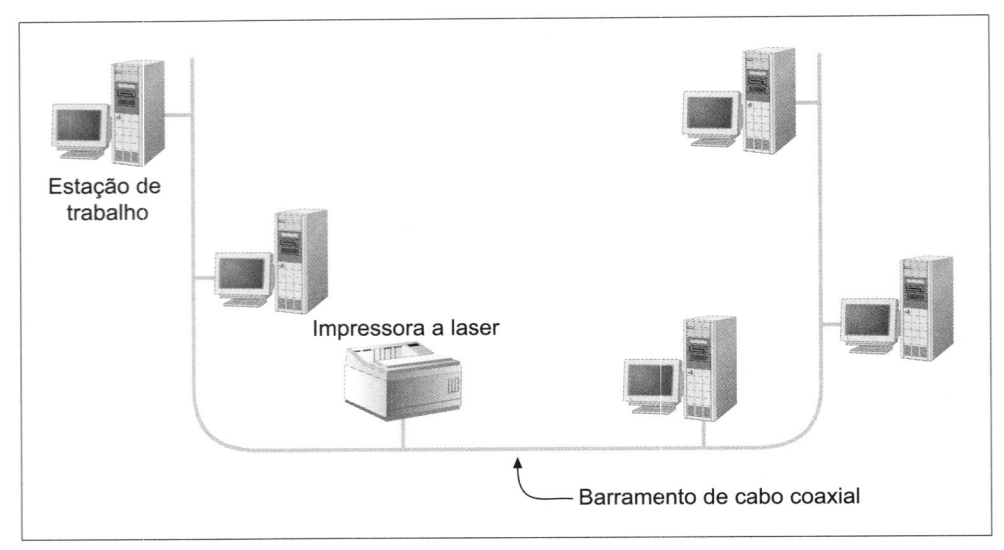

Figura 7-2 Diagrama simples de uma topologia de barramento de rede local.

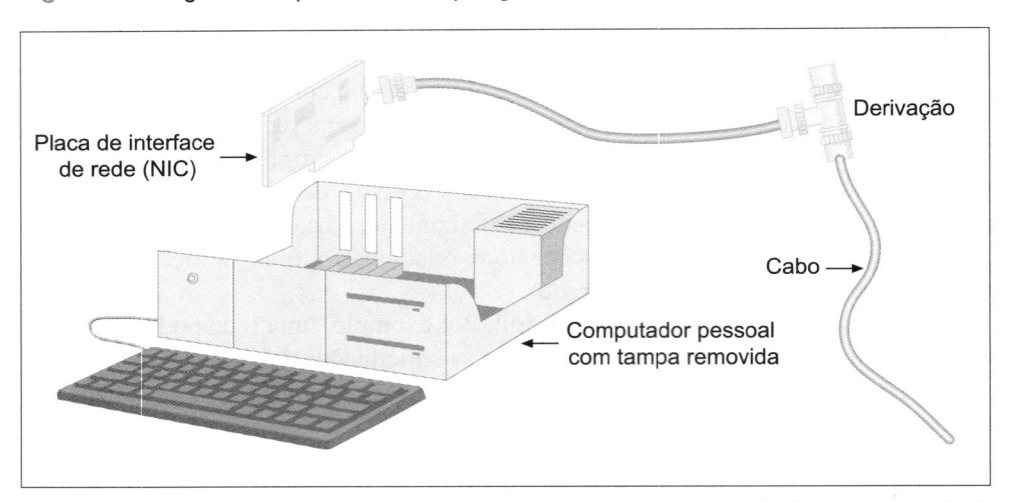

Figura 7-3 Derivação utilizada para interconectar uma estação de trabalho e um cabo LAN.

Duas tecnologias diferentes de sinalização podem ser utilizadas com uma rede de barramento: sinalização de banda-base e sinalização de banda larga (lembre-se de que as sinalizações de banda-base e banda larga foram apresentadas no Capítulo 3, na discussão sobre o cabo coaxial). A sinalização de banda-base geralmente usa um único sinal digital (como a codificação Manchester) para transmitir dados pelo barramento. O único sinal digital utiliza todo o espectro do cabo; portanto, somente um sinal por vez pode ser transmitido no cabo. Todas as estações de trabalho devem estar cientes de que outra estação de trabalho está transmitindo, para que não tentem transmitir e, assim, interrompam o sinal do primeiro transmissor inadvertidamente. Permitir que somente uma estação de trabalho acesse o meio por vez é responsabilidade do protocolo de controle de acesso ao meio, que será discutido detalhadamente mais adiante neste capítulo.

Outra característica da tecnologia de banda-base digna de observar é que a transmissão de banda-base é **bidirecional**, o que significa que, quando o sinal for transmitido de uma estação de trabalho, o sinal se propaga da fonte em ambas as direções no cabo (Figura 7-4).

O segundo tipo de tecnologia de sinalização utilizada na rede local de barramento é a tecnologia de banda larga (lembre-se de que somente os sistemas de televisão a cabo usam a sinalização de banda larga). A tecnologia de banda larga emprega sinalização analógica na forma de multiplexação por divisão de frequência para dividir o meio disponível em vários canais. Cada canal é capaz de transportar um único fluxo de vídeo, áudio ou dados.

Também é possível dividir e unir os cabos e sinais de banda larga para criar configurações mais complexas que um barramento linear simples. Essas topologias de barramento complexas que consistem de segmentos de cabos interconectados são chamadas árvores. A Figura 7-5 mostra um exemplo de uma rede de árvore.

Todas as redes de barramento, sejam de banda larga ou básica, compartilham uma grande desvantagem. Em geral, é difícil acrescentar uma nova estação de trabalho se nenhuma derivação existir no momento. Como não há

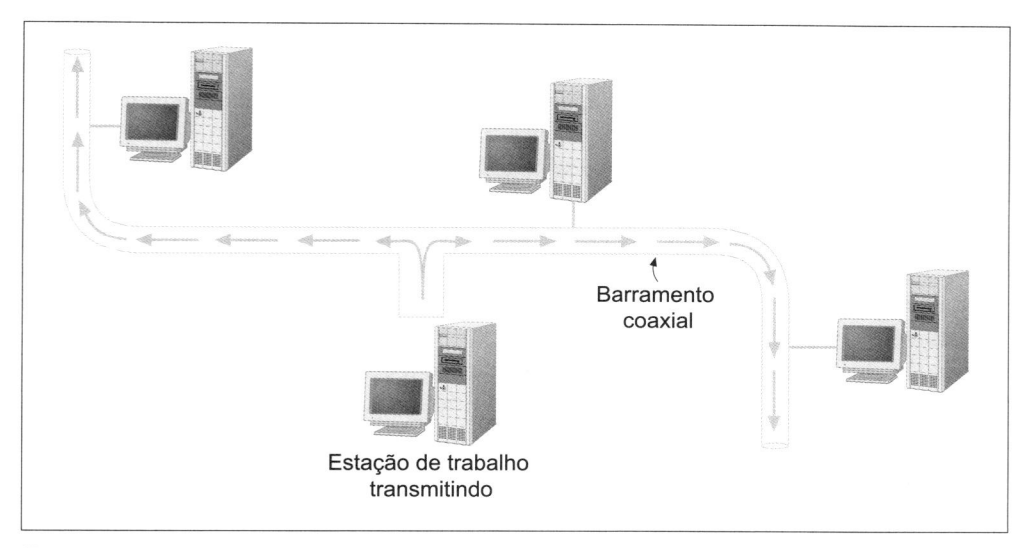

Figura 7-4 Propagação bidirecional de um sinal de banda-base.

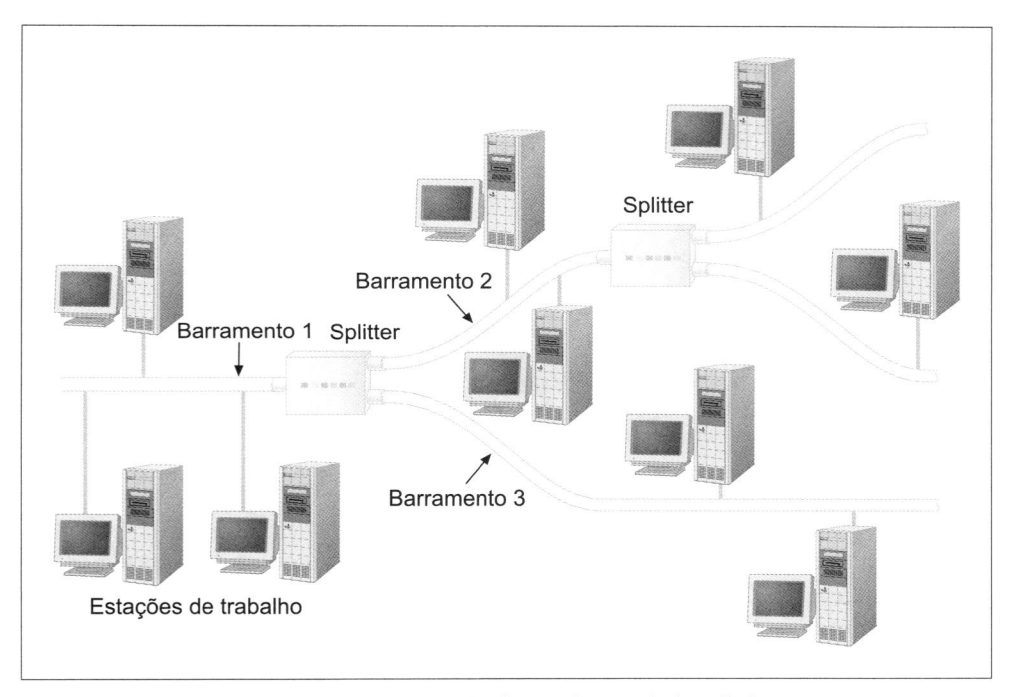

Figura 7-5 Exemplo simples de uma topologia em árvore de banda larga.

derivação, o cabo tem de ser cortado, e uma derivação tem de ser instalada. O corte do cabo e a instalação da derivação interrompem o tráfego na rede e são razoavelmente trabalhosos. A melhor maneira de evitar isso é prever onde as estações ficarão e fazer que a equipe de instalação coloque as derivações necessárias antecipadamente.

Entretanto, como é de esperar, prever o número e a localização exatos das derivações é virtualmente impossível. Com a introdução de tecnologias mais novas, as redes locais baseadas em barramento perderam popularidade até chegar ao ponto de relativamente poucas LANs baseadas em barramento existirem hoje em dia. O único barramento que ainda é regularmente utilizado, como já vimos, é o que envia sinais de vídeo e dados de televisão a cabo. Uma razão para isso é que, se você lembrar, o cabo coaxial é um bom meio para transmissão de sinais de alta frequência de televisão a cabo.

Vamos examinar a tecnologia que substituiu o barramento de rede local: o barramento em estrela.

Uma LAN mais moderna

A configuração mais popular para uma rede local, hoje em dia, é a **LAN em estrela**. A rede moderna em estrela funciona como um barramento, mas parece uma estrela. Para ser um pouco mais preciso, a rede *logicamente* funciona como um barramento, mas fisicamente se parece com uma estrela. O **projeto lógico** de uma rede determina como os dados se movem em uma rede de estação para estação de trabalho. O **projeto físico** se refere ao padrão formado pela localização dos elementos da rede, como apareceriam se fossem desenhados em uma folha de papel. Vamos explorar os detalhes dessa distinção importante mais adiante.

Nas primeiras redes de barramento em estrela, todas as estações de trabalho estão conectadas a um dispositivo central como o hub, como visto na Figura 7-6. O hub é um dispositivo relativamente não inteligente que de maneira simples e imediata retransmite os dados que ele recebe de qualquer estação de trabalho para *todas* as outras estações (ou dispositivos) conectadas ao hub. Todas as estações de trabalho recebem os dados transmitidos, porque há somente um canal de transmissão, e todas elas utilizam esse canal para envio e recebimento. O envio de dados a todas as estações de trabalho e dispositivos gera muito tráfego, mas mantém a operação bastante simples, porque não há roteamento a nenhuma estação em particular. Assim, em relação a seu projeto lógico, o barramento em estrela age como um barramento quando uma estação de trabalho transmite e todas as estações (ou dispositivos) imediatamente recebem os dados. O projeto físico de rede, entretanto, é uma estrela, porque todos os dispositivos estão conectados ao hub por linhas radiais, em um padrão de estrela (em oposição ao linear).

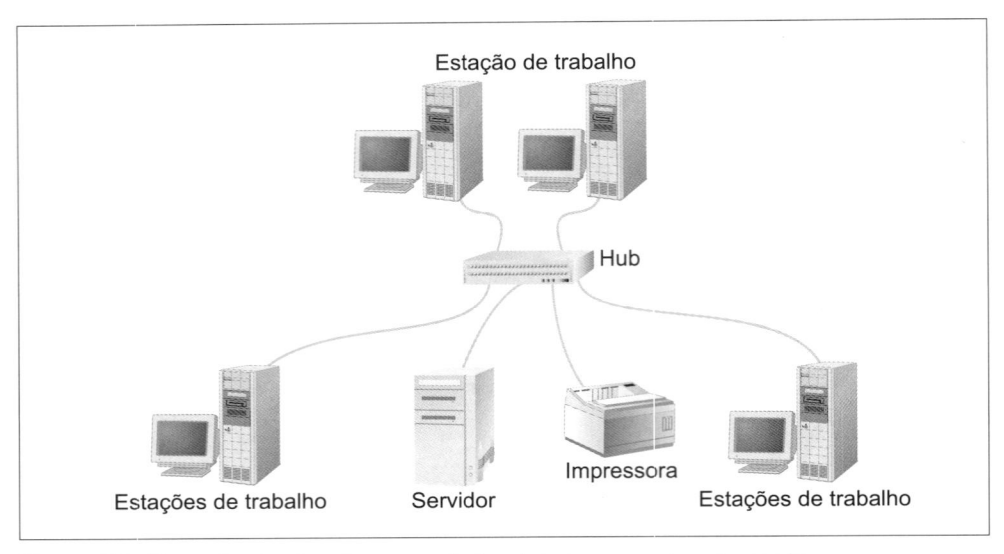

Figura 7-6 Exemplo simples de uma rede local de barramento em estrela.

O hub no centro da rede de barramento em estrela tem vários modelos, que podem conter de duas até centenas de conexões, ou portas, como são chamadas. Se, por exemplo, você tiver um hub com 24 portas, e mais portas forem necessárias, é bastante simples interconectar dois ou mais hubs, ou adquirir um hub maior. A Figura 7-7 demonstra que, para interconectar dois hubs, você simplesmente estende um cabo de um conector especial na parte da frente ou de trás do primeiro hub até um conector especial na parte da frente ou de trás do segundo hub. Vários hubs permitem múltiplos tipos de meios – par trançado, cabo coaxial e cabo de fibra óptica – para essa conexão entre hubs.

O cabeamento de par trançado tornou-se o meio preferido para as LANs de barramento em estrela, enquanto o cabo de fibra óptica é tipicamente usado como um conector entre múltiplos hubs. Os conectores nas extremidades dos cabos de par trançado são conectores modulares RJ-45 de fácil utilização. O conector RJ-45 é muito semelhante, mas um pouco mais largo que o conector modular que conecta o telefone à tomada (um conector RJ-11). (Você vai perceber isso quando colocar um conector RJ-11 em uma tomada RJ-45. Ele encaixará mais ou menos, mas não funcionará.) O cabo de par trançado e os conectores modulares simplificaram o acréscimo de estações de trabalho a um barramento em estrela em relação a um barramento em cabo coaxial.

As várias vantagens de uma LAN de barramento em estrela são instalação e manutenção simples, componentes de baixo custo (como hubs e fiação de par trançado), e um grande volume de produtos compatíveis em razão da maior participação no mercado. Talvez a única desvantagem de um projeto de barramento em estrela é a quantidade de tráfego que seu(s) hub(s) deve(m) gerenciar. Quando dois ou mais hubs estiverem interconectados e uma estação de trabalho transmitir dados, *todas* as estações conectadas a *todos* os hubs recebem os dados. Esse é um exemplo de uma **rede compartilhada**. Todos os dispositivos na rede estão compartilhando a única largura de banda. Como foi dito, o hub é um dispositivo relativamente não inteligente. Ele não filtra quadros de dados e não

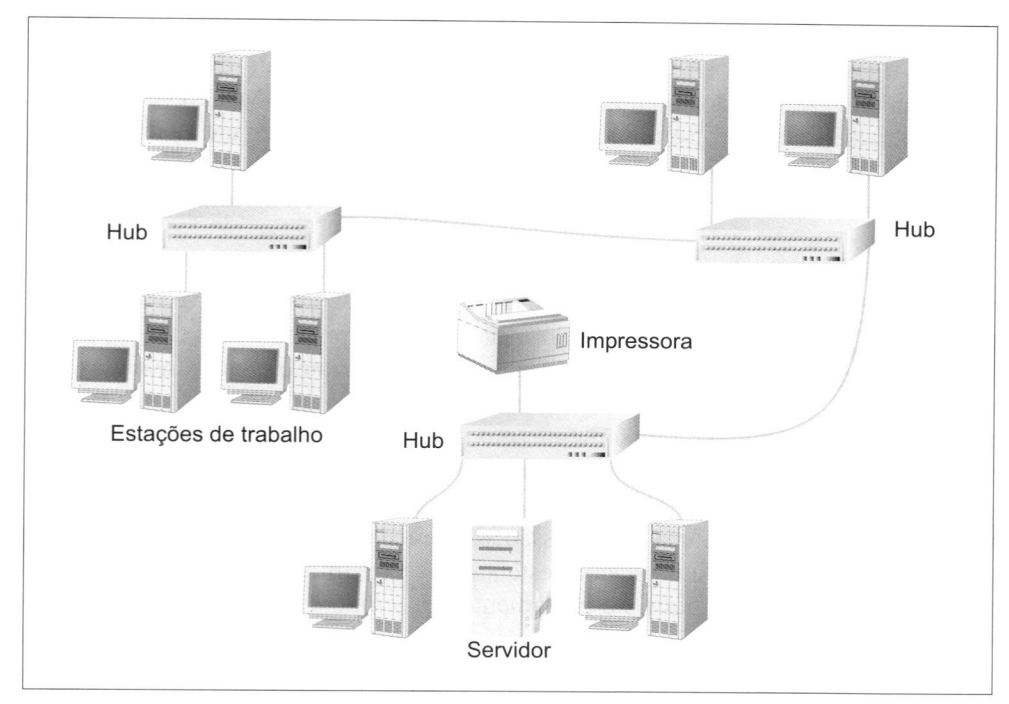

Figura 7-7 Interconexão de três hubs em uma rede local de barramento em estrela.

executa nenhum roteamento. Isso se tornou um grande problema com as LANS baseadas em hub e levou à substituição quase completa do hub. Mas antes de explorarmos a substituição do hub, vamos examinar o software que opera nas LANs baseadas em hub.

Um **protocolo de controle de acesso ao meio** é o software que permite que um dispositivo coloque dados em uma rede local baseada em hub (assim como outras redes que solicitam que suas estações de trabalho disputem pelo acesso à rede). Até vários anos atrás, o fundamental de todos os protocolos de controle de acesso ao meio era o seguinte: como uma rede local é essencialmente um barramento único que utiliza tecnologia de banda-base, é imperativo que somente uma estação de trabalho de cada vez tenha permissão para transmitir seus dados pela rede. Esse imperativo, como veremos brevemente, mudou com a introdução dos comutadores (no lugar dos hubs) e as conexões full-duplex. No momento, entretanto, vamos nos concentrar em uma estação de trabalho transmitindo por vez.

As duas categorias básicas de protocolos de controle de acesso ao meio para redes locais são:

▸ Protocolos baseados em contenção, como acesso múltiplo com detecção de portadora e detecção de colisão.

▸ Protocolos alternantes, como passagem de token.

Vamos examinar somente o primeiro protocolo, uma vez que ele foi a forma predominante de controle de acesso ao meio por vários anos. Para uma discussão do protocolo alternante, visite o site do autor na web: http://facweb.cs.depaul.edu/cwhite.

Protocolos baseados em contenção

Um **protocolo baseado em contenção** é, basicamente, um protocolo do tipo primeiro a chegar, primeiro a ser atendido – a primeira estação a reconhecer que nenhuma outra estação está transmitindo dados no meio é a primeira estação a transmitir. O protocolo mais popular baseado em contenção é o **acesso múltiplo com detecção de portadora e detecção de colisão (CSMA/CD)**. O protocolo de controle de acesso ao meio CSMA/CD era encontrado quase que exclusivamente nas redes locais de barramento e de barramento em estrela, e foi por vários anos o protocolo de controle de acesso ao meio mais utilizado.

O nome desse protocolo é tão longo que é praticamente autoexplicativo. Com o protocolo CSMA/CD, somente uma estação de trabalho pode transmitir por vez e, devido a isso, o protocolo CSMA/CD é basicamente um protocolo half-duplex. Uma estação de trabalho escuta o meio, isto é, detecta a presença de uma portadora no meio, para saber se qualquer outra estação de trabalho está transmitindo. Se uma estação estiver transmitindo, a estação em espera para transmitir vai esperar e tentar novamente. A quantidade de tempo que a estação de trabalho espera depende do tipo específico do protocolo CSMA/CD utilizado (para mais informações, consulte a seção de detalhes intitulada "Algoritmos CSMA/CD persistentes"). Se nenhuma outra estação de trabalho estiver transmitindo, a estação transmite seus dados no meio. O protocolo de acesso CSMA/CD é análogo a seres humanos conversando em uma mesa de jantar. Se ninguém estiver falando, qualquer um pode falar. Se alguém estiver falando, todos os outros escutam e esperam. Se dois seres humanos começarem a falar ao mesmo tempo, eles param imediatamente (pelo menos, pessoas educadas o fazem) e esperam um certo período de tempo antes de tentar novamente.

Na maior parte das situações, os dados sendo enviados por uma estação de trabalho são voltados para outra estação, mas todas as estações na rede baseada em protocolo CSMA/CD recebem os dados. (Uma vez mais, veremos que isso não é mais verdade para as redes locais comutadas.) Somente a estação pretendida (a estação com o endereço pretendido) vai fazer algo com os dados. Todas as outras estações vão descartar o quadro de dados.

Conforme os dados são transmitidos, a estação de envio continua a escutar o meio, escutando sua própria transmissão. Em condições normais, a estação deveria ouvir somente seus próprios dados sendo transmitidos. Se a estação ouvir lixo, entretanto, supõe que uma colisão ocorreu. Uma **colisão** ocorre quando duas ou mais estações escutam o meio no mesmo momento, não ouvem nada e então transmitem seus dados ao mesmo tempo.

Na verdade, as duas estações não precisam iniciar a transmissão exatamente ao mesmo tempo para que ocorra uma colisão. Considere uma situação na qual duas estações estejam nas extremidades opostas de um barramento. Um sinal se propaga de uma extremidade a outra do barramento em tempo n. Uma estação não ouve uma colisão até que seus dados tenham, na média, viajado a metade do caminho pelo barramento, colidido com o sinal da outra estação, e então propagado de volta pelo barramento até a primeira estação (Figura 7-8). Esse intervalo, durante o qual o sinal se propaga pelo barramento e volta, é a **janela de colisão**. Durante essa janela de colisão, uma estação pode não escutar uma transmissão, supor erroneamente que ninguém esteja transmitindo, e então transmitir seus dados.

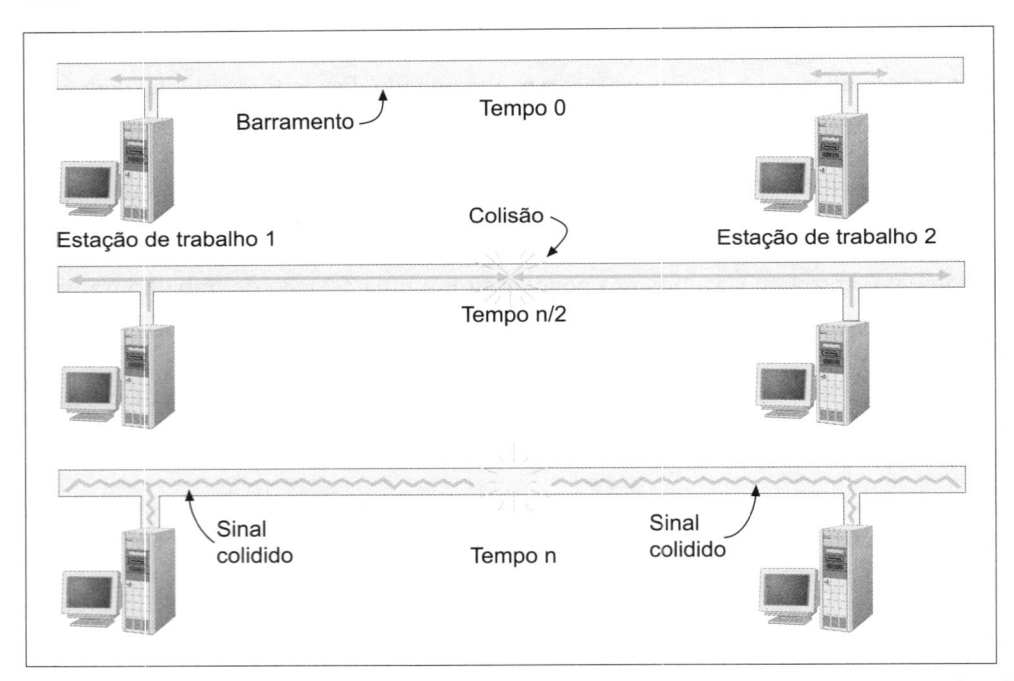

Figura 7-8 Duas estações de trabalho em extremidades opostas de um barramento sofrendo uma colisão.

Se a rede estiver com um pequeno volume de tráfego, as chances de colisão são pequenas. A chance de colisão aumenta dramaticamente quando a rede estiver sob uma carga pesada e várias estações estiverem tentando acessá-la simultaneamente. Estudos mostram que, conforme o tráfego na rede CSMA/CD aumenta, a taxa de colisões aumenta, o que degrada ainda mais o serviço da rede. Se uma estação detectar uma colisão, ela vai imediatamente parar sua transmissão, esperar uma quantidade aleatória de tempo e tentar novamente. Se outra colisão ocorrer, a estação vai esperar mais uma vez. Por causa dessas colisões, as redes CSMA/CD raramente excedem 40% de vazão. Em outras palavras, as redes CSMA/CD desperdiçam 60% de seu tempo lidando com colisões e outras sobrecargas. Muitos usuários acham essa taxa inaceitável e consideram modificações na CSMA/CD padrão, como a utilização de comutadores em vez de hubs.

Como o número de vezes que uma estação de trabalho tem de esperar é desconhecido, não é possível determinar exatamente quando uma estação poderá transmitir seus dados sem colisão. Desse modo, CSMA/CD é um **protocolo não determinista**, aquele no qual você não consegue calcular o tempo em que a estação vai transmitir. Se a sua aplicação tem de ter estações transmitindo dados em tempos conhecidos, você pode considerar um protocolo de controle de acesso ao meio diferente dessa forma básica de CSMA/CD.

O que podemos fazer para diminuir o número de colisões? Precisamos substituir nossos hubs por comutadores.

Comutadores (Switches)

Um hub é um dispositivo simples que não requer virtualmente nenhum processamento extra para operar. Mas também é ineficiente. Quando uma rede estiver experimentando um alto nível de tráfego, um hub aumenta o problema pegando qualquer quadro de entrada e o retransmitindo a todas as conexões. Por outro lado, o comutador utiliza os endereços e capacidade de processamento para direcionar um quadro a uma porta específica, reduzindo, assim, a quantidade de tráfego na rede.

Comutadores, como hubs, podem ser usados para interconectar múltiplas estações em uma única LAN ou interconectar múltiplas LANs. Seja interconectando várias redes locais ou várias estações de trabalho, o comutador tem uma função primária para direcionar o quadro de dados somente para o receptor endereçado. Assim, o comutador precisa conhecer onde todos os dispositivos estão para que possa enviar os dados para o enlace apropriado. Ele não envia o quadro para todos os enlaces, como o hub (a não ser que o quadro de dados seja uma mensagem aberta). Desse modo, o comutador atua como um **filtro** que examina o endereço de destino de um quadro e encaminha o quadro de modo apropriado, dependendo das informações de endereço armazenadas no comutador. O comutador vai reduzir enormemente a quantidade de tráfego nas redes interconectadas ao descartar quadros que não precisam ser encaminhados.

Vamos examinar essa função de filtragem um pouco mais de perto (Figura 7-9). Conforme um quadro de dados se move pela primeira rede local e entra no comutador, o comutador examina os endereços de fonte e destino armazenados no quadro. Tais endereços de quadro são atribuídos à placa de interface de rede (NIC) quando a NIC é produzida. (Todas as empresas que produzem NICs concordaram em utilizar uma fórmula que assegura que cada NIC do mundo tenha um endereço NIC único.) O comutador, usando alguma forma de lógica interna, determina se o endereço de destino do quadro de dados pertence a uma estação de trabalho na rede em que o quadro se originou. Se for o caso, o comutador não faz mais nada com o quadro, porque ele já está na rede apropriada. Se o endereço de destino não for um endereço na rede de origem, o comutador passa o quadro para a próxima rede local, supondo que o quadro seja voltado para uma estação naquela rede.

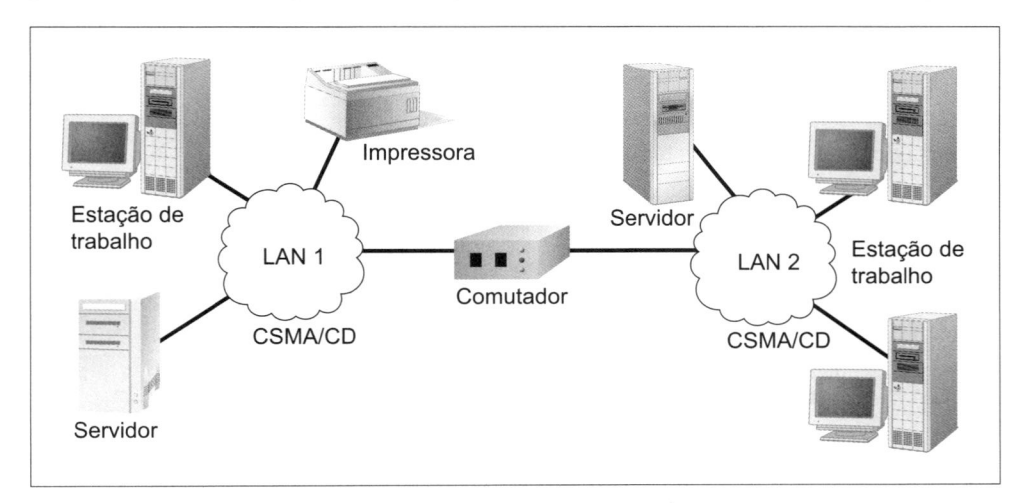

Figura 7-9 Um comutador interconectando duas redes locais.

Como o comutador sabe quais endereços estão em que redes? Um técnico sentou e digitou o endereço de cada NIC em cada rede interconectada? Não é provável. A maior parte dos comutadores é transparente, o que significa que eles aprendem por si mesmos. Após a instalação, o comutador começa a observar os endereços dos quadros que chegam as suas entradas e cria uma tabela interna de portas a ser utilizada para tomar decisões futuras de encaminhamento. O comutador cria a tabela interna de portas ao usar uma forma de **aprendizado reverso**, isto é, ao observar de qual localização um quadro veio. Se um quadro chegar ao comutador por determinada porta, ele supõe que o quadro se originou de algum ponto da rede conectada através daquela porta. O comutador pega o endereço de origem do quadro e coloca-o na tabela interna. Após observar o tráfego por um tempo, o comutador tem uma tabela de endereços de estações associados às respectivas portas. Se um quadro chegar ao comutador com um endereço de destino que não for compatível com qualquer endereço na tabela, o comutador supõe que o quadro é destinado a uma estação de trabalho em alguma outra rede e passa o quadro para a próxima rede.

Para um exemplo de como o comutador transparente aprende, examine a Figura 7-10 e o cenário a seguir. Esse comutador específico tem duas portas, uma para a LAN A e a segunda para a LAN B. Quando o comutador é inicialmente ativado, suas tabelas internas de portas, uma para a porta A e outra para a porta B, estão vazias. A Figura 7-11(a) mostra as duas tabelas como sendo inicialmente vazias. Agora, suponha que a Estação de trabalho 1 transmita um quadro voltado para a Estação de trabalho 4. Como essas redes são redes abertas, o quadro vai para todos os dispositivos na rede, incluindo o comutador. O comutador extrai o endereço da Estação de trabalho 1 e posiciona na tabela da Porta A. Ele acaba de aprender que a Estação de trabalho 1 está na LAN A, como exibido na Figura 7-11(b). Porém, o comutador ainda não conhece o endereço da Estação de trabalho 4. Embora essa estação esteja também na LAN A, o comutador não conhece esse fato, porque não há registro de um quadro de *entrada* na tabela da Porta A para a Estação de trabalho 4. Consequentemente, o comutador encaminha desnecessariamente o quadro através da Porta B para a LAN B.

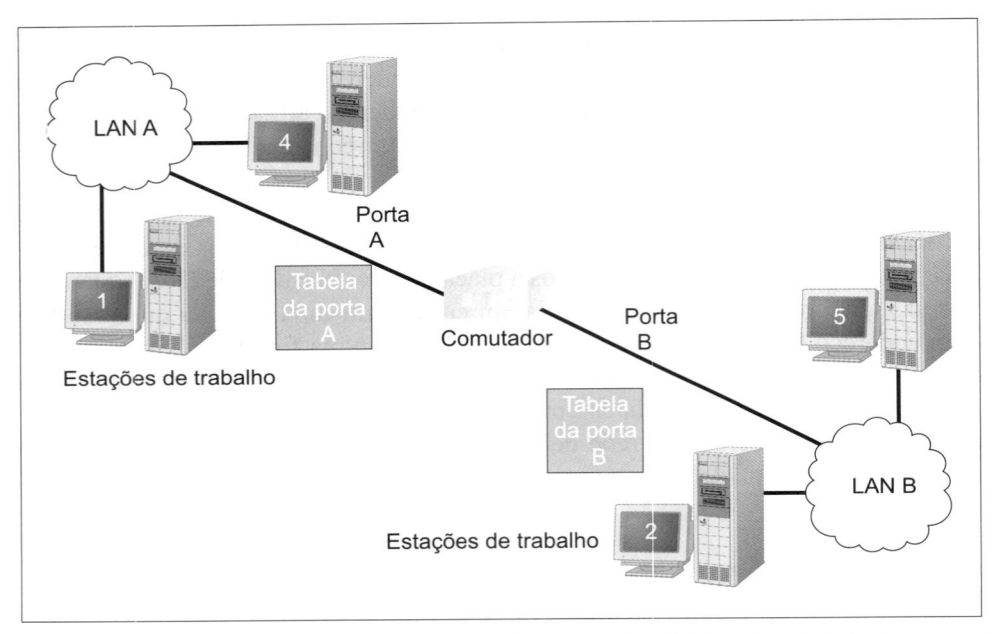

Figura 7-10 Um comutador interconectando duas redes locais tem duas tabelas internas de portas.

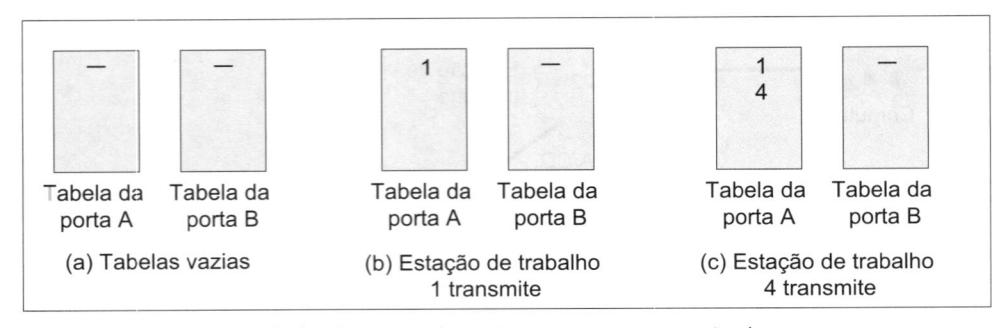

Figura 7-11 As duas tabelas internas de portas e suas novas entradas.

Agora suponha que a Estação de trabalho 4 devolva um quadro para a Estação de trabalho 1. O comutador extrai o endereço da Estação de trabalho 4 e o posiciona na tabela da Porta A, como mostrado na Figura 7-11(c). O quadro é destinado para a Estação de trabalho 1, e o comutador vê que há um registro para a Estação de trabalho 1 na tabela da Porta A. Agora, o comutador sabe que a Estação 1 está na LAN A e *não encaminha* o quadro para a LAN B. Além do mais, se a Estação 1 enviar outro frame para a Estação 4, o comutador verá que a Estação 4 está na LAN A (por causa da entrada na tabela da Porta A) e *não encaminhará* o quadro para a LAN B.

Se a Estação de trabalho 1 envia um quadro para a Estação de trabalho 5, o comutador não vai reconhecer o endereço da Estação 5, porque não há entrada na tabela da Porta A, e ele não vai encaminhar o quadro para a LAN B. O comutador vai executar a mesma função de aprendizagem para a LAN B e atualizará a tabela da Porta B de acordo. Desse modo, o comutador aprende onde as estações estão e então utiliza essas informações para decisões futuras de encaminhamento.

O exemplo acima mostrou um comutador com duas portas, uma para cada rede. Na verdade, os comutadores podem ter várias portas. Por exemplo, você pode ter uma LAN com cinquenta estações, cada uma conectada a uma porta em um comutador. Para assistir cada uma dessas portas eficientemente, o principal hardware do comutador, chamado **backplane**, tem de ser rápido o suficiente para suportar a largura de banda agregada ou o total de todas as portas. Por exemplo, se um comutador tem oito portas de 100 Mbps, o backplane tem de suportar um total de 800 Mbps. Esse backplane é semelhante a um barramento dentro de um microcomputador. Ele permite que você se conecte a uma ou mais placas de circuito impresso. Cada placa oferece uma porta, ou conexão, a uma estação de trabalho ou outro dispositivo. Se as placas de circuito são **hot swap**, é possível inserir e remover as placas enquanto a alimentação da unidade ainda estiver ligada. Essa função permite a manutenção rápida e fácil do comutador. Conforme o tráfego entra em cada porta, uma tabela é atualizada para refletir o endereço de origem do quadro recebido. Mais tarde, quando um quadro for transmitido para outra estação de trabalho, essa tabela de endereços de encaminhamento é consultada e o quadro é enviado pela porta adequada.

Os comutadores podem diminuir significativamente o tráfego de interconexão e aumentar a vazão de redes ou segmentos interconectados sem precisar de cabeamento adicional ou nova disposição dos dispositivos de rede. Como você deve lembrar, redes locais baseadas em hub sofrem colisões. Ao reduzir o número de pacotes transmitidos desnecessariamente, um comutador pode causar uma diminuição no número de colisões. Conforme o número de colisões declina, a vazão geral da rede deve aumentar.

Outra vantagem importante de um comutador é que ele é projetado para executar muito mais rápido que um hub; isso acontece especialmente no que diz respeito a comutadores que utilizam a arquitetura cut through. Em uma **arquitetura cut through**, o quadro de dados começa a sair do comutador quase ao mesmo tempo em que entra no comutador. Em outras palavras, um comutador cut through não armazena um quadro de dados para então encaminhá-los. Ao contrário, um **dispositivo store-and-forward** segura todo o quadro por uma pequena porção de tempo enquanto vários campos do quadro são examinados, um procedimento que diminui a vazão geral da rede. Tal função cut through permite que um comutador encaminhe quadros de dados muito rapidamente, desse modo melhorando a vazão geral da rede. A grande desvantagem da arquitetura cut through é o potencial para o dispositivo encaminhar quadros em falha. Por exemplo, se um quadro foi corrompido, um dispositivo store-and--forward vai fazer a entrada do quadro, executar um checksum cíclico, detectar o erro, e executar alguma forma de controle de erro. Um dispositivo cut through, entretanto, é tão rápido que começa o encaminhamento do quadro antes que o checksum cíclico possa ser calculado. Se houver um erro do checksum cíclico, é tarde demais para fazer qualquer coisa a respeito. O quadro já foi transmitido. Se muitos quadros corrompidos forem encaminhados, a integridade da rede é prejudicada.

O comutador tem uma semelhança física com o hub. Se você decidir instalar um comutador em uma rede local, é geralmente tão simples quanto desconectar um hub e conectar um comutador no lugar do hub. Logicamente, entretanto, o comutador não é como o hub. O comutador pode examinar endereços de quadro e, baseado no conteúdo de um endereço, direcionar o quadro para o caminho apropriado. Enquanto o hub simplesmente descarrega uma cópia do quadro para todas as conexões, o comutador utiliza a inteligência para determinar a melhor conexão para transmissões em curso.

Dependendo dos requisitos do usuário, um comutador pode interconectar dois tipos diferentes de segmentos de rede CSMA/CD: segmentos compartilhados e dedicados. Nas redes de segmento compartilhado, como mostrado na Figura 7-12, um comutador pode ser conectado a um hub (ou vários hubs), que então conecta múltiplas estações. Como as estações de trabalho são inicialmente conectadas a um hub, elas compartilham um único canal, ou largura de banda, do hub, que limita as velocidades de transferência de estações individuais.

Em redes de segmentos dedicados, como mostrado na Figura 7-13, um comutador pode ser conectado diretamente a uma ou mais estações de trabalho. Cada estação, então, tem uma conexão privada ou dedicada. Essa conexão dedicada aumenta a largura de banda para cada estação em relação ao que seria a largura de banda se a estação estivesse conectada ao hub. Segmentos dedicados são úteis para estações mais potentes com demandas altas de comunicação. As estações que estão conectadas ao hub não possuem conexões dedicadas à rede. Elas

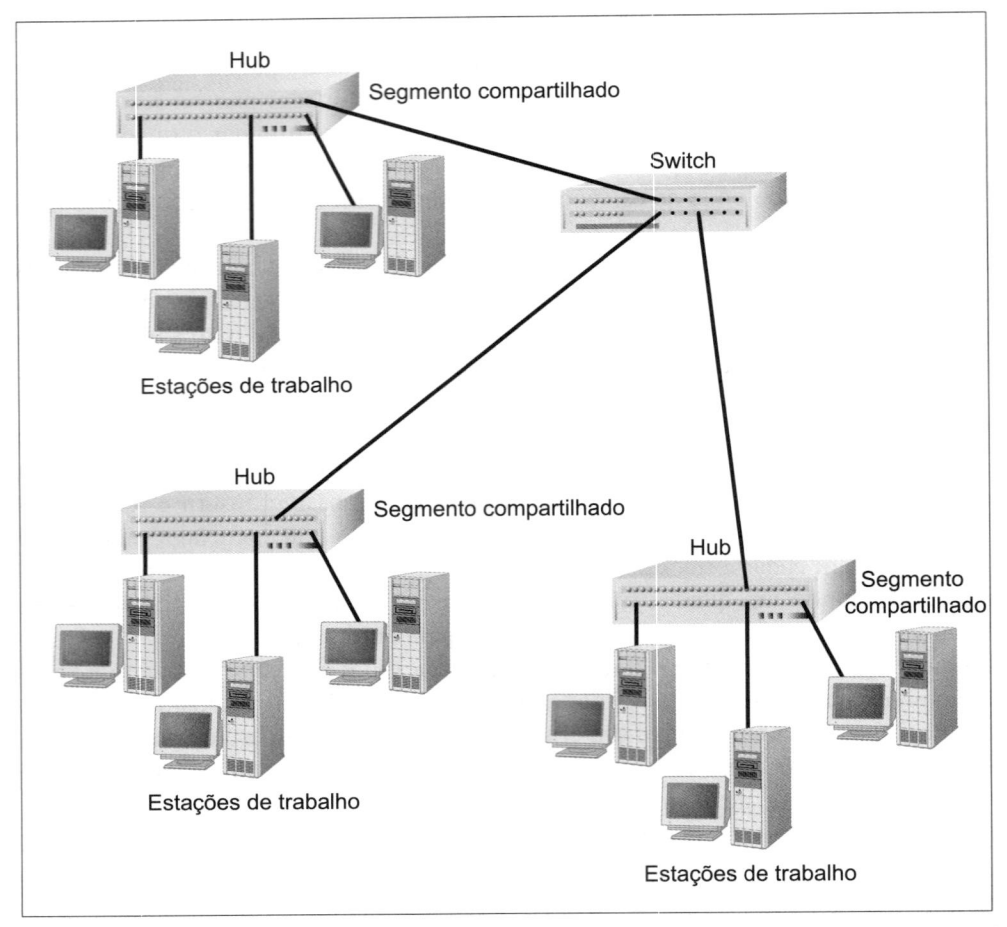

Figura 7-12 Estações de trabalho conectadas a uma rede local de segmento compartilhado.

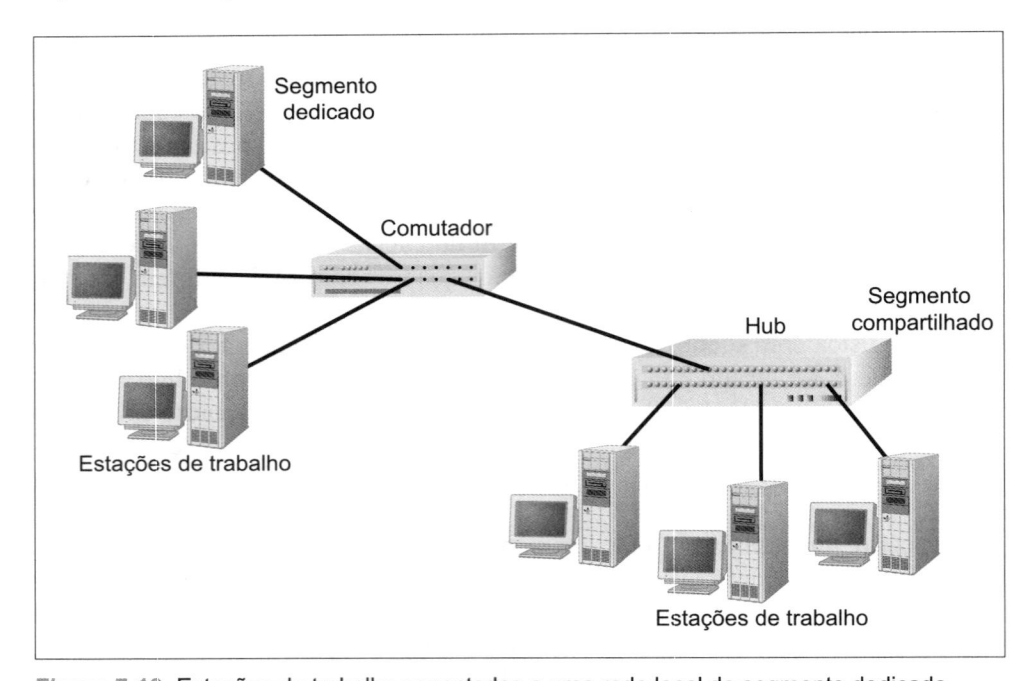

Figura 7-13 Estações de trabalho conectadas a uma rede local de segmento dedicado.

devem compartilhar a largura de banda com outras estações de trabalho conectadas àquele hub. O comutador essencialmente trata as estações conectadas ao hub como uma única conexão.

Isolamento de padrões de tráfego e oferecimento de acesso múltiplo

Estejam segmentos compartilhados ou dedicados envolvidos, o objetivo primário de um comutador é isolar um padrão específico de tráfego de outros padrões de tráfego ou do restante da rede. Considere uma situação na qual dois servidores, juntamente com algumas estações, estejam conectados a um comutador (Figura 7-14). Se a estação A deseja transmitir para o Servidor 1, o comutador encaminha o pacote/quadro de dados diretamente para o Servidor 1 e para nenhum outro lugar na rede. As estações B, C e D não recebem o quadro de dados da Estação A. Além do mais, a Estação A pode transmitir para o Servidor 1 ao mesmo tempo em que a Estação B transmite para o Servidor 2. Finalmente, o comutador pode acomodar um alto grau de intercomunicação entre os dois servidores sem enviar os dados para nenhuma estação na rede. Como várias redes locais têm um alto grau de comunicação entre servidores, esse uso do comutador pode efetivamente reduzir o tráfego geral da rede.

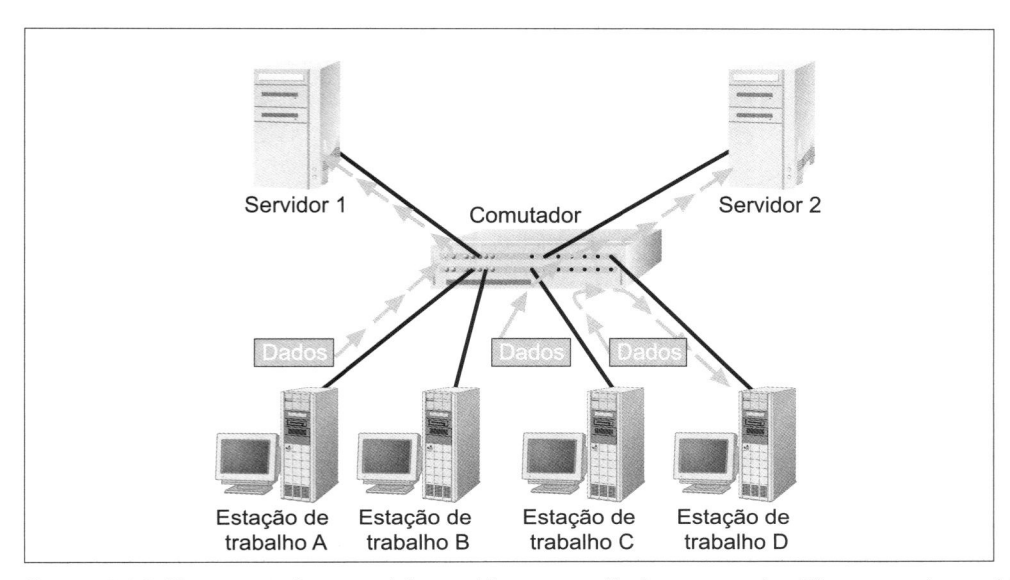

Figura 7-14 Um comutador com dois servidores permitindo acesso simultâneo a cada servidor.

Se o acesso a um servidor estiver lento em virtude do grande número de transmissões que entram no servidor por seu único cabo e placa de interface de rede, outra placa de interface de rede pode ser adicionada ao servidor, e essa nova conexão pode ser feita a uma porta disponível no comutador (veja a Figura 7-15). Esse cenário permite que duas estações transmitam dados simultaneamente ao servidor, disponibilizando, assim, maior largura de

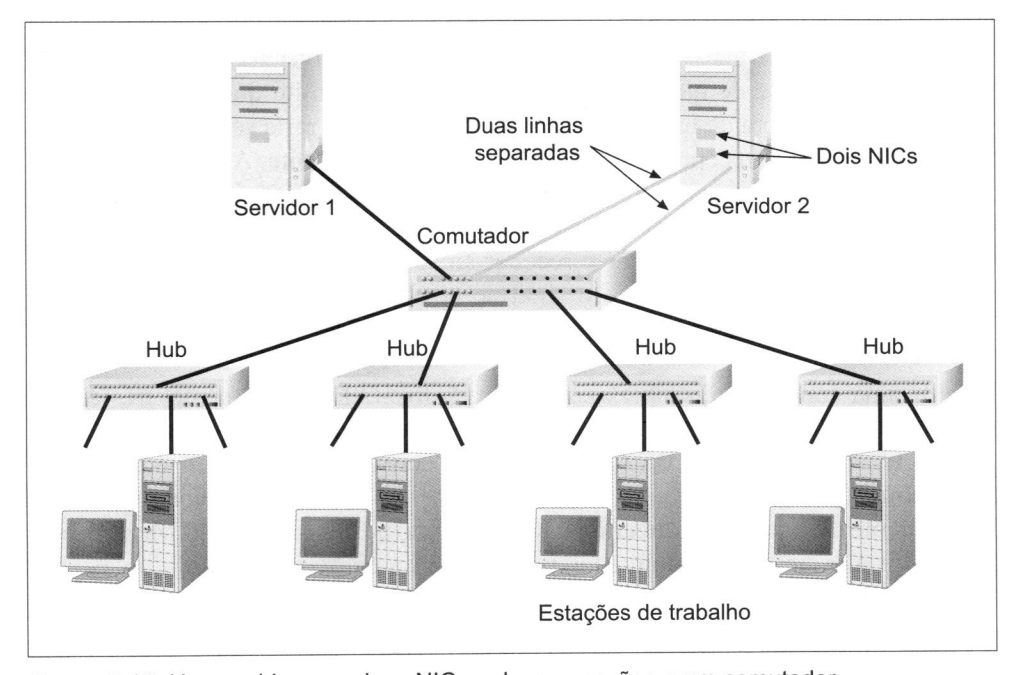

Figura 7-15 Um servidor com duas NICs e duas conexões a um comutador.

banda para acessar o servidor, e podem ser especialmente efetivas se o servidor possuir vários processadores ou processadores multinúcleos instalados.

Os comutadores podem ser utilizados em conjunto com roteadores para isolar posteriormente segmentos de tráfegos em uma rede local. Na Figura 7-16, observe que o Servidor 1 está localizado próximo às estações A e B e está isolado do resto da rede por meio de um par de roteadores. Se as estações A e B acessam rotineiramente o Servidor 1, esse tráfego será isolado de tudo o mais na rede mais ampla. Do outro lado dos roteadores, as estações C, D e E tipicamente acessam os servidores 2, 3 e 4 por meio de um comutador. Desse modo, seus tráfegos estão isolados um do outro e também do resto da rede.

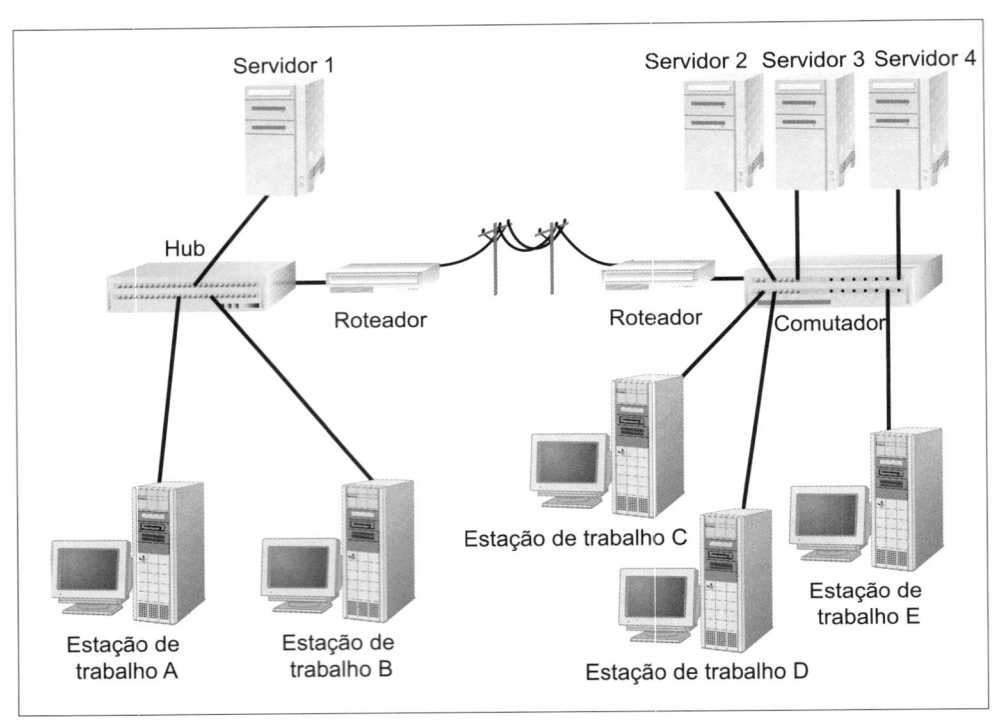

Figura 7-16 Um par de roteadores (ou pontes remotas) e combinação de comutadores projetados para isolar o tráfego de rede.

Comutadores full-duplex

Uma das desvantagens primárias de uma rede local CSMA/CD com hubs é a presença de colisões. Como uma estação de trabalho não pode transmitir dados se ela escutar outra estação que já estiver transmitindo, a rede CSMA/CD é um sistema half-duplex. Lembre-se de que um sistema half-duplex permite que o transmissor e receptor falem, mas não ao mesmo tempo. A largura de banda da rede CSMA/CD se dobraria se fosse um sistema full-duplex, no qual tanto o transmissor quanto o receptor poderiam falar simultaneamente. Além do mais, não haveria colisões em um segmento individual, o que simplificaria o algoritmo CSMA/CD. O comutador full-duplex permite que a rede CSMA/CD transmita dados para uma estação e receba dados dela simultaneamente.

Como uma estação em uma rede CSMA/CD pode enviar e receber sinais ao mesmo tempo? Utilize dois pares de fios, transmita o sinal de envio em um par de fios e o sinal de recebimento no outro par de fios. A Figura 7-17 mostra o sinal em um sentido passando pelo par de fios e o sinal no sentido contrário passando pelo outro conjunto.

O que é necessário para permitir uma conexão full-duplex em uma rede local? Essencialmente, três condições têm de ser atendidas. Primeiro, a NIC na estação de trabalho precisa ter capacidade de suportar, para então ser configurada para suportar, uma conexão full-duplex. Do mesmo modo, o comutador tem de ser configurado para uma conexão full-duplex. Finalmente, o cabo que conecta a NIC da estação ao comutador precisa ser capaz de sustentar uma conexão full-duplex. Tanto a Ethernet de 10 Mbps quanto a Ethernet de 100 Mbps necessitam de dois pares (quatro fios) entre a estação e o comutador para permitir uma conexão full-duplex. Em virtude de sua velocidade de transmissão muito mais alta, a Ethernet de 1.000 Mbps precisa de quatro pares de fio. Como a conexão entre uma estação e um comutador não é muito longa (geralmente menos de 100 metros), e o fio utilizado é tipicamente um par trançado, não deve ser muito difícil implantar uma conexão full-duplex. Na

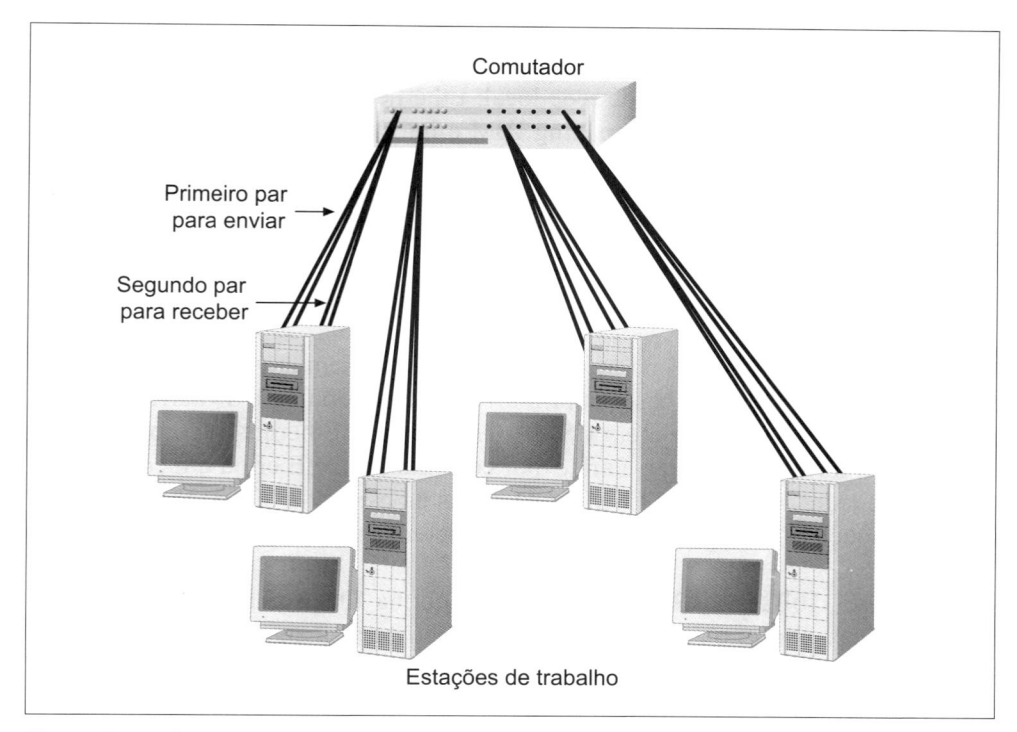

Figura 7-17 Conexão full-duplex de estações de trabalho de um comutador LAN.

verdade, se você estiver instalando uma LAN nova e sua fiação, certificar-se de que cada cabo tenha um conjunto padrão de oito fios (usando um conector RJ-45) é um processo simples. Mesmo se não utilizar todos os oito fios agora, você já terá a fiação para atualizações futuras.

É óbvio que o comutador é uma ferramenta poderosa para segmentar uma rede local e, assim, reduzir sua quantidade total de tráfego. Como resultado da redução do tráfego, uma LAN que emprega comutadores é uma rede mais eficiente, com melhor desempenho. Além disso, como a vazão geral da rede melhora, seu tempo de resposta quando um usuário solicita um serviço é mais rápido. O comutador full-duplex tornou-se tão comum em várias redes que as colisões são eliminadas e o software de rede não precisa, na verdade, escutar antes da transmissão – assim, CSMA/CD tornou-se essencialmente MA (acesso múltiplo).

LANs virtuais

Uma das aplicações mais interessantes para uma rede de segmento dedicado e um comutador é a criação de uma **LAN virtual**, ou VLAN – um subgrupo lógico em uma rede local criado por meio de comutadores e software, em vez de instalar manualmente a fiação de um dispositivo de rede até outro. Por exemplo, se uma empresa deseja criar um grupo de trabalho de colaboradores para trabalhar em um novo projeto, o pessoal de suporte de rede pode criar uma VLAN para esse grupo de trabalho. Embora os colaboradores e suas estações de trabalho reais possam ser distribuídos pelos prédios, os comutadores da LAN e o software da VLAN podem ser utilizados para criar uma "rede dentro de uma rede". Como as estações de trabalho estão conectadas a uma rede de segmento dedicado, eles vão sofrer poucas (se alguma) colisões quando transmitirem para outras estações no grupo na rede virtual nova, e seu tempo de resposta será mais rápido. Além do mais, como somente essas estações que são membros da VLAN vão receber quadros, a largura de banda é otimizada, e a segurança da rede é aprimorada.

A norma IEEE 802.1Q foi projetada para permitir que vários dispositivos se intercomunicassem e trabalhassem juntos na criação de uma LAN virtual. Em vez de mandar um técnico ao armário de fiação para mover um cabo de estação de trabalho de um comutador para outro, um comutador em conformidade com a 802.1Q pode ser remotamente configurado por um administrador de rede. Desse modo, uma estação de trabalho pode ser movida de uma VLAN para outra por meio de uma simples mudança de software. A maioria dos comutadores modernos tem um endereço IP atribuído a eles, o que permite que um administrador de rede faça uma alteração de VLAN via Internet.

Sistemas populares de rede local

Nos últimos vinte anos, existiram quatro sistemas populares de rede local: Ethernet, Token Ring IBM, Interface de dados distribuídos em fibra óptica e Ethernet sem fio. Token Ring IBM e Interface de dados distribuídos em fibra óptica praticamente desapareceram do ambiente LAN, por isso não os abordaremos neste momento. Se você estiver interessado em aprender mais sobre eles, consulte o site do autor na web. No momento, examinemos as duas redes locais remanescentes: Ethernet com fio e Ethernet sem fio.

Ethernet com fio

A **Ethernet** foi o primeiro sistema de rede local disponível no mercado e permanece, sem dúvida, o sistema LAN mais popular atualmente. A versão com fio da Ethernet é baseada primariamente na topologia de barramento em estrela e utiliza essencialmente o protocolo de acesso ao meio CSMA/CD. Como a Ethernet é tão popular e a mais antiga, ela se desenvolveu em várias formas diferentes. Para evitar confusão, o IEEE criou um conjunto de normas individuais especificamente para redes Ethernet ou CSMA/CD, todas na categoria 802.3. Vamos examinar os diferentes protocolos 802.3 um pouco mais detalhadamente. Como referência, as normas 802.3 a serem discutidas estão resumidas na Tabela 7-1.

As normas originais 802.3 são 10Base5, 10Base2, 1Base5 e 10BaseT. A norma **10Base5** foi uma das primeiras normas para Ethernet a serem aprovadas. O termo "Base" é uma abreviação para sinais de banda-base, utilizando uma codificação Manchester. Lembre-se de que os sinais de banda-base são sinais digitais. Como não há multiplexação dos sinais digitais em nenhuma LAN de banda-base, há somente um canal de informações na rede. O 10 em 10Base5 representa uma transmissão com velocidade de 10 Mbps, e o 5 representa o comprimento máximo de 500 metros do segmento de cabo. (Observe que essas normas, como aquelas associadas a meios com fios, são baseadas no sistema métrico.) A 10Base2 (apelidada de Cheapernet – rede mais barata) foi desenvolvida para permitir uma rede menos cara ao utilizar componentes mais baratos. A rede **10Base2** pode transmitir sinais digitais de 10 Mbps por cabo coaxial, mas somente por, no máximo, 200 metros (o valor 2 em 10Base2). A 1Base5 foi um sistema projetado para fiação de par trançado, mas com uma taxa de transferência de somente 1 Mbps por 500 metros. Devido aos avanços tecnológicos, **10Base5**, 10Base2 e 1Base5 estão extintas. Uma norma de 10 Mbps extremamente popular foi a 10BaseT. Um sistema 10BaseT transmite sinais (digitais) de banda-base de 10 Mbps por par trançado para um máximo de 100 metros por comprimento de segmento. Várias empresas, escolas e residências utilizaram **10BaseT** (e, mais tarde, 100BaseT) como sua rede local.

Uma das normas mais comuns para Ethernet de banda larga (analógica) foi a especificação 10Broad36. Utilizando cabo coaxial para transmitir sinais analógicos, a **10Broad36** transmitia dados a 10 Mbps para uma distância máxima de segmento de 3.600 metros. Note a distância muito maior em razão do uso de cabo coaxial e sinais analógicos. E como os sinais de banda larga podem permitir múltiplos canais, a 10Broad36 disponibilizava vários canais concomitantes de dados, cada um suportando um fluxo de transmissão de 10 Mbps. Muitos especialistas de rede acharam que o cabo coaxial e os sinais analógicos eram muito difíceis de trabalhar. De acordo com alguns relatórios do setor, ninguém está instalando novos sistemas 10Broad36. Aparentemente, os múltiplos canais concomitantes de dados não foram suficientes para salvar a 10Broad36.

Quando a Ethernet de 10 Mbps se tornou disponível, ela era um protocolo rápido para vários tipos de aplicações. Entretanto, como acontece com a maioria das tecnologias baseadas em computadores, ela não foi suficientemente rápida por muito tempo. Em resposta à demanda por sistemas Ethernet mais rápidos, o IEEE criou o protocolo de Ethernet de 100 Mbps 802.3u. As normas de Ethernet de 100 Mbps descritas neste parágrafo são chamadas **Ethernet rápida** para diferenciá-las das normas de 10 Mbps. A 100BaseTX foi projetada para sustentar sinais de banda-base de 100 Mbps utilizando dois pares de par trançado sem blindagem de Categoria 5. Assim como o seu equivalente 10BaseT, a **100BaseTX** foi projetada para segmentos de 100 metros. É semelhante a sistemas 10BaseT que usam fiação de par trançado e hubs com múltiplas conexões de estações de trabalho. A **100BaseT4** foi criada para permitir fios de categoria mais antiga. Desse modo, ela pode operar em fios de par trançado de categoria 3 ou 4, assim como em par trançado sem blindagem de categorias 5/5e/6. Também transmite sinais de banda-base de 100 Mbps por um máximo de 100, mas está extinta hoje em dia. Finalmente, **100BaseFX** foi a norma criada para sistemas de fibra óptica. Ela pode permitir sinais de banda-base de 100 Mbps utilizando dois fios de fibra, mas por distâncias muito superiores – 1.000 metros.

O próximo conjunto de normas de Ethernet desenvolvido foi baseado nas velocidades de transmissão de 1.000 Mbps, ou 1 gigabit (1 bilhão de bits) por segundo. Essas normas definem o **Gigabit Ethernet (IEEE 802.3z)**, que se tornou uma das melhores tecnologias para redes locais de alta velocidade. A primeira norma de gigabit – **1000BaseSX** – suporta a interconexão de grupos relativamente próximos de estações de trabalho e outros dispositivos, utilizando cabos multimodos de fibra óptica. A **1000BaseLX** é projetada para cabeamento em um prédio e usa cabos de fibra óptica monomodo ou fibra multimodo. A **1000BaseCX** é projetada para cabos de interconexão de pequeno comprimento (0,1 a 25 metros) utilizando fio de cobre balanceado. Uma norma mais recente, chamada simplesmente **1000BaseT**, é capaz de usar tanto cabo de Categoria 5e quanto de Categoria 6. Mais precisamente, a 1000BaseT incorpora sinalização multinível avançada para transmitir dados por quatro pares de cabo CAT 5e/CAT 6.

Uma norma Ethernet mais recente é a Ethernet de 10 Gbps. A norma **10 Gbps Ethernet** (transferência a uma taxa de 10 bilhões de bits por segundo) foi aprovada pelo IEEE em julho de 2002. Essa norma também é conhecida como IEEE 802.3ae. A norma original para 10 Gbps já se transformou em várias outras normas secundárias. A maioria dessas normas envolve cabo de fibra óptica como o meio tanto para distâncias curtas quanto para médias. Entretanto, algumas normas novas baseadas em cobre estão surgindo. Uma delas envolve par trançado comum CAT 6, mas por somente 55 metros. Uma segunda norma para cobre permite usar nova variação do CAT 6 chamada CAT 6a e por distâncias de transmissão de até 100 metros. Já uma terceira proposta envolve a utilização de quatro pares de cabeamento axial duplo. Naturalmente, não deixe de fora outras propostas: Ethernet de 40 Gbps e 100 Gbps, que estão atualmente em fase de projeto.

A Tabela 7-1 resume as várias normas Ethernet apresentadas. Essa tabela mostra velocidade máxima de transmissão, tipo de sinal (ou banda-base, que corresponde a um sinal digital, ou banda larga, que corresponde ao analógico), tipo de cabo, e comprimento máximo de segmento sem um repetidor.

Tabela 7-1 Resumo das normas Ethernet

Norma Ethernet	Velocidade máxima de transmissão	Tipo de sinal	Tipo de cabo	Comprimento máximo de segmento
10BaseT	10 Mbps	Banda-base	Par trançado	100 metros
100BaseTX	100 Mbps	Banda-base	Cabo com 2 pares trançados sem blindagem de Categoria 5 ou superior	100 metros
100BaseFX	100 Mbps	Banda-base	Fibra óptica	1.000 metros
1000BaseSX	1000 Mbps	Banda-base	Fibra óptica	300 metros
1000BaseLX	1000 Mbps	Banda-base	Fibra óptica	100 metros
1000BaseCX	1000 Mbps	Banda-base	Cobre especial balanceado	25 metros
1000BaseT	1000 Mbps	Banda-base	Par trançado – quatro pares	100 metros
10GBase-fiber	10 Gbps	Banda-base	Fibra óptica	vários comprimentos
10GBase-T	10 Gbps	Banda-base	Categoria 6	55 – 100 metros
10GBase-CX4	10 Gbps	Banda-base	Axial duplo	aprox. 30 metros

Uma das evoluções recentes na Ethernet é **power over Ethernet (PoE)** (norma IEEE 802.3af). Suponha que você deseja colocar uma placa de interface de rede (NIC) em um dispositivo, mas não quer ou não pode conectá-lo à rede elétrica. Por exemplo, você deseja instalar uma câmera de vigilância que transfira seu sinal primeiro pela Ethernet e depois pela Internet. Normalmente, você instalaria a câmera e então instalaria tanto a conexão Ethernet quanto uma conexão elétrica. Mas com PoE, você pode enviar alimentação elétrica pela conexão Ethernet, que pode ser utilizada para alimentar a câmera. Embora isso pareça promissor, uma das desvantagens é a capacidade de prover alimentação suficiente ao hub ou comutador Ethernet para que ela possa ser, então, distribuída pelas linhas Ethernet para vários dispositivos.

Ethernet sem fio

Uma rede local que não é baseada primariamente em fiação física, mas que utiliza transmissões sem fio entre estações de trabalho, é uma **LAN sem fio** ou **Ethernet sem fio**. Ao conectar um transmissor/receptor a uma placa especial de interface de rede em uma estação de trabalho ou notebook, e hardware similar em um dispositivo chamado ponto de acesso, é possível transmitir entre uma estação de trabalho e um servidor de rede a velocidades de milhões de bits por segundo. Além do mais, a estação de trabalho pode se localizar em qualquer ponto dentro da área de transmissão aceitável. Essa área aceitável varia de acordo com a tecnologia sem fio usada, mas geralmente vai de poucos metros a 250 metros. Você poderia dizer que uma LAN sem fio é basicamente uma topologia em estrela, uma vez que as estações de trabalho sem fio geralmente irradiam e transmitem dados para o ponto de acesso.

Note que a maioria das redes locais sem fio é, na verdade, combinação de tecnologias sem fio e com fio. A parte sem fio consiste de estações de trabalho sem fio e laptops/notebooks/netbooks e pontos de acesso. Na outra extremidade desses pontos de acesso (cujos detalhes são examinados brevemente) está a rede local com fio. A parte com fio contém a fiação comum de categorias 5e/6, hubs, comutadores, roteadores e servidores.

Claramente, uma das maiores vantagens de uma LAN sem fio é que nenhum cabeamento é necessário para que o dispositivo do usuário se comunique com a rede. Isso faz que a LAN sem fio seja a solução perfeita para várias aplicações diferentes. Considere um ambiente no qual seja simplesmente impossível passar cabos, como no meio de um depósito, ou no piso de uma bolsa de valores. As LANs sem fio também funcionam bem em prédios históricos, ou em prédios com concreto espesso ou paredes em mármore, onde furar através das paredes, tetos ou pisos é indesejável ou difícil. Vários escritórios incorporaram redes locais sem fio por outras razões. Imagine que uma colaboradora está sentada em sua baia trabalhando em seu notebook com uma conexão sem fio. De repente, ela é chamada para uma reunião. Ela pega seu notebook, vai até a sala de reuniões e continua a trabalhar com a conexão sem fio. Da mesma forma, vários *campi* universitários e escolares, se não a maioria deles, instalaram LANs sem fio para que os estudantes possam acessar operações de rede durante a aula, na biblioteca, ou enquanto apreciam um belo dia no pátio.

Para criar uma rede local sem fio, alguns componentes básicos são necessários. O primeiro componente é o dispositivo de usuário (também chamado estação sem fio), como um notebook, estação de trabalho ou dispositivo de mão. O dispositivo de usuário tem um NIC especial que recebe e transmite os sinais sem fio. O segundo é a rede local com fio, um componente de rede convencional que suporta estações de trabalho, servidores e protocolos de controle de acesso ao meio-padrão. A maioria das redes sem fio está conectada a redes locais com fio. O terceiro componente é o ponto de acesso, ou roteador com fio, que se comunica com o dispositivo sem fio do usuário. O **ponto de acesso** é basicamente o dispositivo de interface entre o dispositivo sem fio do usuário e a rede local com fio. O ponto de acesso também atua como um comutador/ponte e mantém um protocolo de controle de acesso ao meio.

Redes locais sem fio são geralmente encontradas em três configurações básicas. A primeira é a LAN sem fio unicelular (Figura 7-18). No centro da célula encontra-se o ponto de acesso, que está conectado à LAN com fio. Todos os dispositivos de usuário se comunicam com esse ponto único de acesso e competem pelo mesmo conjunto de frequências. As normas de LAN sem fio nomeiam essa célula como **conjunto básico de serviço (BSS)**.

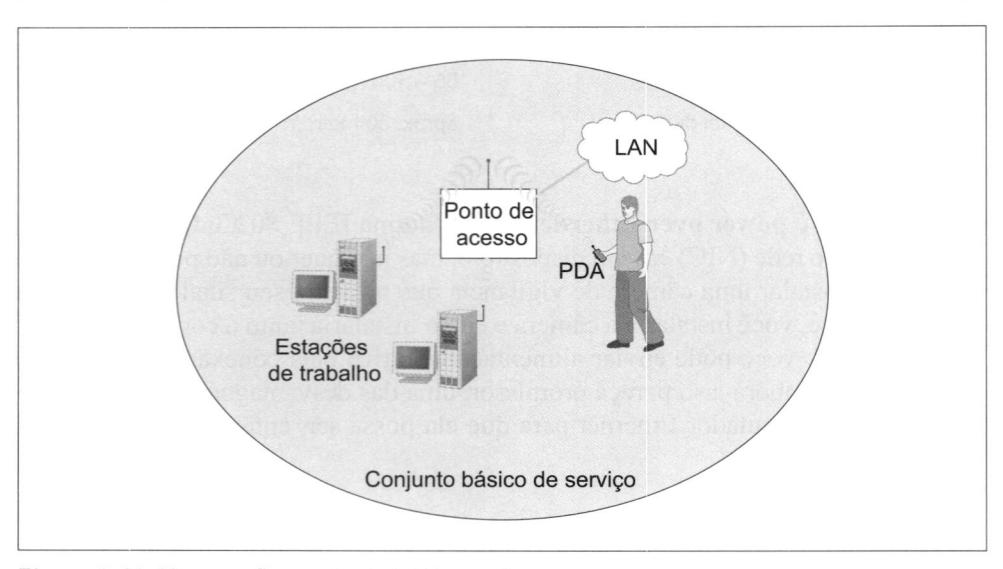

Figura 7-18 Uma configuração de LAN sem fio unicelular.

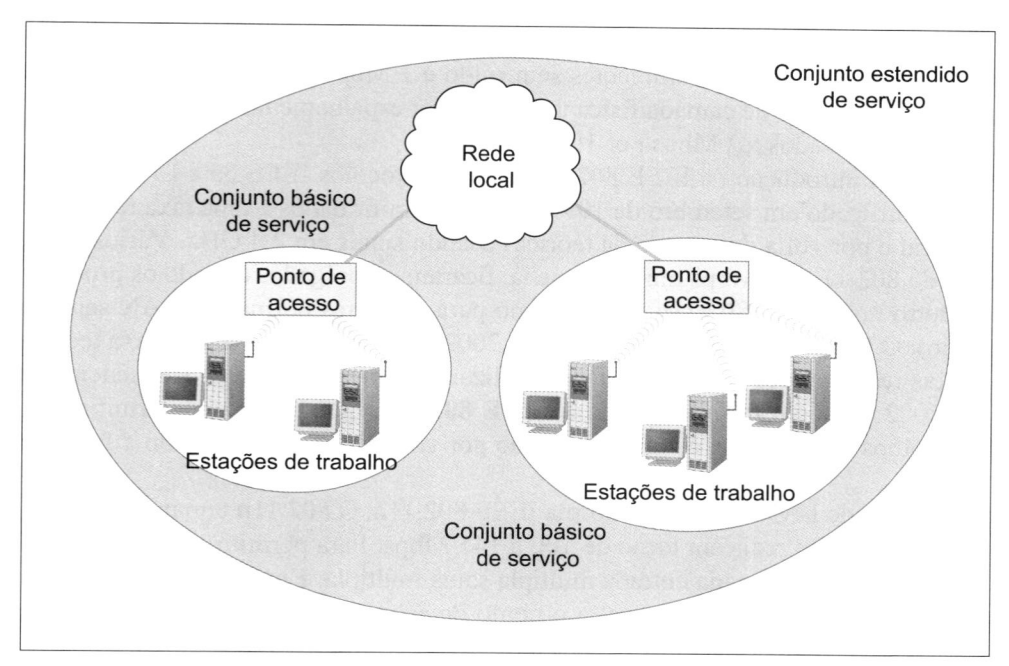

Figura 7-19 Uma configuração de LAN sem fio multicelular.

O segundo tipo de configuração de LAN sem fio é o leiaute multicelular (Figura 7-19). Nessa configuração, células múltiplas são mantidas por múltiplos pontos de acesso, como em uma rede de telefonia celular. Os dispositivos de usuário comunicam-se com o ponto de acesso mais próximo e podem se mover de uma célula a outra. Essa configuração também é semelhante à rede de telefonia celular uma vez que cada célula utiliza um conjunto diferente de frequências para comunicação entre o dispositivo do usuário e o ponto de acesso. O termo para a LAN sem fio para um grupo de conjuntos múltiplos de serviço básico é **conjunto estendido de serviço (ESS)**.

A terceira configuração da LAN sem fio é o leiaute não hierárquico, ou *ad hoc* (Figura 7-20). Com tal configuração, não há ponto de acesso no centro de uma célula. Cada dispositivo de usuário se comunica *diretamente* com os dispositivos dos outros usuários. Uma configuração como essa pode ser encontrada em uma reunião de negócios na qual todos os dispositivos de usuários estejam transmitindo informações ao mesmo tempo.

Figura 7-20 Configuração *ad hoc* para uma LAN sem fio.

Quando as LANs sem fio apareceram pela primeira vez, as empresas demoraram a aceitá-las. Para incentivar sua aceitação, o **conjunto de protocolos IEEE 802** foi criado para suportar vários tipos diferentes de redes locais sem fio existentes. Como parte desse esforço, a aprovação da norma sem fio IEEE 802.11, em junho de 1997, ajudou imensamente na normatização das redes sem fio e acelerou seu crescimento e sua aceitação. Basicamente, a especificação 802.11 definiu três tipos diferentes de conexões de camada física para acomodar preço, desempenho e operações em uma aplicação específica. O primeiro tipo de camada física define transmissões em infravermelho. O infravermelho, como você deve lembrar do que foi dito no Capítulo 3, é baseado na linha de visada e não pode passar por paredes sólidas. Taxas de transmissão para infravermelho sem fio variam entre 1 e 2 Mbps. O segundo tipo de camada física define uma tecnologia que pode transmitir um sinal seguro (espalhamento espectral) e pode transmitir dados a taxas de até 2 Mbps em ambientes sem ruído e 1 Mbps em ambientes com ruído para distâncias de até 250 metros. O terceiro tipo de camada física também é por espalhamento espectral, mas utiliza saltos de frequências e pode transmitir dados a 2 Mbps por 100 metros.

Como vimos no Capítulo 3, desde a introdução da IEEE 802.11, outros protocolos IEEE para LAN sem fio surgiram. O **IEEE 802.11b**, que foi ratificado em setembro de 1999, pode transmitir dados a uma taxa teórica de 11 Mbps (devido ao ruído, a taxa real é por volta da metade da teórica) usando sinais em 2,4 GHz. Vários usuários, que achavam a taxa de dados do 802.11 de 2 Mbps muito pequena, ficaram empolgados quando os produtos 802.11b chegaram ao mercado. Outro nome para 802.11b (assim como para as outras normas de LAN sem fio 802.11) é Wi-Fi (fidelidade sem fio). O **IEEE 802.11g**, introduzido em 2002, transmite dados a uma taxa teórica de 54 Mbps (mais uma vez, as taxas reais são por volta da metade), utilizando a mesma faixa de frequências de 2,4 GHz usadas no 802.11b. Em 2002, também foi introduzido o **IEEE 802.11a**, que é capaz de permitir uma taxa teórica de transmissões de 54 Mbps (novamente, as taxas reais são por volta da metade), usando a faixa de frequência de 5 GHz.

A novidade mais recente no mercado de LAN sem fio é a norma IEEE 802.11n. O **802.11n** tem uma taxa teórica máxima de dados de 600 Mbps com taxas reais em torno de 100 a 145 Mbps. Para permitir tais velocidades altas, essa nova norma utiliza uma tecnologia chamada entrada múltipla saída múltipla. **Entrada múltipla saída múltipla (MIMO)** é uma técnica na qual o dispositivo móvel e o ponto de acesso possuem antenas múltiplas, inteligentes, que auxiliam a reduzir a interferência e as reflexões de sinal.

Como se já não bastassem os protocolos IEEE para memorizar, há ainda mais um protocolo para LANs sem fio digno de se observar. O **HiperLAN/2**, uma norma europeia, também é capaz de transmitir dados a teóricos 54 Mbps, na faixa de frequência de 5 GHz.

Os protocolos sem fio mais recentes possuem algumas desvantagens. As altas faixas de frequência em 5 GHz utilizadas no IEEE 802.11a e no HiperLAN/2 demandam tanta energia que notebooks e portáteis têm dificuldade para emitir esses sinais por uma quantidade maior de tempo. Em segundo lugar, a distância de transmissão para as faixas de frequência mais altas é menor que as faixas de frequência mais baixas. Uma regra geral (e aproximada) estima que a distância máxima de transmissão do 802.11b (2,4 GHz) é aproximadamente de 80 a 100 metros, e do 802.11a (5 GHz) é de aproximadamente 30 metros. Desse modo, uma empresa precisaria por volta de três vezes mais pontos de acesso para a faixa de 5 GHz em relação à faixa de 2,4 GHz, o que aumenta os custos de instalação e manutenção. Para complicar ainda mais a situação, o comprimento de onda mais curto do 5 GHz também tem dificuldade para atravessar paredes, pisos e móveis. Isso também pode influenciar a decisão de uma empresa a mudar para produtos de faixa de frequência mais alta. O lado positivo é que a faixa de 5 GHz do 802.11a sofre interferência menor de dispositivos como fornos de micro-ondas e, desse modo, é capaz de atingir velocidades mais altas de transmissão.

A desvantagem final dos sistemas sem fio em geral está relacionada à segurança. A segurança em LAN sem fio foi originalmente oferecida pela **Privacidade equivalente com fio (WEP)**. Embora a WEP seja baseada em técnicas modernas de criptografia, muitos críticos sentiram que ela não é suficiente para evitar grampos e possui várias falhas. De qualquer forma, apesar da existência de protocolos de segurança como WEP, relatos mostram que por volta de metade das LANs sem fio existentes não está habilitada para WEP, o que deixa as transmissões em rede completamente abertas para interceptação. (Protocolos mais recentes de segurança foram desenvolvidos para substituir a WEP e serão discutidos detalhadamente no Capítulo 12.) Embora as preocupações relacionadas a distância de transmissão e segurança permaneçam, parece que as redes locais sem fio vieram para ficar e terão aumento na velocidade, na disponibilidade e na aplicação.

Apesar da desvantagem da segurança sem fio, as LANs sem fio continuam a crescer em popularidade.

CSMA/CA sem fio

O protocolo de controle de acesso ao meio baseado em contenção, que suporta redes locais sem fio, tem duas diferenças interessantes em relação ao protocolo CSMA/CD mais antigo encontrado em LANs com fio baseadas em hubs. Primeiro, não há detecção de colisão. Em outras palavras, o transmissor não escuta durante sua transmissão para ouvir se há uma colisão com outro sinal em algum ponto da rede. Três razões para isso são o custo de produzir um transmissor sem fio que possa transmitir e escutar ao mesmo tempo; o fato de não haver fio no qual escutar um aumento na tensão (a colisão de dois sinais); e se, como ocorre frequentemente, duas estações de trabalho estão tão distantes que não podem ouvir o sinal de transmissão uma da outra, então elas não ouvirão uma colisão. Em vez disso, o algoritmo do protocolo que suporta as LANs sem fio determina quando uma estação pode transmitir dados, em uma tentativa de reduzir o número de colisões. O tipo de algoritmo que tenta evitar colisões é chamado de **acesso múltiplo com detecção de portadora com prevenção de colisão (CSMA/CA)**. Como o algoritmo determina quando uma estação pode transmitir dados? Parte dessa resposta está ligada à segunda diferença interessante – níveis de prioridade. Em uma tentativa de oferecer certo nível de prioridade para a ordem de transmissão, o algoritmo CSMA/CA foi modificado para funcionar de acordo com a seguinte regra: se um usuário deseja transmitir e o meio está ocioso, não é permitido que o dispositivo transmita imediatamente. Em vez disso, o dispositivo espera por um pequeno período de tempo, chamado **espaço entre quadros (IFS)**. Se o meio ainda estiver ocioso após esse espaço entre quadros, o dispositivo tem permissão para transmitir. Como o espaço entre quadros disponibiliza um sistema de prioridade? Há até três tempos diferentes de espaço entre quadros. O primeiro tempo IFS – IFS curto – é utilizado por dispositivos que necessitam de uma resposta imediata, como uma confirmação, uma liberação para envio, ou uma resposta a um polling. O segundo tempo IFS – IFS intermediário – é usado pelo dispositivo de acesso quando ele estiver emitindo pollings para os dispositivos de usuário. O terceiro tempo IFS – IFS longo – é utilizado como um retardo mínimo para dispositivos de usuário comuns quando eles estiverem disputando acesso à rede. Assim, antes de um dispositivo de usuário padrão poder transmitir, ele deve esperar e dar uma oportunidade de transmitir primeiro a dispositivos com prioridade mais alta.

Se o meio estiver inicialmente ocupado, o dispositivo simplesmente continua a escutar o meio. Quando o meio se torna ocioso, o dispositivo de usuário retarda pelo espaço entre quadros. Se o meio ainda estiver ocioso após o espaço entre quadros, o dispositivo do usuário seleciona ainda um período aleatório de espera. Quando esse período expirar, o dispositivo transmite o pacote. Esse procedimento ajuda a prevenir que vários usuários escutem um meio ocioso, transmitam dados ao mesmo tempo e causem uma colisão.

IEEE 802

Quando a ISO criou o modelo OSI nos anos 1970, as redes locais estavam começando a aparecer. Para assistir melhor a natureza única das redes locais e para criar um conjunto de normas aplicáveis à indústria, o IEEE

Detalhes

Algoritmos CSMA/CD Persistente

Suponha que uma estação de trabalho deseja transmitir dados e escuta o meio. O que acontece se o meio estiver ocupado? A estação de trabalho não transmite dados, mas espera. Quanto tempo a estação de trabalho espera? Que grau de persistência de escuta a estação de trabalho possui? Três algoritmos diferentes de persistência foram criados: não persistente, 1-persistente e p-persistente.

No **algoritmo não persistente**, se a estação de trabalho perceber que o meio está ocupado, ela espera uma quantidade aleatória de tempo (t) e então escuta novamente. E se o meio ficar livre imediatamente após a estação escutar e perceber que ele estava ocupado? Isso seria ruim; se a estação tivesse sido mais persistente, teria percebido antes que o meio estava livre e não teria perdido tempo esperando.

O **algoritmo 1-persistente** leva essa condição em consideração: nele, a estação escuta continuamente até o meio ficar livre e então transmite imediatamente. O que acontece se duas estações seguindo o algoritmo 1-persistente estiverem, ambas, escutando e esperando? Elas vão provavelmente tentar transmitir ao mesmo tempo e causar uma colisão.

No algoritmo **p-persistente**, se o meio estiver ocupado, a estação de trabalho continua a escutar. Quando o meio fica ocioso, a estação transmite com probabilidade p ou retarda a transmissão pela quantidade aleatória padrão de tempo com probabilidade 1-p. O algoritmo p-persistente é um meio termo entre os algoritmos não persistente e 1-persistente. A estação escuta continuamente até o meio ficar livre, mas não transmite imediatamente. Ela transmite somente com probabilidade p. Se p = 0,1, então em nove de dez vezes a estação espera, e uma em dez vezes ela transmite imediatamente. A adição da probabilidade ao algoritmo faz que as colisões sejam menos prováveis de ocorrer. Em outras palavras, as chances agora são maiores que se duas ou mais estações estiverem esperando por um meio livre, pois ambas não vão iniciar a transmissão no exato momento que escutarem que o meio ficou disponível. A seleção do valor de p é frequentemente determinada pelo número de estações na rede. Quanto maior o número, menor o valor de p, o que deve diminuir a probabilidade de duas estações transmitirem ao mesmo tempo.

produziu uma série de protocolos com o nome 802 (alguns dos quais você já conheceu em sua leitura). Uma das primeiras coisas que os protocolos IEEE 802 fizeram foi dividir a camada de enlace de dados em duas subcamadas: a subcamada de controle de acesso ao meio e a subcamada de controle de enlace lógico (Figura 7-21). A **subcamada de controle de acesso ao meio (MAC)** funciona mais proximamente à camada física e contém um cabeçalho, endereços de computador (físico), códigos de detecção de erros e informações de controle. Em virtude dessa proximidade com a camada física, não há uma divisão estritamente definida entre a subcamada MAC e a camada física. A **subcamada de controle de enlace lógico (LLC)** é primariamente responsável pelo endereçamento lógico e por oferecer controle de erros e informações de controle de fluxo.

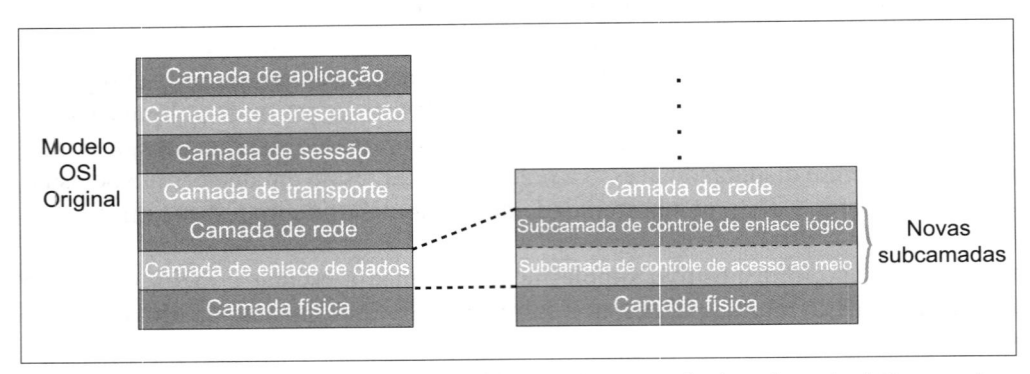

Figura 7-21 Modificação do modelo OSI para repartir a camada de enlace de dados em duas subcamadas.

A subcamada de controle de acesso ao meio define o leiaute ou formato do quadro de dados, simplesmente chamado quadro. Há vários formatos diferentes de quadro, dependendo do tipo de rede local. Por exemplo, as LANs CSMA/CD possuem um formato de quadro, enquanto as já extintas LANs de passagem de anel (token ring) possuíam outro formato. Dentro do formato de quadro há os campos para detecção de erros, endereçamento de estação de trabalho e vários tipos de informações de controle. Desse modo, a subcamada MAC é uma camada muito importante para descrever a rede local. Vamos examinar o formato de quadro de subcamada MAC mais comum: formato IEEE 802.3 para redes CSMA/CD.

Formato de quadro IEEE 802.3

A norma IEEE 802.3 para CSMA/CD utiliza o formato de quadro exibido na Figura 7-22. O preâmbulo e o byte de início de quadro se combinam para formar um flag de 8 bytes que o receptor utiliza para sincronização apropriada. O endereço de destino e o endereço de origem são os endereços de 6 bytes do computador receptor e do computador transmissor. Mais precisamente, cada placa de interface de rede no mundo tem um endereço único de 6 bytes (48 bits). Quando CSMA/CD envia dados para um computador específico, ela cria um quadro com o endereço NIC adequado do computador desejado. O comprimento dos dados é simplesmente o comprimento em bytes do campo de dados, que é a entrada a seguir. O campo PAD adiciona caracteres ao quadro (preenche o quadro). O tamanho mínimo de quadro que qualquer estação pode transmitir é de 64 bytes. Quadros menores de 64 bytes são considerados **runts**, ou fragmentos de quadro, que resultaram de uma colisão e são automaticamente descartados. Assim, se uma estação de trabalho tenta transmitir um quadro no qual o campo de dados seja muito curto, caracteres PAD são adicionados para garantir que o comprimento total do quadro seja igual a pelo menos 64 bytes. Finalmente, o campo checksum é um checksum de redundância cíclico de 4 bytes.

Preâmbulo	Byte de início de quadro	Endereço de destino	Endereço de origem	Comprimento de dados	Dados	PAD	Checksum
7 bytes de 10101010	10101011	6 bytes	6 bytes	2 bytes	0–1500 bytes	0–46 bytes	4 bytes

Figura 7-22 Formato de quadros para IEEE802.3 CSMA/CD.

Nossa discussão de tecnologia de rede local começou com um exame dos principais tipos de topologias de rede: barramento, barramento em estrela e sem fio. Em seguida, as duas categorias principais de protocolos de controle de acesso ao meio que operam nessas diferentes topologias foram apresentadas: baseada em contenção (CSMA/CD) e prevenção de colisão (CSMA/CA). Finalmente, voltamos nossa atenção para os produtos ou sistemas de rede local reais encontrados em um ambiente de computadores típico. Vamos concluir este capítulo com alguns exemplos de instalações reais de rede local.

LANs em ação: uma solução para pequenos escritórios

Hannah é a especialista em computadores de um pequeno escritório na zona oeste de Chicago. Sua empresa, atualmente, tem entre 35 e 40 colaboradores, aproximadamente, cada um com sua própria estação de trabalho. Os colaboradores utilizam os computadores principalmente para processamento de texto, planilhas e eventual trabalho com banco de dados. O proprietário da empresa gostaria de atualizar os serviços de computador oferecendo as seguintes aplicações aos colaboradores:

- E-mail interno.
- Acesso compartilhado a impressoras laser coloridas e preto e branco de alta qualidade.
- Acesso a um banco de dados centralizado.

Após ouvir essas solicitações do proprietário, Hannah conclui que o melhor modo de oferecer esses serviços é instalar uma rede local. Como todas as estações de trabalho têm somente de um a dois anos, não precisam ser substituídas. As estações de trabalho, entretanto, necessitarão das placas de interface de rede (NICs) adequadas, se não tiverem vindo novas com elas, assim como fiação, servidores e software para conectá-las a uma rede local. O problema para Hannah é decidir qual rede instalar. Após leitura e conversa com alguns colegas especialistas em computação, Hannah cria a seguinte lista de sistemas possíveis de rede local:

1. CSMA/CD 100 Mbps (Ethernet)
2. CSMA/CD 1000 Mbps (Ethernet)
3. CSMA/CA sem fio (Ethernet)

A Ethernet de 100 Mbps parece uma boa candidata. É o sistema de rede local mais popular e, portanto, possui alguns dos menores preços disponíveis. Além do mais, suporte técnico não é um problema, nem encontrar hardware e software compatíveis. Uma rede Ethernet pode facilmente suportar 40 usuários, mas as colisões podem ser um problema se hubs forem utilizados. Caso os usuários colocarem uma alta demanda à rede, eles podem perceber problemas de desempenho e reclamar. Essa seria uma boa hora para considerar Ethernet comutada para eliminar colisões e aumentar a produção. Apesar de essa primeira candidata parecer uma boa escolha, Hannah não deseja eliminar outras soluções potencialmente eficientes, então ela continua a avaliar sua lista.

A Ethernet de 1.000 Mbps pode ser uma solução melhor? O custo da Ethernet de 1.000 Mbps, comparado à Ethernet de 100 Mbps, será perceptivelmente mais alto, especialmente no que diz respeito aos comutadores de 1.000 Mbps. Além disso, há a questão de uma estação de trabalho padrão não conseguir um aumento significativo de desempenho ao se conectar à Ethernet de 1.000 Mbps. Em razão do tamanho da empresa de Hannah e seu orçamento limitado, e as necessidades relativamente simples de rede, a Ethernet de 100 Mbps pode ser uma solução mais adequada economicamente.

Finalmente, Hannah considera a Ethernet sem fio. As NICs e os pontos de acesso sem fio são um pouco mais caros que os componentes com fio, mas seus custos podem ser compensados pela eliminação da necessidade de instalar fios. Por outro lado, a instalação de fios nesse cenário não deve ser um empreendimento muito custoso, uma vez que os escritórios estão no mesmo andar e em salas adjacentes (Figura 7-23). As paredes e o teto não impõem requisitos extraordinários, o que faz a solução com fio ser relativamente simples. Não obstante, há algo atrativo em não ficar preso a fios físicos. Infelizmente, uma taxa de transferência de dados sem fio de aproximadamente 25 Mbps (mais ou menos a metade da taxa teórica de 54 Mbps) pode ser um problema. Essa taxa de dados é por volta de um quarto das redes de 100 Mbps com fio. Hannah decide pela CSMA/CD de 100 Mbps com fio utilizando hubs. Ela poderia ter escolhido comutadores ao invés de hubs, mas não tinha certeza de que a demanda de seus usuários garantiria o custo extra dos comutadores. Os preços dos equipamentos de 100 Mbps são bastante razoáveis, e esses sistemas são bem simples de instalar e manter. Como Hannah, assim como você, está aprendendo sobre redes locais, ela decide que é melhor manter as coisas mais simples possíveis.

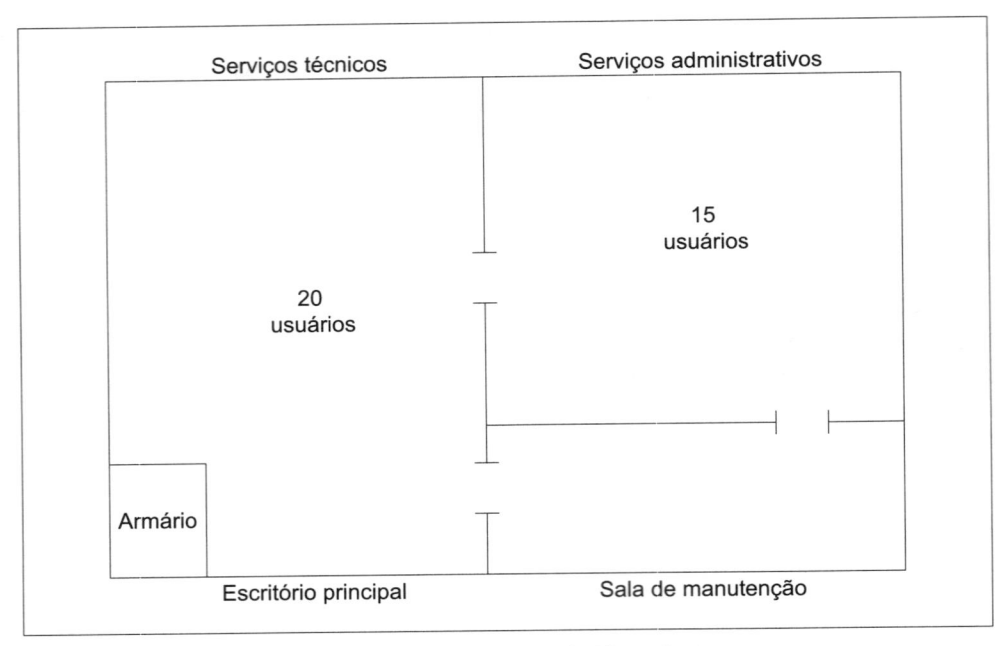

Figura 7-23 Leiaute de escritório para a empresa de Hannah.

A próxima coisa que Hannah tem de decidir é como configurar o sistema. Ela sabe que as NICs em cada estação de trabalho se conectam a um hub e que um hub comum suporta 24 estações de trabalho. Como os Serviços Técnicos possuem 20 colaboradores e estações de trabalho, e aproximadamente outros 15 colaboradores e estações fazem parte dos Serviços Administrativos na porta ao lado, Hannah decide conectar os 20 computadores dos Serviços Técnicos a um hub, e os 15 computadores dos Serviços Administrativos a um segundo hub. Os dois hubs são, então, interconectados.

Uma regra conhecida como regra 5-4-3 ajuda a guiar o projeto de uma Ethernet de acesso compartilhado. Mais precisamente, a **regra 5-4-3** afirma que, entre dois nós em uma rede, pode haver um máximo de somente cinco segmentos (as seções entre os repetidores) conectados por quatro repetidores, e somente três dos cinco segmentos podem conter conexões de usuário. Um segmento que não contém conexões de usuário é considerado um segmento de enlace (desabitado). A rede de Hannah possui três segmentos: o segmento Serviços Técnicos, o segmento Serviços Administrativos e o segmento sem preenchimento entre os dois hubs. Portanto, a rede de Hannah obedece à regra 5-4-3.

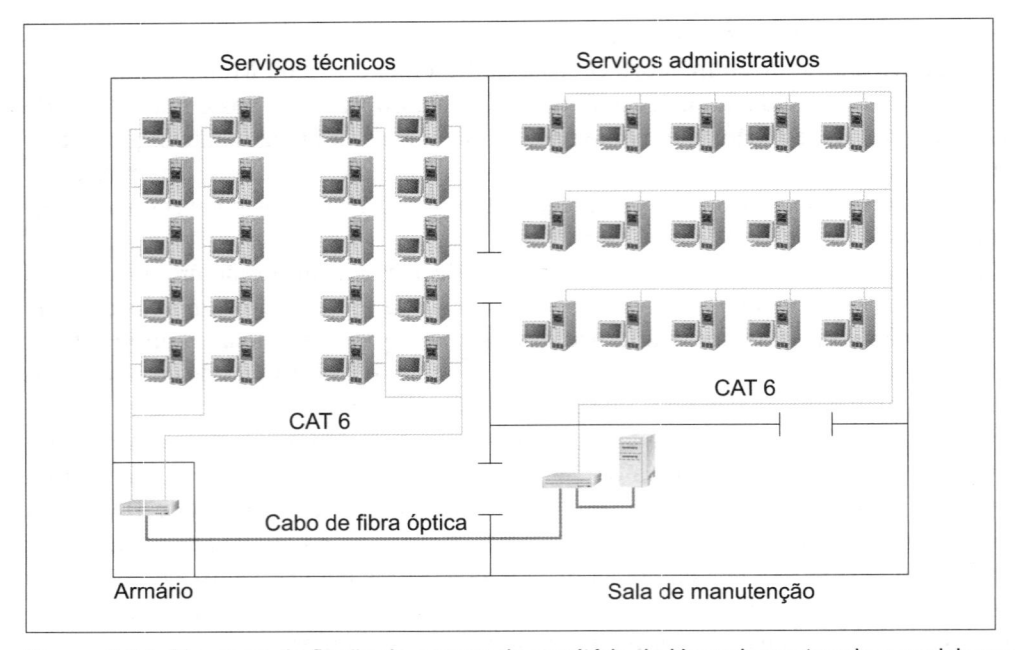

Figura 7-24 Diagrama de fiação do espaço de escritório de Hannah mostrando o posicionamento de hubs e servidores.

7. Redes locais: Fundamentos   183

O espaço do escritório, que agora possui a configuração mostrada na Figura 7-24, dita algumas das decisões de Hannah. O par trançado sem blindagem de Categoria 6 deve funcionar bem como a fiação entre estações de trabalho e hubs. Isso porque nenhuma distância aqui precisa ser superior a 100 metros (328 pés), e não há equipamentos gerando grandes quantidades de ruído eletromagnético. Para interconectar os dois hubs, Hannah decide instalar cabo de fibra óptica, porque a distância entre hubs pode ser próxima do limite de 100 metros do par trançado.

Hannah decide colocar um hub em um armário fora da sala principal, onde os 20 colaboradores de Serviços Técnicos trabalham. Esse armário pode ser trancado por segurança e possui ampla ventilação para manter o equipamento resfriado. Ela decide colocar o segundo hub e o servidor de rede em uma pequena sala de manutenção adjacente aos Serviços Administrativos. A sala de manutenção também pode ser trancada e possui ampla ventilação para manter os equipamentos eletrônicos e a sala resfriados. Todos os tetos são falsos, então a fiação pode percorrer as paredes e conduítes entre estações de trabalho e hubs.

Hannah começou bem na configuração de uma nova LAN em sua pequena empresa. Agora que a rede está operando como o esperado, Hannah é chamada à sala do proprietário. Ele está satisfeito com os resultados até agora e deseja seguir para uma próxima fase: oferecer a todos os colaboradores acesso à Internet. Isso vai permitir que eles façam download de páginas da web e enviem e-mails para qualquer um dentro ou fora da empresa. O próximo passo de Hannah é instalar um roteador e conectar todos à Internet. Ele encomenda um roteador e entra em contato com um provedor de acesso à Internet para adquirir acesso e aproximadamente 40 endereços de Internet. Hannah também liga para a companhia telefônica para instalar uma linha de alta velocidade, como um serviço digital T-1, para permitir a conexão entre o roteador e o provedor de acesso à Internet. Tais acréscimos são mostrados na Figura 7-25.

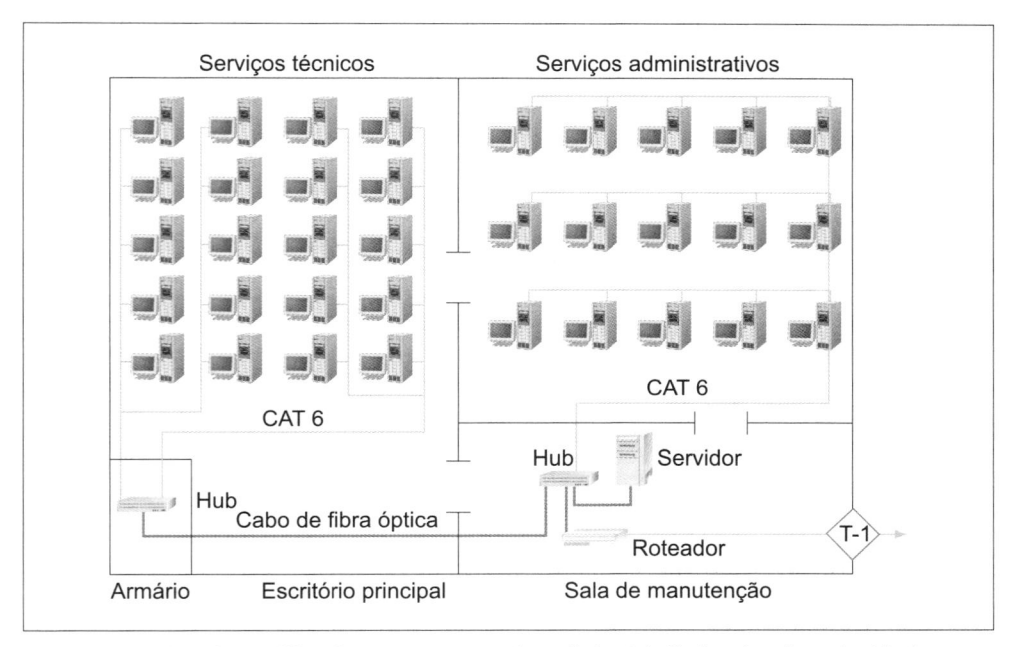

Figura 7-25 A rede modificada com um roteador e linha telefônica de alta velocidade.

Quando o roteador chega, Hannah o instala e programa. Ela fica surpresa ao descobrir como funcionam os roteadores. Ela aprende rapidamente que a maior parte dos roteadores opera em um modo não privilegiado e um privilegiado. No modo não privilegiado, um usuário possui acesso a somente algumas das configurações do roteador. No modo privilegiado, um usuário tem acesso a todas as configurações do roteador (como Hannah é a única administradora de redes, ela escolheu o modo privilegiado). A configuração de um roteador inclui a nomeação do roteador, a designação de um servidor DNS, a configuração de senha de acesso para o modo privilegiado, a atribuição de um endereço IP para cada porta, e informar o roteador para executar roteamento estático ou dinâmico. Após o roteador estar operando corretamente e Hannah ter feito as alterações necessárias para cada estação de trabalho dos colaboradores, eles são informados de que agora possuem acesso à Internet a partir de suas estações de trabalho do escritório.

Depois de todos os sistemas estarem ativados e operando, e os colaboradores terem acesso à Internet (incluindo a World Wide Web), a rede local da empresa e o uso de Internet começam a crescer, como Hannah temia, a uma taxa fenomenal. Conforme os colaboradores começam a aprender as possibilidades de compartilhar arquivos, bancos de dados e impressoras locais, assim como acessar a vasta quantidade de materiais disponíveis na Internet, uma demanda crescente apresenta-se na rede local e no servidor. O tempo de resposta de rede fica cada vez mais lento, e os colaboradores começam a reclamar. É hora de examinar a rede e executar uma atualização.

Após várias horas observando e conversando com os colaboradores, Hannah determina que por volta de metade deles utiliza o banco de dados da empresa com muita frequência, enquanto a outra metade usa a Internet com muita frequência. Quase todos utilizam processamento de texto e algum trabalho com planilhas, mas esse trabalho não contribui significativamente para a carga pesada da rede. O uso de e-mail, entretanto, é constante e demanda cada vez mais espaço de armazenamento no servidor.

Para acomodar o tráfego pesado de e-mails, Hannah decide primeiro que ela necessita de um novo servidor somente para gerenciar os e-mails. Se ela puder manter o tráfego de banco de dados no servidor de banco de dados e o tráfego de e-mails no servidor de e-mails, o fluxo de tráfego deve melhorar. Além do mais, se ela utilizar um sistema full-duplex em vez do sistema half-duplex que ela instalou originalmente, o sistema vai se beneficiar das melhorias adicionais porque não haverá mais colisões. Felizmente, durante a instalação inicial, Hannah fez os técnicos instalarem os quatro pares-padrão de par trançado de Categoria 6. Como consequência, ela agora pode atualizar para full-duplex sem ter de alterar a fiação original. Para criar o sistema full-duplex, os dois hubs são substituídos por comutadores, os comutadores são programados para suportar full-duplex, e todas as NICs são verificadas para garantir que suportem conexões full-duplex. A Figura 7-26 mostra a rede atualizada.

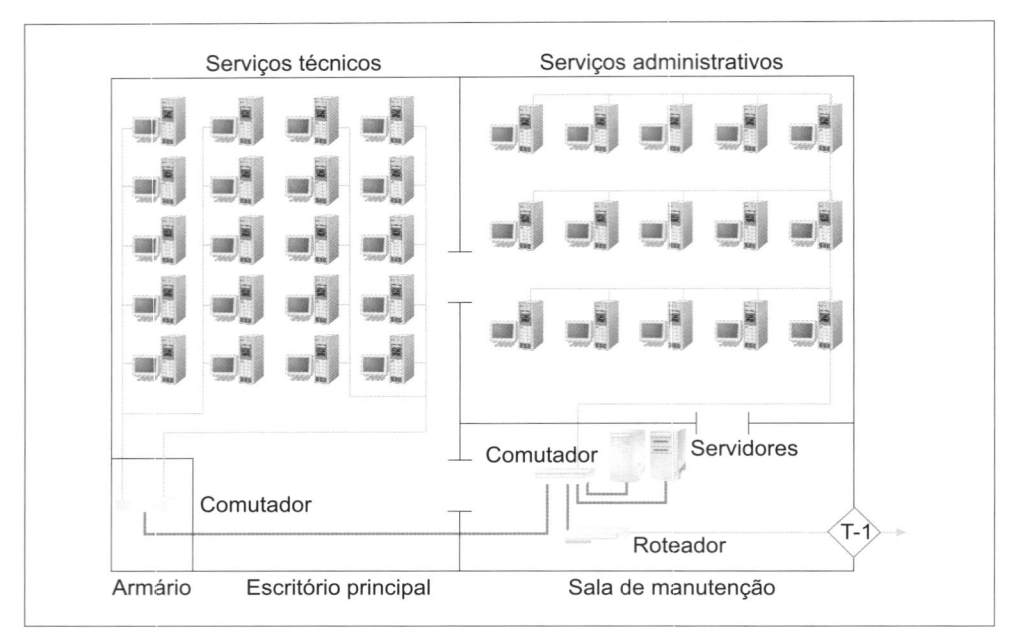

Figura 7-26 A rede atualizada com um servidor adicional e comutadores no lugar de hubs.

As atualizações que Hannah faz na rede funcionam muito bem. O congestionamento de rede é reduzido significativamente. Tanto os usuários de e-mail quanto os de banco de dados percebem uma redução razoável no tempo de espera. Mas, como o uso de computadores e o uso da rede correspondente quase sempre aumentam com o tempo, as soluções de Hannah são, muito provavelmente, temporárias, até que o próximo problema surja. Não obstante, os colegas de Hannah estão satisfeitos no momento.

LANs em ação: uma solução para home offices

Sam tinha um bom sistema de computadores configurado em casa, mas estava tendo dificuldades para compartilhá-lo com sua esposa e filhos. Como ele não estava disposto a ceder tempo no computador, sua única opção era adquirir um segundo computador. Após comprar um segundo computador, Sam percebe que ele não deseja adquirir outra impressora e certamente não deseja instalar outra linha de acesso à Internet de banda larga. Assim, ambos os computadores precisam de acesso à impressão e à Internet. A solução para Sam é o que é chamado **rede local de pequeno escritório/escritório residencial (home office – SOHO)**. A LAN SOHO é um dos segmentos que mais crescem no mercado de redes e é voltado para o pequeno escritório ou escritório residencial (home office), que possui entre 2 e 50 usuários. Geralmente, você pode comprar um pacote simples contendo as NICs, cabeamento, dispositivo comutador/roteador e software necessários para configurar uma rede local pequena.

Para instalar uma solução LAN SOHO, Sam tem de tomar, inicialmente, algumas decisões. Vários computadores, hoje em dia, já vêm de fábrica com as NICs instaladas. Se não for o caso dos computadores de Sam, ele precisa decidir se deseja um sistema com NICs que se conectem nos slots ISA (Industry Standard Architecture) ou PCI (Peripheral Component Interconnect) em seus computadores. Então, ele abre as CPUs de ambos os computadores para ver que slots estão disponíveis. O barramento ISA foi uma tecnologia antiga que permitia que todos os componentes dentro de um computador pessoal IBM pudessem comunicar-se uns com os outros. O barramento PCI é uma tecnologia mais recente que permite velocidades de transmissão de barramento mais rápidas. A maioria dos microcomputadores compatíveis com IBM oferece um ou dois slots de placas compatíveis com ISA e PCI. Como Sam também deseja compartilhar uma conexão à Internet, ele tem de se certificar de que está encomendando um sistema que tenha uma combinação comutador e roteador, porque o roteador é que permite a conexão com a Internet por meio de alguma forma de acesso de banda larga. Após tomar todas essas decisões, Sam encomenda a LAN SOHO e espera por sua chegada.

A LAN SOHO finalmente chega, e Sam abre o pacote, ansioso para começar logo. A instalação das NICs é simples, assim como a instalação do cabeamento e do comutador/roteador. A instalação do software é um pouco mais complexa, mas não é extremamente difícil. E em um tempo relativamente curto Sam criou um sistema que permite a ambas as estações de trabalho acessar a Internet, uma impressora de alta qualidade e uma área comum de armazenamento em disco (Figura 7-27).

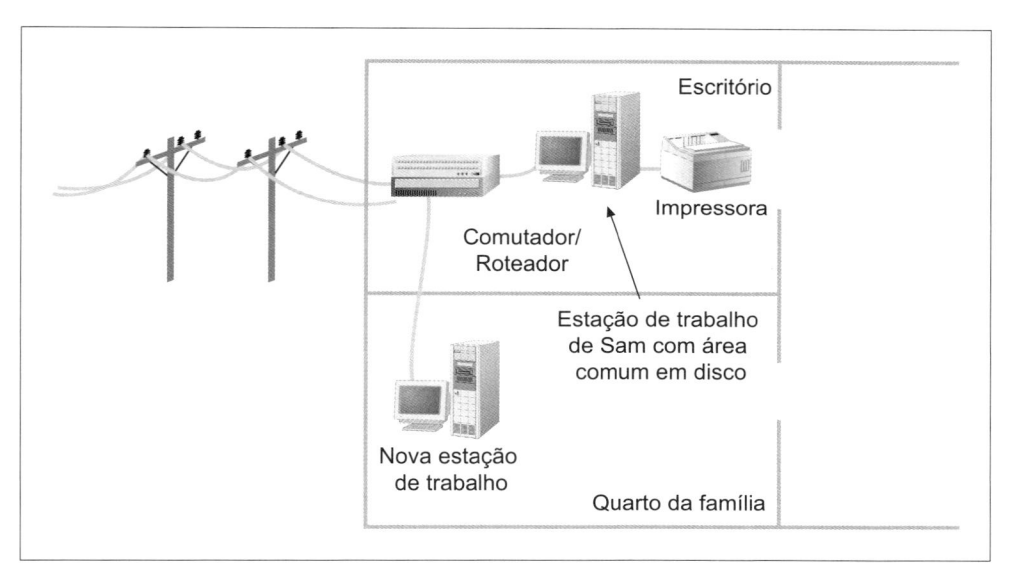

Figura 7-27 A solução de rede local SOHO de Sam para o sistema de computadores de sua casa.

RESUMO

- Uma rede local (LAN) é uma rede de comunicações que interconecta vários dispositivos de comunicações de dados em uma área pequena e transmite dados em taxas altas de transferência com taxas muito baixas de erros. As funções principais de uma LAN são habilitar o compartilhamento de dados, software e periféricos e oferecer serviços comuns, como servir arquivo, impressora, suporte para correio eletrônico e controle e monitoramento de processo nos ambientes corporativos, acadêmicos e industriais.

- Redes locais têm várias vantagens, incluindo compartilhamento de recursos, evolução separada de componentes e redes, altas taxas de transferências de dados e baixas taxas de erros. Redes locais também possuem várias desvantagens, incluindo custos relativamente altos, um alto nível de manutenção e a necessidade constante de atualizações.

- Uma rede local pode ser configurada como um barramento em estrela ou uma rede sem fio.

- O barramento em estrela substituiu as LANs de barramento de banda-base e banda larga.

- A topologia sem fio permite um posicionamento altamente flexível das estações de trabalho e não requer fiação para transmissão e recepção de dados.

- Para que uma estação de trabalho coloque dados em uma rede local, a rede deve ter um protocolo de controle de acesso ao meio. As duas formas básicas de protocolos de controle de acesso ao meio são baseadas em contenção, como CSMA/CD, que é encontrado em redes locais de barramento em estrela, e CSMA/CA, que é encontrado em redes locais sem fio.
- CSMA/CD opera de modo primeiro a chegar, primeiro a ser atendido, permite conexões half-duplex e full-duplex, e é claramente o protocolo de acesso mais popular, mas quando hubs são empregados, sofre colisões de quadros de dados durante os períodos de alta utilização.
- Para normatizar os protocolos de controle de acesso ao meio, o IEEE criou a série 802 de normas de rede.
- Os tipos mais populares de sistemas de rede local são Ethernet (CSMA/CD) e Ethernet sem fio. As LANs de Ethernet possuem a maior variação de produtos e continuam a dominar o mercado de redes locais.
- Um hub é um dispositivo que interconecta várias estações de trabalho em uma rede local e, como a maioria dos dispositivos de interconexão, pode ser controlado e não controlado.
- Embora muitos hubs estejam sendo substituídos por comutadores, um comutador pode significar uma diminuição significativa no tráfego de interconexão e aumentar a vazão de redes interconectadas, utilizando ainda cabeamento e adaptadores convencionais. Um comutador substitui um hub e isola o fluxo de tráfego entre segmentos da rede ao examinar o endereço do quadro transmitido e direcionar o quadro até a porta adequada.
- Um comutador é transparente, uma vez que constrói suas próprias tabelas de encaminhamento ao observar o tráfego nas redes, um processo referido como aprendizado reverso.
- Um comutador que emprega uma arquitetura cut through é o oposto de um dispositivo store-and-forward, de modo que o quadro de dados começa a deixar o comutador assim que entra no comutador.
- Comutadores podem criar segmentos compartilhados nos quais todas as estações de trabalho escutam todo o tráfego ou segmentos dedicados nos quais outras estações não escutam o tráfego local. Comutadores também podem operar em modo full-duplex e podem ser usados para criar LANs virtuais.
- Roteadores interconectam redes locais com redes de longa distância. A função mais comum de um roteador é rotear pacotes de dados entre duas redes, sendo que uma utiliza os endereços na subcamada de controle de acesso ao meio, enquanto a outra usa os endereços em uma camada diferente da subcamada do controle de acesso ao meio. Roteadores disponibilizam acesso a redes externas a todos os usuários em uma rede local. Roteadores operam mais lentamente que comutadores e necessitam de maior processamento, porque precisam ir mais fundo no quadro de dados para informações de controle.

PERGUNTAS DE REVISÃO

1. O que significa o termo "100BaseT"?
2. Qual é a diferença entre a LAN sem fio *ad hoc* e as outras?
3. O que significa um protocolo "não determinista"?
4. Qual é a diferença entre um comutador full-duplex e um half-duplex?
5. Quais são os princípios básicos de operação do CSMA/CD? CSMA/CA?
6. O que é uma arquitetura cut-through?
7. Qual é a diferença entre um projeto físico e um lógico?
8. Qual é a diferença entre um comutador e um hub?
9. O que é um protocolo de controle de acesso ao meio?
10. Quais são as funções básicas de um comutador?
11. Para que serve um hub?
12. No que diz respeito a um hub ou comutador, o que é uma porta?
13. Quais são as diferenças primárias entre tecnologia de banda-base e de banda larga?
14. Como um comutador faz o encapsulamento de uma mensagem para transmissão? (Para lembrar o que é encapsulamento, consulte o Capitulo 1.)
15. O que significa um "sinal bidirecional"?
16. O que é aprendizado reverso?
17. O que significa um "dispositivo passivo"?
18. Como um comutador transparente funciona?
19. Quais são os leiautes básicos para redes locais? Relacione duas vantagens que cada leiaute tem sobre os outros.
20. Qual é a vantagem principal da power over Ethernet? A desvantagem primária?

21. Cite as vantagens e desvantagens de redes locais.
22. Quais são as normas de Ethernet de 10 Gbps mais recentes?
23. Faça uma lista das atividades e áreas de aplicação principais de redes locais.
24. Qual é a diferença entre Ethernet rápida e regular?
25. Qual é a definição de rede local?

EXERCÍCIOS

1. Uma rede CSMA/CD está conectada à Internet por meio de um roteador. Um usuário na rede CSMA/CD envia um e-mail para um usuário na Internet. Mostre como a mensagem de e-mail é encapsulada conforme ela deixa a rede CSMA/CD, entra no roteador e então sai do roteador.
2. Dê dois exemplos de como uma empresa pode usar um leiaute sem fio ad hoc.
3. O comutador de sua empresa entre duas redes quebrou. Você tem um roteador na sua mesa que não está sendo utilizado atualmente. O roteador vai funcionar no lugar do comutador quebrado? Explique.
4. Sua empresa deseja criar uma rede sem fio para todo o prédio de escritórios. O prédio possui 10 andares, e a empresa deseja incorporar a IEEE 802.11a colocando um ponto de acesso no décimo andar. Esse leiaute vai funcionar? Explique.
5. Dê um exemplo corporativo comum que ilustre as diferenças entre uma rede de segmento compartilhado e uma rede de segmento dedicado.
6. Qual dos protocolos de LAN pode permitir taxas de dados de até 54 Mbps? Teórica ou real?
7. O que significa quando um comutador ou dispositivo é cut through? Qual é a principal desvantagem de um comutador cut through? Há um modo de resolver a desvantagem de um comutador cut through sem perder suas vantagens? Defenda sua resposta.
8. Qual é a diferença entre a representação física de uma LAN de barramento em estrela e sua representação lógica?
9. Dê um exemplo de uma situação na qual uma LAN virtual possa ser uma ferramenta útil em ambiente corporativo. E em um ambiente educacional?
10. Suponha que a estação de trabalho A deseje enviar a mensagem "OLÁ" para a estação B. Ambas as estações estão na rede local IEEE 802.3. A estação A tem o endereço binário 1, e a estação B tem o endereço binário 10. Mostre o quadro de subcamada MAC resultante (em binário) que é transmitido. Não calcule um CRC; crie um.
11. Um comutador transparente é inserido entre duas redes locais, ABC e XYZ. A rede ABC tem as estações de trabalho 1, 2 e 3, e a rede XYZ tem as estações 4, 5 e 6. Ambas as tabelas de encaminhamento começam vazias. Mostre o conteúdo das duas tabelas de encaminhamento no comutador conforme os pacotes a seguir são transmitidos:
    a. Estação 2 envia um pacote para estação 3.
    b. Estação 2 envia um pacote para estação 5.
    c. Estação 1 envia um pacote para estação 2.
    d. Estação 2 envia um pacote para estação 3.
    e. Estação 2 envia um pacote para estação 6.
    f. Estação 6 envia um pacote para estação 3.
    g. Estação 5 envia um pacote para estação 4.
    h. Estação 2 envia um pacote para estação 1.
    i. Estação 1 envia um pacote para estação 3.
    j. Estação 1 envia um pacote para estação 5.
    k. Estação 5 envia um pacote para estação 4.
    l. Estação 4 envia um pacote para estação 5.
12. Relacione uma vantagem da IEEE 802.11a sobre a IEEE 802.11g. Relacione uma vantagem da IEEE 802.11g sobre a IEEE 802.11a.
13. a) A rede local mostrada na Figura 7-28 tem dois hubs (X e Y) interconectando as estações de trabalho e servidores. Quais estações e servidores vão receber uma cópia de um pacote se as seguintes estações/servidores transmitirem uma mensagem:
    ▶ Estação 1 envia uma mensagem para Estação 3.
    ▶ Estação 2 envia uma mensagem para Servidor 1.
    ▶ Servidor 1 envia uma mensagem para Estação 3.
    b) Substitua o hub Y por um comutador. Agora, quais estações e servidores vão receber uma cópia de um pacote se as seguintes estações/servidores transmitirem uma mensagem:
    ▶ Estação 1 envia uma mensagem para Estação 3.
    ▶ Estação 2 envia uma mensagem para Servidor 1.
    ▶ Servidor 1 envia uma mensagem para Estação 3.

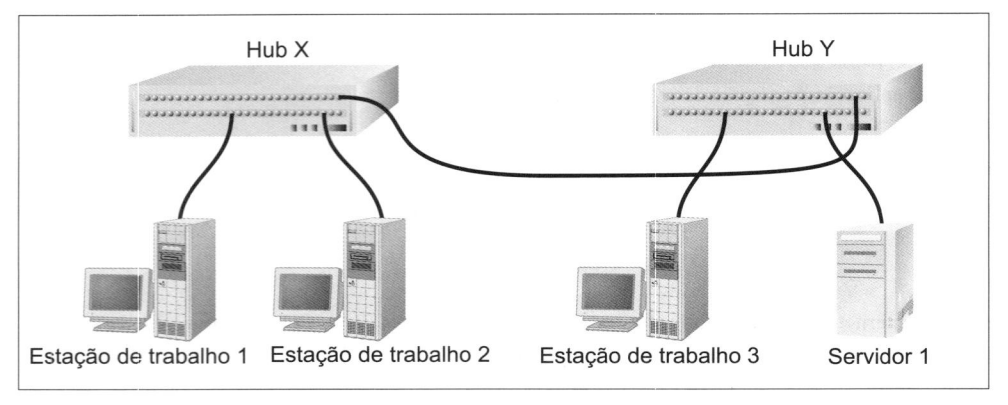

Figura 7-28 Exemplo de rede que acompanha o Exercício 13.

14. No formato de quadros da IEEE 802.3, para que o campo PAD é utilizado? Qual é o tamanho mínimo do pacote?
15. Os hubs e comutadores são intercambiáveis? Explique.
16. Se uma rede fosse descrita como 1000BaseT, faça uma lista de tudo que você saberia sobre essa rede.
17. Qual é a semelhança entre um hub e um comutador? Qual é a diferença entre eles?
18. Quais das normas Ethernet (10 Mbps, 100 Mbps, 1.000 Mbps e 10 Gbps) permitem meio de par trançado? Quais são os nomes de norma IEEE correspondentes?
19. Explique se cada uma das seguintes é uma razão ou não para segmentar uma LAN em segmentos menores:
    a. Grande número de colisões de rede.
    b. Os administradores decidem que é hora de adicionar um servidor de web extra.
    c. Os usuários reclamam de tempo de resposta muito lento.
    d. Um novo sistema operacional de rede é instalado.
20. O hub é um dispositivo passivo? Explique.
21. Modifique a solução de rede de Hannah na seção de Ações para que ela viole a regra 5-4-3.
22. Quais são as funções principais da camada de controle do enlace lógico?
23. Quais são as desvantagens que são exclusivas da Ethernet?
24. Quais são as funções principais da camada de controle do acesso ao meio?
25. Quais são as vantagens que a Ethernet (CSMA/CD) tem sobre as outras formas de rede local?
26. Compare a vantagem principal de um protocolo de rede local determinista com um protocolo de rede local não determinista. Dê um exemplo cotidiano dessa vantagem.
27. Descreva uma aplicação que operaria mais eficientemente utilizando uma rede local sem fio (projeto ad hoc).
28. De todas as redes locais apresentadas neste capítulo, algum sistema é capaz de permitir uma conexão full-duplex? Qual(is)?
29. Explique a diferença entre 100Base SX e 1000BaseLX.
30. Descreva um exemplo de um sistema de barramento de banda larga.
31. No CSMA/CA sem fio, se um dispositivo de usuário estiver tentando transmitir dados comuns, e um dispositivo de ponto de acesso estiver tentando emitir um polling ao mesmo tempo, qual dispositivo vai transmitir primeiro, e por quê?
32. Que propriedades separam uma rede local de outras formas de rede?

PENSANDO CRIATIVAMENTE

1. Uma loja de departamento é aproximadamente quadrada, com 35 metros (100 pés) de cada lado. Cada parede tem duas entradas separadas em espaços iguais. Em cada entrada está localizada uma caixa registradora. Sugira uma solução de rede local que interconecte todas as oito caixas registradoras. Desenhe um diagrama mostrando a sala, a localização de todas as caixas registradoras, a fiação e o servidor. Que tipo de fiação você recomendaria?

2. Você trabalha para uma pequena agência de propaganda com aproximadamente 200 colaboradores. Várias estações de trabalho estão dispersas pela empresa, fazem processamento de texto, design gráfico, operações com planilhas e análise de mercado. Seu chefe pediu que você considere instalar alguma forma de rede local para suportar operações de computadores. Faça uma lista de possíveis aplicações de computadores que poderiam operar em uma rede local e suportariam os colaboradores e funções cotidianas corporativas. Que tipo de rede local você pode sugerir? Qual seria a topologia? O método de controle de acesso ao meio? De que tipo de equipamento de suporte (hubs, servidores) você deve precisar? Onde esse equipamento de suporte se localizaria?

3   Você tem três computadores em casa e deseja colocá-los em rede. Dois computadores estão no andar principal da casa, mas o terceiro está no andar de cima, em um quarto. Relacione o maior número possível de modos para interconectar os três computadores de modo que possam operar em uma rede local.

4   Um complexo de escritório possui quatro andares. Cada andar tem por volta de 75 por 75 metros. A empresa deseja criar uma LAN sem fio para todo o complexo. Qual tecnologia LAN sem fio você recomendaria? Onde você colocaria os pontos de acesso? Onde você colocaria o backbone com fio?

5   Uma grande empresa tem vários departamentos diferentes abrigados em um grande complexo de escritórios na cidade. Cada departamento tem seu próprio banco de dados de informações locais. A empresa deseja que todos os colaboradores da empresa acessem qualquer um desses bancos de dados. Que tipo de rede você recomendaria para tal situação?

6   Você está trabalhando para uma microempresa com somente doze colaboradores. Cinco estações de trabalho precisam estar conectadas à Internet. Relacione as opções disponíveis. Quais são as vantagens e desvantagens de cada opção? Qual sua recomendação?

7   Após a última rodada corporativa de reorganizações, você tem agora seis divisões internas onde antes eram sete. O departamento de tecnologia tenta organizar o leiaute de rede mantendo os usuários em cada divisão em seu próprio segmento de rede, mas está se cansando de rearranjar os fios nos armários para acomodar essas mudanças. O que você poderia sugerir que o departamento de tecnologia utilizasse para apoiar as seis divisões internas?

8   Você está trabalhando para uma empresa que é composta de três departamentos: suporte geral, marketing e vendas. O suporte geral ocupa o primeiro andar, enquanto marketing e vendas estão no segundo andar. O suporte geral tem 28 estações de trabalho, o marketing tem 10 estações e vendas tem 30 estações. Algumas aplicações necessitam que os dados sejam transferidos entre departamentos, mas geralmente cada departamento tem suas próprias aplicações. Todos precisam acessar a Internet, a Internet interna da empresa (intranet) e e-mail. Projete uma solução de rede local para essa empresa. Mostre a localização de todas as estações e dispositivos de interconexões, como hubs, comutadores e roteadores, se forem utilizados.

Mostre também a conexão ao serviço telefônico externo que disponibiliza o acesso à Internet. Que tipo de fiação de rede local você recomendaria? Que tipo de topologia e protocolo de rede local você recomendaria? Desenhe uma planta para cada andar. Se possível, mostre ambas as plantas em uma página.

Faça uso das seguintes suposições:

1. Hubs e comutadores disponíveis têm um máximo de 24 portas.
2. Alguns aplicativos de software e conjuntos grandes de dados estão nos servidores departamentais.
3. Para manter e-mail, é preciso um servidor.
4. Para manter a intranet da empresa, é necessário um servidor.
5. A empresa não tem um orçamento ilimitado, mas está disposta a investir em tecnologia de qualidade.

PROJETOS PRÁTICOS

1. Acesse o site web IEEE (ou outro) e relate os últimos avanços nas normas 802. Existem normas adicionais para Ethernet >10 Gbps ou LANs sem fio? Há propostas novas para sistemas não mencionadas neste capítulo? Explique o que você encontrou.

2. Além do protocolo CSMA/CD, há um protocolo CSMA. Em que tipos de sistema o protocolo CSMA é utilizado? Por que o CSMA é preferido em relação ao CSMA/CD nesses sistemas?

3. Alguma outra rede local caiu completamente no esquecimento? Se sim, o que causou esse abandono? Foi tecnológico, financeiro ou político?

4. Fora a velocidade de transmissão, a Ethernet Gigabit é semelhante à Ethernet de 10 Mbps? Explique sua resposta.

5. Há planos para uma Ethernet de 100 Gbps?

6. Utilizando a Internet, investigue a Ethereal (Wireshark). Faça o download de uma cópia e observe o tráfego na conexão Ethernet.

7. Usando a Internet ou outras fontes externas, reúna a literatura sobre o comutador Ethernet. Quais são as especificações (como velocidades de porta, número de portas, tipos de cabos suportados, velocidade de backplane, etc.) do comutador?

8. Crie um mapa da rede local de sua empresa ou escola. Há hubs? Onde os hubs estão localizados? Há comutadores? Se sim, onde os comutadores estão localizados? Há roteadores? Mostre onde eles estão localizados.

9. Alguém ainda vende pontes? Se, sim, em que tipo de redes a ponte é mais comumente utilizada para interconectar hoje em dia?

8
Redes locais: software e sistemas de suporte

EM 1998, O MINISTÉRIO da Justiça dos Estados Unidos e as Secretarias de Justiça de 18 estados acolheram um processo antitruste contra a Microsoft Corporation. O processo colocava em questão a inclusão obrigatória do navegador da Web da Microsoft, o Internet Explorer, no sistema operacional Windows. Outra preocupação eram as práticas de negócios da empresa que restringiam a inovação, com a alegação de que a prática de criar suítes de aplicativos havia levado à queda na diversidade, concentrando essa fatia do mercado na suíte da Microsoft.

Após uma longa e, por vezes, suja batalha nos tribunais, o Tribunal Distrital de Colúmbia considerou a Microsoft culpada em 3 de abril de 2000 e ordenou que ela fosse separada em duas empresas: uma para sistemas operacionais e outra para aplicativos. Na época, o caso foi semelhante ao desmembramento da AT&T, em 1984, quando a empresa teve de vender todas as suas empresas de telefonia local, mas pôde ficar com o serviço de telefonia de longa distância e o centro de pesquisas (Bell Labs). No verão de 2001, porém, um tribunal de apelação federal revogou a ordem judicial distrital para desmembrar a Microsoft. No entanto, a decisão federal manteve o núcleo da acusação do governo de que a Microsoft havia violado a Lei Sherman Antitruste. O tribunal de apelação deixou aberta a possibilidade de um desmembramento, mas os juízes atenuaram as alegações antitruste contra a Microsoft aumentando a chance de um acordo extrajudiciário.

Mas a história não acabou aí. Em 24 de março de 2004, a Comissão Europeia ordenou que a Microsoft pagasse uma multa de US$ 613 milhões, relançasse uma versão de seu sistema operacional Windows sem o software Windows Media Player e revelasse detalhes dos códigos de software do Windows, facilitando a produção de software compatível por outras empresas. A Microsoft tentou apelar dessa decisão, mas perdeu a apelação em 17 de setembro de 2007 e concordou com o pagamento. Infelizmente, os problemas não acabaram para a Microsoft. A União Europeia multou a Microsoft novamente em 27 de fevereiro de 2008, afirmando que a empresa ainda não havia solucionado o problema do software. Dessa vez, a multa pode custar-lhe US$ 1,44 bilhão.

O que é um sistema operacional? O que é um sistema operacional de rede?

Eles são a mesma coisa? Quais são as opções disponíveis para a seleção de um sistema operacional de rede?

O sistema operacional é tão importante a ponto de fazer com que uma das maiores empresas dos Estados Unidos seja desmembrada?

Fonte: Standards Engineering Society, Microsoft Anti-Trust Litigation – The Case for Standards, download de <www.csrstds.com/WSD2000.html>. Acesso em: 7 nov. 2001.

"Microsoft Breakup Order Reversed", download de <www.washtech.com>. Acesso em: 8 nov. 2001.

Microsoft Hit by Record EU Fine, BBC News UK Division, 24 mar. 2004, download de <news.bbc.co.uk>. Acesso em: 30 jun. 2005.

"European Union Microsoft Competition Case," download de Wikipedia em 13 de outubro de 2009.

Objetivos

Após ler este capítulo, você será capaz de:

▸ Identificar as principais funções dos sistemas operacionais de rede.

▸ Identificar os recursos básicos de sistemas operacionais de rede do passado e do presente, como Novell NetWare/OES, Windows 2008, Unix, Linux e Mac OS X Server.

▸ Comparar e contrastar os sistemas operacionais de rede Novell NetWare/OES, Windows 2008, Unix, Linux e Mac OS X Server.

▸ Reconhecer a importância do servidor de rede e os diferentes tipos de servidores disponíveis.

▸ Identificar os diferentes tipos de RAID.

▸ Identificar exemplos comuns de utilitários de rede e software de Internet.

▸ Relacionar os diversos componentes de licenças de software.

▸ Identificar os diferentes tipos de dispositivos de suporte normalmente encontrados em redes locais.

Introdução

O Capítulo 7 iniciou a discussão sobre redes locais, apresentando as topologias básicas usadas na maioria das redes locais e as técnicas de controle de acesso ao meio que permitem às estações de trabalho transmitir dados pela rede. O hub, o comutador e o roteador são as três ferramentas básicas de conexão de dispositivos em uma rede local e de conexão entre redes diferentes. Este capítulo concluirá a discussão sobre redes locais, apresentando o software que as opera e lhes dá suporte. Vamos nos concentrar em duas áreas básicas: sistemas operacionais de rede e aplicativos de suporte à rede.

Embora haja muito mais tipos de software de rede, como ferramentas de diagnóstico e manutenção, utilitários e ambientes de desenvolvimento de programação, os sistemas operacionais e os softwares de suporte são os dois mais importantes. Os sistemas operacionais de rede são essenciais para que a rede permita o compartilhamento de recursos por vários usuários. O sistema operacional de rede fornece aos usuários proteção de suas contas com senha, e aos administradores, serviços que auxiliam o controle de acesso aos recursos, bem como a utilização e a administração da rede. Os sistemas operacionais de redes locais, de modo muito semelhante ao hardware que os apoiam, desenvolvem-se, a cada dia, em ferramentas mais poderosas e elaboradas. Os sistemas operacionais de rede mais populares são o Microsoft Windows Server 2008, o Unix, o Linux e o Mac OS X Server. Este capítulo descreverá os recursos e capacidades básicas de cada um desses sistemas e comparará suas vantagens e desvantagens.

Após a discussão sobre sistemas operacionais de rede, dedicaremos algum tempo à discussão dos diversos componentes de hardware e software que lhes dão suporte. O primeiro desses componentes será o servidor de rede, que é o dispositivo principal de armazenamento e execução do sistema operacional.

Como os sistemas operacionais de rede, o software de suporte é uma ferramenta essencial. Os aplicativos mais comuns incluem antivírus, antispam, antispyware, backup, proteção contra falhas, monitoramento de rede, acesso remoto, avaliação de segurança e desinstalação. Também examinaremos alguns softwares de suporte à Internet, bem como de navegadores e servidores Web. Prosseguiremos essa discussão com a apresentação dos diferentes contratos de licenciamento que se aplicam ao software de rede.

Por fim, as redes locais exigem muitos tipos diferentes de dispositivos de suporte. Como vimos no Capítulo 7, os hubs, comutadores e roteadores são dispositivos de suporte importantes para a segmentação e a interconexão de redes locais. Outros dispositivos de suporte a serem considerados neste capítulo são UPSs (uninterruptible power supplies), unidades de fita, impressoras, conversores de mídia, dispositivos de armazenamento de rede e estações de trabalho. Apresentaremos cada um desses dispositivos, com exemplos que mostram como eles podem ser utilizados.

Sistemas operacionais de rede

O que é um sistema operacional de rede (NOS, network operating system)? Quais funções ele executa? Em que um sistema operacional de rede difere do sistema operacional (OS, operating system) de um computador individual? O melhor modo de começar a compreender o sistema operacional de rede é conhecendo as funções básicas de um SO. Após compreendermos essas funções, podemos começar a entender as funções adicionais de um sistema operacional de rede.

O **sistema operacional** é o programa carregado inicialmente na memória do computador quando ele é ligado; ele gerencia todos os outros programas (aplicativos) e recursos (como unidades de disco, memória e dispositivos periféricos). Mesmo após uma aplicação ser iniciada e executada, ela utiliza o sistema operacional, fazendo solicitações de serviço por meio de um determinado **API (application program interface)**. Além disso, os usuários podem interagir diretamente com o sistema operacional por meio de interfaces como a interface gráfica de usuário, a linguagem de comandos ou shell.

Os sistemas operacionais podem executar vários serviços, a maioria dos quais essencial para a operação adequada de um sistema moderno de computadores. Um dos serviços mais importantes é determinar quais aplicações são executadas, em que ordem elas o são e quanto tempo deve ser alocado para cada uma antes de permitir que outra seja processada. Em **sistemas operacionais multitarefa**, vários programas podem ser executados ao mesmo tempo. Nesse caso, o sistema operacional agenda cada tarefa e aloca um pequeno período de tempo para sua execução. Na verdade, o sistema operacional multitarefa executa apenas um programa por vez, mas passa de um para outro tão rapidamente que faz parecer que vários programas estão sendo executados ao mesmo tempo.

Uma tarefa igualmente importante e difícil é lidar com as operações muito complexas de entrada e saída para dispositivos de hardware conectados, como discos rígidos, impressoras e modems. As unidades de discos rígidos são tão complexas e elaboradas que seria um castigo cruel exigir que os usuários especificassem a localização precisa de cada registro de dados a ser gravado ou lido no disco. Tão complexo como o controle de espaço de armazenamento em disco rígido é o controle do espaço de armazenamento na memória principal de um computador. Como os usuários muito provavelmente executarão diversas aplicações ao mesmo tempo, o sistema operacional deve ser capaz de alocar a quantidade limitada de memória principal a fim de fornecer a cada aplicação volume de memória suficiente para sua operação.

Os sistemas operacionais mais modernos também oferecem diversos níveis de segurança, incluindo proteção de diretórios e arquivos, de memória e de recursos. Conforme as aplicações e seus usos se tornam mais sofisticados, a capacidade de segurança contra usuários maliciosos torna-se mais fundamental nos sistemas operacionais.

Por fim, uma função que pode não parecer tão essencial como a multitarefa, o gerenciamento de memória e o armazenamento ou a segurança, mas é igualmente importante, é a comunicação do status das operações. Os sistemas operacionais enviam mensagens sobre o status da operação atual às aplicações, a um usuário interativo ou a um operador. Eles também comunicam erros que podem ter ocorrido.

Existem vários sistemas operacionais populares para diferentes tipos de sistemas de computadores. Por exemplo, para microcomputadores, os sistemas mais populares são o Mac OS X, o Unix, o Linux e as diversas versões de Windows XP/Vista/7. Os sistemas populares para computadores maiores (minicomputadores e mainframes) incluem o OS/390 e o AS/400 da IBM, o VMS (OpenVMS) da DEC e, novamente, o Unix e o Linux.

O **sistema operacional de rede** (**NOS**, network operating system) é um programa grande e complexo, capaz de gerenciar os recursos comuns na maioria das redes locais, além de executar os serviços-padrão de sistemas operacionais mencionados anteriormente. A Tabela 8-1 resume as funções dos sistemas operacionais de rede. Os recursos que esses sistemas devem gerenciar normalmente incluem um ou mais servidores de rede, várias impressoras de rede, uma ou mais redes físicas e um número potencialmente grande de usuários direta ou remotamente conectados à rede. Entre esses recursos, o servidor de rede é fundamental. Como aprenderemos em breve, ele costuma ser uma estação de alta potência que mantém um grande sistema de arquivos de conjuntos de dados, perfis de usuário e informações de acesso para todos os periféricos de rede.

Tabela 8-1 Resumo das funções de sistemas operacionais de rede.

Funções de sistemas operacionais de rede
Gerenciar um ou mais servidores de rede
Manter um sistema de arquivos de conjuntos de dados, aplicações, perfis de usuário, periféricos de rede
Coordenar todos os recursos e serviços disponíveis
Processar solicitações de usuários
Solicitar login de rede aos usuários, validar contas, aplicar restrições, executar funções de gerenciamento de contas
Gerenciar uma ou mais impressoras de rede
Gerenciar a conexão entre redes locais
Gerenciar usuários conectados localmente
Gerenciar usuários conectados remotamente
Dar suporte à segurança do sistema
Dar suporte a funções de cliente/servidor
Dar suporte ao desenvolvimento de páginas da web e operações de servidor web

Os sistemas operacionais de rede também executam uma ampla variedade de funções de apoio, incluindo a coordenação de todos os recursos e serviços na rede e o processamento de solicitações de estações de "clientes" ou de usuário. Eles também dão suporte à interação com o usuário, solicitando-lhe login de rede, validando contas, restringindo seu acesso a recursos para os quais não tem permissão e executando funções de gerenciamento de contas.

Outra função importante dos sistemas operacionais de rede é a capacidade de interação com a Internet. Cada vez mais, os usuários que trabalham em uma rede local esperam encontrar conexões diretas entre suas estações e a Internet. Se esses usuários tiverem de criar páginas da web, seria útil dispor de ferramentas para criação e manutenção dessas páginas. Portanto, os sistemas operacionais de rede devem fornecer conexão direta com o software de armazenamento de páginas na Internet e possibilitar seu acesso a usuários corporativos internos e usuários externos da Internet. Assim, os sistemas operacionais de rede devem ser capazes de dar suporte às aplicações e ferramentas necessárias para as operações de Internet.

É interessante observar que muitos sistemas atuais de desktop incorporam diversos recursos descritos anteriormente, possibilitando que usuários individuais criem sistemas operacionais de rede para suas casas e pequenos escritórios. Assim, a linha divisória entre sistemas operacionais de desktop (como o Windows 7) e sistemas operacionais de rede (como o Windows 2008) tem ficado cada vez menos clara nos últimos anos. Mesmo assim, ainda há, como veremos em breve, diferenças significativas entre os dois tipos de sistemas.

Sistemas operacionais de rede antigos e atuais

Como acabamos de aprender, os sistemas operacionais de rede dão suporte a muitas funções que nós, usuários, costumamos considerar como dadas. A compreensão dessas funções básicas permitirá um exame mais próximo dos sistemas operacionais de rede, a comparação desses produtos quanto à qualidade de seu suporte a essas funções e a avaliação de seus pontos fortes e fracos. Após termos examinado as funções básicas, vamos voltar nossa atenção para os sistemas operacionais de rede mais populares no mercado e ver como cada um dá suporte a elas. Mas, antes de fazer isso, começaremos com um importante sistema pioneiro, que não está mais no mercado – o NetWare.

Novell NetWare

A Novell foi fundada em 1983 e foi uma das primeiras empresas a desenvolver sistemas operacionais de rede. Com o passar dos anos, a empresa produziu diversos produtos influentes, incluindo o NetWare Directory Services (NDS), um sistema inteligente, que autentica usuários e inclui um banco de dados distribuído com informações sobre cada aplicação, usuário, servidor e recurso de uma rede. O NetWare 6 foi a última versão do sistema operacional de rede da Novell antes de o produto ser renomeado para Open Enterprise Server (falaremos mais sobre isso em breve). Em um determinado momento, mais de 70% do mercado de LANs utilizava sistemas da Novell. Apesar de ter saído do mercado, o produto introduziu muitas funções e conceitos que foram incorporados em outros sistemas operacionais de rede. Portanto, vale a pena dedicar algum tempo a examinar o legado do NetWare.

Um aspecto interessante compartilhado por todas as versões do NetWare é que a interface de usuário é virtualmente invisível. Quando uma estação de trabalho faz parte de um sistema operacional de rede Novel, ela ainda tem de executar um sistema operacional próprio, como Windows XP ou Mac OS X. O usuário executa operações típicas de Windows, como abrir pastas e clicar duas vezes em ícones de aplicativos sem perceber que a aplicação em uso ou o arquivo solicitado se localiza fisicamente em outro lugar da rede, em um servidor de rede, não na estação do usuário. O administrador de rede instrui o Novell a ocultar esses detalhes do usuário e executar todas as funções de rede, como solicitações cliente/servidor e operações de impressão, de modo que o usuário tome pouco ou nenhum conhecimento delas.

Por exemplo, imagine um usuário de processador de textos que deseja imprimir um documento. Para fazer isso, basta clicar no ícone de impressora do programa. Caso a estação tenha sido instruída pelo usuário (ou por um administrador de rede) a redirecionar toda a saída de impressão para uma impressora de rede, a impressão não será feita na impressora do escritório (caso haja uma), mas redirecionada para outra. Uma vez estabelecido esse redirecionamento, todas as solicitações de impressão serão automaticamente enviadas para uma impressora de rede por meio de uma operação transparente, tanto para o usuário como para o aplicativo de processamento de textos. Os sistemas operacionais de rede Novel foram os primeiros a executar esse redirecionamento em rede local e, atualmente, todos os outros sistemas incorporam esse recurso.

A primeira versão de NetWare a ganhar ampla popularidade foi a Versão 3, lançada em 1989 e, eventualmente, ainda encontrada em uso. Um dos principais recursos da Versão 3 é o bindery. O **bindery** é uma estrutura (similar a um banco de dados) que contém nomes de usuário e senhas para indivíduos e grupos da rede autorizados a fazer login no servidor; ele consiste de três arquivos ligados e não idênticos, que são criptografados por motivo de segurança, o bindery contém apenas os dados pertinentes ao servidor onde reside. Ele mantém, ainda, informações sobre outros serviços fornecidos pelo servidor ao cliente, como impressora, modem e informações de acesso a pontes/roteadores. Em uma rede com vários servidores, cada servidor precisa e mantém seu próprio bindery e os usuários têm de fazer login em um servidor específico. Para solicitar acesso a dois servidores, um usuário precisaria ter uma conta em ambos e fazer login separadamente em cada um.

O NetWare Versão 4 representou uma mudança significativa em relação à Versão 3. A Versão 4 introduziu o NetWare Directory Services (chamado Novell Directory Services em versões posteriores), que substituiu o bindery. **O NDS (NetWare Directory Service**, ou seja, **serviço de diretório NetWare**) é um banco de dados que mantém as informações e o acesso a cada recurso da rede, incluindo usuários, grupos de usuários, impressoras, conjuntos de dados e servidores. O NDS baseia-se em um conhecido padrão para serviços de diretório, o X.500. No NDS, todos os recursos de rede são considerados objetos, independentemente de sua localização física real. O NDS é global para a rede e reproduzido em vários servidores para ficar protegido de falhas em um único ponto. Assim, os usuários podem fazer login de qualquer local da rede e acessar quaisquer recursos para os quais tenham permissão. Todo usuário com permissão para fazer login na rede é inserido no NDS pelo administrador. Igualmente, todos os dispositivos de suporte, como as impressoras, são inseridos. Por exemplo, se o usuário X quiser utilizar a impressora Y, o administrador de rede deve atribuir as permissões adequadas para isso. Essas permissões também são inseridas no NDS. Toda vez que o usuário X fizer logon e tentar enviar um trabalho para a impressora Y, o NDS é consultado sobre as permissões necessárias.

A ideia básica subjacente ao NDS (e todos os outros diretórios com base em árvore, como o Active Directory da Microsoft) é que o administrador de rede crie uma árvore hierárquica que represente o leiaute da organização. Essa estrutura hierárquica realmente se assemelha a uma árvore invertida, com a raiz no topo e os usuários e recursos de rede – as folhas – abaixo. Essa árvore pode corresponder ao leiaute físico da organização: por exemplo, as estações 1 a 20 podem estar no terceiro piso de um edifício de escritórios; as estações 21 a 40, no segundo piso, e as estações 41 a 60, no primeiro. Uma árvore hierárquica mais poderosa e flexível pode ser criada com base no leiaute lógico que, por exemplo, pode descrever a estrutura departamental da organização: o departamento de engenharia (que poderia se estender pelos pisos 1 a 3), o departamento de vendas (que poderia se situar nos pisos 2, 6 e 7) e de marketing (que poderia estar fisicamente localizado em dois edifícios diferentes).

A criação de um projeto de árvore adequado não é uma tarefa simples; no entanto, um bom ponto de partida para o administrador de rede são as quatro tarefas abaixo. Primeiro, devemos coletar os documentos corporativos adequados para conhecer o hardware e o software disponíveis, e os departamentos e divisões de funcionários. Uma parte dessa primeira etapa é obter um organograma da empresa.

Em segundo lugar, devemos projetar a seção superior da árvore antes das inferiores. Para projetar a seção superior, atribui-se a esse nível o nome do objeto de organização (na maioria dos casos, o nome da empresa) e, em seguida, cria-se a primeira camada de unidades organizacionais ou objetos-contêiner. A **unidade organizacional (UO)** é um objeto composto de objetos adicionais (como, por exemplo, servidores, impressoras, usuários ou grupos de usuários). Por exemplo, a divisão de uma empresa composta de vários departamentos poderia ser considerada uma unidade organizacional.

O departamento também é uma unidade organizacional, pois ele também é composto de objetos adicionais, como funcionários. Se uma rede for muito pequena, pode não haver a necessidade de unidades organizacionais.

Terceiro, projeta-se a seção inferior da árvore, incluindo a hierarquia remanescente de unidades organizacionais e os objetos-folha. Os **objetos-folha** não são compostos de outros objetos, correspondendo, geralmente, a entidades como usuários, periféricos, servidores, impressoras, filas e outros recursos de rede.

A quarta e última etapa da criação de uma árvore é o projeto de segurança de direitos de acesso – determinar quais pessoas têm direto a quais objetos. Por exemplo, quando se cria um novo usuário, colocando-o em determinado local da rede, quais direitos esse usuário deve ter? Quais impressoras e diretórios ele poderá acessar?

Durante todo o processo de criação de árvore, é importante revisar o esboço quanto à precisão, flexibilidade e completude. Como as árvores de NDS serão utilizadas por todos os servidores da rede e, provavelmente, vigorarão por vários anos, a criação de árvores bem projetadas é extremamente importante. Árvores projetadas de modo inadequado levarão a dificuldades futuras quando se tentar adicionar novos usuários, grupos de usuários e recursos à rede. Árvores mal projetadas também podem criar sistemas lentos, com tempo de resposta ruim.

A Figura 8-1 mostra um exemplo de projeto adequado de árvore. Observe que o projeto de uma árvore deve ser, em tese, similar a uma pirâmide. Deve haver menos objetos-contêiner no topo da árvore do que na base. Árvores largas ou achatadas geralmente não constituem um bom projeto, pois seu leiaute causa muitas comunicações internas aos contêiner, podendo fazer os usuários terem problemas para encontrar os recursos adequados.

Do mesmo modo, árvores muito estreitas e compridas também podem ter sido mal projetadas, pois incorporam poucos contêineres, o que pode levar a problemas futuros quando o administrador quiser adicionar novos usuários ou recursos.

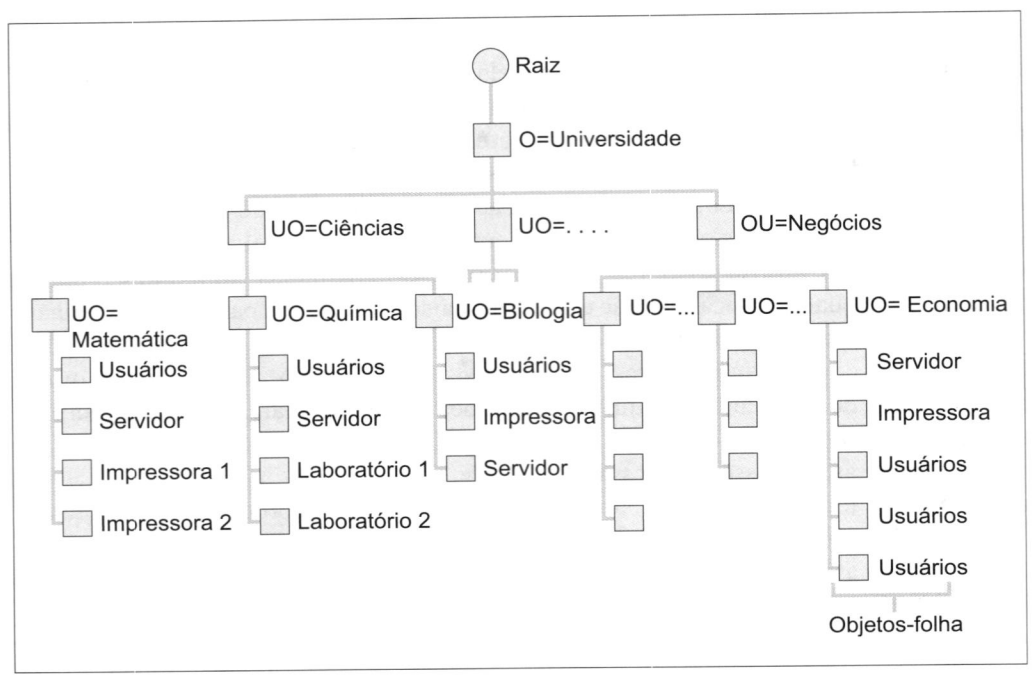

Figura 8-1 Possível projeto de uma árvore de sistema operacional de rede.

O NetWare 5, a próxima versão importante do NetWare, manteve o banco de dados distribuído NDS de recursos de rede, que ganhou popularidade e flexibilidade, na medida em que os produtos NetWare continuaram

---

Detalhes

Sugestões adicionais para o projeto de árvores de rede

Ao projetar uma estrutura de diretório em árvore, como o Active Directory da Microsoft e o NDS do NetWare, alguns projetistas acreditam que o topo da árvore deve ser baseado na estrutura de rede de longa distância corporativa. Por exemplo, se uma empresa possuir escritórios em São Francisco, Dallas e Nova York, as três UOs superiores devem ser contêineres representando essas três cidades (veja a Figura 8-2). Mas, se a empresa for menor e se localizar em apenas uma cidade, porém ocupando vários edifícios, cada edifício deve ser um objeto-contêiner. Se, porém, a empresa for ainda menor e ocupar um único edifício, não é necessário definir a árvore com

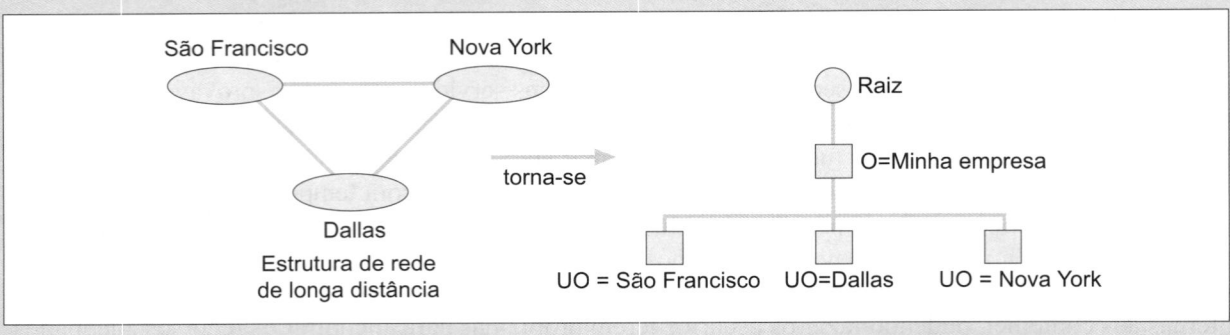

Figura 8-2 Projeto no nível do topo com base em uma estrutura de rede de longa distância corporativa.

a ser utilizados como sistemas operacionais de rede. As funções administrativas de criação e suporte da árvore de NDS e os utilitários continuaram com interface gráfica de usuário na Versão 5, assim como tinham na Versão 4.

A próxima versão importante do NetWare foi a Versão 6. Novamente, o novo NetWare manteve muitos aspectos populares encontrados em versões anteriores, como o NDS e ótimas ferramentas administrativas. Em sua última versão, a Novell adicionou alguns recursos impressionantes. O primeiro oferece a clientes autorizados em qualquer lugar da Internet a possibilidade de imprimir e utilizar serviços de armazenamento de servidores NetWare 6, não sendo necessário carregar antecipadamente nenhum byte do software de Client32 da Novel em sua máquina. Na maioria dos sistemas operacionais de rede, antes de poder acessar qualquer recurso, a estação-cliente deve ter carregado um conjunto significativo de software. Com o NetWare 6, tudo que um usuário precisa em sua estação-cliente é um navegador web. O navegador fará o download e instalará o software de cliente necessário.

A modificação final da Versão 6 do Netware (meados de 2008) foi a NetWare 6.5. Essa versão combinou os recursos anteriores do NetWare com o sistema operacional Linux. O software foi projetado para simplificar a movimentação de dados e recursos de versões antigas de NetWare para um sistema estável, capaz de dar suporte a um grande número de usuários. Por fim, o NetWare transformou-se em um produto chamado Open Enterprise Server (OES) em 2003. O OES é, basicamente, o conjunto das aplicações mais populares de NetWare: a estrutura NDS, agora chamada eDirectory, o conhecido software de impressão chamado iPrint e um conjunto de serviços centrais de sistema operacional chamado NetWare Core Protocol. O OES é oferecido tanto em plataformas Linux como em NetWare. Embora a empresa tenha pensado em desativar a plataforma NetWare, usuários dedicados ao sistema continuam pedindo sua manutenção.

Embora pioneiro no projeto de sistemas operacionais de rede, nos últimos anos o NetWare praticamente desapareceu do mercado. Em seu lugar, encontram-se diversos sistemas, um dos quais é o da Microsoft.

Microsoft Windows NT e Windows Server 2000, 2003 e 2008

Para competir no mercado de sistemas operacionais de rede local, a Microsoft anunciou um novo sistema na feira Comdex de outubro de 1991. O nome do novo sistema era Windows NT Versão 3. A Microsoft trabalhou nesse sistema por cerca de três anos, e o novo produto, apesar de ter um nome similar ao sistema operacional de

base em sua rede de longa distância. Em vez disso, pode-se projetar a parte superior com base em projeto por divisão/departamento/grupo de trabalho.

Se a camada superior for efetivamente projetada utilizando a estrutura de rede de longa distância da empresa, a parte seguinte da árvore deve ser projetada de acordo com a estrutura de rede local de cada planta da rede de longa distância. Os projetistas costumam consultar organogramas e mapas de LAN para criar essas partes inferiores. Por exemplo, o objeto-contêiner de Dallas da Figura 8-2 é expandido para incluir os departamentos de marketing, engenharia, vendas e recursos humanos (veja a Figura 8-3).

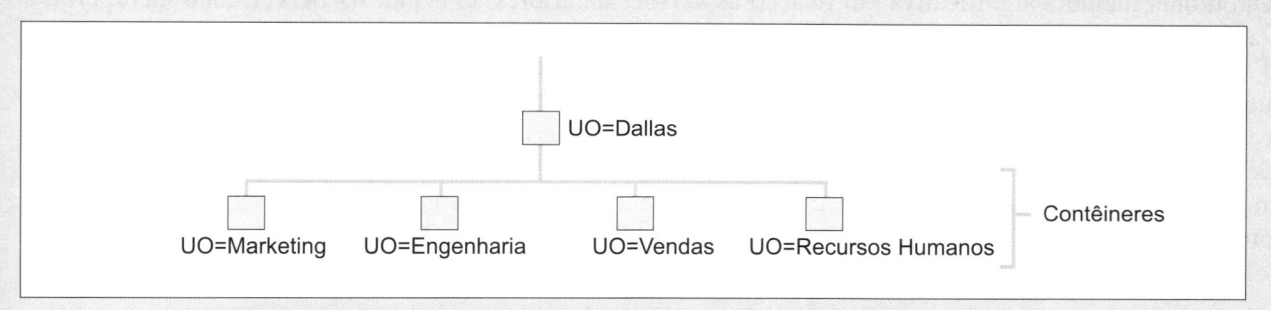

Figura 8-3 Contêineres de árvore de nível inferior sob o contêiner de nível superior Dallas.

desktop Windows, representou um importante ponto de partida. Desde sua apresentação, o Windows NT passou por várias versões e se tornou um grande concorrente para o NetWare da Novell.

Como o NetWare, o Windows NT e suas versões posteriores, os Windows Server 2000/2003/2008 (doravante referidos como Windows Server) são sistemas operacionais de rede projetados para execução em uma rede de estações de microcomputadores, fornecendo compartilhamento de arquivos e periféricos. De modo também similar às versões mais recentes de NetWare, o Windows Server foi projetado para oferecer as ferramentas administrativas necessárias para o suporte a vários usuários, vários servidores e uma ampla gama de dispositivos periféricos. Além disso, o Windows Server dá suporte a muitas aplicações que permitem aos usuários criar, acessar e exibir páginas da web, bem como ao software que permite ao servidor de rede atuar como servidor web. Um aspecto que distancia os sistemas da Microsoft do NetWare é que o Windows trabalha diretamente com as ferramentas de aplicativos imensamente populares da Microsoft.

Windows NT Versão 4

Lançado pela primeira vez em agosto de 1996, o Windows NT Versão 4 continha vários aspectos interessantes que rapidamente o tornaram um grande concorrente no mercado de sistemas operacionais de rede. Um dos aspectos mais visíveis era a escolha da interface de usuário. Para ser preciso, a interface de usuário do sistema operacional Microsoft Windows 95 para computadores pessoais de um único usuário foi incorporada ao Windows NT, tornando a interface de servidor mais fácil de usar e consistente com outros produtos da Microsoft. O Windows NT Versão 4 também oferecia o Microsoft Management Console e assistentes administrativos. Esses novos softwares permitiam que os administradores criassem consoles com base em tarefas que poderiam ser delegadas ao administrador adequado. Essas ferramentas eram suplementadas pelo novo monitor de rede e pelas ferramentas de diagnóstico, que permitiam ao administrador acompanhar o tráfego de rede, executar análises e fazer alterações e reparos. Apesar da presença do novo console de gerenciamento, vários administradores de rede reclamavam que a administração de sistemas NT ainda estava dispersa por muitas ferramentas, sendo, portanto, de difícil execução.

No entanto, o Windows NT Versão 4 tornou-se rapidamente um sistema bem-sucedido. Ele tinha um desempenho muito bom no suporte da maioria das funções, se não todas, de sistema operacional de rede resumidas na Tabela 8-1. Seja para aplicações em estações de usuário (front end), seja para sistemas de dados localizados no servidor (back end), o Windows NT fornecia uma união estável entre sistema operacional de rede e aplicativos da Microsoft.

Uma diferença visível entre o Windows NT Versão 4 e o NetWare era a estrutura de diretório do NT. Enquanto o NetWare fazia amplo uso de objetos-contêiner e objetos-folha, o NT tinha apenas o domínio. O **domínio** do NT era um objeto-contêiner que possuía usuários, servidores, impressoras e outros recursos de rede. Não era possível pegar os usuários de um domínio e criar uma série de subdomínios ou subcontêineres. Era possível criar uma rede com vários domínios, mas esses domínios não eram hierárquicos e, em muitos casos, aumentavam o nível de administração (Figura 8-4).

Além da relativa pouca flexibilidade dos modelos de domínio, a instabilidade do sistema operacional era outra área considerada por muitos profissionais de rede como um ponto fraco do Windows NT Versão 4. Essa instabilidade devia-se parcialmente ao grande número de bugs de software. Mas muitos desses bugs eram típicos de softwares novos e, façamos justiça, as primeiras versões de NetWare não eram tão estáveis como a Versão 3. Estando disponível há um período de tempo maior, o NetWare teve mais oportunidades de passar por debugs. Diante desses problemas, a Microsoft trabalhou duro para eliminar a maioria dos problemas de seu sistema, bem como outros problemas inerentes a softwares tão grandes.

Windows Server 2000

O Windows Server 2000, lançado no ano 2000, foi a geração seguinte do sistema operacional Windows NT e representou uma melhora significativa em relação às versões anteriores. O Windows Server 2000 incorporou a resposta da Microsoft para o sistema de diretório NetWare NDS, que tinha grande popularidade: o Active Directory. O **Active Directory** armazena informações sobre todos os objetos e recursos de uma rede e as disponibiliza aos usuários, administradores e aplicativos. Como o NDS da NetWare, o Active Directory cria uma estrutura hierárquica de recursos. A Microsoft considerou mais interessante criar um serviço de diretório com base em padrões existentes, em vez de criar um serviço novo proprietário. Assim, podemos ouvir especialistas de rede falarem sobre como o Active Directory é estruturado ao redor do DNS (Domain Name System) da Internet, que será apresentado no Capítulo 10, e de outro padrão, o LDAP (Lightweight Directory Access Protocol, ou seja, protocolo leve de acesso a diretórios).

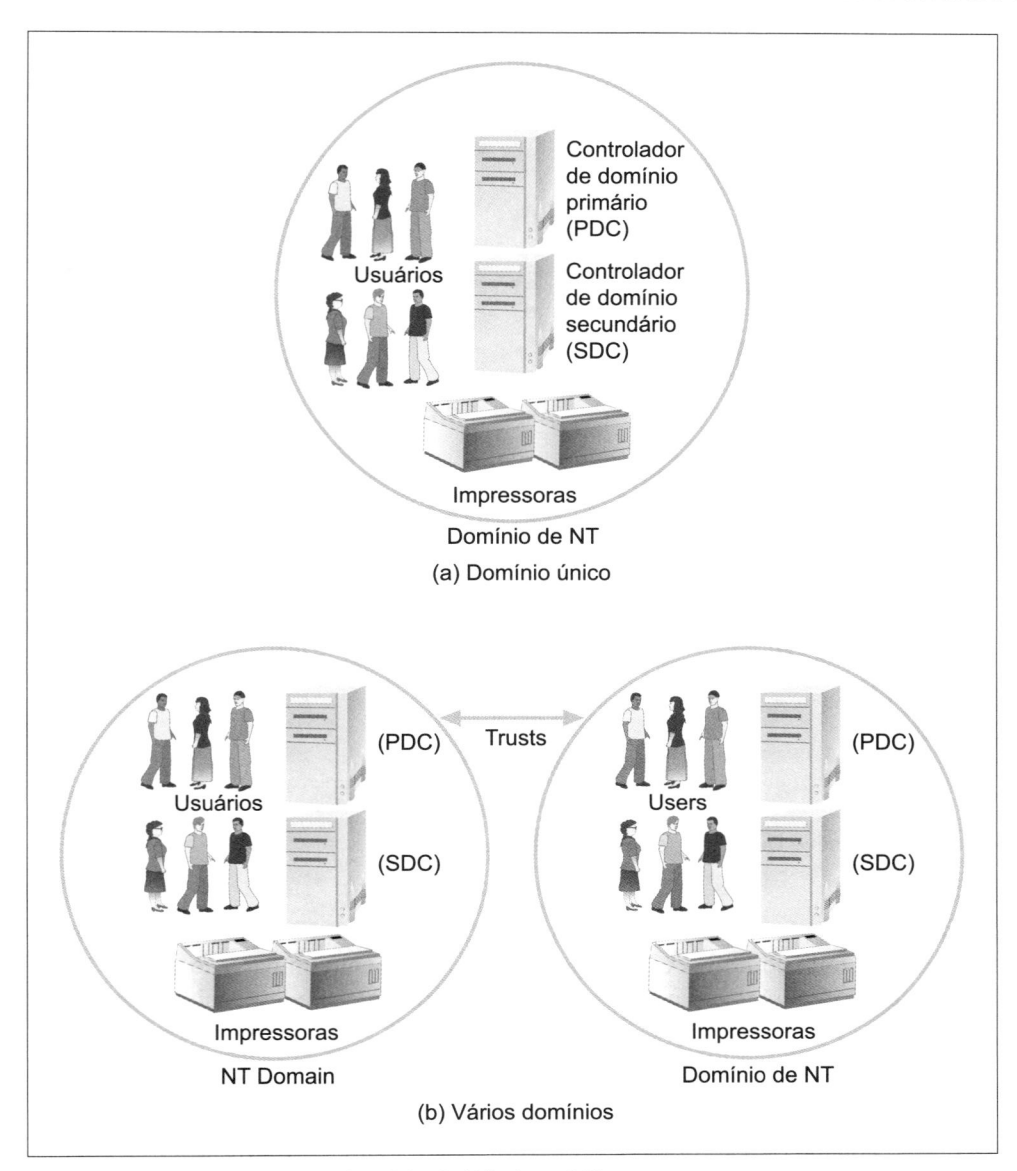

Figura 8-4 Dois modelos de domínio do Windows NT.

Para construir uma hierarquia de Active Directory, deve-se criar um projeto de árvore similar ao do NDS. Os objetos, como usuários, grupos de usuários, computadores, aplicações e dispositivos de rede, são os itens-folha na árvore. Os itens-folha agrupam-se em unidades organizacionais similares aos objetos-contêiner do NDS. Uma ou mais unidades organizacionais podem ser agrupadas em um domínio. Como no Windows NT, o principal objeto do Windows Server 2000 é o domínio. Mas, diferentemente dos domínios do NT, os do Windows Server 2000 podem ser organizados hierarquicamente em árvore; um conjunto de árvores constitui, assim, uma floresta. Por exemplo, imaginaremos dois departamentos de uma organização, como o de Marketing e o de Engenharia (Figura 8-5). Ambos são objetos organizacionais. Dentro dos dois departamentos, há usuários e servidores de rede. O agrupamento de objetos na árvore de diretórios permite que os administradores gerenciem objetos e recursos em nível macro, não analisando um a um. Com alguns cliques, o administrador de rede pode permitir que todos os usuários do departamento de engenharia acessem um novo software relacionado à área.

Muitos administradores de redes Windows NT gostaram dos avanços do Windows Server 2000 e, assim, migraram seus sistemas para a nova versão. Vários administradores de NetWare também mudaram para o Windows Server 2000, pois ele passou a incorporar uma estrutura de diretório com base em árvores. Mas vários administradores, de modo muito similar aos usuários que se mantiveram leais ao NetWare Versão 3 e ainda o utilizam em vez da Versão 6, não viram necessidade de atualização para o novo sistema e continuaram usando o antigo Windows NT. Como seu predecessor, o Windows NT Versão 4, o Windows Server 2000 executa as funções necessárias de sistemas operacionais de rede local, resumidas na Tabela 8-1, e tem o apoio das maiores empresas de software do mundo.

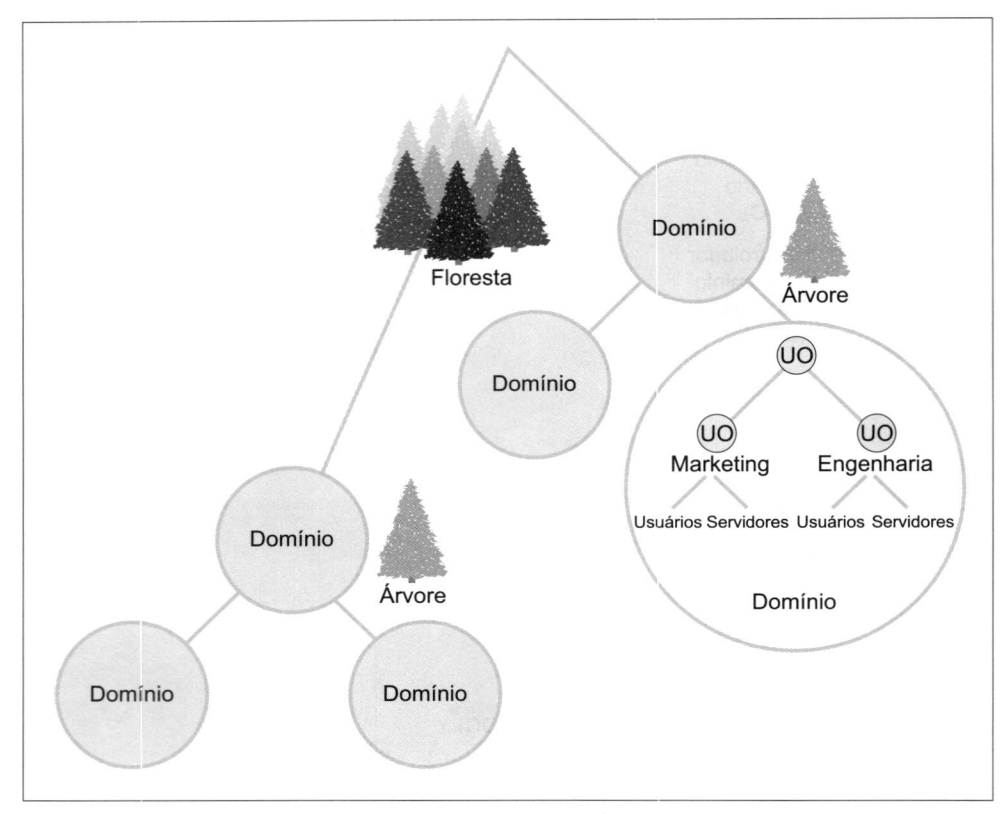

Figura 8-5 Exemplos de projeto de árvore do Active Directory do Windows 2000.

Windows Server 2003

A versão seguinte do sistema operacional de rede Windows foi o Windows Server 2003. Embora não tenha se tratado de uma grande reorganização do sistema, como foi o Windows Server 2000 em comparação com o NT, o **Windows Server 2003** apresentou muitos recursos novos que os administradores de rede consideraram úteis. Alguns desses recursos são:

- Atualizações do Active Directory, incluindo uma nova ferramenta de gerenciamento que unifica todas as tarefas relacionadas à política de grupos.
- Possibilidade de conexão (cluster) de até oito servidores Windows 2003 para melhorar o suporte ao usuário e a aplicações.
- Novos e aprimorados serviços de suporte a arquivos e impressão, incluindo maior confiabilidade, uma gama mais ampla de impressoras atendidas e compartilhamento remoto de documentos.
- Suporte a IP versão 6 (IPv6).
- Melhores recursos de segurança para arquivos, redes, servidores, sistema operacional e transações com base na web.

Também pareceu que a Microsoft havia adotado uma nova política de utilizar o Windows Server 2003 como o sistema operacional básico para as futuras gerações de seus produtos. Assim, se uma empresa decidisse instalar esse sistema, ela poderia incorporar versões futuras de produtos da Microsoft (como a suíte de aplicativos Office, servidores com base na web, sistemas de comunicação em tempo real, para citar apenas alguns) de modo mais fácil.

Windows Server 2008

A novidade mais recente da família de sistemas Windows Server é a versão 2008. Apesar de manter muitos dos mesmos recursos e características do servidor 2003, ele apresenta vários recursos novos. Alguns desses recursos são Active Directory ampliado (incluindo certificados, identidade e serviços de gerenciamento de direitos), um novo núcleo de servidor (permitindo que o Windows Server 2008 atue como vários tipos de servidores, incluindo o servidor virtual Windows), um servidor de arquivos capaz de corrigir arquivos e/ou pastas corrompidos, aprimoramentos na velocidade de processamento e avanços na segurança de rede. Evidentemente, a Microsoft permanece competitiva no mercado de sistemas operacionais de rede e, muito provavelmente, continuará oferecendo produtos interessantes para os administradores.

UNIX

O Unix é um sistema operacional popular, encontrado em estações para um usuário, mas principalmente em mainframes e servidores de rede, nos quais seu desempenho é melhor. É mais frequente encontrá-lo como interface com base em texto, embora haja interfaces gráficas disponíveis. O Unix foi projetado inicialmente na Bell Labs e implementado pela primeira vez em um minicomputador PDP-7, em 1970. Trata-se de um sistema relativamente aperfeiçoado, o que explica sua operação rápida. Logo após sua introdução, o software do Unix foi reescrito na popular linguagem de programação C. Em razão das características dessa linguagem e do projeto do Unix, o código interno do sistema é relativamente fácil de modificar. Por isso, e como as versões mais recentes foram fornecidas gratuitamente, o Unix tornou-se extremamente popular em instituições acadêmicas.

Como o Unix é um sistema operacional antigo e teve sua capacidade de processamento desenvolvida por vários anos, ele é muito estável. Outra consequência de sua idade é que, entre todos sistemas operacionais de rede, o Unix pode ser executado na maior variedade de hardware.

Ele lida bem com operações de rede e dispõe de uma ampla gama de aplicações escritas para serem executadas em Unix. Hoje em dia, muitos especialistas consideram-no um dos melhores sistemas operacionais para o suporte a grandes aplicações como sistemas de banco de dados de vários usuários ou servidores com base na web.

Um dos maiores pontos fracos do Unix é a interface de usuário. Atualmente, muitos usuários esperam uma interface gráfica e consideram a interface de linhas de comando com base em texto ultrapassada e cansativa. Outra desvantagem é que, embora dê suporte adequado à manutenção de conjuntos de dados, aplicações e perfis de usuário, o Unix não dispõe de um sistema de diretório tão poderoso como o Active Directory, da Microsoft, ou o NDS, do NetWare.

Como sistema operacional de rede, o Unix possui muitos pontos fortes e dá suporte a todos os recursos apresentados na Tabela 8-1. Além disso, dispõe de um sistema de segurança estável, que também se baseia em anos de experiência. Com o passar do tempo, foram criadas muitas aplicações de Unix para suporte a funções de cliente/servidor, bem como desenvolvimento de páginas da web e operações de servidor web. Por ter seguidores dedicados que garantirão sua evolução diante da competição de novos produtos, o Unix provavelmente continuará disponível por muitos anos.

Linux

Desde seus primeiros dias, o Unix evoluiu em muitas versões e é executado em diversas plataformas de computadores. Uma versão que gerou muito interesse na década de 1990 foi o Linux. O Linux, embora se baseie no conceito do Unix, é um kernel completamente reescrito, assimilando funções adicionais do bem estabelecido conjunto de ferramentas GNU da Free Software Foundation e da ainda maior comunidade de software livre. O Linux compartilha muitas vantagens e desvantagens do Unix e pode ser executado como sistema operacional de rede. Vários aspectos, porém, distanciam o Linux do Unix e de outros sistemas operacionais. O primeiro e mais importante é o custo do Linux para download da Internet: o software é e sempre foi gratuito.

Ultimamente, porém, muitas empresas têm optado por adquirir o Linux de um fornecedor especializado em oferecer a última versão do sistema com todos os aplicativos e utilitários de suporte, como ferramentas de suporte a páginas da web, interface gráfica de usuário e as versões mais recentes de drivers de periféricos. Mesmo quando adquirido de um fornecedor, o custo do Linux é insignificante se comparado ao custo de aquisição do Unix ou do Windows Server 2008. Enquanto o Unix e o Windows Server 2008 podem custar até dezenas de milhares de dólares, dependendo do número de estações de usuário, as versões comerciais de Linux podem custar algumas centenas.

Uma segunda vantagem do Linux sobre outros sistemas operacionais de rede é que, em sua aquisição ou download, é possível receber gratuitamente o código-fonte original com o código compilado. Ter o código-fonte original propicia um grande controle sobre o software da empresa. Nas mãos de um programador experiente, o código-fonte do Linux pode ser modificado de modo praticamente ilimitado, fornecendo um sistema operacional personalizado. A possibilidade de personalizar o software, porém, é uma faca de dois gumes. Se o programador não for experiente, o código personalizado pode ser uma fonte constante de problemas.

Uma última vantagem do Linux é o tamanho do código. Desde seu surgimento, ele pode operar em sistemas pequenos, como em processador Intel 386 com apenas 4 MB de memória principal. Embora o Linux possa certamente ser executado em sistemas maiores, muitos administradores utilizam o sistema em um PC antigo para dar suporte a funções de rede mais simples, como segurança (firewall). Esses sistemas, em tese, podem ser executados sozinhos, com pouco ou nenhum suporte.

O Linux compartilha muitas outras vantagens do Unix, como a execução rápida (em consequência do tamanho relativamente pequeno e do código eficiente), funções de suporte a rede e uma opção que confere ao software a aparência de um produto com interface gráfica de usuário.

Embora os defensores de outros sistemas tenham alegado, no passado, que o Linux ainda não estava pronto para aplicações "de ponta", cada vez mais as empresas o executam pelo menos em um servidor para dar suporte a uma aplicação específica. Atualmente, o software do Linux é utilizado com mais frequência em firewalls, servidores de e-mail, de web, de FTP, de arquivos/impressão, de proxy e de DNS (Domain Name System). Quanto às interfaces, os sistemas operacionais Linux podem dar suporte a USB, SCSI, Raid e diversas formas de interfaces de vídeo; eles também são capazes de operar no modo plug-and-play (em que o driver do dispositivo é automaticamente carregado quando o dispositivo é conectado).

Outra vantagem competitiva que o Linux apresenta em relação a outros sistemas é que ele faz parte de uma família crescente de software de código aberto, que é muito valorizada nos setores de negócios e de educação. O Linux pode ser combinado com aplicações de software populares, como o servidor Web Apache, o servidor de bancos de dados My SQL, o Axis, o Jboss, o Jetty, o Saxo e o Tomcat, criando um sistema de rede relativamente completo, capaz de atender às necessidades de muitos tipos de negócios.

O Linux apresenta três aspectos negativos potencialmente relevantes. Primeiro, como as versões gratuitas não são vendidas por grandes empresas, como a Microsoft, muitos profissionais de rede receiam que o suporte técnico de sistemas Linux possa ser inadequado. Mesmo se a empresa adquirir o sistema de um fornecedor bem conhecido, ela pode passar por problemas na obtenção de suporte técnico, pois as outras aplicações executadas em Linux também costumam ser de código aberto. Em segundo lugar, embora cada vez mais empresas estejam anunciando a produção (ou futura produção) de versões de seus softwares para Linux, as aplicações executadas nesse sistema são mais raras do que as executadas em Windows. Terceiro, é necessário um nível significativo de especialização para instalar sistemas Linux. Apesar desses pontos fracos, o Linux continua se desenvolvendo para ser capaz de dar suporte a sistemas cada vez maiores, ganhando parcelas do mercado. A revista Inforworld afirmou que, em 2008, havia Linux em 29% das vendas de servidores no mundo. Se essa evolução continuar, muitos gerentes de rede verão o Linux como um sistema operacional de rede viável para grande escala.

Novell Linux

Quando a parcela de mercado do NetWare estava caindo para um dígito, a Novell apostou em uma sólida campanha em 2003: mudou-se para o mundo do código aberto e tornou-se uma fornecedora de Linux. Após adquirir duas empresas de software de Linux em 2003 e 2004, a Novell começou a oferecer quatro versões do sistema. Os dois primeiros produtos são versões de desktop do sistema operacional Linux – uma para ambiente de escritório (Novell Linux Desktop) e outra para usuários domésticos (Suse Linux Professional). A terceira versão da Novell é o servidor Suse Linux Enterprise, um sistema operacional de rede escalável e de código aberto para aplicações de negócios. Por fim, a quarta versão é o Novell Open Enterprise Server, que contém os famosos produtos de NetWare da Novell em formato Linux. Muitos observadores do setor estão curiosos em saber se a reputação da Novell e a antiga qualidade dos produtos NetWare podem impulsionar o Linux a se tornar um grande concorrente nos mercados de sistemas operacionais de rede e de desktop. Só o tempo dirá.

Mac OS X Server

Em uma época em que os produtos da Microsoft dominam o mercado de sistemas de negócios, a Apple Computer continua a criar um espaço exclusivo para si no mercado de ensino fundamental e médio. Para dar suporte a sua linha de computadores Macintosh (e também a computadores que não são Macintosh), a Apple criou o Mac OS X Server (basicamente a décima versão do sistema operacional de Macintosh). Esse servidor é capaz de dar suporte a grupos de trabalho de Macintosh e Windows e baseia-se em software criado pela comunidade de código aberto. Em outras palavras, o Mac OS X Server baseia-se no conceito do Unix e, assim, compartilha algumas características com os sistemas operacionais Unix e Linux, como o código rápido, eficiente e estável. O sistema operacional também incorpora diversas aplicações de software de código aberto bem conhecidas, como o servidor Web Apache, a segurança do Kerberos, o SpamAssassin, os serviços de diretório do OpenLDAP e o servidor de arquivos e impressão Samba.

Como muitas pessoas achavam e continuam a achar que os produtos da Apple só podem fazer interface com outros produtos da Apple, os projetistas do Mac OS X Server dedicaram-se a assegurar que seu sistema operacional de rede fosse compatível com uma ampla variedade de dispositivos. Por exemplo, o software de compartilhamento de arquivos e impressoras do Mac OS X fornece acesso seguro a estações clientes de Macintosh, Windows e Linux. Além disso, o software de serviços de diretório, chamado Open Directory, pode fazer interface com o Active Directory da Microsoft. Apesar desses esforços, o Mac OS X Server tem uma longa batalha pela frente se quiser duelar com a já estabelecida família do Microsoft Windows Server.

Resumo dos sistemas operacionais de rede

Para concluir esta seção, vamos fazer um resumo sobre os sistemas operacionais de rede e compará-los utilizando os seguintes critérios: gama de hardware compatível, desempenho, aceitação corporativa, base instalada, capacidade de serviços de diretório, estabilidade, custo de software, suporte a TCP/IP e principal ponto forte. A Tabela 8-2 compara alguns dos aspectos dos sistemas operacionais de rede discutidos.

Quanto à gama de hardware compatível, é difícil superar o Unix. Esse sistema operacional pode ser executado em um grande número de tipos de processadores, tanto grandes como pequenos. Após o Unix estaria o Linux, seguido pelo Windows, NetWare (Open Enterprise Server) e Mac OS X Server. Para componentes específicos de hardware, pode ser necessário verificar se esses sistemas são compatíveis, mas, em geral, é seguro supor que tenham sido escritos drivers de dispositivos para a maioria dos periféricos.

No que concerne ao desempenho, todos os sistemas operacionais de rede apresentados são muito bons. Porém, um sistema pode superar os outros em determinadas áreas. Por exemplo, os sistemas operacionais Windows apresentam boa interface com outros aplicativos populares da Microsoft, como o Word, o Excel e o PowerPoint. O NetWare era muito rápido em atender solicitações de arquivos das estações. O Unix, o Linux e o Mac OS X Server são sistemas operacionais rápidos em geral, parcialmente em razão de seus códigos aperfeiçoados.

Com exceção do Mac OS X Server, todos os sistemas operacionais de rede discutidos possuem bases instaladas muito grandes e podem ser encontrados em ampla variedade de empresas, tanto grandes como pequenas.

Com relação à capacidade de serviços de diretório, o NDS do NetWare é considerado o melhor pela maioria dos especialistas, mas o Active Directory da Microsoft está logo atrás.

Todos os sistemas operacionais de rede da Tabela 8-2 são muito estáveis. A única exceção era o Windows NT, em parte por ser um dos sistemas mais recentes no mercado quando foi lançado e, portanto, ainda estava passando por testes e aprimoramentos. Mas o Windows Server 2008 é muito mais estável que o NT.

É um pouco difícil fazer a comparação de custos, pois há modos diferentes de determinar o custo de um sistema operacional de rede. Por exemplo, o custo de um sistema pode variar de acordo com quantos "assentos" são necessários. Caso se queira utilizar um sistema operacional para 100 usuários, espera-se pagar uma licença de 100 assentos. O Windows, o NetWare e o Unix costumam ser vendidos com licenças por assento. Mas há estruturas de preço alternativas. O Mac OS X Server, por exemplo, pode ser comprado atualmente com licença para 10 assentos ou ilimitada. O Linux, como vimos, pode ser muito mais barato que a maioria dos sistemas operacionais, podendo até ser gratuito. Para reduzir a atratividade desse aspecto, as outras empresas costumam argumentar que, mesmo que o Linux possa ser gratuito inicialmente, o custo de operá-lo e mantê-lo não é. Em outras palavras, o TCO (total cost of operation, ou seja, custo total de operação) não é zero real. Os defensores do Linux concordam que o TCO do sistema não é zero, mas defendem que é muito menor do que o dos produtos Windows e NetWare.

Todos esses sistemas operacionais de rede dão suporte a protocolos TCP/IP. A maioria dá suporte diretamente, mas o NT utiliza um protocolo de rede próprio (NetBEUI) e as camadas TCP/IP no topo.

Por fim, cada sistema operacional de rede tem um ponto forte específico. O NetWare é um excelente servidor de arquivos. O NetWare também é difícil de superar quanto à capacidade de serviços de diretório e, assim, mantém uma ligeira vantagem sobre o Windows. Infelizmente, porém, o NetWare está próximo da extinção. O Windows Server é um excelente servidor de aplicações, fornecendo recursos de cliente/servidor a uma ampla gama de aplicações. O Unix e o Linux oferecem potência e flexibilidade, oferecendo uma ampla faixa de serviços a muitos tipos diferentes de aplicações de rede. O Mac OS X Server é um sistema poderoso e estável em ambiente Apple e, de modo lento, porém contínuo, tem ganhado a aceitação do mercado de PCs.

Tabela 8-2 Comparação dos produtos de sistemas operacionais de rede.

Critério	NetWare/OES	Windows Server	Unix	Linux	Mac OS X Server
Gama de hardware compatível	Moderadamente ampla	Moderadamente ampla	Muito ampla	Ampla	Moderadamente ampla
Desempenho	Alto	Alto	Alto	Alto	Alto
Aceitação corporativa	Desaparecendo	Ampla	Muito ampla	Ampla	Moderada
Base instalada	Não restam muitas	Milhões	Milhões	Milhões	Milhares
Capacidade de serviços de diretório	Muito alta	Alta	Alta	Alta	Alta
Estabilidade	Alta	Alta	Alta	Alta	Alta
Custo de software	Moderado a alto	Moderado a alto	Moderado a alto	Baixo a moderado	Moderado a alto
Suporte a TCP/IP	Sim	Sim	Sim	Sim	Sim
Ponto forte	Servidor de arquivos, NDS	Servidor de aplicações, marca Microsoft	Velocidade, flexibilidade, estabilidade	Custo, velocidade, flexibilidade, estabilidade	Velocidade, estabilidade

Agora que examinamos os sistemas operacionais de rede local mais populares atualmente disponíveis, vamos ver mais de perto o dispositivo que mantém a maior parte desse sistema – o servidor de rede.

Servidores de rede

Os sistemas operacionais de rede precisam de uma máquina host para operar. Embora parte do sistema resida em cada computador-cliente, sua maior parte opera em um servidor de rede. Mais precisamente, o **servidor de rede** é o computador que armazena recursos de software, como o próprio sistema operacional de rede, aplicações de computador, programas, conjuntos de dados e bancos de dados, além de permitir ou negar que estações conectadas à rede acessem esses recursos. Vamos examinar as diferentes formas de servidores, bem como alguns aspectos de hardware e software tipicamente empregados por elas.

Os servidores de rede têm tamanho variado, de pequenos microcomputadores a mainframes. Normalmente, o servidor é uma estação de microcomputador potente com componentes redundantes. A *redundância* é uma palavra-chave nesse assunto (o servidor de rede) – possui unidades de discos, fontes de alimentação e até ventiladores de resfriamento redundantes. A estação do servidor normalmente abriga centenas de megabytes de memória RAM, uma ou mais unidades de disco rígido de grande armazenamento (cada unidade com centenas de gigabytes) e, pelo menos, um microprocessador de alta velocidade. As unidades de disco rígido costumam ser hot swap e ter uma interface como a SCSI. A interface SCSI (Small Computer System Interface), que foi apresentada no Capítulo 4, é uma interface projetada especialmente para transferência de dados de alta velocidade entre a unidade de disco e o computador. Lembre-se, do Capítulo 7, que um dispositivo hot swap pode ser removido do computador com a alimentação ainda ligada, o que torna mais simples a execução de manutenção e reparos. Além das unidades de disco, as fontes de alimentação e os ventiladores de resfriamento dos servidores mais modernos também são hot swap.

Para proteger o servidor de falhas de disco graves, as unidades de disco da maioria dos servidores dão suporte a uma das técnicas de Raid. O **Raid (redundant array of independent disks)** é um conjunto de técnicas para a interface de várias unidades de disco rígido em um computador. Com exceção da primeira técnica de Raid, o Raid-0, o Raid é utilizado principalmente para o armazenamento redundante de dados em várias unidades de disco rígido. Algumas técnicas mais comuns são:

- Raid-0, em que os dados são separados em partes e cada parte é armazenada em unidade de disco diferente. Essa técnica é conhecida como **distribuição em faixas (striping)**. Não há redundância nessa técnica; portanto, se uma unidade falhar, alguns dados são perdidos. Sua vantagem, no entanto, é a velocidade em que os dados podem ser lidos e gravados por vários discos ao mesmo tempo.

- Raid-1, em que os dados são armazenados, duplicadamente, em pelo menos duas unidades de disco, fornecendo um nível de redundância (ou tolerância a falha) no caso de um disco ser corrompido. Essa técnica também é conhecida como **espelhamento de disco (disk mirroring)**.
- Raid-3, em que os dados são armazenados de modo redundante por várias unidades de disco (distribuição em faixas) e são mantidas informações de verificação de erros sobre os dados armazenados em um disco separado. Essas informações podem ser utilizadas para detectar erros e, possivelmente, reconstruir os dados caso alguns sejam corrompidos.
- Raid-5, em que os dados são separados em partes (faixas) e armazenados em três ou mais discos. As informações de paridade (código de verificação de erros) são mantidas junto dos dados distribuídos, não em um disco separado. O Raid-5 é a técnica mais popular de Raid.

Existem muito mais técnicas de Raid, mas elas são, basicamente, variações das quatro técnicas anteriores.

Além das técnicas de Raid, a maioria dos servidores também dispõe de um conjunto potente de software de gerenciamento. Esse software permite que o administrador de rede monitore o status do servidor, implante aplicações de rede de modo remoto, atualize os drivers necessários, instale e faça o ajuste preciso do sistema operacional de rede, e configure o sistema Raid de armazenamento.

Com relação ao aspecto de hardware, muitos servidores de rede de alta potência dão suporte a vários processadores ou processadores com vários núcleos. Como o processador é o motor do computador, os servidores e as estações com vários processadores ou núcleos podem executar simultaneamente diversas solicitações de outras estações. Os servidores de rede que dispõem de multiprocessamento simétrico podem até mesmo distribuir as solicitações recebidas por vários processadores, utilizando efetivamente o potencial completo do sistema.

Um avanço tecnológico recente dos servidores de rede (e servidores em geral) é a virtualização. Com a **virtualização de servidor**, é possível fazer que um computador (ou servidor) atue como se fosse vários computadores (ou servidores). A vantagem disso é que cada servidor "pensa" que é o único em execução nesse computador. Ele tem acesso a todos os recursos necessários e, se sofre problemas de software, esses problemas não afetarão os outros servidores virtuais sendo executados na mesma máquina. As desvantagens da virtualização são a complexidade adicional de software e o nível adicional de gerenciamento humano.

Outro membro da família de servidores (que está se deparando com perda de popularidade em consequência da virtualização) é o servidor appliance. O **servidor appliance** consiste de uma única unidade ou caixa que dá suporte a muitas funções de rede, como compartilhamento de Internet, serviço de web de intranet, segurança de firewall, serviços de FTP, serviços de arquivos e impressão e configurações de VPN (virtual private network). Pequenas empresas com até 50 usuários talvez considerem esse tipo de servidor a ferramenta perfeita. Como muitas funções se localizam em uma única unidade, os componentes individuais não são projetados para utilização intensa, como pode ocorrer em empresas com mais de 50 usuários. Além disso, é necessário saber que há vários dispositivos com nomes similares normalmente projetados para uma única aplicação. Por exemplo, servidores appliance de cache são projetados para fornecer um serviço de espelhamento ou backup para outros servidores. Servidores appliance de web são projetados principalmente para funcionar como servidores web. Servidores appliance de armazenamento são projetados exclusivamente para fornecer armazenamento de disco à rede.

Outro tipo de servidor que surgiu na virada do século é o servidor blade. O **servidor blade** é um servidor que não possui gabinete ou caixa, mas reside em uma única placa de circuito impresso. Empresas que desejem instalar muitos servidores em um local relativamente pequeno podem instalar vários servidores blade em um único gabinete. Embora os servidores blade individuais possam não ser tão potentes como os servidores autônomos, eles são muito compactos e, quando combinados em dúzias ou centenas de unidades, podem apresentar grande potência. Além disso, se um servidor blade falhar, sua desconexão e substituição por unidade em funcionamento é relativamente simples.

Diversos dispositivos estão associados a servidores de rede. Os servidores precisam de pelo menos uma conexão na forma de placa de interface de rede. Para proteger o conteúdo das unidades de disco, normalmente se emprega um sistema de fitas para fazer backup regular e automático. Além disso, algum tipo de sistema reserva de bateria (UPS) é utilizado para manter a alimentação do computador por diversos períodos de tempo caso a alimentação elétrica seja perdida. Todos esses dispositivos serão examinados com mais detalhes posteriormente neste capítulo.

Redes cliente/servidor e redes não hierárquicas

A maioria das redes locais é composta de estações de usuário cuja comunicação depende de um ou mais servidores. Esse tipo de LAN é chamada rede cliente/servidor. O cliente, ou estação de usuário, solicita algo do servidor como um registro de banco de dados. O servidor aceita a solicitação, recupera os dados e retorna uma resposta. Embora a maioria das LANs sejam cliente/servidor, outra forma tem ganhado popularidade: a **rede local não hierárquica** (peer-to-peer), que pode não ter nenhum servidor, mas permite a comunicação entre estações, como se elas estivessem no mesmo nível. É muito frequente, porém, que as redes não hierárquicas possuam servidores, embora eles assumam papéis diferentes dos servidores em uma rede cliente/servidor.

Quando as redes não hierárquicas surgiram pela primeira vez há cerca de 30 anos, elas eram redes sem servidores. Todas as estações se comunicavam entre si. Como não havia servidor dedicado, cada estação atuava basicamente como um servidor. Esse tipo de configuração não hierárquica dá suporte a redes com apenas algumas poucas estações. Além disso, sem a segurança de um sistema de arquivos compartilhados, as empresas não confiavam nessa abordagem. Assim, essa forma de rede praticamente desapareceu. As redes não hierárquicas atuais estão tentando eliminar esses antigos problemas. Em vez de definir um tipo específico de arquitetura ou topologia, elas focam nas aplicações e seus usuários.

Os tipos de aplicações que operam em redes não hierárquicas modernas incluem ferramentas de colaboração, produtos de gerenciamento de conteúdo, compartilhamento de arquivos distribuídos e processamento distribuído (em que ciclos de máquina não utilizados são "emprestados" de processadores de outras máquinas). Para compreender como as redes não hierárquicas funcionam, vamos considerar, por exemplo, uma empresa com vários escritórios no país ou no mundo. Cada escritório possui um conjunto exclusivo de arquivos e bancos de dados. A empresa gostaria de fornecer a qualquer funcionário em qualquer escritório acesso a qualquer conjunto de arquivos. Em vez de criar um depósito central de informações em todos os escritórios (que seria o caso da configuração cliente/servidor), a empresa pode desenvolver uma rede não hierárquica e fornecer a cada escritório acesso ao sistema de arquivos de todos os outros. Observe que, nesse cenário, cada escritório ainda manteria seu próprio servidor de arquivos ou banco de dados. Um dos exemplos mais famosos de aplicações não hierárquicas era o Napster, em que os usuários podiam fazer download de músicas de outros usuários do Napster na web.

No entanto, as redes não hierárquicas ainda enfrentam muitos obstáculos. A segurança, como mencionado anteriormente, é um dos maiores desafios. Os outros obstáculos incluem desempenho, gerenciamento, interoperabilidade e uma grave falta de padronização. Sem o desenvolvimento de um conjunto aceito de padrões para suporte a sistemas não hierárquicos, será muito difícil para as empresas combinar aplicações de software de vários fornecedores.

Agora que já discutimos os diversos sistemas operacionais de rede e os servidores que executam esses sistemas, vamos voltar nossa atenção para as muitas outras partes do software de rede que dão suporte a redes locais. Em particular, examinaremos os utilitários e o software de acesso à Internet.

Software de suporte à rede

Embora o sistema operacional seja obviamente o componente mais importante de software das redes locais, ele não pode funcionar sozinho. Os utilitários e o software de Internet são dois tipos de software que funcionam em conjunto e dão suporte ao sistema operacional de rede. Vamos considerar cada um deles.

Utilitários

Os **utilitários** são softwares que operam em segundo plano e dão suporte a uma ou mais funções para manter a rede funcionando com desempenho ideal. Para dar suporte à rede local e a seu sistema operacional, há uma ampla variedade de utilitários disponíveis. Às vezes, esses programas vêm integrados ao sistema operacional, mas frequentemente eles são independentes, sendo necessário comprá-los individualmente. Como em sistemas operacionais de rede, ao comprar utilitários (bem como qualquer produto de software) é importante prestar atenção aos contratos de licenciamento. Muitos utilitários têm licença para uma única máquina. Se há 200 estações em uma rede local, pode ser necessário adquirir 200 licenças para que sua utilização esteja de acordo com a lei.

Alguns tipos comuns de utilitários de rede são:

- antivírus

- antispam
- antispyware
- software de backup
- software de proteção contra falhas
- software de monitoramento de rede
- software de acesso remoto
- software de avaliação de segurança
- software de desinstalação

Antivírus são projetados para detectar e remover vírus que tenham infectado a memória, os discos ou o sistema operacional. Como surgem novos vírus todos os dias, é importante manter o software continuamente atualizado até a versão mais recente. Muitas vezes, os proprietários de antivírus podem fazer download dessas atualizações sem custo adicional a partir do site da empresa na web. Nesse caso, só é necessário adquirir uma nova versão do software quando ele passar por uma revisão importante. Alguns fabricantes de antivírus oferecem acordos corporativos em que a empresa paga uma taxa anual baixa e pode instalar e atualizar quantas cópias forem necessárias.

O **SPAM**, ou grande quantidade de e-mail não solicitado, tem se tornado um transtorno considerável tanto para usuários corporativos como para indivíduos. Alguns profissionais estimam que dezenas de bilhões de mensagens de spam são enviadas todos os dias. Esse grande volume de spam desperdiça o tempo dos funcionários que têm de excluir essas mensagens, consome bilhões de bytes de armazenamento em servidores de e-mail e congestiona as redes que transferem os dados. O **antispam** é utilizado para bloquear e-mails indesejados e está disponível em vários níveis:

- Software de desktop, que bloqueia spams na estação do usuário ou em computadores domésticos
- Software corporativo, que bloqueia spams no nível do servidor de e-mail corporativo ou no nível do provedor de serviços de Internet
- Serviços que bloqueiam spams antes que eles cheguem ao servidor corporativo ou ao provedor de Internet

Recentemente, empresas e usuários domésticos têm sido vítimas de outro tipo de ataque de intrusos inescrupulosos: os spywares. O **spyware** é um software cujo download é feito inadvertidamente pela Internet e, ao ser executado em uma máquina, inicia uma espionagem das ações do usuário. O software de spyware pode ter a forma de um programa de controle remoto operado por hackers ou de um programa enviado por um vendedor que espera coletar seus hábitos de consumo e compartilhá-los com outros vendedores. No segundo caso, o programa pode ser apenas um tipo inofensivo de ferramenta de pesquisa de mercado. Mesmo assim, muitos usuários consideram que os spywares são invasivos e devem ser bloqueados e eliminados. Os **antispywares** podem localizar e eliminar programas de spyware encontrados na memória ou na unidade de disco rígido de um computador. Tanto usuários domésticos como administradores de rede devem instalar antispywares e executá-los regularmente ou programar o sistema operacional para fazer isso. Porém, é necessário ter cuidado ao buscar programas antispywares gratuitos na Internet, pois muitos (mas não todos) são também programas de spyware.

O **software de backup** permite aos administradores de rede fazer backup dos arquivos de dados atualmente armazenados na unidade de disco rígido do servidor de rede. Normalmente, esse backup é gravado em um sistema de fitas, mas há outras possibilidades, como fazer o backup para um local remoto por meio da Internet. A maioria dos sistemas de backup pode ser completamente automatizada, de modo que o software seja executado nos momentos em que poucos (ou nenhum) usuário esteja utilizando o sistema, por exemplo, nas primeiras horas da manhã. Alguns softwares de backup incluem recursos de recuperação no caso de falha de sistema.

O objetivo principal do **software de proteção contra falhas** é contornar falhas ou tentar manter o sistema operacional funcionando por tempo suficiente para uma saída adequada. Os programas de proteção contra falhas também são conhecidos como softwares de recuperação. Para aproveitar esse utilitário, as empresas devem ter o software instalado tanto na estação do usuário como no servidor. Quando uma aplicação está sendo executada em uma estação prestes a falhar, ela transmite um sinal para o sistema operacional, afirmando que está passando por problemas e precisa ser finalizada. O protetor contra falhas intercepta essa mensagem e tenta corrigir o problema, mantendo a aplicação em funcionamento. Mesmo se a gravidade do problema impedir o reparo, é comum o protetor oferecer um tempo de espera, permitindo que os usuários salvem dados importantes e saiam do programa com segurança. Como o protetor contra falhas é executado continuamente em segundo plano, ele causa uma queda de desempenho. Atualmente, a maioria dos protetores provoca uma piora de 2% a 8% no desempenho do sistema. Embora uma perda de 8% de tempo de processamento possa não parecer muito, aqueles que utilizam o computador para tarefas importantes (o tipo de usuário para quem esse software é projetado) provavelmente perceberão a perda de velocidade de computação.

O **software de monitoramento de rede** incorpora um número relativamente grande de ferramentas de suporte à rede. Por exemplo, há softwares capazes de monitorar servidores de rede e fazer relatórios sobre o uso de CPU, as atividades de rede e as solicitações de servidores. É possível utilizar dispositivos chamados *sniffers* tanto em redes com fio como em sem fio.

Os **sniffers** são capazes de "ouvir" o tráfego de uma rede e determinar se estão sendo transmitidas mensagens inválidas, relatar problemas de rede como mau funcionamento de NICs e detectar congestionamentos de tráfego. Sniffers sem fio podem executar operações similares, além de detectar até onde os sinais sem fio podem chegar. Assim, caso haja problemas de comunicação sem fio, é possível utilizar um sniffer sem fio para saber se o sinal está muito fraco em determinado local. No entanto os sniffers sem fio também podem indicar se os sinais estão indo muito longe, como, por exemplo, para fora de um prédio ou ao longo de uma rua, podendo ser explorados por usuários não autorizados.

O **software de acesso remoto** permite que um usuário acesse todas as funções possíveis de uma estação de computador pessoal a partir de um aparelho móvel ou local remoto. Os dois tipos de usuário mais comum de software de acesso remoto são os "nômades", que precisam acessar software e dados de seus computadores de trabalho quando estão em viagem ou trabalhando em casa, e o pessoal de suporte, que precisa entrar no sistema de um usuário para diagnosticar e resolver problemas ou fazer reparos. Muitos tipos de software de acesso remoto também criam uma VPN (virtual private network) entre o usuário remoto e o computador de trabalho.

No Capítulo 10, aprenderemos como as VPNs utilizam protocolos de tunelamento e software de criptografia para criar conexões seguras entre o computador remoto e o computador de trabalho.

O **software de avaliação de segurança** é projetado para varrer um endereço IP ou uma faixa de endereços IP em busca de qualquer tipo de falha de segurança. Essas falhas podem ser portas abertas, compartilhamentos ou autorizações atribuídas inadequadamente, execução de processos suspeitos em segundo plano e vulnerabilidades conhecidas do sistema operacional que não tenham sido corrigidas. Aprenderemos mais sobre segurança de rede no Capítulo 12.

As aplicações de software continuam a crescer em tamanho e número de arquivos necessários a sua execução. Se alguém decidir remover uma aplicação, pode ser virtualmente impossível localizar todos os arquivos associados a ela. O **software de desinstalação** atua para localizar e remover aplicativos que não são mais desejados. Ao localizar cada arquivo associado, o software de desinstalação solicita que o usuário decida se ele deve ser removido. Como alguns arquivos podem ser compartilhados por várias aplicações, o usuário talvez não queira executar a operação de remoção. A maioria dos programas de desinstalação mantém um backup dos arquivos removidos para corrigir problemas caso seja cometido um engano, removendo-se um arquivo errado. Os programas de desinstalação também localizam arquivos "órfãos", que não pertencem a mais nenhuma aplicação e perguntam ao usuário sobre a remoção. Por fim, muitos programas de desinstalação também podem localizar arquivos duplicados e removê-los.

A distribuição automática de software executa basicamente a função oposta à do software de desinstalação. Vários anos atrás, se um administrador de rede quisesse carregar uma cópia de software em todas as máquinas de uma rede, ele teria de visitar fisicamente cada máquina e fazer a instalação. Agora, há softwares que permitem ao administrador de rede carregar programas remotamente, em uma ou várias máquinas de uma rede.

Software de Internet

Um dos segmentos mais importantes do mercado de software é o de **software de Internet**, o conjunto de ferramentas de suporte a serviços relacionados à Internet. Esses serviços e aplicações incluem navegadores web, software de servidor web, software de publicação de páginas da web entre outras aplicações.

Os navegadores permitem que os usuários façam download e visualizem páginas da World Wide Web. Eles também permitem o acesso a páginas internas de intranet e páginas corporativas extranet. A maioria dos usuários conhece o Internet Explorer, da Microsoft. Embora existam alguns outros navegadores como Firefox, Opera, Chrome e Lynx, o Internet Explorer controla a maioria do mercado. Há várias ferramentas disponíveis para dar suporte a navegadores, como verificadores ortográficos, bloqueadores de popups e gerenciadores de download capazes de oferecer download suave e eficiente de páginas da web, independentemente da velocidade de conexão.

O **software de servidor web** é a aplicação ou conjunto de programas que armazena páginas da web e permite que navegadores de qualquer lugar do mundo as acessem. Quando um usuário, por meio de um navegador, entra ou clica em um endereço de página da web (sua URL, Uniform Resource Locator), o navegador transmite uma solicitação de página ao servidor web no endereço citado. O servidor recebe a solicitação, recupera a página adequada e a transmite de volta pela Internet ao navegador. O software de servidor web é capaz de dar suporte a conexões seguras. As conexões seguras permitem que o sistema transfira dados delicados, como informações de cartão de crédito, com a garantia de que sua integridade não será violada.

Quando os usuários desejam criar uma ou mais páginas da web a serem armazenadas em um servidor, o software de publicação de páginas da web pode ajudá-los a preparar os arquivos necessários. A maioria dos programas de publicação de páginas da web permite que os usuários insiram em arquivos HTML imagens estáticas ou animadas, vários tipos de script e código com base em Java.

Agora que conhecemos os diversos tipos de software de rede local, precisamos examinar uma questão legal importante que envolve o software.

Contratos de licenciamento de software

O **contrato de licenciamento** que acompanha os produtos de software é um contrato legal que descreve certas condições que devem ser mantidas para a utilização adequada de um pacote de software. A maioria dos contratos de licenciamento especifica condições nas seguintes áreas:

- Instalação e uso de software – especifica o número de computadores em que um usuário pode instalar e utilizar legalmente o software.
- Instalação em rede – indica se o pacote pode ser instalado em uma rede de computadores e, caso possa, se são necessárias licenças adicionais para cada máquina da rede.
- Cópia de backup – informa ao usuário se a realização de cópia de backup é aceitável.
- Descompilação – especifica que o usuário não pode descompilar, decompor ou executar engenharia reversa do código de software para tentar recuperar a linguagem de alto nível e fazer modificações do código.
- Declaração de locação – afirma que o usuário não tem permissão para alugar o software a terceiros.
- Atualizações – se o software é uma atualização de versão anterior, informa ao usuário que a versão anterior precisa ser adquirida antes da instalação da atualização.
- Direitos autorais – informa ao usuário que toda a documentação, as imagens e outros materiais incluídos no pacote possuem direitos autorais e estão sob proteção das leis de direitos autorais.
- Manutenção – informa ao usuário se o suporte ao produto está incluído na aquisição do pacote de software.

Uma das questões mais importantes que afetam a maioria dos usuários é a instalação e a utilização de software. Quando um pacote de software é vendido, normalmente ele se destina a um tipo específico de instalação, conhecido como licença de usuário. As empresas de software estabelecem licenças para que um indivíduo de uma empresa não compre uma cópia de um programa e a instale, por exemplo, em 200 máquinas, enganando a empresa e privando-a de 199 taxas de compra ou royalties. Esses royalties pagam o custo de criação do software e ajudam a dar suporte ao custo futuro de fornecimento de atualizações e manutenção.

Existem muitas formas de licenças de usuário: licenças para um usuário, licenças de usuários interativas, para sistemas, de local e corporativas. Conforme os termos de uma das licenças mais comuns, a **licença de uma estação para um usuário**, o pacote pode ser instalado em uma única máquina e, assim, apenas um usuário por vez pode utilizá-lo. Alguns pacotes de software realmente contam quantas vezes o software foi instalado e permitem uma única instalação. Para mover o software para outra máquina, é necessário executar seu utilitário de desinstalação. A **licença de várias estações para um usuário** é projetada para que o usuário possa ter uma máquina de desktop no trabalho e um laptop em locais remotos ou outro desktop em casa. Cabe ao usuário permitir que apenas uma cópia do software seja utilizada por vez. Por exemplo, se o usuário estiver no trabalho usando um processador de textos específico com a licença de várias estações para um usuário, ninguém deve estar executando o mesmo programa no laptop do usuário ao mesmo tempo.

A **licença de usuário interativa**, a licença de usuário de sistema operacional e a licença de número controlado de usuários concomitantes referem-se basicamente à mesma situação. Quando um pacote de software é instalado em um sistema multiusuário, como um servidor de rede em uma rede local, é possível que vários usuários executem diversas cópias do mesmo programa. Muitos pacotes de software multiusuário mantêm um contador para cada pessoa que está executando o programa ao mesmo tempo. Quando o número máximo de usuários concomitantes é atingido, nenhum outro usuário pode acessar o programa. Quando não se utiliza contador de software, o administrador de rede deve estimar quantos usuários concomitantes de determinado pacote são possíveis e tomar as medidas necessárias para adquirir o número adequado de licenças.

As licenças para sistema, licenças de cluster e licenças de servidor de rede são similares às licenças de usuário interativas. Porém, em **licenças de servidor de rede** ou para sistema, raramente há contador de software para controlar o número de usuários concomitantes.

A **licença de local** permite que um pacote de software seja instalado em todas as estações e servidores de um determinado local. Não são utilizados contadores de instalação. O administrador de rede deve garantir, porém, que nenhuma cópia do software deixe o local.

A **licença corporativa** permite a instalação de um pacote de software em qualquer ponto de uma corporação, mesmo se essa instalação envolver vários locais. Novamente, o administrador de rede deve assegurar que nenhuma cópia do software deixe as instalações da corporação e, por exemplo, vá para a casa de um usuário.

Toda empresa de software pode criar suas próprias marcas de licenças de usuário e nomeá-las de modo exclusivo. É responsabilidade da pessoa que instala o software bem como do usuário e do administrador do sistema ou de rede saber os detalhes da licença e segui-los cuidadosamente.

O que acontece se alguém não se comportar de acordo com a licença de usuário e instalar um pacote de software em um ambiente para o qual ele não foi designado? Nessas situações, alguns pacotes simplesmente não funcionarão. Outros não funcionarão corretamente se a instalação não seguir o contrato de licença. Por exemplo, alguns pacotes de software têm um contador e não permitem cópias adicionais além das acordadas durante a compra. Alguns pacotes de software, como sistemas de banco de dados, podem ser instalados em várias máquinas ou permitir o acesso de vários usuários, mas talvez não funcionem corretamente se não tiverem sido projetados para acesso de vários usuários. É, de fato, importante, durante o acesso a bancos de dados multiusuário, que o sistema bloqueie todos os outros usuários enquanto um usuário está acessando o registro. Se o sistema for intencionalmente projetado para não receber acesso de vários usuários concomitantes, as violações do contrato de licenciamento podem levar a resultados desconhecidos.

A instalação do software em mais máquinas do que o previsto na licença de usuário é ilegal. Caso um funcionário instale mais cópias do que o número de licenças permite e o fabricante do software descubra esse fato, ele e sua empresa podem ser deparar com consequências legais. Trata-se, portanto, de um risco que definitivamente não vale a pena correr. Antes de pensar em instalar qualquer software, certifique-se de ele tenha a licença de usuário adequada.

Até este ponto, o capítulo apresentou o software de redes locais – sistemas operacionais de rede, utilitários e outras ferramentas – e as licenças de software. O aspecto de hardware das redes locais possui muitos tipos diferentes de dispositivos que também merecem maiores considerações.

Dispositivos de suporte a LANs

As redes locais são compostas de muitos elementos, tanto de software como de hardware. No Capítulo 7, discutimos hubs, comutadores e roteadores – o hardware que conecta dispositivos na rede – em detalhes. Vamos ver alguns outros dispositivos de suporte a LANs incluindo UPS (uninterruptible power supplies), unidades de fita, NAS (network attached storage), impressoras, conversores de mídia e estações de trabalho, que podem ser encontrados em redes comuns.

O **UPS (uniterruptible power supply)** é um dispositivo valioso no caso de queda de energia. A UPS é uma bateria reserva que pode manter a alimentação de um ou mais equipamentos por curtos períodos de tempo (normalmente, menos de uma hora). Em um ambiente corporativo, os dispositivos UPS costumam ser empregados no suporte a servidores de LAN e mainframes. A maioria das empresas utiliza sistemas UPS para manter a alimentação por tempo suficiente para que o servidor ou mainframe seja desligado adequadamente. Algumas pessoas chegam a usar dispositivos UPS em casa para proteger-se das perdas de dados caso a energia caia enquanto estão trabalhando em um documento. Mas, em geral, a maioria dos usuários domésticos não utiliza esses dispositivos. Em vez disso, muitos protegem seus computadores usando protetores simples contra surtos elétricos que isolam o computador.

As unidades de fita são excelentes dispositivos de backup. É muito comum instalá-las em servidores de rede de modo que se possa fazer backup de arquivos modificados uma ou mais vezes por dia. Muitas empresas fazem backup de seus arquivos à noite, quando todos os funcionários estão em casa e a utilização de rede encontra-se no nível mínimo. Conforme as novas tecnologias, como DVDs Blu-Ray, se tornem mais potentes, o sistema de backup em unidade de fita pode ser substituído. Atualmente, porém, os sistemas de fita ainda armazenam mais dados que DVDs.

O **NAS (network attached storage)** é um dispositivo com base em computadores que fornece grande quantidade de armazenamento a usuários em rede. O sistema operacional simplificado executado no NAS é projetado para a finalidade exclusiva de recuperar dados de usuários. Normalmente, os dispositivos NAS não possuem teclado nem monitor. O acesso a suas operações de controle costuma ocorrer por meio de um determinado endereço da web.

O NAS não deve ser confundido com o **SAN (storage area network)**. O SAN é um dispositivo de armazenamento mais simples e utiliza protocolos de rede como o iSCSI e o Fibre Channel para armazenar e recuperar dados. Outro modo de ver as diferenças entre NAS e SAN é que o primeiro tem capacidade suficiente para ter seus próprios protocolos de sistema de arquivos, enquanto o SAN é mais simples (apenas um dispositivo de armazenamento) que depende de protocolos do nível de rede para a criação do sistema de arquivos.

As impressoras tendem a se desenvolver mais rapidamente do que outros dispositivos de rede. Há alguns anos, havia disponível uma ampla variedade de impressoras matriciais, de margarida, de correia, a jato de tinta, lineares e a laser. Atualmente, o mercado de impressoras divide-se basicamente em dois formatos básicos: a jato de tinta e a laser. Ambos são capazes de imprimir em preto e branco ou em cores com resolução muito alta.

Os **conversores de mídia** são dispositivos convenientes quando é necessário conectar um tipo de meio a outro. Por exemplo, se partes diferentes de uma rede foram instaladas em momentos distintos utilizando mídias diferentes, pode ser mais razoável usar um conversor de mídia para conectar os dois tipos do que remover todo o tipo antigo e substituí-lo pelo novo.

Há muitos tipos de conversores de mídia, assim como há muitas combinações de mídia. Por exemplo, há conversores específicos para a conexão de cabo coaxial a cabo de par trançado e de cabo de par trançado a cabo de fibra óptica.

Como os periféricos de computadores, a própria estação de trabalho evoluiu com o passar dos anos. Elas agora permitem centenas de megabytes (e até mesmo gigabytes) de memória RAM e possuem centenas de gigabytes de armazenamento em disco rígido. Algumas aplicações, porém, não exigem uma estação de trabalho com unidade de disco. As estações **cliente "magro" (thin client)** são computadores sem nenhum tipo de unidade de disco. Para todo software que opera em um cliente magro é necessário fazer download do servidor de rede. A ideia por trás do cliente magro é reduzir os custos de manutenção e de hardware das estações de trabalho. A segurança também é aprimorada em sistemas de cliente magro, pois não é possível inserir CDs ou DVDs para atualização ou download de software ou dados. Entretanto, a ideia de poupar gastos com hardware utilizando cliente magro em vez de estações totalmente configuradas perdeu impulso, quando os fabricantes de estações completas baixaram seus preços de máquinas básicas para menos de US$ 1.000. Porém, os clientes magros ainda se destacam por importantes aspectos de segurança e seus custos de manutenção são inferiores em razão da falta de unidades de disco.

Após examinarmos os componentes importantes de software e hardware de redes locais, estamos prontos para ver um exemplo de negócios.

Software de LAN em ação: uma pequena empresa faz uma escolha

Como vimos no capítulo anterior, Hannah é a administradora de rede de uma pequena empresa. Sua responsabilidade era criar uma rede local relativamente simples que fornecesse e-mail entre escritórios, acesso a um banco de dados local e serviços de impressão. Em seguida, ela atualizou a rede para incluir acesso à Internet, conexões full-duplex e comutadores no lugar de hubs. Além de decidir o leiaute e a disposição das estações, cabos e dispositivos de conexão, Hannah tem de escolher qual sistema operacional de rede (NOS) instalar em todas as estações e servidores da empresa. Lendo a bibliografia a respeito, Hannah compreendeu que possui as cinco opções a seguir:

1. Windows Server 2008
2. Unix
3. Linux
4. Mac OS X Server
5. Open Enterprise Server (NetWare)

Para ajudar na decisão, Hannah elabora as seguintes perguntas:

- Quais são os usos (aplicações) principais do sistema atual? Esses usos seriam alterados se determinado NOS for instalado?
- Como a escolha de um determinado NOS afeta a manutenção e o suporte?
- As finanças são um problema da seleção do NOS?
- O sistema existente em sua empresa possui algum hardware ou software incomum que possa influenciar a escolha do NOS?
- A rede se localizará em um único local ou em vários?
- Há alguma pressão política para escolher determinado NOS?

Examinemos cada uma dessas questões para ver como elas afetam a decisão que Hannah tem de tomar com relação à escolha do sistema operacional de rede de sua empresa.

Principais usos do sistema atual

Como vimos anteriormente, a empresa em que Hannah trabalha está utilizando suas estações e rede para planilhas, processamento de texto, e-mail local e remoto e acesso a páginas da web. Todas essas aplicações são relativamente comuns e não devem impor nenhuma exigência incomum de rede. Além disso, a empresa não possui qualquer aplicação legada ou desenvolvida internamente que possa funcionar bem com um tipo de sistema e não com outro.

A única aplicação usada atualmente pelos funcionários que pode ser motivo de preocupação é o sistema de banco de dados. Os pacotes de software de banco de dados podem causar dificuldades, dependendo de onde o armazenamento real de dados é mantido. Se a empresa deseja manter um armazenamento local de dados em cada estação individual, a escolha do pacote não vai impor nenhuma exigência especial em relação ao sistema operacional de rede, pois vários pacotes de banco de dados dão suporte a essa configuração. Porém, se a empresa deseja manter uma armazenagem central, há poucas opções de pacote disponíveis. É necessário tomar cuidado para ter certeza de que o pacote de banco de dados com armazenamento central funcione com um determinado sistema operacional. Por exemplo, o servidor SQL Server da Microsoft funciona melhor em redes Microsoft e pode não operar em conjunto com outras redes, como OES/NetWare.

Manutenção e suporte de rede

Hannah está preocupada com o nível de manutenção necessário para o suporte à rede local corporativa. Como sua empresa é pequena, com menos de 40 estações, é provável que a própria Hannah tenha de fazer a maior parte da administração de rede. Por isso, ela quer (naturalmente) selecionar um sistema que exija a menor quantidade de trabalho. O NetWare possui algumas das melhores ferramentas administrativas. Com um único programa administrativo do NetWare, o administrador de rede é capaz de gerenciar quase 95% de todas as operações. O Windows, infelizmente, exige a utilização de muitos programas administrativos.

Pode ser que Hannah queira receber treinamento para dar suporte a sua escolha de NOS. É possível tornar-se um administrador de rede certificado tanto para Windows como para OES/NetWare. A certificação mais comum para Windows é a MCSE (Microsoft Certified Systems Engineer) e para Linux, a LPI (Linux Professional Institute). No entanto, pode ser mais rápido contratar um funcionário com uma ou ambas as certificações.

Um cenário que Hannah tenta evitar é a presença de vários sistemas operacionais. É possível (e relativamente comum) que as redes deem suporte a mais de um tipo de sistema.

Por exemplo, pode-se criar um servidor de banco de dados Microsoft e instalá-lo em um NOS da Microsoft, mas também instalar o Mac OS X Server para tratar de arquivos de rede e solicitações de impressão. Essa solução, porém, exigiria que Hannah aprendesse dois sistemas operacionais e executasse dois tipos de administração, uma posição em que ela não gostaria de estar.

Custo do NOS

Ao considerar o custo dos sistemas operacionais de rede, Hannah deverá levar em conta os custos administrativos de execução, além do gasto monetário inicial necessário para adquirir o software. Ela também precisará incluir todos os custos significativos de tempo de interrupção de serviço caso o NOS escolhido não venha a ser tão estável como ela esperava. Quando o novo sistema for instalado, a empresa também incorrerá em custos significativos de treinamento. Muitas pessoas consideram o Windows Server mais fácil de configurar do que o OES/NetWare ou o Linux, em razão de seus programas auxiliares chamados assistentes. O Mac OS X Server também é fácil de configurar. Mas, uma vez que a rede esteja em funcionamento e execução, a administração é outro problema. Alguns consideram o Windows mais difícil de gerenciar em operações cotidianas, enquanto o OES/NetWare era considerado um dos mais fáceis. A criação da estrutura de diretório, seja em Active Directory, NDS do NetWare ou Open Directory da Apple, exige alto grau de planejamento. O Linux e o Unix são mais difíceis de configurar, mas uma vez estabelecidos adequadamente, são sistemas extremamente confiáveis. Independentemente do sistema específico, a rede exige administração, manutenção e treinamento.

Quando Hannah examinar os custos iniciais dos sistemas operacionais de rede, o Linux será claramente o vencedor (entre zero e algumas centenas de dólares). O Mac OS X Server também é bastante atrativo com sua fórmula atual de preços. O OES/NetWare, o Windows e o Unix são mais caros e praticamente equivalentes entre si em custo geral de aquisição. Mas Hannah, com base em sua pesquisa, aprendeu que há outros custos nem sempre imediatamente claros com os quais ela deve se preocupar. Por exemplo, embora a licença de uma estação para um usuário do Windows seja mais barata que a de uma estação para um usuário do OES/NetWare, a utilização do NOS Windows também exige a aquisição de uma licença de servidor Windows. O servidor NetWare não apresenta nenhum desses custos. De modo similar, o Linux, o Unix e o Mac OS X Server não possuem licenças separadas para cliente e servidor.

Escolhas específicas de hardware que afetam a decisão sobre o NOS

Nenhum dos sistemas operacionais de rede que Hannah está considerando exige um hardware exclusivo. No entanto, o hardware escolhido por Hannah para dar suporte à rede também não impõe nenhuma restrição à escolha do NOS. Um aspecto interessante do Linux é que, dependendo da operação que vai realizar, ele pode ser executado em um espaço de memória relativamente pequeno e com tecnologia de processamento antiga (como em um microprocessador 386 da Intel). Os outros sistemas operacionais de rede exigem substancialmente mais memória e espaço de disco, bem como moderna tecnologia de processamento.

Localização simples ou múltipla

No momento, todos os recursos da empresa de Hannah encontram-se em um único local. Mas, se a empresa quiser adicionar usuários remotos ou móveis, o OES/NetWare, com suas exigências mais simples de software de cliente, é uma opção muito interessante. As funções administrativas do OES/NetWare e do Mac OS X Server facilitam o relacionamento com usuários locais e remotos. Embora outros sistemas operacionais também possam lidar com ambos os tipos de usuários, suas funções de administração são mais desafiadoras.

Pressões políticas que afetam a decisão

Aparentemente, nenhuma pressão política está forçando Hannah a escolher um NOS específico. A administração da empresa não apresenta qualquer fidelidade a um determinado sistema e possui pouca ou nenhuma experiência com um NOS específico. Do mesmo modo, a maioria dos usuários não é intensamente a favor de um sistema em relação a outro. O único possível problema é que a maioria dos usuários possui computadores em casa, já estando familiarizada com ambientes semelhantes ao do Windows. Portanto, eles podem ter dificuldades para se adaptar a ambientes que não sejam de Windows, como o Linux. Além disso, muitas pessoas acreditam (equivocadamente) que o Mac OS X Server funciona apenas com dispositivos Apple e, por isso, podem resistir à ideia de utilizá-lo em aplicações de negócios.

Decisão final

Ao se considerar a escolha entre sistemas operacional de rede, é da maior importância que a decisão seja bem pensada. Todos os fatores devem ser ponderados e a moda e a propaganda não devem ser levadas em consideração. Felizmente, todos os sistemas operacionais de rede considerados por Hannah são produtos de alta qualidade. Além disso, eles são populares e potentes, possuindo muitos adeptos. Uma preocupação relacionada ao NetWare/OES é por quanto tempo o sistema permanecerá no mercado. Mas, dada a força do setor, é improvável que Hannah faça uma escolha ruim, contanto que ela considere os fatores descritos anteriormente e as necessidades de sua empresa.

Redes sem fio em ação: criação de uma LAN sem fio em casa

Chris possui três computadores e uma conexão de alta velocidade em casa. Ele gostaria de conectar os três computadores à Internet, mas, embora os computadores se localizem em diferentes pisos da casa, não quer instalar nenhuma fiação. Portanto, Chris decidiu instalar uma rede local sem fio. Vamos seguir os passos de Chris enquanto ele toma as diversas decisões necessárias para a instalação de redes sem fio.

Primeiro, Chris precisa determinar qual tecnologia de LAN sem fio vai comprar. Lembre-se de que existem quatro tecnologias aprovadas: IEEE 802.11b, 802.11a, 802.11g e 802.11n. O IEEE 802.11b foi o primeiro padrão aprovado (em 1999) para utilização em LANs sem fio. Ele transmite sinais a 2,4 GHz por cerca de 50 metros (150 pés) entre o ponto de acesso e o dispositivo sem fio. A distância de transmissão de 50 metros é suficiente? Se Chris colocar uma conexão de Internet de alta velocidade e um ponto de acesso no piso principal da casa, o sinal chegará ao piso superior e inferior? Chris fez algumas medições básicas e acredita que o sinal alcançará todos os pisos. Se a distância for muito grande e, ainda assim, Chris quiser usar a rede sem fio em qualquer lugar da casa, ele teria de estender o cabo de Internet de alta velocidade para um segundo ponto e instalar outro ponto de acesso sem fio.

O IEEE 802.11b em teoria transmite dados a 11 Mbps. Sua velocidade de transferência real, porém, é de aproximadamente 5 Mbps. Isso é rápido o suficiente para as necessidades de Chris? Por enquanto, Chris planeja utilizar a LAN sem fio para transferir páginas da web e pequenos arquivos entre os computadores. Os cinco milhões de bits por segundo devem ser suficientes, mas Chris resolve apenas por garantia considerar tecnologias mais velozes.

O IEEE 802.11a foi o segundo padrão aprovado em 2002. Transfere dados a uma velocidade teórica de 54 Mbps (com velocidade real de cerca de 18 Mbps), usando frequências de 5 GHz. Em razão das frequências superiores, o 802.11a é capaz de transmitir apenas por metade da distância do 802.11b, aproximadamente. Para complicar as coisas, o 802.11a e o 802.11b não são compatíveis. Pode-se comprar hardware que transmita sinais tanto de 802.11a como de 802.11b, mas o custo (com o dobro de aparelhos e antenas) é maior.

O terceiro padrão aprovado foi o IEEE 802.11g, em 2003. Esse padrão transmite nas mesmas frequências que o 802.11b (2,4 GHz), mas sua velocidade teórica de transmissão é de 54 Mbps (com velocidade real de cerca de 18 Mbps). É compatível com o 802.11b e possui a mesma distância de transmissão, 50 metros aproximadamente. Por fim, o 802.11n foi aprovado em 2009 e pode transferir dados a centenas de Mbps. Embora o 802.11n seja mais caro (por ser o mais recente), Chris decide escolher esse padrão. Ele prefere as velocidades superiores, que podem ser importantes em um futuro próximo (especialmente se ele decidir transmitir áudio e vídeo sem fio da

Internet para o home theater de sua casa). Portanto, o próximo passo de Chris é comprar placas de interface de rede (NICs) habilitadas para 802.11n. Mas, antes de comprar qualquer coisa, Chris verifica se algum de seus computadores já vem com NICs sem fio instalada. Embora muitos dos computadores, se não a maioria (especialmente laptops), vendidos atualmente venham com placas de interface sem fio, Chris descobre que todas as suas máquinas precisam de placa.

Agora, Chris tem de comprar um ponto de acesso sem fio, mas ele leu que existem também dispositivos chamados roteadores ou gateways sem fio. Qual é a diferença? Para quem já possui uma rede com fio em casa (um modem para conexão de alta velocidade à Internet e um roteador para a interconexão de várias estações), é necessário apenas um ponto de acesso. Instale o ponto de acesso, conecte-o ao roteador existente, instale o software de segurança e estará tudo pronto. Para quem possui apenas conexão de alta velocidade à Internet e nada mais, é possível comprar um roteador sem fio. O roteador sem fio atua como roteador e como ponto de acesso sem fio. Para quem não tem sequer uma conexão de alta velocidade à Internet, deve-se considerar a compra de um gateway. O gateway, geralmente, é a combinação de modem de alta velocidade, roteador e ponto de acesso sem fio – os três dispositivos em um. Um possível problema da compra de um modem de alta velocidade próprio (como parte do gateway) é sua compatibilidade com o serviço de Internet de alta velocidade. É necessário verificar esse aspecto com o provedor de Internet antes de adquirir um modem próprio.

Chris já possui serviço de Internet de alta velocidade; portanto, ele decide comprar um roteador sem fio, certificando-se de que o dispositivo tenha opções de segurança como WEP ou WPA (veja o Capítulo 12). Ao instalar o roteador, ele altera imediatamente o nome de rede-padrão e a senha do administrador para minimizar a possibilidade de um hacker invadir sua rede sem fio. Uma opção de segurança adicional que Chris buscou foi o SPI (Stateful Packet Inspection). Roteadores que executam SPI garantem que todo o pacote de entrada corresponda a uma solicitação de saída feita por Chris e não por um vizinho que esteja "roubando" suas transmissões de rádio.

E quanto ao sistema operacional em suas estações? Chris precisa de um sistema de operacional de rede como Windows Server ou OES/NetWare? Não, Chris não precisa de algo tão potente como um sistema operacional de rede, mesmo que ele crie uma rede com dispositivos sem fio. Muitos sistemas operacionais de desktop recentes, como o Windows XP/Vista/7, são capazes de dar suporte a estações sem fio. Chris provavelmente terá de utilizar o Painel de Controle do sistema operacional XP para escolher a conexão de protocolo de Internet TCP/IP e indicar ao sistema como obter o endereço IP desse dispositivo. Instruções como essas costumam ser incluídas com o roteador sem fio e as placas de interface de rede, e não são difíceis de seguir.

Chris precisa de algum software adicional de suporte de rede? Certamente, ele precisará de algum tipo de software antivírus para proteger suas máquinas e talvez não seja uma má ideia instalar também um antispam e um antispyware. Os softwares de avaliação de segurança são sempre úteis, especialmente com dispositivos sem fio e acesso à Internet.

Chris também planeja utilizar o software de firewall que vem com o roteador e configurar as opções de segurança de modo a proteger seus computadores e dados.

Agora, Chris está pronto para usar sua nova rede sem fio. Todos os NICs sem fio foram instalados, bem como o roteador sem fio e o software de segurança. Assim, Chris pode navegar na Internet de qualquer cômodo de sua casa, talvez até mesmo do quintal, ao lado da piscina.

RESUMO

- Os sistemas operacionais de rede possuem várias funções adicionais não encontradas normalmente em sistemas operacionais comuns. Por exemplo, eles são capazes de:
    - gerenciar um ou mais servidores de rede.
    - manter um sistema de arquivos de conjuntos de dados, aplicações, perfis de usuários e periféricos de rede.
    - coordenar todos os recursos e serviços disponíveis.
    - processar solicitações de usuários.
    - solicitar que os usuários façam login na rede, validar contas, aplicar restrições, executar funções de gerenciamento de contas.
    - gerenciar uma ou mais impressoras de rede.
    - gerenciar a conexão entre redes locais.
    - gerenciar usuários conectados de modo local ou remoto.

- dar suporte à segurança do sistema e a funções de cliente/servidor.
- dar suporte ao desenvolvimento de páginas da web e operações de servidor web.

▶ O Novell NetWare (agora chamado Open Enterprise Server) é um sistema operacional de rede com um potente serviço de diretório (NDS) e muito bom na execução de serviços de dados e impressão.

▶ O Windows NT era outro popular sistema operacional de rede, muito bom no suporte a aplicações cliente/servidor; baseava-se no domínio; o Windows Server 2000/2003/2008 representa um avanço significativo em relação ao NT e inclui um potente serviço de diretório, o Active Directory.

▶ O Unix, um sistema mais antigo, é estável, rápido e capaz de ser executado em diversas plataformas.

▶ O Linux deriva do Unix e compartilha seus aspectos de estabilidade e velocidade, bem como o baixo custo e a possibilidade de ser executado em diversas plataformas. Atualmente, a Novell oferece versões comerciais de Linux.

▶ O Mac OS X Server também deriva do Unix e, como o Linux, compartilha a estabilidade e a velocidade daquele sistema. Ele dá suporte a grupos de trabalho tanto de Macintosh como de PCs.

▶ O servidor de rede é o computador que armazena recursos de software, como o próprio sistema operacional de rede, aplicações de computador, programas, conjuntos de dados e bancos de dados, além de permitir ou negar que estações conectadas à rede acessem esses recursos.

▶ Muitos servidores de rede podem executar um ou mais níveis de Raid. O Raid é projetado para fornecer backup redundante de dados em várias unidades de disco rígido.

▶ Muitos tipos de softwares dão suporte a redes locais. Entre eles, estão os utilitários e as ferramentas de software de Internet.

▶ Os contratos de licenciamento de software são parte importante da instalação de programas de rede local. Suas formas mais comuns são: licença de uma estação para um usuário, de várias estações para um usuário, interativa de usuário, por sistema, de local e corporativa.

▶ São necessários muitos tipos de dispositivos de hardware para dar suporte a redes locais, incluindo hubs, comutadores e roteadores; UPSs e protetores contra surtos; unidades de fita; NAS; impressoras e servidores de impressão; conversores de mídia; estações de trabalho e servidores de rede.

PERGUNTAS DE REVISÃO

1. Quais são os pontos fortes do Unix?
2. Qual é a diferença entre NAS e SAN?
3. Qual é a função do Active Directory do Windows?
4. Quais são os diferentes tipos de dispositivos de suporte de hardware para redes locais?
5. Quais são as diferenças entre o Windows Server 2008 e o Windows Server 2000?
6. Quais são as funções principais dos servidores de páginas da web na Internet?
7. Quais são as principais vantagens do Windows Server 2000 em relação ao NT Versão 4?
8. Quais são os nove grupos mais comuns de utilitários de rede?
9. Quais são as principais características do OES/NetWare?
10. Relacione os tipos de contratos de licença de software.
11. Qual é a função do NDS do OES/NetWare?
12. Quais são os tópicos geralmente estabelecidos em contratos de licença de software?
13. O que é uma unidade organizacional?
14. Quais são os diferentes níveis de Raid e o que faz cada um?
15. O que significa espelhamento de disco?
16. Quais são os diferentes tipos de servidores de rede disponíveis?
17. Quais são as funções básicas dos sistemas operacionais de rede?
18. Qual é a importância dos servidores de rede?
19. O que é uma API (application program interface)?
20. Quais são as vantagens e desvantagens do Mac OS X Server?
21. Relacione as principais diferenças entre sistemas operacionais de rede e sistemas operacionais comuns.
22. Quais são as desvantagens do Linux?

23. O que diferencia os sistemas operacionais multitarefa dos outros sistemas operacionais?
24. Relacione os motivos da popularidade do Linux.
25. Relacione as seis funções básicas dos sistemas operacionais.

EXERCÍCIOS

1. Os computadores de cliente magro são mais vantajosos em um ambiente corporativo ou na residência de um usuário? Explique.
2. Imagine uma empresa com três divisões: Marketing, Pesquisa e Vendas. Cada divisão possui muitos funcionários, cada um com sua própria estação. Além disso, cada divisão possui um servidor de rede próprio e várias impressoras de alta qualidade. Faça um diagrama de domínio do Windows NT, um diagrama de Active Directory do Windows e um diagrama de NDS do OES/NetWare para dar suporte à estrutura de rede dessa empresa.
3. Considere o seguinte cenário de licenciamento de software: a Suíte Office 1 custa R$ 229 por licença de uma estação para um usuário, enquanto a Suíte Office 2 custa R$ 299 por licença de usuário interativa. Há 200 usuários em uma rede e estima-se que em um determinado momento apenas 60% dos usuários estarão usando a suíte. Determine a melhor solução de licença. Em que nível de utilização interativa o custo da licença de usuário interativa se igualará ao das licenças de uma estação para um usuário?
4. Ao usar NDS do OES/NetWare ou Active Directory do Windows, um administrador pode controlar recursos em nível macro. Explique o que significa controlar recursos em nível macro e apresente um exemplo.
5. Que tipo de aplicações de software uma empresa pode considerar com candidatos possíveis a uma licença de local?
6. O Windows Server 2000/2003/2008 utiliza o Active Directory como seu serviço de diretório e o NetWare/OES usa o NDS. Como são os dois serviços de diretório? Em que eles diferem?
7. Em que as licenças de software de uma estação para um usuário diferem das de várias estações para um usuário? Uma delas possui vantagem sobre a outra no mundo dos negócios? E no mundo dos computadores domésticos?
8. Qual é a estrutura principal (contêiner) utilizada no projeto de redes de Windows NT?
9. O problema dos softwares antivírus é que novos vírus são criados a cada dia. Como é possível manter atualizado um antivírus instalado em um computador ou rede?
10. Deseja-se criar uma rede local que proteja o conteúdo dos discos rígidos do servidor contra falhas de disco. Relacione todas as técnicas diferentes apresentadas até aqui para fornecer essa proteção.
11. Por que a estabilidade do Linux é tão alta se comparada com outros sistemas operacionais de rede?
12. Quais são as principais vantagens do NetWare Versão 4 em relação ao NetWare Versão 3? Há alguma desvantagem?
13. De que modo o Unix e o Linux são similares? Em que eles diferem?
14. Em um sistema cliente/servidor, o cliente transmite uma solicitação ao servidor; o servidor processa a operação e retorna um resultado. Relacione todos os problemas de transmissão possíveis nesse cenário.

PENSANDO CRIATIVAMENTE

1 Uma pequena empresa com 100 estações de computadores está instalando uma rede local. Todos os usuários realizam as operações comuns de e-mail, processamento de texto, navegação na Internet e um pouco de criação de planilhas eletrônicas. Cerca de um quarto dos funcionários executa um grande número de solicitações cliente/servidor a um sistema de banco de dados. Que sistema de rede local seria recomendado? Apresente seu raciocínio.

2 Crie uma estrutura em árvore de NDS ou Active Directory para um dos seguintes ambientes:
  a. Um segmento da empresa onde você trabalha.
  b. A empresa inteira onde você trabalha.
  c. Um segmento da escola em que você está matriculado.

3 Utilizando o mesmo ambiente escolhido no problema anterior, crie uma solução de Windows NT.

4 Uma rede doméstica está sendo criada com vários computadores, uma impressora de alta qualidade e um roteador com acesso a uma conexão de Internet de alta velocidade. Certamente, não é necessário usar Windows Server 2008 ou OES/NetWare, mas há algum sistema operacional de desktop específico que pode ser instalado em cada computador para otimizar as operações nessa rede doméstica?

PROJETOS PRÁTICOS

1. Quais são os fabricantes de máquinas de cliente magro? Quais são suas especificações, características e preços?
2. Há outros sistemas operacionais de rede além dos relacionados neste capítulo? Eles têm se mantido no mercado ou caído no esquecimento?
3. Um sistema operacional de rede local que ainda mantém uma parcela muito pequena do mercado é o OS/2. Qual é a situação atual desse sistema? Ele ainda é produzido? Ainda recebe suporte? Tente encontrar uma estimativa de quantas redes estão utilizando OS/2.
4. O BSD é outro sistema operacional popular e gratuito, disponível para download da Internet. Quais são suas vantagens e desvantagens? Trata-se de um sistema operacional de rede ou é simplesmente um sistema para uma única máquina?
5. Qual é a diferença entre direitos autorais (copyright) e patentes quando aplicados a software de computador? Por quanto tempo os direitos autorais são válidos? E as patentes?
6. Neste capítulo, você aprendeu sobre quatro níveis de Raid: Raid-0, Raid-1, Raid-3 e Raid-5. Encontre e relacione todos os níveis (ou versões de Raid) existentes. Qual é a função principal de cada nível?

9
Introdução a redes metropolitanas e redes de longa distância

VINTON CERF, O COCRIADOR do TCP (um protocolo importante utilizado na Internet), voltou sua atenção à criação de uma rede que pudesse cobrir uma área bastante ampla – o sistema solar. Cerf se uniu a uma equipe da Nasa com o intuito de criar uma rede sem fio para permitir que usuários na Terra, satélites, sondas espaciais e eventualmente astronautas, falassem uns com os outros. Essa rede é chamada Internet Interplanetária (IPN).

Cerf diz: "Percebi que demorou 20 anos para a Internet decolar: de 1973 a 1993. Então me perguntei o que eu deveria fazer a fim de me preparar para nossas necessidades no futuro. Um backbone interplanetário foi a resposta".

Atualmente, os dois veículos exploradores em Marte têm seu próprio endereço IPN, um domínio .mars e um protocolo criado recentemente, semelhante ao TCP/IP, mas otimizado para operar com as peculiaridades da transmissão de dados pelo espaço sideral. Algumas das peculiaridades que a IPN terá de superar são os altos níveis de ruído, sinais fracos, fontes de alimentação pequenas e retardos longos de propagação.

Em seu próximo projeto, Cerf espera colocar um satélite-telefone em órbita até o fim da década para conectar os dois planetas. A Nasa será capaz de fazer isso? Cerf está otimista. Ele acha que, uma vez que a viagem espacial se tornar um empreendimento comercial (como aconteceu com a Internet), as comunicações IPN e interplanetárias vão decolar. Como um foguete.

A Internet e a Internet interplanetária são redes de longa distância. O que é uma rede de longa distância e como ela difere de uma rede local?

Todas as redes de longa distância compartilham os mesmos recursos?

Fonte: Jeffrey Davis, Vint Cerf is taking the web into outer space – reserve your .mars address now, *Wired Magazine*, jan. 2000, extraído de: <www.wired.com/wired/archive/8.01/solar.html>.

Michael Singer, Vint Cerf, 'A Father of the Internet,' 18 jun. 2004, extraído de: <www.internetnews.com/infra/article.php/3370411>.

Objetivos

Após ler este capítulo, você será capaz de:

▶ Distinguir redes locais, metropolitanas e de longa distância.

▶ Identificar as características das redes metropolitanas e explicar como elas se comparam e se diferenciam em relação às de longa distância e locais.

▶ Descrever como redes de comutação de circuitos, de comutação de pacotes por datagrama e de comutação de pacotes por circuito virtual funcionam e como formam a nuvem de redes.

▶ Identificar as diferenças entre uma rede orientada à conexão e uma sem conexão e dar um exemplo de cada.

▶ Descrever as diferenças entre roteamento centralizado e distribuído e citar as vantagens e desvantagens de cada um.

▶ Descrever as diferenças entre roteamento estático e adaptativo e citar as vantagens e desvantagens de cada um.

▶ Documentar as principais características da inundação (flooding) e utilizar contagem e limite de saltos em um exemplo simples.

▶ Discutir os conceitos básicos do congestionamento de redes, incluindo qualidade de serviço.

Introdução

Uma rede local, como você deve lembrar, é tipicamente limitada a um único prédio ou a um grupo de prédios próximos (como em um campus). O que acontece se uma rede se expande em uma área metropolitana, por um estado, ou pelo país inteiro? Uma rede que se expande por uma área metropolitana e tem altas taxas de dados, alta confiabilidade e pouca perda de dados é chamada uma **rede metropolitana (MAN)**. Neste capítulo, examinaremos as redes metropolitanas e veremos como elas se comparam e contrastam com outras formas de rede.

O que acontece quando uma rede é maior que uma área metropolitana? Uma rede que se expande além de uma área metropolitana é uma rede de longa distância. Redes de longa distância compartilham algumas características com redes locais: elas interconectam computadores, utilizam alguma forma de meio para a interconexão e apoiam aplicações de rede. Há algumas diferenças, entretanto, entre redes de longa distância e redes locais. Por exemplo, redes de longa distância incluem tanto redes de dados (como a Internet) quanto redes de voz (como sistemas de telefonia), enquanto as redes locais, na maior parte dos casos, incluem somente redes de dados, mas isso, como veremos nos Capítulos 10 e 11, está mudando pouco a pouco com o advento da VoIP (voz por IP). Redes de longa distância podem interconectar milhares de estações de trabalho (dispositivos), dezenas de milhares, ou mais, de tal modo que qualquer estação possa transferir dados para qualquer outra estação. Como o nome já diz, redes de longa distância são capazes de cobrir distâncias geográficas amplas, a Terra inteira, inclusive. Na verdade, como você viu na abertura deste capítulo, há até mesmo planos em projeto para colocar o planeta Marte em rede, uma vez que mais tecnologia é lançada ao planeta e a necessidade de retornar sinais para a Terra se torna maior. Assim, um dia, as redes de longa distância poderão, na verdade, cobrir todo o sistema solar!

Em razão das diferenças entre redes locais e metropolitanas e de longa distância, as duas últimas formas de rede merecem uma discussão à parte. Vamos começar com uma discussão de redes metropolitanas e então apresentar a terminologia básica de redes de longa distância. Então, vamos examinar as diferenças entre redes de longa distância de comutação de circuito e de comutação de pacote. Uma breve introdução ao roteamento também está em pauta, uma vez que as redes de longa distância utilizam o roteamento extensivamente para transferir dados. Capítulos subsequentes abordarão tipos específicos de redes de longa distância, em particular a Internet.

Fundamentos da rede metropolitana

Várias das mesmas tecnologias e protocolos de comunicação encontrados nas redes locais (e redes de longa distância) são utilizados para criar redes metropolitanas. Mesmo assim, as MANs são geralmente únicas com relação à topologia e às características operacionais. As MANs podem ser usadas para apoiar sistemas de recuperação de desastres de alta velocidade e sistemas de backup em tempo real. Elas também oferecem interconexões entre centros de dados corporativos e provedores de acesso à Internet e suportam conexões de alta velocidade para instalações públicas, corporativas, médicas e educacionais. As MANs são quase exclusivamente redes de fibra óptica e, desse modo, capazes de permitir taxas de dados a dezenas de milhões e centenas de milhões de bits por segundo. Pela mesma razão, elas são anunciadas como redes com taxas muito baixas de erros e vazão extremamente alta. Embora essas características não sejam diferentes das características de várias redes locais, algumas diferenciam as MANs das LANs. A primeira característica é que as MANs cobrem distâncias muito superiores que as LANs. Conforme o nome sugere, redes metropolitanas são capazes de suportar áreas metropolitanas inteiras, como Nova York, Chicago e Los Angeles. Redes locais raramente se estendem para além das paredes de um único prédio e, dessa forma, são menores que as MANs.

Uma segunda característica que distingue as MANs das LANs (mas não necessariamente das WANs) é que a maior parte das MANs pode se recuperar rapidamente de uma falha de enlace ou comutador/roteador. As MANs são projetadas para ter circuitos altamente redundantes de modo que, no caso de uma falha de componente, a rede possa refazer o roteamento do tráfego rapidamente para longe do componente em falha. Essa habilidade de refazer o roteamento no caso de falha é chamada **failover**, e a velocidade na qual um failover é executado é o **tempo de failover**. Embora nem todas as MANs possuam tempos baixos de failover, atingi-los é certamente o objetivo de qualquer empresa que oferece um serviço de MAN.

Uma terceira característica que distingue várias MANs tanto das LANs quanto das WANs é que algumas topologias de MANs são baseadas em um anel. O anel da MAN é único porque, ao contrário da quase defunta

LAN com passagem de anel (token ring), é um anel tanto lógica *quanto* fisicamente. Assim, não somente dados são passados como em um anel, mas também os roteadores e comutadores são interconectados como em um anel (Figura 9-1).

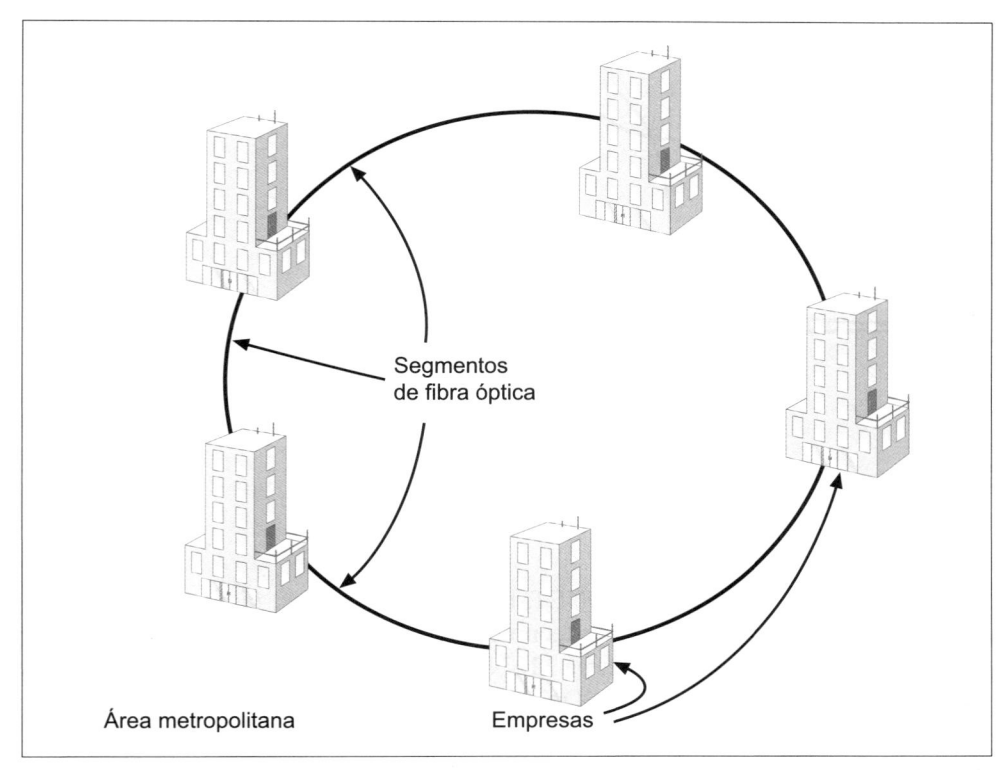

Figura 9-1 Um anel físico utilizado para implementar uma rede metropolitana.

Por último, uma característica que está começando a aparecer nas MANs, mas que nem as LANs nem as WANs possuem atualmente, é a habilidade de um usuário alocar dinamicamente mais largura de banda por demanda. Digamos que você esteja trabalhando para uma empresa e tenha uma conexão MAN entre seu escritório e um provedor de serviço de Internet. Você prevê, talvez por estar prestes a revelar uma nova oferta de serviço de cliente, que a demanda no enlace da MAN vai crescer substancialmente nos próximos dias. Desse modo, você faz uma chamada telefônica ou, em alguns casos, acessa uma página da web e solicita que a largura de banda da conexão da sua MAN seja aumentada em uma quantidade específica. O provedor de serviço MAN recebe sua solicitação, aumenta sua largura de banda imediatamente e faz a cobrança apropriada. Talvez, no futuro, todas as redes locais, metropolitanas e de longa distância terão esse recurso poderoso. No momento, ele é oferecido somente para alguns provedores de serviço MAN.

Agora que examinamos algumas das características básicas que distinguem MANs, LANs e WANs, voltemos nossa atenção para as tecnologias que suportam as MANs.

SONET e Ethernet

Quase todas as MANs são baseadas em uma das duas formas básicas de suporte à tecnologia: Sonet ou Ethernet. SONET, como vimos no Capítulo 5, é uma técnica de multiplexação síncrona por divisão de tempo, capaz de enviar dados a centenas de milhões de bits por segundo. A topologia da rede é um anel, mas esse anel é, na verdade, formado por múltiplos anéis que habilitam a rede a oferecer backup no caso de uma falha de segmento (Figura 9-2). Essa é uma das características dos anéis SONET que permitem que eles tenham um tempo de failover baixo. No momento, muitas MANs são sustentadas pela tecnologia de anel SONET.

Infelizmente, a SONET tem várias desvantagens. É uma tecnologia complexa, bastante cara, que não pode ser provisionada dinamicamente. Além do mais, foi desenvolvida para permitir múltiplos fluxos de canais de voz (como múltiplos T-1s, que transmitem a 1.544 Mbps) e, assim, não escalona bem nas partes de 1 Mbps, 10 Mbps, 100 Mbps, e 1.000 Mbps que são tipicamente utilizadas com transmissões de dados. Essas deficiências reviveram, de modo importante, o interesse em uma tecnologia que é mais antiga que a SONET, mas recente no campo de redes metropolitanas: Ethernet.

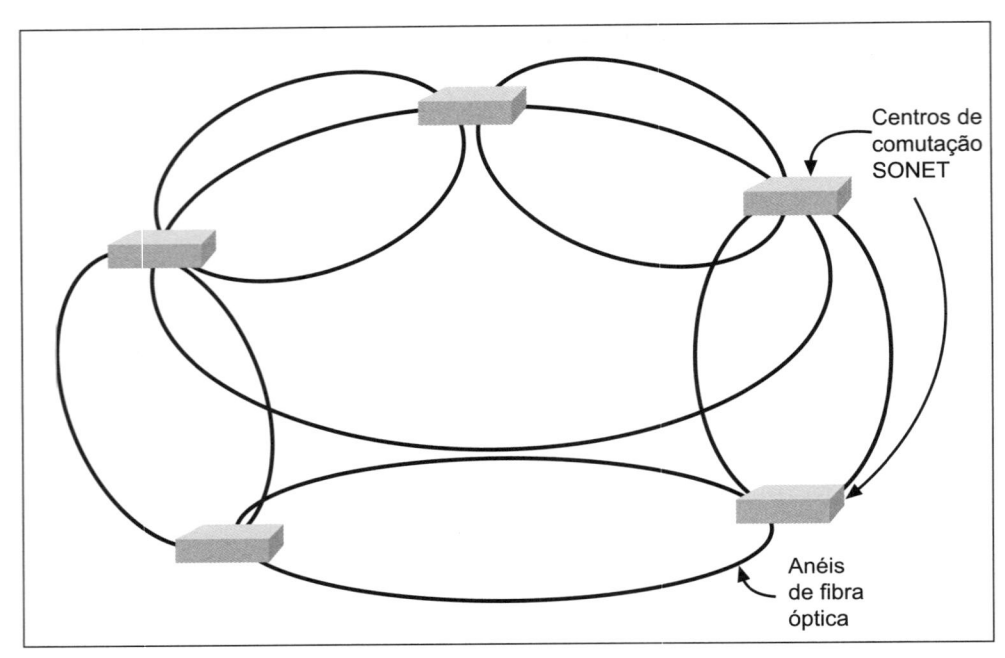

Figura 9-2 Sistemas SONET são formados por vários anéis.

As MANs de Ethernet são menos caras que os sistemas SONET, bem compreendidas, facilmente escalonáveis de 10 Mbps a 100 Mbps a 1.000 Mbps a 10 Gbps, e a melhor tecnologia para transportar tráfego IP (o tipo de tráfego que percorre a Internet). Uma desvantagem da Ethernet na MAN é o tempo mais alto de failover. MANs de Ethernet não se recuperam tão rapidamente quanto os anéis SONET e podem potencialmente deixar os clientes sem serviço por segundos. Embora os anéis SONET tipicamente tenham um tempo de failover de 50 milissegundos, os tempos de failover da Ethernet podem ser mais altos. Não obstante, MANs de Ethernet possuem várias características atrativas e estão crescendo em popularidade. A Figura 9-3 mostra um leiaute típico de uma topologia MAN de Ethernet MAN. Observe como a rede é um projeto em malha com caminhos redundantes entre os pontos extremos.

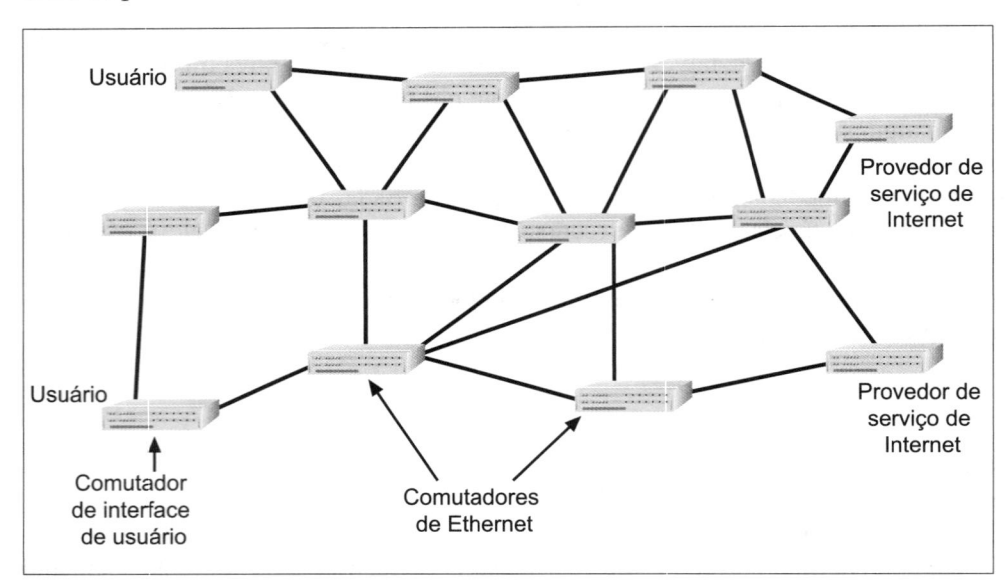

Figura 9-3 A topologia Ethernet MAN.

MANs de Ethernet deram lugar a um serviço mais novo cuja popularidade cresceu nos últimos anos: **Metro Ethernet**, um serviço de transferência de dados que pode conectar sua empresa a outra empresa (ou empresas), utilizando uma conexão Ethernet padrão. Com Metro Ethernet, você pode conectar sua empresa diretamente a outra empresa usando uma conexão ponto a ponto ou, por exemplo, duas outras empresas utilizando conexões ponto a ponto, como mostra a Figura 9-4 (a). Alternativamente, você pode conectar sua empresa a várias empresas como se fossem todas parte de uma grande rede local, como mostrado na Figura 9-4 (b). A conexão anterior é o mesmo que ter uma conexão privada entre dois pontos. Um exemplo comum desse tipo de conexão Metro Ethernet é encontrado quando uma empresa está conectada a um provedor de serviço de Internet. Todo o tráfego nessa conexão está entre somente dois locais. A última conexão é um exemplo de uma conexão multiponto a multiponto. Aqui, qualquer empresa pode falar com uma ou mais (ou todas) empresas conectadas. Assim, uma empresa precisa enviar somente um pacote para garantir que várias empresas recebam esses dados.

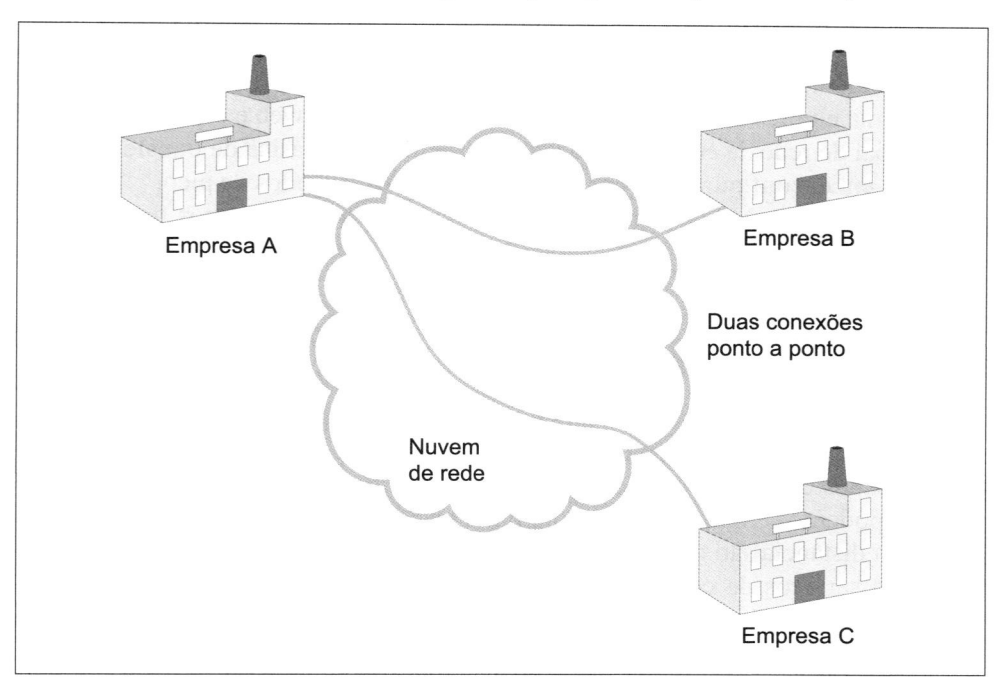

Figura 9-4 (a) Duas conexões ponto a ponto.

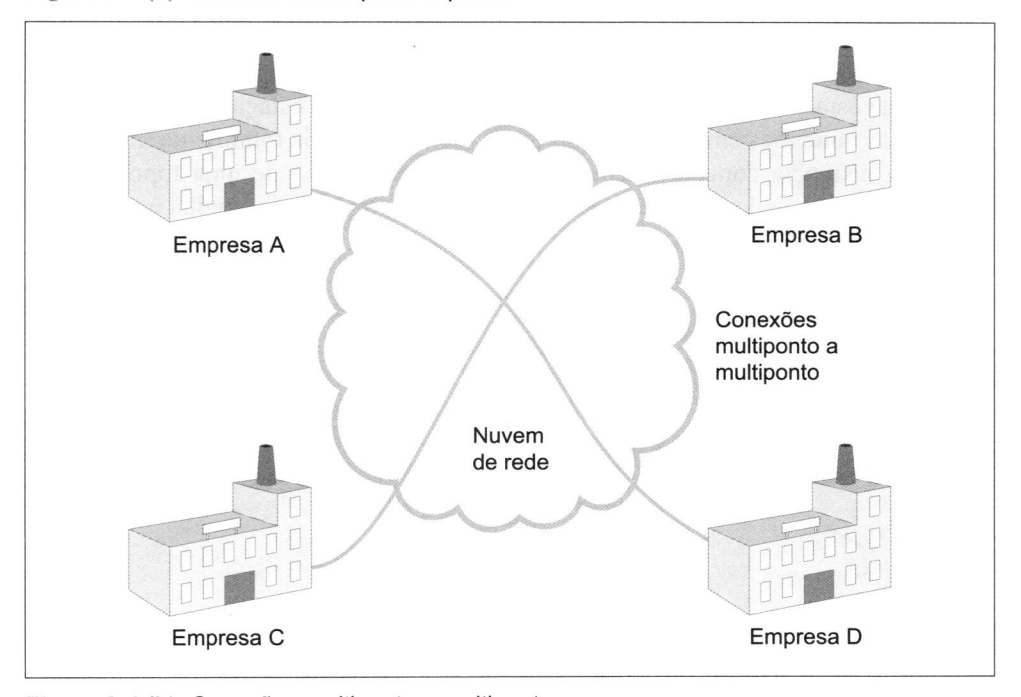

Figura 9-4 (b) Conexões multiponto a multiponto.

Um aspecto interessante da Metro Ethernet é que os usuários do serviço podem conectar ininterruptamente as redes locais de Ethernet ao serviço Metro Ethernet. Como todas as redes envolvidas são Ethernet, não há necessidade para conversões que levam tempo e às vezes são pouco práticas de um formato para outro. Assim, uma LAN corporativa operando a 100 Mbps pode facilmente se conectar a um serviço Metro Ethernet também operando a 100 Mbps. O mesmo não pode ser dito ao conectar uma LAN de 100 Mbps à Sonet, com velocidades que tipicamente começam a 51,48 Mbps.

Uma empresa que tem uma conexão com Metro Ethernet pode criar um **perfil de largura de banda** para aquela conexão. Esse perfil de largura de banda descreve várias características sobre a conexão, como taxas básicas de transferência de dados, taxas básicas de rajadas (uma rajada, como você pode lembrar, é uma grande explosão de dados transmitidos por um período curto de tempo), taxas de transferência de dados em excesso, e taxas de rajada em excesso. Ethernet de rede local, como vimos no Capítulo 7, não permite que os usuários configurem suas próprias taxas de transferência de dados – eles devem simplesmente aceitar a taxa relativa à marca específica de Ethernet (como Ethernet de 100 Mbps) que escolheram. Essa característica de perfil da Metro Ethernet é uma opção interessante e poderosa para empresas que desejam customizar uma conexão para uma aplicação específica. Por exemplo, se uma empresa está lançando um novo aplicativo na web e espera resposta de um grande número de usuários, o pessoal de rede da empresa pode configurar um taxa básica de transferência de dados para a resposta média prevista, e então configurar um taxa de rajadas para os períodos de pico.

Agora que examinamos os fundamentos da MAN, vamos dar uma olhada nos fundamentos das redes de longa distância.

Fundamentos da rede de longa distância

Uma **rede de longa distância (WAN)** é um grupo de computadores e equipamentos relacionados a computadores interconectados para executar uma dada função, tipicamente utilizando sistemas de telecomunicação de longa distância. Os tipos de computadores usados em uma rede de longa distância vão de microcomputadores a mainframes. As linhas de telecomunicação podem ser simples como uma linha telefônica padrão ou avançadas como um sistema de satélites. Redes de longa distância são tipicamente utilizadas para transferir dados em massa entre dois pontos extremos e disponibilizam serviços de correio eletrônico, acesso a sistemas de banco de dados e acesso à Internet aos usuários. Redes de longa distância também podem auxiliar operações especializadas em vários campos, como industrial, médico, navegação, educação, entretenimento e telecomunicações.

Como você deve lembrar, uma rede local funciona como uma rede baseada em barramento em que grupos de estações de trabalho são conectados a um ponto central (hub ou comutador), por meio do qual as estações podem transmitir mensagens umas às outras. Como há tantas estações de trabalho em uma rede de longa distância e elas são disseminadas por distâncias amplas (possivelmente muito amplas), esse tipo de interconexão não é possível. Do mesmo modo, uma rede na qual cada estação de trabalho está conectada a cada outra estação da rede também não é prática, uma vez que haveria tantas conexões em cada estação que a tecnologia seria totalmente incontrolável. Em vez disso, uma rede de longa distância conecta suas estações por meio do uso de uma topologia em malha e necessita de roteamento para transferir dados pela rede. Uma rede que é conectada em malha é aquela em

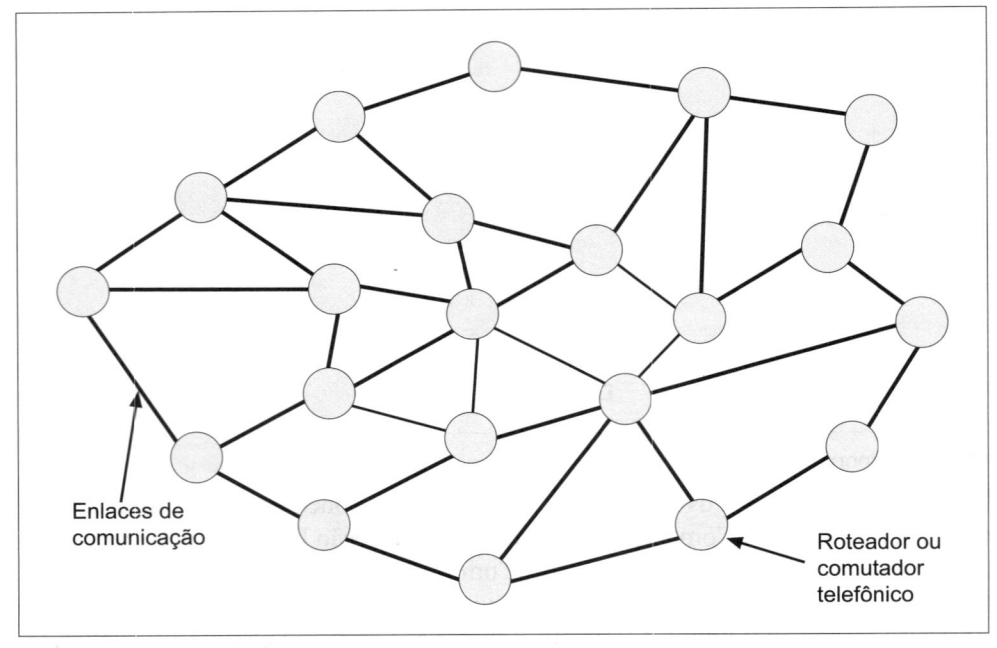

Figura 9-5 Uma rede em malha simples.

que os vizinhos são conectados somente a vizinhos (Figura 9-5). Desse modo, para serem transmitidos por uma rede em malha, os dados têm de ser passados por uma rota de estação de trabalho para estação de trabalho.

Todas as redes de longa distância são grupos de pelo menos dois tipos básicos de equipamento: uma estação e um nó. Uma **estação** é um dispositivo com o qual o usuário interage para acessar uma rede, e contém um aplicativo de software, o qual permite que alguém utilize a rede para um propósito específico. Com muita frequência, a estação é um microcomputador ou estação de trabalho, mas também pode ser um terminal, um celular ou um mainframe.

Um **nó** é um dispositivo que possibilita a uma ou mais estações acessarem a rede física e é um ponto de transferência para a passagem de informações pela rede. Quando dados ou informações viajam por uma rede, as informações são transferidas de nó para nó pela rede. Quando as informações chegam a seu destino apropriado, o nó de destino as entrega a sua estação de destino. Em uma rede que é projetada para transferir dados de computadores, como a Internet, o nó é geralmente um roteador poderoso e muito rápido com múltiplas portas. Dados de entrada chegam a uma porta e, dependendo da rota que os dados devem pegar para atingir seu destino, são retransmitidos a uma segunda porta. Em uma rede projetada para transferir sinais de voz, o nó é geralmente um comutador telefônico poderoso que executa funções semelhantes às de um roteador.

A estrutura de suporte de uma rede de longa distância é a sub-rede, ou nuvem de rede. Uma **sub-rede**, ou **nuvem de rede**, é um grupo de nós e enlaces de interconexão de telecomunicações, como mostrado na Figura 9-6 (veja como a sub-rede é desenhada, lembrando uma nuvem). O tipo e o número de interconexões entre nós e o modo como os dados de rede são passados de nó para nó são responsabilidade da nuvem de rede. É útil pensar na rede de longa distância e na nuvem de rede como sendo duas entidades separadas. A rede de longa distância é o sistema inteiro: os nós, as estações, as linhas de comunicação, o software e talvez até mesmo os usuários. A nuvem de rede é a interconexão física subjacente de nós e linhas de comunicação que transferem os dados de um local para outro. Todos esses componentes funcionam em conjunto para criar a rede. Um usuário sentado em uma estação de trabalho e executando uma aplicação de rede passa seus dados para a rede por meio de uma estação, que passa os dados para a nuvem. A nuvem de rede é responsável por levar os dados ao nó de destino apropriado, que então os entrega à estação de destino apropriada. Claramente, uma rede não existe sem uma nuvem de rede, mas não deve importar à rede como o interior da nuvem de rede se pareça. A nuvem de rede é simplesmente o veículo para levar os dados do transmissor ao destino.

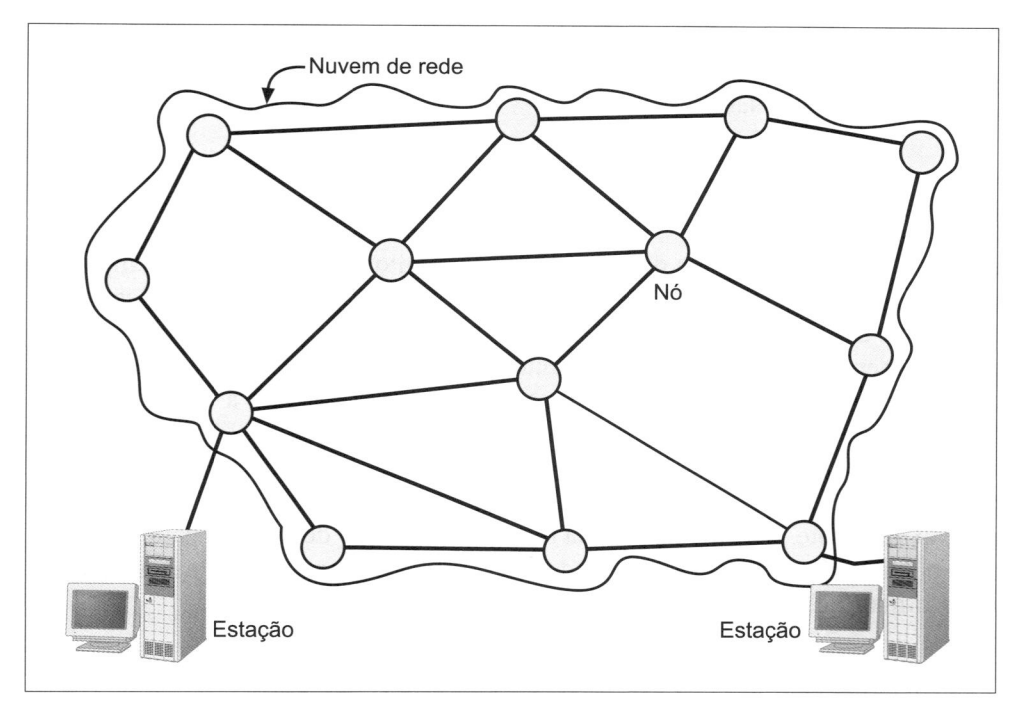

Figura 9-6 Nuvem de rede, nós e duas estações nas extremidades.

Os tópicos apresentados no restante deste capítulo – nuvens, roteamento e congestionamento de redes – são abrangidos pela camada de rede de um modelo de referência de rede, independentemente se o modelo é OSI ou TCP/IP. Examinemos primeiro o tópico das nuvens de rede detalhadamente, e então exploremos o roteamento e o congestionamento.

Tipos de nuvens de rede

Uma nuvem de rede de longa distância pode ser categorizada pelo modo que transfere informações de uma extremidade da nuvem a outra. Os três tipos básicos de nuvem são comutação de circuito, comutação de pacote e broadcast. Vamos examinar cada uma delas.

Rede de comutação de circuito

Uma **rede de comutação de circuito** é uma nuvem de rede na qual um circuito dedicado é estabelecido entre transmissor e receptor, e todos os dados passam por esse circuito. Um dos melhores exemplos de uma rede de comutação de circuito é o sistema telefônico discado. Quando alguém faz uma ligação em uma rede telefônica discada, um circuito, ou caminho, é estabelecido entre a pessoa que faz a chamada e o receptor da chamada. O circuito físico é único, ou dedicado, para essa única chamada e existe pela duração da chamada. As informações (a conversa telefônica) seguem esse caminho dedicado de nó para nó na rede, como mostrado na Figura 9-7. Uma rede de longa distância na qual a informação segue um caminho dedicado de nó para nó na rede é uma rede de longa distância de comutação de circuito.

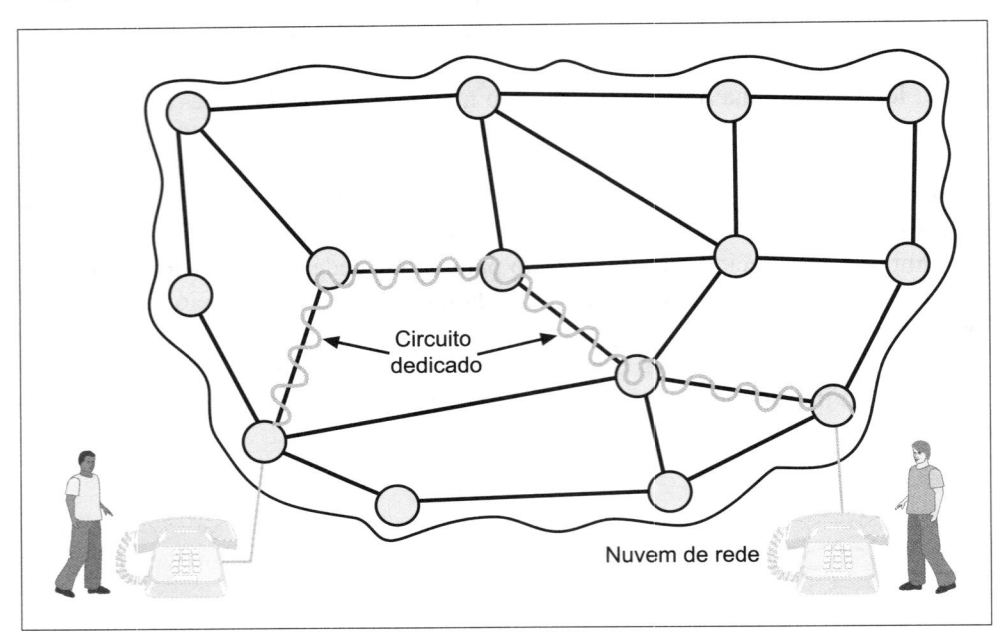

Figura 9-7 Duas pessoas realizando uma conversação telefônica utilizando uma rede de comutação de circuito.

Quando uma chamada telefônica é feita por uma rede de comutação de circuito, a rede precisa de tempo para estabelecer e destruir o circuito. Mas uma vez que o circuito é estabelecido, todos os dados subsequentes viajam rapidamente de nó para nó. Uma rede de comutação de circuito tem duas desvantagens principais. Primeiro, cada circuito é dedicado a uma conexão somente. Segundo, quando o circuito é utilizado para transferência de dados (em oposição à voz), não está sendo provavelmente usado em sua totalidade, uma vez que a transferência de dados de computador é, com frequência, esporádica.

Apesar do uso disseminado de redes de comutação de circuito por todo o século XX, várias redes de comutação de circuito operadas por companhias telefônicas foram ou estão sendo substituídas por um projeto de rede mais eficiente – a rede de comutação de pacote. Mas a transição da rede de comutação de circuito para a comutação de pacote com relação a redes públicas de telefone está longe de estar completa, por isso há a necessidade de continuarmos estudando ambas as formas, pelo menos por um pouco mais de tempo.

Rede de comutação de pacote

A rede de comutação de pacote é encontrada em redes projetadas para transferir dados de computador (como a Internet e várias redes telefônicas modernas). Em uma **rede de comutação de pacote**, todas as mensagens de dados são transmitidas utilizando embalagens de tamanho fixo, chamadas pacotes, e nenhum caminho exclusivo, físico dedicado é estabelecido para transmitir os pacotes de dados pela sub-rede (para distinguir entre um dado processado na camada de enlace de dados e um dado processado na camada de rede, o termo "quadro" é usado na camada de enlace de dados, e o termo pacote é utilizado na camada de rede). Se a mensagem a ser transferida é grande, ela é partida em vários pacotes. Quando os vários pacotes chegam a seu destino, são reagrupados na mensagem original.

Os dois tipos de rede de comutação de pacote são por datagrama e por circuito virtual. Em uma rede de comutação de pacote por **datagrama**, cada pacote de dados pode seguir sua própria rota, provavelmente única, pela nuvem. Conforme cada pacote chega a um nó, uma decisão é tomada a respeito de qual caminho o pacote vai percorrer a seguir. A tomada de decisão dinâmica permite grande flexibilidade caso a rede sofra congestionamento ou falha. Por exemplo, se um grupo de pacotes de dados estiver atualmente sendo roteado por Dallas até Phoenix, e Dallas sofrer problemas com roteador, a rede refaz o roteamento dos pacotes por Denver. O problema com as redes de datagrama é que, quando um grande grupo de pacotes é endereçado para o mesmo destino, os nós da rede têm de examinar cada pacote individualmente e determinar o próximo caminho de cada pacote. Isso pode levar a uma ineficiência, ou simplesmente a tempo perdido.

Para resolver esse problema, a rede de comutação de pacote por circuito virtual foi criada. Em uma rede de comutação de pacote por **circuito virtual**, todos os pacotes que pertencem a uma conexão lógica podem seguir o mesmo caminho pela rede. Por exemplo, uma estação pode desejar transferir uma grande quantidade de dados, como todo o conteúdo eletrônico de um livro, por uma rede para outra estação. Para fazer isso, um circuito virtual divide a grande quantidade de dados em n pacotes e determina um caminho temporário eficiente pela rede. Cada roteador no caminho é então informado de que ele participará de um circuito virtual específico. Quando os dados chegam a um endereço desse circuito virtual específico, o roteador simplesmente envia os dados da conexão ao próximo roteador associado àquele circuito virtual. Quando a transferência de dados está completa, o caminho temporário é dissolvido (isto é, cada roteador exclui as informações do circuito virtual). Esse tipo de rede de comutação de pacote é chamada de circuito virtual porque o caminho seguido pelos pacotes funciona como um circuito, mas não é um circuito real, físico como um circuito telefônico.

Embora esse tipo de rede pareça similar a uma rede de comutação de circuito, uma vez que todos os pacotes de dados seguem um caminho fixo, ele é diferente. O caminho em uma rede de comutação de pacote por circuito virtual existe somente no software e apenas quando a rede cria as tabelas necessárias de roteamento nos nós apropriados. Essas tabelas de roteamento são similares às tabelas de porta utilizadas pelos comutadores para determinar um caminho por uma rede local. Outra diferença entre um circuito virtual e uma rede de comutação de circuito é que o caminho em uma rede de circuito virtual pode ser compartilhado por outro tráfego. Para ter uma noção da significância disso, lembre-se de que, quando você faz uma chamada em uma rede de comutação de circuito, você tem um circuito dedicado de uma extremidade de uma conexão a outra. Assim, se você pudesse ver os dados conforme eles viajam pelo fio em seu circuito, você veria que os únicos dados nesses circuitos são os seus dados. Ao contrário, cada usuário em uma rede de circuito virtual compartilha um ou mais circuitos com outros usuários. Se você pudesse ver um fio nesse circuito, veria dados de vários usuários, ou dados de um usuário, e depois de outro, viajando pela rede. Desse modo, os vários fios que constituem um circuito em uma rede de circuito virtual estão carregando fluxos de dados de vários usuários, e é o software que mantém cada fluxo de dados separado dos outros.

Para resumir, as redes de comutação de pacote dividem mensagens de computador e transmissões de voz por telefone em pacotes de tamanho fixo, e são, desse modo, desenvolvidas para carregar dados de computador e transmissões de voz. Em uma rede de comutação de pacote por datagrama, cada pacote é uma entidade em si mesma. Quando uma mensagem grande é partida em n pacotes, cada pacote em uma rede de datagrama entra em um nó, onde uma decisão de roteamento exclusiva é feita. Como não há circuito fixo a seguir, a rede não gasta tempo na criação de um circuito. O tempo é gasto, entretanto, na determinação do roteamento de cada pacote. Não obstante, redes de datagrama são bastante flexíveis, uma vez que reagem rapidamente a alterações na rede. O outro tipo de rede de comutação de pacote, a rede de comutação de pacote por circuito virtual, é uma união da rede de comutação de pacote e a rede de comutação de circuito. Quando uma mensagem grande nessa rede for quebrada em vários pacotes, todos esses pacotes seguem o mesmo caminho pela rede. Esse caminho é determinado antes de o primeiro pacote ser transmitido – uma atividade que requer tempo de configuração de circuito – e um circuito virtual, com suas tabelas internas de roteamento, ajuda a rotear os pacotes da fonte para o destino.

A companhia telefônica Sprint anunciou em 2003 que começou a substituir suas redes de comutação de circuito por redes de comutação de pacote. A utilização de redes de comutação de pacote na transmissão de conversas telefônicas envolve digitalização de dados de voz e sua conversão em pacotes. Uma vez que os dados de voz estejam em forma de pacote, eles podem ser transportados em uma rede de comutação de pacote juntamente com dados e vídeo. Esse tipo de conversão leva a comunicações mais econômicas porque todas as formas de dados sendo transmitidos vão compartilhar a mesma forma de rede. Um dos maiores obstáculos do uso de redes de comutação de pacote na transferência de voz (isto é, para fazer uma chamada telefônica) é o de algumas redes de comutação de pacote como a Internet não serem sempre as melhores para transportar os pacotes de voz em tempo real de modo consistente e, portanto, na conversação de voz podem ocorrer interrupções. Se você for uma empresa de comunicação que deseja oferecer um serviço novo ou alternativo, isso pode resultar em clientes insatisfeitos e, consequentemente, em uma perda de negócio.

Rede broadcast

Como no caso de um nó em uma configuração broadcast da maior parte das redes locais, quando um nó em uma **rede broadcast** de rede de longa distância transmite seus dados, eles são recebidos por todos os outros nós. Essa forma de rede de longa distância é, no momento, relativamente rara. Alguns sistemas, entretanto, existem. Tais sistemas utilizam frequências de rádio para transmitir dados para todas as estações de trabalho e geralmente operam como redes de radiodifusão em áreas rurais ou em áreas onde existem ilhas envolvidas por grandes quantidades de água. Alguns dos novos serviços de acesso à Internet, como Wi-Max (Capítulo 3), também são baseados em uma rede broadcast, mas são com mais frequência considerados redes metropolitanas do que redes de longa distância. Como as redes broadcast não são redes de comutação de circuito e comutação de pacote, as discussões remanescentes neste capítulo não vão incluí-las.

Em resumo, o projeto físico de uma rede de longa distância, ou nuvem de rede, tem três formas básicas: comutação de circuito, comutação de pacote (datagrama e circuito virtual) e broadcast. As características dessas formas são resumidas na Tabela 9-1. Note como redes de comutação de circuito e de circuito virtual necessitam de tempo de configuração de caminho e não podem refazer dinamicamente o roteamento de pacotes se ocorrer um problema na rede. Também vale a pena observar na Tabela 9-1 que a rede de comutação de circuito foi projetada primariamente para sinais de voz e é a única rede que oferece um caminho dedicado.

Tabela 9-1 Resumo das características da nuvem de rede.

Característica	Comutação de circuito	Comutação de pacote por datagrama	Comutação de pacote por circuito virtual	Broadcast
Tempo de configuração do caminho?	Sim	Não	Sim	Não
Decisão de roteamento para cada pacote?	Não	Sim	Não	Tipicamente sem roteamento
Caminho dedicado?	Sim	Não	Não	Não
Pode refazer o roteamento dinamicamente se acontecerem problemas?	Não	Sim	Não	Tipicamente sem roteamento
Conexão dedicada somente a sua transferência?	Sim	Não	Não	Não

Examinado o projeto físico das redes de longa distância, voltemos nossa atenção para seu projeto lógico.

Aplicações de rede orientadas à conexão e sem conexão

A nuvem de rede de uma rede de longa distância é a infraestrutura física e, assim, consiste de nós (roteadores ou comutadores telefônicos) e vários tipos de meios de interconexão. E quanto à entidade lógica que opera sobre sua infraestrutura física? Essa entidade lógica geralmente assume a forma de um aplicativo de software. Por exemplo, se você estiver utilizando um aplicativo de e-mail para enviar uma mensagem a um amigo do outro lado do país, o aplicativo de e-mail é a entidade lógica que utiliza a infraestrutura física da rede ou nuvem para entregar a mensagem. Vários tipos diferentes de aplicativos são encontrados nas redes de longa distância, incluindo e-mail, navegação na web e outros aplicativos comerciais. Vamos categorizar todos os aplicativos de rede, ou entidades lógicas, em duas categorias básicas: aplicações orientadas à conexão e sem conexão.

Uma **aplicação de rede orientada à conexão**, como a que executa uma transferência de arquivos utilizando FTP, oferece certa garantia de que as informações que viajam pela rede não serão perdidas e os pacotes de informações serão entregues ao receptor desejado na mesma ordem em que foram transmitidos. Desse modo, uma aplicação de rede orientada à conexão oferece o que é chamado **serviço confiável**. Para oferecer um serviço confiável, a rede requer que uma conexão lógica seja estabelecida entre dois pontos extremos. Se necessária, é feita uma negociação de conexão para estabelecer essa conexão. Por exemplo, considere o cenário a seguir: um banco deseja transferir eletronicamente uma quantia grande de dinheiro a um segundo banco. O primeiro banco cria uma conexão com o segundo. Como uma parte do estabelecimento dessa conexão, os dois bancos concordam em transferir os fundos utilizando a criptografia de dados. Após o primeiro banco enviar a solicitação de transferência, o segundo banco verifica se ela está correta e emite uma confirmação para o primeiro banco. O primeiro banco vai esperar até que a confirmação chegue antes de realizar qualquer outra ação. Todos os pacotes transferidos durante esse período são parte da conexão e são confirmados quanto à correção. Se essa for a única transferência eletrônica, o primeiro banco vai se despedir, e o segundo vai confirmar a despedida. Observe que o tipo de sub-rede utilizado nesse processo de transferência não é uma questão imediatamente relevante. A rede pode ser de comutação de circuito ou comutação de pacote. Tudo que o aplicativo necessitava era uma conexão confiável para ser empregada na transferência de fundos. Você pode realizar solicitações bancárias on-line (isto é, utilizar uma aplicação de rede orientada à conexão) por uma rede local (uma rede de comutação de pacote) no trabalho ou na escola, do mesmo modo que pode realizá-las por uma conexão telefônica discada (uma rede de comutação de circuito) a partir de casa.

Um **aplicativo de rede sem conexão** não requer que uma conexão lógica seja feita antes da transferência de dados. Desse modo, um aplicativo sem conexão não garante a entrega de qualquer informação ou dado. Dados podem ser perdidos, atrasar ou mesmo ser duplicados. Nenhuma conexão que estabeleça ou encerre procedimentos é seguida, pois não há necessidade de criar uma conexão. Cada pacote é enviado como uma entidade única e não como parte de uma conexão de rede.

Um exemplo comum de aplicativo de rede sem conexão é o DNS, um programa que converte uma URL, como www.cs.depaul.edu, em um endereço IP. Quando você solicita uma página da web utilizando sua URL, nenhuma conexão é criada entre você e o sistema DNS. Você simplesmente clica no botão do navegador, e o DNS converte a URL da solicitação em um endereço IP e envia sua solicitação junto.

Aplicativos sem conexão não negociam uma conexão, e a transferência de dados é raramente, se tanto, confirmada. Além disso, se você enviar uma segunda solicitação de URL, ela não tem relação (em termos de rede) com a primeira. Como no caso de uma aplicação de rede orientada à conexão, a nuvem de rede subjacente de um aplicativo sem conexão, mais uma vez, não é relevante. Pode ser tanto uma rede de comutação de circuito quanto uma rede de comutação de pacote. Você pode enviar uma solicitação de URL do trabalho ou da escola por uma rede local (rede de comutação de pacote), do mesmo modo que pode fazê-lo de casa por uma conexão discada (rede de comutação de circuito).

Outro bom exemplo que ilustra a diferença entre redes orientadas à conexão e sem conexão é a relação entre o sistema telefônico e o serviço postal. Quando você liga para alguém, a pessoa vai atender ao telefone se ela estiver disponível. Quando a chamada for atendida, a conexão é estabelecida. A conversação continua, e quando uma das duas pessoas encerrar a conversa, um tipo de instrução de término é emitido, as duas partes desligam, e a conexão é encerrada (Figura 9-8). Desse modo, ao usar o sistema telefônico, você utiliza uma rede orientada à conexão que oferece um serviço confiável.

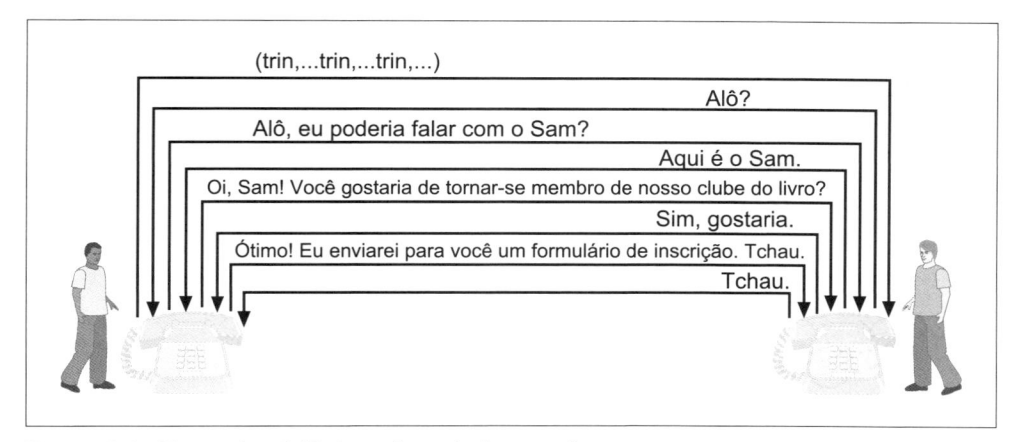

Figura 9-8 Chamada telefônica orientada à conexão.

Se você enviar uma carta comum a alguém pelos Correios, ela provavelmente será entregue, mas não há garantia. Também não há garantia de quando ela vai chegar. Se a carta for perdida, você não saberá, até que algum tempo passe e você comece a pensar, "Não recebi nenhuma notícia da Kathleen; será que ela recebeu minha carta?". O serviço postal, desse modo, funciona como uma rede sem conexão que oferece (sem querer ofender) um serviço não confiável. O serviço não confiável oferecido pela "rede" postal sem conexão requer que você realize ações adicionais se deseja assegurar que a carta seja entregue como desejado. Além disso, o responsável postal nunca sabe com certeza qual rota uma carta vai realizar pela rede postal. Em alguns casos, a correspondência é transportada por caminhão; em outros, é transportada por avião (Figura 9-9).

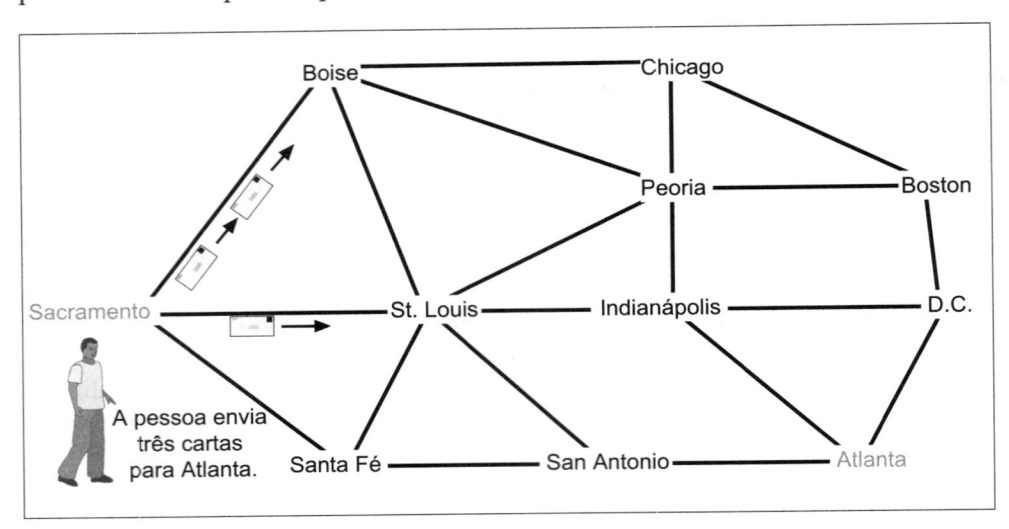

Figura 9-9 Rede postal sem conexão.

Roteamento

Lembre-se de que a nuvem de rede subjacente à rede de longa distância consiste de vários nós, cada um com várias conexões possíveis com outros nós dentro da rede. Cada nó é um roteador que aceita um pacote de entrada, examina o endereço de destino do pacote e encaminha o pacote a uma linha de comunicação específica. No caso de nós de múltiplos enlaces, pode haver um ou mais caminhos entrando em um nó, assim como um ou mais caminhos saindo de um nó. Se a maior parte dos nós na rede tiver várias entradas e saídas, várias rotas de um nó-fonte para um nó de destino podem existir. Ao examinar a Figura 9-10, você pode visualizar várias rotas possíveis entre os nós A e G: A-B-G, A-D-G, A-B-E-G e A-B-E-D-G, para relacionar somente algumas delas.

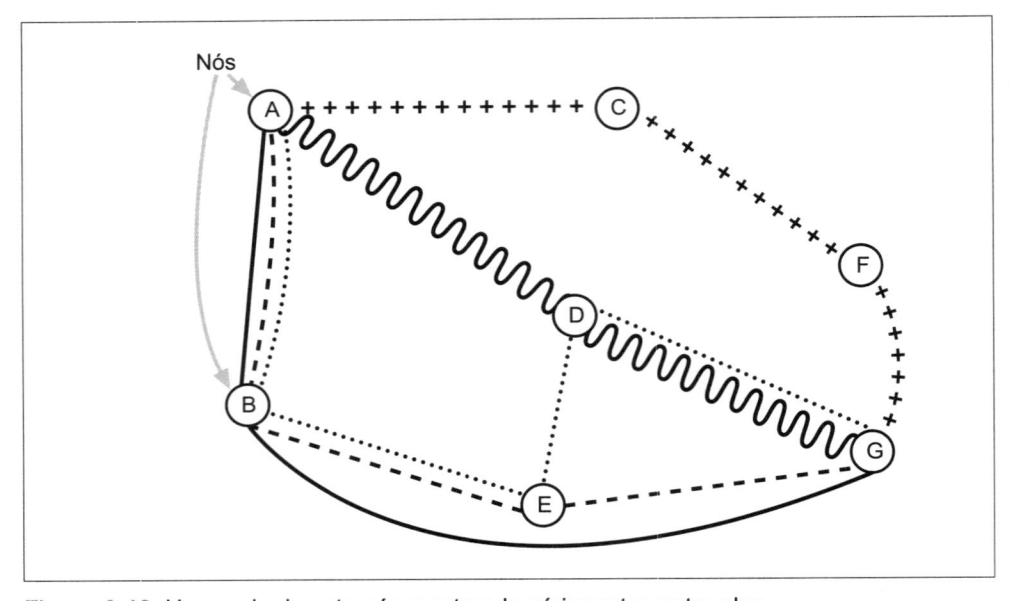

Figura 9-10 Uma rede de sete nós mostrando várias rotas entre eles.

Como é feito o roteamento por uma rede de longa distância? Considere a Internet um exemplo: é um grupo grande de redes, roteadores e linhas de comunicação (vários tipos de linhas telefônicas). Quando um pacote de dados entra em um roteador, ele examina o endereço IP encapsulado na camada de rede do pacote e determina para onde o pacote deve ir a seguir. Quando há várias rotas por uma rede como a Internet, como uma rota específica é selecionada? Embora o roteamento na Internet seja bastante complexo, é possível examinar as técnicas básicas de roteamento que todos os tipos de redes de longa distância utilizam. Mas tenha em mente que uma rede de longa distância não usa somente uma forma de roteamento. Os algoritmos de roteamento utilizados na Internet, por exemplo, são, na verdade, combinações de vários tipos de técnicas básicas de roteamento.

Para começar a entender a questão complexa do roteamento, é útil pensar na nuvem de rede como um grafo consistindo de vértices ou nós (computadores, roteadores ou comutadores telefônicos) e arestas (os enlaces de comunicação entre os nós) como mostrado na Figura 9-11. Nesse grafo de rede, pode ser atribuído um peso ou custo associado à aresta entre cada par de nós, como foi feito na Figura 9-11, para formar uma estrutura chamada **grafo ponderado de rede**.

Você pode atribuir vários significados aos pesos em um grafo ponderado de rede. Por exemplo, um peso pode corresponder ao custo em dinheiro para utilizar o enlace de comunicação entre dois nós. Um peso também pode representar o custo em tempo de retardo associado com a transmissão de dados por aquele enlace entre os nós fonte e destino. Outro fator que é comumente representado como um peso é o tamanho da fila acumulada de pacotes aguardando para serem transmitidos pelo enlace. Cada um desses pesos pode ser útil para determinar uma rota por uma rede.

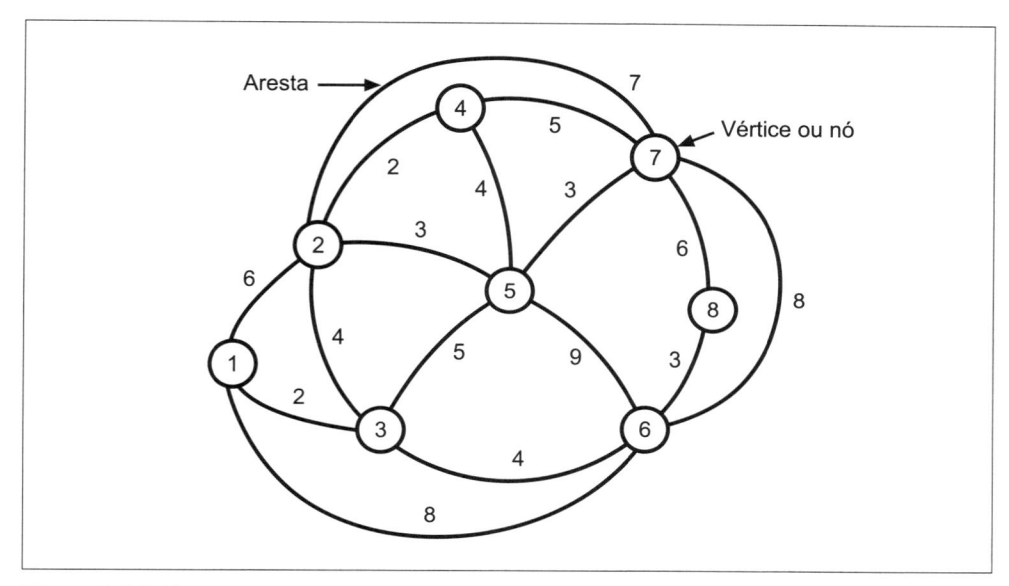

Figura 9-11 Um exemplo simples de um grafo de rede.

Uma vez que você considerar a nuvem de rede como um grafo e atribuir pesos aos caminhos entre nós, você pode desenvolver um algoritmo para percorrer a rede. Há, na verdade, vários algoritmos para selecionar um roteamento por uma rede. Com frequência, os algoritmos buscam uma rota eficiente por uma rede, mas há modos diferentes para definir "eficiente". Por exemplo, um algoritmo pode definir um roteamento eficiente como o que gera o menor custo financeiro. Outro algoritmo pode considerar o caminho com o menor tempo de retardo como sendo a rota eficiente. Um terceiro algoritmo pode definir a rota eficiente como a que tem os menores comprimentos de fila nos nós ao longo do caminho.

Alguns algoritmos utilizam critérios diferentes de eficiência. Por exemplo, eles podem tentar equilibrar a carga de rede por vários caminhos distintos. Outro tipo de algoritmo pode favorecer um tipo de tráfego em relação a outro, por exemplo, tráfego em tempo real em relação a tráfego sem exigência de tempo real. Um terceiro tipo pode tentar manter-se robusto, respondendo a demandas variáveis de rede conforme nós e enlaces de comunicação falham ou se congestionam. Um quarto tipo pode tentar permanecer estático e não alternar entre caminhos possíveis. Como você pode ver, o roteamento é um tema complexo. Para ter noção a respeito de roteamento em redes de longa distância, vamos examinar vários algoritmos de roteamento mais comumente usados (o algoritmo de custo mínimo de Dijkstra e inundação ou flooding) e várias técnicas de gerenciamento de informações de roteamento (roteamento centralizado e distribuído; adaptativo e fixo). A maior parte das redes de longa distância utiliza uma combinação dessas técnicas de roteamento para chegar a um algoritmo de roteamento que seja satisfatório, eficiente e robusto, mas ao mesmo tempo estável.

Algoritmo de custo mínimo de Dijkstra

Um método possível para selecionar uma rota por uma rede é escolher uma que reduza a soma dos custos de todos os caminhos de comunicação ao longo daquela rota. Um algoritmo clássico que calcula o caminho de menor custo por uma rede é o **algoritmo de custo mínimo de Dijkstra**. Esse algoritmo é executado por nó, e os resultados são armazenados no nó e às vezes compartilhados com outros nós. Como esse cálculo consome tempo, ele é feito somente periodicamente ou quando algo na rede muda, por exemplo, quando há uma falha de conexão ou de nó.

Analisemos um exemplo. A Figura 9-12 descreve a mesma nuvem de rede mostrada na Figura 9-10, mas modificada para incluir um conjunto arbitrário de custos associados em cada enlace. O caminho A-B-G tem um custo de 9 (2 + 7), A-D-G tem um custo de 10 (5 + 5) e o caminho A-B-E-G tem um custo de 8 (2 + 4 + 2). Para assegurar que encontre a rota de custo mínimo, você precisa utilizar um procedimento que calcula o custo para cada rota possível, começando de um nó específico. Embora o olho humano possa rapidamente identificar um caminho em um grafo de rede, há várias desvantagens na avaliação visual dos dados para encontrar uma solução:

- Você pode facilmente não enxergar um ou mais caminhos.
- Você pode não encontrar o caminho de custo mínimo.
- Redes de longa distância nunca são tão simples quanto a rede na Figura 9-12; desse modo, a avaliação visual dos dados pode não ser um procedimento sustentável no que diz respeito à confiabilidade e ao longo prazo.

A maior parte das redes de longa distância utiliza alguma forma de algoritmo de Dijkstra para determinar uma rota de custo mínimo por uma rede, seja esse custo medido em tempo ou dinheiro. Para saber mais sobre como esse algoritmo funciona, veja o artigo intitulado "Understanding Dijkstra's Algorithm" no acompanhamento on-line desse texto ou no site do autor na web: *facweb.cs.depaul.edu/cwhite*.

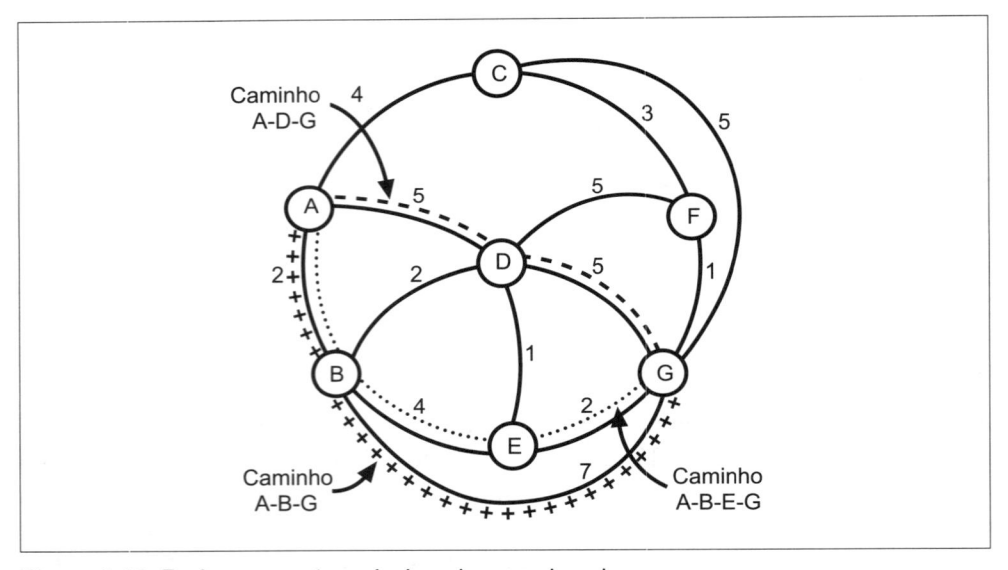

Figura 9-12 Rede com custos relacionados a cada enlace.

Inundação (Flooding)

Comparada com o algoritmo de roteamento de custo mínimo de Dijkstra, a técnica de inundação (flooding) parece simples. A inundação afirma que cada nó pega o pacote de entrada e o retransmite em cada enlace de saída. Por exemplo, suponha que um pacote se origina do nó A, como mostrado na Figura 9-13. O nó A simplesmente transmite uma cópia do pacote em cada um dos enlaces de saída. Assim, uma cópia do pacote (a primeira cópia, ou cópia 1) é enviada para os nós B, C e D.

Quando um pacote chega ao nó B, esse nó simplesmente transmite uma cópia do pacote para cada um de seus nós de saída (D, E e G). Do mesmo modo, o nó C vai transmitir uma cópia do pacote para cada um de seus nós de saída (F e G). O nó D também vai transmitir uma cópia do pacote para cada um de seus nós de saída (B, E, F e G). A Figura 9-14 mostra as segundas cópias dos pacotes que saem dos nós B, C e D. Deve ser fácil perceber que a rede será inundada rapidamente por cópias do pacote de dados original.

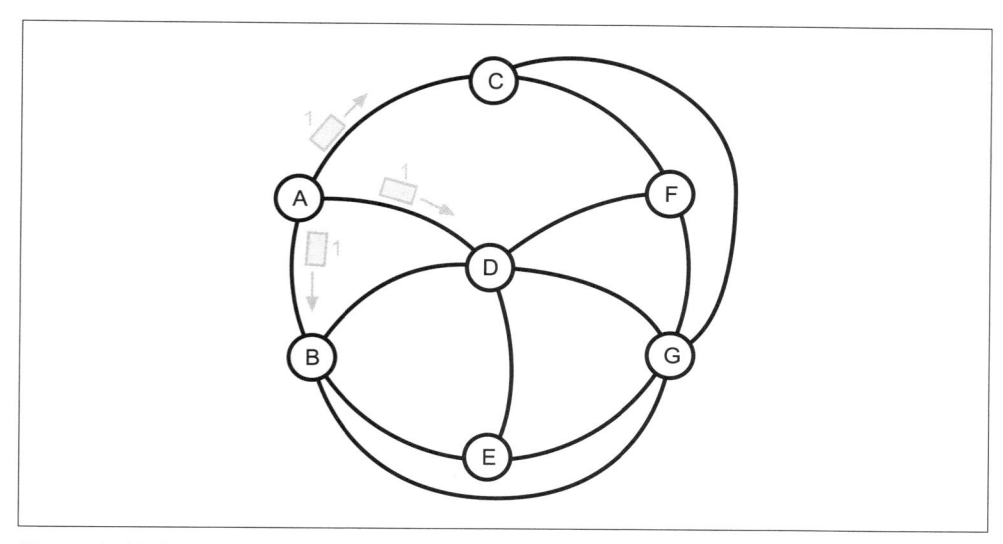

Figura 9-13 Rede com inundação, começando pelo nó A.

Para evitar que a quantidade de pacotes copiados se torne excessiva, duas regras de senso comum podem ser estabelecidas. Primeiro, um nó não precisa enviar uma cópia do pacote de volta ao enlace pelo qual o pacote acabou de chegar. Assim, quando o nó A envia uma cópia do pacote para o nó C, o nó C não precisa enviar uma cópia imediatamente para o A.

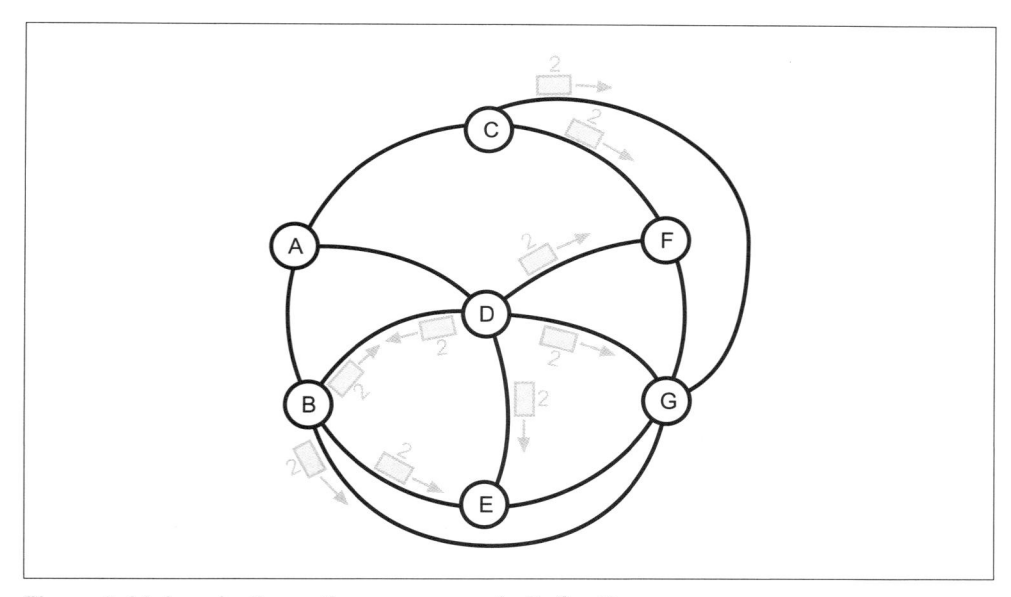

Figura 9-14 Inundação continuou para os nós B, C e D.

Segundo, um limite de rede, chamado **limite de saltos**, pode ser relacionado ao número de vezes que um pacote é copiado. Cada vez que um pacote é copiado, um contador associado ao pacote aumenta em 1. Esse contador é chamado **contagem de saltos**. Quando a contagem iguala o limite de saltos, esse pacote específico não será mais copiado. Por exemplo, suponha que a rede tenha um limite de saltos de 3. Quando o nó A envia pela primeira vez cópias para B, C e D, cada uma das três cópias tem uma contagem de 1. Quando o pacote chega ao nó C, cópias com contagem de salto de 2 serão enviadas para F e G (Figura 9-14). Quando a cópia chegar ao nó F, duas cópias com contagem de saltos de 3 serão transmitidas para D e G, e os pacotes que chegarem em D e G com contagem de saltos de 3 não seguirão adiante.

Embora inundação pareça ser um modo estranho de fazer a rota por uma rede, o procedimento tem seus méritos. Se uma cópia de um pacote tem de ser enviada a um nó específico, inundação vai colocá-la lá, desde que, obviamente, haja pelo menos um enlace ativo no nó receptor e o limite de saltos de rede não esteja configurado em um valor muito baixo. A inundação também é vantajosa quando uma cópia de pacote precisa chegar a todos os nós, por exemplo, quando informações de emergência ou de inicialização de rede forem enviadas. A maior desvantagem de inundação é o alto número de pacotes copiados distribuídos pela rede.

Roteamento centralizado *versus* distribuído

Roteamento centralizado e distribuído não são tanto algoritmos de roteamento de pacotes de dados por uma rede, mas técnicas para disponibilizar informações de roteamento. O **roteamento centralizado** envolve armazenamento de informações de roteamento em um local central (Tabela 9-2). Quando um roteador em uma rede precisa de informações de roteamento, esse local central é pesquisado e os resultados são retornados. Por exemplo, se um pacote chegar ao nó A e for destinado ao nó G, a Tabela 9-2 entende que ele deve ser enviado para o nó B em seguida. Hoje em dia, o roteamento centralizado é raramente utilizado em redes de longa distância. Em vez disso, a maior parte das redes de longa distância agora usa roteamento distribuído. O **roteamento distribuído** é uma

Tabela 9-2 Tabela de roteamento mantida em um local centralizado de rede.

		Nó de destino						
		A	B	C	D	E	F	G
Nó de origem	A	-	B	C	B	B	C	B
	B	A	-	A	D	D	D	D
	C	A	A	-	A	F	F	F
	D	B	B	F	-	E	E	E
	E	D	D	G	D	-	G	G
	F	C	G	C	G	G	-	G
	G	E	E	F	E	E	F	-

Detalhes

RIP

Consideremos o exemplo a seguir de como funciona o protocolo de informações de roteamento (RIP). Suponha que o roteador A tenha conexões com quatro redes (123, 234, 345 e 789) e tenha a seguinte tabela atual de roteamento:

Rede	Custo em saltos	Próximo roteador
123	8	B
234	5	C
345	6	C
789	10	D

Tabela 9-4 Tabela de roteamento atual para o roteador A

Agora suponha que o roteador D envia as seguintes informações de roteamento (observe que o roteador D não enviou a informação de "próximo roteador", porque cada roteador vai determinar essa informação por si mesmo):

Rede	Custo em saltos
123	4
345	5
567	7
789	10

Tabela 9-5 Informações de roteamento enviadas pelo roteador D

técnica que utiliza um algoritmo de roteamento, como algoritmo de custo mínimo, para gerar informações de roteamento e determinar que essas informações sejam armazenadas (na forma de tabelas de roteamento) em locais distribuídos – tipicamente roteadores – na rede. Quando um pacote de dados entra na rede pelo nó *x*, esse nó consulta sua própria tabela de roteamento para determinar o nó seguinte que deve receber o pacote. Nesse esquema, cada nó precisa de informações de roteamento somente para seu próprio local. Por exemplo, a tabela de roteamento para o nó C deve ser a Tabela 9-3. A partir dessa tabela, você pode ver que, se um pacote de dados chega ao nó C e é destinado ao G, o pacote deve ser enviado para o nó F em seguida (quando o pacote chegar ao nó F, a tabela de roteamento do F terá de ser examinada para o próximo salto no caminho).

Tabela 9-3 Tabela de roteamento local para o nó C.

		Nó de destino						
		A	B	C	D	E	F	G
Nó de origem	C	A	A	-	A	F	F	F

Uma das principais vantagens do roteamento distribuído é que nenhum nó sozinho (ou roteador central) é responsável pela manutenção de todas as informações de roteamento. Essa situação resulta em vários benefícios. Primeiro, se um nó falha, ele provavelmente não vai desabilitar toda a rede. Segundo, um nó não precisará enviar uma solicitação a um roteador central, porque cada nó tem sua própria tabela. Ao (1) eliminar os pacotes de solicitação que, no roteamento centralizado, são transmitidos ao nó que sustenta a tabela de roteamento e (2) eliminar os pacotes resultantes que saem do nó de tabela de roteamento, o roteamento distribuído elimina muito tráfego de dados que um esquema de roteamento centralizado pode gerar.

Uma desvantagem do roteamento distribuído está relacionada aos problemas que surgem se as tabelas de roteamento precisarem ser atualizadas. Quando todas as informações de roteamento estão em um local (isto é, em

O roteador A vai olhar cada registro na tabela do roteador D e tomar as seguintes decisões:

1. O roteador D diz que a rede 123 está a 4 saltos (do roteador D). Como o roteador D está a 1 salto do roteador A, a rede 123 está, na verdade, a 5 saltos do roteador A. Isso é melhor que o registro atual de 8 saltos na tabela do roteador A, então o roteador A vai atualizar o registro para a rede 123.

2. O roteador D diz que a rede 345 está a 6 saltos (5 saltos do roteador D mais 1 salto entre o roteador A e o D). Essa é, atualmente, a mesma contagem de saltos exibida na tabela do roteador A para a rede 345, então o roteador A não vai atualizar sua tabela.

3. O roteador D diz que a rede 567 está a 8 saltos (7 saltos do roteador D mais 1 salto entre o roteador A e o D). Como o roteador A não tem informação sobre a rede 567, o roteador A vai acrescentar essa entrada em sua tabela. E como a informação vem do roteador D, o registro de próximo roteador para a rede 567 a partir do roteador A é configurado para o D.

4. O roteador D diz que a rede 789 está a 11 saltos (10 do roteador D mais 1 entre o A e o D), que é pior que

o valor na tabela do roteador A. Como as informações antiga e atual vêm do mesmo roteador, a tabela precisa ser atualizada com o novo valor.

A tabela de roteamento do roteador A vai, assim, ter a seguinte aparência:

Rede	Custo em saltos	Próximo roteador
123	5	D
234	5	C
345	6	C
567	8	D
789	10	D

Tabela 9-6 Tabela de roteamento atualizada para o roteador A

O roteador agora tem uma tabela de roteamento atualizada (baseada nas informações enviadas pelo roteador D). Ele encontrou um caminho mais curto para a rede 123 por meio do roteador D e percebeu que a rede 567 está a 8 saltos de si próprio.

uma única tabela), é simples fazer atualizações. Quando as informações estão dispersas pela rede, colocar as informações adequadas de roteamento a cada nó é um problema complexo. Outra consequência de armazenar informações de roteamento em vários locais é que, em um ponto específico, pode haver uma ou mais tabelas de roteamento que contenham informações antigas ou incorretas.

Roteamento adaptativo *versus* fixo

Roteamento centralizado e roteamento distribuído são métodos de enviar informações de roteamento. Eles são tipicamente utilizados em conjunto com alguma forma de algoritmo de roteamento de baixo custo. Independentemente se as informações de roteamento são centralizadas ou distribuídas, quando as redes mudam, as informações de roteamento precisam mudar também.

Quando tabelas de roteamento se adaptam às mudanças na rede, o sistema de roteamento é chamado de adaptativo. O **roteamento adaptativo** é uma técnica dinâmica na qual as tabelas de roteamento reagem a flutuações da rede, como congestionamento e falha de nó/enlace. Ao ocorrer um problema na rede com roteamento adaptativo, as informações adequadas são transmitidas para as tabelas de roteamento, e novas rotas que evitam as áreas problemáticas são criadas. O roteamento adaptativo levanta algumas questões e problemas: com que frequência as informações devem ser compartilhadas, e com que frequência as tabelas de roteamento devem ser atualizadas? Quanto tráfego adicional é gerado por mensagens que transmitem informações de roteamento?

Infelizmente, o roteamento adaptativo pode causar congestionamento na rede. Cada vez que a rede sofre uma mudança no congestionamento, informações sobre essa mudança são transmitidas a um ou mais nós. A transmissão dessas informações altera o congestionamento, e possivelmente o piora. Além do mais, se a rede reage muito rapidamente a um aumento de congestionamento e refaz o roteamento de todo o tráfego para um caminho diferente, ela pode causar problemas de congestionamento em uma área diferente. A rede pode então detectar o congestionamento nessa área diferente e possivelmente refazer o roteamento de todo o tráfego em direção à primeira área problemática. O vai e vem do roteamento produz um efeito ioiô, que afeta a estabilidade da rede e diminui a eficiência.

Detalhes

OSPF

Para que o OSPF administre o roteamento de modo eficiente, um sistema (ou rede ou grupo de redes) é dividido em áreas. Uma área pode ser um grupo de redes, roteadores e hosts. Todos os roteadores em uma área inundam todos os outros roteadores na mesma área com suas informações. Roteadores especiais chamados roteadores de fronteira de área interconectam duas ou mais áreas. Uma área é selecionada como backbone, e todas as outras áreas devem se conectar a essa área backbone. Os roteadores dentro do backbone são chamados roteadores backbone.

Diferentemente do RIP, no qual o custo associado com a movimentação por uma rede é simplesmente o número de saltos de roteador, o OSPF pode utilizar qualquer métrica atribuída por um administrador de rede (embora o uso de um carimbo de data/hora como métrica seja comum). Do mesmo modo, cada roteador inunda outros roteadores em sua área com suas informações somente quando algo na rede muda. Assim, comparado com o RIP, que transmite pacotes a cada 30 segundos, o OSPF transmite poucos pacotes de informações de roteamento.

Anúncios de estado de enlace são os pacotes de informação de roteamento que são passados entre roteadores. Mais precisamente, as informações de roteamento são semelhantes a uma imagem instantânea do estado atual de todos os enlaces de roteador (para outras redes) que estão conectados àquele roteador. De acordo com o OSPF, há quatro tipos de enlaces de roteador. O primeiro tipo é um enlace ponto a ponto, que é uma conexão simples entre dois roteadores. O segundo, um enlace temporário, é uma rede com vários roteadores conectados a ele. O terceiro tipo de enlace é um stub, no qual há somente um roteador na rede. O quarto tipo de enlace é o virtual. Um enlace virtual é criado por um administrador quando um enlace entre dois roteadores falha. Quase certamente, o enlace virtual passa por vários roteadores. Uma vez que o roteador reúne todos os anúncios de estado de enlace, ele utiliza o algoritmo de custo mínimo de Dijkstra para computar a rota mais eficiente para todas as outras redes. Desse modo, o OSPF é um protocolo dinâmico que pode ajustar tabelas de roteamento de nós conforme novas informações se tornam disponíveis.

O oposto de roteamento adaptativo é o roteamento fixo. Com o roteamento fixo, as tabelas de roteamento são criadas uma vez, geralmente quando a rede é instalada, e nunca mais são atualizadas. Embora esse método seja simples e elimine a necessidade de os roteadores conversarem um com o outro (evitando, assim, tráfego extra), também podem produzir redes com informações desatualizadas e consequentemente roteamento ineficiente ou lento. É discutível se o roteamento fixo ainda existe em redes de longa distância (ou, ainda, em outro tipo de rede).

Exemplos de roteamento

A Internet é abordada em detalhes no Capítulo 10, mas vamos examinar rapidamente dois dos algoritmos de roteamento que foram utilizados na Internet nesses anos. Ao examinar esses algoritmos, você verá como um protocolo de roteamento na vida real é composto, na verdade, de vários algoritmos e técnicas apresentados nas seções anteriores.

O primeiro algoritmo de roteamento usado na Internet (quando ainda era chamada de Arpanet) foi denominado um algoritmo de roteamento de vetor de distância. O algoritmo de roteamento de vetor de distância era um algoritmo adaptativo no qual cada nó mantinha uma tabela de roteamento chamada vetor. Como cada nó mantinha sua própria tabela, o algoritmo de roteamento também era um algoritmo distribuído. A cada 30 segundos, cada nó trocava seu vetor com seus vizinhos. Quando todos os vetores de seus vizinhos chegavam, um nó atualizava seu próprio vetor com os valores de custo mínimo de todos os vizinhos. Esse algoritmo adaptativo distribuído tinha o nome formal de **protocolo de informações de roteamento** (RIP). Tal protocolo tinha dois efeitos colaterais ruins. O primeiro era que as boas notícias (informações de roteamento que indicavam um caminho mais curto) se moviam relativamente lentas pela rede em um roteador de cada vez. O segundo efeito era que as más notícias, como uma falha de roteador ou enlace, com muita frequência se moviam ainda mais lentamente pela rede.

O próximo protocolo de roteamento que era implantado na Internet (por volta de 1979) é chamado algoritmo de roteamento por estado de enlace. O roteamento por estado de enlace essencialmente envolve quatro etapas. A primeira é medir o retardo ou custo para cada roteador vizinho. Por exemplo, cada roteador pode enviar um pacote de eco especial que retorna quase imediatamente. Se um carimbo de hora/data fosse colocado no pacote conforme ele sai e volta, o roteador saberia o tempo de transferência para um roteador vizinho. A segunda etapa é construir um pacote de estado de enlace que contém todas essas informações de tempo. A terceira etapa é distribuir os pacotes de estado de enlace por inundação. Além de utilizar a inundação, o algoritmo de roteamento por estado de enlace é um algoritmo distribuído. A quarta e última etapa é computar novas rotas baseadas nas informações atualizadas. Uma vez que um roteador agrupa um conjunto completo de pacotes de estado de enlace de seus vizinhos, ele cria uma tabela de roteamento, geralmente usando o algoritmo de custo mínimo de Dijkstra. O **protocolo aberto caminho mais curto primeiro (OSPF)** é um algoritmo de estado de enlace e ainda é utilizado por muitos roteadores de Internet. Para saber mais sobre esse algoritmo, consulte a seção Detalhes, chamada "OSPF".

Agora que sabemos como os dados são roteados em uma rede, precisamos analisar o efeito colateral de rotear dados demais de uma vez – congestionamento.

Congestionamento de rede

Quando uma rede ou parte de uma rede se torna tão saturada com pacotes de dados que a transferência de pacotes é visivelmente impedida, ocorre o **congestionamento de rede**. O congestionamento pode ser um resultado de um problema de curto prazo, como uma falha temporária de enlace ou nó, ou pode ser resultado de um problema de longo prazo, como um planejamento inadequado com relação a necessidades futuras de tráfego ou tabelas e algoritmos de roteamento mal desenvolvidos. Como em várias coisas na vida, a rede é tão forte quanto seu enlace mais fraco. Se desenvolvedores de rede pudessem se planejar para o futuro, o congestionamento de rede existiria em casos bem raros. Mas o mercado de computação, como a maioria dos outros mercados, está recheado de exemplos de falhas no planejamento adequado para o futuro. Redes de computadores passarão por congestionamento, e nenhuma quantidade de planejamento pode evitar essa situação. Desse modo, é importante considerar técnicas de prevenção e gestão de congestionamento efetivas.

Problemas associados ao congestionamento de rede

As redes sofrem congestionamento por várias razões. Uma falha de rede – falha no enlace de comunicação entre nós, ou falha do próprio nó – pode levar ao congestionamento da rede. Se a rede não puder detectar rapidamente o ponto de falha nem fazer o roteamento dinamicamente em torno desse ponto, pode sofrer uma faixa ampla de problemas de congestionamento, de uma diminuição de velocidade de um enlace individual até um colapso total da rede. Mesmo se a rede fosse iniciar o processo de refazer o roteamento, ainda poderia sofrer congestionamento porque um caminho de rede a menos estaria disponível. Mas a falha de enlace de comunicação e nó não são as únicas causas do congestionamento. Espaço em buffer insuficiente para um nó em uma rede pode causar congestionamento de rede. Não é incomum ter centenas ou mesmo milhões de pacotes que chegam a um nó de rede a cada segundo. Se o nó não puder processar os pacotes de maneira suficientemente rápida, os pacotes de entrada começarão a acumular em um espaço em buffer. Quando os pacotes permanecem em um buffer por uma quantidade grande de tempo, a vazão da rede começa a apresentar problemas. Se o roteamento adaptativo é utilizado, esse congestionamento pode ser reconhecido, e tabelas de roteamento atualizadas podem ser enviadas aos nós apropriados (ou o local central de roteamento). Mas alterar as tabelas de roteamento para deter o congestionamento pode ser uma solução temporária, se for uma solução mesmo. O que é necessário é uma solução mais permanente. Duas soluções possíveis seriam aumentar a velocidade do processador de nós responsável por processar os pacotes de dados de entrada e aumentar a quantidade de espaço em buffer no nó. Infelizmente, ambas podem gastar uma quantidade grande de tempo e dinheiro na implantação. Talvez alternativas menos custosas sejam possíveis.

O que acontece se o espaço em buffer estiver completamente cheio e um nó não puder aceitar nenhum pacote extra? Em vários sistemas, pacotes que chegam após o espaço em buffer estar completo são descartados. Embora essa não seja uma solução muito elegante, ela resolve, momentaneamente, o problema de excesso de pacotes. Infelizmente, é como um remédio ruim que trata dos sintomas, não da doença. O que é necessário é uma solução que reaja rapidamente ao congestionamento de rede e enfrente o problema real – pacotes demais. Examinemos várias soluções possíveis que foram sugeridas ou testadas nos últimos anos.

Soluções possíveis ao congestionamento

Soluções para congestionamento de rede geralmente dividem-se em duas categorias diferentes. A primeira categoria contém soluções que são implantadas após a ocorrência do congestionamento. A segunda categoria contém técnicas que tentam evitar o congestionamento antes que ele aconteça. Vamos supor que o congestionamento já tenha ocorrido e examinar a primeira categoria de soluções. A maioria, se não todas as soluções da primeira categoria, envolve ordenar que a estação transmissora diminua a velocidade ou pare sua transmissão de pacotes na rede. Por exemplo, se uma aplicação na rede de repente percebe que seus pacotes estão sendo descartados, a aplicação pode informar a estação transmissora para diminuir a velocidade até aviso em contrário. Como a aplicação está simplesmente observando sua própria vazão e não depende de nenhum tipo especial de sinais vindos da rede, isto é chamado **controle implícito de congestionamento**.

Frequentemente, entretanto, a própria rede envia um ou mais sinais a uma estação transmissora, informando-a para diminuir a velocidade ou parar sua inserção de pacotes na rede. Quando a rede sinaliza para a estação transmissora diminuir a velocidade, ela é chamada **controle explícito de congestionamento**. Como exemplo, considere o frame relay (discutido mais detalhadamente no Capítulo 11), que é projetado para utilizar duas técnicas de controle explícito de congestionamento: notificação explícita progressiva e regressiva de congestionamento. Com a **notificação explícita progressiva de congestionamento (FECN)**, quando um roteador de frame relay sofre congestionamento, ele envia o sinal (dentro dos quadros de dados) para a estação de destino que, por sua vez, ordena que a estação originária diminua a velocidade da transferência de dados. Com a notificação explícita regressiva de congestionamento (BECN), o roteador de frame relay que sofre congestionamento envia um sinal de volta à estação originária, que por sua vez diminui a velocidade de sua transmissão.

Outros métodos de controle de congestionamento são baseados em técnicas mais simples como os métodos de controle de fluxo apresentados no Capítulo 6. O controle de fluxo na camada de enlace de dados permite que dois nós adjacentes controlem a quantidade de tráfego que passa entre eles. Quando o espaço em buffer de um nó fica cheio, o nó receptor informa o nó transmissor para diminuir ou parar a transmissão até aviso contrário. Veremos no Capítulo 11 como a Internet administra controle de fluxo ponta a ponta utilizando o software TCP. Como no controle de fluxo nó a nó na camada de enlace de dados, o receptor no controle de fluxo ponta a ponta devolve um valor ao transmissor informando-o para manter a velocidade atual, diminuir ou parar a transmissão de pacotes.

Consideremos, agora, a segunda categoria de técnicas de controle de congestionamento – aquelas que tentam prevenir o congestionamento antes de ele acontecer. O antigo ditado "mais vale prevenir do que remediar" certamente se aplica a redes de computadores. Evitar congestionamento não somente leva a menos pacotes perdidos e atrasados, como também a clientes mais satisfeitos. Uma solução possível para controlar o fluxo de pacotes entre dois nós é a pré-alocação de buffer. Na **pré-alocação de buffer**, antes de um nó enviar uma série de *n* pacotes para outro nó, o nó transmissor pergunta antecipadamente se o nó receptor tem espaço suficiente em buffer para os *n* pacotes. Se o nó receptor tem espaço suficiente em buffer, ele separa *n* buffers e informa o nó transmissor para começar a transmissão. Embora esse esquema geralmente funcione, ele introduz passagem de mensagem extra, retardos adicionais e possível espaço desperdiçado em buffer se todos os *n* pacotes não forem enviados. Mas a alternativa – descarte de pacotes em virtude de espaço insuficiente em buffer – é pior.

Tecnologias mais recentes de rede, como o modo de transferência assíncrona (ATM), que é discutido mais detalhadamente no Capítulo 11, abordam o congestionamento de maneira bastante séria. Como as redes ATM transferem dados a velocidades muito altas, o congestionamento pode acontecer de modo bem rápido e devastador. Por isso, é extremamente importante impedir sua ocorrência.

O ATM utiliza uma técnica de prevenção de congestionamento que parece funcionar bem. Essa técnica – **controle de admissão de conexão** – evita o congestionamento ao exigir que os usuários negociem com a rede quanto tráfego eles enviam, ou que recursos a rede deve disponibilizar para satisfazer as necessidades do usuário antes de ele enviar qualquer dado. Se a rede não puder satisfazer as demandas do usuário, a conexão do usuário é negada. Ao negociar a viabilidade de uma conexão, os usuários e redes devem resolver questões como as seguintes:

- Qual é a taxa de bits média (ou constante) na qual um usuário vai transmitir?
- Qual é o pico médio da taxa de bits na qual um usuário vai transmitir?
- Em que taxa uma rede pode começar a descartar pacotes no caso de congestionamento?
- Qual é a taxa de bits média que a rede pode disponibilizar?
- Qual é o pico médio da taxa de bits que a rede pode disponibilizar?

Várias redes relacionam essas questões com a qualidade de serviço (QoS), um conceito no qual um usuário e a rede concordam com um nível específico de serviço (diretrizes aceitáveis para a transferência adequada de dados). Por exemplo, um usuário que requer uma conexão rápida em tempo real para suportar vídeo ao vivo vai negociar com a rede por uma qualidade de serviço específica. Se a rede pode oferecer tal nível de qualidade, um contrato é firmado, o usuário é cobrado por ele e uma conexão é estabelecida. Se um segundo usuário requer uma conexão mais lenta para e-mail, um diferente nível de qualidade é acordado, e essa conexão é estabelecida. Muito frequentemente, esses contratos entre o prestador de serviços e o usuário são formalizados em um **acordo de nível de serviço**, um documento por escrito, legalmente vinculativo, que pode incluir parâmetros de serviço oferecidos, vários tipos de serviço/opções de suporte, incentivos se os níveis de serviço são superados e penalidades se níveis de serviço não forem atendidos.

Infelizmente, apenas uma tecnologia de rede suporta com sucesso o controle de admissão de conexão e qualidade de serviço, e é o modo de transferência assíncrona. A maior parte dos sistemas ATM pode oferecer uma faixa de serviços desde taxa de dados constantes em alta velocidade até taxa de bits de velocidade baixa por demanda. CSMA/CD, o protocolo mais popular de LAN, não oferece níveis de serviço diferentes, nem a Internet, com seus protocolos TCP e IP (como veremos no próximo capítulo, entretanto, o protocolo de Internet mais novo, IPv6, inclui algum tipo de identificação para permitir conexões especificadas pelo cliente). Esperamos que, no futuro, tenhamos protocolos novos ou atualizados que contenham alguma forma de qualidade de serviço.

Agora que abordamos todos os detalhes técnicos necessários de WANs, analisemos um exemplo corporativo.

WANs em ação: Estabelecimento de conexões de internet

O acesso à World Wide Web pela Internet é tão banal hoje em dia, que é fácil esquecer que há pouco tempo ele era considerado um avanço tecnológico notável. Muitas pessoas têm um computador pessoal em casa e conectam-se à Internet por um provedor de serviço de Internet (ISP) ou linha telefônica padrão, modem a cabo ou serviço DSL. Se você é um estudante matriculado em um curso de graduação, provavelmente tem acesso à Internet pela faculdade e seus laboratórios de computadores do campus. Do mesmo modo, vários colaboradores corporativos têm acesso à Internet por uma rede corporativa local, que permite que eles façam o download de páginas da web. Embora o resultado seja o mesmo – alguém visualizando páginas da web – os tipos subjacentes de nuvens de rede e conexões podem variar, dependendo se você estiver navegando na web de casa, da escola ou do trabalho. Examinemos os diferentes tipos de nuvens de rede que suportam aplicações comumente encontradas na Internet.

Conexão residência-internet

Consideremos o primeiro cenário, no qual você se conecta à Internet de casa. Embora a maioria dos usuários que se conectam à Internet de casa utilize DSL ou modem a cabo, ainda há usuários que se conectam à Internet usando um modem discado e um serviço telefônico padrão. Para iniciar o serviço discado, o software de comunicação do seu computador pessoal disca para um (espera-se) número de telefone local, e o sistema telefônico local cria uma conexão dedicada de comutação de circuito entre seu modem e seu ISP (Figura 9-15).

Quando um usuário que opera um navegador clica em um link, o HTTP (protocolo de transferência de hipertexto) cria uma ou mais conexões entre o navegador do usuário e o servidor que mantém a página da web solicitada. Ao utilizar essas conexões, o servidor transmite várias partes da página solicitada, como texto, gráfico, links, JavaScript ou aplicativos Java. Quando a última parte da página solicitada for transmitida, a última conexão é terminada. Isso é basicamente como uma aplicação orientada à conexão executa em uma rede de comutação de circuito.

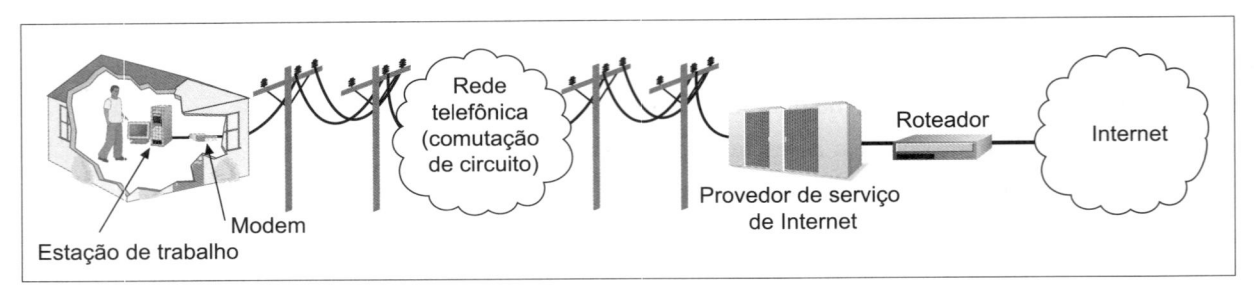

Figura 9-15 Usuário em casa utilizando uma linha telefônica discada (rede de circuito comutado) para operar uma aplicação orientada à conexão (navegador web).

Suponha que, ao navegar pela web, o usuário digita uma URL em seu navegador. O sistema DNS tem de converter a URL em um endereço IP. O sistema DNS, como você deve lembrar, é sem conexão. O DNS transmite a solicitação de URL sem informar primeiro ao receptor que uma mensagem está chegando, e o sistema DNS também não espera por uma resposta (uma confirmação da solicitação). Quando a solicitação de URL transita pela linha telefônica entre uma residência e um provedor de serviço de Internet, você tem uma aplicação sem conexão operando em uma rede de comutação de circuito. Quando a solicitação de URL passa do provedor de serviço para as redes de comutação de pacote da Internet, você tem uma aplicação sem conexão operando por uma rede de comutação de pacote.

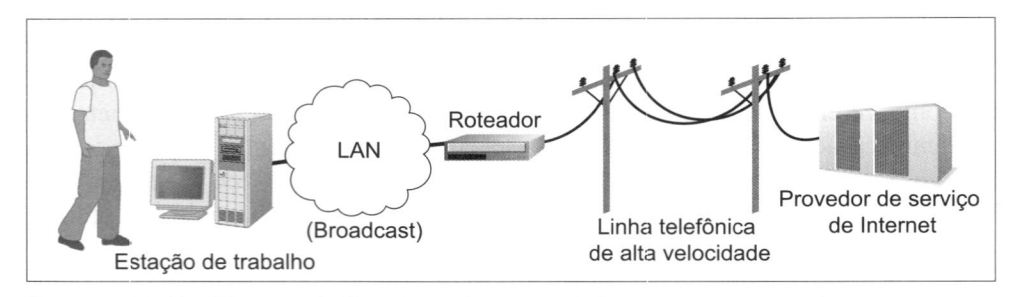

Figura 9-16 Usuário no trabalho utilizando uma rede local para acessar a internet.

Conexão trabalho-internet

Agora suponhamos que você esteja no trabalho e utilizando o sistema de computadores da empresa (esse cenário seria bastante similar àquele no qual você estava na escola usando a conexão à Internet do campus). Muito provavelmente, sua estação de trabalho está conectada a uma rede local, que se conecta a um roteador, que então se conecta ao ISP por uma linha telefônica de alta velocidade contratada, como T-1 (Figura 9-16).

Por razões de simplicidade, suponhamos que a rede local de sua empresa seja baseada em hub. Lembre-se de que a rede local baseada em hub é uma rede broadcast. Não utiliza comutação de circuito ou pacote. Em vez disso, os dados (a solicitação de página da web ou URL) são empacotados em um quadro e difundidos por um meio até um roteador (observe, entretanto, que, se a rede local fosse baseada em comutação, ela agiria mais como uma rede de longa distância de comutação de pacote). O roteador reconhece o endereço de destino e determina que o quadro tem de deixar a rede da empresa e percorrer a linha telefônica de alta velocidade para o servidor de serviço de Internet. Nesse caso, a linha telefônica de alta velocidade é uma linha T-1. Os dados percorrem a T-1 e chegam ao provedor de serviço de Internet. Um roteador no provedor de serviço de Internet olha para o pacote de dados e determina se ele tem de ser enviado por uma linha de alta velocidade para outro local em algum ponto do país. Nós não sabemos que tipo de linha ou serviço de alta velocidade vai transportar nossos dados, por essa razão vamos simplesmente dizer que é um tipo de rede de comutação de pacote. Assim, se o usuário estiver navegando pela web (uma aplicação de rede orientada à conexão) ou solicitar que uma URL seja convertida para um endereço IP (uma aplicação de rede sem conexão), a aplicação está percorrendo uma rede broadcast, próxima de uma conexão T-1, e então por uma rede de comutação de pacote pela Internet.

Esses exemplos mostram como aplicações de rede orientadas à conexão e sem conexão podem operar por redes de comutação de pacote, broadcast e comutação de circuito.

RESUMO

- Uma rede que se expande por uma área metropolitana e tem altas taxas de dados, alta confiabilidade e pouca perda de dados é chamada de rede metropolitana (MAN). Várias das mesmas tecnologias e protocolos de comunicação encontrados nas redes locais (e redes de longa distância) são utilizados para criar redes metropolitanas.

- Redes metropolitanas são baseadas em backbones Sonet ou Ethernet. Backbones Sonet consistem de anéis de fibra óptica, enquanto backbones de Ethernet são redes em malha.

- Um serviço Metro Ethernet disponibiliza uma interface Ethernet para uma empresa e pode transferir dados a taxas altas por áreas metropolitanas.

- Redes de longa distância cobrem áreas geográficas mais amplas que redes locais e metropolitanas e são baseadas em sub-redes físicas potencialmente diferentes, ou nuvens de rede: comutação de circuito, comutação de pacote e broadcast.

- Uma rede de comutação de circuito cria um circuito dedicado entre transmissor e receptor, e todos os dados passam por esse circuito.

- Uma rede de comutação de pacote transmite pacotes de tamanho fixo de dados chamados pacotes. Redes de comutação de pacote dividem-se em duas subcategorias: redes por datagrama e redes por circuito vital. A rede de comutação de pacote por datagrama transmite cada pacote independentemente de qualquer outro pacote. Cada pacote é considerado uma entidade isolada e não é parte de um grupo mais amplo de pacotes. A rede de comutação de pacote por circuito virtual cria um circuito virtual utilizando tabelas de roteamento e transmite todos os pacotes que pertencem a uma conexão específica por esse circuito virtual.

- Uma rede broadcast transmite seus dados para todas as estações de trabalho ao mesmo tempo. Redes broadcast são mais frequentemente utilizadas em redes locais que em redes de longa distância.

- A aplicação de rede que utiliza uma rede pode ser orientada à conexão ou sem conexão. Uma aplicação de rede orientada à conexão disponibiliza uma garantia de que as informações que percorrerem a rede não serão perdidas, e os pacotes de informações serão entregues ao receptor desejado na mesma ordem em que foram transmitidos. Para disponibilizar esse serviço, uma conexão lógica é estabelecida antes que qualquer transferência de dados aconteça. Um aplicativo de rede sem conexão não requer que uma conexão lógica seja feita antes da transferência de dados.

- A seleção de uma rota eficiente para a transferência de um pacote de dados por uma rede é um serviço comum de várias redes. Essa rota eficiente é obtida ao combinar dois ou mais de vários algoritmos e técnicas de roteamento disponíveis hoje.

- Um modo possível de selecionar uma rota eficiente por uma rede é escolher um caminho cujos custos totais têm o menor valor. Essa técnica é baseada no algoritmo de custo mínimo de Dijkstra e é um método comum para determinar uma rota eficiente.

- Inundação (flooding) é uma técnica de roteamento que requer que cada nó pegue o pacote de entrada e o retransmita a cada enlace de saída. Se uma cópia de um pacote tiver de ser enviada para um nó específico, inundação vai levá-lo até lá, mas também criará um número muito alto de pacotes copiados que serão distribuídos pela rede.

- O roteamento centralizado é uma técnica para oferecer informações de roteamento que estabelece que essas informações, geradas por um método como o algoritmo de custo mínimo, sejam armazenadas em um local central na rede.

- Outra técnica para disponibilizar informações de roteamento, o roteamento distribuído, permite que cada nó mantenha sua própria tabela de roteamento.
- O roteamento adaptativo permite que uma rede estabeleça tabelas de roteamento que mudam frequentemente, conforme as condições de rede mudam.
- RIP e OSPF são dois protocolos de roteamento importantes encontrados na Internet.
- Quando uma rede ou parte de uma rede se torna tão saturada com pacotes de dados que a transferência de pacotes é visivelmente impedida, ocorre o congestionamento de rede. O congestionamento pode ser resultado de muito tráfego, falha de nó de rede, falha de enlace de rede, ou espaço em buffer no nó insuficiente. Soluções para congestionamento de rede são controle implícito de congestionamento, controle explícito de congestionamento, controle de fluxo, pré-alocação de buffers nos nós e parâmetros de controle de admissão de conexão.
- Parâmetros de qualidade de serviço (QoS) podem ser utilizados por usuários de redes e provedores de serviço a fim de estabelecer diretrizes aceitáveis para a transferência adequada de dados. Essas diretrizes podem abranger velocidade de transmissão, nível de erros e produção geral de rede.

PERGUNTAS DE REVISÃO

1. Uma aplicação de rede sem conexão é confiável ou não confiável? Explique.
2. O que a qualidade de serviço tem que ver com o congestionamento de rede?
3. Qual é a diferença entre uma aplicação de rede sem conexão e uma aplicação de rede orientada à conexão?
4. Como o congestionamento de rede pode ser evitado?
5. Quais são as principais características de uma rede de comutação de pacote por circuito virtual? Quais são suas vantagens e desvantagens?
6. O que pode causar congestionamento de rede?
7. Quais são as principais características de uma rede de comutação de pacote por datagrama? Quais são suas vantagens e desvantagens?
8. Quais são as diferenças entre RIP e OSPF?
9. Quais são as principais características de uma rede de comutação de circuito? Quais são suas vantagens e desvantagens?
10. Quais são as principais vantagens e desvantagens de:
    a. roteamento centralizado
    b. roteamento distribuído
    c. roteamento adaptativo
11. Qual é a diferença entre uma estação e um nó?
12. Como a contagem e o limite de saltos são utilizados para controlar inundação?
13. O que é uma sub-rede ou uma nuvem de rede, e qual é a diferença para uma rede de longa distância?
14. Quais são os objetivos básicos do algoritmo de custo mínimo de Dijkstra?
15. O que é Metro Ethernet, e como se relaciona com as redes metropolitanas?
16. Como a inundação pode ser usada para transmitir um pacote de dados de uma ponta da rede para outra?
17. Quais são os dois tipos de tecnologia que suportam redes metropolitanas?
18. Quantas definições diferentes de peso você pode enumerar para um grafo ponderado de rede?
19. O que significa tempo de failover?
20. Qual é a diferença entre um grafo ponderado de rede e um grafo de rede?
21. Qual é a diferença entre uma rede metropolitana e uma rede de longa distância? Qual é a semelhança?
22. Quais são as várias combinações de sub-redes de comutação de circuito e comutação de pacote e aplicações de rede orientada à conexão e sem conexão?
23. Quais são as principais diferenças entre uma rede local e uma rede de longa distância?

EXERCÍCIOS

1. Você está fazendo o download de um arquivo na Internet. O download é uma aplicação sem conexão ou orientada à conexão? Explique.

2. Suponha que duas estações em uma rede ATM típica, que está transmitindo dados a uma velocidade de 150 Mbps, estejam em extremidades opostas do país (o tempo de propagação entre as duas estações é de aproximadamente 46×10^{-3} segundos). O congestionamento começa a acontecer em uma estação. Se a estação congestionada deseja enviar um sinal de volta a outra estação para diminuir ou parar, quantos bits serão descarregados antes de a estação diminuir ou parar sua transmissão?
3. Faça uma lista das etapas envolvidas na criação, utilização e terminação de um circuito virtual.
4. O frame relay permite dois tipos de procedimentos de impedimento de congestionamento. A estação de destino fica sabendo do congestionamento em ambos os procedimentos?
5. Uma rede por circuito virtual requer um tempo de configuração antes de o pacote ser transmitido? Se for o caso, quando e com que frequência?
6. Uma rede Ethernet suporta qualidade de serviço? Explique.
7. Uma rede por datagrama requer um tempo de configuração antes de o pacote ser transmitido? Explique sua resposta.
8. O que acontece em uma rede de comutação de pacote por circuito virtual se um nó ou enlace de comunicação no caminho virtual falhar?
9. Explique a diferença entre um nó de rede e uma estação de rede.
10. Explique como o roteamento RIP encaminha más notícias devagar.
11. Crie uma analogia semelhante à analogia "chamada telefônica *versus* envio de carta" que demonstre as diferenças entre aplicações de rede orientada à conexão e sem conexão.
12. O que pode ser feito para proteger uma rede de roteamento centralizado se o computador host da tabela de roteamento central falhar?
13. Que tipo de aplicação de rede requer mais software complexo: orientada à conexão ou sem conexão? Explique.
14. Como você determina o limite de saltos na inundação?
15. Mostre três vantagens de uma rede metropolitana baseada em Ethernet em relação a uma rede metropolitana baseada em Sonet.
16. Utilizando o conceito de inundação e o grafo mostrado na Figura 9-17, quantos pacotes serão criados se um pacote se originar no nó A e houver um limite de saltos de rede de três?

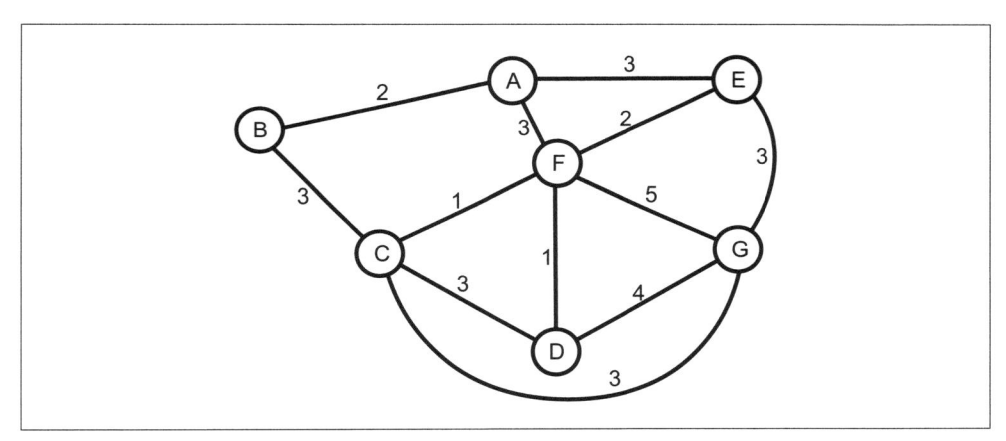

Figura 9-17 Amostra de grafo ponderado de rede para o exercício 16.

17. Mostre três vantagens de uma rede metropolitana baseada em Sonet em relação a uma rede metropolitana baseada em Ethernet.

PENSANDO CRIATIVAMENTE

1 Sua empresa tem várias redes locais interconectadas em um único prédio. No prédio também está um roteador que conecta as LANs a um provedor de serviço de Internet utilizando linhas telefônicas T-1. Sua empresa está considerando substituir as T-1s por uma conexão com uma rede metropolitana. Mostre a interconexão das LANs, MAN e Internet, supondo que a MAN seja baseada em Sonet. A interconexão seria diferente se a MAN fosse baseada em Ethernet? Explique.

2 Uma rede de longa distância cobre os Estados Unidos e possui vários nós em cada estado. O nó em Denver falha totalmente. Como os outros nós no país ficam sabendo sobre a falha se o RIP é utilizado? Se o OSPF é usado?

3 Sua empresa está criando uma nova aplicação de rede que permite aos colaboradores visualizar eletronicamente seus holerites pela Internet. Essa aplicação deve ser sem conexão ou orientada à conexão? Defenda sua resposta e desenhe uma série de telas-modelo que um usuário que acesse seu holerite eletrônico possa visualizar.

4 Uma forma de prevenção de congestionamento é o sistema de permissão, no qual um nó precisa ter permissão antes de poder transmitir. Suponha que uma rede de longa distância esteja utilizando o sistema de permissão para

controlar o congestionamento. O que acontece se, por alguma razão desconhecida, todas as permissões desaparecerem? Como esse evento pode ser detectado? Como esse evento pode ser reparado?

5. Quando falamos de roteamento em redes de longa distância, frequentemente apresentamos o conceito de como uma rede decide que caminho um tráfego de dados específico vai seguir. Geralmente mencionamos as palavras "imparcial" e "equilibrado" ao tentar decidir roteamento de rede e condições de carregamento. Mas e se a rede não for satisfatória? E se ela favorecer um tipo específico de tráfego, ou tráfego de um tipo específico de usuário? Ainda seria satisfatória? Isso tem algo que ver com "neutralidade de rede"? Explique.

PROJETOS PRÁTICOS

1. Em uma rede com n nós, crie uma fórmula que calcule o número de mensagens transmitidas entre nós se um nó contém uma tabela de roteamento centralizada e cada um dos outros nós se referirem a essa tabela de roteamento uma vez por segundo.
2. A Internet utiliza inundação em algumas situações? Prove sua resposta.
3. O modo de transferência assíncrona é popular por causa de seus recursos de qualidade de serviço. Como ele suporta a qualidade de serviço?
4. Escreva um programa de computador, utilizando a linguagem de sua preferência, que registre os dados para um grafo ponderado de rede e compute os caminhos de menor custo utilizando o algoritmo de Dijkstra. Os detalhes do algoritmo de Dijkstra podem ser encontrados no acompanhamento on-line do aluno para este texto.
5. Usando procedimento do algoritmo de Dijkstra descrito no acompanhamento on-line do aluno para este texto e o grafo ponderado de rede mostrado na Figura 9-17, encontre a rota de menor custo do nó A para todos os outros nós.
6. Qual é (são) o(s) algoritmo(s) de roteamento utilizado(s) pela Internet atualmente? Alguns dos algoritmos e técnicas básicos apresentados neste capítulo foram usados? Qual(is)?

10
A Internet

◆◆◆

DE ACORDO COM a Ipsos Reid, uma empresa de pesquisa de opinião pública do Canadá, os adolescentes canadenses passam mais tempo navegando on-line do que assistindo a TV. O estudo afirma que o uso da Internet aumentou recentemente cerca de 46% para 12,7 horas por semana, contra 8,7 horas em 2002.

Young canadians spend more time on Internet than watching TV, extraído de <www.prorev.com>. Acesso em: 16 ago. 2005.

A Amazon.com, varejista de Internet sediada em Seattle, relatou que suas vendas líquidas no primeiro trimestre de 2005 foram de US$ 1,9 bilhão. Em relação a US$ 1,53 bilhão do mesmo trimestre de 2004, trata-se de um aumento de 24%.

Amazon.com announces first quarter financial results, Internet Ad Sales, extraído de <www.internetadsales.com>. Acesso em: 2 maio 2005.

Se o site de leilões on-line eBay fosse um país, ele estaria entre as 20 maiores nações do mundo, com 157 milhões de usuários registrados. Em um dado momento, o eBay possui, aproximadamente, 55 milhões de itens à venda.

UnWired buyer allows eBay users to Bid via Any Mobile Phone, extraído de <www.prnewswire.com>. Acesso em: 19 set. 2005.

Com tanto dinheiro em jogo, devemos nos perguntar: "se algo der errado com a Internet, quem ou o que está encarregado de corrigir isso?" A resposta, surpreendentemente, é nada e ninguém. A Internet é gerenciada por um conjunto não muito coeso de empresas e organizações sem fins lucrativos. Os agentes estão dispersos pelo globo e motivados a obter consenso a partir de seu autointeresse esclarecido. É interessante observar que essa estrutura faz a Internet ser a única associação global sem soberania.

- O que é essa coisa chamada Internet?
- Que serviços são oferecidos nela?
- Quais são os mecanismos básicos que a mantêm em funcionamento?

Fonte: PATSURIS, P. *Who is running this joint.* Disponível em: Forbes Digital Tool, Forbes.com. Acesso em: nov. 1998.

Objetivos

Após ler este capítulo, você será capaz de:

▶ Discutir as responsabilidades do IP (Internet Protocol) e como ele pode ser utilizado para criar uma conexão entre redes.

▶ Discutir as responsabilidades do TCP (Transmission Control Protocol) e como ele pode ser usado para criar uma conexão de rede ponta a ponta confiável.

▶ Identificar as relações entre TCP/IP e os protocolos ICMP, UDP, ARP, DHCP, NAT e de tunelamento.

▶ Relacionar os aspectos básicos do HTML, HTML dinâmico e XML, e descrever como essas três linguagens diferem uma da outra.

▶ Descrever a responsabilidade do DNS (Domain Name System) e como ele converte as URLs em endereços IP decimal com pontos.

▶ Descrever as principais aplicações e serviços da Internet.

▶ Discutir as vantagens da World Wide Web nos negócios.

▶ Reconhecer que a Internet está em constante desenvolvimento e que o IPv6 e a Internet2 demonstram essa evolução.

Introdução

Durante o final da década de 1960, uma agência do governo dos Estados Unidos chamada Arpa (Advanced Research Projects Agency) criou uma das primeiras redes de longa distância com comutação de pacotes no país, a **Arpanet**. Universidades de pesquisa, bases militares e laboratórios governamentais selecionados tiveram o acesso permitido à Arpanet para serviços como correio eletrônico, transferências de arquivo e logins remotos.

Em 1983, o Departamento de Defesa dividiu a Arpanet em duas redes similares: a Arpanet original e a **Milnet**, apenas para uso militar. Embora a Milnet tenha permanecido basicamente a mesma com o passar do tempo, a Arpanet ficou obsoleta e foi substituída por tecnologia mais recente. Durante esse período, a NSF (National Science Foundation) financiou a criação de um novo backbone de rede de alta velocidade, que atravessava o país, chamado NSFnet. O backbone é a principal linha de telecomunicação da rede, conectando os principais pontos roteadores pelo país. Era a esse backbone que se conectavam as redes menores regionais e intermediárias (estaduais). Um conjunto de redes de acesso ou "de campus" conectava-se a essas redes intermediárias (Figura 10-1). Eventualmente, esse conjunto de redes ficou conhecido como Internet.

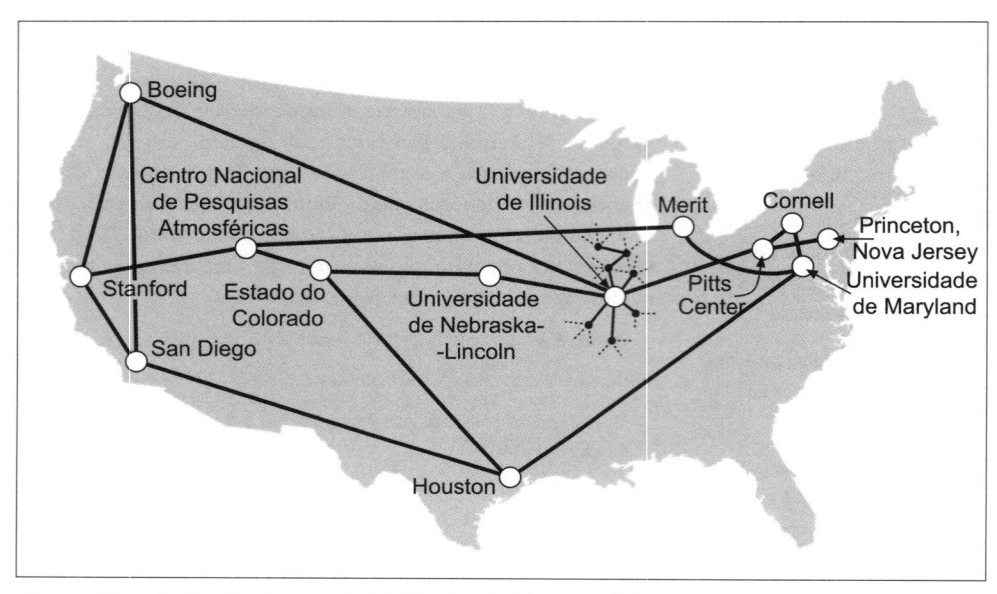

Figura 10-1 Antigo backbone da NSFnet, nível intermediário de conexão e redes de campus.

Durante o início da década de 1990, o governo basicamente retirou todo o apoio direto à Internet e o delegou a empresas privadas e universidades. Assim, não há mais um backbone único, mas vários backbones com apoio de diversas empresas e organizações, todas competindo entre si. As estimativas atuais sugerem que haja mais de 450 milhões de hosts (locais com computadores que armazenam e entregam páginas da web) conectados à Internet, e mais de 1 bilhão de pessoas ao redor do mundo com acesso regular à web. Embora o número de usuários não possa ser verificado, uma coisa é certa: o uso da Internet cresceu a uma taxa fenomenal. Seus primeiros criadores não previram e não poderiam prever a Internet que temos hoje.

Existem vários protocolos de suporte à Internet. Os dois protocolos mais comuns são o IP (Internet Protocol) e o TCP (Transmission Control Protocol). Esses protocolos, por sua vez, recebem suporte de vários protocolos secundários, entre os quais se incluem o ICMP (Internet Control Message Protocol), o UDP (User Datagram Protocol), o ARP (Address Recognition Protocol), o DHCP (Dynamic Host Configuration Protocol) e o NAT (Network Address Translation).

A aplicação de Internet que obteve apelo mais amplo é a World Wide Web. Executando um navegador da web e clicando em links, os usuários podem visualizar páginas da web com base em textos e imagens virtualmente qualquer assunto e em qualquer lugar do mundo. Para transferir páginas da web, a Internet usa o HTTP (Hypertext Transfer Protocol), e, para criar essas páginas, uma combinação de linguagens de marcação chamadas de HTML, HTML dinâmico e XML. As URLs (Uniform Resource Locators) são utilizadas para selecionar documentos específicos de qualquer lugar do mundo. O DNS (Domain Name System) converte as URLs para uma forma reconhecida pelos roteadores – os endereços IP. O impacto da World Wide Web e outras funções de Internet sobre a comunidade de negócios foi monumental. No final da década de 1990, surgiu todo um campo novo de negócios: o e-commerce. Agora, é possível comprar praticamente qualquer coisa na Internet. Entretenimento, remédios, artigos de mercearia, propriedades, hipotecas e automóveis são apenas alguns dos produtos disponibilizados on-line por meio do e-commerce. Junto com o e-commerce, os negócios incorporaram duas outras formas da World Wide Web – as intranets e extranet.

Muitas pessoas acreditam que a Internet é apenas uma aplicação que lhes permite navegar por páginas da web e clicar em links, mas, na realidade, ela engloba uma ampla gama de serviços. Um dos primeiros serviços oferecidos, e ainda um dos mais populares, é o correio eletrônico ou e-mail. Outros serviços possibilitados pela Internet incluem FTP (File Transfer Protocol), login remoto, telefonia por Internet, listservs (serviço de listas de e-mail) e áudio e vídeo em streaming.

Para dar suporte a muitos tipos diferentes de serviços de Internet e às camadas do modelo de referência TCP/IP, foram criados vários protocolos. Vamos começar nosso estudo do fascinante mundo da Internet, examinando vários protocolos importantes.

Protocolos de Internet

Do simples e-mail às complexidades da web, muitos serviços estão disponíveis na Internet. O que permite que essa variedade de serviços funcione? O que permite que a própria Internet funcione? A resposta para essas perguntas são os protocolos de Internet. Embora a operação da Internet dependa de muitos protocolos, alguns se destacam por serem utilizados com mais frequência: o IP (Internet Protocol), o TCP (Transmission Control Protocol), o ICMP (Internet Control Message Protocol), o UDP (User Datagram Protocol), o ARP (Address Recognition Protocol), o DHCP (Dynamic Host Configuration Protocol) e o NAT (Network Address Translation).

Lembre-se das camadas do modelo de referência TCP/IP apresentadas no Capítulo 1 – essa hierarquia foi originalmente estabelecida pelo Departamento de Defesa (Figura 10-2). Observe que as camadas são projetadas de modo que o usuário de Internet que precise usar uma aplicação (como e-mail, transferência de arquivos ou login remoto, todas a serem discutidas posteriormente neste capítulo) solicite a utilização da camada de aplicação, que, por sua vez, solicita a utilização da camada de transporte, que solicita a utilização da camada de rede, que, enfim, solicita a utilização da camada de acesso à rede. Em outras palavras, os usuários e as camadas estruturadas uma sobre a outra nessa hierarquia não estão expostos aos detalhes das camadas com as quais não têm contato direto.

```
┌─────────────────────────────────────────┐
│         Camada de aplicação             │
│         Camada de transporte            │
│         Camada de rede                  │
│         Camada de acesso à rede         │
└─────────────────────────────────────────┘
```

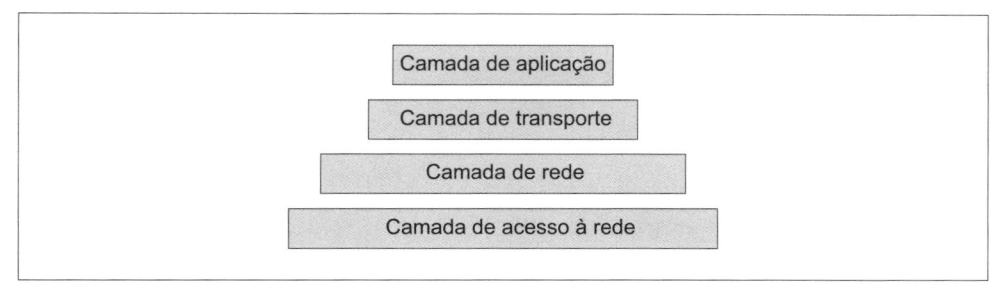

Figura 10-2 Hierarquia de camadas criada pelo Departamento de Defesa.

O protocolo que reside na camada de rede no modelo de referência TCP/IP é chamado IP (Internet Protocol). A principal função do IP é executar o roteamento necessário para transferir dados pela Internet. O IP é um protocolo sem conexão que não se preocupa em rastrear pacotes perdidos, duplicados, atrasados ou entregues fora de ordem. Além disso, o emissor e o receptor desses pacotes podem não ser informados de que esses problemas tenham ocorrido. Assim, o IP é também chamado serviço não confiável. Se uma aplicação precisar de um serviço confiável, ela deve incluir um serviço de transporte confiável "acima" do serviço de entrega de pacotes sem conexão e não confiável. O serviço de transporte confiável é fornecido pelo software chamado TCP (Transmission Control Protocol), que transforma uma rede não confiável em confiável, livre de pacotes perdidos e duplicados. A combinação desses serviços é conhecida como TPC/IP.

O TCP/IP mostrou-se tão eficiente na conexão de redes pela Internet que muitas universidades e corporações passaram a usá-lo para a conexão de suas redes internas. De fato, a combinação de operação do TCP na camada de transporte e do IP na camada de rede é encontrada em quase todas as redes de suporte à Internet global. Como o TCP/IP constitui-se de, basicamente, dois protocolos, vamos examinar cada um separadamente. Veremos também, nas seções seguintes, vários protocolos de suporte a TCP, IP e Internet.

IP (Internet Protocol)

O **IP (Internet Protocol)** fornece serviço de transferência de dados sem conexão por redes heterogêneas, passando e roteando datagramas IP. O **datagrama** IP é, basicamente, outro nome para pacote de dados. Para serem passados e roteados pela Internet, todos os datagramas ou pacotes IP que são transmitidos da camada de transporte para a de rede (a camada de entrega de pacotes sem conexão) são encapsulados com um cabeçalho IP (veja o canto superior esquerdo da Figura 10-3), contendo as informações necessárias para a transmissão do pacote de uma rede para outra. O formato desse cabeçalho será explicado nos próximos parágrafos.

Considere novamente o exemplo de uma estação de trabalho executando uma operação de rede, como envio de mensagem de e-mail a uma estação distante, processo ilustrado na Figura 10-3. Suponha que ambas as estações estejam em redes locais e que as duas redes se conectem por meio de uma rede de longa distância. Conforme a estação local envia o pacote de e-mail pelas camadas da primeira rede interna, o cabeçalho IP é encapsulado sobre o pacote da camada de transporte, criando o datagrama IP. Esse processo de encapsulamento é similar aos exemplos apresentados nos Capítulos 1 e 7. Os cabeçalhos de camada MAC adequados são encapsulados sobre o datagrama IP, criando um quadro; esse, por sua vez, é enviado pela LAN 1 ao primeiro roteador. Como o roteador faz a interface da LAN 1 com uma rede de longa distância, a informação de camada MAC é retirada, deixando apenas o datagrama IP. Nesse momento, o roteador pode utilizar algumas ou todas as informações do IP para executar as funções necessárias de interligação de redes. Aplicam-se as informações necessárias do nível de rede de longa distância e envia-se o pacote pela WAN ao Roteador 2. Quando o pacote chega ao segundo roteador, as informações de rede de longa distância são retiradas, deixando novamente apenas o datagrama IP. Então, as informações adequadas de camada MAC são aplicadas para transferir o quadro pela LAN 2 e o quadro é transmitido. Ao chegar à estação de trabalho remota, todas as informações de cabeçalho são removidas, deixando apenas os dados originais.

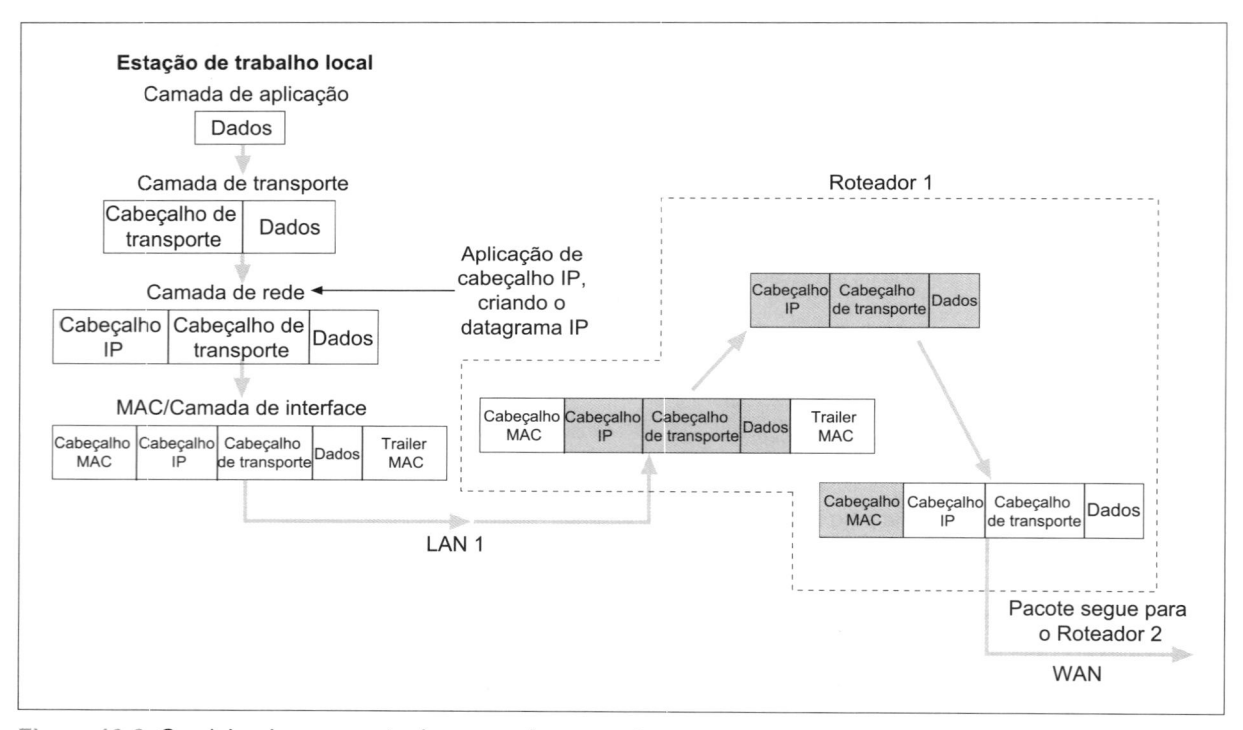

Figura 10-3 Caminho de um pacote de uma rede para outra.

Quando um roteador recebe o datagrama IP, ele pode tomar várias decisões que afetam o destino do datagrama. Em particular, o roteador deve executar as seguintes funções:

▸ Tomar decisões de roteamento com base na parte de endereço do datagrama IP.

▸ Fragmentar o datagrama em datagramas menores se a próxima rede a ser atravessada tiver um tamanho máximo de pacote inferior ao tamanho atual do pacote.

> Determinar que o datagrama atual está percorrendo a rede há muito tempo e excluí-lo.

Para executar essas funções, o roteador precisa das informações de endereço, do tamanho do datagrama e da hora em que ele foi criado. Essas informações são encontradas no cabeçalho IP, que consiste nas informações aplicadas ao pacote de transporte na camada de rede. Cada uma dessas funções do roteador, junto com os campos do cabeçalho IP que lhe dão suporte, será examinada em mais detalhes na próxima seção.

Formato do datagrama de IP

A Figura 10-3 mostra que a camada de rede do software de comunicação adicionou um cabeçalho IP ao pacote da camada de transporte – criando, assim, um datagrama IP – antes de passar o pacote à camada seguinte. As informações incluídas nesse cabeçalho IP e o modo como o cabeçalho é empacotado permitem que as redes local e de longa distância compartilhem dados e criem conexões de interligação de redes.

Mas o que exatamente está nesse cabeçalho IP permitindo a realização dessa interligação? A Figura 10-4 mostra os campos individuais do cabeçalho IP com mais detalhes. Embora todos os 14 campos sejam importantes, examinaremos o campo que especifica a versão do IP e os que afetam suas três funções primárias: fragmentação, descarte de datagrama e endereçamento. Examinando esses campos, começaremos a descobrir como o IP funciona e por que ele é capaz de conectar tantos tipos diferentes de redes.

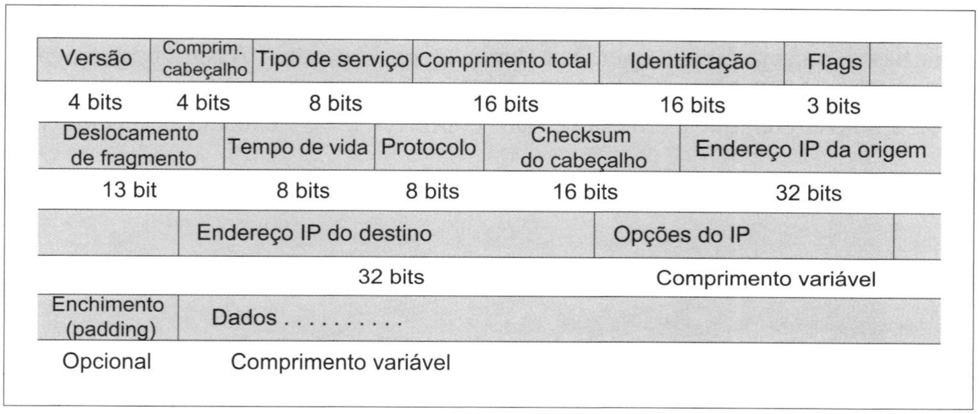

Versão	Comprim. cabeçalho	Tipo de serviço	Comprimento total	Identificação	Flags
4 bits	4 bits	8 bits	16 bits	16 bits	3 bits
Deslocamento de fragmento	Tempo de vida	Protocolo	Checksum do cabeçalho	Endereço IP da origem	
13 bit	8 bits	8 bits	16 bits	32 bits	
Endereço IP do destino			Opções do IP		
32 bits			Comprimento variável		
Enchimento (padding)	Dados				
Opcional	Comprimento variável				

Figura 10-4 Formato do datagrama IP.

O primeiro campo de interesse é a Versão. Ele contém a versão do IP sendo utilizado, para o caso de uma nova versão tornar-se disponível. Atualmente, muitas redes envolvidas na Internet usam IP versão 4. O IP versão 6, criado durante o final da década de 1990 e discutido em detalhes em uma seção posterior deste capítulo, deve substituí-lo. O campo Versão é importante, pois diz ao roteador como interpretar o datagrama IP.

Os três campos seguintes que nos interessam – Identificação, Flags e Deslocamento de fragmento – são utilizados para fragmentar datagramas em partes menores. Por que iríamos querer fragmentar um datagrama? Quando o IP foi criado, o tamanho máximo de pacote de algumas redes antigas, que ainda existiam, era pequeno. Esse tamanho máximo era limitado por hardware, software e outros fatores relacionados à rede. Como o IP foi projetado para funcionar com praticamente qualquer tipo de rede, ele devia ser capaz de transferir datagramas de tamanhos variáveis. Em vez de se limitar o tamanho ao menor tamanho de pacote existente (quem iria saber isso?), o IP permite que o roteador quebre ou fragmente datagramas grandes em fragmentos menores, a fim de adequá-los à rede que se segue. Felizmente, quase nenhuma rede moderna possui tamanho máximo de pacote pequeno o suficiente para ser um problema. Assim, algum dia, a fragmentação de datagramas em pacotes menores não será mais um aspecto importante. De fato, como veremos em breve, o IP versão 6 sequer possui um campo no cabeçalho para executar a fragmentação (para ver como esses campos efetivamente executam a fragmentação, veja a seção Detalhes intitulada "Fragmentação IP").

O próximo campo a ser examinado é o Tempo de vida, que permite à rede descartar datagramas que estejam percorrendo a Internet há muito tempo. O campo Tempo de Vida indica por quanto tempo um determinado datagrama pode "viver" – saltar de roteador para roteador – dentro do sistema. Quando o pacote é criado pela primeira vez, esse campo é configurado com seu valor máximo: 255. Cada roteador ao longo do caminho entre origem e destino diminui o valor do campo em 1 unidade. Quando o valor do Tempo de Vida chega a zero, o roteador descarta o datagrama. O campo Tempo de Vida é análogo à contagem e ao limite de saltos apresentados no Capítulo 9. O campo seguinte – Checksum do cabeçalho – executa um checksum aritmético apenas na parte de cabeçalho do pacote.

Os últimos dois campos interessantes, Endereço IP de Origem e Endereço IP de Destino, contêm endereços IP de 32 bits referentes, respectivamente, à origem inicial e ao destino final do datagrama. O endereço de 32 bits determina de maneira única uma conexão com a Internet – normalmente uma estação ou dispositivo, embora eles possam permitir várias conexões de Internet. Conforme os datagramas IP atravessam a Internet, o campo Endereço IP do Destino é examinado pelo roteador que, utilizando algum algoritmo de roteamento, envia o datagrama para o próximo enlace de comunicação adequado. Os detalhes dos endereços IP serão cobertos na seção intitulada "Localização de um documento na Internet".

O IP é, definitivamente, um dos mais importantes protocolos de comunicação. Em razão de seu projeto simples, ele é relativamente fácil de implementar em uma ampla variedade de dispositivos. Além disso, em razão de sua capacidade, ele é capaz de conectar redes de praticamente qualquer tipo. Embora o IP seja poderoso, seu objetivo principal é fazer que os dados atravessem uma ou mais redes. Não é sua responsabilidade criar uma conexão ponta a ponta livre de erros. Para fazer isso, o IP depende do TCP (Transmission Control Protocol).

TCP (Transmission Control Protocol)

Talvez um dos exemplos mais comuns de protocolo de camada de transporte seja a outra parte do popular conjunto TCP/IP. A principal função do **TCP (Transmission Control Protocol)** é fazer que uma rede não confiável (como a criada por IP) torne-se confiável, ou seja, livre de perdas e duplicações de pacotes. Assim, basicamente, o TCP preenche algumas lacunas criadas pelo IP. Mas como um protocolo de camada de transporte pode tornar confiável uma rede não confiável? Para fazer com que a rede fique mais confiável, o TCP executa as seis funções a seguir:

Detalhes

Fragmentação de IP

Como exemplo de fragmentação IP, considere o datagrama apresentado na Figura 10-5(a). A parte de dados do datagrama possui 960 bytes de comprimento. Esse datagrama precisa atravessar uma determinada rede que limita sua parte de dados a 400 bytes. Assim, é necessário dividir o datagrama original em três fragmentos de 400, 400 e 160 bytes. Os três fragmentos criados possuem cabeçalhos IP quase idênticos.

O campo Deslocamento de Fragmento contém o valor do deslocamento, que é a contagem, em unidades de 8 bytes do início do campo de dados do datagrama original até essa fragmentação específica. A Figura 10-5(b) mostra esses deslocamentos. O primeiro fragmento, que não é deslocado do início, possui valor 0. Como o primeiro fragmento possui 400 bytes de comprimento, o segundo deve começar a 400 bytes do início do datagrama original. Estamos contando em unidades de 8 bytes; portanto, 400 dividido por 8 é igual a um deslocamento de 50. Os dois primeiros fragmentos totalizam 800 bytes; portanto, o terceiro e último começa a 800 bytes do início do datagrama original. A divisão de 800 bytes por unidade de 8 bytes é igual a um deslocamento de 100.

O campo seguinte a auxiliar a fragmentação é o Flags. No campo Flags, há um bit Mais, que indica se há mais fragmentos do datagrama original. A Figura 10-5(b)

também apresenta o conteúdo do bit Mais. O bit Mais em 1 indica, como se pode ver nos dois primeiros pacotes, que há mais fragmentos por vir; um bit Mais em 0 sinaliza o último fragmento do pacote. O campo final a auxiliar a fragmentação é o Identificação. O campo Identificação contém um ID exclusivo para esses três fragmentos, utilizado para remontá-los no datagrama original.

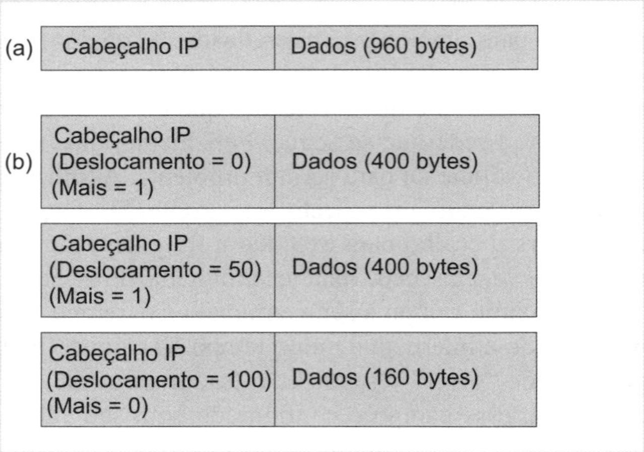

(a) | Cabeçalho IP | Dados (960 bytes) |

(b) | Cabeçalho IP (Deslocamento = 0) (Mais = 1) | Dados (400 bytes) |

| Cabeçalho IP (Deslocamento = 50) (Mais = 1) | Dados (400 bytes) |

| Cabeçalho IP (Deslocamento = 100) (Mais = 0) | Dados (160 bytes) |

Figura 10-5 Divisão de um datagrama IP em três fragmentos.

- Criação de conexão – o cabeçalho TCP inclui um endereço de porta que indica uma aplicação específica de uma máquina. Utilizados em conjunto, os endereços de porta e IP identificam uma aplicação específica de uma determinada máquina. Quando o TCP cria uma conexão entre emissor e receptor, as duas extremidades da conexão usam um número de porta para identificar a conexão daquela aplicação específica. Esse número de porta encontra-se dentro do datagrama TCP e é passado nos dois sentidos entre emissor e receptor.
- Liberação de conexão – o software de TCP também é capaz de desfazer uma conexão depois que todos os dados tenham sido enviados ou recebidos.
- Implementação de controle de fluxo – para ter certeza de que a estação emissora não sobrecarregue a estação receptora com muitos dados, o cabeçalho TCP inclui um campo chamado valor de Janela, permitindo ao receptor solicitar que o emissor reduza a velocidade. Esse valor de Janela é similar, quanto à operação, à janela deslizante utilizada na camada de enlace de dados. A diferença entre as duas operações é que a janela deslizante da camada de enlace de dados opera entre dois nós ou entre uma estação e um nó, ao passo que a janela TCP opera entre as duas extremidades (emissor e receptor) de uma conexão de rede.
- Estabelecimento de multiplexação – como o cabeçalho TCP inclui um número de porta, e não um endereço IP, é possível multiplexar várias conexões por uma única conexão IP. Essa multiplexação pode ser feita criando-se uma conexão diferente, com número de porta distinto do da conexão anterior.
- Recuperação de erros – o TCP numera cada byte a ser transmitido com uma sequência. Conforme os pacotes de bytes cheguem ao local de destino, o software de TCP receptor verifica a continuidade dessas sequências. Se houver uma perda, o software de TCP receptor utiliza um número de confirmação para informar o software de TCP emissor sobre uma possível condição de erro.
- Estabelecimento de prioridade – se o emissor tiver de transmitir dados de prioridade superior, como uma condição de erro, o TCP pode configurar um valor de campo (Indicador de Urgência) para indicar que todos ou parte dos dados empacotados tem natureza urgente.

Para executar essas seis funções, o TCP coloca um cabeçalho antes de todos os pacotes de dados transmitidos de emissor a receptor ou de uma extremidade da conexão à outra. Como fizemos com o cabeçalho IP, vamos examinar os campos mais importantes no cabeçalho TCP.

Formato do datagrama de TCP

Um usuário está sentado em uma estação, executando uma aplicação de rede, por exemplo, um programa de e-mail. Quando o usuário quiser enviar uma mensagem de e-mail, o programa processa a mensagem e a transmite à camada de transporte. Se o e-mail estiver direcionado para a Internet, a camada de transporte adiciona um cabeçalho TCP antes da mensagem de e-mail. As informações desse cabeçalho são utilizadas pela camada TCP da estação receptora para executar uma ou mais das seis funções de transporte. O cabeçalho TCP contém os campos apresentados na Figura 10-6. Examinemos apenas os campos que auxiliam o TCP a executar as seis funções relacionadas anteriormente.

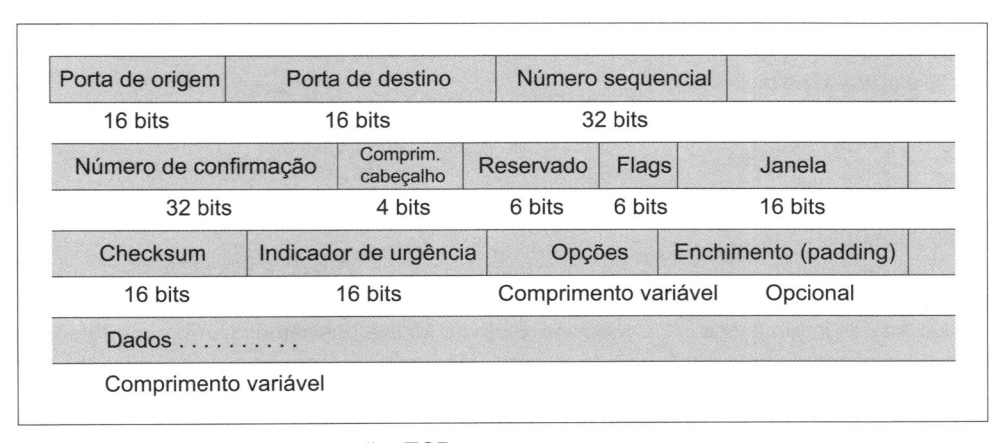

Porta de origem	Porta de destino	Número sequencial			
16 bits	16 bits	32 bits			
Número de confirmação	Comprim. cabeçalho	Reservado	Flags	Janela	
32 bits	4 bits	6 bits	6 bits	16 bits	
Checksum	Indicador de urgência	Opções	Enchimento (padding)		
16 bits	16 bits	Comprimento variável	Opcional		
Dados..........					
Comprimento variável					

Figura 10-6 Campos do cabeçalho TCP.

Os dois primeiros campos do cabeçalho TCP, Porta de Origem e Porta de Destino, contêm os endereços dos programas de aplicação nas duas extremidades da conexão de transporte. Esses endereços de porta são utilizados para criar e encerrar conexões. O número de porta também pode ser usado para multiplexar várias conexões de transporte por uma única conexão IP.

É importante observar a diferença entre endereço IP e número de porta. O endereço IP identifica um dispositivo conectado à rede, enquanto o número de porta identifica uma aplicação nesse dispositivo. Combinados, ambos criam aquilo que é chamado **soquete** – uma identificação precisa de uma aplicação específica em determinado dispositivo. E se uma empresa tiver um servidor que lide com conexões de e-mail e de FTP? O servidor teria um único endereço IP, mas dois números de porta diferentes, um para a aplicação de e-mail e um para a aplicação de FTP. Agora, vamos adicionar o fato de que esse servidor se encontra muito provavelmente em uma rede local e, portanto, possui uma placa de interface de rede (NIC) com um endereço de NIC exclusivo de 48 bits. Agora temos três endereços. O endereço de NIC é utilizado apenas na rede local para encontrar um dispositivo específico. O endereço IP é usado para transmitir pacotes de dados pela Internet. O número de porta é utilizado para identificar uma aplicação específica de um dispositivo.

O campo Número Sequencial contém um valor de 32 bits que conta os bytes e indica a posição dos dados de um pacote na conexão. Por exemplo, se estamos no meio de uma longa conexão com a transferência de milhares de dados, o Número Sequencial informa a posição exata desse pacote na sequência. O campo pode ser utilizado para remontar as partes na estação receptora e determinar se está faltando algum pacote.

O campo Janela contém o valor de janela deslizante que fornece controle de fluxo entre as duas extremidades. Se uma extremidade da conexão quiser que a outra pare de enviar dados, o campo Janela pode ser configurado com zero. O campo seguinte é o Checksum, que fornece checksum aritmético do cabeçalho e do campo de dados que se segue. O Indicador de Urgência é utilizado para informar a estação receptora de que determinado pacote de dados contém dados urgentes.

Como seu correspondente IP, o TCP é um protocolo razoavelmente direto. Seu objetivo principal é criar uma conexão ponta a ponta livre de erros através de uma ou mais redes. Porém, o TCP e o IP possuem seus pontos fracos, que normalmente levam a dificuldades como falhas de segurança, problemas de qualidade de serviço e con-

Detalhes

MPLS (Multiprotocol Label Switching)

Até o momento, o encapsulamento foi um conceito fundamental em todo o livro. Lembre-se de que o encapsulamento é a aplicação do cabeçalho de uma camada sobre um pacote de dados existente. Como acabamos de ver, no modelo de referência TCP/IP, o cabeçalho TCP é aplicado no topo (antes) do pacote proveniente da camada de aplicação. A informação no cabeçalho TCP é utilizada para executar as funções de conexão da camada de transporte nos pontos extremos da conexão. Em seguida o cabeçalho IP é aplicado no topo do pacote TCP, e suas informações são usadas para executar as operações de roteamento de rede e Tempo de Vida.

Normalmente, a etapa seguinte seria aplicar as informações da camada de acesso à rede no topo do pacote IP. Mas as redes de longa distância não utilizam informações da camada de acesso à rede para rotear pacotes de dados. Portanto, os roteadores devem "vascular" os pacotes de dados para extrair as informações IP e usá-las no roteamento. Esse não é tipicamente um processo rápido, pelo menos se comparado à operação de envio executada por comutadores de rede local. Se as redes de longa distância pudessem executar operações de comutação rapidamente, a Internet (bem como outras redes de longa distância) operaria de modo muito mais eficiente.

Para fornecer esse grau de comutação ao nível de rede, os projetistas criaram o MPLS. O **MPLS (Multiprotocol Label Switching)** é uma técnica que permite a um roteador comutar dados de um caminho para outro. Para que isso seja possível, um ou mais rótulos (cabeçalhos com informações de MPLS) são encapsulados antes do pacote IP (Figura 10-7). Cada rótulo contém quatro campos:

- um campo Valor de Rótulo de 20 bits (Rótulo).
- um campo Experimental de 3 bits (Exp; reservado para uso futuro).
- um campo Flag de Fim de Pilha de 1 bit (S=0).
- e um campo Tempo de Vida de 8 bits (TDV).

O valor de rótulo de 20 bits basicamente informa o roteador habilitado para MPLS a qual conexão esse pacote pertence e, assim, como ele deve ser enviado. O flag de fim de pilha de 1 bit indica se há vários rótulos no pacote (0 se esse for o último rótulo e 1, do contrário). O campo Tempo de Vida

trole de congestionamento. Assim, ambos os protocolos precisarão manter-se em desenvolvimento. Mas, mesmo assim, seus componentes básicos devem continuar existindo por um longo tempo.

ICMP (Internet Control Message Protocol)

Conforme os datagramas IP atravessam uma rede, várias coisas podem dar errado. Quando um datagrama estiver se aproximando do destino pretendido, um roteador pode determinar que o host de destino não pode ser alcançado (o endereço IP está errado ou o host não existe), a porta de destino pode ser desconhecida (não há aplicação correspondente ao número de porta do TCP) ou a rede de destino pode ser desconhecida (novamente, o endereço IP está errado). Se o datagrama ficar na rede por muito tempo e seu valor de Tempo de Vida expirar, ele será descartado. Além disso, pode ocorrer algum erro em todo o cabeçalho IP do datagrama. Em cada um desses casos, seria bom se um roteador ou outro dispositivo enviasse uma mensagem de erro para a estação de origem, informando o usuário ou o software de aplicação sobre o problema. O IP não foi projetado para retornar mensagens de erro; portanto, algum outro protocolo terá de executar essas operações.

O **ICMP (Internet Control Message Protocol)**, que é utilizado por roteadores e nós, executa essa comunicação de erros para o IP. Todas as mensagens de ICMP contêm pelo menos três campos: tipo, código e os oito primeiros bytes do datagrama IP que fizeram a mensagem de ICMP ser gerada. O tipo é simplesmente um número de 0 a n que identifica exclusivamente o tipo de mensagem de ICMP, como número de porta ou endereço IP inválido. O código é um valor que fornece informações adicionais sobre o tipo de mensagem. Em conjunto, o ICMP e o IP fornecem uma operação de rede relativamente estável, capaz de relatar algumas formas básicas de erros de rede.

UDP (User Datagram Protocol)

O TCP é o protocolo utilizado pela maioria das redes e aplicações de rede para criar uma conexão ponta a ponta livre de erros. O TCP é orientado à conexão no sentido de que é necessário estabelecer uma conexão por número de porta antes de qualquer dado ser transferido entre emissor e receptor. Mas e se não quisermos estabelecer uma

de 8 bits funciona de modo similar ao campo homônimo do cabeçalho IP. Quando um pacote é inserido na rede, os roteadores habilitados para MPLS determinam a conexão em que o pacote deve estar e aplica um ou mais rótulos no cabeçalho MPLS recém-criado. Agora, o pacote é chamado de pacote rotulado. Os roteadores seguintes que estejam habilitados para MPLS olham as informações nesse cabeçalho e enviam o pacote rotulado na direção adequada. Para cada pacote rotulado que entra, os roteadores podem criar tabelas de roteamento, que os informam que tipo de operação deve ser executada com base no rótulo de MPLS superior do pacote. Essa operação é executada rapidamente, muitas vezes em hardware. Quando o pacote rotulado chega ao roteador de destino, o roteador habilitado para MPLS remove o cabeçalho MPLS, deixando o pacote IP original.

O MPLS tem ganhado popularidade em redes grandes e é um padrão da IETF (Internet Engineering Task Force). Como veremos no Capítulo 11, talvez um dia ele substitua ou, pelo menos, ajude a substituir outros protocolos de rede de longa distância.

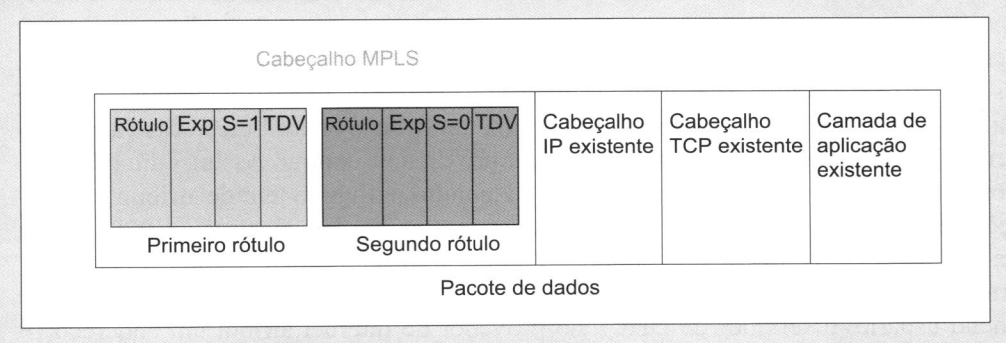

Figura 10-7 Cabeçalho MPLS e seus quatro campos.

conexão com o receptor, mas simplesmente enviar um pacote de dados? Nesse caso, o protocolo a ser usado é o UPD. O **UPD (User Datagram Protocol)** é um protocolo de transferência simples que não estabelece conexões, não tenta manter os pacotes de dados em sequência e não verifica datagramas que existam há muito tempo. Seu cabeçalho contém apenas quatro campos – Porta de origem, Porta de destino, Comprimento e Checksum – e é utilizado por um pequeno número de serviços de rede, como o DNS, que não precisa estabelecer conexão antes de enviar dados.

ARP (Address Resolution Protocol)

O ARP é outro protocolo pequeno, mas importante, utilizado para suporte a redes TCP/IP. O **ARP (Address Resolution Protocol)** transforma um endereço IP em um datagrama IP e o traduz para o endereço da camada de controle de acesso ao meio adequado ao envio em uma rede local. Como mencionado anteriormente, todas as estações de trabalho com conexão à Internet recebem um endereço IP. É esse endereço que o pacote usa para encontrar um caminho até o destino desejado. Mas há um problema quando a estação está, por exemplo, em uma rede local Ethernet ou CSMA/CD. Lembre-se de que os elementos de dados que atravessam LANs CSMA/CD são chamados quadros. O quadro consiste de vários campos de informação, nenhum deles com endereço IP. Se o quadro tem de chegar a uma estação específica com endereço IP exclusivo, mas ele não contém um endereço IP, como ele saberá para onde ir? O ARP dá a resposta para essa pergunta. Após um datagrama IP entrar em uma LAN de CSMA/CD por meio de um roteador, e antes de seu cabeçalho IP ser retirado, deixando apenas o quadro de CSMA/CD, o ARP transmite uma mensagem pela LAN, perguntando a qual estação pertence esse endereço IP. A estação que reconhecer esse endereço envia uma mensagem de volta dizendo: "Sim, esse é meu endereço IP e aqui está meu endereço de CSMA/CD (NIC) de 48 bits; por favor, envie-me esse pacote IP por meio de meu endereço" (o endereço de NIC de 48 bits é armazenado em buffer, caso seja necessário em um futuro próximo).

DHCP (Dynamic Host Configuration Protocol)

Quando uma empresa instala várias estações de computadores e pretende dar a todos acesso à Internet, ela deve atribuir um endereço IP a cada um. Esse endereço, como vimos, permite que a estação envie e receba informações pela Internet. São utilizados dois métodos básicos para atribuir um endereço IP a uma estação: atribuição estática e atribuição dinâmica. Com a atribuição estática, alguém deve sentar diante de cada máquina e, usando o sistema operacional de rede, instalar um endereço IP. A pessoa que instala o endereço deve registrá-lo em papel para que ele não seja acidentalmente atribuído a outra máquina.

O que aconteceria se uma estação com endereço IP atribuído estaticamente fosse tirada de serviço? Alguém deve se certificar de que o endereço IP atribuído a essa máquina seja removido para utilização em outra. E se um erro fosse cometido e o mesmo endereço IP fosse atribuído a duas máquinas? Nesse caso, haveria um conflito de endereço IP e o administrador de rede teria de localizar as duas máquinas com o mesmo endereço e corrigir a situação. Outro problema a ser considerado está relacionado à obtenção de endereços IP. Se uma empresa tiver 1.000 estações, todas com acesso à Internet, é necessário que ela adquira (normalmente alugue) 1.000 endereços IP. Isso não é muito eficiente em termos de custo, especialmente se apenas metade dos usuários estiver na Internet (utilizando seus endereços IP) ao mesmo tempo. A atribuição estática de endereços IP pode levar ao desperdício de recursos. A atribuição dinâmica resolve esses três problemas.

O protocolo mais popular para lidar com atribuição dinâmica é o **DHCP (Dynamic Host Configuration Protocol)**. Quando uma estação que executa o software de cliente DHCP precisa se conectar à Internet, o protocolo emite uma solicitação de IP, que leva o servidor de DHCP a fazer uma busca em uma tabela estática de endereços IP. Se essa estação específica tiver uma entrada na tabela, o endereço IP correspondente lhe é atribuído. Mas, se não houver entrada correspondente na tabela estática, o servidor de DHCP seleciona um endereço IP de um conjunto de endereços disponíveis e o atribui à estação. A atribuição de endereços IP é temporária, com limite de tempo padrão de uma hora. Os clientes de DHCP podem negociar uma renovação da atribuição caso a estação ainda esteja acessando a Internet quando a atribuição temporária estiver próxima de expirar. Assim, com o DHCP, os três problemas introduzidos pela atribuição estática são resolvidos. Nenhum indivíduo tem de atribuir endereços IP às estações, duas estações nunca recebem o mesmo endereço e, se apenas 200 estações entre 1.000 usarem a Internet ao mesmo tempo, a empresa provavelmente poderá operar com a aquisição de apenas 200 endereços.

Usuários que se conectam à Internet a partir de casa costumam utilizar DHCP sem saber. Em vez de atribuir um endereço IP a cada potencial usuário, o servidor de DHCP do provedor de Internet atribui um endereço IP durante o período de criação de sessão. O computador usa esse endereço IP temporário até que o usuário faça logoff, momento em que o endereço é colocado de volta no conjunto de disponíveis, pronto para o próximo usuário se conectar.

NAT (Network Address Translation)

Outro protocolo utilizado para atribuir endereços IP é o NAT (Network Address Translation). Mais precisamente, o NAT permite que o roteador represente uma rede local inteira como um único endereço IP para a Internet. Quando a estação de usuário da rede local de uma empresa envia um pacote para a Internet, o NAT substitui o endereço IP dessa estação pelo endereço IP corporativo global. De fato, todos os pacotes que deixam a rede corporativa contêm tal endereço global. Assim, esse é o único endereço IP visto de fora de rede corporativa. Mas, se todos os pacotes de todas as estações deixam a rede corporativa com o mesmo endereço IP, como as respostas que retornam da Internet podem ser direcionadas à máquina adequada? O software de NAT mantém um cache relacionando todos os pacotes IP enviados e quem enviou cada um. Quando chega uma resposta, o NAT verifica o cache para ver quem havia enviado a solicitação original. Quando o NAT encontra uma correspondência, ele remove o endereço IP global e reinsere o endereço IP da estação do usuário, colocando o pacote na rede corporativa.

O que aconteceria se um pacote chegasse ao software de NAT corporativo e não houvesse entrada de cache com uma solicitação de saída correspondente? Nesse caso, o pacote seria destruído. Aparentemente, alguém enviou à rede corporativa um pacote não solicitado por nenhuma estação. Há uma exceção a essa regra: se a empresa dá suporte a um servidor, como servidor web, o pacote pode ter se originado de um usuário em algum lugar da Internet. Quando o pacote de solicitação de página da web chega ao software de NAT, o endereço IP de origem do pacote não corresponderá a nenhum endereço IP do cache local. Antes do software de NAT destruir o pacote, ele examina o número de porta de destino da mensagem. Se o pacote for uma solicitação de página da web do servidor web corporativo, o software de NAT permite que ele entre.

Um aspecto interessante da utilização de NAT é que, como o mundo externo nunca vê nenhum endereço usado dentro da rede corporativa, o nível de segurança é ampliado. Além disso, a empresa não precisa utilizar endereços IP adquiridos na rede corporativa. Para dar suporte a esse recurso, vários endereços IP foram designados como endereços "falsos". Quando uma estação com endereço "falso" emite uma solicitação de Internet, o software de NAT substitui esse endereço pelo endereço IP corporativo global. O uso de NAT e endereços falsos é outro modo de poupar dinheiro de aluguel de endereços IP.

Redes locais de residências e pequenas empresas costumam utilizar NAT para poupar endereços IP. Registrando todas as solicitações em seu cache interno, o NAT permite que várias estações acessem a Internet com apenas um endereço IP. Se os computadores também estiverem usando DHCP, um usuário doméstico pode conectar-se à internet, receber um endereço IP dinamicamente atribuído e utilizar esse endereço na operação do NAT. O NAT é tão útil que muitos roteadores atuais o incorporam como recurso de segurança padrão (firewall).

Protocolos de tunelamento e VPNs (Virtual Private Networks)

Um dos problemas mais graves da Internet é sua falta de segurança. Sempre que uma transmissão é executada, ela está sujeita à interceptação. Os varejistas resolveram parte do problema utilizando técnicas de criptografia para proteger transações com números de cartão de crédito e outras informações privativas. Empresas que queriam que seus funcionários acessassem o sistema de computação corporativo de locais remotos descobriram uma solução similar – as VPNs. A **VPN (Virtual Private Network)** é uma conexão de rede de dados que usa a infraestrutura pública de telecomunicação, mas mantém a privacidade por meio de protocolos de tunelamento e procedimentos de segurança. O **protocolo de tunelamento**, como o PPTP (Point-to-Point Tunneling Protocol), é um conjunto de comandos que permite a uma empresa criar conexões seguras utilizando recursos públicos, como a Internet. Proposto pela Cisco Systems, o PPTP é um padrão patrocinado pela Microsoft e outras empresas. Trata-se de uma extensão do **PPP (Point-to-Point Protocol)** da Internet, usado para a comunicação entre dois computadores por meio de uma conexão serial. O exemplo mais comum de conexão serial é a conexão por modem de discagem entre uma estação de usuário e um provedor de Internet (o PPP normalmente é o padrão preferido em relação ao protocolo anterior, o SLIP, Serial Line Internet Protocol).

Funcionários localizados fora das instalações de uma empresa podem utilizar PPTP para criar um túnel para os recursos de computação corporativos por meio da Internet. Como essa conexão ocorre pela Internet e pode ser usada para transmitir dados corporativos confidenciais, ela deve ser segura. O suporte à segurança da conexão costuma ser feito pelo IPsec. O **IPsec**, uma abreviatura para IP Security, é um conjunto de protocolos desenvolvidos pela IETF (Internet Engineering Task Force) para dar suporte à troca segura de pacotes de dados na camada IP. Para que o IPsec funcione, tanto o emissor como o receptor devem trocar chaves públicas de criptografia (explicadas em detalhes no Capítulo 12).

Além de ser uma conexão segura, os túneis também são relativamente baratos, pois utilizam a Internet como forma principal de comunicação. Algumas alternativas à criação de túneis são a aquisição ou o aluguel de linhas telefônicas de discagem, ambos potencialmente mais caros.

Agora que compreendemos os protocolos que permitem o funcionamento da Internet, vamos ver mais de perto a World Wide Web, a área da Internet mais familiar para todos nós.

A World Wide Web

A **World Wide Web (WWW)** é um vasto conjunto de documentos eletrônicos localizados em muitos servidores web diferentes, contendo textos e imagens que podem ser acessados simplesmente clicando-se em links de uma página da web em um navegador. Utilizando um navegador da web é possível fazer download e visualizar páginas em computadores pessoais. De todos os serviços de Internet, a World Wide Web é provavelmente a que possui o impacto mais profundo nos negócios. Vendas de varejo e de serviços na Internet explodiram com o uso de PCs e navegadores da web. Em tese, todo e qualquer produto ou serviço imaginável está à venda na web atualmente. Em um único dia, é possível comprar roupas, artigos de mercearia e passagens aéreas, selecionar e adquirir um automóvel, planejar um funeral, enviar um lance de leilão por um brinquedo que se tinha quando criança, encontrar um emprego novo, alugar uma fita de vídeo e pedir pizza para o jantar, tudo on-line. Para fazer isso, basta um PC com conexão à Internet e um navegador da web. As páginas da web podem consistir de textos, gráficos, links para outras páginas, às vezes música e vídeo e até mesmo programas executáveis.

As páginas da web são criadas utilizando-se HTML (Hypertext Markup Language), que pode ser gerado manualmente com um editor de textos como o Bloco de Notas, ou usando uma ferramenta de criação de páginas da web. Essas ferramentas são similares a processadores de texto, exceto que, em vez de criar documentos de texto, criam páginas da web com base em HTML. Elas possuem interface gráfica de usuário que permite inserir textos, gráficos e outros elementos de página, e dispor esses elementos utilizando técnicas de arrastar e soltar. Aprenderemos mais sobre a linguagem de marcação para criar páginas da web posteriormente nesta seção.

Uma vez criada, a página da web é armazenada em um computador que contém software de servidor web e uma conexão à Internet. O software de servidor web aceita requisições HTTP provenientes de navegadores da web conectas à Internet, recupera a página solicitada a partir do armazenamento e retorna essa página ao computador solicitante por meio da Internet. O **Hypertext Transfer Protocol (HTTP)** é um protocolo de camada de aplicação. Como explicado no Capítulo 1, quando um usuário de uma estação que executa um navegador clica em um link de uma página da web, o software do navegador recebe esse clique e cria um comando HTTP na camada de aplicação

Detalhes

HTTP

A única finalidade do HTTP é enviar e receber páginas da web. Para realizar essa operação, o HTTP pode executar diversos comandos diferentes chamados métodos. Alguns métodos mais comuns são os seguintes:

- GET – Recupera uma página da web específica, identificada por uma URL.

- HEAD – Usa uma determinada URL para recuperar apenas os cabeçalhos HTTP (não o corpo do documento) da página da web.

- PUT – Envia dados do navegador de um usuário para um site da web remoto (esse método é utilizado, por exemplo, para enviar o número de cartão de crédito de um comprador a um site de vendas na web durante uma transação de venda).

- DELETE – Solicita que o servidor exclua as informações correspondentes a determinada URL.

Como exemplo de utilização dos métodos, suponha que se clique em um link durante uma sessão do navegador da web. O software do navegador cria um comando GET e o envia ao servidor web. O servidor, em seguida, retorna a página ao navegador. Agora, suponha o caso da compra de um produto pela web em que o comprador está preenchendo um formulário. Quando ele clica no botão Enviar, o HTTP cria um comando PUT e o usa para enviar os dados a um servidor web.

para recuperar a página da web. Esse comando HTTP é transmitido pelas camadas de transporte, rede e acesso à rede antes de ser inserido no meio da rede. Quando a solicitação de página da web é recebida pelo servidor de sites da web, a página é recuperada e enviada pela Internet ao navegador do usuário, onde é exibida no monitor.

Agora que compreendemos como os documentos são transmitidos pela Internet, resta responder a uma pergunta: como os documentos de Internet são endereçados e localizados? Para responder a essa pergunta, precisamos examinar as URLs, o DNS e os endereços IP.

Localização de um documento na Internet

Quando um usuário executa o navegador em uma estação e clica em um link, o navegador tenta localizar o objeto do link e o traz pela Internet para a estação. Esse objeto pode ser um documento, uma página da web, uma imagem, um arquivo de FTP ou vários tipos diferentes de objetos de dados. Como a Internet localiza cada objeto? Colocando de modo simples, todos os objetos da Internet possuem um endereço exclusivo com base textual chamado URL (Uniform Resource Locator). A Internet, porém, não reconhece diretamente as URLs. Para que a Internet encontre um documento ou objeto, parte da URL do objeto deve ser traduzida para o endereço IP que identifica o servidor web em que o documento ou objeto é armazenado. A tradução da URL para endereço IP é executada pelo DNS (Domain Name System).

O endereço IP não é tão simples como parece. A atribuição de endereços IP é complexa e exige a compreensão das diversas categorias de endereço e de um conceito chamado máscara de sub-rede. Vamos examinar ainda mais cada um desses conceitos – URLs, DNS, endereços IP e máscara de sub-rede – para obter melhor compreensão de como a Internet encontra um documento específico entre bilhões.

URL (Uniform Resource Locator)

Para que os usuários possam encontrar algo na Internet, cada objeto deve ter um "endereço" exclusivo. Esse endereço, ou **URL (Uniform Resource Locator)**, identifica de modo exclusivo arquivos, páginas da Web, imagens ou qualquer outro tipo de documento eletrônico que resida na Internet. Quando se utiliza um navegador e se clica em um link para uma página da Web, na verdade, envia-se um comando pela Internet para buscar essa página específica em determinado local, com base na URL da página.

Todas as URLs consistem de quatro partes, conforme mostrado na Figura 10-8. A primeira parte, indicada por um 1 na figura, é o tipo de serviço. O tipo de serviço identifica o protocolo utilizado para transportar o documento solicitado. Por exemplo, quando se solicita uma página da web, o tipo de serviço usado para recuperar a página é o HTTP (http://), como mostrado na Figura 10-8(a). Quando se solicita um documento de FTP, utiliza-se o protocolo FTP (ftp://), como na Figura 10-8(b). Outros tipos de serviço incluem telnet:// para executar login remoto, news:// para acessar um grupo de Usenet e mailto:// para enviar mensagens de correio eletrônico.

A segunda parte da URL, indicada por um 2 na Figura 10-8, é o **nome de domínio**. Essa parte da URL caracteriza um servidor específico em um determinado local que contém o item solicitado. No exemplo da Figura 10-8, *cs.depaul.edu* é um dos servidores de suporte ao programa de ciência da computação da DePaul University. Começando pela direita, *edu* é o domínio de nível superior e indica que se trata de um site educacional. Outros domínios de nível superior são o com (comercial), o gov (governo), o mil (militar), o org (organizações sem fins lucrativos), o net (relacionado à rede), o biz, o name, o info, o pro, o museum, o aero e o coop. Cada país também possui seu próprio nome de domínio superior. Por exemplo, o Canadá é ca e o Reino Unido é uk. O nome de domínio do nível seguinte – chamado nome de domínio de nível intermediário – normalmente é o nome da organização (geralmente uma empresa ou escola) ou host, como *depaul*. Todos os outros domínios de nível inferior são subdivisões adicionais do host e normalmente são criados pelo host. Por exemplo, suponha que uma empresa chamada FiberLock solicite a uma agência administradora de registros de nomes de domínio o domínio de nível intermediário *fiberlock*. Como a FiberLock é um negócio comercial, seu nome de domínio de nível superior deverá ser .com. Se ninguém mais estiver utilizando *fiberlock*, a empresa receberá *fiberlock*.com como seu nome de domínio. A partir daí, ela pode adicionar mais níveis de domínio, como www ou e-mail, para criar entidades como *www.fiberlock.com* ou *email.fiberlock.com*, que podem corresponder, respectivamente, ao servidor de páginas da web e de e-mail da empresa.

A terceira parte de uma URL, identificada por um 3 na Figura 10-8, são as informações de diretório ou subdiretório. Por exemplo, a URL *http://cs.depaul.edu/public/utilities/ada* especifica que o item solicitado localiza-se no subdiretório *ada*, dentro do subdiretório *utilities*, dentro do subdiretório *public*.

A parte final da URL, especificada pelo número 4 na Figura 10-8, é o nome de arquivo do objeto selecionado. Nesse caso, trata-se de um documento chamado example.htm. Se não for especificado nenhum nome de arquivo na URL, um arquivo-padrão, como default.htm ou index.html, será recuperado.

```
http://cs.depaul.edu/public/utilities/ada/example.htm
    1            2          3                4
(a)

ftp://gatekeeper.dec.com/pub/games/starwars.exe
  1          2            3       4
(b)
```

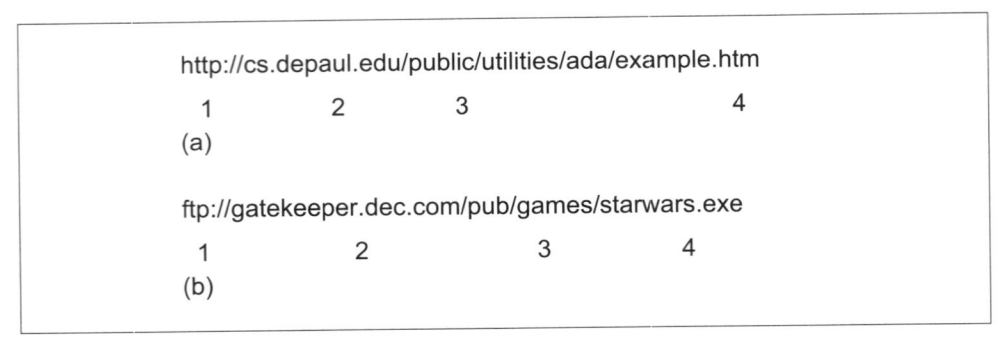

Figura 10-8 Partes de uma URL (Uniform Resource Locator) de HTTP (a) e FTP (b).

DNS (Domain Name System)

Quando nos referimos a um site da Internet, normalmente utilizamos seu nome de domínio. Os computadores, porém, não usam nomes de domínio. Eles utilizam endereços binários de 32 bits chamados endereços IP. Por exemplo, um endereço IP válido tem o seguinte formato:

$$1000\ 0000 \quad 1001\ 1100 \quad 0000\ 1110 \quad 0000\ 0111$$

Para tornar os endereços IP um pouco mais fáceis para a compreensão humana, seus códigos binários de 32 bits são representados por notação decimal com pontos. Tal notação é criada convertendo-se cada string de 8 bits do endereço de 32 bits em seu equivalente decimal. Assim, o endereço IP acima se torna 128.156.17.7, conforme mostrado abaixo:

$$1000\ 0000 \quad 1001\ 1100 \quad 0000\ 1110 \quad 0000\ 0111$$
$$128 \quad\quad\quad 156 \quad\quad\quad 14 \quad\quad\quad 7$$

Mas mesmo o equivalente decimal do endereço IP não é conveniente para nós, humanos. Como os computadores utilizam endereços binários de 32 bits e quase todos os humanos usam o formato de nome de domínio, a Internet converte os formatos binários em nomes de domínio com base textual, e vice-versa. Para fazer isso, ela utiliza o **DNS (Domain Name System)**, que é um banco de dados grande e distribuído de endereços e nomes de domínio na Internet. O banco de dados distribuído consiste de uma rede de servidores DNS locais, de nível intermediário e de nível superior. Para que o sistema seja gerenciável, o banco de dados de DNS é distribuído de acordo com os domínios de nível superior: edu, gov, com, mil etc.

A conversão de nome de domínio em endereço IP binário pode ser simples ou complicada. O nível de complexidade depende de o servidor da rede local, onde o comando se origina, reconhecer ou não o nome de domínio. Se o servidor não puder resolver um endereço localmente, ele remeterá a uma autoridade superior. O servidor local de DNS enviará uma mensagem DNS ao próximo servidor de DNS superior até que o endereço seja encontrado ou se determine que o endereço não existe. Se o endereço não existir, retorna-se uma mensagem correspondente.

Consideremos, primeiro, o que acontece quando um servidor local reconhece o nome de domínio. Quando o novo nome de domínio aparece, um aplicativo, como o navegador da web, solicita um procedimento de biblioteca chamado resolvedor. O resolvedor envia uma mensagem DNS a um servidor local de DNS, que busca o nome e retorna o endereço IP ao resolvedor. Em seguida, o resolvedor retorna o endereço IP ao aplicativo.

Mas o que acontece se o servidor local de DNS não tiver a informação solicitada? Ele pode consultar outros servidores locais de DNS, se houver. As informações relativas à existência de outros servidores locais e remotos são mantidas em um arquivo na rede de computadores locais. Se a resposta for novamente não, o servidor de DNS tenta o próximo nível acima, talvez um servidor de nível intermediário. Se ele não reconhecer o nome de domínio ou não houver servidor de nível intermediário, consulta-se o servidor de nomes de nível superior. Caso esse servidor também não reconheça o nome de domínio, ele retornará uma mensagem "URL não encontrada" ou descerá um nível e consultará um servidor local de DNS. Para compreender isso melhor, vamos ver um exemplo.

Considere o cenário em que um usuário em *cs.waynestate.edu*, na Wayne State University, deseja recuperar uma página da web de *www.trinity.edu* na Trinity University. A mensagem parte de *cs.waynestate.edu* e vai para o servidor de nomes de *waynestate.edu*. O servidor de nomes de *waynestate.edu* não reconhece *www.trinity.edu*, pois o nome de domínio *www.trinity.edu* não está na lista de sites da web referenciados recentemente. Portanto, o servidor de nomes de *waynestate.edu* envia uma solicitação DNS a *edu-server.net*. Embora *edu-server.net* não reconheça *www.trinity.edu*, ele reconhece *trinity.edu* e, portanto, envia uma consulta a *trinity.edu*.

O servidor de nomes de *trinity.edu* reconhece seu próprio subdiretório *www.trinity.edu* e retorna o resultado a *edu-server.net*, que, por sua vez, reencaminha para o servidor de nomes de *waynestate.edu*, que envia o resultado para o computador do usuário, o qual, finalmente, insere o resultado, ou seja, o endereço IP correto de 32 bits na solicitação do navegador.

Endereços de IP

Agora, falemos um pouco mais sobre o endereço IP. Quando o IP e endereços IP foram criados na década de 1960, um endereço IP pertencia a uma categoria específica. Esse tipo de endereçamento era chamado endereçamento por classe e baseava-se, como veremos em breve, em cinco classes diferentes. Por volta de 1996, uma nova forma de endereçamento tornou-se disponível: o endereçamento sem classe. Embora esse último seja mais comum atualmente, ainda é importante compreender como ambos os sistemas funcionam. De início, examinaremos o endereçamento por classe.

Como já aprendemos, os endereços IP atuais têm 32 bits de comprimento. No endereçamento por classe, porém, os endereços não são simples inteiros de 32 bits. Pelo contrário, eles podem consistir de três partes específicas de informação. O tamanho e o valor dessas três partes de informação dependem da forma básica do endereço. Há cinco formas básicas de endereços IP: classe A, B, C, D e E (Tabela 10-1).

Tabela 10-1 Cinco formas básicas de endereços IP de 32 bits

Tipo de endereço	Padrão inicial de bits	Endereço de rede (ID de rede)	Endereço de host (ID de host)
Classe A	0	128 endereços (7 bits)	16.777.216 endereços (24 bits)
Classe B	0	16.384 endereços (14 bits)	65.536 endereços (16 bits)
Classe C	110	2.097.152 endereços (21 bits)	256 endereços (8 bits)
Classe D	1110	Endereço multicast	
Classe E	1111	Endereços reservados	

Como mencionado anteriormente, cada endereço IP pode consistir de três partes:

▸ Um campo de identificação com 1, 2, 3 ou 4 bits (também conhecido como padrão inicial de bits).
▸ Um ID de rede, que indica uma rede específica.
▸ Um ID de host, que indica um host ou computador específico nessa rede.

Como mostra a Tabela 10-1, dado um padrão inicial 0, há 128 endereços (ou redes) de Classe A existentes. Cada endereço de Classe A pode ter 16.777.216 hosts ou computadores. Evidentemente, 128 redes não é muito; de fato, todos os endereços de Classe foram atribuídos há muito tempo. Outro aspecto que inviabiliza o endereço de Classe A é a alocação de 16.777.216 computadores por rede. Conectar 16.777.216 computadores a uma única rede vai além do que qualquer um pode imaginar. Como vimos, muitas redes local sequer possuem mais do que algumas centenas de computadores conectados. Infelizmente, por esse motivo, muitos endereços de Classe A não são utilizados. Os endereços de Classe B oferecem 16.384 IDs de rede (ou redes distintas), cada um permitindo 65.536 IDs de host que significa que cada uma das 16.384 redes pode ter 65.536 computadores host conectados. Os endereços de Classe C permitem 2.097.152 IDs de rede e 256 IDs de host. No caso dos endereços de Classe C, o número de computadores host permitido é suficiente para acomodar apenas as redes menores.

Os endereços de Classe D estão disponíveis para redes que permitem multicast de mensagens. **Multicast IP** é a possibilidade de um servidor de rede transmitir um fluxo de dados a mais de um host ao mesmo tempo. Considere um cenário em que uma empresa queira fazer download em streaming do vídeo de um exercício de treinamento para 20 usuários sentados em estações separadas. Se um servidor tiver de transmitir 20 cópias individuais para as 20 estações (unicast), será necessário um sinal com largura de banda muito alta. Se, em vez disso, o servidor pudesse transmitir por multicast uma cópia do fluxo de vídeo para 20 estações, seria necessária uma largura de banda muito menor. Para isso, o servidor pode inserir um endereço de Classe D no datagrama IP e cada uma das 20 estações pode indicar a seu software de IP que aceite os datagramas com esse endereço.

Embora o multicast IP tenha algumas vantagens muito promissoras, ele sofre de falta de segurança. Como é relativamente fácil para uma estação indicar a seu software de IP que aceite um determinado endereço de Classe D, qualquer estação, mesmo aquelas que não tenham permissão, pode receber o multicast. No entanto, novas aplicações que tratam dos pontos fracos do multicast IP têm sido anunciadas, abrindo as portas para futuras possibilidades.

Quando uma empresa solicita um conjunto de endereços de Internet utilizando endereçamento por classe, há várias opções possíveis. Em primeiro lugar, a empresa pode solicitar um endereço de Classe B. Com esse endereço, ela pode alocar 65.536 estações em sua rede de Classe B. Se esse número de estações for muito grande, a empresa pode considerar um endereço de Classe C. Ele permite 256 computadores em uma única rede. Mas, se a empresa tiver de 400 a 500 usuários, o endereço de Classe C será muito pequeno. Portanto, a empresa pode solicitar dois endereços de Classe C.

Suponha que uma empresa solicite e receba um grande número de endereços de Classe B. Como ela pode utilizá-los de modo eficiente? Nesse caso, a empresa pode dividir seus endereços IP em sub-redes, usando máscaras de sub-rede, uma técnica que facilita o gerenciamento de redes. A ideia básica por trás da máscara de sub-rede é dividir ainda mais a parte de ID de host do endereço IP em ID de sub-rede e ID de host. Utilizando essa técnica, um provedor de Internet ou uma empresa podem dividir um grande número de IDs de host em sub-redes. Cada sub-rede pode dar suporte a um número menor de hosts.

Com o endereçamento sem classe, as empresas (usuários) não solicitam determinada classe de endereços. Em vez disso, a empresa obtém seus endereços IP de um provedor de Internet. A maioria dos provedores já solicitou um grande número de endereços IP e deseja alugá-los a empresas. Voltando a nosso exemplo anterior, em vez de solicitar dois endereços de Classe C, uma empresa com 400 a 500 usuários pode contatar um provedor de Internet e solicitar o aluguel de 512 endereços IP (o número de endereços solicitados tem de ser uma potência de 2). Esses endereços, pelo menos do ponto de vista da empresa, não são identificados por nenhuma classe – trata-se simplesmente de um bloco contínuo de endereços IP. Como seria de se esperar, o endereçamento sem classe levou a uma alocação muito mais eficiente do espaço de endereços IP. Agora, uma empresa pode alugar uma quantidade mais próxima do número exato de endereços necessários, sem desperdiçar endereços não utilizados.

Ao combinar endereçamento sem classe com DHCP e NAT, uma empresa pode usar com eficiência um número menor de endereços IP. Isso se deve ao fato de que os três conceitos fazem uso mais eficiente do espaço de endereços IP. Embora um endereço de 32 bits possa dar suporte a mais de 4 bilhões de endereços, o endereçamento por classe apresentava tanto desperdício que havia uma séria preocupação entre especialistas do setor de que a oferta de endereços IP logo se esgotaria. O surgimento do endereçamento sem classe (junto com os protocolos DHCP e NAT) ajudou consideravelmente a reduzir o consumo de endereços IP. Apesar disso, há uma tendência a incorporar uma nova versão do IP, o IPv6, que possui um espaço de endereços muito maior. Investigaremos esse novo protocolo mais adiante neste capítulo.

Criação de páginas da Web

Para transmitir páginas da web, os navegadores, servidores e a Internet utilizam o HTTP. Mas ele não é usado para exibir as páginas quando elas chegam ao destino pretendido. Para controlar o modo como a página é exibida, é utilizada outra especificação – o HTML (Hypertext Markup Language). Embora o HTML tenha sido o primeiro e ainda seja o método mais comum de controle de exibição de páginas da web, surgiram duas formas adicionais dessa linguagem, oferecendo mais potência e flexibilidade na criação de páginas da web – o HTML dinâmico e o XML (eXtensible Markup Language). Vamos examinar cada uma dessas especificações e discutir sua importância para as empresas e os consumidores.

Antes de começar, porém, é importante considerar por que é necessário conhecer os métodos básicos de construção de páginas da web. A página da web é o elemento fundamental da World Wide Web. Compreendendo o que está envolvido na criação de páginas da web, é possível se comunicar melhor com as pessoas que criam essas páginas e criar páginas por si mesmo, caso venha a ser necessário. Uma página simples pode ser, por exemplo, uma ferramenta eficiente para demonstrar uma ideia a outros funcionários. Além disso, em algumas empresas pequenas, um funcionário pode ser responsável não apenas pelo projeto de produtos ou pela criação de campanhas, mas também pelo projeto e pela criação de páginas da web de suporte.

Linguagens de marcação

Para criar e exibir páginas da web, é necessário algum tipo de linguagem de marcação. Embora haja muitos tipos de linguagens de marcação, apresentaremos brevemente três tipos comuns: HTML (Hypertext Markup Language), D-HTML (HTML dinâmico) e XML (eXtensible Markup Language). O HTML, o D-HTML e o XML (além de uma quarta linguagem mencionada no final desta seção, o XHTML) fazem parte de uma família de linguagens de marcação chamadas SGML (Standard Generalized Markup Language, ou seja, linguagem de marcação generalizada padrão). Apesar do nome, o SGML não é uma linguagem de marcação, mas uma descrição de como criar linguagens de marcação. Colocando de outro modo, o SGML é uma metalinguagem.

O **HTML (Hypertext Markup Language)** é um conjunto de códigos inseridos em um documento, cujo objetivo é ser exibido em um navegador da web. Os códigos (ou símbolos de marcação) instruem o navegador sobre como exibir textos, imagens e outros elementos da página. Os códigos de marcação individuais costumam ser chamados de tags e exibidos entre colchetes (< >). A maioria das tags HTML consiste de uma tag de abertura, seguida por um ou mais atributos e uma tag de fechamento. As tags de fechamento são precedidas por uma barra (/). Os atributos são parâmetros que especificam diversas qualidades que uma tag HTML pode assumir. Por exemplo, um atributo comum é HREF, que especifica a URL de um arquivo em uma tag de âncora (<A>).

A Figura 10-9 mostra o exemplo de um pequeno arquivo HTML à esquerda e uma lista de comentários descritivos à direita. Cada linha do arquivo apresenta uma tag HTML, que indica ao navegador como exibir textos ou imagens. A tag de abertura da linha 1, <HTML>, inicia todos os documentos HTML. Esses documentos dividem-se em seções de cabeçalho (HEAD) e de corpo (BODY). A linha 2 inicia uma seção HEAD. A linha 3 gera o título que aparece na barra de títulos do navegador; a frase do título sempre aparece na seção HEAD. A linha 4 indica o fim da seção HEAD. A linha 5 indica o início da seção BODY. A linha 6 é uma linha texto com a tag de quebra <BR> no final. A tag de quebra insere uma quebra de linha, de modo que o texto seguinte comece na próxima linha. A linha 7 começa um novo parágrafo em uma nova linha. As linhas 8 e 9 são títulos, apresentando o texto em fonte maior e mais espessa que a normal. Os títulos apresentam tamanhos diferentes, variando de H1 (o maior) a H6 (o menor). A linha 10, <HR>, gera uma barra horizontal, um gráfico que atravessa horizontalmente dividindo a página. As linhas 11 e 12 são exemplos de sentenças com texto em negrito e itálico, respectivamente.

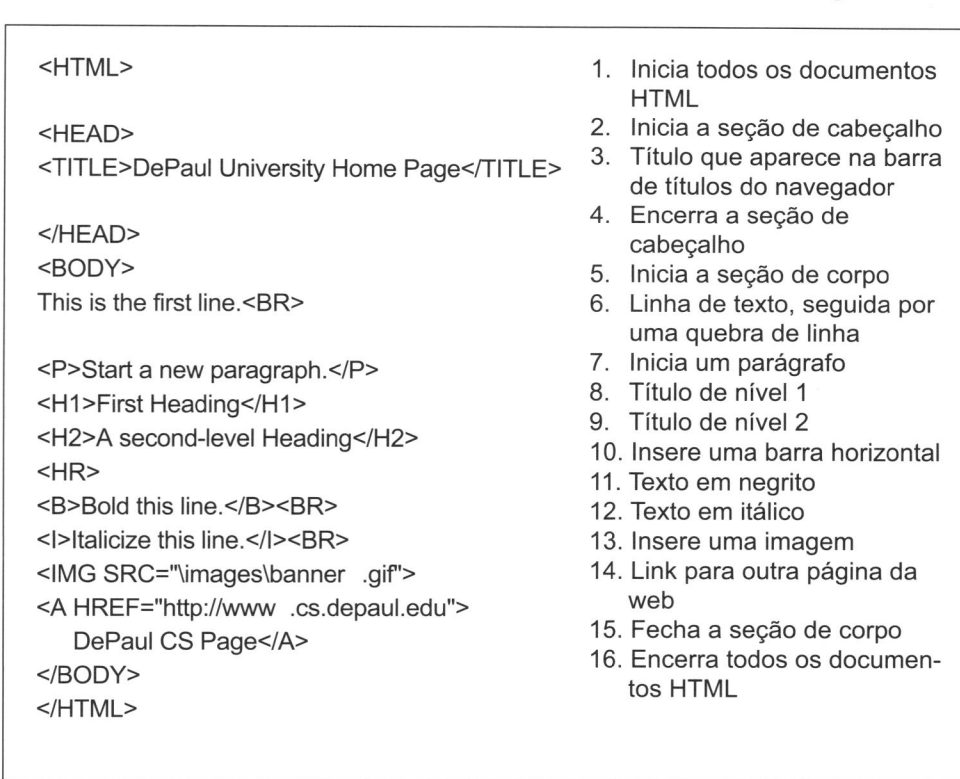

```
<HTML>

<HEAD>
<TITLE>DePaul University Home Page</TITLE>

</HEAD>
<BODY>
This is the first line.<BR>

<P>Start a new paragraph.</P>
<H1>First Heading</H1>
<H2>A second-level Heading</H2>
<HR>
<B>Bold this line.</B><BR>
<I>Italicize this line.</I><BR>
<IMG SRC="\images\banner .gif">
<A HREF="http://www .cs.depaul.edu">
    DePaul CS Page</A>
</BODY>
</HTML>
```

1. Inicia todos os documentos HTML
2. Inicia a seção de cabeçalho
3. Título que aparece na barra de títulos do navegador
4. Encerra a seção de cabeçalho
5. Inicia a seção de corpo
6. Linha de texto, seguida por uma quebra de linha
7. Inicia um parágrafo
8. Título de nível 1
9. Título de nível 2
10. Insere uma barra horizontal
11. Texto em negrito
12. Texto em itálico
13. Insere uma imagem
14. Link para outra página da web
15. Fecha a seção de corpo
16. Encerra todos os documentos HTML

Figura 10-9 Exemplo de arquivo HTML.

A linha 13 é uma sentença que coloca uma imagem nesse ponto da página. Ela consiste de duas partes: a tag de imagem <IMG> e o atributo SRC. O atributo SRC especifica o local (ou fonte) do arquivo de imagem a ser exibido. Nesse exemplo, a imagem encontra-se em um diretório chamado *imagens* e possui o nome de arquivo *banner.gif*. Todas as imagens de documentos HTML devem ser arquivos .gif ou .jpg.

A linha 14 é um exemplo de link ou hyperlink. Os hyperlinks consistem de uma tag de âncora (<A>. . .</A>), do atributo HREF que especifica a URL do arquivo para o qual se deseja fazer o link e do texto a ser destacado. Nesse caso, o texto "DePaul CS Page" será destacado (a cor de destaque padrão é azul) e sublinhado. Quando um usuário que navega pela web passa o ponteiro de seu mouse pelo texto destacado, o ponteiro transforma-se em uma *mão clicável*. Se o usuário clica no texto destacado, o navegador tenta carregar a página da web que é identificada pela URL especificada no atributo HREF, que nesse caso é *http://www.cs.depaul.edu*.

As linhas 15 e 16 indicam o final da seção BODY e do documento HTML, respectivamente. A Figura 10-10 mostra a página da web tal como ela apareceria em um navegador.

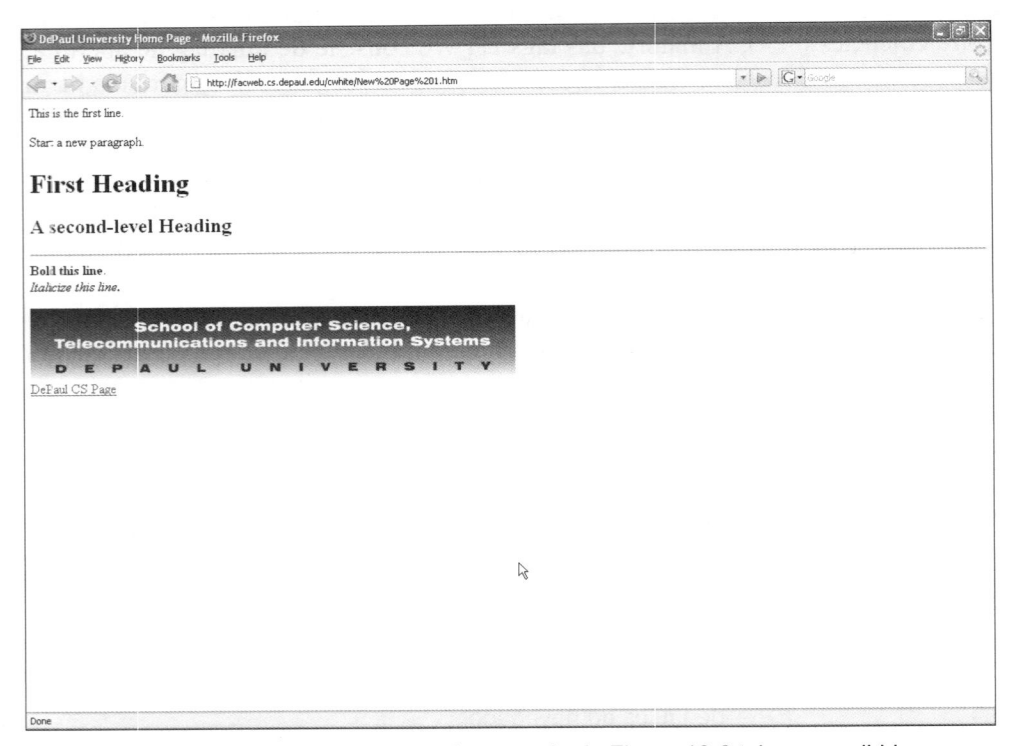

Figura 10-10 Página da web gerada pelo exemplo da Figura 10-9 tal como exibida por um navegador.

Embora o HTML seja relativamente simples de usar, ele apresenta uma série de pontos fracos. Um dos mais graves é a impossibilidade de o HTML permitir que um usuário coloque um texto ou imagem em uma posição precisa da página. O HTML também não permite que o usuário especifique ou troque, de modo rápido e fácil, conjuntos de estilos e cores de fonte. Para melhorar o suporte a esses tipos de funções, foi criado o HTML dinâmico. Em vez de funcionar como uma única especificação, o **HTML dinâmico (D-HTML)** é um conjunto de tags e técnicas de marcação novas, que pode ser utilizado para criar páginas da web mais potentes e flexíveis. As páginas HTML são documentos de texto simples e estáticos, lidos, interpretados e exibidos na tela pelos navegadores. Por outro lado, as páginas HTML dinâmico possuem recursos adicionais que lhes permitem ser, entre outras coisas, interativas. Colocando de forma simples, o HTML dinâmico pode pegar qualquer elemento em uma página da web e alterar dinamicamente sua aparência, conteúdo ou localização na página. Os recursos do HTML dinâmico incluem:

- popups ativos (quando um usuário passa o ponteiro do mouse por uma área da página, pode aparecer um texto adicional).
- posicionamento imediato de elementos ou camadas (em outras palavras, a disposição de um objeto em uma página pode ser especificada utilizando coordenadas x, y).
- **CSS (cascading style sheets)**, que permite ao autor de uma página da web incorporar diversos recursos (fontes, estilos, cores etc.) em uma única página HTML.

Outro membro dessa família de linguagens de marcação é o XML. O **XML (eXtensible Markup Language)** é um subconjunto do SGML e consiste em uma especificação sobre como criar um documento – a especificação inclui tanto a definição do documento como de seu conteúdo. Ou seja, enquanto o HTML determina como o conteúdo de um documento deve ser exibido pelo navegador, o XML define também o conteúdo do documento. Quando um documento XML é transmitido entre duas entidades, ele contém os dados e a descrição detalhada dos dados. Essa construção dupla elimina a necessidade de enviar documentos anteriores adicionais que descrevam o formato dos dados.

A sintaxe XML é muito similar à do HTML; porém, há algumas diferenças muito importantes. Em primeiro lugar, o XML é extensível, ou seja, um usuário pode definir suas próprias tags. Podem-se criar tags que definam estruturas inteiras de dados. Por exemplo, as entradas de um catálogo de peças automotivas podem exigir tags como <NOMEDAPEÇA>, <FABRICAÇÃO>, <MODELO>, <ANO>, <DESCRIÇÃO> e <CUSTO>. Segundo, o XML é muito mais estrito que o HTML. Os documentos XML possuem regras muito precisas para a criação de tags e elementos internos. Por exemplo, todas as tags devem ser adequadamente aninhadas, todos os valores de atributos devem estar entre aspas e todas as tags com conteúdo vazio devem terminar com ".../>". Diferentemente dos documentos HTML, os documentos criados em XML não serão exibidos se o código tiver um erro. Em geral, erros de codificação do HTML são ignorados pelo navegador, que exibe o resto do documento.

Nos negócios, a grande vantagem oferecida pelo XML é sua capacidade de executar intercâmbio de dados, ou seja, a transferência de registros de dados entre duas empresas. Como diferentes empresas e, às vezes, diferentes partes da mesma organização raramente criam o padrão de um único conjunto de ferramentas, é necessária uma quantidade significativa de intercomunicação para que dois grupos atinjam um ponto em que possam enviar registros de dados entre si. O XML simplifica o envio de dados estruturados pela web, de modo que nada se perca na transmissão. Por exemplo, a empresa A pode receber dados em tags XML da empresa B e vice-versa. Nenhuma das empresas precisa saber como os dados da outra são organizados, pois as tags XML definem os dados. Se outro fornecedor ou empresa quiser ser incluído nessa transferência de dados, a nova empresa não terá de escrever nenhum código de computador para permitir a troca de dados com seu sistema. Em vez disso, basta observar as regras de definição dos dados utilizadas nas tags XML.

Uma linguagem de marcação adicional que deve ser mencionada é a **XHTML (eXtensible Hypertext Markup Language)**. O XHTML combina HTML, HTML dinâmico e XML em um único padrão que deve vir a substituir o HTML.

Se o crescimento futuro da World Wide Web continuar até mesmo a uma fração da taxa de crescimento atual, a web continuará sendo um elemento fundamental nas vidas cotidianas de empresas e indivíduos. Para acompanhar esse potencial, uma pessoa que cria páginas da web deve estar familiarizada com HTML, D-HTML e XML. Se essas linguagens continuarem a se desenvolver, as páginas da web terão ainda mais qualidade e capacidade.

Agora que aprendemos como as páginas da web são criadas, vamos ver alguns dos serviços oferecidos pela Internet.

Serviços de Internet

Quando a Internet surgiu como Arpanet, a maioria das pessoas a utilizava para e-mail, transferências de arquivos e logins remotos. Além de estudar esses recursos, vamos examinar vários serviços mais populares que a Internet fornece atualmente.

Correio eletrônico (e-mail)

O **correio eletrônico** ou **e-mail** é a versão computadorizada correspondente à escrita e à postagem de uma carta no correio local. Muitas pessoas estão tão acostumadas a utilizar e-mail que, se ele deixasse de existir de um dia para outro, graves consequências sociais e econômicas seriam sentidas nos Estados Unidos e no resto do mundo.

Existem muitos programas comerciais de e-mail; também é possível fazer download gratuito de alguns deles pela Internet. Embora cada programa de e-mail possua suas próprias características e opções, a maioria oferece os seguintes serviços:

- Criação de mensagem de e-mail.
- Envio de mensagem de e-mail a um ou vários destinatários ou a uma lista de e-mail.
- Receber, armazenar, responder e encaminhar mensagens de e-mail.
- Anexar arquivos, como documentos de texto, planilhas, imagens ou programas, a uma mensagem de e-mail a ser enviada.

A maioria dos sistemas de e-mail consiste de duas partes: (1) o agente de usuário, que é parte do programa de e-mail que permite a um usuário criar, editar, armazenar e encaminhar mensagens de e-mail; e (2) o agente de transferência de mensagens, que é a parte do programa de e-mail que prepara e transfere a mensagem. Cada e-mail transmitido também consiste de dois componentes básicos: um envelope, que contém informações descrevendo a mensagem, e a própria mensagem, que é o conteúdo do envelope.

Grande parte das mensagens consiste de texto simples, escrito em caracteres ASCII comuns.

Mas e se quisermos enviar (ou anexar) um item que não se baseia em texto, como uma planilha, um banco de dados ou uma imagem? Nesse caso, o programa de e-mail cria um documento **MIME (Multipurpose Internet Mail Extensions)** e o anexa à mensagem.

Uma vez criados o e-mail e o anexo opcional, é hora de transmitir a mensagem. O **SMTP (Simple Mail Transfer Protocol)** é um protocolo de Internet para envio e recebimento de e-mail, utilizado para executar a transferência. Para enviar a mensagem de e-mail, o computador de origem estabelece uma conexão TCP com a porta 25 (normalmente) do computador de destino. O computador de destino possui um daemon de e-mail – programa executado constantemente em segundo plano em espera para executar sua função – que dá suporte ao protocolo SMTP. O daemon de e-mail monitora a porta 25, aceita conexões de entrada e copia as mensagens para a caixa de entrada adequada. O equivalente europeu e canadense do SMTP é o protocolo X.400.

Quantas vezes recebemos uma mensagem de e-mail mesmo que nossas máquinas sequer estejam ligadas? Ao ligarmos o computador e executarmos o programa de e-mail, somos informados de que há n novas mensagens em aguardo. Que software executa essa operação? O **POP3 (Post Office Protocol versão 3)** é o software que permite ao usuário salvar mensagens de e-mail em uma caixa de entrada no servidor e fazer download delas quando desejado. O POP3 é útil para quem não possui conexão permanente com a rede, utilizando uma conexão temporária com a Internet. O POP3 manterá as mensagens de e-mail até a próxima conexão e acesso à caixa de entrada. Assim, esse software costuma ser encontrado em computadores laptop ou domésticos sem conexões de rede permanentes; mas ele também está presente em sistemas com conexão permanente.

Uma alternativa mais sofisticada ao POP3 é o **IMAP (Internet Message Access Protocol)**. O IMAP (cuja última versão é o IMAP4) é um protocolo de cliente/servidor em que o e-mail é recebido e mantido em um servidor de Internet. O usuário pode visualizar apenas o cabeçalho do e-mail ou o remetente da mensagem para decidir se deseja fazer o download. Também é possível criar e manipular pastas ou caixas de entrada no servidor, excluir mensagens antigas ou fazer buscas por certas partes de uma mensagem de e-mail.

Muitos pacotes de e-mail permitem que o usuário criptografe a mensagem para transferência segura em uma rede local ou de longa distância, como a Internet. Quando a mensagem de e-mail é criptografada, em tese é impossível interceptá-la e decodificá-la sem o algoritmo e a chave de criptografia adequados. Mensagens de e-mail importantes também podem receber a aplicação de assinatura digital, de modo que, no futuro, o proprietário da mensagem possa provar que ela pertence apenas a ele. As técnicas de criptografia serão discutidas em mais detalhes no Capítulo 12.

FTP (File Transfer Protocol)

O **FTP (File Transfer Protocol)** foi um dos primeiros serviços oferecidos pela Internet. Suas principais funções são permitir que um usuário faça download de um arquivo de um local remoto para seu computador e transfira um arquivo de seu computador para um local remoto. Esses arquivos podem conter dados, como números, textos ou imagens, ou programas executáveis. Embora a World Wide Web tenha se tornado o principal veículo para a obtenção de documentos com base em textos e imagens, muitas organizações ainda consideram útil criar um repositório de FTP com dados e arquivos de programas. Utilizando um navegador da web ou software especializado de FTP, pode-se facilmente acessar sites de FTP. Caso o usuário queira privacidade ou restrição ao acesso de um site de FTP, é possível projetá-lo para solicitar ID de usuário e senha para entrada.

Para acessar um site de FTP por meio de um navegador e fazer download de um arquivo, são necessárias, pelo menos, três informações. Primeiro, é preciso saber o nome do site de FTP. Segundo, é necessário conhecer o nome do diretório ou subdiretório onde procurar o arquivo. Terceiro, deve-se conhecer o nome do arquivo de que se deseja fazer download. Portanto, o download de arquivos por FTP não é uma atividade de "navegação". É necessário ter uma boa ideia daquilo que se está procurando e de onde ele se localiza.

Como exemplo, digamos que estejamos lendo um artigo em uma revista de computador, descrevendo um utilitário gratuito que organiza o tempo, controla a agenda e ajuda a fazer novos amigos. Precisamos desse programa, mas ele está em algum site de FTP no meio do nada. Sem problemas. Tudo de que precisamos é a URL do utilitário e um navegador da web. Como explicado em uma seção anterior, todos os documentos da Internet possuem uma URL exclusiva. Em nosso exemplo, vamos supor que a URL desse programa seja:

ftp://ftp.goodstuff.com/public/util/

e seu nome de arquivo seja *perfect.exe*. Na barra de endereços do navegador, digitamos a URL. Quando tivermos chegado ao site de FTP *ftp.goodstuff.com* e entrado no subdiretório *public/util*, deveremos ver o arquivo *perfect.exe* relacionado. Clicando no nome do arquivo e especificando o local de armazenamento do material a ser transferido, iniciaremos o download. O software de FTP envia o comando de solicitação adequado ao site, que abre uma conexão de transferência de arquivo entre nossa estação e o local remoto. O arquivo é dividido em pacotes, que são transferidos um por um pela Internet até nossa estação. Quando todos os pacotes tiverem chegado, a conexão será desfeita. Na verdade, duas conexões foram criadas. A primeira transmitia informações de controle para configurar a transferência de arquivo e a segunda transferiu efetivamente os dados.

Login remoto (Telnet)

O **login remoto** ou **Telnet** é um programa de emulação de terminal para redes TCP/IP, como a Internet, que permite aos usuários fazer login em um computador remoto. O programa Telnet é executado em estações, conectando-as a um servidor remoto na Internet. Uma vez conectado ao servidor ou host remoto, o usuário pode inserir comandos por meio do programa Telnet; esses comandos serão executados como se estivessem sendo inseridos diretamente no terminal do computador remoto.

Há três motivos para utilizar programas Telnet. Primeiro, o Telnet permite que os usuários façam login em uma conta pessoal e executem programas independentemente de onde estejam. Por exemplo, um usuário pode ter uma conta de computador em duas empresas ou escolas diferentes. Embora localizado fisicamente em um local, esse usuário pode usar o Telnet para fazer login em um computador no outro local. Por meio desse login, é possível verificar e-mail ou executar uma aplicação. Em segundo lugar, esse login permite que o usuário acesse um serviço público em um local remoto. Por exemplo, a CARL (Colorado Alliance of Research Libraries, instituição que reúne bibliotecas de pesquisa no estado americano de Colorado) oferece um grande conjunto de bancos de

Detalhes

Como o sistema MIME funciona

Cinco cabeçalhos diferentes do tipo MIME fornecem informações sobre um arquivo que tenha sido anexado a uma mensagem de e-mail: versão do MIME, descrição de conteúdo, ID de conteúdo, tipo de conteúdo e codificação de transferência do conteúdo. A versão do MIME determina o número de versão do protocolo MIME utilizado. A descrição de conteúdo é o documento real anexado. A ID de conteúdo identifica o anexo MIME e sua mensagem de e-mail correspondente. O cabeçalho de tipo de conteúdo descreve se o anexo é texto, imagem, áudio, vídeo, aplicativo, mensagem ou arquivo em várias partes.

O cabeçalho de codificação de transferência de conteúdo descreve como o material que não está em ASCII do anexo é codificado para que esses caracteres não criem problemas durante a transmissão. Os programas de e-mail podem utilizar um entre cinco esquemas diferentes de codificação de material que não esteja em ASCII para transmissão:

- ASCII simples de 7 bits, a forma mais comum de ASCII.
- ASCII de 8 bits, que não recebe mais suporte de muitos sistemas.
- Codificação binária, que é um código de máquina. O uso de codificação binária é perigoso, pois um valor binário específico pode sinalizar um caractere de controle especial, como um CR (*carriage return*), podendo fazer com que o dispositivo receptor se comporte irregularmente.
- Codificação Base64, que é o melhor método. Para executar codificação Base64, o computador divide 24 bits de dados binários em quatro grupos de 6 bits e, em seguida, codifica cada grupo em um caractere de ASCII específico (com base na tabela-padrão de caracteres ASCII).
- Codificação QP (quoted printable), que utiliza ASCII de 7 bits. Na codificação QP, todos os caracteres com valor decimal de ASCII superior a 127 são codificados com um sinal de igual (=), seguido pelo valor do caractere como dois dígitos hexadecimais.

dados, que inclui indexação bibliográfica, serviço de resumo de notícias e arquivos de texto completos. É possível acessar a CARL por meio de conexão Telnet ou utilizando um navegador. Terceiro, o Telnet possibilita que um administrador de rede controle um servidor e se comunique com outros servidores pela rede. Esse controle pode ser executado remotamente, como, por exemplo, de outra cidade ou da casa do administrador.

Voz por IP

Um dos serviços mais recentes que têm atraído o interesse de empresas e usuários domésticos é o envio de sinais de voz por redes com base em IP, como a Internet. A prática de fazer chamadas telefônicas pela Internet possui vários nomes diferentes, incluindo voz em pacote, voz por pacote, voz pela Internet, telefonia pela internet e VoIP (Voice over IP, ou seja, voz sobre IP). Mas parece que o setor estabeleceu a expressão "VoIP", em referência ao IP (Internet Protocol), que controla a transferência de dados pela Internet. Seja qual for o nome, o **VoIP** surgiu como um dos serviços de Internet mais interessantes e certamente atraiu a atenção de muitas empresas.

Como essa tecnologia é relativamente nova, a implantação do VoIP varia consideravelmente, dependendo do nível de envolvimento do usuário. Seduzidas pelo tamanho potencial do mercado, muitas empresas têm oferecido pacotes completos, que podem ser instalados em sistemas de rede local. Esses pacotes envolvem grandes quantidades de equipamentos, como servidores VoIP, comutadores de alta velocidade, telefones especiais habilitados para IP e roteadores capazes de direcionar chamadas telefônicas. Na outra extremidade do sistema, algumas empresas de telecomunicação oferecem serviços apenas para empresas individuais/pequenas e usuários domésticos. Esses serviços utilizam linhas telefônicas tradicionais ou serviços de TV a cabo com aparelhos telefônicos, mas exigem adaptadores especiais (que convertem sinais de telefone comum em pacotes IP e vice-versa) inseridos entre a linha e o aparelho.

Tendo à disposição um sistema telefônico confiável de alta qualidade, por que explorar uma nova tecnologia que fornece o mesmo serviço? Uma das primeiras vantagens do VoIP relacionava-se simplesmente ao fato de que chamadas de longa distância, especialmente para o exterior, eram caras, enquanto o envio de dados ou voz pela Internet é basicamente gratuito. Com o passar do tempo, essa vantagem tornou-se menos importante para a maioria dos usuários corporativos. Uma razão para isso é que as tarifas telefônicas de longa distância caíram significativamente nos anos seguintes; outro motivo é que a qualidade de chamadas de VoIP de longa distância costuma ser pior que a de telefonia convencional. Mas, atualmente, muitas empresas têm encontrado vantagens mais relevantes em poder tratar dados de voz como as outras formas de dados. Uma delas é que, se tanto voz como dados podem ser transmitidos pela mesma rede, as empresas podem poupar em equipamento e infraestrutura. Isso contribui para outra vantagem ainda mais significativa: diminui-se ou elimina-se a necessidade de separar pessoal de gerenciamento de telefonia e pessoal de gerenciamento de redes locais. Assim, o gerenciamento da empresa pode ser simplificado. Como veremos em breve, transmitir voz e dados pelo mesmo sistema abre as portas para aplicações interessantes e potentes.

O VoIP possui também algumas desvantagens. A afirmação de que o envio de dados pela Internet é basicamente gratuito pode ser enganosa. Evidentemente, nada é gratuito. Todos os usuários de Internet devem pagar provedores de acesso, linha telefônica de conexão e todo hardware e software necessário. Além disso, são necessários ainda mais hardware e software para lidar com transmissão de pacotes de voz por redes de dados corporativas. Porém, para quem já tem acesso à Internet de alta velocidade, a adição de VoIP pode ser um modo razoável de obter serviços telefônicos locais e de longa distância.

Uma segunda desvantagem, mais importante, é que a transmissão de voz por rede corporativa pode exigir muito dos recursos da rede. Se um sistema corporativo atual estiver sobrecarregado na entrega de dados, a adição de voz a esse sistema pode provocar problemas graves de serviço. Esses problemas podem ser intensificados, pois os sistemas de voz exigem redes capazes de transmitir os dados em um período de tempo relativamente pequeno. Redes que atrasem os dados de voz em mais de 20 milissegundos de uma extremidade a outra apresentarão eco significativo na transmissão. Se o atraso for maior que 250 milissegundos (que é apenas um quarto de segundo), o sistema será, basicamente, inutilizado.

Para intensificar ainda mais esse problema do atraso, há o fato de que a Internet é, basicamente, uma grande rede de longa distância comutada por pacotes de datagramas. Lembre-se do Capítulo 9 que, em redes comutadas por pacotes de datagramas, cada pacote de dados é roteado individualmente. Esse roteamento individual pode introduzir atrasos em cada pacote, mesmo com a utilização de novos protocolos, como o MPLS (para mais informações sobre esse protocolo, veja a seção "Detalhes" intitulada "MPLS (Multiprotocol Label Switching)"). Por outro lado, redes comutadas por circuito (como, por exemplo, o sistema telefônico) primeiro estabelecem uma rota (o circuito) e depois transmitem todos os pacotes subsequentes pela rota estabelecida. Como a rota é fixa e dedicada, nenhum pacote sofre atraso de roteamento. Para manter uma conversa telefônica pela Internet, os pacotes de voz devem chegar a seu destino em um fluxo contínuo. Se não chegarem, a conversa será cortada e de pouca qualidade. Atualmente, o VoIP às vezes funciona bem e às vezes não.

Embora um dia possa ser um dos modos mais comuns de estabelecer conexões telefônicas, ele ainda é uma tecnologia em desenvolvimento. Portanto, uma empresa deve fazer uma análise rigorosa antes de optar por investir tempo e recursos em VoIP.

Para empresas que consideram sua utilização, um fato importante e interessante de se lembrar é que a tecnologia não precisa se desenvolver usando a Internet. Uma empresa pode utilizar IP para a transmissão de dados *dentro* de sua própria rede, mas recorrer a linhas telefônicas tradicionais fora da rede empresarial. Muitas pessoas estão começando a chamar esses sistemas de **VoIP privado**. Como eles não usam a Internet, mantendo-se internos, os atrasos de pacotes são mínimos, o que torna o VoIP mais interessante.

Têm surgido novos sistemas capazes de dar suporte a operações de telefone e de dados de computador pelo mesmo conjunto de fios. Essa área de estudo, a integração computador-telefonia (CTI, *computer telephony integration*), é uma nova e estimulante união entre sistemas computacionais e sistemas telefônicos.

Para obtermos uma compreensão um pouco melhor do VoIP, vamos examinar as diversas etapas necessárias para criar um pacote de VoIP a partir da voz e apresentar os protocolos mais comuns utilizados no suporte a essa nova tecnologia. A primeira etapa na conversão de voz em pacotes IP é a realização da conversão de analógico para digital usando um codec. Uma vez digitalizada, a voz é comprimida em um pacote muito menor e, em seguida, convertida para o formato de datagrama. O datagrama de voz é encapsulado com os cabeçalhos de UDP e IP adequados e enviados pela rede IP.

Um dispositivo comum para executar a conversão da chamada telefônica analógica (voz e sinais) em dados empacotados em IP é o gateway de VoIP. O gateway de VoIP pode executar a digitalização, compressão e encapsulamento necessários e controlar a configuração de chamadas de VoIP entre o dispositivo que faz a chamada e o que recebe. Atualmente, dois conjuntos básicos de protocolos dão suporte a todas essas etapas. O primeiro conjunto de padrões, o H.323, provém da ITU-T e foi publicado pela primeira vez em 1996. O **H.323** é, na verdade, um conjunto de protocolos chamado protocolos multimídia com base em pacotes, projetados para uma ampla gama de aplicações (de áudio e vídeo). É interessante observar que o H.323 não foi originalmente projetado para redes TCP/IP, mas para redes X.25 e ATM.

O segundo protocolo, o SIP, é considerado por muitos o principal padrão de VoIP, mas, aparentemente, ainda não foi bem-sucedido. O **SIP (Session Initiation Protocol)** foi apresentado em 1998 pela IETF (Internet Engineering Task Force) especificamente para dar suporte à transferência de voz pela Internet. O SIP é basicamente um protocolo de camada de aplicação capaz de criar, modificar e encerrar sessões de voz entre duas ou mais partes. Essas sessões não se limitam a simples chamadas telefônicas, mas podem incluir também chamadas em conferência e transmissões multimídia. O SIP também remete a outros protocolos de suporte a VoIP. Um deles é o ENUM. O **ENUM** é um protocolo que converte números telefônicos completos, isto é, incluindo códigos de país e de área, em endereços de nome de domínio. Por exemplo, caso se deseje ligar para o número 555-1212 no código de área 312 nos Estados Unidos, o ENUM converterá esse número para um endereço de nome de domínio com a forma 2.1.2.1.5.5.5.2.1.3.1.e164.arpa (que é o número 1(312)555-1212 invertido, com a adição de e164.arpa ao final).

Por fim, embora não sendo exatamente a mesma coisa que o VoIP, o VoWLAN (voz sobre LAN sem fio, também conhecido como voz sobre Wi-Fi) é muito semelhante. Em vez de transmitir voz por rede IP com fio, o VoWLAN permite que os usuários andem por um prédio ou campus e, utilizando um aparelho sem fio, se comuniquem com uma ou mais pessoas que usem a rede LAN sem fio.

Há vários motivos interessantes para utilizar VoWLAN. Em primeiro lugar, embora muitas pessoas se lembrem de telefones celulares quando pensam em aparelhos sem fio, muitos sinais de telefonia celular não chegam ao interior de edifícios grandes. Como muitas empresas já possuem ou estão planejando redes LAN sem fio, seus sinais costumam ter um alcance muito maior dentro desses edifícios. Outra vantagem do VoWLAN em relação aos telefones celulares é o custo – o serviço de telefonia celular é fornecido por uma operadora à qual se tem de pagar. A conversa por LANs sem fio existentes na empresa é basicamente "gratuita".

Evidentemente, o VoWLAN também tem seus pontos fracos. Um problema potencial é o handover, quando o usuário de aparelho móvel passa de um conjunto básico de serviço para outro dentro da rede. Para fornecer chamadas telefônicas de qualidade, o handover deve ser rápido e direto. Muitas redes locais podem ser rapidamente saturadas por vários usuários de voz que utilizem sinais sem fio. Porém, trata-se ainda de uma tecnologia que merece nossa atenção no futuro próximo.

Listservs

O **listserv** é um software popular utilizado pra criar e gerenciar listas de e-mail na Internet. O software de listserv mantém uma tabela de endereços de e-mail correspondentes aos membros atuais da lista. Quando um indivíduo envia um e-mail para o endereço do listserv, este encaminha uma cópia da mensagem a todos os endereços de e-mail armazenados na tabela. Assim, todos os membros da lista recebem a mensagem de e-mail. Outros nomes para listserv e outros tipos de software semelhantes são *mailserv*, *majordomo* e *almanac*.

Para assinar uma lista, é necessário enviar uma mensagem com formato especial para um determinado endereço do listserv. Esse endereço é diferente do de envio de e-mail para todos os membros. Por exemplo, é possível assinar o listserv sobre apagadores da University of Southern Michigan at Copper Harbor, enviando a mensagem SUBSCRIBE ERASERS a *listserv@copper.usm.edu*. Para enviar mensagens a todos os assinantes, deve-se enviar o e-mail para *erasers@copper.usm.edu*.

Os listservs podem ser ferramentas úteis de negócios quando se buscam informações ou se deseja participar de uma discussão contínua sobre determinado assunto. Participando de um listserv sobre um tópico que lhe interesse, um assinante pode receber e-mails frequentes de outros membros que também se interessem pelo mesmo assunto ao redor do mundo. As empresas também podem utilizar listservs para se comunicar com clientes sobre produtos e serviços. Para descobrir quais listservs estão disponíveis, visite o site da web *www.lsoft.com/lists/listref.html*.

Áudio e vídeo em streaming

Áudio e vídeo em streaming consistem no download contínuo de um arquivo de áudio ou vídeo comprimido, que, assim, pode ser ouvido ou visto na estação do usuário. Os exemplos mais comuns de áudio em streaming são as músicas populares e clássicas, transmissões de rádio ao vivo e históricos ou arquivos de aulas, músicas e transmissões. Os exemplos mais comuns de vídeo em streaming são programas de TV e outras produções de vídeo pré-gravadas, aulas e produções de vídeo ao vivo. Para dar alguns exemplos, as empresas podem utilizar áudio e vídeo em streaming para fornecer vídeos de treinamento, amostras de produtos e mensagens ao vivo de escritórios corporativos.

Para transmitir e receber áudio e vídeo em streaming, o servidor de rede solicita o espaço necessário para armazenar os dados e o software de envio, enquanto o navegador do usuário solicita que um produto de streaming, como o RealPlayer da RealNetworks, aceite e exiba esses dados. Todos os arquivos de áudio e vídeo devem estar comprimidos, pois o fluxo de dados não comprimidos ocuparia muita largura de banda e não poderia ser transmitido em tempo real (lembre-se das técnicas de compressão do Capítulo 5).

O **RTP (Real-Time Protocol)** e o **RTSP (Real-Time Streaming Protocol)** são dois protocolos de camada de aplicação que os servidores e a Internet utilizam para transmitir dados de áudio e vídeo em streaming ao navegador do usuário. Ambos são de domínio público e estão disponíveis em vários produtos de software de suporte a dados em streaming.

Mensagens instantâneas, tweets e blogs

Os **comunicadores instantâneos** permitem que um usuário veja se outras pessoas estão atualmente com login na rede e, em caso afirmativo, envie pequenas mensagens em tempo real. Muitos usuários, especialmente no ambiente corporativo, têm abandonado o e-mail e utilizado comunicadores instantâneos como meio de comunicação. As vantagens desses comunicadores são: conversas em tempo real, economia de armazenamento em servidor (pois as mensagens instantâneas não são armazenadas e encaminhadas como os e-mails) e possibilidade de manter conversas "silenciosas" entre várias partes. Os fornecedores de serviços, como a AOL, o MSN da Microsoft e o Yahoo!, bem como várias outras empresas de software, incorporam comunicadores instantâneos a seus produtos.

Várias questões relacionadas à criação e ao suporte de sistemas de comunicação instantânea incluem:

- Identificação adequada dos usuários.
- Como saber se o usuário que se está tentando contatar está presente.
- Possibilidade de limitar quem pode ver se um usuário está presente e quando.
- Possibilidade de enviar apenas mensagens curtas de uma frase ou algo mais elaborado.

- Capacidade do sistema de dar suporte ao modo de conversa entre dois usuários.
- Capacidade do sistema de dar suporte ao modo de sala de bate-papo entre vários usuários.

Um dos serviços mais recentes oferecidos na Internet é o Twitter. O Twitter é um serviço que permite que indivíduos enviem mensagens curtas (no máximo 140 caracteres) a vários usuários. Basicamente, trata-se de uma combinação entre comunicador instantâneo e **blog** (blog é uma página em que um indivíduo publica comentários frequentes para um ou mais leitores). As mensagens enviadas no Twitter são chamadas *tweets*. O criador pode permitir que seus *tweets* sejam lidos apenas por usuários selecionados ou pelo público geral.

Agora que temos uma compreensão técnica da Internet, vamos ver como ela pode afetar os negócios.

Internet e negócios

Em todo o capítulo, fizemos várias referências a como a Internet afeta os negócios. O termo surgido para se referir aos negócios de uma empresa que utiliza a Internet é e-commerce. O e-commerce também pode ser definido como a compra e a venda de bens e serviços pela Internet, especialmente pela World Wide Web. Para compreender os aspectos e tendências importantes associados a essa intersecção entre tecnologia e negócios, vamos subdividir o e-commerce nas quatro áreas a seguir:

- E-retailing – o **e-retailing** é a compra e a venda eletrônica de mercadorias por meio da web. Em tese, todo tipo de produto imaginável está disponível para compra pela web. Os sites de negócios sofisticados são capazes de rastrear os hábitos de compra de seus clientes, oferecer pedidos on-line, permitir compras com cartão de crédito e oferecer uma ampla seleção de produtos e preços que normalmente não está disponível lojas físicas.
- EDI – o **EDI (Electronic data interchange)** é a transação comercial eletrônica entre duas ou mais empresas. Por exemplo, uma empresa que queira adquirir um grande número de telefones celulares pode enviar solicitações eletrônicas a vários fabricantes, que fazem cotações eletrônicas e a empresa pode aceitar uma cotação e fazer um pedido eletronicamente. Fundos bancários também são transferidos eletronicamente entre as empresas e seus bancos.
- Micromarketing – o **micromarketing** é a coleta e a utilização dos hábitos de navegação de clientes atuais ou potenciais, obtendo dados importantes para muitas empresas. Quando uma empresa conhece e compreende os hábitos de seus clientes, ela pode direcionar produtos específicos a indivíduos específicos.
- Segurança de Internet – os sistemas de segurança de suporte a todas as transações de Internet também são considerados parte importante do e-commerce.

Muitos analistas preveem que, apesar do chamado colapso das empresas "ponto-com" no início do século XXI, o e-commerce não vai desaparecer; na verdade, ele continuará a passar por um enorme crescimento nos próximos anos. Há poucas dúvidas de que o e-commerce tenha potencial para ser um setor incrível, capaz de gerar muitos empregos.

Cookies e informações de estado

Um recurso da web que muitas empresas utilizam e que recebeu um grande volume de publicidade negativa é o cookie. Os **cookies** são dados criados por um servidor web e armazenados no disco rígido da estação de um usuário. Esses dados, chamados informações de estado, permitem que o site da web que armazenou o cookie rastreie os padrões de navegação e as preferências do usuário. Os servidores web podem utilizar as informações de estado para prever necessidades futuras e também ajudar o site a retomar uma atividade que havia sido iniciada em um momento anterior. Por exemplo, se um usuário estiver navegando por um site que vende um produto, esse site pode armazenar um cookie na máquina do usuário descrevendo quais produtos ele estava vendo. Quando o usuário voltar posteriormente, o site pode extrair as informações de estado do cookie e perguntar se ele deseja ver novamente um produto específico ou produtos semelhantes. Outras aplicações comuns que armazenam cookies nas máquinas de usuários incluem mecanismos de busca, carrinhos de compra usados por varejistas da Web e aplicações seguras de e-commerce.

As informações sobre os hábitos de navegação anteriores, armazenadas em cookies, também podem ser utilizadas por outros sites para apresentar conteúdo personalizado. Um uso recente dos cookies consiste no armazenamento de informações que ajudam o site da web a determinar qual banner de publicidade deve ser exibido na tela do usuário. Com essa técnica, o site pode adaptar as propagandas ao perfil anterior de atividades do usuário na web.

Embora os proprietários de sites defendam o uso de cookies como mecanismos úteis para os consumidores, muitos usuários consideram o armazenamento de informações em seus computadores invasão de privacidade. Usuários preocupados com essa questão da privacidade podem configurar seus navegadores para informá-los quando um site está armazenando cookies e oferecer a opção de desabilitar esse armazenamento. Os usuários também podem visualizar seus cookies (que podem ser ilegíveis) e excluir os arquivos. O navegador Firefox armazena os cookies em um arquivo chamado Cookies.txt; o Internet Explorer mantém cada cookie como um arquivo separado em uma pasta especial de cookies.

Intranets e extranets

Uma das vantagens mais poderosas da Internet é que qualquer pessoa, em qualquer lugar do mundo, pode acessar informações publicadas, seja em uma página da web, seja em um arquivo de FTP. Para muitas pessoas, essa acessibilidade é exatamente o que elas desejavam. Uma empresa, porém, pode não querer que o mundo inteiro veja uma ou mais de suas páginas da web. Por exemplo, uma empresa talvez queira conceder a seus funcionários acesso fácil a um banco de dados, mas não permitir o acesso de ninguém fora da empresa. É possível oferecer, dentro de uma empresa, um serviço similar à Internet, ao qual apenas funcionários tenham acesso? A resposta é sim; esse serviço chama-se intranet. A intranet é uma rede TCP/IP interior a uma empresa que permite aos funcionários acessar os recursos de informações dessa empresa por meio de uma interface semelhante à da Internet. Utilizando um navegador em uma estação, os funcionários podem executar operações de navegação, mas as aplicações que podem ser acessadas pelo browser estão disponíveis apenas a funcionários dentro da empresa. Por exemplo, pode-se usar uma intranet corporativa para fornecer acesso a e-mail ou a software de trabalho em grupo, bancos de dados corporativos cliente/servidor, aplicações de recursos humanos ou personalizadas e aplicações legadas.

As intranets utilizam basicamente o mesmo hardware e software usado por outras aplicações de rede como a navegação pela Internet, o que simplifica sua instalação e manutenção e reduz os custos de hardware e software. Se uma empresa quiser, é possível permitir que a intranet e seus recursos sejam acessados de fora de seu ambiente corporativo. Nesses casos, costuma-se solicitar ID de usuário e senha para a concessão de acesso. As empresas podem utilizar a intranet para estabelecer acesso a bancos de dados internos, a informações de recursos humanos, a dados de folha de pagamento e a registro de pessoal; para fazer interface com aplicações corporativas; para executar buscas de texto em documentos e para permitir que os funcionários acessem e façam download de materiais e manuais de treinamento e executem operações diárias de negócios, como preencher relatórios de despesa de viagem. É provável que você tenha se matriculado em disciplinas usando a intranet de sua faculdade.

Quando uma intranet se estende para fora dos limites da corporação, incluindo fornecedores, clientes e outros agentes externos, ela se torna uma extranet. Como as extranets permitem que agentes externos tenham acesso a recursos de computação corporativos, normalmente se estabelece um nível de segurança muito maior. Basicamente, a extranet é uma conexão de intranets corporativas. Essa conexão normalmente é executada pela Internet, utilizando redes privadas virtuais (VPNs). Lembre-se de que as VPNs usam protocolos de tunelamento para criar conexões que não podem ser interceptadas externamente.

É desnecessário dizer que as empresas incorporaram a Internet em suas várias formas. Muitas empresas lucraram com a introdução da Internet em suas operações de negócios, enquanto outras tiveram problemas. Provavelmente, ninguém é capaz de prever os altos e baixos do destino da Internet e das tecnologias relacionadas. Embora não possamos prever o futuro no aspecto de negócios da Internet, podemos dar uma olhada no futuro da tecnologia da Internet.

Futuro da Internet

A Internet não é uma entidade estática. Ela continua a crescer, incorporando novas redes e novos usuários a cada dia. Há pessoas trabalhando continuamente na atualização e na revisão dos milhares de componentes da Internet.

A força propulsora por trás de todas essas mudanças, bem como de todos os protocolos, é a gestão autorreguladora da Internet. Com base em uma estrutura de comitê, essa gestão consiste em várias comitês e grupos, entre os quais:

- Internet Society (ISOC) – organização de voluntários que determina a direção futura da Internet.
- Internet Architecture Board (IAB) – grupo de voluntários convidados a aprovar padrões.
- Internet Engineering Task Force (IETF) – grupo de voluntários que discute problemas operacionais e técnicos.
- Internet Research Task Force (IRTF) – grupo que coordena atividades de pesquisa.
- World Wide Web Consortium (W3C) – consórcio do setor da web que desenvolve protocolos comuns e trabalha para garantir a interoperabilidade entre esses protocolos.
- Internet Corporation for Assigned Names and Numbers (ICANN) – organização internacional de membros que controlam os nomes e números associados a endereços da web.
- Muitos outros grupos de direcionamento, pesquisa e trabalho.

O melhor lugar para buscar mudanças concluídas recentemente ou em curso é a página dos grupos de trabalho da IETF na web. O site da IETF é *www.ietf.org*; ele contém todas as informações disponíveis atualmente sobre a Internet e seus protocolos.

Uma das maiores mudanças que vai afetar a Internet será a adoção em progresso de uma nova versão do IP, o IPv6. Atualmente, a maior parte da Internet usa IPv4, que foi a versão apresentada anteriormente neste capítulo (o IPv5 não foi uma versão aberta ao público, mas utilizada em testes de novos conceitos). Embora o IPv6 esteja disponível há alguns anos, apenas algumas empresas e faculdades começaram a implantá-lo. Até o governo dos Estados Unidos tem sido lento em adotá-lo, com alguns setores iniciando a implantação em 2008. Vamos ver mais de perto os detalhes da versão 6 e compará-los com a versão atual, o IPv4.

IPv6

Quando o IP foi criado, na década de 1960, o ambiente de computação não era o mesmo de hoje. Não havia, de modo algum, um número de usuários próximo da utilização atual da Internet, e as linhas de telecomunicação usadas para dar suporte a redes de alta velocidade não eram tão rápidas e livres de erros como hoje. Além disso, as aplicações transmitidas pela Internet envolviam pacotes de dados pequenos e não havia demanda para transmissão em tempo real. Conforme essas demandas pela Internet começaram a crescer, os projetistas decidiram que era hora de criar um IP mais moderno, capaz de aproveitar a tecnologia atual. Assim, foi criado o IPv6.

Várias diferenças podem ser percebidas entre o IPv6 e o IPv4. A primeira está relacionada com o endereçamento. Como vimos, o IPv4 utiliza endereços de 32 bits. Com o crescimento explosivo da Internet, surgiu a preocupação de que, com o sistema atual, os endereços IP possam acabar em um futuro próximo. Consequentemente, o IPv6 optou por endereços de 128 bits de comprimento. Com endereços de 128 bits, a Internet poderá atribuir um milhão de endereços IP a cada picossegundo (10^{-12} segundos) pelo tempo correspondente à idade conhecida do universo! É desnecessário dizer que, com o IPv6, nunca ficaremos sem endereços.

Também foram feitas mudanças significativas no cabeçalho IP da versão 4 para o IPv6. Lembre-se, na Figura 10-4, de que o cabeçalho IP da versão 4 contém 14 campos. No IPv6, o cabeçalho contém 8 campos, além do conteúdo (dados) e de cabeçalhos opcionais de extensão, como mostrado na Figura 10-11. Como no cabeçalho IPv4, o primeiro campo possui quatro bits de comprimento e representa o número da versão (6 para IPv6 e 4 para IPv4). O segundo é o campo Prioridade, que permite valores de 0 a 7 para transmissões que podem ter a velocidade reduzida, e de 8 a 15 para indicar dados em tempo real. O terceiro campo é o Rótulo de Fluxo, que permite que uma origem ou destino configure uma pseudoconexão com propriedades e exigências específicas, e deve permitir a algumas aplicações e conexões rotearem seus pacotes mais rapidamente pela Internet. O quarto campo é o Comprimento do Conteúdo, que identifica quantos bytes vêm após o cabeçalho de 40 bytes. O quinto campo é chamado Próximo Cabeçalho e indica (se for o caso) quais dos seis cabeçalhos de extensão virão. Se não houver nenhum cabeçalho de extensão após Próximo Cabeçalho, esse campo simplesmente indica qual cabeçalho de camada de transporte (TCP, IDP etc.) está presente. O sexto campo é o Limite de Saltos, que indica por quanto tempo um determinado datagrama pode ficar ativo – saltar de rede em rede – dentro do sistema; fornece as mesmas informações do campo Tempo de Vida no IPv4. Os dois últimos campos são Endereço de Origem e Endereço de Destino.

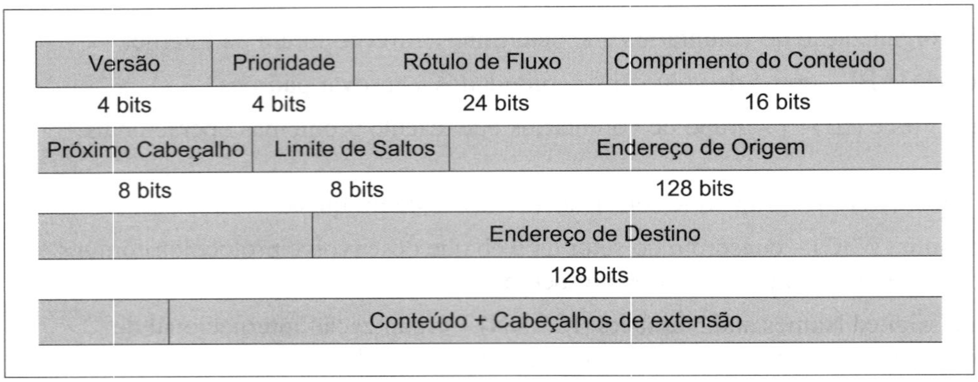

Versão	Prioridade	Rótulo de Fluxo	Comprimento do Conteúdo
4 bits	4 bits	24 bits	16 bits
Próximo Cabeçalho	Limite de Saltos	Endereço de Origem	
8 bits	8 bits	128 bits	
Endereço de Destino			
128 bits			
Conteúdo + Cabeçalhos de extensão			

Figura 10-11 Campos do cabeçalho IPv6.

Quais campos do IPv4 não estão mais presentes no cabeçalho IPv6? O IPv6 não possui o campo Comprimento de Cabeçalho. Como na nova versão o cabeçalho tem comprimento fixo, esse campo tornou-se desnecessário. Outro que não se inclui no IPv6 é o campo que permite fragmentação. Os criadores do IPv6 consideraram que a maioria das redes em operação atualmente pode tratar de pacotes com tamanhos muito grandes, não sendo mais necessário quebrar (ou fragmentar) um pacote em partes menores. Assim, embora o IPv6 possa executar fragmentação, essa função só está disponível como opção de cabeçalho de extensão. Outro campo cuja ausência no IPv6 surpreende é o Checksum. A eliminação dos campos de Checksum parece ser uma tendência da maioria das redes modernas, pois a qualidade de rede tem melhorado e as aplicações de camada superior têm assumido o papel de detector de erros.

Embora as modificações do cabeçalho IP representem mudanças profundas nesse protocolo, há ainda mais diferenças significativas entre o IPv4 e o IPv6. Em especial, o IPv6 possui:

- Melhor suporte para opções que utilizam cabeçalhos de extensão.
- Melhor segurança, com dois cabeçalhos de extensão dedicados totalmente a ela.
- Mais opções de tipo de serviço.

Esse último aprimoramento do protocolo IP relaciona-se com a qualidade de serviço (QoS), uma parte importante das redes modernas. É muito interessante quando um usuário pode especificar determinado nível de serviço e a rede é capaz de dar suporte a esse nível. O IPv6 deve apresentar qualidade de serviço muito melhor que o IPv4.

Infelizmente, apesar desses aprimoramentos, ainda não sabemos quando o IPv6 substituirá o IPv4. Embora o Departamento de Administração e Orçamento dos Estados Unidos tivesse anunciado em 2005 que pretendia exigir suporte ao protocolo em todas as agências governamentais até 2008, as empresas americanas ainda estão muito lentas na adoção do novo padrão. Há vários motivos para isso. Muitos usuários reclamaram que os novos recursos oferecidos pelo IPv6 não são tão diferentes dos adicionados ao IPv4 nos últimos anos. Além disso, embora o espaço de endereços de 128 bits ofereça um número inimaginável de endereços, ele consome imensos 16 bytes do espaço de pacote. Se um dispositivo tiver de enviar um pequeno pacote, apenas o espaço de endereço será responsável por uma parte enorme do envio. Por fim, muitos gerentes de rede gostam de usar os protocolos NAT e DHCP do IPv4. Esses protocolos permitem uma utilização eficiente do espaço de endereços IP da empresa e mantêm a estrutura interna de endereços em segredo para o mundo externo. Parece que o IPv6 ainda é outra tecnologia que merece nossa atenção no futuro.

Internet2

Além da transição de IPv4 para IPv6, um consórcio de universidades, empresas e governo criou uma rede de velocidade muito alta que cobre os Estados Unidos, conectando universidades e centros de pesquisa a taxas de transmissão que chegam a um gigabit por segundo (1.000 Mbps). A nova rede de alta velocidade é chamada **Internet2**.

Os criadores da Internet2 planejavam oferecer acesso de alta velocidade a imagens, vídeos e música digital, bem com aos itens mais tradicionais com base em texto. Em particular, a Internet2 objetivava diversas áreas de aplicações principais, incluindo bibliotecas digitais, teleimersão e laboratórios virtuais.

Bibliotecas digitais são representações eletrônicas de livros, periódicos, artigos, obras de arte, vídeo e música. Ao acessar uma biblioteca digital, o usuário pode recuperar rapidamente qualquer documento por meio de uma linguagem de consulta potente. Até mesmo obras de arte, vídeo e música podem ser recuperadas, especificando-se uma ou mais palavras-chave que descrevam seu conteúdo.

A teleimersão permite que usuários em localizações geográficas diversas colaborem em tempo real em um ambiente simulado compartilhado. Essa tecnologia possui alta capacidade de recursos de áudio e vídeo, que possibilitam fazer que os usuários se sintam como se estivessem todos na mesma sala. Algumas dessas ferramentas incluem varredura de ambientes tridimensionais e tecnologias de projeção, rastreamento e exibição.

Com os laboratórios virtuais da Internet2, é possível criar ambientes laboratoriais realistas sem o custo de instalações físicas. Por meio de laboratórios virtuais, alunos e pesquisadores podem executar experimentos que não poderiam ser realizados no mundo real, como explosões atômicas. Além disso, se os laboratórios virtuais forem combinados com a área de aplicação de teleimersão, os alunos e pesquisadores de todo o mundo poderão colaborar em um ou mais projetos.

Em termos de tecnologia, a Internet2 não é apenas uma rede física, como a Internet atual, e não substituirá a Internet. Pelo contrário, a Internet2 é o resultado de uma parceria entre universidades (mais de 200 faculdades participantes), indústria (dezenas de empresas líderes) e governo; essas organizações compartilham o objetivo de desenvolver novas tecnologias e recursos que, eventualmente, poderão vir a ser acessados por um grande número de usuários. Tanto as empresas como a comunidade acadêmica vão se beneficiar da criação e da aplicação dessas novas tecnologias e recursos.

Agora, vejamos um exemplo que aplica o que aprendemos sobre os aspectos tecnológicos e relacionados a negócios da Internet.

Internet em ação: uma empresa cria uma VPN

A CompuCom, uma revendedora fictícia de estações de trabalho, estava procurando um modo de tornar seu pessoal de vendas mais produtivo e, assim, poupar recursos. Uma opção possível era permitir que esse pessoal trabalhasse de sua residência. Utilizando um computador em casa, cada funcionário poderia acessar a rede corporativa e enviar e recuperar mensagens, bem como acessar o banco de dados da empresa. A gerência da CompuCom percebeu que havia vários modos de a empresa fazer que seus funcionários pudessem acessar a rede corporativa. Em um desses modos, os funcionários poderiam usar um modem de discagem para se conectar ao sistema da empresa. O problema dessa solução era que os modems de discagem eram lentos e a empresa precisaria de um modem na planta para cada funcionário que se conectasse (Figura 10-12). Outra opção era determinar que cada funcionário utilizasse DSL ou modem a cabo, opções muito mais rápidas do que os modems de discagem. O DSL ou o modem a cabo do funcionário se conectaria a um provedor de Internet e, por meio da Internet, à rede corporativa. O maior problema dessa opção era a segurança. A menos que fossem tomadas medidas especiais, nenhum dado transferido pela Internet estaria seguro. A CompuCom queria aproveitar a Internet em razão de sua ampla dispersão e de sua vantagem econômica, mas a empresa também precisava de um modo seguro para criar conexões.

Por fim, a CompuCom optou por criar uma VPN. A VPN (Virtual Private Network) é uma conexão de rede de dados que utiliza a infraestrutura pública de telecomunicação, mas mantém a privacidade por meio de protocolos de tunelamento e procedimentos de segurança. O protocolo de tunelamento, como o PPTP (Point-to-Point Tunneling Protocol), é um conjunto de comandos que permite a uma empresa criar conexões seguras usando recursos públicos, como a Internet. Observe que esse enlace de comunicação não é uma conexão completamente privada, como seria o caso de uma linha telefônica dedicada. Para criar uma rede com linha dedicada, a CompuCom precisaria que a empresa telefônica instalasse um circuito especial entre dois pontos, de modo que ninguém mais utilizasse esse circuito. Por outro lado, a VPN por Internet usa circuitos públicos que milhares de usuários compartilham a cada segundo. Mas, com informações especiais de roteamento e medidas de alta segurança, é possível criar uma VPN que pode ser acessada apenas por seus usuários.

Utilizando a Internet como meio de transferência, a VPN oferece várias vantagens. Como a Internet está em praticamente todos os lugares, é possível criar VPNs entre dois pontos quaisquer. Em consequência dos custos relativamente baixos da Internet, a VPN também apresenta custos baixos. Uma vez obtida uma conexão com a

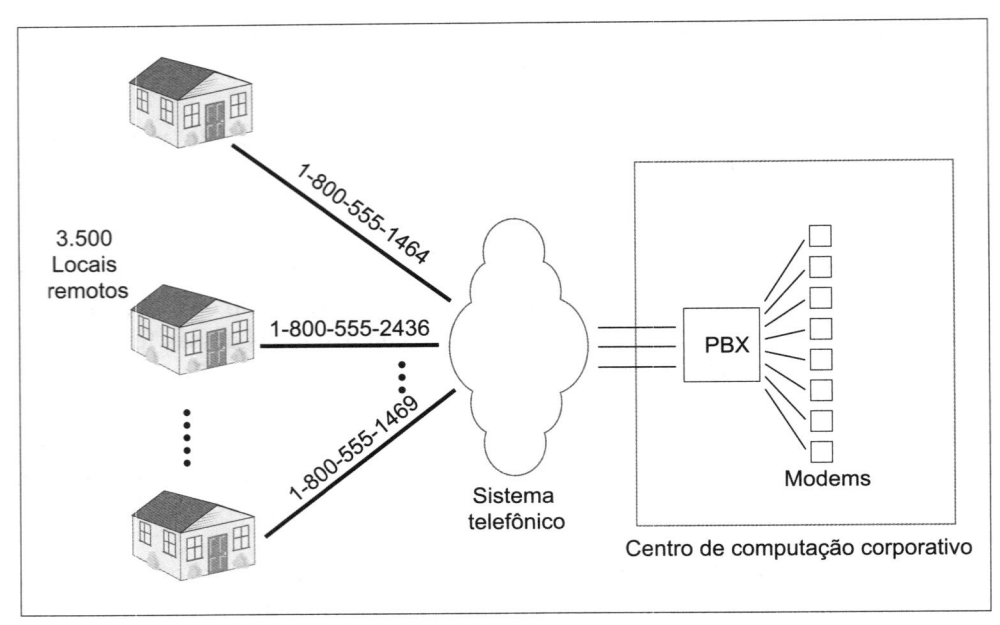

Figura 10-12 Funcionários da CompuCom conectando-se diretamente ao centro de computação corporativo.

Internet (por meio de um provedor), a transferência de dados pela Internet – e pela VPN – não traz custos adicionais. A Internet – portanto, a VPN – mantém um sistema relativamente estável com taxa de transferência razoável.

Com a VPN da CompuCom, um funcionário pode se conectar de casa com seu provedor de Internet local por meio de conexão DSL ou de modem a cabo. Uma vez que o usuário esteja conectado à Internet, o software de tunelamento cria uma conexão segura com o centro de computação corporativo (Figura 10-13).

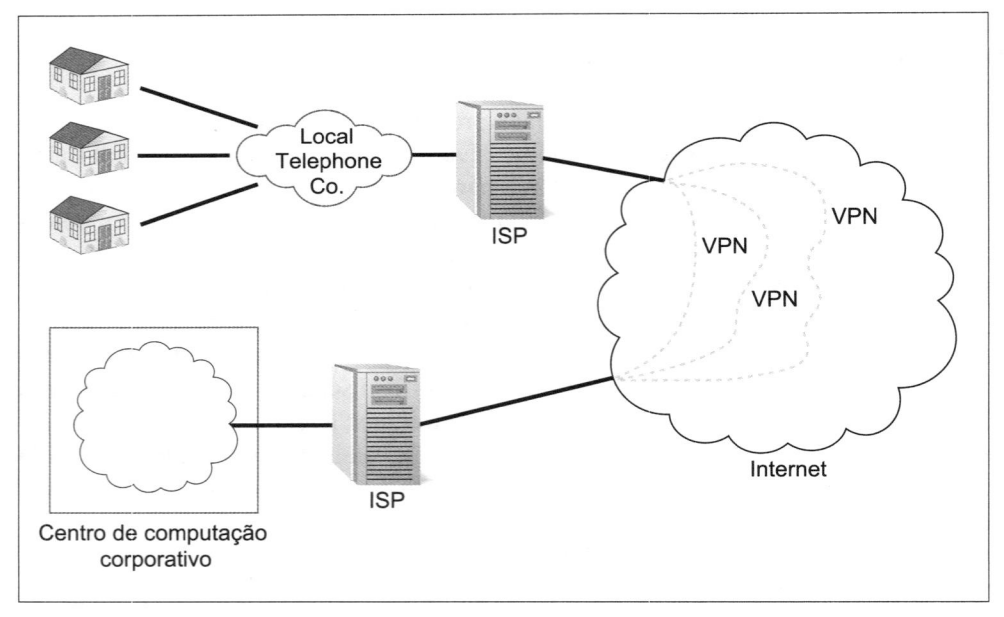

Figura 10-13 Funcionários da CompuCom utilizando tunelamento pela Internet até o centro de computação corporativo.

A VPN é um exemplo de uso criativo para a extremamente popular e potente Internet. Conforme as empresas continuarem a aprender a utilizá-la, elas poderão expandir-se para novos territórios e aprimorar as estratégias de comunicação existentes.

RESUMO

- Para dar suporte à Internet, são necessários muitos protocolos, como IP, TCP, ICMP, UDP, ARP, DHCP e NAT.
    - O IP (Internet Protocol) fornece transferência de dados sem conexão por uma grande variedade de tipos de rede.
    - O TCP (Transmission Control Protocol) reside na camada de transporte dos modelos de comunicação e fornece conexão ponta a ponta livre de erros.
    - O ICMP (Internet Control Message Protocol) executa relatórios de erros para o IP.
    - O UPD (User Datagram Protocol) fornece um protocolo de camada de transporte sem conexão, em lugar do TCP.
    - O ARP (Address Resolution Protocol) traduz endereços IP em endereços MAC de CSMA/CD para a entrega de dados em redes locais.
    - O DHCP (Dynamic Host Configuration Protocol) permite que uma rede atribua dinamicamente endereços IP às estações conforme elas precisem.
    - O NAT (Network Address Translation) permite que uma rede substitua endereços IP locais por um único endereço IP global.
- Os protocolos de tunelamento permitem que uma empresa crie conexões de VPN em um sistema de computação corporativo.
- A World Wide Web é um vasto conjunto de documentos eletrônicos, contendo textos e imagens que podem ser acessados simplesmente clicando-se em links de uma página da web em um navegador. O navegador utiliza HTTP para transmitir e receber páginas da web e HTML para exibi-las. O HTML e o HTML dinâmico são linguagens de marcação usadas para definir como o conteúdo de páginas da web serão exibidos pelo navegador. O XML é um conjunto de regras que permitem a um usuário definir linguagens de marcação próprias. Desenvolvendo-se uma linguagem de marcação própria, é possível criar documentos que contêm tanto os dados como as definições dos dados.
- Para localizar um documento na Internet, normalmente recorremos a sua URL (Uniform Resource Locator). A URL identifica de maneira única cada documento em cada servidor da Internet. Um componente da URL é o endereço do site do documento solicitado. Cada endereço de site consiste de um ID de rede e um ID de host ou de dispositivo. O endereço do site é convertido em endereço IP de 32 bits pelo DNS (Domain Name System).
- A Internet consiste de muitas aplicações de rede utilizadas com frequência.
    - O correio eletrônico ou e-mail é uma necessidade padrão para a maioria das operações de negócios e pode transferir mensagens de texto comum e incluir anexos codificados por MIME. O suporte a operações de e-mail é fornecido por protocolos como SMTP (Simple Mail Transfer Protocol), POP3 (Post Office Protocol versão 3) e IMAP (Internet Message Access Protocol).
    - O FTP (File Transfer Protocol) é útil para upload e download de arquivos pela Internet.
    - O login remoto por meio do Telnet permite que um indivíduo faça login em um computador em local remoto e execute operações como se estivesse fisicamente nesse local.
    - O VoIP (telefonia por Internet) oferece uma alternativa barata para chamadas de longa distância, mas com qualidade duvidosa.
    - A Internet não foi projetada para transferência de dados em tempo real, que é um recurso necessário para dar suporte voz interativa. No entanto, muitas empresas têm adotado o VoIP internamente como modo de fornecer aplicações que combinem voz e dados.
    - O listserv é um software popular utilizado pra criar e gerenciar listas de e-mail na Internet.
    - Áudio e vídeo em streaming consistem no download contínuo de um arquivo de áudio ou vídeo comprimido, que, assim, pode ser ouvido ou visto na estação do usuário. Ele exige suporte a protocolos como RTP (Real-Time Protocol) e RTSP (Real-Time Streaming Protocol).
    - Os comunicadores instantâneos têm ganhado popularidade como modo de manter comunicação em tempo real entre vários usuários.
    - O Twitter e os blogs são outras duas aplicações de Internet que permitem a um indivíduo publicar informações para um ou mais usuários.
    - O e-commerce, uma área da Internet em rápido crescimento, é a compra e a venda eletrônicas de bens e serviços. Muitas empresas estão investindo fortemente em e-commerce na esperança de aumentar sua parcela de mercado e diminuir custos.
    - Os cookies armazenam informações de estados no disco rígido de um usuário e fornecem um modo dos sites da web rastrearem os padrões e preferências de navegação desse usuário.
    - A intranet é uma Internet interna, com serviços similares aos da web, disponíveis apenas para funcionários de uma empresa ou para clientes e fornecedores por meio de extranet.
    - A Internet continua a se desenvolver, com o novo IP versão 6, bem como a totalmente renovada Internet2, de velocidade superior.

PERGUNTAS DE REVISÃO

1. Qual é a diferença entre VoIP e VoWLAN?
2. Como o DNS (Domain Name System) traduz URLs em endereços binários de 32 bits?
3. Quais são as principais características da Internet2?
4. Relacione as quatro partes básicas da URL.
5. Quais são as diferenças entre o IPv6 e a versão atual (4) do IP?
6. Qual é a finalidade da URL (Uniform Resource Locator)?
7. Como uma empresa pode utilizar VPN e tunelamento para dar suporte a conexões externas?
8. Qual é a diferença do XML para o HMTL e o HTML dinâmico?
9. Compare e aponte as diferenças das intranets e extranets para a Internet.
10. Que características foram adicionadas ao HTML para produzir o HTML dinâmico?
11. O que é cookie? Quem faz os cookies e onde eles são armazenados?
12. O que uma CSS (Cascading Style Sheet) pode adicionar a uma página da web?
13. Qual é a relação entre EDI (Electronic Data Interchange) e e-commerce?
14. Quais são as diferenças entre as linguagens de marcação da web e as linguagens de programação?
15. Quais são os dois protocolos concorrentes utilizados para dar suporte a comunicadores instantâneos?
16. Para que o HTTP é usado?
17. Quais são as diferenças entre comunicação instantânea e e-mail?
18. Qual é a relação entre a Internet e a World Wide Web?
19. Quais são as ferramentas necessárias para dar suporte a áudio e vídeo em streaming?
20. DHCP é a mesma coisa que NAT? Explique.
21. Para que os listservs são utilizados?
22. Qual é a relação entre IP e ICMP?
23. Quais são as funções dos protocolos SMPT, POP3 e IMAP no que se refere a sistemas de e-mail?
24. Qual é a finalidade do MPLS?
25. Relacione as características básicas de um sistema de correio eletrônico comum.
26. UDP é a mesma coisa que TCP? Explique.
27. Que outras opções estão disponíveis para a transmissão de voz por tecnologia de Internet além do VoIP?
28. Explique a relação entre número de porta e endereço IP.
29. O VoIP é mais confiável dentro de uma empresa ou pela Internet? Explique.
30. Relacione as principais responsabilidades do TCP (Transmission Control Protocol).
31. Qual é a função principal do Telnet?
32. Relacione as principais responsabilidades do IP (Internet Protocol).
33. Para que o FTP (File Transfer Protocol) é utilizado?
34. Qual foi a precursora da Internet atual?
35. Quais são as diferentes classes de endereços IP?

EXERCÍCIOS

1. Considerando-se um pacote IP de 546 bytes e um tamanho máximo de pacote de 200 bytes, quais são as flags IP de Deslocamento de Fragmento e Mais adequados para os fragmentos de pacote?
2. Alguns novos protocolos, como o IP versão 6, não incluem nenhum tipo de esquema de detecção de erro na parte de dados do pacote. O que essa tendência significa?
3. O governo dos Estados Unidos dá suporte à Internet? Explique.
4. O HTML é um subconjunto do XML ou de algo completamente distinto? Explique.
5. O campo Limite de Saltos do IPv6 possui 9 bits de comprimento (o mesmo tamanho do campo Tempo de Vida equivalente no IPv4). Considerando-se que essa contagem de saltos é reduzida a cada vez que o datagrama IP entra em um roteador, quais as implicações desse tamanho de campo pequeno?

6. Que conceito do HTML dinâmico pode ser utilizado para imprimir a frase Rede de Computadores várias vezes na tela, cada uma maior do que a anterior e sobrepondo-se ligeiramente à anterior?

7. Suponha que haja um pequeno prédio comercial de varejo que possua basicamente uma sala. De um lado da sala, há uma imobiliária, e do outro, um rapaz que vende chá. Como essa situação serve de analogia para o conceito de endereços IP com números de porta TCP?

8. Considerando-se a seção de código HTML seguinte, o que será exibido na tela quando o código for lido por um navegador?
   <HTML>
   <BODY>
   <H1> Capítulo 10 </H1>
   <HR>
   <IMG SRC="amerflag.gif" ALIGN=RIGHT>
   <A HREF="http://www.todomundo.edu.br"> Home Page da Faculdade Todo Mundo </A>
   </BODY>
   </HTML>

9. Em algum lugar dos Estados Unidos, há dois roteadores de Internet com tabelas de roteamento desorganizadas. Ambos ficam enviando seus pacotes de um lado para outro entre si, sem parar. Em algum momento, essa ação resultará em uma mensagem de erro? Se afirmativo, quem vai gerar a mensagem e como ela deve ser?

10. O HTTP e o HTML são protocolos com a mesma função? Explique.

11. Por que o ARP é necessário se todas as estações conectadas à Internet possuem endereço IP exclusivo?

12. Foi solicitado que uma empresa se atualizasse sobre ética no local de trabalho. Qual ou quais serviços de Internet apresentados neste capítulo mais ajudariam a empresa a realizar essa tarefa?

13. Se um usuário conecta-se à Internet de casa, é provável que sua estação esteja utilizando DHCP? Explique.

14. Com relação ao e-mail, qual é a relação entre SMTP e POP3? Um pode operar sem o outro? Explique.

15. Se alguém na Internet enviar uma mensagem de e-mail a um usuário, o NAT a excluirá antes que a mensagem chegue até ele? Por que sim ou por que não?

16. Qual é a diferença entre voz pela Internet e VoIP privado?

17. Se três usuários de uma rede local solicitarem uma página da Web ao mesmo tempo, como o NAT saberá quais resultados enviar a cada estação?

18. Converta o número telefônico 413.555-2068 para o formato Enum.

19. Se uma estação tiver endereço IP 167.54.200.32, trata-se de endereço de Classe A, B, C, D ou E?

20. Se um computador é utilizado principalmente para acessar outro computador remoto por Telnet, a conta telefônica de chamadas de longa distância será alta? Explique.

21. Quais são as vantagens e desvantagens de usar atribuição dinâmica de endereços IP?

22. Utilizando um navegador da web, entre no site www.gatekeeper.dec.com e relacione três subdiretórios do diretório "pub".

23. Localize e identifique o serviço, nome de host, diretório e nome de arquivo na seguinte URL fictícia:
    http://www.reliable.com/listings/pages/web.htm.

PENSANDO CRIATIVAMENTE

1. Uma empresa deseja iniciar um EDI (Electronic Data Interchange) com duas fornecedoras de peças. A empresa produz telefones celulares e as fornecedoras produzem baterias e teclas de telefone. Ao fazer um pedido à fabricante de baterias, a primeira empresa especifica tamanho, tipo, potência e quantidade de baterias. Ao fazer um pedido à fabricante de teclas, ela especifica configuração, consumo de energia, dimensões e cores do teclado. Como o XML pode ser usado para dar suporte ao EDI entre essas empresas?

2. Dois bancos pretendem estabelecer um enlace eletrônico entre si por meio do qual possam fazer transferências de espécie. Eles podem utilizar VPN e protocolo de tunelamento ou há uma técnica melhor disponível? Argumente em favor de sua resposta.

3. Uma empresa que vende bicicletas avançadas decidiu criar uma série de páginas da Web para promover vendas. Quais tipos de serviço poderiam ser oferecidos nessas páginas? Elas devem usar HMTL, HTML dinâmico ou outra linguagem? Como a empresa pode aproveitar a utilização de cookies?

4. Um gerente está pensando sobre a criação de uma solução de rede para uma pequena empresa com cerca de 10 usuários. Ele fornece a cada usuário uma estação e acesso à Internet. A quais protocolos de Internet a rede e as estações precisam dar suporte? Que protocolos IP opcionais podem ser implantados?

5 Uma empresa possui atualmente um sistema telefônico e um sistema separado de redes locais. Ela está considerando a conversão de seu sistema telefônico para VoIP, transferindo tanto voz como dados pelo sistema de redes locais. O que a empresa deve levar em consideração antes de fazer essa mudança?

PROJETOS PRÁTICOS

1. Utilizando um computador em sua residência ou faculdade, localize todos os cookies armazenados no disco rígido. Examinando-se os cookies, é possível dizer quem os colocou? Por que sim ou por que não?
2. Na web, localize uma cópia gratuita de um reprodutor de áudio e vídeo em streaming e faça download para sua máquina. Em seguida, localize um site da web que ofereça programas de áudio e vídeo em streaming. Qual foi o nível de dificuldade para fazer o download e a instalação do reprodutor? Qual é o nível de qualidade do áudio ou do vídeo em streaming?
3. Utilizando um editor de páginas da web ou escrevendo manualmente o código HTML, crie uma página que tenha um título H1, texto, um ou mais links e uma ou mais imagens.
4. Encontre um exemplo de empresa que execute EDI. Quais empresas estão envolvidas no intercâmbio? Quais dados são transferidos? Que outros detalhes é possível descrever?
5. Em seu acesso à Internet no trabalho, na faculdade ou em casa, a estação possui endereço IP de Classe B ou de Classe C? Ele é atribuído de modo estático ou dinâmico? O endereço vem de um provedor de Internet ou de algum outro lugar? Explique seu raciocínio.
6. Quem são os "agentes" envolvidos na nova Internet2? O que é necessário para se tornar um desses agentes?
7. Quais são os outros protocolos utilizados para dar suporte ao H.323? E ao SIP?

11
Redes de entrega de voz e dados

ANTIGAMENTE, na maior parte das casas e apartamentos havia um telefone. Esse telefone tinha um número, e se você nunca se mudasse provavelmente ficaria com esse número por muito tempo. E como não existiam telefones celulares, o telefone residencial era o único que você tinha. Hoje, as pessoas tendem a se mover com mais frequência, e praticamente todo mundo tem um telefone celular. Se você se mudar de uma cidade para outra, com certeza precisará de um novo número de telefone residencial.

A mudança de números de telefone sempre foi uma complicação, até recentemente. O governo federal autorizou que companhias telefônicas permitissem que os assinantes mantivessem seu número de telefone celular se eles mudassem de serviço, e há especulação de que as empresas de telefonia fixa possam fazer o mesmo. Se e quando isso acontecer será possível para uma pessoa ter um número de telefone a vida inteira, independentemente de onde ela mora.*
Imagine que você está no hospital para o nascimento de seu filho. Ao preencher a papelada do hospital, você depara com três formulários que se destacam dos restantes. O primeiro é um formulário para que seu recém-nascido tenha um número de seguro social. O segundo é para que ele tenha um número de telefone e o terceiro é para que sua criança receba uma URL para suas necessidades futuras de internet.

Isso parece algo distante? O hospital poderia atribuir somente um número para todos esses serviços?

Qual é a importância do sistema telefônico comum?

Há outros serviços telefônicos que poderiam ser úteis para nós?

*No Brasil, a portabilidade permite ao usuário manter o número de telefone fixo ou de celular. (NE)

Objetivos

Após ler este capítulo, você será capaz de:

- Identificar os elementos básicos de um sistema telefônico e discutir as limitações dos seus sinais.
- Descrever a composição da indústria telefônica nos Estados Unidos, antes e depois das decisões judiciais de 1984, e explicar as diferenças.
- Descrever a diferença entre uma operadora local e uma operadora de longa distância e fazer uma lista dos serviços que cada uma oferece.
- Diferenciar as funções da companhia telefônica local antes e depois da Lei de Telecomunicações dos Estados Unidos de 1996.
- Descrever as características básicas de um modem de 56 k.
- Fazer uma lista dos tipos de linhas contratadas disponíveis e suas características básicas.
- Identificar as características da *digital subscriber line* (linha digital de assinante) e perceber a diferença entre um sistema simétrico e um assimétrico.
- Identificar características principais de um modem a cabo.
- Fazer uma lista das características básicas do frame relay, como circuitos virtuais permanentes e taxa contratada de informações.
- Identificar as principais características do modo de transferência assíncrona, incluindo as funções de uma conexão de caminho virtual e a conexão de canal virtual, a importância dos tipos de serviços disponíveis e as vantagens e desvantagens do ATM.
- Fazer uma lista das características básicas dos túneis MPLS e VPN e de como seu crescimento na indústria tem um efeito sobre o frame relay e o ATM.
- Descrever o conceito de convergência e identificar diversos exemplos no mercado de redes.

Introdução

No Capítulo 9, fomos apresentados às redes de longa distância. Em seguida, no Capítulo 10, discutimos uma das redes de longa distância mais conhecidas – a Internet, que embora possa transferir dados convencionais e de voz, não é a única rede de longa distância que pode fazê-lo. Na verdade, muitos outros tipos de rede têm transmitido dados e voz por distâncias curtas e longas por vários anos. O exemplo mais óbvio desse tipo de rede é o sistema telefônico. Embora tenha sido originalmente desenvolvida para transmitir sinais de voz, a rede telefônica agora transfere mais dados que voz. Além do sistema telefônico, diversas outras redes importantes podem transmitir dados e voz em âmbito local e de longa distância. Ao contrário da rede telefônica, entretanto, essas redes foram originalmente desenvolvidas para dados. Mais precisamente, elas oferecem algum tipo de serviço de transmissão de dados. Um cliente entra em contato com um provedor de serviços e solicita uma conexão entre dois pontos geográficos. Uma vez que a conexão estiver instalada, o cliente pode transferir dados a velocidades contratadas entre os dois pontos extremos. Como analisaremos brevemente, algumas dessas redes de transmissão de dados operam somente por distâncias curtas, enquanto outras, por distâncias curtas e longas. Mas vamos analisar o sistema telefônico, antes de examinarmos esses serviços mais recentes de transmissão de dados.

Sistema telefônico básico

O sistema telefônico básico, ou o velho e simples serviço telefônico (Pots), existe desde o início dos anos 1900. Na maior parte desse período, o Pots era um sistema analógico capaz de dar suporte a uma conversação de voz. Somente a partir da década de 1970, o Pots começou a transmitir sinais de dados de computador, além de sinais de voz. A quantidade de dados transmitidos no Pots acabou crescendo tanto que, perto do fim do século XX, o sistema transmitia mais dados que voz. Embora tenha sofrido várias modificações ao longo de sua longa vida, como o uso crescente dos sinais digitais no lugar dos analógicos, ele é basicamente, ainda, um meio de transmissão de voz. Em razão das exigências relacionadas à transmissão de voz, o Pots apresenta limitações. Iniciemos nossa discussão sobre redes telefônicas examinando a composição do sistema telefônico básico, seguido de como ele foi afetado pelos dois eventos principais na história do telefone: a divisão da AT&T em 1984 e a Lei das Telecomunicações dos Estados Unidos de 1996.

Linhas e troncos telefônicos

Em meio a todas as modificações legais e industriais que ocorreram no mercado de telecomunicações nos últimos anos, uma coisa permaneceu relativamente constante: a linha telefônica básica. O **enlace local** (ou **loop local**) é a linha telefônica que sai de sua residência ou empresa e consiste de dois, quatro ou oito fios (Figura 11-1). Embora somente dois fios sejam necessários para completar um circuito telefônico, cada vez mais clientes residenciais necessitam que linhas e serviços múltiplos sejam conectados a suas instalações. Essas linhas e serviços extras exigem pares de fios adicionais. A fim de evitar a presença de um técnico para instalar cada conjunto adicional de linhas, a companhia telefônica geralmente se antecipa à demanda do usuário e instala fios extras já na instalação inicial. Do outro lado do enlace local, está a central da companhia telefônica. A **central** contém os equipamentos que geram o tom de discagem, interpretam o número telefônico discado, verificam os serviços especiais e conectam a chamada de entrada ao próximo ponto.

A partir da central, o sinal pode ir para um de três locais:

- Por outro enlace local até uma residência na sua região, se a chamada for local.
- Para outra central em uma localidade vizinha, se a chamada não for na mesma região, mas não for de longa distância
- Para uma operadora de longa distância, se a chamada for de longa distância

Como uma rede telefônica sabe quando uma chamada é de longa distância? A América do Norte, por exemplo, é dividida em áreas de transporte de acesso local. Uma **área de transporte de acesso local (Lata)** é uma área geográfica como uma grande área metropolitana ou parte de um grande estado. Quando uma chamada telefônica permanecer em uma Lata (chamada intraLata), é uma chamada local e administrada por uma companhia telefônica local. Se a chamada for de uma Lata para outra (chamada interLata), ela é de longa distância e deve ser administrada por uma companhia telefônica de longa distância. Entretanto, a diferença entre chamadas locais e de longa distância estão começando a desaparecer. Várias, se não a maioria das companhias de telefonia celular, oferecem atualmente planos de tarifa única, que não distinguem entre chamadas locais e de longa distância. Esse tipo de serviço começa a aparecer em telefones não celulares (linhas fixas) também. Se isso continuar, algum dia a função da Lata será supérflua.

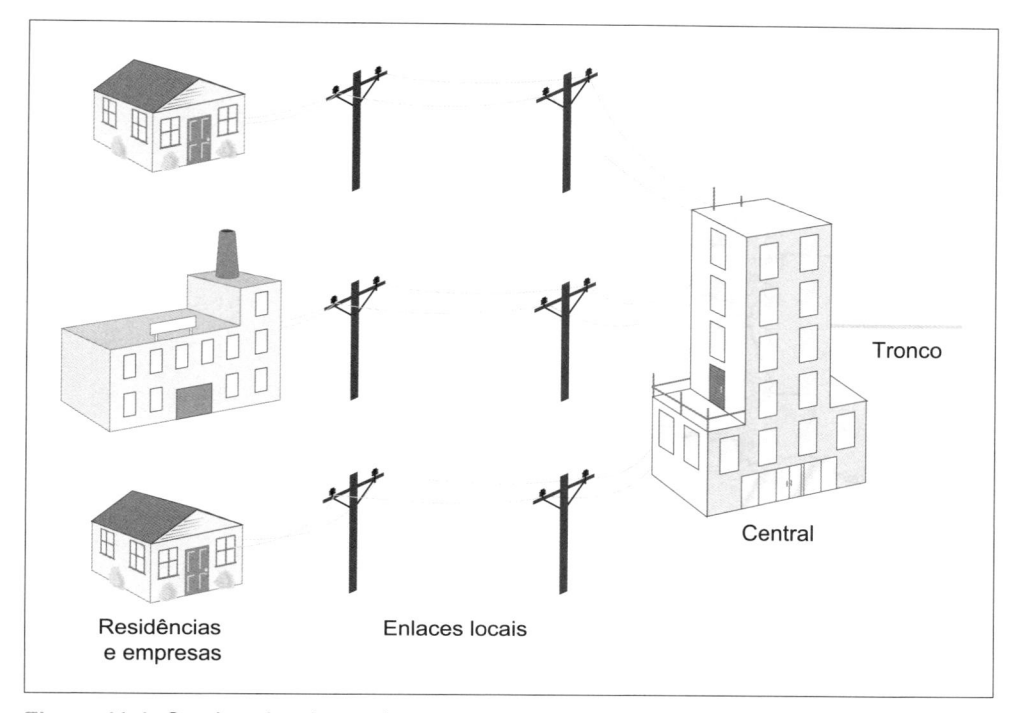

Figura 11-1 O enlace local quando conecta sua casa à central da companhia telefônica.

De volta aos fundamentos, a rede telefônica consiste em dois tipos básicos de linhas: um enlace de assinante, ou linha telefônica padrão, e um tronco. Um enlace de assinante, como o fio colocado entre a casa e a central, tem um número de telefone único associado a ele. Um **tronco** não tem um número associado, porque pode transmitir centenas de canais de voz e dados. Essas centenas de canais de voz e dados são geralmente transmitidas entre centrais e outros centros de comutação telefônica (os prédios onde conexões são feitas entre os troncos). A maior parte dos troncos transmite sinais digitais e, consequentemente, necessita de repetidores a cada poucos quilômetros. Por outro lado, os enlaces de assinante costumam transmitir sinais analógicos, que necessitam de amplificadores a cada poucos quilômetros.

Agora, vimos o sistema telefônico básico. Antes de apresentarmos os diversos serviços que são oferecidos pelas companhias telefônicas, vamos examinar dois importantes casos recentes na história das redes telefônicas.

A rede telefônica antes e depois de 1984

Antes de 1984, a AT&T (American Telephone and Telegraph) possuía todas as linhas telefônicas de longa distância nos Estados Unidos, a maior parte dos sistemas telefônicos locais e os Laboratórios Bell. Nos anos 1970, o governo federal norte-americano processou a AT&T, devido a violações antitruste. A AT&T perdeu o processo e, em 1984, uma decisão da corte, conhecida como o **julgamento final modificado**, exigiu o desmembramento ou divisão da AT&T em empresas separadas. Essa divisão permitiu que a AT&T mantivesse as linhas de longa distância e os Bell Labs, mas a empresa teve de se desvincular de todas as companhias telefônicas locais e permitir acesso de outras operadoras de longa distância a suas centrais.

Na época, a AT&T consistia de 23 Bell Operating Companies (BOCs), que ofereciam serviço telefônico local por todo o país. Havia também outras 14.000 companhias telefônicas locais que não eram propriedade da AT&T, mas que cobriam áreas muito limitadas. No desmembramento, as 23 BOCs foram separadas da AT&T e, para que pudessem sobreviver, foram reorganizadas em 7 Operadoras Regionais Bell (Regional Bell Operating Companies ou RBOCs), como mostrado na Figura 11-2. Essas sete RBOCs competiam com as 14.000 companhias telefônicas locais restantes para disponibilizar serviço local a cada residência e empresa no país. Como resultado da competição e da grande força e tamanho das sete RBOCs, o número de companhias telefônicas locais caiu dramaticamente com o passar dos anos. Fusões também foram recorrentes no mercado, sendo que, no final de 2009, existiam somente três RBOCs: AT&T (antes Southwestern Bell, BellSouth e Ameritech), Qwest (antes US West) e Verizon (antes Bell Atlantic).

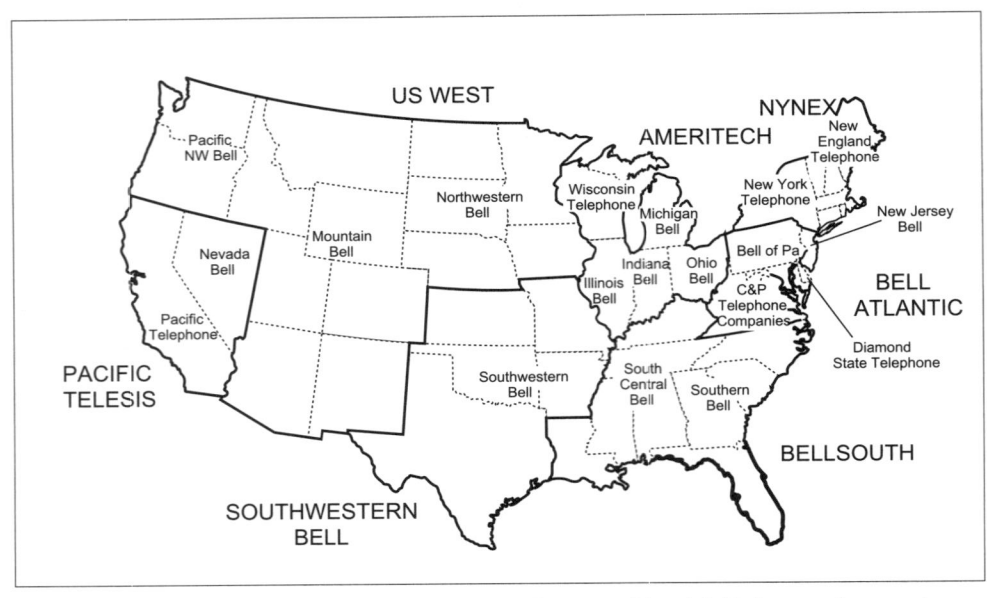

Figura 11-2 As 23 empresas Bell originais e as 7 companhias telefônicas mais recentes.

Várias outras consequências do desmembramento de 1984 alteraram completamente o cenário do sistema telefônico dos Estados Unidos. Uma delas foi que os Estados Unidos foram divididos em áreas de transporte de acesso local (Latas), que acabamos de ver. Essas Latas determinaram quando uma chamada era local ou de longa distância. A divisão também permitiu que companhias telefônicas de longa distância, além da Bell Telephone, como MCI e Sprint, oferecessem serviços concorrentes de longa distância. Para permitir essa competição entre operadoras de longa distância, as companhias telefônicas locais tinham de oferecer acesso igual às linhas telefônicas para todas as companhias de longa distância que operavam em cada residência e cada empresa. Além disso, as pessoas podiam comprar seus próprios telefones. Antes, um indivíduo podia somente alugar um telefone de uma companhia telefônica. Finalmente, as companhias telefônicas ficaram conhecidas como **operadoras locais (LECs)**, e as companhias telefônicas de longa distância se tornaram conhecidas como **operadoras de longa distância (IECs ou IXCs)**.

Uma operadora local oferece vários serviços, como Centrex, linhas privadas e tie, além de vários outros serviços de telecomunicação, como chamada em espera e audioconferências. Um **Centrex (serviço de comutação telefônica)** é um serviço de comutação telefônica oferecido pelas companhias telefônicas para seus usuários corporativos, a fim de que eles não precisem adquirir seus próprios equipamentos de comutação. As empresas são poupadas das despesas de ter de se manter atualizadas com mudanças tecnológicas frequentes, uma vez que a companhia telefônica disponibiliza o hardware e os serviços, e a empresa paga simplesmente uma taxa mensal. Se uma empresa não quiser contratar um serviço Centrex de uma companhia telefônica, ela pode adquirir sua própria central privada de comutação telefônica, a principal concorrente do Centrex. Uma central privada de comutação telefônica (PBX) é um sistema telefônico grande, computadorizado, autônomo, que fica em uma sala de telefones nas instalações da empresa. Um PBX administra todas as chamadas de entrada e faz chamada para linhas telefônicas externas. Também pode oferecer vários serviços telefônicos, como caixa postal, transferência de chamadas e planos de discagem que utilizam circuitos telefônicos locais e de longa distância mais baratos.

Linhas privadas e **linhas tie** são linhas telefônicas contratadas que não necessitam de discagem. Elas são conexões diretas permanentes entre dois pontos específicos. Considere uma empresa com dois escritórios na mesma cidade que sempre transferem dados entre si. Para conectar esses escritórios, a empresa poderia utilizar uma linha telefônica discada com dois modems, mas como as companhias telefônicas cobram por todas as chamadas realizadas, uma linha discada seria muito cara. Uma linha contratada pode ser uma alternativa mais barata e sempre está conectada, o que significa que um colaborador em um escritório nunca tem de discar um número de telefone para contatar um colaborador no outro escritório.

Uma operadora ou companhia telefônica de longa distância também pode oferecer um grande número de serviços, como cartão de crédito e discagem por cartão de chamada, acesso 0700, 0800, 0888 e 0900; acesso internacional; e assistência com operador e lista telefônica.

Redes telefônicas após 1996

Um segundo evento principal na história recente do mercado de telecomunicações nos Estados Unidos ocorreu em 1996, com a aprovação da **Lei das Telecomunicações de 1996**. Aprovada pelo Congresso e administrada pela Comissão Federal de Comunicações, ou FCC, a Lei de Telecomunicações de 1996 abriu as portas para que qualquer um oferecesse serviço telefônico local para residências e empresas. Novos provedores de serviços telefônicos locais foram chamados de **operadoras locais competitivos (Clecs)** e poderiam incluir operadores de longa distância (companhias telefônicas de longa distância), operadoras de televisão a cabo, pequenas empresas sem praticamente nenhum equipamento (chamadas Clecs sem instalações) e mesmo a companhia de energia elétrica. A razão por trás do desenvolvimento das Clecs era bastante simples e pretendia acomodar o modo como os serviços telefônicos já estavam sendo realizados. Por exemplo, em algumas áreas do país, empresas locais de televisão a cabo já ofereciam serviço telefônico local. Como a maioria das residências e empresas nos Estados Unidos já estava conectada pela televisão a cabo, permitindo que empresas a cabo oferecessem serviço telefônico local pelas mesmas linhas de TV, parecia uma boa ideia. Chamados de telefone ou telefonia a cabo, os serviços telefônicos em linhas de televisão a cabo são oferecidos agora pela maior parte das empresas desse ramo, como Cox Communications e Comcast, assim como várias pequenas empresas em diversas grandes cidades. De fato, grandes empresas a cabo nos Estados Unidos atingem taxas de penetração entre 10% a 25% em seus mercados específicos. Dos novos assinantes, 95% estão abandonando seu serviço telefônico local em favor do novo serviço a cabo, e alguns relatórios indicam que o número de assinantes de telefonia a cabo em 2008 passou dos 34 milhões, com 48 milhões previstos para o fim de 2010. O meio utilizado na telefonia a cabo é um híbrido de fibra e cabo coaxial chamado Híbrido Fibra e Coaxial, ou HFC. Essa tecnologia também pode oferecer serviço de modem a cabo para residências e empresas.

Infelizmente, há um problema com a permissão de todas essas novas operadoras locais em um mercado: as linhas telefônicas. É demasiado caro para uma nova operadora instalar novas linhas telefônicas em cada residência e empresa. Empresas de TV a cabo têm a vantagem de utilizar os cabos que já existem nas residências de seus assinantes, e empresas de energia podem utilizar cabos elétricos, mas outras empresas que tentam entrar no mercado de telefonia não têm essa vantagem. Para compensar o alto custo da instalação, a Lei das Telecomunicações de 1996 exige que as companhias telefônicas locais existentes, agora chamadas de **operadoras principais locais (Ilecs)**, têm de dar acesso às linhas telefônicas para as Clecs. Além do mais, as Ilecs devem oferecer aos concorrentes acesso aos números de telefone, serviços com operador e de lista telefônica; acesso a postos, dutos e direitos de passagem; e colocação física de equipamentos nos prédios das Ilecs, e elas devem oferecer tais serviços a preços de atacado.

Desnecessário dizer, as Ilecs não gostaram desse acordo e resistem em implantá-lo há algum tempo. Nos últimos anos, a FCC fez algumas modificações na Lei das Telecomunicações de 1996 que alteram essas exigências, forçando as Clecs a pagar mais ou até mesmo o preço total para acessar as linhas locais. A perda do desconto de atacado e a resistência contínua das Ilecs fez a maior parte das Clecs, que dependem das linhas telefônicas e equipamentos da Ilec, abandonar seus serviços. Várias Clecs que ofereciam serviço DSL desistiram e fecharam, proporcionando às Ilecs e empresas de telefone a cabo uma participação maior no mercado DSL. Concluindo, vemos que o julgamento final modificado de 1985 abriu os mercados telefônicos de longa distância para a concorrência, enquanto a Lei de Telecomunicações de 1996 pretendia abrir os mercados de telefonia local para a concorrência.

Limitações dos sinais telefônicos

Sistemas telefônicos foram originalmente projetados para transmitir a voz humana. Como já vimos no Capítulo 2, o ser humano tem uma faixa de frequência de aproximadamente 300 a 3.400 Hz (uma largura de banda de 3.100 Hz). Desse modo, a rede telefônica foi desenvolvida para transmitir sinais em torno de 3.100 Hz. Na prática, o sistema telefônico realmente aloca 4.000 Hz para um canal e utiliza filtros para remover frequências que ficam acima e abaixo de cada canal de 4.000 Hz. Os canais e suas frequências são representados na Figura 11-3.

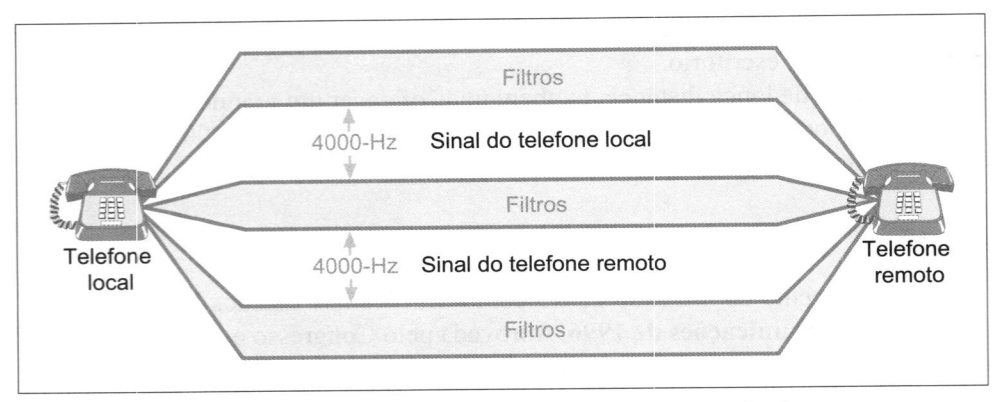

Figura 11-3 Vários canais telefônicos e a distribuição de suas frequências.

Um canal de 4.000 Hz para voz é significativamente menor que o canal de 20.000 Hz necessário para música com qualidade de CD. Desse modo, para tornar o sistema telefônico capaz de transmitir música com qualidade de CD, cada um de seus canais precisa ser modificado para permitir sinais de 20.000 Hz. Toda essa conversa sobre frequências e transmissão de voz leva a dois pontos importantes:

- Quanto mais informações você desejar enviar por um meio, maior a frequência do sinal de que você precisa para representar essas informações (veja o Capítulo 2 para uma discussão detalhada desse ponto).
- Se você deseja enviar dados por uma linha telefônica, eles têm de viajar em um ou mais canais de 4.000 Hz.

Quando você junta essas duas afirmações, surge um fato difícil sobre o uso de linhas de comunicação de voz para transmissão de dados: qualquer transmissão de dados feita por uma linha telefônica padrão deve se encaixar em uma ou mais bandas bem estreitas, de 4.000 Hz, o que significa que a taxa de transmissão de dados também será limitada. Lembre-se da fórmula de Shannon do Capítulo 2, mostrando que a frequência, o nível de ruído e nível de intensidade de um sinal analógico determinam a taxa máxima de transmissão de dados. Com várias técnicas de modulação analógicas, foi possível atingir velocidades de transmissão de dados em linhas telefônicas de até 33.600 bps. Novas técnicas de transmissão digital atingiram velocidades de transmissão de dados de até 55.600 bps por um canal único de 4.000 Hz, mas essa velocidade só pode ser atingida em condições ideais. Vejamos quais são essas condições.

O modem discado de 56k

Quando o modem de 33.600 bps foi comercializado, em 1995, vários especialistas do mercado acreditavam que essa era a velocidade mais rápida que um modem atingira utilizando linhas telefônicas padrão que conectam nossas residências e empresas à rede telefônica. Essa crença se baseava em dois fatos: o primeiro era que a conexão telefônica em uma residência ou empresa é uma conexão modulada analógica (utilizando uma técnica como modulação por chaveamento de fase), e o segundo era que o sinal telefônico é transmitido com certo nível de intensidade de sinal e uma quantidade específica de ruído de fundo (para entender como esses fatos contribuíram para a criação de um limite na velocidade de transferência de dados que era possível, reveja a seção Detalhes no Capítulo 2, "A relação entre frequência e bits por segundo"). Aproximadamente dois anos após o modem de 33.600 bps estar disponível, o modem de 56.000 bps, ou 56 k, foi apresentado. Algo mudou no sistema telefônico para permitir a velocidade de transmissão maior, ou os especialistas do mercado estavam errados? Os especialistas estavam corretos, mas um fato importante havia mudado com o advento dos modems de 56.000 bps: a sinalização digital foi introduzida.

Os modems de 56 k são um projeto híbrido, combinando sinalização analógica e digital. A conexão uplink do modem para a extremidade remota ainda utiliza sinalização analógica e técnicas de modulação convencional, sendo limitada, desse modo, a uma velocidade máxima de 33.600 bps. O enlace downlink, entretanto, é onde o modem de 56 k apresenta uma melhora. Em vez de utilizar sinalização analógica, o modem de 56 k usa sinalização digital. O sistema telefônico tem, na verdade, utilizado sinalização digital (para lembrar como isso funciona, veja a seção do Capítulo 2 sobre modulação por código de pulso) em linhas telefônicas durante vários anos. De fato, o sistema telefônico pode enviar uma amostra de 8 bits 8.000 vezes por segundo, que corresponde a 64.000 bits por segundo, ou 64 kbps. Se a companhia telefônica pode transmitir 64 kbps, isso significa que os usuários podem receber um sinal a jusante de 64 kbps? Infelizmente, a resposta é não. Quando a companhia telefônica transmite um sinal telefônico digital de 64 kbps, o sinal é transmitido digitalmente de um centro de comutação a outro. Mas quando um sinal telefônico é transmitido para nossas residências e pequenas empresas, deve ser ajustado de tal modo que possa percorrer o enlace local. O enlace local, como mostrado nas Figuras 11-1 e 11-4, é o trecho do fio telefônico que vai da casa (ou pequena empresa) até a central de comutação da companhia telefônica. Esse enlace local é analógico e pode suportar somente sinalização analógica.

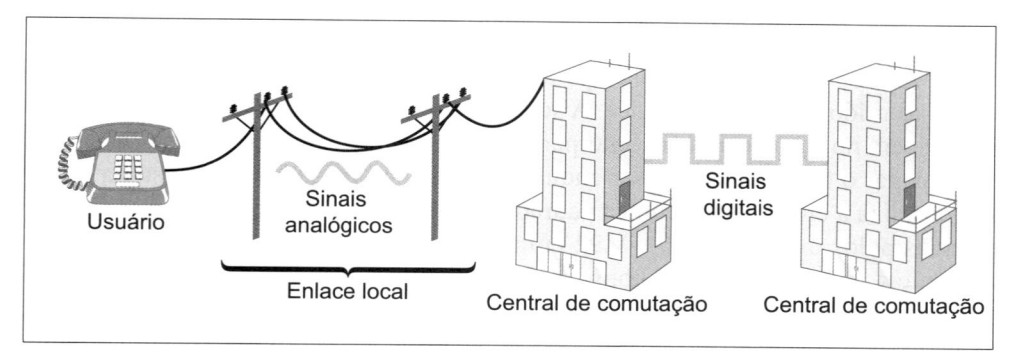

Figura 11-4 O enlace local analógico que percorre da sua casa até a central de comutação da companhia telefônica.

Antes de o sinal telefônico ser transmitido pelo enlace local, a central de comutação converte o sinal digital para analógico. Quando o sinal analógico entra na sua casa, o modem de 56 k do seu computador converte o sinal analógico de novo em digital, porque os computadores manipulam dados digitais (Figura 11-5). Como você pode lembrar do Capítulo 2, quando o sinal analógico é convertido para digital, o ruído de quantificação é introduzido. A presença desse ruído é a razão de não ser possível transmitir um fluxo de dados de 64 kbps no enlace local. Mas um fluxo de dados menor, de aproximadamente 56 kbps, é possível.

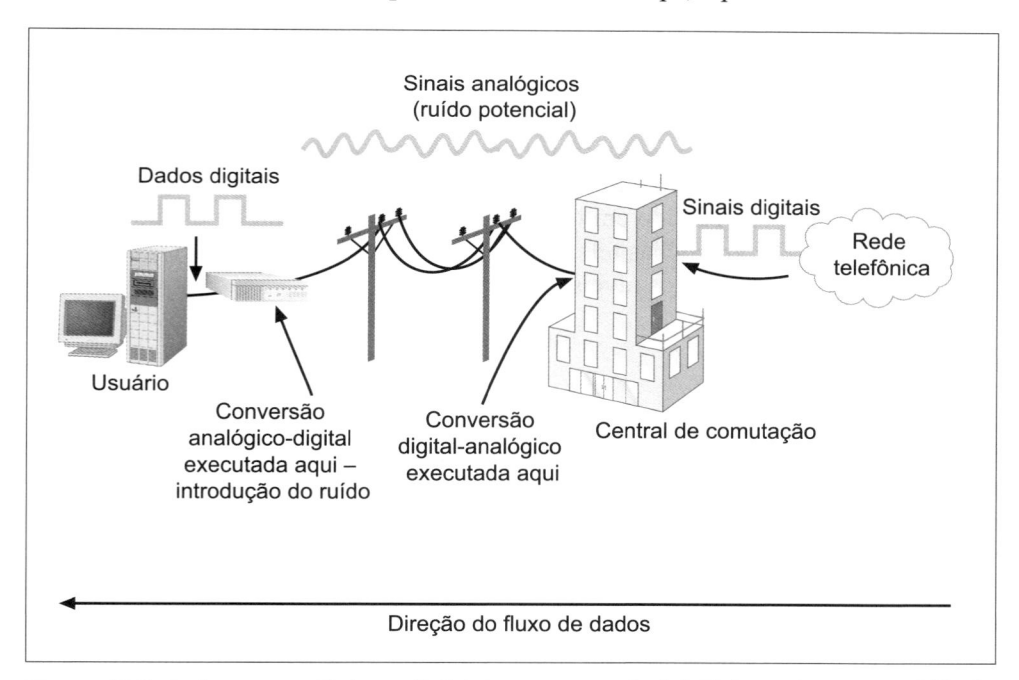

Figura 11-5 As formas analógica e digital de uma conexão telefônica entre uma residência e a central de comutação.

A recepção de um sinal de 56.000 bps também não é possível. Para garantir que os sinais digitais em um linha telefônica não interfiram nos sinais digitais em uma linha adjacente, a FCC exige que o nível de potência do sinal seja diminuído em uma quantidade pequena. Um efeito dessa diminuição é que o ruído se torna um fator ainda maior na transmissão de dados. Como o ruído é um fator maior, a velocidade diminui um pouco mais para aproximadamente 53.000 bps.

Infelizmente, o cenário piora ainda mais daqui em diante. Como já sabemos, o ruído está em todo lugar. Não é surpreendente, portanto, que o enlace local analógico seja suscetível a ruído. Quanto mais ruído, mais a transmissão diminui a velocidade. E quanto mais longe você estiver da central de comutação, maior a chance de sofrer ruído e de ter uma taxa de transmissão ainda mais lenta. Desse modo, se você estiver utilizando um modem de 56 k, ele provavelmente não recebe sinais a uma taxa de 56.000 bits por segundo, nem mesmo a 53.000 bps. Se você por acaso morar perto da sua central ou tiver um ruído muito baixo na sua linha telefônica, você pode, no melhor dos casos, receber dados na faixa superior de 40.000 bps.

A primeira norma a aparecer que suportava os modems discados de 56.000 bps foi a **norma V.90**. Logo após a introdução da V.90, a ITU apresentou a norma para modem **V.92**. Essa norma é uma pequena melhoria em relação à norma V.90 em dois pontos. Primeiro, o enlace uplink entre o usuário e a companhia telefônica é capaz dar suporte a conexões de até 48 kbps (em oposição aos 33.600 bps do modem V.90). Tal taxa, claro, é possível somente em condições ideais de baixo ruído na linha telefônica. A segunda melhora é que um modem V.92 pode colocar uma conexão de dados em espera no caso de alguém ligar para o número de telefone do usuário (chamada em espera). O usuário pode, então, pegar o telefone, conversar enquanto a conexão de dados ainda estiver ativa, mas em espera. Quando o usuário finaliza a chamada telefônica padrão, a conexão de dados é retomada.

Apesar das vantagens oferecidas pelos modems V.90 e V.92 em relação aos modems de 33.600-bps anteriores, muitos usuários achavam que a velocidade de 56 kbps era muito lenta. Em particular, muitos acham que essa velocidade é lenta para fazer download de documentos grandes ou de imagens. O que precisam são modos alternativos de enviar dados pelo sistema telefônico básico. Nas seções seguintes, examinaremos várias dessas alternativas.

Digital Subscriber Line

Digital subscriber line (DSL) é uma tecnologia que permite que linhas telefônicas existentes de par trançado transmitam materiais multimídia e dados de alta velocidade. As velocidades de transferência podem ir de centenas de milhares de bits por segundo a vários milhões de bits por segundo. Embora algumas das maiores companhias telefônicas locais estivessem inicialmente hesitantes em oferecer serviço DSL, as novas companhias telefônicas emergentes (Clecs) estavam dispostas a fazê-lo. A hesitação das maiores companhias telefônicas era parcialmente baseada no fato de que elas já ofereciam serviços de linha contratada como T-1 (que será abordada mais adiante nesta seção) para vários clientes. Para começar o oferecimento de DSL, para não perder aqueles clientes da sua T-1 que estivessem atraídos pelo DSL de outro provedor, essas grandes companhias telefônicas precisaram investir uma grande quantia de dinheiro em tecnologia e treinamento em DSL. Para estas empresas, investir em DSL para permanecer na mesma não faz sentido em termos econômicos. Não muito tempo atrás, as Clecs começaram a atrair clientes para DSL, e as companhias telefônicas locais começaram a mudar seus planos e agora a maioria das empresas, se não todas, oferece vários níveis de serviço DSL.

Fundamentos de DSL

Como em qualquer tecnologia que pode transmitir dados multimídia, a velocidade de transmissão é uma questão importante. DSL é capaz de uma faixa ampla de velocidades. A velocidade de transferência de uma linha específica depende de um ou mais fatores a seguir: a operadora que oferece o serviço, a distância entre a sua residência ou empresa e a central da companhia telefônica local, e se o serviço DSL é uma conexão simétrica ou assimétrica. O primeiro desses fatores, a operadora, determina a forma específica da tecnologia DSL e os formatos de transmissão empregados, que são escolhidos por cada operadora individualmente. A forma de DSL e a tecnologia subjacente determinam a velocidade do serviço.

O efeito do segundo fator, a distância, na velocidade de transferência de uma linha é relativamente simples: quanto mais perto sua residência ou empresa estiver da central, maior será a velocidade de transmissão. Essa dependência da distância se deve ao fato de que o par trançado baseado em cobre é altamente suscetível ao ruído, que pode afetar significativamente um sinal de transmissão de DSL. Quanto mais longe o fio for sem um repetidor, mais ruído na linha e menor a velocidade de transmissão. A distância máxima que uma residência ou empresa pode ficar da central é de aproximadamente 5,5 km (3 milhas).

O terceiro fator que afeta a velocidade de transferência é o tipo de conexão: simétrica ou assimétrica. Uma **conexão simétrica** é aquela em que as velocidades de transferência em ambas as direções são iguais. Uma **conexão assimétrica** tem uma velocidade de transmissão no downlink mais rápida que sua velocidade no uplink. Por exemplo, um serviço DSL assimétrico pode oferecer velocidades de download a centenas de milhares de bits por segundo, enquanto as velocidades de upload podem ser inferiores a 100.000 bps (100 kbps). Um serviço assimétrico é útil para uma conexão com a Internet na qual a massa do tráfego (na forma de páginas web) vem na direção da Internet para a estação de trabalho. Com frequência, os únicos dados que vão para a Internet são uma solicitação para outra página web, alguns e-mails relativamente pequenos ou uma solicitação FTP para fazer download de um arquivo. A maior parte dos serviços residenciais DSL é assimétrica.

Outra característica da DSL é que ela é uma conexão sempre ligada. Os usuários não têm de discar e estabelecer uma conexão. Desse modo, uma estação de trabalho residencial ou corporativa pode ter conexão com a Internet 24 horas por dia, ou algum outro serviço de telecomunicações. Além do mais, a conexão é cobrada a uma taxa fixa, geralmente mensal. O usuário não paga uma taxa baseada na distância da conexão e na quantidade de tempo da conexão.

Como a DSL é uma conexão sempre ligada, utiliza um circuito permanente em vez de um circuito comutado. Esse circuito permanente não é dinamicamente configurável, mas deve ser criado pelo provedor de serviço de DSL. Como a maioria dos usuários residenciais e corporativos de DSL utiliza o serviço para conectar seus computadores a um provedor de serviço de Internet, a ausência de conexão dinâmica não é importante. Mas se o usuário deseja mudar a conexão DSL para outro provedor de serviço, então um novo serviço DSL tem de ser contratado.

O que um usuário corporativo ou residencial precisa para estabelecer uma conexão DSL? No momento, quatro componentes são exigidos. A companhia telefônica local (LEC) deve instalar um roteador especial chamado de DSLAM (digital subscriber line access multiplexer) na central da companhia telefônica. Esse dispositivo desvia dos equipamentos de comutação da central telefônica e gera e decodifica os sinais DSL utilizados no enlace local do telefone (Figura 11-6). Em seguida, a companhia telefônica local também pode instalar um splitter em suas instalações, que combina ou divide os circuitos DSL (os canais uplink e downlink) no circuito telefônico padrão do Pots. Alguns sistemas DSL transmitem dados pela mesma linha telefônica que liga a central a uma residência ou empresa. Como é a mesma linha telefônica, a DSL deve compartilhar a linha com um sinal Pots.

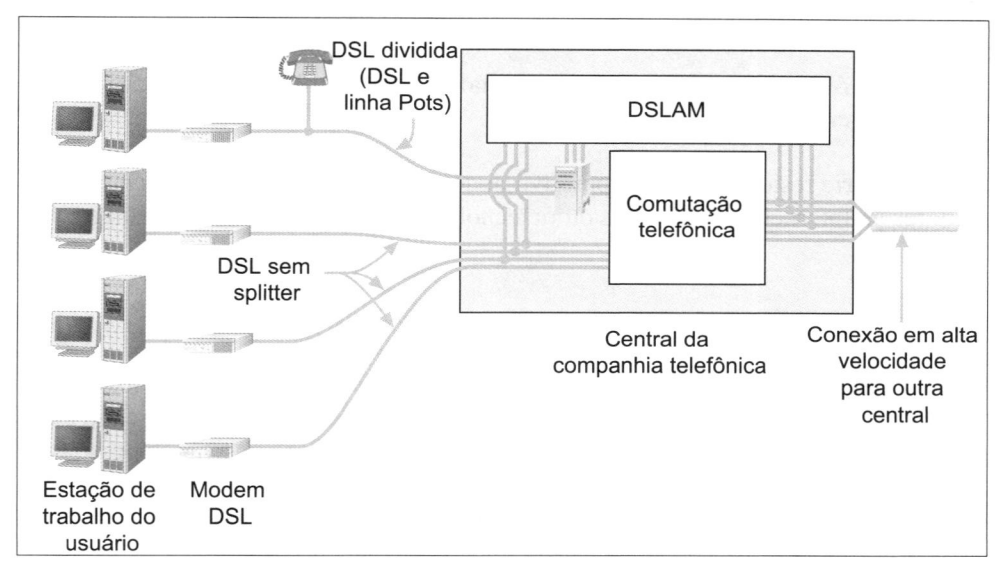

Figura 11-6 Os quatro componentes necessários de uma conexão DSL.

Se a DSL for de uma forma específica, como DSL Lite (a ser descrita em breve), a linha DSL não utiliza um circuito telefônico padrão. Assim, não há necessidade de dividir o sinal DSL do sinal telefônico na ponta transmissora ou receptora. Quando nenhum splitter for utilizado para separar o sinal DSL do sinal Pots, o serviço é chamado DSL sem splitter.

Na outra ponta, o modem DSL é necessário para converter os sinais DSL em uma forma que a estação de trabalho ou rede possa compreender. Se o circuito DSL também estiver utilizando um circuito telefônico Pots, o usuário também vai precisar de um splitter para separar a linha telefônica comum da linha de dados DSL.

Finalmente, o roteador DSLAM na central da companhia telefônica deve estar conectado a um provedor de serviço de Internet por uma linha de alta velocidade. Como essa linha de alta velocidade vai dar suporte às solicitações de serviço de Internet de diversos usuários, ela precisa ser um serviço muito rápido, como o ATM. Todos esses componentes são mostrados na Figura 11-6.

Consideremos uma companhia telefônica e os tipos de serviço DSL que ela oferece. A maior parte dos provedores DSL dispõe de vários tipos diferentes de serviço. O primeiro serviço, projetado para usuários residenciais, geralmente tem uma velocidade no downlink de aproximadamente 700 kbps e uma velocidade no uplink de 100 kbps por cerca de US$ 25,00 por mês. Para usuários residenciais que necessitam de mais velocidade, um segundo serviço geralmente oferece uma velocidade no downlink de 1,5 a 3,0 Mbps por aproximadamente US$ 50,00 por mês. Para empresas, que geralmente precisam de mais capacidade, há serviços DSL disponíveis que fazem upload e download de dados a vários milhões de bits por segundo; eles custam centenas de dólares por mês. As velocidades e os preços apresentados aqui são somente uma pequena amostra do que está disponível no mercado.

Formatos DSL

A digital subscriber line tem vários formatos. Embora essa variedade ofereça às operadoras e usuários uma grande variedade de tecnologias e velocidades, também pode dividir os usuários em vários campos, tornando o processo de estabelecer um formato como padrão muito difícil. Vários formatos vão, sem dúvida, cair em desuso com o tempo, mas não há como saber quanto tempo isso vai demorar. No momento, um usuário corporativo bem informado deve conhecer os vários formatos (observe que as taxas de transmissão de dados fornecidas mudam conforme a tecnologia se desenvolve). Geralmente conhecidos coletivamente como xDSL, seis formatos DSL estão em uso hoje:

- **Asymmetric digital subscriber line (ADSL)** – um formato popular que transmite os dados no downlink a uma taxa mais rápida que a taxa de uplink. Taxas de dados no downlink típicas variam de 600 kbps a 1.500 kbps, enquanto as taxas de dados no uplink variam de 300 kbps a 600 kbps.
- **DSL Lite** – formato mais lento comparado com ADSL; também conhecido como DSL, G.Lite e DSL sem splitter. As velocidades típicas de transmissão estão na faixa de 200 kbps.
- **Very high data rate DSL2 (VDSL2)** – é um formato muito rápido (por volta de100 Mbps no downlink ou no uplink) em distâncias muito curtas (menos de 300 metros).
- **Rate-adaptive DSL (RADSL)** – RADSL é um formato no qual a taxa de transferência pode variar, dependendo dos níveis de ruído no enlace local da linha telefônica.

DSL não é o único modo que um usuário residencial ou corporativo pode contratar o serviço de transmissão de dados para conectar seus computadores na Internet. Examinemos outra tecnologia muito popular – o modem a cabo.

Modems a cabo

Um **modem a cabo** é um serviço de comunicações de alta velocidade que permite acesso de alta velocidade a redes de longa distância como a internet pela conexão de televisão a cabo. Tecnicamente, um modem a cabo é um dispositivo físico que separa os dados do computador do sinal de vídeo da televisão a cabo, mas várias pessoas se referem a todo o sistema (cabos de fibra óptica, nós de distribuição de região, cabos coaxiais, splitter do modem a cabo e placa de interface) como um serviço de modem a cabo. Essa conexão de componentes é mostrada na Figura 11-7.

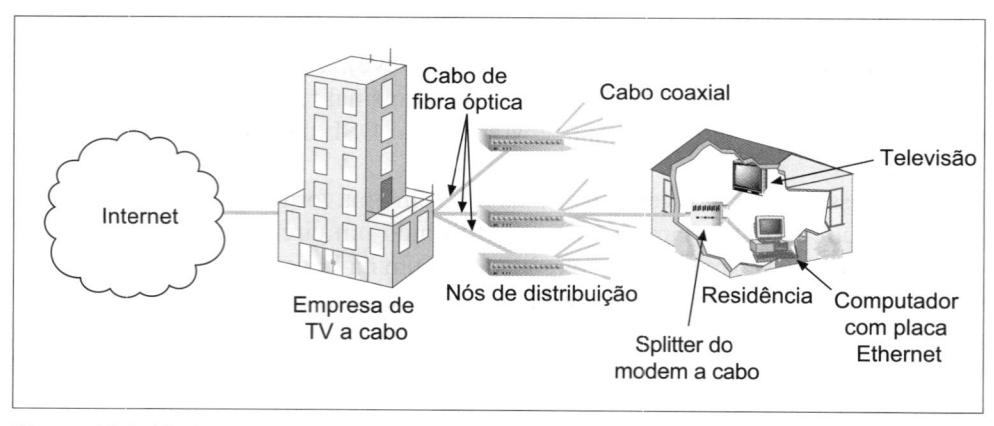

Figura 11-7 Modem a cabo conectando um computador pessoal à Internet por uma conexão de televisão a cabo.

A maior parte dos modems a cabo são dispositivos externos que se conectam ao computador pessoal por uma placa de interface de rede Ethernet comum, que é fornecida pela empresa ou adquirida na maioria das lojas que vendem equipamentos de computadores. A conexão é capaz de transmitir megabits de dados, com taxas de transmissão que variam entre 300 kbps a vários mbps. Estas conexões, semelhantes a DSL, são geralmente assimétricas.

Modems a cabo oferecem conexões de alta velocidade à Internet e a demanda por eles está crescendo rapidamente. Esse crescimento também exige esforços das empresas a cabo. Como o sistema telefônico, o sistema a cabo tem um tipo de enlace local, isto é, um cabo que se estende entre o nó de distribuição de região para uma residência ou empresa. Para permitir larguras de banda muito altas exigidas para oferecimento de acesso à Internet de alta velocidade para vários usuários, as empresas a cabo tiveram de substituir um grande segmento de seu cabo de enlace local, que é primariamente coaxial, com cabo de fibra óptica. Em algum ponto, as empresas de televisão a cabo (e companhias telefônicas também) podem substituir todos os seus fios de cobre por cabo de fibra óptica. Na verdade, um número crescente de comunidades no país já está começando a colher os benefícios dessa tecnologia.

Uma desvantagem dos modems a cabo, provavelmente sua única desvantagem, está relacionada à seguinte tendência: conforme o tráfego nas redes locais baseadas em Ethernet cresce, há um aumento na vazão total – a capacidade de enviar ou receber uma mensagem completa. Assim, quanto mais clientes em uma área geográfica regional, como em um número pequeno de quarteirões em um bairro, assinarem o serviço de modem a cabo, o tráfego vai aumentar até o ponto de a vazão sofrer significativamente.

Detalhes

Operação de modem a cabo

Empresas de televisão a cabo que oferecem um serviço de modem a cabo utilizam uma norma chamada Data Over Cable Service Interface Specification (DOCSIS). A DOCSIS (agora DOCSIS versão 3.0) foi desenvolvida para incluir todos os elementos operacionais utilizados na transmissão de dados por um sistema de televisão a cabo, como prestação de serviço, segurança, interfaces de dados e interfaces de frequência de rádio. A arquitetura básica de um sistema de modem a cabo é mostrada na Figura 11-8.

O sistema consiste em seis componentes principais. O primeiro componente, o sistema de terminação do modem a cabo (CMTS), está localizado na principal instalação do operador a cabo e traduz os pacotes de dados da página da web de entrada em frequências de rádio. As frequências utilizadas para a transferência dos pacotes de dados da página da web são frequências não usadas na faixa de 6 MHz. O segundo componente do sistema de modem a cabo é o combinador, que combina as frequências dos pacotes de dados da página com as frequências dos canais comuns da televisão a cabo. Esses sinais são, então, enviados por uma linha de fibra óptica, que é o terceiro componente no sistema, para um nó de distribuição de fibra, o quarto componente no sistema. O nó de distribuição de fibra fica na região do usuário e pode distribuir os sinais para 500 a 2.000 residências. A partir do nó de distribuição de fibra, os cabos coaxiais transmitem os sinais para as residências onde um splitter, o quinto componente, separa as frequências do pacote de dados de página da web das outras frequências de canal de cabo. As outras frequências de canal a cabo vão para o aparelho de televisão, e as frequências de pacote de dados de página da web que foram divididas vão para o modem a cabo. O modem a cabo (o sexto componente do sistema) converte os sinais de rádio de volta para pacotes de dados digitais a fim de transmitir a seu computador.

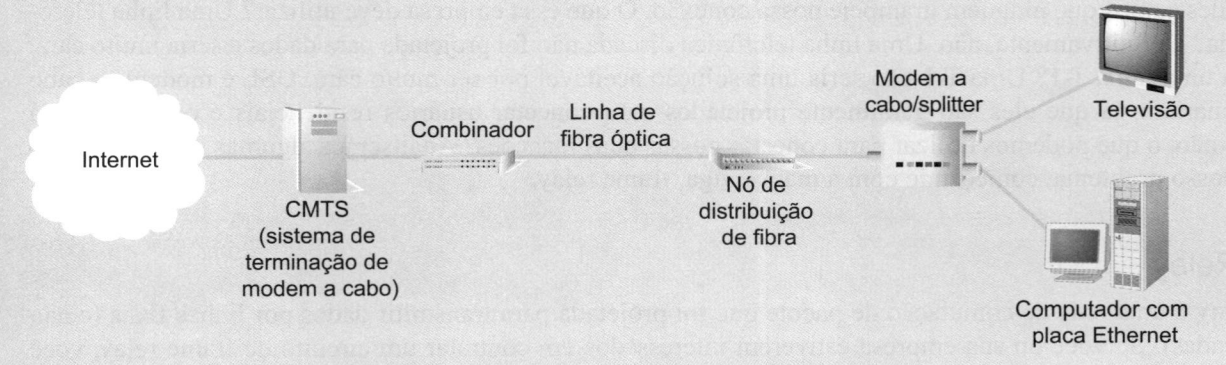

Figura 11-8 Arquitetura e componentes básicos de um sistema de modem a cabo.

Serviço de linha contratada T-1

Desde os anos 1960 e 1970, as empresas precisaram de conexões de alta velocidade entre elas e a companhia telefônica, ou entre elas e outro prédio comercial. Linhas telefônicas discadas simplesmente não eram rápidas o suficiente, e discar a parte chamada cada vez que uma conexão fosse necessária era inconveniente. DSL e modems a cabo seriam boas soluções em vários casos, mas eles não haviam sido inventados ainda. Em vez disso, as companhias telefônicas começaram a oferecer serviços de linha contratada. Essas linhas contratadas vinham em várias velocidades de transferências de dados (de 56.000 bps até 64 Mbps) e eram circuitos fixos – o circuito (ou conexão) era permanentemente instalado entre dois locais. A empresa não tinha de discar um número telefônico porque o circuito estava sempre ativo. A companhia telefônica cobrava da empresa uma taxa de instalação e uma taxa de aluguel mensal. Muitas empresas utilizavam essas linhas contratadas para manter uma conexão constante de dados entre dois locais, ou para conectar um grupo de linhas à central da companhia telefônica. Hoje em dia, as linhas contratadas desse tipo estão praticamente extintas.

Uma forma de serviço de linha contratada que era bastante popular e ainda existe hoje é a T-1. Um serviço T-1, como você deve lembrar de capítulos anteriores, é uma conexão totalmente digital que pode transferir voz ou dados a velocidades de até 1.544 Mbps (1.544.000 bits por segundo). Dependendo dos desejos do usuário, a linha T-1 pode permitir até 24 circuitos telefônicos individuais, 24 linhas de dados individuais a 56.000 bits por segundo cada, ou várias combinações dessas opções. Se você não precisar de 1.544 Mbps para transmitir seus dados de computadores, você pode solicitar um quarto de T-1 ou meia T-1 que, como os nomes já dizem, oferecem um quarto e metade da taxa de dados de 1.544 Mbps, respectivamente. Essas linhas de quarto de T-1 e meia T-1 são chamadas de serviços fracionais de T-1; não são oferecidas por todas as companhias telefônicas. Na extremidade oposta do espectro, os clientes que desejarem velocidades de transmissão superiores a 1.544 Mbps podem considerar o serviço T-3, que transmite dados a 45 Mbps. Infelizmente, a diferença no custo, como a diferença na velocidade, entre T-1 e T-3 é grande.

Como todos os serviços de linha contratada, a conexão T-1 é um serviço ponto a ponto e está sempre ativa. As linhas IntraLata T-1 geralmente custam em torno de US$ 350 a US$ 400 por mês, enquanto as linhas interLata T-1 podem custar até US$ 1.200 por mês mais US$ 2,50 por milha (aproximadamente 1,6 km) para a conexão.

De modo interessante, o serviço T-1, criado em 1963, foi projetado para dar suporte somente aos circuitos telefônicos que as companhias telefônicas utilizavam para transmitir dados entre centros de comutação. Quando as empresas ficaram sabendo da linha T-1, começaram a pedi-la como um modo de conectar seus escritórios a um centro de comutação da companhia telefônica (central). A demanda para a linha T-1 tem crescido constantemente desde então. Recentemente, entretanto, a linha T-1 começou a enfrentar concorrência mais dura para novos serviços que oferecem velocidades de transmissão iguais ou mais rápidas com preços menores. Examinaremos alguns desses serviços alternativos a seguir e vamos compará-los com a T-1.

Alternativas à T-1

Considere o cenário a seguir: uma empresa deseja uma conexão rápida e confiável com outro local, que pode ser outro prédio da mesma empresa em um lugar remoto, ou uma empresa diferente com a qual a primeira empresa deseja realizar negócios. A empresa deseja que essa conexão transmita dados, para que o sistema escolhido seja projetado para dados e não voz. Às vezes, a conexão precisa ser permanente, e às vezes há necessidade de uma conexão temporária ou comutada. Finalmente, a conexão precisa ser privada: os dados são relativamente sensíveis e não desejamos que ninguém grampeie nossa conexão. O que essa empresa deve utilizar? Uma linha telefônica discada? Definitivamente, não. Uma linha telefônica discada não foi projetada para dados e seria muito cara. E quanto a uma linha T-1? Uma T-1 não seria uma solução aceitável por ser muito cara. DSL e modems a cabo não funcionariam, já que eles são geralmente projetados para conectar usuários residenciais e corporativos à Internet. Então, o que podemos utilizar para conectar nossas duas locações? Analisemos algumas soluções possíveis para nosso problema, começando com a mais antiga, frame relay.

Frame Relay

Frame relay é uma rede de comutação de pacote que foi projetada para transmitir dados por linhas fixas (e não linhas discadas). Se você ou sua empresa estiverem interessados em contratar um circuito de frame relay, você contataria sua companhia telefônica local ou provedor de serviço de frame relay. A maior parte das companhias telefônicas de longa distância oferece serviço de frame relay por grande parte do país. O serviço de frame relay pode ser um serviço local ou de longa distância. Uma vez que é estabelecido, o cliente precisa somente transmitir seus dados por um enlace local para uma estação de frame relay próxima, mostrada na Figura 11-9 como uma nuvem. A rede de frame relay é responsável pela transmissão dos dados do usuário pela rede e por sua entrega ao local de destino pretendido.

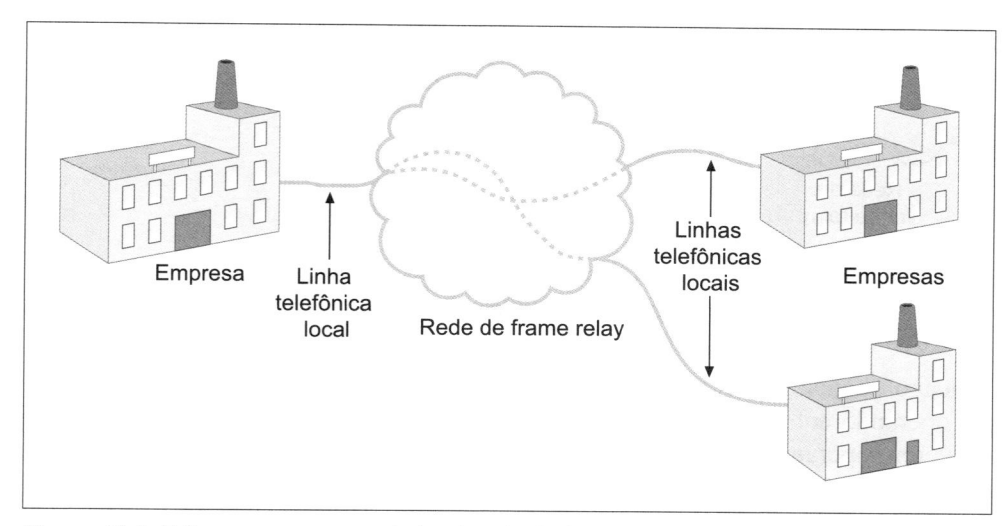

Figura 11-9 Três empresas conectadas à rede de frame relay por meio de conexões locais.

Um serviço de frame relay oferece várias alternativas atraentes para linhas contratadas. Uma das características mais perceptíveis de uma rede de frame relay são suas velocidades altas de transferência. As velocidades de transferência de dados podem ser muito rápidas, até 45 Mbps. Juntamente com as altas taxas de transferências de dados, há uma alta vazão – a rede como um todo também é muito rápida. Ao utilizar os cabos de fibra óptica, os switches de frame relay transferem rapidamente dados, de modo que eles percorrem de uma ponta a outra da rede em um período de tempo relativamente curto. As redes de frame relay também oferecem um nível razoável de segurança, baseadas na propriedade de rede privada junto com transmissões de fibra óptica. (Observação: é recomendado por alguns que todas as conexões seguras de rede de longa distância utilizem software de criptografia ou software de rede privada virtual para oferecer um nível mais alto de segurança). Além do mais, as conexões de frame relay podem ser permanentes e comutáveis. Com conexões permanentes, o canal também está disponível. Conexões comutadas, por outro lado, oferecem uma capacidade dinâmica para alocar largura de banda por demanda.

Outra vantagem associada ao frame relay (e outras redes modernas de longa distância de alta velocidade) é que suas taxas de erro durante a transmissão são baixas. De fato, a taxa de erro das redes de frame relay é tão baixa que a rede não tem nenhuma forma de controle de erro. Se um erro ocorre, a rede de frame relay simplesmente descarta o quadro. É responsabilidade da aplicação, e não da rede de frame relay, executar controle de erro.

Por último, redes de frame relay possuem preços razoáveis. O preço fixo mensal é baseado em três cobranças: uma cobrança da porta para cada linha de acesso que conecta uma empresa a uma rede de frame relay; uma cobrança para cada conexão permanente que percorre a rede de frame relay entre dois pontos finais (empresas que utilizam o serviço); e uma cobrança pela linha de acesso, que é a linha telefônica de alta velocidade que conecta fisicamente a empresa à porta do frame relay. Como uma porta e linha de acesso são capazes de suportar várias conexões permanentes, um usuário pode pagar uma cobrança da porta, uma cobrança da linha de acesso e várias cobranças de conexão permanente.

A conexão permanente que é necessária para transferir dados entre dois pontos finais é chamada de **circuito virtual permanente (PVC)** (enquanto a discussão está atualmente centralizada no frame relay, a maior parte dos detalhes a seguir também se aplica aos outros serviços de entrega de dados). Quando uma empresa deseja estabelecer uma conexão de frame relay entre dois escritórios, a empresa vai solicitar ao provedor de frame relay para estabelecer um PVC entre os escritórios (Figura 11-10). Por exemplo, se uma empresa tem escritórios em Chicago e Orlando, a empresa pode solicitar ao provedor de frame relay para criar um PVC entre os escritórios de Chicago e Orlando. Cada escritório está conectado à rede de frame relay por uma linha de acesso telefônico de alta velocidade e uma porta. Essa porta e a linha telefônica de alta velocidade se unem para criar uma conexão física. O PVC – a conexão lógica – percorre do escritório de Chicago, pela rede de frame relay, até o escritório de Orlando.

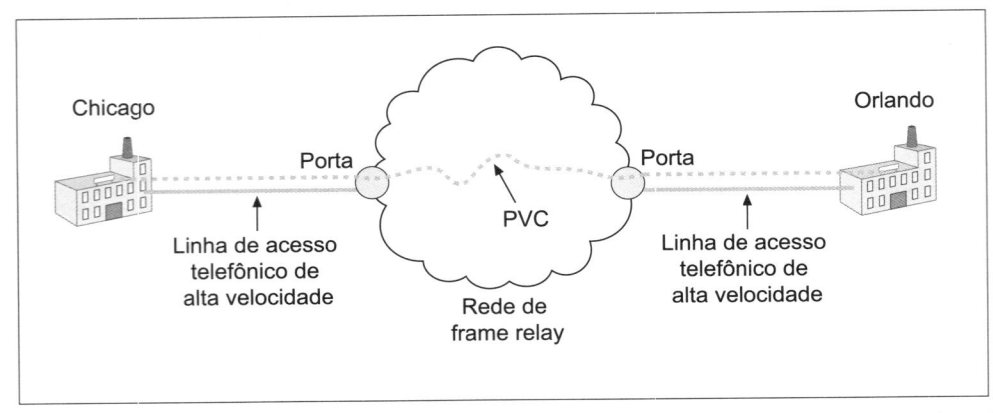

Figura 11-10 Uma conexão de frame relay entre Chicago e Orlando, mostrando as linhas de acesso, portas e PVC.

Se os dois escritórios em Chicago e Orlando têm uma aplicação (como compartilhar um banco de dados ou transferir registros corporativos) operando entre eles, então somente um PVC é necessário. Entretanto, se dois tipos diferentes de aplicação estiverem operando entre os dois escritórios, será provavelmente necessário criar dois PVCs. Embora existam dois PVCs, pode ser possível suportar ambos os PVCs pela mesma linha de acesso e porta. O suporte a dois PVCs pela mesma linha de acesso e porta seria possível se a soma das duas velocidades de transmissão dos PVCs não fosse maior que a capacidade da porta e da linha de acesso.

Para ilustrar esse conceito, vamos supor que a aplicação Chicago-Orlando necessita de uma conexão de 256 kbps. A empresa solicita ao provedor de frame relay um PVC de 256 kbps. Suponha que a empresa tenha uma porta de 512 kbps e uma linha telefônica capaz de suportar pelo menos 512 kbps (como uma T-1). O provedor de frame relay pode instalar um PVC de 256 kbps entre os escritórios de Chicago e Orlando. Agora suponha que os dois escritórios desejam acrescentar uma nova aplicação e, assim, necessitam de um PVC adicional de 256 kbps. Como a soma dos dois PVCs não é superior a 512 kbps, a empresa pode solicitar a seu provedor de frame relay que acrescente esse PVC de 256 kbps adicional.

Frame relay é chamado de protocolo de camada 2. Lembrando do modelo OSI, a designação **protocolo de camada 2** significa que a tecnologia de frame relay é somente parte de uma aplicação de rede e se localiza na camada de enlace de dados. Quando você estiver criando uma solução de rede para uma aplicação específica, a escolha do frame relay é somente uma parte da solução. Você ainda tem de escolher o software de rede e a camada de transporte, como o software que implementa os protocolos TCP e IP, para executar no topo do frame relay, assim como o tipo de linha telefônica de alta velocidade na camada física. A aplicação pretendida, por exemplo, um sistema de recuperação de banco de dados, é então executada no topo do TCP/IP.

Taxa contratada de informações (CIR) ou acordos de nível de serviço

Quando um cliente estabelece um circuito virtual com uma operadora de frame relay, tanto o cliente como a operadora concordam quanto ao número de parâmetros importantes relacionados à transferência dos dados do cliente. Em um serviço de frame relay, isso é chamado **taxa contratada de informações (CIR)**, em geral, chamado acordo de nível de serviço (SLA). A maior parte dos serviços de entrega necessita de alguma forma de acordo de nível de serviço assinado antes de circuitos virtuais serem estabelecidos. Para nosso exemplo de frame relay, se um cliente procura uma CIR de 512 kbps, a operadora concorda em transferir os dados do cliente a essa taxa. O cliente concorda que não vai exceder essa taxa. Também é acordado que, se o cliente exceder sua CIR e a rede de frame relay ficar saturada, a operadora pode recusar os quadros do cliente que excedam a taxa contratada de informações. Uma parte adicional do acordo é a **taxa de rajada**, que permite ao cliente exceder a taxa contratada de informações por uma quantidade fixa em breves instantes de tempo.

Para cada circuito virtual, o cliente pode especificar uma vazão garantida e um retardo limitado de entrega de dados. Ter uma vazão garantida significa que o provedor de frame relay garante que um percentual específico de todos os quadros será entregue, supondo que os dados não sejam transferidos mais rapidamente que a taxa contratada de informações. O retardo limitado de entrega de dados significa que todos os quadros de dados serão entregues em uma quantidade de tempo concordada, mas se, mais uma vez, o cliente não exceder a CIR. O preço do circuito virtual será diretamente proporcional ao nível da CIR. Quanto mais alto o nível da CIR, mais alto o preço do circuito virtual.

Considere um exemplo simples. Uma empresa em Nova York tem uma linha de acesso de alta velocidade (1.544 Mbps) na rede de frame relay. Ela solicita a sua operadora a criação de um circuito virtual de Nova York para Dallas com uma CIR de 512 kbps. Se a empresa ficar dentro de sua CIR, a operadora garante vazão de 99,99% e um retardo de rede de não mais que 20 milissegundos. Agora, o que acontece se o cliente exceder sua CIR ao transmitir dados a 800 kbps? A maior parte das operadoras permite que os clientes excedam a CIR até uma taxa de rajada fixa por até dois segundos sem penalidade. Nesse exemplo, suponha que o cliente tenha uma taxa de rajada de 256 kbps. Isso significa que ele pode transmitir a 512 kbps mais 256 kbps, ou 768 kbps por dois segundos. Se o cliente exceder sua CIR por mais de dois segundos, a operadora configura um bit Elegível para Descarte (DE) no cabeçalho dos quadros do cliente. Se acontecer congestionamento na rede, os quadros marcados com DE são *descartados* pelos switches de rede. É responsabilidade da aplicação do cliente observar quadros rejeitados, uma vez que a rede de frame relay não informa o usuário quais foram descartados.

Qual é a diferença entre baixa e alta CIR? Se você solicitar uma CIR baixa e sua taxa de dados continuamente exceder aquela CIR, alguns dos quadros podem ser descartados. Mas se a rede não está congestionada, você não perderá quadros. Se você pagar por uma CIR alta, a alta taxa de dados é garantida e você não perderá quadros, independentemente de a rede estar congestionada ou não.

A questão é se você é um apostador ou não. Você pode economizar dinheiro, escolher uma CIR mais baixa e esperar que a rede não fique congestionada. Ou pode pagar pela CIR mais alta e ter confiança de que nenhum quadro será descartado. Se você estiver dando suporte a uma aplicação que não pode perder nenhum quadro em nenhuma circunstância, pode valer a pena pagar pela CIR mais alta. De modo interessante, entretanto, vários clientes de frame relay escolhem pagar o menor custo selecionando uma opção CIR zero que não ofereça garantias de entrega.

Agora, voltaremos nossas atenções para outro serviço poderoso e interessante de entrega de dados – Modo de transferência assíncrona.

Modo de transferência assíncrona (ATM)

Modo de transferência assíncrona (ATM), como frame relay, é um serviço de comutação de pacote de alta velocidade, oferecido por várias empresas de comunicações. Uma empresa que deseja enviar dados entre dois pontos (em um prédio ou pelo país) a taxas de transferência muito altas deve considerar a utilização do ATM. As taxas de transferências são tão rápidas como 622 Mbps, sendo possíveis velocidades ainda mais rápidas.

O ATM tem vários recursos únicos que o separam do frame relay e de outros serviços de pacote. No ATM, todos os dados são enviados em pequenos pacotes de 53 bytes chamados células. O tamanho da célula é mantido pequeno para que, quando uma célula atingir um nó (um ponto de comutação) em uma rede ATM, ela passe rapidamente pelo nó e continue por seu caminho até seu destino. Essa capacidade de comutação rápida dá ao ATM taxas de transferência muito altas. Além do mais, o ATM é uma rede totalmente comutada. Conforme as células saltam de nó para nó pela rede, cada uma é processada e encaminhada por switches de alta velocidade (para lembrar do processo, reveja a discussão sobre switches no Capítulo 7).

As redes ATM foram projetadas para dar suporte simultaneamente a voz, vídeo e dados. Como você vai ver em breve, o ATM pode administrar uma ampla faixa de aplicações, incluindo vídeo ao vivo, música e voz interativa. Além do mais, o ATM pode ser utilizado como tecnologia de transferência para redes locais, metropolitanas e de longa distância. Uma vez que o ATM, como o frame relay, é um protocolo de camada 2, ele pode utilizar vários tipos diferentes de meio de camada física, como par trançado e cabo de fibra óptica. Finalmente, o ATM pode dar suporte a classes diferentes de tráfego para oferecer diversos níveis de serviço (qualidade de serviço ou QoS). As classes do tráfego do ATM serão descritas detalhadamente na seção a seguir.

Como no frame relay, antes do ATM poder transferir dados, você deve criar primeiro uma conexão lógica chamada de **conexão de canal virtual (VCC)**. Ao contrário da conexão virtual do frame relay, entretanto, essa VCC deve ser criada por uma conexão de caminho virtual. Uma **conexão de caminho virtual (VPC)** é um grupo de VCCs que têm os mesmos pontos finais. VCCs são estabelecidas para transferência de dados, mas também para sinalização de controle, gerenciamento de rede e roteamento. Uma VCC pode ser realizada entre dois usuários finais, nesse caso ela transmitiria dados e sinais de controle. Uma VCC também pode ser estabelecida entre um usuário final e uma entidade de rede, em que a VCC transmitiria sinalização de controle usuário-rede. Quando uma VCC transmite sinalização de controle usuário-rede, a conexão é chamada de **interface usuário-rede**.

Classes de serviço ATM

Um dos recursos do ATM que o distingue da maior parte dos outros sistemas de transmissão de dados e voz é que ele oferece aos usuários a capacidade de especificar uma classe de serviço. Uma **classe de serviço** é uma definição de um tipo de tráfego e a tecnologia subjacente que vai dar suporte aquele tipo de tráfego. Por exemplo, a classe de serviço interativo de tempo real define o tráfego de vídeo. Uma aplicação interativa em tempo real é uma das mais exigentes com relação à taxa de transmissão dos dados e vazão de rede. A transmissão de um fluxo de vídeo por um meio requer uma quantidade significativa de largura de banda, e oferecer um serviço em tempo real requer que a rede seja rápida o suficiente para enviar e receber vídeos para que um aplicativo em tempo real possa ser suportado.

Detalhes

Composição da célula do ATM

O ATM transmite todos os sinais de dados e controle utilizando células de 53 bytes (Figura 11-11). As células são mantidas pequenas para que seu redirecionamento em rotas específicas (comutação de células) possa ser executado por hardware, que é o meio mais rápido de comutação de células. O cabeçalho do ATM sempre tem 5 bytes de comprimento, deixando 48 bytes da célula para dados. Campos de célula e suas funções compreendem:

▸ Controle de fluxo genérico, aplicado somente na interface usuário-rede. O controle de fluxo genérico alivia condições de sobrecarga de curto prazo ao ordenar que o usuário diminua a velocidade da transmissão de dados na rede ATM. O controle de fluxo genérico não é utilizado atualmente por muitos sistemas ATM.

▸ Identificador de caminho virtual é um campo de 8 bits (permite 256 combinações) que identifica uma VPC específica.

▸ Identificador de canal virtual é um valor de 16 bits que identifica uma VCC única. Quando uma empresa cria uma conexão ATM entre dois locais, um caminho virtual suporta um ou mais canais virtuais. Para ser identificado apropriadamente, o caminho e os canais têm números de ID únicos.

▸ Tipo de carga consiste de três bits que identificam o tipo de carga, como dados de usuário ou manutenção de rede, e relatam se o congestionamento foi encontrado na rede.

▸ Prioridade de perda de célula, que tem um bit e é configurada pelo usuário. Um valor 0 significa que essa célula é de alta prioridade, então a rede ATM deve pensar duas vezes antes de descartá-la, no caso de congestionamento de rede.

▸ Controle de erro do cabeçalho, que consiste de checksum cíclico de redundância de 8 bits ($x^8 + x^2 + x + 1$). Ele oferece verificação de erros para os primeiros quatro bytes do cabeçalho, mas não para os dados. O checksum cíclico também pode oferecer correção de erros ao reparar erros de um bit no cabeçalho.

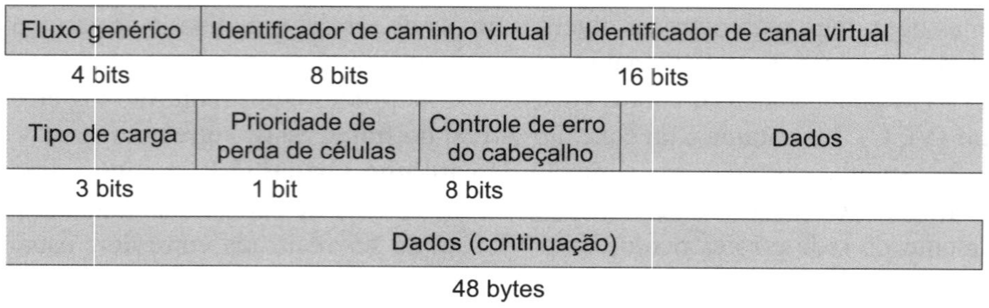

Fluxo genérico	Identificador de caminho virtual	Identificador de canal virtual	
4 bits	8 bits	16 bits	
Tipo de carga	Prioridade de perda de células	Controle de erro do cabeçalho	Dados
3 bits	1 bit	8 bits	
Dados (continuação)			
48 bytes			

Figura 11-11 A célula de 53 bytes do ATM com seus campos individuais.

Se uma rede não oferece várias classes de níveis de serviço, então todas as aplicações compartilham a largura de banda de rede igualmente, o que pode não oferecer uma distribuição justa de largura de banda. Por exemplo, examinemos a Internet que, ao utilizar IPv4, não oferece uma classe de funções de serviço. Suponha que você e um colega de trabalho estejam sentados em frente a estações de trabalho em cubículos adjacentes. Você está enviando e-mails, enquanto seu colega está participando de uma videoconferência ao vivo com um terceiro colega em outro estado. Tanto as aplicações de e-mail quanto de videoconferência utilizam a Internet para transmissão de dados. Embora sua aplicação de e-mail geralmente transmita poucos dados e o tempo não tenha importância, seu e-mail tem exatamente a mesma prioridade na Internet que a aplicação de seu colega, que está tentando executar uma videoconferência que depende muito do tempo e consome dados. Embora seu programa de e-mail possa funcionar bem na Internet, a videoconferência de seu colega está, sem dúvida, funcionando mal. Se a Internet pudesse permitir diferentes classes de serviço, seu programa de e-mail iria solicitar uma classe baixa de serviço, e o programa de videoconferência iria solicitar uma classe alta de serviço. Com uma classe alta de serviço, o programa de videoconferência iria ser executado muito melhor.

Com o ATM, o cliente especifica uma classe prioritária de serviço para cada canal virtual estabelecido. Como esperado, a classe prioritária de serviço determina o preço de utilização de um canal virtual específico. O ATM definiu quatro classes de serviço que são funcionalmente equivalentes ao serviço de linha contratada, serviço de frame relay e serviço de Internet. São classes de serviço que determinam o tipo de tráfego que uma rede ATM pode transmitir:

- **Taxa constante de bits (CBR)** – Semelhante à linha contratada do sistema telefônico atual, a CBR é a classe de serviço mais cara. A CBR atua como um serviço telefônico multiplexado por divisão de tempo, mas não é um circuito dedicado como uma linha telefônica contratada. A CBR transmite um fluxo de dados contínuo de alta velocidade que pode ser utilizado com aplicações de transmissão intensa.

- **Taxa de bits variável (VBR)** – Semelhante ao serviço de frame relay, a rt-VBR é utilizada para aplicações em tempo real, como vídeo interativo comprimido, e a nrt-VBR é utilizada para aplicações sem tempo real, como envio de e-mail com anexos grandes, com multimídia. As aplicações VBR geralmente enviam rajadas de dados, e a rede ATM garante que o tráfego VBR é transmitido a tempo. CBR e VBR são ambas correspondentes a viajar de primeira classe. A primeira classe é cara, mas os clientes têm prioridade alta, com assentos garantidos e embarcando primeiro.

- **Taxa de bits disponível (ABR)** – ABR também é utilizada para tráfego que pode sofrer rajadas de dados, chamado tráfego de rajadas, e cuja faixa de largura de banda é pouco conhecida, como em um conjunto de linhas corporativas contratadas. As faixas altas e baixas de transferência são estabelecidas por negociação, mas conseguir espaço de bits para transmissão de dados pela rede ATM nessa classe de serviço é semelhante a viajar em lista de espera em uma companhia aérea. Você pode ter uma chance de transmitir seus dados, ou você tem de esperar. Mas quando seus dados estiverem na rede, eles serão transmitidos. ABR é boa para tráfego que não tenha de chegar em um tempo específico. ABR também oferece feedback, que indica se uma parte da rede ATM está sofrendo congestionamento.

- **Taxa de bits não especificada (UBR)** – UBR também é capaz de enviar tráfego que pode sofrer rajadas, mas não há garantia de quando os dados serão enviados, e se houver problemas de congestionamento não há feedback de congestionamento (como na ABR). Ao contrário dos dados transmitidos nas outras classes de serviços, os dados transmitidos por uma conexão UBR podem não chegar a seu destino final. Se a largura de banda necessária para transmitir seus dados for solicitada por outros dados que utilizam uma classe mais alta de serviço, seus dados podem ser descartados no meio do caminho na conexão de rede. Imagine que você está viajando em fila de espera, mas será ejetado do avião se, durante uma conexão, seu assento for requisitado por outra pessoa. O serviço UBR é geralmente o menos caro.

Ao oferecer diferentes classes de serviço, o provedor ATM pode também oferecer serviços de transmissões customizados e tarifar o cliente de acordo com eles. Do mesmo modo, o cliente pode solicitar uma classe de serviço especial que seja apropriada para uma aplicação específica.

Vantagens e desvantagens do ATM
Em virtude de sua faixa de funções, como velocidades altas de transferência, várias classes de serviço e capacidade de operar vários tipos de tecnologias de meio e rede, o ATM tem muitas vantagens significativas. Ele pode dar suporte a uma grande faixa de aplicações com várias larguras de banda, a uma faixa ampla de velocidades

de transmissão. A comutação de células, que é executada em hardware com alta velocidade nos switches do ATM, é tão rápida que proporciona retardos curtos e grandes larguras de banda. As diferentes classes de serviço do ATM permitem que os clientes escolham o tipo de serviço e as tarifas individualmente para cada conexão de dados (VCC). Por último, o ATM é extremamente versátil. Pode transmitir voz, dados em pacote e vídeo com os mesmos equipamentos.

Obviamente, o ATM também tem algumas desvantagens. Ele é geralmente mais caro que outras opções de transmissão de dados. O custo dos equipamentos ATM é alto. Isso porque os equipamentos de comutação de células, para serem capazes de oferecer uma conexão rápida, têm de ser relativamente complexos. Em razão da complexidade do ATM, há uma curva alta de aprendizado para configurar e administrar a rede. Para concluir, hardware e software compatíveis podem não estar amplamente disponíveis no mercado.

O ATM está sendo atualmente muito utilizado pelas grandes operadoras de telecomunicação (AT&T, Sprint e outras) para oferecer serviços de voz e Internet. Por sua complexidade e seu custo, empresas menores têm relutado em utilizar o ATM. Tecnologias alternativas que podem oferecer velocidades razoáveis a preços muito menores têm atraído muito a atenção de empresas menores. Redes metropolitanas, como vimos no capítulo anterior, estão experimentando um crescimento no mercado de transmissão de dados na região metropolitana. Mas e quanto à transmissão de dados para distâncias mais longas? Sem dúvida, há uma rede que é uma forte concorrente para os provedores de frame relay e ATM: a Internet.

MPLS e VPNs

Até esse ponto na discussão, muito tem sido discutido sobre serviços de transmissão de dados como o frame relay e ATM, mas pouco foi discutido sobre o uso da Internet para conectar dois escritórios. Por que frame relay e ATM eram tão utilizados, se a Internet estava disponível e era basicamente gratuita? Há duas razões principais, como vimos anteriormente. Primeiro, não há garantia de que a Internet vá transmitir os dados de modo consistente e pontual. A Internet não foi projetada para administrar fluxos de dados com pequenos valores de latência. Em outras palavras, enquanto os pacotes de dados vão até os roteadores, não há garantia de quando o pacote vai sair do roteador. Isso acontece em parte porque os roteadores administram uma grande quantidade de tráfego, e as tabelas de roteamento encontradas nos roteadores se tornam cada vez mais complexas com o passar do tempo. Frame relay e, especialmente, ATM foram projetados para transmitir os pacotes rapidamente pela rede.

A segunda razão pela qual frame relay e ATM eram preferidos em relação à Internet era pela percepção de serem mais seguros. Apesar de ser verdade que o frame relay e o ATM são redes privadas (você necessita de um contrato com um provedor de serviços antes de transferir dados pela rede), não há garantia de que todos os dados em redes privadas sejam seguros, a não ser que as precauções adequadas sejam tomadas. Isso não acontece com a Internet. Praticamente todos, em qualquer lugar do mundo, podem se conectar a ela.

Apesar dessas deficiências aparentes, mais e mais empresas estão abandonando o frame relay e o ATM e transmitindo seus dados pela Internet. O que mudou? Os usuários de Internet, hoje, têm duas novas armas em seu arsenal: MPLS e VPNs. Como vimos no capítulo anterior, o MPLS (comutação multiprotocolo por rótulo) pode ser utilizado para criar um caminho mais rápido pela Internet. E uma VPN (virtual private network) pode criar um túnel seguro pela Internet pelo qual uma empresa pode enviar dados privados com segurança.

Há basicamente dois modos para uma empresa criar um túnel pela Internet. Na primeira técnica, um usuário instala o software necessário em cada ponto do túnel e contrata o provedor de serviço de Internet para criar e manter o túnel. Isso geralmente acarreta uma taxa mensal do ISP. Uma segunda técnica envolve a aquisição, pelo usuário, do hardware e do software requeridos, que são instalados em cada ponta do túnel. O hardware é basicamente um gateway (um roteador avançado), que fornece o software VPN e de segurança necessário. O usuário costuma pagar um preço único pelo hardware, mas ainda precisa de uma conexão padrão de Internet por um ISP.

Somente o tempo vai dizer se a tendência de os túneis MPLS/VPN substituírem outros serviços de transmissão de dados vai continuar. Entretanto, frame relay e ATM não vão desaparecer do dia para a noite.

Comparação de serviços de transmissão de dados

Para resumir, vamos comparar DSL, modems a cabo, frame relay, ATM e MPLS/VPNs, levando em conta os seguintes fatores: velocidade máxima de transmissão, custo típico mensal, se a conexão é comutável ou fixa, se o serviço oferece opções de qualidade de serviço e se ele suporta dados ou voz ou ambos, e qual é sua disponibilidade. Como referência, a Tabela 11-1 resume os resultados dessa comparação.

Observe que, ao comparar as velocidades máximas de transmissão, o ATM é um dos mais rápidos, mas a um preço alto. Além disso, o ATM é a tecnologia mais complexa (o que geralmente significa maior manutenção e custos mais elevados), tornando-o um candidato improvável para pequenas empresas e conexões residenciais. Os sistemas DSL que transmitem entre 0,5 e 1,5 Mbps ganham na comparação com os modems a cabo e apresentam basicamente o mesmo custo. DSL e modems a cabo são mais baratos que sistemas de frame relay a velocidades semelhantes. MPLS/VPN pode ser o mais econômico e atingir velocidades altas, dependendo das velocidades de conexão com a Internet.

Se um usuário necessita de um serviço comutável ou que possa mudar, por exemplo, no qual um número diferente de telefone possa ser discado para criar uma conexão nova, então somente frame relay, ATM e MPLS/VPN são aceitáveis. As outras tecnologias são fixas: uma vez que a conexão é estabelecida, o usuário não pode alterá-la sem entrar em contato com o provedor de serviço.

Nesse grupo, somente o ATM e, em menor grau, MPLS/VPN podem oferecer o recurso de qualidade de serviço. Essa é, claramente, uma grande vantagem sobre as outras tecnologias. No que diz respeito à transmissão de dados e voz, todas as tecnologias podem transmitir ambos. Como muitas empresas desejam utilizar o serviço para dar suporte a diversos tipos de aplicações, a capacidade de transmissão de dados e voz é uma vantagem considerável.

A última questão digna de observar é a disponibilidade de cada serviço, que embora possa mudar, todos parecem ter uma disponibilidade bastante ampla.

Tabela 11-1 Resumo das diferentes tecnologias de rede de transmissão de dados em alta velocidade.

	Velocidades máximas típicas	Custo mensal	Comutável ou fixa	QoS	Dados ou voz	Disponibilidade
DSL-residência	600 kbps	~$35	Fixa	Não	Ambos	Ampla
DSL-empresa	7 Mbps	$100s – $1000s	Fixa	Não	Ambos	Ampla
Modem a cabo	1,5 Mbps	~$40	Fixa	Não	Ambos	Ampla
Frame relay	45 Mbps	$100s – $1000s	Ambas	Não	Ambos	Ampla
ATM	622 Mbps	$100s – $1000s	Ambas	Sim	Ambos	Ampla
MPLS/VPN	*	*	Ambas	Sim	Ambos	Ampla

* Depende da conexão com a Internet.

Convergência

Vimos exemplos de convergência em capítulos anteriores deste livro. No Capítulo 1, vimos como o mercado mundial de usuários de Internet convergiu para o conjunto de protocolos TCP/IP. No Capítulo 2, vimos como a modulação por código de pulso se tornou a técnica dominante na conversão de dados analógicos para digitais. No Capítulo 7, descobrimos como o mercado de rede local convergiu para a Ethernet e praticamente abandonou o anel de token e redes FDDI. Vimos também como duas ou mais tecnologias convergiram em uma. Por exemplo, vimos no Capítulo 3 como os telefones celulares podem ser utilizados para tirar e transmitir fotos, além de executar operações do tipo walkie-talkie e mesmo fazer download de sinais de televisão. Vimos como assistentes digitais pessoais de mão podem executar várias operações, como realização de chamadas, envio de e-mail, funções de agenda e calendário, acesso a dados em alta velocidade e funções Bluetooth.

Embora a convergência seja uma tendência importante em várias áreas da comunicação de dados e redes de computadores, ela teve um impacto especialmente perceptível no mercado de telecomunicações. Assistimos a várias companhias telefônicas se fundindo em organizações únicas. Exemplos recentes são a fusão da SBC com a AT&T, e da Verizon com a MCI. A tendência nessas grandes fusões em telecomunicações é bastante irônica ao lembrar das preocupações do mercado com a divisão da AT&T. Naquela época, a separação de serviços de telecomunicações para que várias empresas pudessem atuar no mercado foi vista com interesse pelos consumidores, porque iria incentivar a concorrência, o que diminuiria os preços praticados. Hoje, o pêndulo parece estar indo na direção oposta e o mercado tem privilegiado a união de vários serviços de telecomunicações.

Outra questão importante para a convergência (como acabamos de ver) é o fato de os serviços de transmissão de dados como frame relay e ATM estarem começando a perder espaço para outros serviços como Ethernet e

MPLS/VPNs por backbones IP. A Ethernet claramente domina o mercado de redes locais. Com a expansão da Metro Ethernet em mercados de área metropolitana, alguns acreditam que é simplesmente uma questão de tempo até que a Ethernet se torne uma rede de longa distância comum. Se isso acontecer, a Ethernet estará disponível em redes locais, metropolitanas e de longa distância. Várias empresas acham isso interessante, uma vez que podem dar suporte as suas necessidades de rede utilizando somente uma tecnologia Ethernet simples. Em outras palavras, uma empresa poderia configurar uma série uniforme de redes, todas operando o protocolo Ethernet.

O MPLS, apresentado no capítulo anterior, também está fazendo vários sistemas de frame relay entrarem em desuso. Ao fazer enviarem quadros MPLS no topo dos quadros IP, os provedores de serviço conseguem transmitir pacotes de dados de alta velocidade por backbones de Internet.

Outro exemplo de convergência no mercado de telecomunicações envolve a combinação de rede telefônica com a rede local para criar uma rede que possa tratar uma chamada telefônica de entrada do mesmo modo que faria com a chegada de um e-mail. Vamos analisar essa formação de convergência conhecida como integração computador-telefonia.

Integração computador-telefonia

A **integração computador-telefonia (CTI)** é um campo emergente que combina redes de voz mais tradicionais com redes modernas de computadores. A CTI integra o comutador de telefone PBX com serviços de computador para criar aplicações modernas de voz e dados que operam em sistemas de computadores. Lembre-se de que o PBX é o sistema interno de telefonia que várias empresas utilizam para dar suporte as suas operações de telefone, como chamadas internas, chamadas internas para externas, caixa postal, transferência de chamadas e teleconferência. Tradicionalmente, esses serviços necessitam de um comutador PBX, um conjunto de telefones e fiação telefônica padrão. Por outro lado, com a CTI, tudo de que você precisa é uma estação de trabalho que opere o software de telefonia adequado. Como a CTI combina a força dos sistemas de computadores com os serviços de uma rede telefônica, o usuário pode executar operações típicas de telefone ao clicar na janela de um programa.

Considere o cenário a seguir: uma empresa vende um produto e presta serviço ao consumidor para dar suporte àquele produto. Para obter serviços, o consumidor liga para o 0800 da empresa. Como a empresa tem um sistema de CTI que combina a força da rede local com serviços telefônicos modernos, o número de telefone do ligador aparece na tela do monitor do computador do representante de serviços do cliente quando o telefone toca (identificador de chamada). Antes de o representante de serviços do cliente atender o telefone, o sistema CTI utiliza o número de telefone do cliente como chave para uma pesquisa no banco de dados, e um resumo da conta do cliente também aparece na tela. O representante de serviços do consumidor atende o telefone e já tem as informações na tela quando o cliente diz "alô." Enquanto o representante conversa com o cliente e ouve o problema dele, já pode clicar em ícones na tela do computador para transferir a chamada do cliente para outra pessoa, colocar o cliente em espera, ou recuperar mais informações no banco de dados do computador. Assim, a distinção entre computadores e sistemas telefônicos se torna bastante confusa. O computador e a rede local executam operações telefônicas do mesmo modo que executam operações de dados.

A CTI também pode integrar cabeamento de voz com cabeamento de dados. Sistemas CTI antigos criavam uma união sólida entre operações de dados e voz, mas ainda mantinham fiações separadas – um grupo de fios para a rede local e suas estações de trabalho, e outro grupo para as linhas telefônicas. O PBX podia falar diretamente com a rede local, transmitindo dados e comandos telefônicos em mais de uma direção, mas os dados reais dos computadores e os dados telefônicos permaneciam fisicamente separados. Por outro lado, sistemas desenvolvidos recentemente suportam dados de computadores e de voz no mesmo grupo de fios. Essa inovação pode economizar dinheiro de uma empresa em termos de cabeamento, geralmente a parte mais cara em uma rede. Esse projeto, entretanto, tem uma desvantagem, já que ele impõe uma demanda maior no sistema de fiação único.

A utilização de CTI tem três vantagens. Primeiro, cria novas aplicações para empresas de voz/dados que podem economizar tempo. Segundo, faz uso eficiente dos recursos existentes. Terceiro, economiza dinheiro. Essas vantagens significam que as empresas podem conseguir vários benefícios das aplicações CTI. Por exemplo:

- **Mensagens unificadas** – Os usuários utilizam um único aplicativo de desktop para transmissão de e-mail, caixa postal e fax.
- **Resposta interativa de voz** – Quando um cliente liga para sua empresa, o telefone dele é utilizado para resgatar seus registros de um banco de dados corporativo. Os registros do cliente são exibidos em uma estação de trabalho do representante de serviços quando ele atende o telefone.

- **Reconhecimento e resposta de voz integrados** – Um usuário que liga para o sistema telefônico de uma empresa fornece alguns dados ao falar ao telefone, e uma pesquisa de banco de dados é feita utilizando essa informação falada.
- **Processamento de fax e fax-back** – No processamento de fax, pode ser feito o download de uma imagem armazenada no disco rígido de um servidor de LAN por uma rede local, convertida por uma placa de fax e transmitida para um cliente por um tronco. Um fax de entrada pode ser convertido para um formato de arquivo e armazenado no servidor de rede local. Com o fax-back, um usuário liga para um servidor de fax, recupera um fax digitando um número e envia esse fax para onde quiser.
- **Conversão texto para fala e fala para texto** – Conforme uma pessoa fala ao telefone, o sistema pode digitalizar a voz e armazená-la na unidade de disco rígido como dado de computador. O sistema também pode executar a operação inversa.
- **Controle de chamada de terceiros** – Os usuários têm a capacidade de controlar uma chamada, por exemplo, configurar uma teleconferência sem fazer parte dela.
- **Interface gráfica de usuário PBX** – Ícones diferentes em uma tela de computador representam funções comuns de PBX, como chamada em espera, transferência de chamadas e teleconferência, tornando o sistema mais fácil de ser utilizado por operadores.
- **Filtragem de chamada** – Os usuários podem especificar os números de telefone que têm permissão para conectar. Todas as outras chamadas serão roteadas para uma atendente ou caixa postal.
- **Sistemas de menu customizados** – Empresas podem desenvolver menus customizados para sistemas automatizados de resposta a fim de ajudar os ligadores a encontrar as informações, pessoas ou departamentos corretos. Ao utilizar a função arrastar e soltar, é possível revisar o sistema de menu diariamente. O sistema de menu pode ser interativo, permitindo que os ligadores respondam a comando de voz ao discar números diversos. Mensagens de voz diferentes podem ser associadas a cada resposta, e mensagens de voz podem ser criadas instantaneamente por um microfone de PC.

Como você pode ver, algumas aplicações interessantes estão surgindo da convergência dos sistemas de voz e dados. Somente o tempo vai dizer se a CTI é uma moda passageira ou o início de uma área completamente nova em redes de computadores.

Sistemas de telecomunicação em ação: uma empresa faz uma escolha de serviço

A Better Box Corporation fabrica caixas de papelão. Sua sede administrativa fica em Chicago, Illinois, e ela possui escritórios regionais de vendas em Seattle, São Francisco e Dallas. A empresa está expandindo sua capacidade de rede de dados e pediu sua ajuda para projetar sua nova rede corporativa. Ela deseja interconectar suas quatro instalações, de modo que a sede em Chicago possa aceitar registros de dados de cada um dos outros três escritórios. Geralmente, serão feitos uploads de 20.000 registros mensais de vendas de cada um dos escritórios regionais de vendas. Cada registro de vendas tem 400.000 bytes de tamanho. Não deve levar mais que 20 segundos para fazer o upload de um único registro de vendas. Embora a empresa tenha verba suficiente para bancar várias soluções possíveis, ela deseja encontrar a melhor solução custo-benefício em longo prazo.

Preços

Para tomar uma decisão correta quanto ao tipo de serviço de transmissão de dados, vamos considerar os preços de vários tipos diferentes de serviços:
- Um velho e simples serviço telefônico (Pots) que transmite dados a 56 kbps por uma linha analógica.
- Uma T-1 intraLata (taxa mensal fixa) e uma T-1 interLata (taxa mensal fixa mais cobrança por quilometragem).
- Vários serviços de frame relay, que incluem velocidade da porta e capacidade do PVC.

- Vários serviços ATM, que incluem velocidade da porta, cobrança do caminho e cobrança do canal.
- Utilização de MPLS e VPN para criar uma conexão segura e rápida pela Internet.

Examinemos cada uma delas por vez.

Fazendo a escolha

Para escolher o serviço correto de transmissão de dados, você precisa escolher as velocidades adequadas de transmissão para cada serviço, manter o custo baixo e atender as exigências da Better Box. Para cada serviço de rede, examinemos o custo total por mês que a Better Box Corporation deve pagar a uma operadora de telecomunicações para utilizar esse serviço de conectar todos os seus quatro escritórios. Lembre-se de que o custo do frame relay tem três componentes: (1) cobranças da linha de acesso, (2) cobranças da porta de frame relay e (3) cobranças do PVC. Da mesma forma, o ATM tem quatro componentes de custo: (1) cobranças da linha de acesso, (2) cobranças da porta ATM, (3) cobranças do canal PVC e (4) cobranças do caminho PVC. A Tabela 11-2 apresenta uma lista dos custos desses componentes, além das cobranças por outros tipos de serviços.

Para começar, você precisa reler os planos da Better Box e descobrir quais são os requisitos de transmissão da empresa. Vemos o requisito de que o download dos registros de 400.000 bytes não pode demorar mais que 20 segundos. Aqui estão alguns cálculos simples:

400.000 bytes × 8 bits/byte = 3.200.000 bits
n = 3.200.000 bits/20 segundos
n = 160.000 bps

Portanto, a Better Box necessita de uma linha de telecomunicação que a conecte com o mundo exterior a uma velocidade de transmissão de pelo menos 160 kbps. Que serviço atende esse requisito?

Tabela 11-2 Preços hipotéticos de serviços de telecomunicações diferentes.

Tipo de serviço	Velocidade	Custo mensal	Taxa de uso
POTS	56 kbps	US$ 20 + taxa de uso	$10 por minuto
T-1	T-1 IntraLata (1,544 Mbps) T-1 IntraLata (1,544 Mbps)	$350 US$ 1.200 + US$ 2,50 por quilômetro e meio	
Frame relay (velocidade e preço da porta)	56 kbps 128 kbps 256 kbps 512 kbps 768 kbps 1.544 Mbps	$220 $400 $495 $920 $1240 $1620	
PVC de frame relay (CIR e preço)	16 kbps 56 kbps 128 kbps 256 kbps 384 kbps 512 kbps 1.024 kbps 1.536 kbps	$25 $60 $110 $230 $330 $410 $1.010 $1.410	
Porta ATM (CBR)	1.544 Mbps 3 Mbps	$2.750 $3.400	
Porta ATM (ABR)	1.544 Mbps 3 Mbps	$1.750 $2.400	
Caminho PVC ATM		US$ 2 por milha (aprox. 1,6 km)	
Canal PVC ATM		US$ 250 cada canal (sem cobrança por quilometragem)	
Túnel MPLS/VPN	1.544 Mbps	US$ 1.000 hardware inicial mais cobrança de US$ 375 mensais do ISP	

A melhor velocidade de transmissão que pode ser atingida utilizando um modem discado com Pots é 56 kbps (na verdade, 53 kbps). Para atingir velocidades de transmissão de pelo menos 160 kbps, a Better Box necessita de uma linha T-1 (1.544 Mbps), um serviço de frame relay, um serviço ATM, ou MPLS.

Quando você considera um cenário T-1, você reconhece que a Better Box precisa de três linhas T-1: uma de Seattle para Chicago (3.300 quilômetros), uma de São Francisco para Chicago (3.500 quilômetros) e uma de Dallas para Chicago (1.480 quilômetros). Cada uma dessas linhas é uma linha de longa distância, ou interLata. Utilizando a quilometragem entre esses pontos, as três linhas T-1 interLata custariam aproximadamente US$ 6.325 (US$ 1.200 por mês + US$ 2,50 por quilômetro e meio de Seattle a Chicago), US$ 6.625 (US$ 1.200 + US$ 2,50 por quilômetro e meio de São Francisco a Chicago), e US$ 3.500 (US$ 1.200 + US$ 2,50 por quilômetro e meio de Dallas a Chicago), respectivamente, com um total mensal de US$ 16.450. Infelizmente, esse cenário não permite sequer que Seattle fale diretamente com São Francisco, ou que Seattle fale diretamente com Dallas; ele oferece comunicação somente entre Chicago e cada um dos escritórios regionais (Figura 11-12).

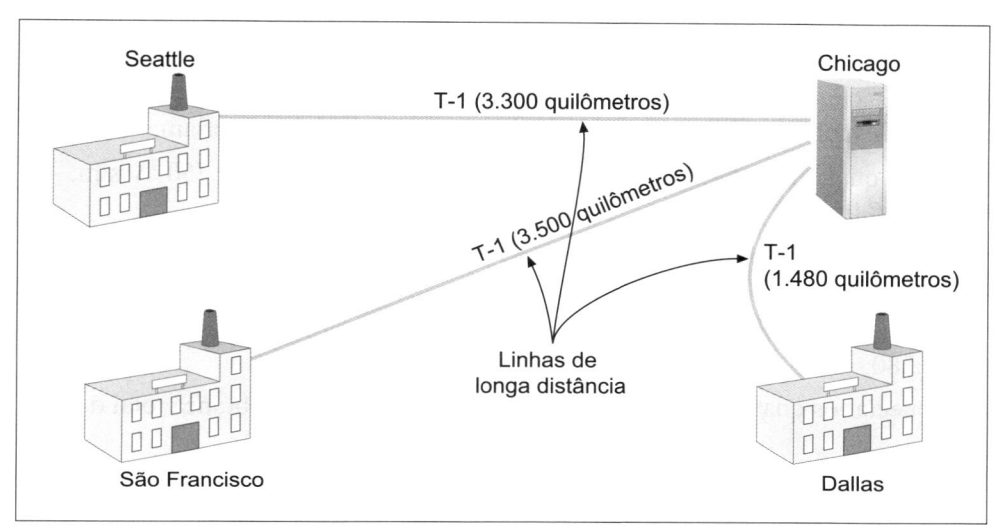

Figura 11-12 Três linhas T-1 conectando os três escritórios regionais a Chicago.

Com um cenário de frame relay, você não precisa se preocupar em operar uma linha separada entre cada par de cidades. Você somente tem de fazer uma conexão de frame relay com a rede de frame relay (Figura 11-13). Desse modo, as quatro conexões nos permitem enviar dados entre quaisquer duas cidades. Como você calculou, cada uma dessas conexões tem de permitir a velocidade de transmissão de 160 kbps. Uma conexão de frame relay de 256 kbps é o tamanho mais próximo que vai dar suporte à velocidade pretendida.

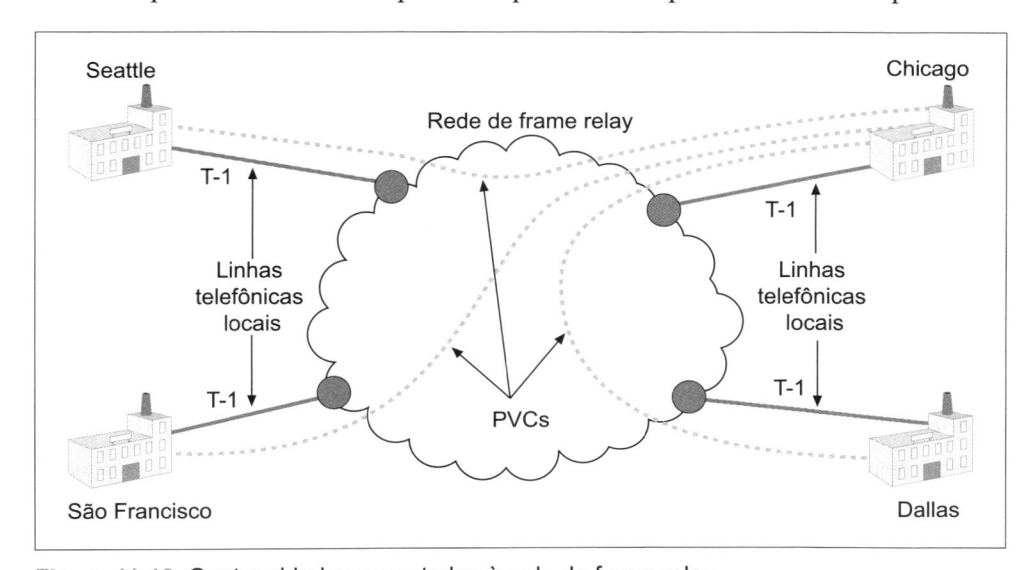

Figura 11-13 Quatro cidades conectadas à rede de frame relay.

As cobranças de frame relay incluiriam:

- Três cobranças por porta a 256 kbps = 3 × US$ 495.
- Uma porta em Chicago a 768 k (que é o total das três conexões que passam por ela) = US$ 1.240.
- Cobrança total das portas = US$ 2.725.
- Três cobranças do PVC por três conexões de 256 kbps (representadas pelas linhas pontilhadas na Figura 12-13) = 3 × US$ 230. Assim, cobrança total do PVC = US$ 690.
- Quatro linhas telefônicas T-1 IntraLata para conectar as quatro cidades à rede do frame relay = 4 × US$ 350. Cobrança total de T-1 = US$ 1.400.

As cobranças totais para frame relay seriam de US$ 4.815 por mês, o que é muito mais barato que a opção anterior de utilizar três linhas T-1 interLata entre as quatro cidades.

Uma solução ATM seria semelhante à solução de frame relay, assim você só teria de conectar cada uma das quatro cidades à nuvem ATM. Uma vez que elas estivessem conectadas, você criaria três caminhos com um canal em cada caminho. Esse leiaute seria bastante semelhante ao do frame relay. Uma conexão ABR ATM de 1.544 kbps é o tamanho mais próximo que vai suportar a velocidade pretendida. As cobranças ATM seriam:

- Quatro cobranças das portas nas quatro cidades, cada uma 1.544 Mbps ABR = 4 × US$ 1.750. Assim, cobrança total das portas = US$ 7.000.
- Três canais para dar suporte às três conexões = 3 × US$ 250. Assim, a cobrança total por canais = US$ 750.
- Três caminhos para dar suporte a três canais = US$ 2 por milha × 5.140 milhas (8.270 km). Cobrança total dos caminhos = US$ 10.280.
- Quatro T-1s intraLata para conectar os quatro locais à nuvem ATM = 4 × US$ 350. Cobrança total de T-1 = US$ 1.400.

O custo total para uma rede ABR ATM seria US$ 19.430 por mês.

A possibilidade final é a criação de um túnel MPLS/VPN pela Internet. Os custos associados a um túnel na Internet consistem primariamente em custos iniciais de hardware (dois gatewares, um em cada ponta da conexão) mais uma conexão mensal entre a empresa e o provedor de serviço de Internet. Precisaremos do equivalente a duas T-1s intraLata, como fizemos para conectar o frame relay e ATM a suas respectivas nuvens. Vamos supor que a cobrança mensal do ISP para um pequeno negócio é US$ 350 por mês. Além disso, precisaremos de uma T-1 em cada ponta. Isso leva a um custo inicial de US$ 2.000 para os dois gateways, mais uma cobrança mensal de duas T-1s (US$700) e duas conexões ISP (US$ 750). Parece que, a US$ 1.450 por mês (após a compra inicial dos gateways), o túnel MPLS/VPN é a solução com melhor custo-benefício.

RESUMO

- O sistema telefônico básico que cobre os Estados Unidos é chamado de velho e simples serviço telefônico (Pots) e é uma mistura de circuitos analógicos e digitais. Os canais telefônicos são projetados para transmitir sinais de voz com largura de banda de 4.000 Hz. A linha telefônica é o conjunto de fios que liga a central telefônica a uma residência ou empresa e transfere sinais analógicos; ela é chamada enlace local. Um tronco telefônico transmite sinais telefônicos múltiplos e geralmente estende-se entre centrais e centros de comutação.

- O desmembramento da AT&T em 1984 abriu o mercado telefônico de longa distância a outros provedores de longa distância, forçou a AT&T a vender suas companhias telefônicas locais e dividiu os Estados Unidos em áreas de transporte de acesso local (LATAs).

- Um PBX é um comutador telefônico computadorizado localizado em área do cliente que administra todas as chamadas internas e de saída e oferece vários serviços telefônicos. Um Centrex oferece os mesmos serviços que um PBX, mas o equipamento fica localizado na companhia telefônica, e a empresa contrata o serviço. Linhas privadas ou contratadas são linhas telefônicas fixas que percorrem dois locais e oferecem acesso constante sem a necessidade de discar um número telefônico.

- A Lei de Telecomunicações de 1996 nos Estados Unidos abriu o serviço telefônico local para novos concorrentes e exigiu que as companhias telefônicas locais disponibilizassem a esses concorrentes acesso às linhas telefônicas locais. Companhias telefônicas locais ficaram conhecidas como operadoras principais locais (Ilecs), enquanto as novas companhias ficaram conhecidas como operadoras locais competitivas (Clecs).

▸ A taxa de dados de modems comuns que utilizam linhas telefônicas de transmissão por voz chegou a 33.600 bits por segundo. Os modems digitais mais recentes são capazes de velocidades próximas a 56.000 bits por segundo, dependendo das condições da linha.

▸ Linhas contratadas são estabelecidas por um provedor de serviço de comunicação e servem como conexões fixas, privadas entre dois locais. Vários tipos diferentes de serviço de linha contratada são oferecidos por uma companhia telefônica. O serviço de linha contratada mais popular é a linha digital T-1 com 1.544 Mbps.

▸ Tecnologias como digital subscriber line (DSL) e modems a cabo melhoraram as taxas de transferência de dados entre residências e empresas e o provedor de serviço de Internet; essas taxas de transferência agora estão na casa de milhões de bits por segundo. Atualmente, há muitos tipos diferentes de serviço DSL disseminados, mas a maioria pode ser classificada como sem splitter (somente serviço DSL), com splitter (serviço DSL e serviço telefônico Pots no mesmo conjunto de fios), assimétrica ou simétrica.

▸ O frame relay é um serviço que oferece transferência digital de dados por longas distâncias e a altas taxas de transferência de dados.

▸ Para utilizar um serviço de frame relay, o cliente entra em contato com um servidor de frame relay, que cria um circuito virtual permanente (PVC) entre o cliente e o local com o qual o cliente deseja ficar conectado. O cliente paga pelo PVC, pelo acesso à rede do frame relay (cobrança da porta) e pela linha telefônica que dá acesso à porta.

▸ Frame relay é um protocolo de camada 2, o que significa que ele pode percorrer vários meios físicos e dar suporte a vários tipos diferentes de aplicações nas camadas 3 e superiores. A taxa contratada de informações (CIR) é um acordo entre o cliente do frame relay e o provedor de serviço. O cliente solicita uma velocidade específica de transmissão, e, se o cliente não exceder essa taxa, o provedor de serviço garante a transmissão precisa e em tempo dos quadros de dados.

▸ Frame relay é mais confiável que a Internet e oferece um nível melhor de segurança, mas a Internet é mais barata e está disponível em praticamente todos os lugares.

▸ Modo de transferência assíncrona (ATM) também é um serviço de comutação de pacote, mas permite todos os tipos de tráfego e opera em LANs, assim como em WANs e MANs. Como o ATM utiliza switches muito rápidos, ele pode transferir células ATM a taxas muito altas (acima de 600 Mbps). Para oferecer o ATM, o provedor de serviço cria uma conexão de caminho virtual entre dois pontos, e o usuário cria uma ou mais conexões de canais virtuais no caminho virtual. Uma vantagem poderosa do ATM é que ele oferece várias classes de serviço diferentes para dar suporte a uma faixa ampla de aplicações de rede, algumas das quais podem exigir velocidades variáveis de transmissão e vazão de rede. As desvantagens do serviço são sua complexidade e custo.

▸ Frame relay e ATM estão sofrendo uma queda na sua participação no mercado em virtude de dois estreantes relativamente recentes: MPLS e VPNs (virtual private networks). As vantagens de MPLS e VPNs são os custos inferiores e a capacidade de utilizar a onipresente Internet.

▸ Integração computador-telefonia é a convergência de redes de comunicações de dados e sistemas de voz. Essa convergência disponibiliza várias aplicações de voz/computador, como serviços de telefonia e de recuperação de dados controlados pela estação de trabalho.

PERGUNTAS DE REVISÃO

1. Por que os modems de 56 kbps não transmitem a 56 kbps?
2. É possível ter mais de uma PVC por uma linha física? Explique.
3. Por que os modems de 56 kbps são mais rápidos que os antigos modems de 33.600 bps?
4. Qual é a diferença entre um circuito virtual comutado e um circuito virtual permanente?
5. Qual é a diferença entre uma operadora local e uma de longa distância?
6. Como você cria um circuito virtual permanente de frame relay?
7. Faça uma lista dos resultados importantes da Lei de Telecomunicações de 1996.
8. Que recursos tornam o frame relay tão atraente?
9. Faça uma lista dos resultados mais importantes do julgamento final modificado da AT&T.
10. Quais são as características básicas do frame relay?

11. Qual é a diferença entre um tronco e uma linha telefônica?
12. Quais são as características básicas de uma linha T-1?
13. O que é uma Lata?
14. Quais são os serviços básicos de uma linha T-3?
15. Quais são as duas entidades que um enlace local conecta?
16. Qual é a diferença entre um serviço de linha contratada e o Pots?
17. Qual é a faixa típica de frequência para a voz humana?
18. Quais são os recursos básicos e velocidades de transferência dos modems a cabo?
19. O que é o velho e simples serviço telefônico (Pots)?
20. Quais são os recursos básicos e velocidades de transferência da DSL?
21. Que tecnologias estão ameaçando o uso do frame relay e do ATM?
22. Quais são os recursos básicos do ATM?
23. Descreva algumas aplicações que incorporam a integração computador-telefonia.
24. Como o frame relay se compara à transmissão de dados pela Internet?
25. O que significa o ATM ter classes de serviço?
26. O que acontece quando um usuário transmite dados mais rapidamente do que o acordado na taxa contratada de informações?
27. Qual é a relação entre uma conexão de canal virtual ATM e uma conexão de caminho virtual?
28. O que é estabelecido quando um cliente e um serviço de frame relay concordam quanto a uma taxa contratada de informações?

EXERCÍCIOS

1. Verifique se os fatos a seguir foram resultado do julgamento final modificado de 1984, a Lei de Telecomunicações de 1996, ou de nenhum dos dois:
   a. A FCC foi criada para administrar os sistemas telefônicos interestaduais.
   b. A AT&T teve de vender suas companhias telefônicas.
   c. Lata foi criada.
   d. Empresas de televisão a cabo puderam oferecer serviço telefônico local.
   e. Os clientes puderam escolher entre diferentes operadoras telefônicas de longa distância.
   f. A AT&T desmembrou sua divisão de tecnologia, que se tornou a Lucent.
2. Você disca para seu provedor de serviço de Internet utilizando seu modem de 56 k. Ao conectar-se, sua taxa de dados é exibida como sendo de 42.000 bps. Por que não 56 kbps? Faça uma lista de todas as razões possíveis.
3. Muitos no mercado telefônico sentem que vamos acabar ficando sem códigos de área e números de telefone. Quantos códigos de área diferentes estão disponíveis atualmente? O que você sugere para aumentar a quantidade de números de telefone?
4. Por que você iria querer utilizar o modem V.92 mais recente em vez do V.90 mais antigo? Por que um serviço on-line de Internet pode não querer utilizar o modem V.92?
5. Para cada um dos cenários a seguir, decida se uma linha telefônica ou um tronco deve ser utilizado:
   a. a conexão da sua casa para a companhia telefônica local.
   b. a conexão entre o PBX de uma grande empresa e a companhia telefônica.
   c. a conexão entre duas centrais telefônicas.
6. Que tipo de serviço telefônico você utiliza para conectar um PBX a uma central telefônica, se você quer permitir que 40 usuários disquem simultaneamente?
7. Se você fizer uma chamada telefônica e sair da sua Lata e entrar em outra Lata, que tipo de chamada você realizou? Que tipo de companhia telefônica administra essa chamada?
8. Se você instalar um modem de 56 kbps em seu computador e discar para uma rede remota que tem somente modems de 33.600 bps, seu modem não tem utilidade? Defenda sua resposta.
9. Se você tocar um CD para um amigo pelo telefone, ele escutará música de alta qualidade? Se não, por que não?
10. Você deseja iniciar sua própria companhia telefônica local. Você tem de instalar suas próprias linhas telefônicas para cada residência e empresa? Explique.

11. A linha telefônica que conecta sua residência ou empresa à central telefônica (o enlace local) transmite sua conversação e a conversação da pessoa com quem você está falando. Qual é a largura de banda de um enlace local estimada por você?

12. Suponha que você deseja ter uma conexão de frame relay entre seus escritórios de Chicago e de Nova York. Faça uma lista das cobranças diferentes que você terá de pagar por essa conexão.

13. Descreva uma aplicação em empresas ou escolas que se beneficiariam da CTI.

14. Se você tem um serviço de frame relay instalado, você pode simplesmente pegar o telefone e discar o número da pessoa com quem deseja se conectar? Explique.

15. Como uma rede local suporta operações de telefone utilizando CTI?

16. Você mora em uma casa que está a 16 quilômetros da cidade mais próxima. Você conseguirá ter acesso ao serviço DSL para sua residência? Se a resposta for não, o que o provedor de serviço DSL faz para disponibilizar DSL para você?

17. Decida qual classe de serviço ATM daria melhor suporte a cada uma das aplicações a seguir:
    a. e-mail com imagens anexadas.
    b. vídeo interativo.
    c. e-mail textual simples.
    d. conversação de voz.

18. Em um serviço DSL, qual é a função da DSLAM?

19. Você tem uma conexão ATM que vai de seu local para uma entidade de rede, para uma segunda entidade de rede e, então, para o destino pretendido. Faça um esboço simples que mostre cada conexão de canal virtual.

20. Qual é a principal vantagem da DSL assimétrica em relação à simétrica?

21. Decida se o frame relay ou a Internet é o melhor meio de transmissão para cada uma das atividades a seguir:
    a. envio de e-mail.
    b. envio de dados em alta velocidade.
    c. transmissão de comunicação de voz interativa.
    d. recebimento de um fluxo de vídeo ao vivo.
    e. participação em uma sala de bate-papo ou grupo de notícias.

22. Dê um exemplo no qual alguém desejaria utilizar um serviço de DSL simétrica.

23. Uma das desvantagens do ATM é o "imposto 5 bytes por célula". Explique o que significa o imposto de 5 bytes por célula.

24. Quais são as funções básicas de um modem a cabo?

25. O que exatamente faz um frame relay se um quadro for corrompido e produzir um erro de checksum?

26. Modems a cabo, como modems de 56 k, criam conexões assimétricas. O que significa isso, e por que essa conexão assimétrica afeta o usuário web padrão?

27. Você estabeleceu uma conexão de frame relay com taxa contratada de informações de 256 kbps e uma taxa de rajadas de 128 kbps. Várias vezes por dia, seus sistemas de computadores transmitem em excesso 512 kbps. O que acontecerá com seus dados?

28. No dia seguinte, você disca para um provedor de serviço de Internet diferente do utilizado na questão anterior. Só que desta vez você se conecta a 24.000 bps. Pode haver razões diferentes para essa conexão mais lenta? Explique sua resposta.

PENSANDO CRIATIVAMENTE

1. Uma empresa deseja conectar dois escritórios, localizados em Memphis, Tennessee e Laramie, Wyoming. Os escritórios precisam transferir dados a 512 kbps. Qual é a solução mais barata: uma conexão T-1 ou frame relay? O que acontece se um escritório em Baton Rouge, Louisiana, também tiver de ser conectado tanto a Memphis quanto a Laramie a uma taxa de 512 kbps? Qual é a solução mais barata agora? E quanto a uma solução MPLS sobre IP ou uma forma de Ethernet de longa distância?

2. Você consulta um hospital que deseja transmitir imagens tridimensionais, de alta resolução e coloridas, entre o hospital principal e uma clínica externa. O paciente receberá o tratamento de ultrassom na clínica, enquanto um médico no hospital principal observa as imagens em tempo real e fala com o técnico de ultrassom e o paciente por uma conexão telefônica. Que tipo de serviço de telecomunicações apresentado neste capítulo pode suportar essa aplicação? Identifique o serviço de telecomunicações e certifique-se de fazer uma lista dos detalhes específicos relacionados ao serviço. Explique seu raciocínio.

3. Sua empresa deseja criar um aplicativo que permita aos colaboradores discar de um local remoto e, utilizando uma conexão simples, acessar a sua caixa postal, e-mail e arquivos de dados. Que tipo de sistema permitiria isso? Descreva os componentes de hardware e software necessários.

PROJETOS PRÁTICOS

1. Que tipo de hardware é necessário para dar suporte a uma conexão T-1 para sua empresa?

2. Que tecnologia ou tecnologias de telecomunicações emergentes recentes podem substituir as tecnologias apresentadas neste capítulo? Dê uma descrição breve de cada tecnologia.

3. Utilizando o exemplo da Better Box Corporation, que outras medidas serão necessárias e quais serão os custos resultantes de incluir:
   a. Acesso a e-mail para todos os locais.
   b. Recursos de servidor de Internet para o escritório de Chicago.

4. Para descobrir mais sobre detalhes técnicos da DSL, analise as diferentes técnicas de modulação que são utilizadas para transmitir sinais de DSL. Embora essas técnicas sejam bastante complexas, elas são um estudo interessante nos avanços tecnológicos necessários para oferecer fluxos de dados de alta velocidade por fio de par trançado de cobre comum. Ao utilizar fontes de Internet ou de fontes impressas (o que, por necessidade, é bem atual), procure pelas quatro tecnologias a seguir. Todas as quatro estão sendo utilizadas em circuitos DSL:

   - tecnologia multitom discreto (DMT).
   - modulação por amplitude sem operadora (CAP).
   - linha virtual múltipla (MVL).
   - cancelamento de eco.

12
Segurança das redes

NOS ÚLTIMOS ANOS, usuários e redes de computadores foram bombardeados por vírus. Um dos vírus mais destrutivos, o Nimda (admin pronunciado de trás para frente), foi lançado em setembro de 2001. Especialistas em segurança na Internet estimam que o Nimda afetou mais de 140 mil computadores somente nos Estados Unidos. O vírus entrava no computador de um usuário ou servidor web por e-mail e páginas da web, criava uma conta de nível de administrador e sobrescrevia arquivos. Os custos de remoção do vírus Nimda foram calculados em mais de US$ 2,6 bilhões.

Enquanto 2002 foi um ano relativamente calmo em relação a vírus, 2003 começou com um estrondo. Em janeiro, quatro vírus novos foram lançados: Lirva, SoBig, SQL Slammer e Yaha. Três desses passando facilmente por programas de e-mail atualizados ou protegidos e quase instantaneamente inundavam a Internet com milhões de mensagens. Mais uma vez, os custos de remoção foram calculados na casa de centenas de milhões até bilhões de dólares.

Os vírus Netsky e Bagle atacaram em março de 2004, seguidos pelo verme Sasser, que atingiu os sistemas Windows violentamente em maio de 2004. Desde 2005, os softwares de computador evoluíram e esses tipos de ataques virais se tornaram cada vez menos frequentes. Por outro lado, entre 2006 e 2010, aconteceram novos ataques na forma de phishing, malware e botnets.

O que reserva o futuro? Ao mesmo tempo em que empresas de software lançam patches para cobrir buracos e vulnerabilidades em seus produtos, outros buracos e vulnerabilidades são descobertos. Se essa tendência continuar, o dinheiro e o tempo gastos na proteção de computadores e em sua recuperação de ataques continuarão a crescer em níveis alarmantes.

> Que tipos diferentes de segurança de dados existem hoje em dia?
>
> Que tipos diferentes de segurança de comunicações existem hoje em dia?
>
> Se a Internet não é capaz de proteger a si mesma, o que você pode fazer para proteger-se ao utilizá-la?

Objetivos

Após ler este capítulo, você será capaz de:

- Reconhecer as formas básicas de ataques a sistemas.
- Reconhecer os conceitos implícitos nas medidas físicas de proteção.
- Citar as técnicas utilizadas para controlar o acesso a computadores e redes.
- Discutir os pontos fortes e fracos das senhas.
- Fazer uma lista das técnicas usadas para tornar os dados seguros.
- Explicar a diferença entre uma cifra de substituição e uma cifra de transposição.
- Descrever as funções básicas da criptografia de chave pública, norma avançada de criptografia, assinaturas digitais e infraestrutura de chave pública.
- Citar as técnicas utilizadas para tornar as comunicações seguras.
- Descrever as diferenças entre a técnica de espalhamento espectral por saltos de frequências e a técnica de espalhamento espectral por sequência direta.
- Reconhecer a importância de um firewall e descrever os dois tipos básicos de proteção de firewall©.
- Reconhecer as técnicas utilizadas para tornar as comunicações sem fio seguras.
- Fazer uma lista das vantagens de ter uma política de segurança para uma empresa.

Introdução

A segurança de redes de computadores atingiu um ponto em que pode ser mais bem definida por duas afirmações aparentemente contraditórias: a segurança das redes nunca foi melhor que hoje; e nunca as redes de computadores foram tão vulneráveis quanto hoje. Como ambas as afirmações podem ser verdadeiras é um paradoxo interessante. A segurança das redes, assim como dos sistemas operacionais, evoluiu muito desde os primórdios dos computadores. Durante as décadas de 1950 e 1960, a segurança se resumia à confiança – um usuário de computador confiava que outro usuário não iria destruir seus arquivos de dados. Desde então, os sistemas de computadores aumentaram sua complexidade, e sistemas modernos permitem vários usuários simultâneos com solicitações de demanda cada vez maiores, como recuperações de banco de dados e downloads gráficos intensos de páginas da web. Para proteger os usuários uns dos outros, a segurança dos sistemas de computadores também teve de aumentar sua complexidade.

Hoje em dia, a Internet permite que qualquer um no mundo acesse ou tente acessar qualquer sistema de computadores conectado à Internet. Essa interconectividade entre sistemas e redes de computadores é tanto maléfica quanto benéfica. Permite que façamos download de páginas da web da Europa e da Ásia e encomendemos brinquedos para crianças (ou para nós mesmos) de lojas eletrônicas, mas também expõe todos os sistemas conectados à Internet a invasões. E a realidade é que há alguns usuários de Internet com um único objetivo: acessar sistemas proibidos e roubar ou destruir tudo em que puderem colocar suas "mãos".

Sistemas de Internet não são os únicos que sofrem com problemas de segurança. Qualquer sistema com recursos sem fio também está sujeito a vandalismo, como qualquer centro comercial ou educacional é um alvo potencial para alguém que queira invadir e roubar ou destruir arquivos de computadores. Mesmo um muro de 100 metros com um fosso em volta de sua empresa e a interrupção de toda a conexão com o mundo exterior não formarão um ambiente seguro. Na verdade, vários estudos apontam que a maior parte dos roubos a empresas é cometida por colaboradores das próprias empresas. O transporte de um flash drive para casa no bolso é um modo muito conveniente (e fácil) de remover arquivos de dados de uma rede corporativa de computadores. No ambiente atual, a administração da segurança das redes de computadores é um trabalho global e sem fim.

A discussão sobre a segurança das redes deste capítulo começa examinando os ataques-padrão a sistemas que são feitos contra usuários de computadores e suas redes. Examinaremos, em seguida, quatro áreas básicas de segurança de redes: implantação de proteção física de redes e equipamentos de computadores; controle de acesso a sistemas de computadores; segurança de dados; e segurança de comunicações. O capítulo será concluído com os princípios básicos do desenvolvimento da política de segurança de rede.

Ataques-padrão a sistemas

Em consequência do alto número de ataques a computadores e redes nos últimos anos, vários estudos foram feitos para tentar determinar os métodos-padrão dos ataques a sistemas. Os dois principais métodos de ataque exploraram vulnerabilidades conhecidas nos sistemas operacionais e em aplicativos. Vulnerabilidades nos navegadores, especialmente, foram alvo dos ataques mais frequentes. Os hackers gastam muito tempo investigando sistemas operacionais e aplicativos populares para tentar achar uma abertura. Quando a abertura é encontrada, o hacker prepara um ataque que comprometa o computador host ou o servidor de rede. Geralmente, a empresa que desenvolveu e dá suporte ao sistema operacional ou ao aplicativo comprometido cria um patch, uma parte de software corretivo projetado para acabar com a vulnerabilidade. Infelizmente, nem todos os proprietários e operadores de computadores instalam o patch, ou, o que é pior, o patch pode ter outras vulnerabilidades.

Curiosamente, vários hackers esperam até que uma empresa anuncie o lançamento de um patch. Quando a vulnerabilidade é descoberta, o hacker cria um código para se aproveitar daquela vulnerabilidade, sabendo que várias empresas e usuários demorarão a instalar o patch, se é que o instalarão.

Em ambos os tipos de ataques, o responsável pode conseguir acesso ao sistema do usuário de diversos modos. Uma técnica bastante comum é enviar um e-mail ou página da web com um código mal-intencionado chamado **código malicioso móvel** ou **cavalo de Troia**, porque ele esconde dentro de si um código de aparência inofensiva. Quando o usuário lê o e-mail e abre o anexo, o cavalo de Troia é lançado e o dano acontece. Vários consideram o cavalo de Troia uma forma de vírus de computador. Um vírus de computador é um pequeno programa que altera o modo como um computador opera sem o conhecimento dos usuários e frequentemente causa vários tipos de danos, excluindo e corrompendo dados de arquivos de programas, ou alterando componentes do sistema operacional, de modo que a operação seja prejudicada ou mesmo interrompida. Recentemente, programas maliciosos que controlam as operações de um computador comprometido são chamados de **botnets**.

Outros tipos de vírus são:

▸ Vírus de macro – Um tipo comum de vírus que é programado em um arquivo de macro anexado. Macros são geralmente encontradas em planilhas, banco de dados e documentos de processadores de texto. Um vírus de macro se esconde na macro de um aplicativo e é ativado quando a macro é executada.

▸ Vírus do setor de inicialização – Uma das formas originais de vírus, o vírus do setor de inicialização está geralmente armazenado em alguma forma de meio removível. Quando o meio removível é conectado a uma nova máquina e é utilizado para inicializá-la, o vírus se move do meio para o sistema host. Versões mais recentes não precisam ser inicializadas; elas simplesmente têm de estar em um meio removível, como um flash drive.

▸ Vírus polimórfico – Esses vírus sofrem mutações a cada infecção, o que os torna difíceis de ser localizados.

▸ Vírus infectante de arquivos – Um vírus que infecta uma parte de códigos executáveis com arquivos .exe ou .com. Quando o programa é executado, a partir de um disco ou pela rede, o computador host é infectado.

Outra forma de vírus de computador é um **verme**. Um verme de computador é um programa que se copia de um sistema para outro em uma rede, sem a interferência do ser humano. Vermes geralmente proliferam se transferindo de um computador a outro por e-mail. São transportados como cavalos de Troia – em outras palavras, escondendo-se dentro de um código de aparência inofensiva como um e-mail ou macro de aplicativo.

Alguns ataques a sistemas nem necessitam que um usuário abra um e-mail ou página da web. Tudo que um usuário precisa fazer para ser infectado é conectar-se à Internet. Quando se conecta, seu computador fica constantemente vulnerável a programas de software maliciosos na Internet que procuram computadores desprotegidos (portas TCP abertas) e tentam explorar vulnerabilidades conhecidas de sistemas operacionais e aplicativos. A não ser que o usuário tenha software de proteção contra vírus atualizado em seu computador, sua máquina pode estar comprometida.

Outra categoria comum de ataques a sistemas que se tornaram populares no final do século foi o ataque de negação de serviço. **Ataques de negação de serviço** (ou ataques de negação de serviço distribuídos) bombardeiam um terminal com tantas mensagens que o terminal é incapaz de executar funções comuns. Alguns tipos comuns de negação de serviço são bombardeamento de e-mails, smurfing e tempestade de ping. No **bombardeamento de e-mails**, o responsável envia uma quantidade excessiva de e-mails não desejados para alguém. Se esses e-mails tiverem um endereço de devolução de alguém diferente da pessoa que está realmente enviando os e-mails, então o transmissor está cometendo uma **falsificação**.

Smurfing é nome de um programa automatizado especialmente prejudicial que ataca uma rede ao explorar o endereçamento de broadcast do Protocolo de Internet (IP) e outros aspectos da operação de Internet. Simplificando, o agressor envia um pacote para um terceiro inocente, o "amplificador", que, sem saber, multiplica o pacote centenas ou milhares de vezes e envia essas cópias para as vítimas desejadas.

Um ping é uma ferramenta comum da Internet utilizada para verificar se um endereço IP específico de um host existe e para confirmar se o host está disponível no momento. Os pings são usados mais comumente por sistemas baseados em Unix, muitos usados para suportar servidores web de Internet. Em uma **tempestade de ping**, o programa Internet de ping é utilizado para transmitir uma enorme quantidade de pacotes para um servidor a fim de torná-lo inoperante.

Para exemplificar falsificação e tempestade de ping, vamos considerar os ataques de negação de serviço que atingiram vários sites comerciais na web no início de fevereiro de 2000. Os sites atacados incluíam endereços populares como Yahoo!, eBay, Amazon, CNN e e*Trade. Em um tipo de ataque, um hacker, de alguma forma, assumiu o controle de vários servidores na Internet e os instruiu a entrar em contato com um servidor web específico (o servidor que o hacker desejava desabilitar). Os servidores comprometidos enviaram pacotes TCP/IP SYN (sincronização/inicialização) com endereços IP de fontes fictícias (falsificação) para o alvo desejado. Conforme cada pacote SYN chegava, o servidor-alvo tentava enviar uma resposta válida, mas não podia porque o endereço IP era fictício. Enquanto o servidor-alvo esperava por uma resposta do endereço IP fictício, seus recursos eram consumidos conforme mais comandos SYN chegavam.

Veja como um ataque de negação de serviço funciona no exemplo a seguir. O hacker solicita que vários servidores web comprometidos (servidores zumbis) enviem pacotes para um segundo conjunto de servidores (veja a Figura 12-1). Esses pacotes contêm o endereço de destino do terminal web alvo. O segundo conjunto de servidores, chamados terminais repetidores, recebem várias solicitações falsas e respondem enviando vários pacotes para o terminal web alvo ao mesmo tempo. O terminal-alvo é sobrecarregado e basicamente inutilizado pela enorme quantidade de pacotes inválidos que entram e não deixam espaço para pacotes válidos.

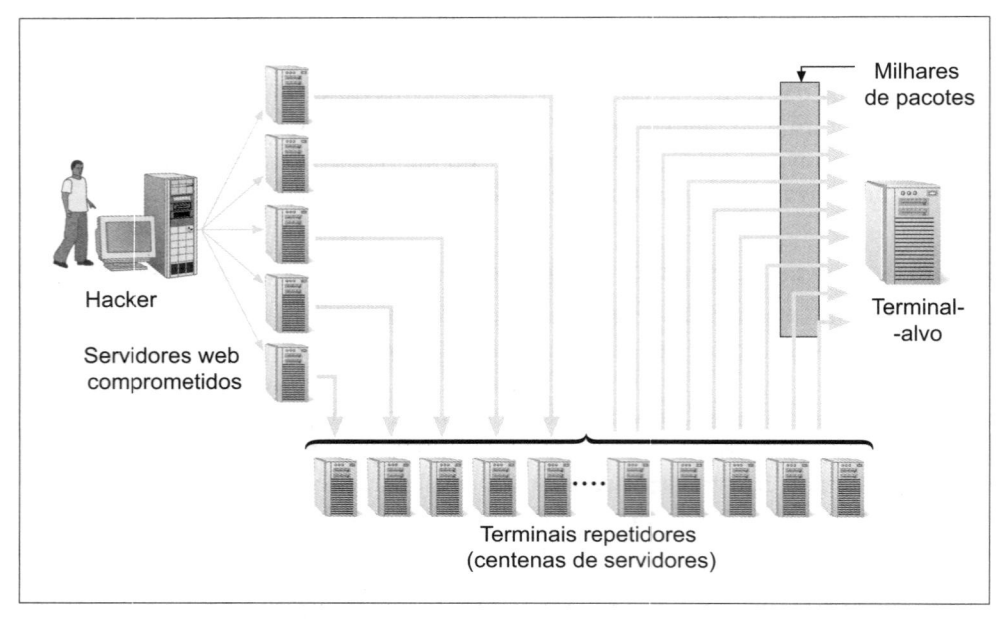

Figura 12-1 Exemplo de smurfing feito para prejudicar um servidor web.

Outro método popular de ataque é o abuso ou levar vantagem de contas válidas de usuário e das permissões relacionadas a elas. Por exemplo, um usuário em uma empresa ou universidade que tem uma conta válida tentará acessar documentos proibidos, fazer upload de arquivos e conjuntos de dados não autorizados, utilizar a rede da empresa como um terminal para ataques ilegais na web e a e-mails, ou simplesmente burlar os recursos de segurança do sistema para tentar acessar serviços proibidos.

Um método mais comum de ataque é tentar adivinhar ou interceptar IDs e senhas válidas de usuários autorizados. Os hackers tentarão roubar senhas adivinhando combinações simples ou interceptando transmissões nas quais uma senha esteja sendo transmitida. Alguns hackers chegam até a criar um aplicativo que parece ser válido e pede ID e senha aos usuários. Quando um indivíduo insere sua ID e senha, o software exibe uma mensagem que parece ser uma falha no sistema. O usuário prossegue, sem saber que sua ID e senha acabaram de ser passadas para um programa falso. Nos últimos anos, aconteceram várias tentativas de roubo de IDs e senhas. Em vários casos, os hackers criaram um e-mail que parecia ser uma solicitação real de uma empresa conhecida. O e-mail até incluía logos e símbolos corporativos semelhantes aos oficiais. No e-mail, o usuário, sem suspeitar de nada, era solicitado a fornecer informações particulares, como número de documentos ou de cartão de crédito. O hacker pegava essas informações pessoais e as utilizava ilegalmente para comprar produtos ou, pior ainda, para cometer roubo de identidade. Esse tipo de ataque é chamado **phishing**.

Outro tipo de ataque que consiste em enganar o usuário para que forneça informações confidenciais é chamado **pharming**. Nesse ataque, um usuário que visita um site na web de uma empresa é redirecionado sem perceber a um site falso que parece exatamente com o site oficial da empresa. Sem saber que está em um site falso, o usuário, para se cadastrar para um serviço ou fazer uma compra, digita informações confidenciais que podem ser roubadas.

Outras duas ferramentas usadas por usuários maliciosos são root kits e keyloggers. Um **root kit** (ou rootkit) é um programa ou programas que foram instalados (geralmente sem ser notados) no sistema operacional de um usuário. Eles são instalados tão profundamente no sistema operacional que o software normal de proteção sequer nota o root kit, tornando-o uma forma altamente manipuladora de ataque. Com um root kit instalado, o computador do usuário pode basicamente ser controlado por um usuário remoto. Enquanto alguns root kits são geralmente úteis e podem auxiliar em problemas no computador, a maioria é projetada para ser destrutiva. Um **keylogger** é um sistema de software executado em um computador que captura e registra todas as teclas do teclado que são pressionadas. Esse é um programa útil para quem deseja monitorar o progresso de um usuário de computador em uma tarefa específica. Infelizmente, ele também pode ser utilizado para capturar a ID e a senha de uma pessoa, ou outras informações particulares. Algumas empresas também utilizam keyloggers para monitorar a produtividade ou hábitos dos colaboradores. Esse tipo de uso pode ser bom ou mau, dependendo de seu referencial.

Profissionais que dão suporte a redes de computadores, assim como usuários individuais que possuem computador em casa ou no trabalho, precisam ficar atentos a esses ataques comuns, para que possam decidir como proteger mais eficientemente seu sistema de vandalismo e invasões.

Agora que vimos vários dos ataques mais comuns a sistemas, vamos investigar o que podemos fazer para preveni-los. Começaremos examinando como proteger nossos equipamentos e dados fisicamente.

Proteção física

A proteção física de um sistema ou rede de computadores consiste na proteção dos equipamentos quanto a danos físicos. Causas de dano físico são incêndios, enchentes, terremotos, sobrecargas de energia e vandalismo. Em vários casos, as técnicas para impedir danos estão relacionadas ao bom-senso. Por exemplo, salas com equipamentos de computadores devem sempre estar trancadas e pessoas não autorizadas não devem entrar. Se possível, o cabeamento e os dispositivos aos quais os cabos se conectam não devem ser expostos.

Alguns equipamentos, obviamente, têm de estar disponíveis para acesso público. Nesse caso, devem ser trancados. Há vários tipos de dispositivos antifurto para trancar gabinetes, trancar cabos em gabinetes e trancar teclados e outros dispositivos periféricos. Por exemplo, há um dispositivo que transmite um sinal sem fio para um pager toda vez que um gabinete de computador é aberto. Dessa forma, a pessoa que fica com o pager sabe imediatamente quando e qual gabinete é aberto e pode, então, enviar seguranças para o local adequado.

Outra questão de bom-senso é que sistemas computacionais caros não devem ser colocados no porão de prédios. Porões podem sofrer com enchentes e são geralmente locais com muita umidade. Salas com um grande número de janelas externas também não são recomendáveis. As janelas permitem a entrada de raios solares, que podem aumentar a temperatura da sala. Equipamentos de computador já aquecem salas por si mesmos. Com o acréscimo da luz solar, o aumento da temperatura pode diminuir a capacidade do sistema de ar condicionado (se houver um). Conforme a temperatura sobe, a vida útil dos circuitos de computador diminui. Salas com várias janelas externas também devem ser evitadas porque são mais vulneráveis a invasões e, consequentemente, vandalismo ou roubo.

Para impedir danos elétricos nos equipamentos de computação, protetores contra sobretensão devem ser utilizados em todos os dispositivos que necessitem de corrente elétrica. Os circuitos elétricos que fornecem energia a dispositivos devem ser adequadamente dimensionados para não causarem sobrecarga no do sistema elétrico. Além do mais, dispositivos de computador não devem estar nos mesmos circuitos elétricos que dispositivos ligam e desligam e causam picos de energia, como grandes motores. Por último, dispositivos que são suscetíveis a danos de descargas elétricas estáticas, como cartões de memória e placas de circuito impresso, devem ser aterrados adequadamente.

A **vigilância** também pode ser considerada uma forma de proteção física. Embora vários colaboradores vejam a vigilância como uma invasão a sua privacidade, vários administradores de rede a consideram um bom instrumento para deter o vandalismo e roubos. A instalação de câmeras de vídeo em locais-chave pode tanto intimidar criminosos quanto identificá-los no caso de vandalismo ou roubo.

Outras formas de vigilância podem ser utilizadas, além da captura de vídeo ao vivo com uma câmera. Por exemplo, empresas que recebem pedidos de produtos pelo telefone geralmente monitoram cada chamada. As empresas que têm essa forma de vigilância alegam que ela pode melhorar a qualidade do serviço ao consumidor e ajudar na resolução de eventuais contestações. Em outro exemplo, algumas empresas usam uma forma de vigilância chamada de detecção de invasão, ou um sistema de detecção de invasão, que envolve monitoramento eletrônico de fluxo de dados e solicitações de sistema que entram e saem de seus sistemas. Se for percebida atividade incomum, ações protetoras podem ser realizadas imediatamente. A detecção de invasão é um campo de estudos em crescimento na segurança de redes. Tanto a detecção como a vigilância de invasões são áreas importantes da proteção física.

Além da vigilância por vídeo e da detecção de invasões, há uma técnica interessante de vigilância desenvolvida com base no conceito de honeypot. Em tecnologia de computadores, um **honeypot (pote de mel)** é uma armadilha feita pelo pessoal de rede para detectar uso não autorizado de um recurso de rede. Geralmente, um honeypot é um local de rede que parece ser parte dos recursos da empresa e contém dados que podem ser interessantes ou valiosos para um hacker. Na verdade, esses dados são falsos e servem para atrair os hackers a realizar uma invasão. As empresas que implantam essa técnica geralmente mantêm vigilância no honeypot e, desse modo, podem observar as ações de hackers potenciais. Basicamente, o honeypot pode servir como uma ferramenta de advertência adiantada, mas as empresas devem ter consciência de que a utilização do honeypot para outros objetivos (como fazer com que um hacker potencial cometa um crime) é frequentemente questionável do ponto de vista ético e talvez até mesmo ilegal.

Controle de acesso

O controle de acesso a uma rede de computadores envolve decidir e depois limitar quem pode usar o sistema e quando o sistema pode ser utilizado. Considere uma grande empresa onde há vários níveis de colaboradores, com várias funções diferentes. Colaboradores que não precisam de contato com dados sensíveis não devem ter acesso a esse nível de dados. Por exemplo, se um colaborador executa somente operações de registro de dados, ele provavelmente não precise ter acesso a informações de folha de pagamento. Do mesmo modo, os colaboradores que trabalham com a folha de pagamento devem ter acesso ao banco de dados dela, mas talvez não precisem de acesso a informações relacionadas com programas corporativos de pesquisa. Um gerente de área provavelmente tem acesso a muitas informações de seu departamento, mas o acesso do gerente a informações de outros departamentos deve provavelmente ser limitado. Finalmente, altos executivos quase sempre têm acesso a uma faixa ampla de informações em uma empresa. Mas há várias empresas que, sabiamente, limitam o acesso a informações até mesmo de sua alta direção.

Redes locais e sistemas de banco de dados oferecem muita flexibilidade na atribuição de direitos de acesso a indivíduos ou grupos de indivíduos, como você verá em breve. **Direitos de acesso** definem os recursos de rede que um usuário ou conjunto de usuários pode acessar. Especialistas de rede de computadores de uma empresa juntamente com administradores de banco de dados e alguém da alta direção, como o Diretor de Informações (CIO), trabalham juntos para decidir como deve ser feita a divisão das informações da empresa por grupos de acesso. Eles, então, resolvem sobre os direitos de acesso de cada grupo e determinam quem deveria estar em qual grupo. Como você deve lembrar do Capítulo 8, sistemas operacionais de rede, como o Windows 2008, podem ser bastante úteis na tarefa de criação desses grupos de trabalho e na atribuição dos direitos de acesso.

Também é possível limitar o acesso a um sistema de acordo com a hora do dia e do dia da semana. Se a atividade primária de uma parte de seu negócio é acessar registro de pessoal, e essa atividade é executada somente durante o horário comercial no departamento pessoal ou de recursos humanos, é razoável desabilitar o acesso a registro de pessoal após o horário comercial, por exemplo, das 17h30 min até as 7 horas da manhã seguinte. O administrador de redes também pode negar acesso a esse sistema nos fins de semana. A Figura 12-2 mostra um exemplo de uma caixa de diálogo do sistema operacional de uma rede que um administrador pode usar para configurar os limites de acesso do usuário em uma rede.

Também pode ser inteligente limitar acesso remoto ao sistema durante certas horas do dia ou dias da semana. Uma razão para isso é impedir que alguém se conecte às 2h30 da madrugada para cometer atividades ilegais, como transferência de fundos de uma conta para outra. Por tudo isso, é razoável que empresas se protejam decidindo que transferências corporativas de fundos possam ocorrer somente em horário comercial e restrinjam atividades de conexão a este horário.

Um dos modos mais comuns de controlar o acesso a um sistema é solicitar IDs e senhas de usuários, mesmo com as várias deficiências dessa técnica. Examinemos senhas e outros sistemas de ID mais detalhadamente.

Sistemas de senhas e ID

Hoje, quase todo sistema que armazena dados sensíveis ou confidenciais exige que um usuário autorizado digite uma senha, número de identificação pessoal (PIN) ou alguma outra forma de ID antes de obter acesso ao sistema. Geralmente, essa senha ou ID é uma cadeia de caracteres que o usuário deve lembrar ou uma característica física de um usuário, como uma impressão digital. A tecnologia na área de gerenciamento de identidade está melhorando rapidamente conforme as empresas tentam incorporar sistemas menos vulneráveis a fraude.

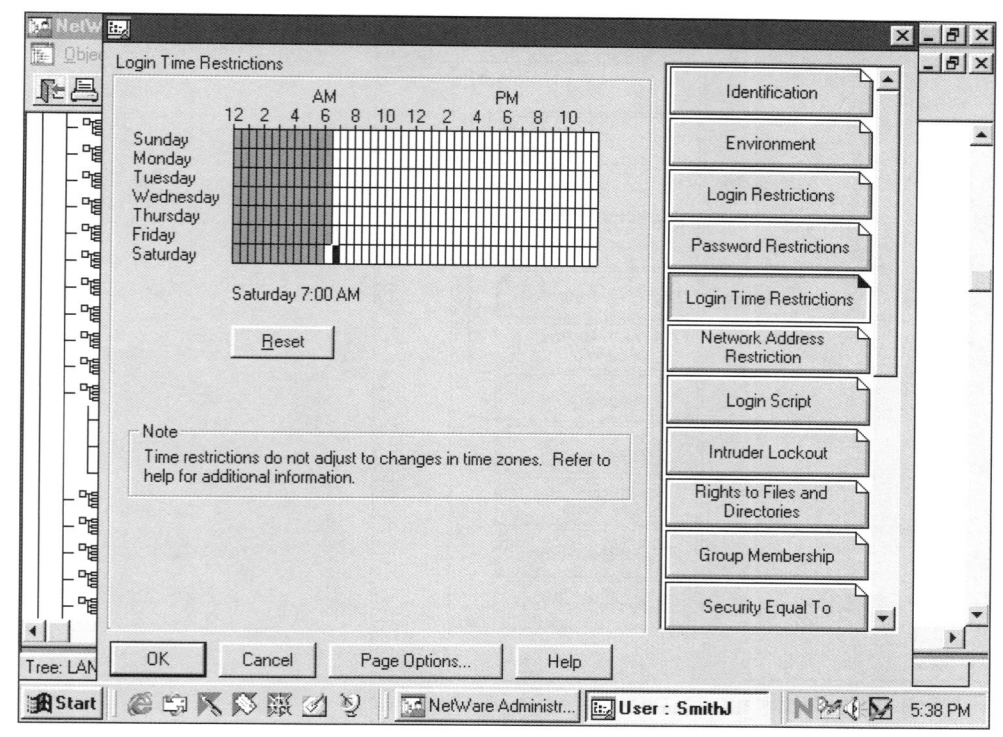

Figura 12-2 Controle de senha de usuário com um sistema operacional de rede típico.

A forma mais comum de proteção contra uso não autorizado de um sistema de computadores é a **senha**. Qualquer um que acesse um sistema de computadores, sistema bancário ou sistema de caixa postal/e-mail é solicitado a colocar uma senha ou número de identificação pessoal (PIN). Embora a senha seja a forma mais comum de identificação, também é uma das formas mais frágeis de proteção. Com muita frequência, as senhas se tornam conhecidas, ou são "colocadas no lugar errado", e caem nas mãos erradas. Eventualmente, uma senha pode ser escrita em um papel e é descoberta pelas pessoas erradas.

Mais comum, entretanto, é o fato de a senha ser simples demais, e o invasor a adivinha. As regras-padrão que um indivíduo deve seguir ao criar ou modificar uma senha são:

- Modifique sua senha com frequência.
- Escolha uma boa senha utilizando pelo menos oito caracteres, mesclando maiúsculas e minúsculas, se o sistema diferenciá-las, e mesclando letras com números.
- Não escolha senhas que sejam semelhantes ao seu primeiro ou último nome, nomes de bichos de estimação, ou outras escolhas que possam ser adivinhadas.
- Não compartilhe sua senha com outros; fazer isso leva a problemas e mau uso.

A Figura 12-3 mostra como um sistema operacional de rede típico permite que o administrador de rede solicite uma senha ao usuário, ofereça a ele a capacidade de alterá-la e solicite ao usuário que selecione uma senha de tamanho específico.

Alguns sistemas de computadores geram senhas aleatórias que são muito difíceis de adivinhar, mas também são difíceis de lembrar. Com frequência, o usuário que recebe uma senha gerada aleatoriamente a modifica para algo mais simples, tornando-se mais fácil de adivinhar, ou a escreve em um pedaço de papel, acabando com o objetivo de ter uma senha secreta. Alguns sistemas desabilitam senhas óbvias ou já utilizadas, exigindo que o usuário seja criativo e selecione uma senha difícil de adivinhar.

Uma falácia comum entre usuários de sistemas de computador é que o arquivo interno do sistema operacional, que armazena as IDs e as senhas de login, é suscetível a invasões. Curiosamente, a maior parte dos sistemas de computadores armazena senhas em forma criptografada para as quais não há decodificação conhecida. Como o sistema sabe quando você digitou a senha correta? Quando um usuário digita sua ID e senha, a senha é criptografada e comparada com o registro no arquivo criptografado de senha. Se as duas senhas criptografadas são iguais, o login é aceito. Qualquer um que tenha acesso a esse arquivo criptografado de senha vai descobrir somente texto ilegível. Essa técnica de criptografia é a razão pela qual, quando você esquece a senha, um operador de computador não

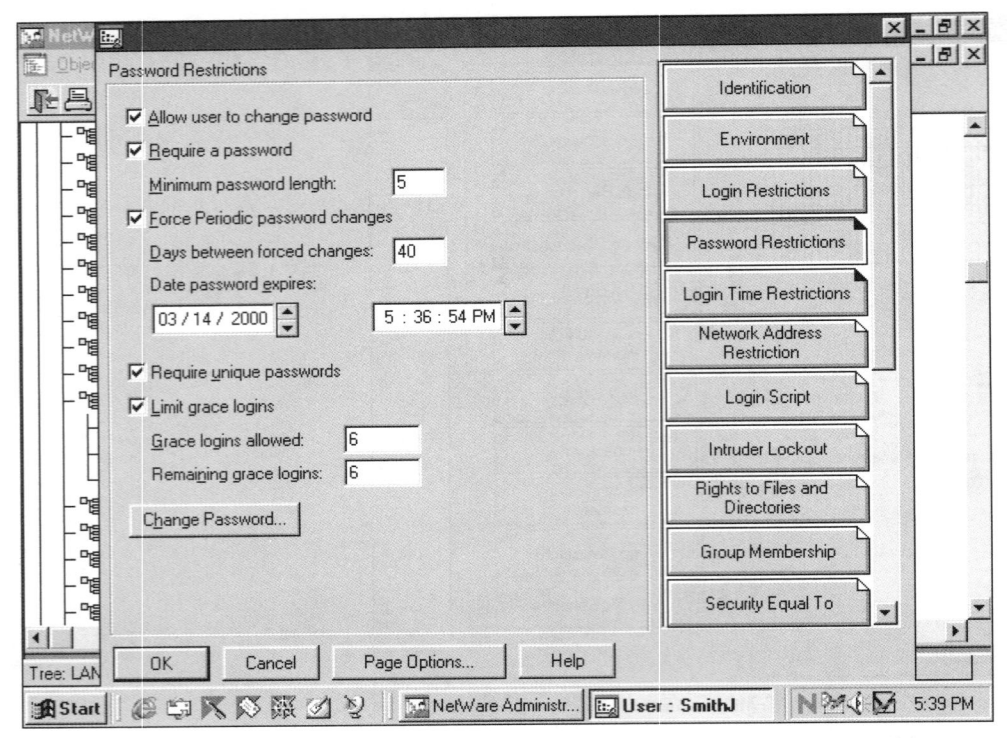

Figura 12-3 Controle de senha de usuário com um sistema operacional de rede típico.

pode simplesmente ler o arquivo e dizer a você qual é ela. O operador de computador pode somente reconfigurar a senha para outra nova.

Como há várias fragilidades nas senhas, outras formas de identificação surgiram. **Técnicas biométricas** que observam e registram algum aspecto do usuário, como impressões de voz, digitais, oculares e faciais, parecem ser a tendência do futuro. Por exemplo, a Inglaterra tem um banco de dados amplo de impressões auriculares. Pesquisas mostram que não há duas orelhas iguais; portanto, uma impressão auricular é útil para identificar um indivíduo. As impressões digitais têm sido utilizadas, claro, há muito tempo para diferenciar os indivíduos. Alguns notebooks possuem scanners de impressão digital embutidos que podem escanear a impressão do dedão do usuário e podem habilitar ou desabilitar o acesso do usuário a um sistema de computador. Há também sistemas disponíveis que podem registrar e digitalizar sua voz. O padrão de voz digital é comparado à amostra armazenada, e o software determina se a compatibilização é próxima o suficiente para validação. Escaneamentos de retina (a retina é o revestimento interno da parte de trás do olho) têm sido apresentados comumente no cinema e existem no mundo real como uma técnica de segurança, embora em número baixo devido à complexidade e custo. Outro impedimento é que as pessoas ficam com um pé atrás quando dizem que um laser vai escanear o lado interno de seus olhos. Outra parte do olho que é única para todos os indivíduos é a íris, ou a parte colorida do olho.

Alguns dispositivos de segurança utilizam a íris para identificar as pessoas que têm permissão para acessar um sistema específico. Como a tecnologia necessária para executar escaneamento de íris é mais barata que a tecnologia de escaneamento de retina, é mais provável vermos a de íris em um futuro próximo. Outra pesquisa no campo das técnicas biométricas é voltada para a digitalização das características de toda a face e comparação dessa representação digital com uma imagem armazenada. As empresas que fabricam caixas automáticos 24 horas estão interessadas na substituição da placa do tamanho de cartão de crédito dos caixas eletrônicos e o PIN correspondente por algo que não possa ser tão facilmente roubado, como uma impressão digital, facial ou de olhos. Para melhorar sua segurança, várias empresas solicitam combinações de formas de identificação, como uma senha e uma impressão digital.

Direitos de acesso

Sistemas modernos de computador e redes de computadores permitem que vários usuários acessem recursos como arquivos, fitas, impressoras e outros dispositivos periféricos. Várias vezes, entretanto, os diversos recursos de uma organização não devem ser compartilhados, ou devem ser compartilhados somente por um grupo seleto. Se o compartilhamento de recursos deve ser restrito, então um usuário ou administrador de rede deve configurar os direitos de acesso apropriado para um recurso específico. A maior parte dos direitos de acesso tem dois parâmetros básicos: *quem* e *como*. O parâmetro *quem* faz uma lista de quem tem direitos de acesso ao recurso. Exemplos típicos de *quem* são o proprietário, um grupo seleto de usuários e toda a população de usuários. O parâmetro *como* pode especificar como um usuário pode acessar o recurso, e os direitos são listados como RWX, para leitura, escrita e execução. Mais precisamente, o R inclui privilégios de leitura e impressão; o W inclui direitos de escrita, edição, anexação e exclusão; e o X representa execução, ou operação. Quando um usuário cria um arquivo, os valores default (isto é, aqueles valores adotados caso o usuário não forneça outros) que um sistema-padrão pode oferecer são acesso completo a leitura, escrita e execução (ou a todos), para que ele possa modificar ou excluir o arquivo a qualquer momento. Esse usuário, ou proprietário, pode permitir que outros usuários acessem o arquivo, mas pode fazer com que tenham somente direitos de acesso a leitura. A Figura 12-4 mostra um exemplo de como um sistema operacional de rede atribui direitos de acesso a um recurso. Como você pode ver na figura, um administrador de rede pode utilizar esse aplicativo para atribuir direitos de controle de supervisor, leitura, escrita, criação, exclusão, modificação, escaneamento de arquivos e acesso a um usuário específico.

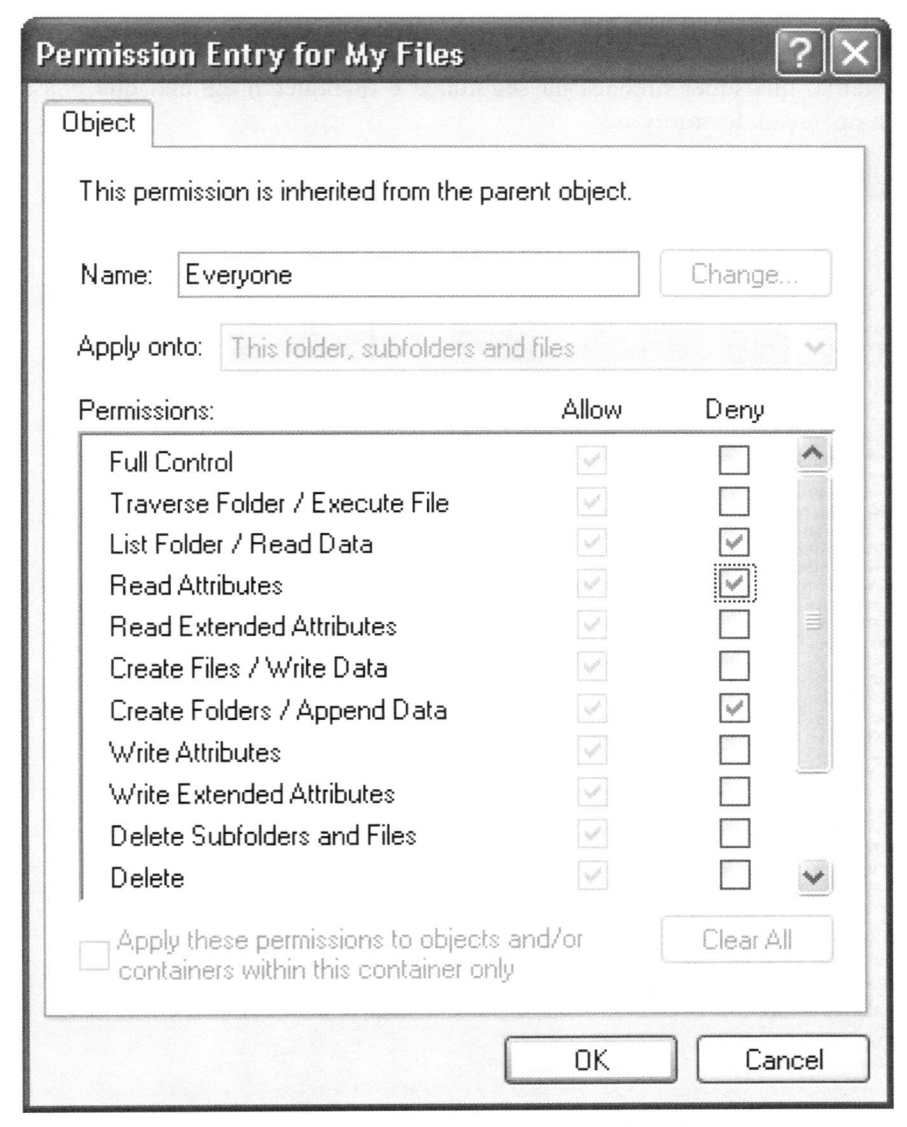

Figura 12-4 Sistema operacional de rede atribuindo direitos de acesso a um recurso.

Sistemas operacionais de rede modernos permitem que administradores de rede criem grupos de trabalho. Esses grupos de trabalho são definidos pelo administrador de rede e podem conter qualquer forma de agrupamento de usuário desejada. Por exemplo, um grupo de trabalho pode ser composto por todos os colaboradores de marketing e engenharia que estão trabalhando no momento em um projeto específico. Uma vez que o grupo é definido, é possível atribuir a ele um conjunto único de direitos de acesso

Auditoria

A auditoria do sistema de computador é geralmente um bom modo de impedir crimes e pode também ser útil na apreensão de um criminoso após um crime ter sido cometido. **Auditoria de computadores** geralmente envolve um programa de software que monitora cada transação no sistema. Conforme cada transação ocorre, ela é gravada em um diário (log) eletrônico juntamente com a data, hora e "proprietário" da transação. Se há suspeita de uma transação ser inadequada, o diário eletrônico é verificado e essa informação é recuperada. Em um caso clássico de crime de computador que foi frustrado por auditoria, um homem de Nova York descobriu que faturas com quantias inferiores a US$ 500, quando enviadas para órgãos públicos locais, eram rotineiramente pagas sem solicitar mais detalhes. Ao saber disso, ele criou suas próprias faturas e as enviou para esses órgãos públicos. As agências pagaram as faturas fielmente, e sua poupança cresceu. Mas vários meses depois, um advogado que examinava os pagamentos em uma auditoria de computadores percebeu que havia um padrão de cheques (todos abaixo de US$ 500) que foram enviados pelo mesmo indivíduo.

A Figura 12-5 mostra um exemplo de um diário de auditoria da janela Visualizador de Eventos do sistema operacional Windows. Observe que, para cada transação (ou evento), a data, a hora e a fonte do evento são registradas. Eventos tipicamente registrados incluem a falha de uma unidade ou outros componentes de sistema para carregar, durante a inicialização do sistema, quaisquer brechas na segurança e qualquer programa que possa registrar um erro ao tentar executar uma operação de arquivos.

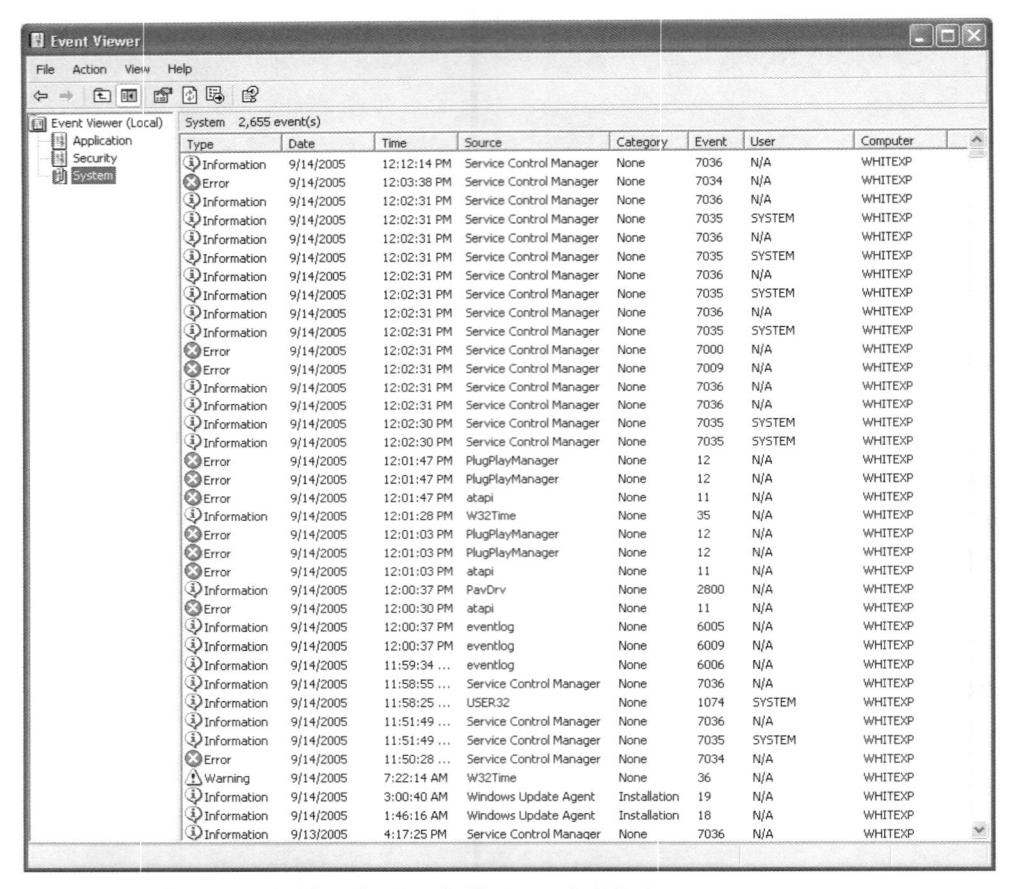

Figura 12-5 Exemplo do Visualizador de Eventos do Windows.

Há vários bons programas de computador disponíveis que podem fazer a auditoria de todas as transações que ocorrem em um sistema de computador. O dinheiro gasto tanto na compra e na instalação de um programa de auditoria quanto no seu suporte pode ser bem gasto se o programa ajudar a pegar a pessoa que executa transações não autorizadas.

Segurança de dados

Sistemas de computador armazenam e manipulam dados, enquanto sistemas de comunicações transferem dados. Que precauções podemos tomar para assegurar que esses dados não sejam corrompidos ou interceptados pelas pessoas erradas? Examinemos várias técnicas que podem ser utilizadas para tornar os dados mais seguros. Começaremos introduzindo as técnicas básicas usadas para criptografar e decodificar dados. Em seguida, veremos algumas das técnicas mais recentes usadas para assegurar dados, como a norma de criptografia avançada, assinaturas digitais, infraestrutura de chave pública e esteganografia.

Encriptação básica e técnicas de decriptação

Quando os usuários transferem dados de um ponto a outro em uma rede de computadores, é geralmente necessário assegurar que a transmissão esteja protegida de quem possa estar fazendo escuta na linha. O termo "seguro" significa duas coisas. Primeiro, não deve ser possível que alguém intercepte e copie uma transmissão existente. Segundo, não deve ser possível que alguém insira informações falsas em uma transmissão existente. Transações financeiras e comunicações militares são dois bons exemplos de dados que devem ser protegidos durante a transmissão.

O cabo de fibra óptica representou um grande avanço na capacidade de meios de transmissão para garantir a segurança de dados sensíveis. Como você deve lembrar do Capítulo 3, meios de metal como par trançado e cabo coaxial conduzem sinais elétricos e são, portanto, relativamente fáceis de interceptar, mas fios de fibra óptica são muito mais difíceis de interceptar porque transmitem pulsos de luz, que não são eletromagnéticos. Para grampear um sistema de fibra óptica ilegalmente, é necessário invadir o cabo fisicamente – invasão que seria percebida imediatamente – ou ter acesso à caixa de junção de fibra óptica, que está geralmente em um local bloqueado.

Independentemente de quanto um meio de computador específico é seguro, os dados no sistema ainda estão vulneráveis porque em algum momento de sua vida útil eles provavelmente serão transportados para outros computadores (menos seguros), armazenados em unidades de disco rígido desconhecidas/desprotegidas, e/ou transmitidos por sistemas telefônicos padrão – em outras palavras, dados podem ser interceptados ou roubados de outros sistemas. Considerando esses riscos, dados sensíveis requerem medidas adicionais de segurança. Uma medida adicional é utilizar software de criptografia para criptografar os dados antes de serem transmitidos, transmitir os dados criptografados por meios seguros, e depois decodificar os dados recebidos para receber as informações originais. **Criptografia** é o estudo da criação e do uso de técnicas de encriptografia e decriptação. Muito material foi produzido sobre técnicas criptográficas, mas uma introdução aos princípios básicos oferecerá uma compreensão suficiente das técnicas de criptografia usadas hoje em dia.

O aprofundamento no tópico da criptografia exige a compreensão de alguns termos básicos. **Texto simples** (que será sempre exibido em caracteres minúsculos nos exemplos a seguir) são os dados antes de qualquer criptografia ter sido executada (Figura 12-6). Um **algoritmo de criptografia** é o programa de computador que converte texto simples em uma forma cifrada. O **texto cifrado** (mostrado em caracteres maiúsculos) são os dados após o algoritmo de criptografia ter sido aplicado. Uma **chave** é a única informação utilizada para criar texto cifrado e então decriptografar o texto cifrado de volta para texto simples. Após o texto cifrado ser criado, ele é transmitido ao receptor, onde os dados do texto cifrado são decriptografados.

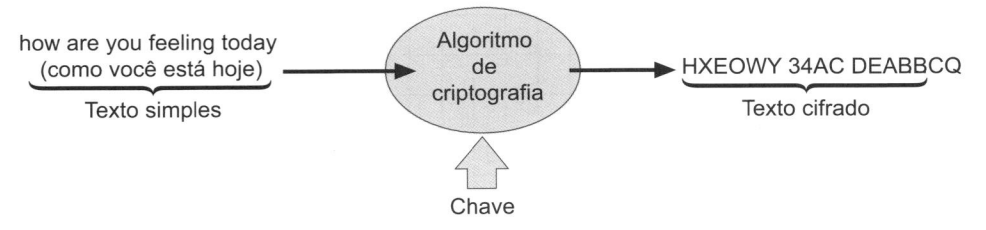

how are you feeling today (como você está hoje) [Texto simples] → Algoritmo de criptografia ← Chave → HXEOWY 34AC DEABBCQ [Texto cifrado]

Figura 12-6 Encriptação básica e procedimento de decriptação.

Os primeiros algoritmos de criptografia utilizavam a mesma chave tanto para encriptação quanto para decriptação. O uso de uma chave única preocupava vários especialistas. Para permitir que lugares e locais remotos enviassem e recebessem dados criptografados, a chave tinha de ser dada às partes locais e remotas. Se essa chave fosse interceptada e caísse em mãos erradas, não só os dados criptografados poderiam ser decodificados, mas dados falsos também poderiam ser encriptografados e enviados à outra parte. Técnicas mais recentes, como você verá em breve, solucionam esse problema ao permitir o uso de duas chaves diferentes, mas matematicamente relacionadas. Uma chave é para encriptografar os dados, e a segunda chave é para decriptografar os dados. Comecemos nossa discussão de técnicas de criptografia analisando uma das mais simples: cifras de substituição monoalfabética.

Cifras de substituição monoalfabética

Apesar de seu nome assustador, a cifra de substituição monoalfabética é, na verdade, uma técnica de criptografia bastante simples. Uma **cifra de substituição monoalfabética** substitui um caractere ou grupo de caracteres por um caractere ou grupo de caracteres diferentes. Considere o exemplo simples a seguir. Cada letra na fileira de texto simples se mapeia na letra abaixo na fileira de texto cifrado.

Texto simples: a b c d e f g h i j k l m n o p q r s t u v w x y z
Texto cifrado: P O I U Y T R E W Q L K J H G F D S A M N Z V C X B

Esse texto cifrado simplesmente corresponde às letras no teclado, da direita para a esquerda, de cima para baixo. Para enviar uma mensagem utilizando esse esquema de codificação, cada letra de texto simples da mensagem é substituída pelo caractere de texto cifrado diretamente abaixo dela. Assim, a mensagem

how about lunch at noon (quer almoçar ao meio-dia)

seria codificada para

EGVPO GNMKN HIEPM HGGH

Um espaço foi colocado após cada cinco caracteres de texto cifrado para ajudar a disfarçar padrões óbvios. Esse exemplo é monoalfabético, porque uma cadeia alfabética foi utilizada para codificar o texto simples. É uma cifra de substituição, porque um caractere de texto cifrado foi substituído por um caractere de texto simples.

Cifra de substituição polialfabética

A **cifra de substituição polialfabética** é semelhante à cifra monoalfabética, mas ela utiliza cadeias alfabéticas múltiplas para codificar o texto simples, em vez de uma única cadeia alfabética. Possivelmente o exemplo mais antigo de cifra polialfabética é a **cifra Vigenére**, desenvolvida por Blaise de Vigenére em 1586. Na cifra Vigenére, uma matriz de caracteres 26 × 26 é criada, como mostrado na Tabela 12-1.

Tabela 12-1 Exemplo de matriz de caracteres de texto cifrado Vigenére 26 X 26.

Caractere da chave	Letras do texto simples																									
	A	B	C	D	E	F	G	H	I	J	K	L	M	N	O	P	Q	R	S	T	U	V	W	X	Y	Z
A	A	B	C	D	E	F	G	H	I	J	K	L	M	N	O	P	Q	R	S	T	U	V	W	X	Y	Z
B	B	C	D	E	F	G	H	I	J	K	L	M	N	O	P	Q	R	S	T	U	V	W	X	Y	Z	A
C	C	D	E	F	G	H	I	J	K	L	M	N	O	P	Q	R	S	T	U	V	W	X	Y	Z	A	B
...	...																									
Z	Z	A	B	C	D	E	F	G	H	I	J	K	L	M	N	O	P	Q	R	S	T	U	V	W	X	Y

Para executar essa cifra, você escolhe uma chave, como COMPUTER SCIENCE (ciência da computação), que você coloca repetidamente acima da mensagem de texto simples. Por exemplo:

Chave: COMPUTERSCIENCECOMPUTERSCIENCECOMPUTERSCIENCECO
Texto simples: thisclassondatacommunicationsisthebestclassever (este é o melhor curso de comunicação de dados de todos os tempos)

Para codificar a mensagem, você olha para a primeira letra do texto simples, *t*, e a chave de caractere correspondente acima dela, C. O C diz que você deve utilizar o C da matriz 26 × 26 para executar a substituição alfabética do caractere de texto simples *t*. Em seguida, vá à coluna T na fileira C e encontre o caractere de texto cifrado V. Esse processo é repetido para cada caractere do texto simples. A chave, COMPUTER SCIENCE, deve ser mantida em segredo entre o codificador e o decodificador.

Para dificultar a situação para o intruso, a matriz-padrão 26 × 26 com a fileira A, fileira B, fileira C, e assim por diante, não precisa ser utilizada. Em vez disso, a codificação e a decodificação pode ser feita usando uma matriz única. Nesse caso, tanto a matriz quanto a chave devem permanecer secretas.

Cifras de transposição

Uma **cifra de transposição** é diferente de uma cifra de substituição uma vez que a ordem (posição relativa das letras) do texto simples não é preservada. A redisposição da ordem dos caracteres de texto simples torna sequências comuns de letras confusos e o código é muito mais difícil de decifrar. Consideremos um exemplo simples de uma cifra de transposição. Escolha uma palavra-chave que não contenha letras duplicadas, como COMPUTER. Em cada letra na palavra-chave, escreva o número que corresponde à ordem na qual a letra aparece no alfabeto quando comparado a outras letras na palavra-chave. Para a palavra-chave COMPUTER, C aparece primeiro no alfabeto, E é a segunda, M é a terceira, O é a quarta, e assim por diante.

```
14358726
COMPUTER
```

Pegue uma mensagem de texto simples "this is the best class I have ever taken (este é o melhor curso que eu já tive)" e a escreva abaixo da palavra-chave em fileiras consecutivas da esquerda para a direita.

```
14358726
COMPUTER
thisisth
ebestcla
ssihavee
vertaken
```

Para codificar a mensagem, leia cada coluna iniciando pela coluna número 1 e prosseguindo pela coluna 8. A leitura da coluna 1 resulta em TESV, e da coluna 2 resulta TLEE. A codificação de todas as oito colunas resulta na seguinte mensagem:

```
TESVTLEEIEIRHBSESSHTHAENSCVKITAA
```

Duas observações interessantes podem ser feitas sobre esse exemplo. Primeiro, a escolha da palavra-chave é novamente importante, e deve-se tomar cuidado para garantir que a palavra-chave não caia em mãos erradas. Segundo, você pode tornar a criptografia ainda mais difícil ao executar uma cifra adicional de substituição no resultado da cifra de transposição. Na verdade, por que parar por aí? Você pode criar um código bastante difícil se repetir vários padrões de substituição – e cifras baseadas em transposição – um após o outro.

Criptografia de chave pública

Todas as técnicas de codificação e decodificação mostradas até aqui dependem da proteção da chave e em mantê-la longe das mãos de intrusos. Dada a importância do sigilo da chave, é surpreendente como a segurança da palavra-chave ou senha é frouxa ou mesmo inexistente. Considere o episódio de Stanley Mark Rifkin e o Security National Bank. Em 1978, Rifkin fingiu ser um funcionário do banco, teve acesso à sala de transferência de fundos, encontrou a senha para transferência de fundos eletrônicos colada na parede acima de um terminal, e transferiu US$ 12 milhões para sua conta pessoal. Quando foi preso, estava contando seu feito em um bar.

Uma técnica para proteção de chave contra um intruso é geralmente vista em filmes de espionagem preto e branco que passam tarde da noite: quebrar a chave em vários pedaços e dar cada pedaço a um indivíduo diferente. Na vida real, em vez de simplesmente atribuir um ou dois caracteres para cada pessoa, os criptógrafos utilizam técnicas matemáticas, como equações lineares simultâneas, para dividir a chave. Outras técnicas que exigem manipulação ou mascaramento da chave não são tão óbvias, podem ser entediantes e muitas vezes não acrescentam segurança real à chave.

Um dos problemas inerentes na proteção de uma chave única é que isso significa que somente uma chave é utilizada tanto para codificar quanto para decodificar a mensagem. Quanto mais pessoas possuírem a chave, maiores as chances de que alguém se descuide e permita que a chave se torne conhecida por pessoas não autorizadas. Mas e se duas chaves estiverem envolvidas, uma pública e uma privada? Dados codificados com a chave pública podem ser decodificados somente com a chave privada, e os dados encriptografados com a chave privada podem ser decodificados somente com a pública. Esse conceito de duas chaves, pública e privada, é chamado de **criptografia de chave pública**. Também é chamado de **criptografia assimétrica** (o oposto de criptografia assimétrica é a **criptografia simétrica**, na qual uma chave é utilizada para encriptografar e decriptografar). Quando uma chave encriptografa o texto simples e outra chave decriptografa o texto cifrado, é praticamente impossível, mesmo se você tiver acesso a uma das chaves, deduzir a segunda chave a partir da primeira. Além do mais, mesmo para especialistas, os dados criptografados são extremamente difíceis de decodificar sem a chave privada.

Como a criptografia de chave pública funciona? Considere uma empresa cujo escritório central localiza-se em Nova York. Uma filial em Atlanta deseja enviar dados seguros ao escritório de Nova York. O escritório de Nova York envia a chave pública para Atlanta e mantém a chave privada trancada em segurança em Nova York. O escritório de Atlanta usa a chave pública para encriptografar os dados e envia os dados criptografados para Nova York. Somente o escritório de Nova York pode decodificar os dados, porque é o único que possui a chave privada. Mesmo se terceiros interceptarem a transmissão da chave pública para Atlanta, nada será ganho, porque não é possível deduzir a chave privada da pública. Do mesmo modo, a interceptação de dados criptografados não adiantará nada, porque os dados serão decriptografados somente com a chave privada.

Em um exemplo mais familiar, considere uma situação em que uma pessoa navegando na web deseja enviar informações seguras (como número de cartão de crédito) para um servidor web. O usuário na estação de trabalho clica em uma página da web segura e envia a solicitação adequada ao servidor. O servidor retorna um "certificado," que inclui a chave pública do servidor, e vários algoritmos criptográficos preferenciais. A estação de trabalho do usuário seleciona um dos algoritmos, gera um conjunto de chaves pública e privada, mantém a chave privada e envia a chave pública de volta ao servidor. Agora, ambos os lados têm suas próprias chaves privadas, e possuem a chave pública um do outro. Os dados podem ser enviados entre os dois pontos finais de modo seguro.

Essa técnica é parte da camada de soquete seguro e pode ser utilizada pela maioria dos navegadores e servidores web quando for necessário transmitir dados seguros. **Camada de soquetes seguros (SSL)** é uma camada adicional de software colocada entre a camada de aplicação e a camada de transporte (TCP) que cria uma conexão segura entre o transmissor e o receptor. Como os sistemas operacionais Unix criam conexões entre pontos finais em uma rede por meio de soquetes, o software recebe o nome de camada de soquete seguro. O sucessor do SSL é a segurança de **camada de transporte (TLS)**, que se baseia na versão 3 da SSL e contém algumas melhorias técnicas em relação à SSL. Uma segunda técnica semelhante à SSL é o HTTP-seguro ou S-HTTP, que não obteve o mesmo sucesso da SSL. Tanto a SSL quanto o S-HTTP podem acabar cedendo espaço ao IPsec, o novo padrão de segurança criado pela Internet Engineering Task Force.

IPsec (segurança de IP) é um conjunto de protocolos criados para dar suporte a transferências seguras de dados na camada IP. Uma aplicação popular do IPsec está no suporte a redes privadas virtuais. Lembre-se de que redes privadas virtuais criam um "túnel" entre um usuário e um destino remoto pela Internet. A IPsec utiliza criptografia para proteger o pacote enquanto ele é transmitido por esse túnel. Mais precisamente, os pontos finais do túnel trocam um par de chaves públicas/privadas.

Padrão de criptografia de dados e padrão de criptografia avançada

O **padrão de criptografia de dados (DES)** é um método de criptografia usado rotineiramente por empresas para enviar e receber transações seguras. O padrão foi lançado em 1977 e ratificado em 1983, 1988 e 1993. O algoritmo por trás desse padrão está exibido na Figura 12-7. O algoritmo DES funciona com blocos de dados de 64 bits, e sujeita cada bloco a 16 níveis, ou rodadas, de criptografia. As técnicas de criptografia são baseadas nas cifras de substituição e de transposição. Cada um dos 16 níveis de criptografia podem executar uma operação diferente baseada no conteúdo de uma chave de 56 bits. A chave de 56 bits é aplicada ao algoritmo DES, o bloco de dados de 64 bits é encriptografado de modo único, e os dados criptografados são transmitidos ao receptor desejado. É responsabilidade das partes envolvidas manter essa chave de 56 bits em sigilo e impedir que caia nas mãos de terceiros.

Embora uma chave de 56 bits possibilite mais de 72 quatrilhões de chaves possíveis, o padrão de criptografia de dados foi criticado desde sua criação por ser fraco demais. Empresas e pesquisadores entenderam que era preciso uma chave muito mais ampla para tornar a criptografia praticamente impossível de ser quebrada. O governo,

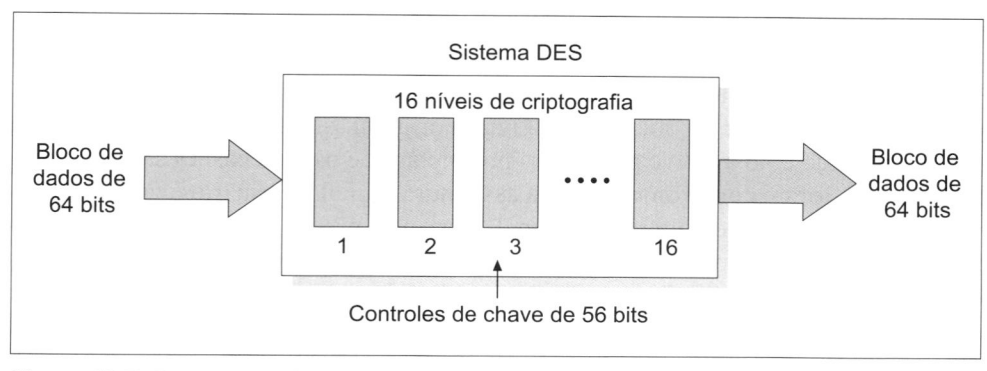

Figura 12-7 Operações básicas do padrão de criptografia de dados.

entretanto, sentiu que 56 bits eram suficientes e ninguém gastaria o tempo e os recursos necessários para desvendar a chave. Por que o governo estava relutante em apoiar as preocupações das empresas em relação à segurança de seus dados? Talvez a preocupação do governo fosse que criminosos de posse de uma chave maior que 56 bits pudessem enviar materiais criptografados os quais ninguém, nem mesmo o próprio governo, pudesse decodificar, resultando em uma desvantagem que comprometeria a segurança nacional. Em julho de 1998, a posição do governo sofreu um abalo, quando um grupo chamado Electronic Frontier Foundation alegou que tinha desvendado uma chave de 56 bits em 56 horas, utilizando um único computador pessoal customizado batizado de DES Cracker.

Tentativas de desenvolver uma técnica mais poderosa de criptografia levaram à criação do **DES triplo**. Com o DES triplo, os dados são encriptografados usando três vezes o DES – a primeira vez por uma primeira chave, a segunda por uma segunda chave, e a terceira pela primeira chave novamente. Ao mesmo tempo em que essa técnica cria um sistema de criptografia praticamente impenetrável, ela também exige muito da CPU; isto é, o uso da criptografia DES triplo requer uma grande quantidade de tempo de processamento. Um processo que exige muito da CPU não é recomendado em pequenos dispositivos como telefones celulares, smart cards e assistentes pessoais digitais. Portanto, é necessário em uma técnica de criptografia que ela seja tão potente quanto o DES triplo, mas também rápida e compacta.

O padrão de criptografia avançada atende essa necessidade. O **padrão de criptografia avançada (AES)** foi escolhido pelo governo dos Estados Unidos para substituir o DES. Mais precisamente, o National Institute of Standards and Technology escolheu o algoritmo Rijndael (pronuncia-se rein-dól) em outubro de 2000 como a base para o AES. O algoritmo Rijndael tem fórmulas matemáticas elegantes, necessita de somente uma passagem (não de três como o DES triplo), é computado rapidamente, é praticamente impenetrável e opera até mesmo nos menores dispositivos de computação. Com o AES, é possível escolher uma chave de tamanho 128, 192, ou 256 bits.

Assinaturas digitais

Técnicas de encriptografia e decriptografia básicas evoluíram muito desde sua criação. Embora as técnicas de hoje geralmente utilizem métodos refinados de criptografia e decodificação, vários deles se basearam nas primeiras técnicas básicas. Examinemos alguns dos avanços mais recentes em criptografia começando pelo conceito de assinatura digital.

Ao participar de transações financeiras ou legais, as pessoas geralmente se identificam por meio de uma assinatura por extenso ou digitando uma senha. Por exemplo, quando você utiliza seu cartão de débito para comprar algo, você tem de digitar sua senha em um teclado eletrônico, e essa senha é comparada com a que está registrada no sistema. Supondo que seu cartão e sua senha não tenham sido roubados e ninguém esteja fingindo ser você, esse sistema é razoavelmente seguro. Mas o que acontece quando você deseja "assinar" um documento eletrônico para que, mais tarde, possa provar que esse documento é seu e de ninguém mais? Para autenticar documentos eletrônicos como sendo seus, é necessário criar uma assinatura digital. Uma **assinatura digital** é um procedimento de segurança que utiliza criptografia de chave pública para atribuir a um documento um código do qual somente você possui a chave.

A assinatura digital de um documento envolve passar esse documento por uma computação matemática complexa que gera um número primo grande chamado hash. O documento original e o hash estão unidos de modo inseparável. Se o documento ou hash forem alterados, eles não vão combinar, e não será possível decodificar o documento.

Quando um usuário assina digitalmente um documento, um hash (o hash original) é gerado com base no documento e codificado com a chave privada do usuário. Esse hash codificado se torna a assinatura digital que é armazenada ou transmitida com o documento. Mais tarde, se alguém desejar verificar se esse documento pertence a esse usuário, um novo hash é criado a partir do documento. O hash original, que foi criptografado com a chave privada do proprietário, é decodificado com a chave pública do proprietário, e os dois hashes são comparados. Se os dois combinarem, os dados não foram comprometidos, e a assinatura digital do usuário é válida. Pode-se alegar que ninguém viu o usuário "assinar" o documento original; portanto, não se sabe com certeza se o documento é legítimo. Tal alegação é solucionada pelo fato de que somente esse usuário possui essa chave privada. Portanto, ele é a única pessoa que poderia ter criado esse documento codificado específico.

Uma desvantagem desse sistema é que, se alguém descobre a chave privada do usuário, a assinatura digital pode ser falsificada. A criação de um sistema que atribui hashes e chaves e as mantém em sigilo necessita de uma infraestrutura de chave pública, um tópico que discutiremos em breve.

No ano 2000, o governo dos Estados Unidos aprovou a Lei de Assinaturas Eletrônicas para o Comércio Global e Nacional, que confere a assinaturas digitais em documentos eletrônicos o mesmo valor legal que as assinaturas por extenso em papel. É importante notar, entretanto, que nem todos os documentos podem ser legalmente assinados por uma assinatura digital. Por exemplo, embora financiamentos e hipotecas residenciais possam ser assinados digitalmente, documentos como termos de separação, testamentos e termos de adoção ainda precisam das velhas assinaturas com caneta e papel.

Pretty Good Privacy (PGP)

Em um esforço para criar um esquema de criptografia que pudesse ser utilizado pelo cidadão comum, um empreendedor chamado Philip Zimmermann criou um software de criptografia chamado de **Pretty Good Privacy (PGP)**. O PGP é um software de criptografia de alta qualidade que se tornou bastante popular na criação de mensagens seguras de e-mail e na criptografia de outros tipos de arquivos de dados. O PGP utiliza algumas das técnicas mais recentes de criptografia, como criptografia de chave pública e assinaturas digitais, e está disponível gratuitamente a qualquer pessoa nos Estados Unidos. Websites, sites FTP e bulletin boards disponibilizam cópias gratuitas para uso individual, e versões comerciais podem ser adquiridas para instalações corporativas. Você deve ter em mente, entretanto, que embora o uso do PGP e de outros softwares de criptografia seja legal nos Estados Unidos, pode não ser em outros países. Além disso, é ilegal enviar o PGP dos Estados Unidos para outro país. O próprio Zimmermann teve problemas legais por ter permitido que seu software PGP saísse desse país, o que violava leis federais de exportação que impedem o transporte externo de software de criptografia.

Se você deseja enviar uma transmissão segura, pode aplicar o PGP a seu documento, seja uma página da web ou uma mensagem de e-mail. Note, entretanto, que, como o PGP é baseado em técnicas de criptografia de chave pública e, assim, chaves públicas e privadas são necessárias, a estação de trabalho receptora deve possuir o mesmo software PGP que a sua estação transmissora para poder decodificar sua mensagem. Como há muitas versões diferentes de PGP e diversas restrições a seu uso, você deve consultar os vários sites populares dedicados ao suporte ao PGP para mais informações.

Kerberos

Kerberos é um protocolo de autenticação desenvolvido para trabalhar nas redes cliente/servidor que utilizam criptografia secreta ou simétrica. Ao contrário da criptografia de chave pública, na qual duas chaves são usadas, uma pública e uma privada, Kerberos utiliza uma chave tanto para encriptação quanto para decriptação.

Uma das funções primárias do Kerberos é autenticar usuários. Por exemplo, se a estação de trabalho de um cliente solicita um serviço de um servidor web, e o servidor deseja assegurar-se de que o cliente é quem diz ser, o Kerberos pode oferecer a autenticação. Para garantir esse nível de autenticação, o cliente apresenta um tíquete que foi emitido originalmente pelo servidor de autenticação Kerberos. Nesse tíquete, há uma senha que foi escolhida pelo cliente anteriormente. O servidor aceita o tíquete juntamente com a solicitação de transação, examina o tíquete e verifica se o usuário é quem diz ser. Vários pacotes de aplicativos encontrados em sistemas cliente/servidor suportam o uso do Kerberos.

Agora que aprendemos as técnicas básicas para manter os dados seguros, vamos analisar uma tecnologia que combina todas essas técnicas.

Infraestrutura de chave pública

Suponha que você esteja trabalhando para uma empresa que deseja abrir sua rede local interna para a Internet, a fim de permitir que seus colaboradores acessem seus recursos computacionais corporativos, como e-mails e bancos de dados corporativos, de locais remotos, para possibilitar aos clientes ou aos fornecedores corporativos acesso a dados da empresa, ou permitir aos clientes de varejo a realização de pedidos ou a consulta a pedidos anteriores. Em cada uma dessas transações, a empresa deseja certificar-se de que cada pessoa que fizer a transação seja um colaborador ou cliente legítimo, não um hacker tentando comprometer seu sistema. Uma tecnologia que auxilia uma empresa a atingir esse objetivo é a infraestrutura de chave pública.

Infraestrutura de chave pública (PKI) é a combinação de técnicas de criptografia, software e serviços que compreendem todas as partes necessárias para dar suporte a certificados digitais, autoridades de certificação e geração, armazenamento e administração de chave pública.

Uma empresa que adere aos princípios da PKI emite certificados digitais a usuários legítimos e servidores de rede, fornece software de registro para usuários finais e disponibiliza a servidores de rede as ferramentas essenciais para administrar, renovar e revogar certificados.

Um certificado digital, ou simplesmente um **certificado**, é um documento eletrônico, semelhante a um passaporte, que estabelece suas credenciais quando estiver executando transações na World Wide Web. Ele pode conter seu nome, número de série, data de validade, cópia de sua chave pública e a assinatura digital da autoridade emissora do certificado (para permitir a verificação da legitimidade do certificado). Os certificados são geralmente mantidos em um registro, para que outros usuários possam verificar as informações de chave pública de um usuário específico.

Vários certificados obedecem à norma X.509. Desenvolvida e apoiada pela União Internacional de Telecomunicações – Setor de Normatização de Telecomunicações (ITU-T), a norma X.509 define quais informações podem ser inseridas em qual certificado. Todos os certificados X.509 contêm as seguintes informações:

- Versão – Identifica a versão da norma X.509 que se aplica àquele certificado.
- Número de série – Um valor único que identifica um certificado específico; quando um certificado é cancelado, seu número de série é colocado em uma lista de certificados revogados (CRL).
- Identificador de algoritmo de assinatura – Identifica o algoritmo utilizado pela autoridade certificadora (uma entidade que será definida adiante) para assinar o certificado.
- Nome do emissor – O nome da entidade, geralmente uma autoridade certificadora, que assinou o certificado (em alguns casos, o emissor assina seu próprio nome).
- Período de validade – O período de tempo pelo qual cada certificado é válido (período que pode ter somente a duração de poucos segundos até um século), especificado por uma data e hora de início e data e hora de término.
- Nome do sujeito – O nome da entidade cuja chave pública esse certificado identifica.
- Informações da chave pública do sujeito – A chave pública da entidade sendo nomeada, junto com um identificador de algoritmo que especifica a que sistema de criptografia essa chave pertence.
- Assinatura digital – A assinatura da autoridade certificadora que será utilizada para verificar um certificado legítimo.

Todos os certificados são emitidos por uma **autoridade certificadora (CA)**, um software especializado em uma rede ou uma organização ou empresa terceirizada que emite e administra certificados. Uma dessas empresas é a VeriSign, que é um provedor de serviços PKI completamente integrado, desenvolvido para disponibilizar certificados a uma empresa que deseja incorporar a PKI, mas não deseja lidar com o hardware e o software complexos necessários para criar e administrar seus próprios certificados.

Considere um cenário no qual um usuário deseja fazer o pedido de alguns produtos por meio de um site da web. Quando o usuário estiver pronto para fazer o pedido, o site web tenta se certificar de que o usuário é realmente quem ele diz ser, solicitando que ele assine o pedido com sua chave privada. Essa chave privada já deve ter sido emitida para o usuário por uma autoridade certificadora, com a VeriSign. O pacote, que consiste no pedido do usuário e na assinatura digital, é enviado para o servidor. O servidor então solicita tanto o certificado do usuário quanto o da VeriSign. O servidor valida o certificado do usuário ao verificar a assinatura da VeriSign e utiliza o certificado do usuário para validar a assinatura do pedido. Se todas as assinaturas conferirem, confirmando que o usuário é quem ele diz ser, o pedido é processado. Geralmente tudo isso acontece sem o conhecimento do usuário. Embora a maior parte dos varejistas da web não utilize a PKI para verificar seus clientes – confiando, em vez disso, na camada de soquetes seguros –, há indicativos de que cada vez mais eles o farão em um futuro próximo.

Uma **lista de certificados revogados (CRL)** é uma lista de certificados que foram revogados antes de sua data de validade original. Por que um certificado pode ser revogado? Um certificado será revogado se a chave especificada no certificado estiver comprometida e não for mais válida, ou se o usuário especificado no certificado não tiver mais a permissão para usar a chave. Por exemplo, se for atribuído um certificado a um colaborador por uma empresa, e ele mais tarde pedir demissão ou for demitido, a autoridade certificadora revogará o certificado e colocará a ID do certificado na CRL. O colaborador não poderá mais enviar documentos seguros utilizando esse certificado. Na verdade, isso só acontece se o software vier a *verificar* cada certificado na CRL. A decisão sobre se a execução dessa verificação vale a pena depende da importância do documento assinado.

Empresas que necessitam realizar transações seguras geralmente investem em seus próprios sistemas de PKI. Como os sistemas de PKI são especializados e relativamente complexos, no geral, são muito caros. Antes de adquirir um sistema PKI, uma empresa precisa considerar se as transações que precisam ser seguras permanecem internas (na rede) ou se precisam percorrer redes externas. Transações externas, como transações de comércio eletrônico, necessitam de um sistema que pode interoperar com os sistemas de outras empresas. Outro fator que a empresa precisa considerar ao escolher um sistema PKI é o tamanho do aplicativo que exige transações seguras. Se há um número pequeno de colaboradores (menos de 100), pode ser economicamente viável adquirir um sistema PKI que esteja embutido em um aplicativo. Se o número de colaboradores for maior (mais de 100), um sistema PKI que suporta um sistema completo de armazenamento e administração de chaves e certificados pode ser mais útil.

Que tipo de aplicativo ou transação se beneficia da infraestrutura de chave pública? Aqui está um exemplo simples:

- Acesso a World Wide Web – O pedido de produtos pela Internet é uma atividade comum que se beneficia da PKI.

- Redes privadas virtuais – Um sistema PKI pode auxiliar na criação de um túnel VPN seguro (descrito no Capítulo 10) pela Internet insegura.

- Correio eletrônico – A PKI pode ser utilizada para oferecer segurança a mensagens quando os usuários quiserem enviar e-mails seguros por uma rede insegura como a Internet.

- Aplicativos cliente/servidor – Sistemas cliente/servidor, como sistemas de banco de dados interativos, geralmente envolvem a transferência de dados seguros. A PKI pode ser utilizada para assegurar que os dados continuem seguros quando forem do cliente para o servidor e vice-versa.

- Transações bancárias – Transações bancárias que percorrem redes externas precisam ser seguras. A PKI é usada rotineiramente em sistemas bancários para criar pares de chaves públicas/privadas e assinaturas digitais.

Para resumir, embora a PKI soe eficiente, ela tem seus problemas. Hoje, como dito anteriormente, ela é cara. Sistemas PKI típicos custam de dezenas a centenas de milhares de dólares para empresas médias. Além do mais, vários sistemas PKI são proprietários e não interagem bem com outros sistemas PKI. O lado positivo é que o preço da tecnologia PKI, como de várias outras tecnologias, está caindo constantemente. E a Internet Engineering Task Force continua a desenvolver normas com as quais futuros sistemas PKI vão poder trabalhar. Espera-se que essas novas normas aumentem a possibilidade de interoperação entre sistemas PKI.

Esteganografia

Esteganografia é a arte e a ciência de esconder informações dentro de outras, com aparência de mensagens ou documentos comuns. Em vez de enviar uma mensagem criptografada, a esteganografia envolve mensagens *escondidas*; desse modo, é possível perceber que uma mensagem foi enviada, mas não é possível perceber quando a esteganografia está escondendo uma mensagem secreta em um documento. Embora existam várias vertentes de esteganografia, que compreendem meios de ocultação, como tintas invisíveis e micropontos, o ramo que chamou mais a atenção recentemente foi a ocultação de mensagens secretas em imagens digitais.

Quando armazenadas em um computador, imagens digitais são basicamente grandes matrizes de números. Cada número representa a presença de um pixel, um ponto colorido ou preto e branco. É comum existirem pixels de 8 bits que representam 256 cores diferentes, e o tamanho típico das imagens é de 640 × 480 pixels, ou 2.457.600 bits (640 × 480 × 8). A ideia por trás da esteganografia é que mensagens secretas podem ser escondidas nesses mais de 2,4 milhões de bits. Atualmente, há três modos de ocultar os bits de uma mensagem secreta em uma imagem digital: colocando-os no bit menos significativo (o bit mais à direita) de vários pixels, marcando a imagem com um processo (conhecido como mascaramento e filtragem) que é semelhante a criar uma marca d'água em papel, e utilizando algoritmos e transformações. Os leitores interessados por essa forma singular de tornar os dados seguros podem navegar na web para mais informações.

Agora que abordamos as várias tecnologias de criptografia, vamos examinar outro tipo de sistema de defesa que pode ser usado para manter os recursos seguros.

Segurança de comunicações

Até agora, neste capítulo, examinamos algumas das técnicas de ataques mais comuns utilizadas por hackers, vários modos de tornar computadores e equipamentos de rede fisicamente seguros, técnicas para controle de acesso e técnicas de segurança de dados. Examinemos, agora, maneiras de tornar a comunicação mais segura. Iniciaremos discutindo modos de proteger a transmissão de sinais seguros por distâncias curtas usando tecnologia de espalhamento espectral.

Tecnologia de espalhamento espectral

Se você deseja ouvir uma estação específica (AM ou FM) no rádio, você tem de ligar seu rádio (o receptor) na mesma frequência na qual o transmissor da estação (o remetente) está transmitindo. Qualquer um na faixa de escuta do transmissor pode sintonizar a mesma frequência e ouvir. Isso funcionou bem para o rádio comercial, mas sempre foi um problema sério para os militares. Quando um lado transmite informações militares, geralmente não quer que o inimigo possa escutá-lo. Nesses casos, a *transmissão* de informações tem de se tornar segura de algum modo. Júlio César foi provavelmente um dos primeiros líderes militares a utilizar uma técnica de codificação na qual as letras de uma mensagem eram misturadas de tal forma que, se o portador da mensagem fosse capturado, o inimigo não conseguiria ler as ordens de César. Quando os rádios se tornaram dispositivos de telecomunicação comuns para os militares, algum tipo de criptografia era necessário para que transmissões seguras fossem enviadas e recebidas. Logo após a Segunda Guerra Mundial, essa tecnologia se tornou disponível e foi chamada de **tecnologia de espalhamento espectral**. A tecnologia de espalhamento espectral basicamente pega os dados a serem transmitidos e, em vez de transmiti-los em uma largura de banda fixa, espalha os dados em uma largura de banda mais ampla. Ao espalhar os dados, um nível de segurança é incorporado, tornando, assim, o eventual sinal mais resistente a escutas ou interceptações. Uma das aplicações comerciais mais comuns da tecnologia de espalhamento espectral é a comunicação sem fio, como a encontrada em telefones sem fio. Telefones sem fio que incorporam tecnologia de espalhamento espectral são impenetráveis a escutas de intrusos.

Duas técnicas básicas de espalhamento espectral são rotineiramente utilizadas no setor de telecomunicações hoje em dia: espalhamento espectral por saltos de frequência e espalhamento espectral por sequência direta. A ideia da transmissão por **espalhamento espectral por saltos de frequência** é fazer o sinal saltar através de frequências aleatórias em vez de transmitir através de uma frequência fixa. Qualquer um que tente interceptar não poderá escutar porque as frequências de transmissão mudam constantemente. Como o receptor desejado segue esses saltos aleatórios pelas frequências? Na verdade, esse sinal não pula realmente em frequências aleatórias, ele somente parece fazê-lo. O transmissor, de fato, segue uma sequência de frequências *pseudoaleatórias*, e o receptor desejado possui o conhecimento de hardware e software para seguir essa sequência de frequências pseudoaletórias.

A Figura 12-8 demonstra a operação básica de um sistema receptor e transmissor com espalhamento espectral por saltos de frequência. Os dados de entrada passam por um codificador de canal, um dispositivo que produz um sinal analógico com uma largura de banda estreita centralizada ao redor de uma frequência específica. Esse sinal analógico é então modulado em um padrão aparentemente aleatório de frequências, utilizando uma sequência de números pseudoaleatórios como guia. O sinal modulado pseudoaleatório é então transmitido a um receptor amigo. A primeira operação que o receptor amigo executa é "reordenar" o sinal modulado, usando a mesma sequência pseudoaleatória que o transmissor utilizava para codificar o sinal. O sinal demodulado é, a partir daí, enviado para o decodificador de canal, que executa a operação oposta do codificador de canal. O resultado são os dados originais.

A segunda técnica para criar um sinal com espalhamento espectral para tornar a comunicação segura é o **espalhamento espectral por sequência direta**. O espalhamento espectral por sequência direta espalha a transmissão de um sinal por uma faixa ampla de frequências usando valores matemáticos. A Figura 12-9 mostra que,

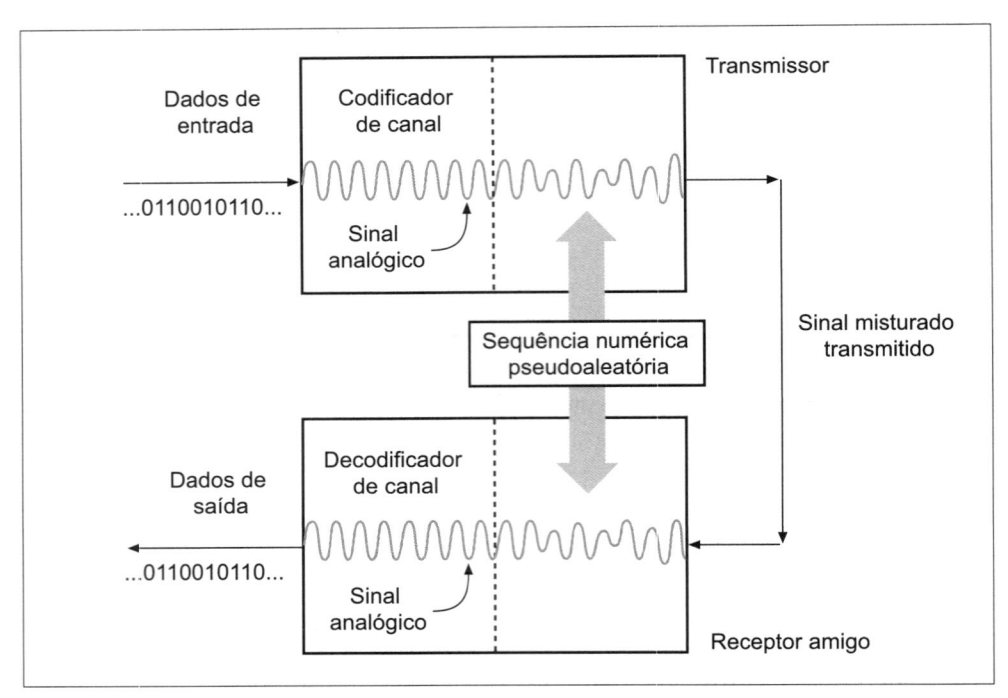

Figura 12-8 Operação básica de um sistema receptor e transmissor de espalhamento espectral por saltos de frequência.

como os dados originais são colocados em um modulador de sequência direta, eles passam por uma operação exclusive-or com um fluxo de bits pseudoaleatórios (exclusive-or ou ou-exclusivo é uma operação lógica que combina dois bits e produz um único bit como resultado. Mais precisamente, se você exclusive-or um 0 e um 0, o resultado é 0; 0 exclusive-or 1 é igual a 1, e 1 exclusive-or 0 é igual a 1; quando exclusive-or 1 e 1, o resultado é novamente 0.) Assim, a saída do modulador de sequência direta é o resultado da operação exclusive-or entre os dados de entrada e a sequência de bits pseudoaleatórios. Quando os dados chegam ao receptor desejado, o sinal com espalhamento espectral passa novamente por uma operação exclusive-or com o mesmo fluxo de bits pseudoaleatórios que foi utilizado durante a transmissão do sinal. O resultado desse exclusive-or na extremidade

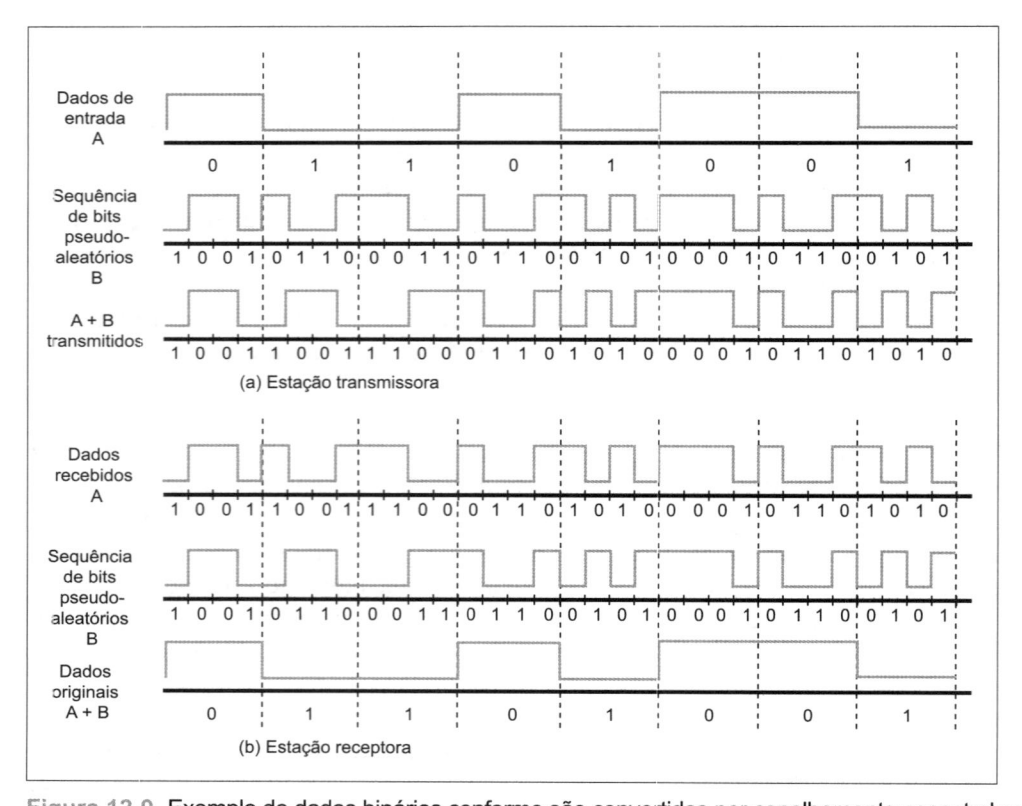

Figura 12-9 Exemplo de dados binários conforme são convertidos por espalhamento espectral por sequência direta e vice-versa.

receptora são os dados originais. Acesso múltiplo por divisão de código (CDMA), que é rotineiramente usado em telefones celulares modernos, é uma forma de tecnologia de espalhamento espectral por sequência direta.

Concluindo, as tecnologias de espalhamento espectral oferecem um meio efetivo de tornar segura a transmissão de dados entre o transmissor e o receptor. Abordemos agora outros modos de tornar as comunicações seguras. Em especial, examinemos como comunicações seguras podem ser criadas entre um computador de usuário e a Internet.

Proteção contra vírus

Como colocado na introdução deste capítulo, apesar dos níveis mais altos de segurança de computadores disponíveis hoje em dia, nunca antes os usuários estiveram tão suscetíveis aos objetivos maliciosos de outros usuários de computadores. Uma das formas mais comuns de invasão em canais de comunicação é o vírus de computador. Como o vírus é um programa de computador, ele tem um padrão binário reconhecível. Os primeiros modelos de antivírus, da década de 1980, procuravam por um único padrão de bits de vírus. Os antivírus mais recentes observam as ações de um vírus, como modificações incomuns de arquivos ou atividades de diretório. Para se proteger contra vírus, você pode adquirir software antivírus que verifica todos os seus arquivos periodicamente e remove qualquer vírus encontrado. Conforme você faz download de arquivos e e-mails e abre aplicativos com esse software, você pode receber uma advertência sobre um novo vírus. Para proteger seu computador de modo mais eficiente contra ataques de vírus, você precisa utilizar software antivírus que inclui escaneamento baseado em assinatura, monitoramento residente em memória e verificação de integridade.

O **escaneamento baseado em assinatura** funciona reconhecendo o padrão único de um vírus. Todos os vírus têm um padrão único de bit, assim como uma sequência de DNA tem uma sequência única. Os desenvolvedores de produtos antivírus e pesquisadores de vírus catalogam os vírus conhecidos e suas assinaturas. O escaneamento baseado em assinatura usa essas listas de catálogo para procurar vírus conhecidos no sistema de computador do usuário. Como novos vírus são criados todos os dias, é necessário que o usuário atualize o catálogo de vírus conhecidos frequentemente. Essa atualização é geralmente feita com o download de informações de novos vírus pela Internet.

Para disponibilizar a seus computadores um nível constante de proteção contra vírus, a maior parte dos usuários utiliza software antivírus, que busca vírus continuamente – uma técnica conhecida como **termina execução e permanece residente em memória**. Software antivírus com termina execução e permanece residente em memória opera em segundo plano, enquanto o aplicativo que o usuário está executando opera em primeiro plano. Programas terminam execução e permanecem residentes em memória podem oferecer vários serviços de proteção, como monitoramento em tempo real de unidades de disco e arquivos, análise inteligente de comportamento viral e detecção de vírus polimórficos. Uma vantagem de software antivírus termina execução e permanece residente em memória é sua natureza automática: o usuário não tem de ativar o software cada vez que um arquivo novo é aberto ou o download dele é feito. Uma desvantagem desse software é que, como o verificador de vírus está sempre em execução, ele consome recursos de memória e processamento. Uma desvantagem adicional é que esse tipo de software antivírus pode criar alarmes falsos. Após serem interrompidos por vários alarmes falsos, os usuários frequentemente desabilitam o software antivírus completamente, deixando seus sistemas abertos a ataques.

Uma técnica antivírus utilizada em conjunto com escaneamento baseado em assinatura e termina execução e permanece residente em memória é a **verificação de integridade**. Essa técnica é uma combinação de técnicas antivírus como análise inteligente de checksum e análise especializada de vírus. A análise inteligente de checksum calcula e aplica um checksum a um arquivo e a um conjunto de dados duas vezes na vida útil de um arquivo – no início, quando o arquivo é novo (ou em um estado de segurança conhecido), e mais tarde, quando o arquivo já existe há algum tempo. Como em um checksum cíclico, o checksum do arquivo, quando é novo, é comparado com o checksum posterior para determinar se o arquivo foi modificado em decorrência de ações de um vírus. A análise especializada de vírus envolve vários algoritmos proprietários que executam milhões de testes em seu software e examinam o fluxo do código de programa e outras funções de software. Baseado nos resultados desses testes, essa técnica antivírus atribui uma pontuação ao software em questão e indica a existência de um vírus se a pontuação atinge certo nível.

Os usuários podem simplificar o trabalho do software antivírus não deixando que ataques de vírus ou e-mails infectados entrem em seus sistemas. Eles podem fazê-lo com um firewall, que, se instalado adequadamente, pode ser o que impede a entrada dos vilões em seus computadores. Examinemos o firewall mais de perto para ver como ele oferece outro nível de proteção aos usuários.

Firewalls

Um **firewall** é um sistema ou combinação de sistemas que dá suporte a uma política de controle de acesso entre duas redes. As duas redes são geralmente uma rede corporativa interna e uma externa, como a Internet. Um firewall pode limitar o acesso dos usuários da Internet a certas partes da rede corporativa e podem limitar o acesso de usuários internos a várias partes da Internet. A Figura 12-10 demonstra como um firewall bloqueia solicitações internas e externas.

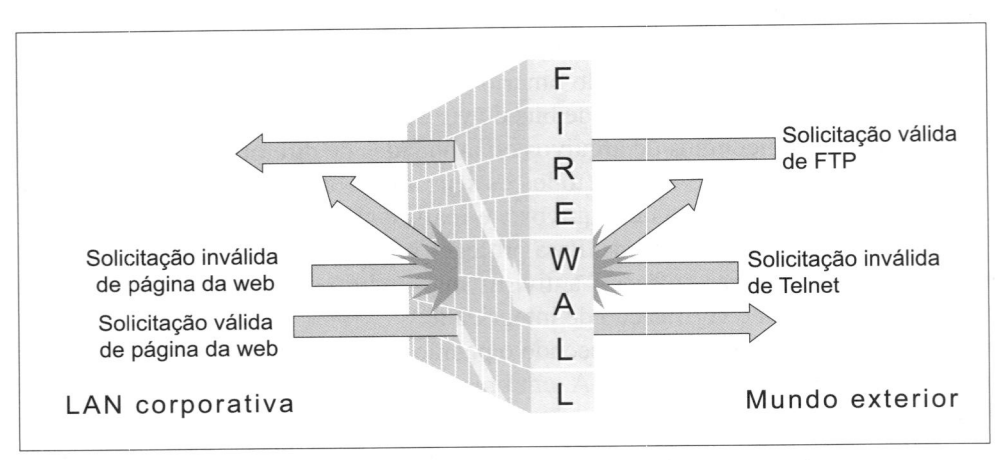

Figura 12-10 Um firewall quando impede certas transações internas e externas.

Em um ambiente corporativo no qual uma rede local está conectada à Internet, a empresa pode querer permitir que mensagens externas de e-mail entrem na rede, mas não deseja permitir logins remotos à rede corporativa, porque um invasor que aprendeu como fazer o login em um aplicativo corporativo pode vandalizar o sistema. A empresa também pode desejar banir transferências de arquivos fora da rede corporativa por medo de perder dados corporativos ou segredos comerciais. De qualquer modo, um firewall, como você verá, envolve mais que simplesmente programar um dispositivo para aceitar ou rejeitar certos tipos de transações.

Eficácia do firewall

Que tipos de transação um firewall impede e que tipos de transação ele não impede? É possível que um sistema de firewall pare logins remotos, assim como e-mails e transferências de arquivos de entrada e de saída. Também é possível para um firewall limitar solicitações de páginas da web de entrada e de saída. Após a criação da política de segurança – com o objetivo de restringir alguns tipos de transações e permitir outros –, uma empresa pode criar um sistema de firewall que permita ou proíba uma faixa bastante ampla dessas transações.

Os números de portas TCP indicam que serviço de aplicativo é desejável. Quando uma transação destinada a um aplicativo específico entra em um sistema, o número apropriado de porta é incluído como parte da transação. Algumas atribuições típicas de número de porta são:

- Telnet, ou serviço remoto de login, é geralmente a porta 23.
- Finger, um serviço para encontrar uma ID de usuário, geralmente é a porta 79.
- Usenet, serviço de grupo de notícia, geralmente a porta 119.
- E-mail é geralmente porta 25.
- Navegação na web, que utiliza HTTP, é a porta 80.

Se uma empresa deseja bloquear estranhos de acessar com Telnet a sua rede, pode configurar seu firewall para parar todas as transações de entrada que solicitam a porta 23. Ou uma empresa pode impedir que colaboradores gastem tempo na Usenet configurando o firewall para bloquear todas as transações de saída com a porta número 119.

Firewalls, infelizmente, não protegem a rede de todas as formas possíveis de ataque. Como um vírus pode se esconder em um documento, ele provavelmente não será detectado por um firewall se a transação que trouxer o documento for permitida no sistema. Alguns sistemas de firewall, entretanto, alegam que podem detectar vírus em documentos. Mas esses sistemas são raros e não podem detectar todos os vírus atuais.

Um firewall também não protegerá um computador ou rede adequadamente se for possível a um invasor evitar o firewall e entrar no sistema por meio de uma rota alternativa. Por exemplo, se um sistema de rede tem um ou mais modems discados que não fazem parte do sistema de firewall, um invasor pode evitar o firewall e conseguir um acesso ilegal. Um fax é outra rota pela qual informações sensíveis podem sair de uma empresa. O melhor sistema de firewall no mundo não evitará que um colaborador específico envie por fax um documento confidencial por uma linha telefônica padrão para um receptor externo. Para que um sistema firewall funcione, uma política abrangente de segurança deve ser criada, instalada e imposta. Essa política de segurança deve abranger o controle de todas as entradas e saídas possíveis do ambiente corporativo, de sistemas de computador, telefone e fax para pessoas que transportem fisicamente meios para dentro e para fora do prédio.

Tipos básicos de firewall
Há dois tipos básicos de firewall:

- Filtrador de pacote
- Servidores proxy

Examinemos ambos os tipos de firewall e revisemos suas vantagens e desvantagens.

O firewall **filtrador de pacote** é essencialmente um roteador programado para filtrar certos endereços IP ou números de porta TCP. Esses tipos de roteadores executam um exame estático dos endereços IP e dos números de porta TCP e depois negam uma transação ou permitem que ela passe, baseados nas informações armazenadas em suas tabelas. Tais tipos de roteadores têm um projeto relativamente simples. Eles também agem muito rapidamente, mas são simples demais para oferecer um nível alto de segurança. Por exemplo, é relativamente fácil para um usuário externo que deseja causar problemas na rede interna enganar um filtrador de pacote estático fazendo-o acreditar que é um agente amigável.

Roteadores (e firewalls) se tornaram cada vez mais inteligentes no decorrer dos anos, e modelos modernos podem até seguir o fluxo de conversação entre uma entidade interna e uma externa. Essa capacidade permite que roteadores modernos detectem falsificação. Roteadores modernos também estão começando a procurar por vírus em transações de entrada.

O **servidor proxy** é um dispositivo de firewall mais complexo. Ele é um computador que executa software de servidor proxy, cuja função é igual à de um bibliotecário que controla o acesso a livros em uma biblioteca na sala de livros raros. Para evitar que livros valiosos sejam danificados por vandalismo ou manuseio inadequado, várias bibliotecas não permitem que sócios entrem na sala de livros raros. Em vez disso, um sócio preenche uma solicitação de informações e a entrega ao bibliotecário. O bibliotecário entra na sala de livros raros e pega o volume solicitado. Ele, então, copia as informações solicitadas do livro e dá as fotocópias ao sócio. Desse modo, o sócio nunca entra em contato com o livro raro real. Do mesmo modo, uma transação que faz uma solicitação do firewall do servidor proxy nunca entra em contato com a rede da empresa. Qualquer transação externa que solicite qualquer coisa da rede corporativa deve primeiro ir ao servidor proxy. O servidor proxy cria um aplicativo chamado proxy, que vai até a rede corporativa para recuperar as informações solicitadas. Como todas as transações externas devem passar pelo servidor proxy, ele é um modo excelente de criar um diário de auditoria.

Um servidor proxy que suporta solicitações FTP oferece um exemplo realista. Lembre-se do Capítulo 10, em que foi mostrado que o protocolo FTP utiliza duas conexões de rede: uma para controle de informações e outra para transferência de dados. Quando uma solicitação FTP chega, o proxy FTP examina a conexão de controle na camada de aplicação, decide quais comandos são permitidos ou negados e faz o diário de comandos individuais. Quando o proxy encontra um comando que solicita a segunda conexão – a conexão de transferência de dados –, ele usa informações da política de segurança programada pela empresa para decidir se filtra os pacotes de dados.

Como um servidor proxy fica fora da rede corporativa da empresa e de suas várias barreiras de segurança, o próprio servidor proxy está sujeito a vandalismo (Figura 12-11). Para protegê-lo, a empresa deve se certificar de que seu servidor proxy é uma versão mínima do computador em rede. Desse modo, um vândalo pode fazer pouco mal a ele.

Por último, embora o servidor proxy ofereça um nível mais alto de segurança, ele é mais lento que um filtrador de pacote, porque um proxy tem de ser criado para cada tipo de transação que possa solicitar dados de dentro

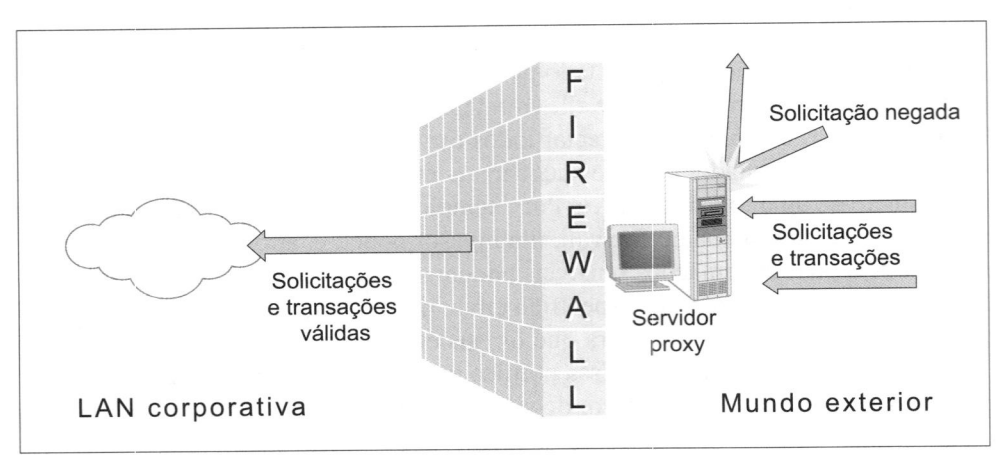

Figura 12-11 Servidor proxy fora da proteção da rede corporativa.

da rede corporativa. Como a tecnologia de filtro de pacote, a tecnologia proxy está melhorando, como é de esperar. Dispositivos do tipo roteador, que podem criar eficiente e efetivamente um proxy que entra em uma rede interna para recuperar as informações solicitadas, agora aparecem no mercado.

Segurança sem fio

Redes locais existem há quase 35 anos. Durante esse tempo, as vimos evoluir de sistemas simples baseados em barramento, sistemas de servidor único para redes complexas com switches de camadas dois e três, sistemas operacionais de rede avançados e servidores múltiplos. Enquanto as redes locais parecem ter amadurecido desde seus problemas iniciais, estamos vendo agora os mesmos problemas com uma tecnologia relativamente nova – redes locais sem fio. Um dos maiores problemas das redes locais é a segurança. Como praticamente qualquer um pode ter um notebook ou outro dispositivo sem fio, é quase impossível controlar quem pode se conectar em uma rede local sem fio e de onde. Desse modo, a segurança sem fio é essencial, mas também complexa.

O primeiro protocolo de segurança para as LANs sem fio foi o **protocolo de equivalência com fio (WEP)**. Embora o WEP fosse um passo na direção correta, ele tinha duas desvantagens sérias. Primeiro, o WEP utilizava chaves fracas de criptografia que tinham 40 bits de extensão. Segundo, as chaves eram estáticas, não dinâmicas. Chaves estáticas são mais fáceis de desvendar porque provavelmente não mudarão. Para que um administrador de rede modifique uma chave WEP, o administrador tem de visitar fisicamente a máquina. Vários administradores achavam que o WEP era tão inadequado e difícil de trabalhar que preferiam não ter nenhum mecanismo de segurança. Felizmente, o WEP foi substituído por um novo padrão, o **acesso protegido Wi-Fi (WPA)**. O WPA mantém as chaves de criptografia de 40 bits de tamanho do WEP, mas tem uma melhoria significativa: a inclusão do protocolo de integridade de chave temporal (TKIP) e dos recursos da IEEE 802.1x, que juntos oferecem criptografia dinâmica de chave e autenticação mútua para clientes sem fio. Assim, embora a chave de 40 bits não seja ainda muito poderosa, as chaves estão sendo agora dinamicamente atribuídas, e clientes sem fio devem provar que são legítimos usuários antes de se conectar.

De qualquer modo, o WPA foi um padrão temporário utilizado até um padrão de segurança mais poderoso ser aprovado e implantado: a norma foi a **IEEE 802.11i** (também chamada WPA2). Ela aborda ambas as fraquezas do WEP ao permitir que as chaves, algoritmos de criptografia e negociação sejam dinamicamente atribuídos e ao adotar a criptografia AES baseada no algoritmo Rijndael com chaves de 128, 192, ou 256 bits. A IEEE 802.11i é baseada no WPA e na rede de segurança robusta (RSN), um software que executa uma negociação robusta dos algoritmos de criptografia e autenticação usados entre pontos de acesso e agentes sem fio.

Questões de projeto de política de segurança

Quando uma empresa está projetando um sistema de firewall e sua política de segurança correspondente, várias questões devem ser respondidas. A primeira questão envolve o nível de segurança esperado da empresa. A empresa que está tentando permitir o acesso somente a serviços é considerada essencial para seus negócios? Ou a empresa deseja permitir todos ou a maior parte dos tipos de transações, e assim precisa de seu sistema de firewall apenas para auditar transações e criar uma sequência correta para elas? A permissão de acesso somente a serviços considerados essenciais exige um sistema de firewall mais elaborado e, consequentemente, mais trabalho e despesas. A permissão para que a maior parte dos tipos de transação aconteça requer um sistema de firewall mais simples, que execute somente operação de gestão de fila e crie informações de auditoria. Para determinar o nível apropriado de segurança de que ela precisa, uma empresa deve avaliar a natureza de seus dados. Mais precisamente, a empresa deve determinar quanto seus dados devem ser seguros. Também deve decidir se todos os seus dados devem se tornar seguros ou somente partes dele. Esse passo no exame de dados e na configuração de nível de segurança de uma empresa e suas operações geralmente consome tempo e dinheiro.

A decisão sobre o nível de segurança leva à segunda questão: Quanto dinheiro a empresa deseja gastar para investir em um sistema de firewall? Sistemas de firewall adquiridos comercialmente podem ser poderosos, complexos e caros. É possível, entretanto, construir um sistema de firewall internamente que se aproveite da capacidade dos recursos já existentes, como sistemas operacionais de rede e roteadores. Como vimos antes, é possível utilizar um sistema operacional de rede para restringir o acesso a um sistema de acordo com a hora do dia, o dia da semana e o local. Também é possível usar o software existente para criar informações de auditoria de todas as transações de entrada e saída. Dependendo do nível de detalhes de auditoria exigidos, uma empresa pode adquirir e instalar software adicional que funcionará em conjunto com o software de sistema operacional de rede para disponibilizar qualquer nível desejado de auditoria.

Como sistemas operacionais de rede, vários roteadores podem ser programados para restringir o acesso a certos tipos de tráfego. Um roteador pode ser programado para aceitar e rejeitar solicitações com endereços IP específicos ou uma faixa de endereços IP. Roteadores podem ser programados para negar acesso a certos endereços de porta ao nível TCP.

Uma terceira questão que a empresa deve abordar se relaciona a seu comprometimento com a segurança. A empresa é suficientemente séria quanto à restrição de acesso à rede corporativa de modo que não torna segura somente as entradas à rede relacionadas com a Internet, mas também apoia a segurança de todo e qualquer enlace no ambiente da rede corporativa? Em outras palavras, ao tomar decisões relativas à segurança, a empresa deve também considerar o acesso a modems discados, redes sem fio e outros enlaces de telecomunicações. Fax, independentes ou baseados em computador, e disco removível, são dois exemplos de como os dados podem entrar ou sair de uma corporação. Uma política de segurança deve levar em consideração esses pontos de entrada e de saída, assim como a Internet.

Ter uma política de segurança bem projetada fará que o trabalho do pessoal de suporte à rede fique mais claro. Uma política de segurança bem projetada tornará sua imposição mais simples, e permitirá que o pessoal reaja de maneira apropriada a solicitações específicas de segurança. Os colaboradores saberão o que os usuários da rede podem ou não acessar, e aonde eles podem ou não ir. A política também tornará mais claros os objetivos e deveres dos colaboradores de rede quando eles tiverem de impor a segurança com relação a solicitações externas.

Se houver uma boa política de segurança, os usuários corporativos terão uma melhor compreensão do que podem ou não fazer. Essa compreensão vai, espera-se, auxiliar o pessoal de rede na execução de seu trabalho e permitirá que a empresa mantenha a segurança em um mundo cada vez mais inseguro.

Talvez em virtude de várias empresas terem política de segurança bem projetada, muitas pessoas que utilizam a Internet para adquirir itens on-line têm confiança de que, ao transferir informações de cartão de crédito em uma sessão segura, seus dados estejam a salvo de hackers e outros espiões (isso acontece apesar de o armazenamento de informações de cartão de crédito no banco de dados da empresa ser uma preocupação relevante, como várias invasões a bancos de dados bastante divulgadas). Esse sentimento de segurança pode mudar, entretanto, uma vez que a Internet Engineering Task Force está considerando uma proposta que permite a criação de uma entrada backdoor em todo o tráfego da Internet. Essa entrada backdoor permitiria que pessoas autorizadas interceptassem qualquer tráfego de dados na Internet. Uma vez que a utilização de uma backdoor claramente significaria uma violação de privacidade, por que ela foi proposta?

No centro do argumento está o fato de sistemas telefônicos padrão atualmente permitirem que agências do governo dos Estados Unidos interceptem comunicações. Essa escuta acontece na central telefônica e está embutida nos comutadores telefônicos da central. A lei que permite a escuta, a Lei de Assistência de Comunicações para Imposição da Lei, existe desde 1994. Os proponentes da entrada backdoor argumentam que, agora que a Internet começa a transportar tráfego de voz, a autoridade do governo para interceptar transações de voz deve ser estendida para a Internet. Mas, como os críticos dessa proposta alertam, se o governo pode interceptar voz, também pode interceptar dados. Os críticos também apontam que, se os desenvolvedores da Internet fossem criar essa backdoor, o acesso a ela poderia cair em mãos erradas e ser usado para fins criminosos.

Essa questão se torna ainda mais complexa em razão de várias empresas, atualmente, criptografarem todos os dados que saem de suas redes corporativas. A maior parte das técnicas de criptografia utilizadas pelas empresas é tão eficaz que praticamente ninguém, incluindo o governo, pode desvendá-la. Em casos em que essa criptografia é executada pela rede pouco antes de os dados saírem dos limites corporativos, seria responsabilidade do pessoal de suporte à rede corporativa fornecer ao governo dos Estados Unidos, se solicitados, os dados decodificados. Se, por outro lado, a criptografia for aplicada na estação de trabalho do usuário antes de os dados serem inseridos na rede corporativa, não é claro quem teria de fornecer os dados decodificados ao governo. Com certeza, essa questão será debatida intensamente por algum tempo ainda.

Embora as empresas possam ter políticas de segurança bem projetadas, eventos externos tornam essa área cada vez mais complexa com o passar do tempo.

Segurança de rede em ação: tornando LANs sem fio seguras

A última vez que vimos Hannah foi no Capítulo 8, quando ela estava examinando possíveis candidatos para escolher um sistema operacional de rede para a sua empresa. Agora a empresa de Hannah está considerando o oferecimento de serviço de rede local sem fio para seus colaboradores e pessoal administrativo. A questão é: como a rede local sem fio pode ficar segura em relação a usuários não autorizados? Esse é um problema que as universidades, empresas e até mesmo usuários domésticos estão encontrando. Mais precisamente, o problema é: como você torna a sua rede sem fio segura em relação a war drivers? War drivers são usuários não autorizados que, usando seus dispositivos sem fio, tentam conectar-se à rede sem fio de alguém para ter livre acesso à Internet ou roubar e vandalizar arquivos.

Como já vimos, o protocolo de equivalência com fio (WEP) é frágil demais para ser um protocolo de segurança sem fio sério. Ele se baseia no algoritmo chamado RC4, que é aparentemente bastante fácil de quebrar. Embora o WEP tenha se atualizado com o uso de chaves de 128 bits em vez de chaves de 40 bits, indivíduos conseguiram quebrar a chave mais longa com software e persistência. Uma desvantagem adicional do WEP é que as chaves são estáticas. Assim, uma pessoa de TI tem de visitar cada máquina pessoalmente para modificar a chave, o que não é prático, mesmo em uma pequena empresa como a de Hannah.

Hannah poderia considerar a utilização do Leap da Cisco (protocolo de autenticação leve extensível) como protocolo sem fio. Infelizmente, o Leap não é um padrão, mas um software proprietário, e tem problemas de interoperabilidade como outros dispositivos. Hannah definitivamente deseja usar software que seja aceito por uma organização normativa. O WPA (acesso protegido Wi-Fi) foi criado pela WiFi Alliance. A aceitação do WPA foi acelerada pelo fato de a WiFi Alliance demandar que o mecanismo de segurança do WPA fosse exigido para todas as novas certificações WiFi.

Embora o WPA utilize a mesma criptografia RC4 do WEP, ele inclui o TKIP (protocolo de integridade de chave temporal) que gira as chaves e, desse modo, fortalece o processo de criptografia. Mas o WPA também tem problemas. Hannah descobriu que ele pode não ser compatível com sistemas operacionais de rede mais antigos, o que não é realmente um problema para ela, uma vez que ela acabou de instalar a última versão de um sistema operacional de rede popular. Ela também aprendeu que alguns assistentes digitais pessoais podem não ter poder de processamento para o WPA, mas como a empresa deixou de fornecer PDAs para seus colaboradores, esse não é um problema para Hannah. O que poderia ser um problema potencial para Hannah é o WPA diminuir o desempenho do dispositivo. Após todos os seus esforços para fazer a melhor escolha para seu sistema de rede local da empresa, ela não deseja lidar com diminuições no desempenho.

Felizmente, IEEE 802.11i, ou WPA2, está disponível agora para LANs sem fio. Com seus métodos de criptografia mais fortes e algoritmos mais rápidos, é difícil ser superado. Esse parece claramente o melhor software de criptografia para uma rede local sem fio. Provavelmente ela não encontrará muitos problemas de compatibilidade, pois a norma existe há alguns anos.

Assim, Hannah está considerando a instalação de WPA2 em sua rede de empresa. A próxima questão é: em quais dispositivos o WPA2 deve ser instalado? Para que uma rede sem fio esteja adequadamente segura, o software de segurança tem de operar em três pontos diferentes no sistema: no notebook sem fio do usuário, no ponto de acesso sem fio (a conexão entre o usuário sem fio e a rede com fio) e o servidor de rede. Felizmente, o software que suporta todos os três pontos no sistema está disponível hoje. Hannah compra e instala seu sistema sem fio WPA2. Como as senhas podem ser atribuídas dinamicamente, ela está bastante confiante de que a rede corporativa estará segura em relação a war drivers de fora do prédio. Os colaboradores desfrutam de sua liberdade recém-adquirida de mover seus notebooks em qualquer parte do prédio.

RESUMO

- A segurança de rede continua a ser um tópico altamente importante, em especial com o aumento da interconectividade de rede. A Internet tem ajudado a abrir a porta para vândalos de todo o mundo, tornando qualquer sistema conectado a ela vulnerável ao ataque.

- Três ataques comuns ao sistema são (1) o ataque a sistema operacional conhecido e vulnerabilidade de software de aplicativo, (2) bombardeamento de sistema para torná-lo incapaz de executar suas funções normais (ataques de negação de serviço) e (3) utilização de contas válidas de usuário para objetivos não autorizados.

- Pessoal e usuários de rede devem estar cientes de (e tomar) medidas de proteção física, como colocar equipamentos em locais apropriados para proteger seus sistemas de inundação, vandalismo e outros fatores ambientais prejudiciais. Outras medidas físicas de proteção, como sistemas de vigilância, também podem impedir de modo eficaz o vandalismo e o roubo de equipamentos.

- O controle de acesso a um sistema de computadores e sua rede é um aspecto essencial da segurança de rede. Existem medidas de segurança de rede que permitem que um administrador de rede limite a hora do dia, o dia da semana e o local de onde alguém pode fazer o log-on ao sistema de computador.

- Senhas e outros sistemas de ID são técnicas muito comuns de segurança de controle de acesso, mas as senhas podem ser roubadas e utilizadas por terceiros inescrupulosos. Novas técnicas métricas que usam alguma parte do corpo para identificar um indivíduo são mais seguras que os sistemas de senhas.

- A maior parte dos sistemas de computador exige dos usuários direitos de acesso aos recursos do sistema. Ao configurar corretamente direitos de acesso, administradores de rede podem tornar os recursos de computador mais seguros.

- Software que faz uma auditoria contínua das transações de rede cria um registro eletrônico que as empresas podem utilizar quando estiverem tentando pegar usuários maliciosos.

- Disponibilizar segurança para dados de sistemas é quase tão importante quanto proteger o próprio sistema. A tecnologia de criptografia oferece um conjunto importante de técnicas que podem ajudar na luta contra a fraude de computadores. Cifras de substituição trocam uma letra ou série de letras em uma mensagem por uma segunda letra ou série de letras. Cifras de transposição redispõem a ordem das letras em uma mensagem.

- A criptografia de chave pública utiliza duas chaves: uma para codificar mensagens e outra para decodificá-las. A camada de soquetes seguros é usada para criptografar dados que viajam entre servidores e navegadores da web.

- O padrão de criptografia de dados foi criado em 1977 e utiliza uma chave de 56 bits para criptografar dados transmitidos entre duas instalações corporativas. O padrão avançado de criptografia substitui o padrão de criptografia de dados e oferece um nível de proteção muito mais alto.

- Assinaturas digitais utilizam criptografia de chave pública e podem ser utilizadas para verificar se um documento particular pertence a uma pessoa específica.

- Pretty Good Privacy é um software de criptografia gratuito que permite a usuários comuns, assim como usuários comerciais, encriptografarem e decriptografarem transmissões do dia a dia.

- Kerberos é uma técnica de criptografia de chave secreta que pode ser utilizada por aplicativos comerciais para verificar se um usuário é quem ele alega ser.

- Infraestrutura de chave pública utiliza criptografia de chave pública, assinaturas digitais e certificados digitais para permitir a passagem segura de dados por redes não seguras.

- A esteganografia é o estudo de esconder dados sigilosos em um documento não relacionado, por exemplo, esconder os bits de uma mensagem nos pixels de uma imagem.

- Além de tornar os dados de rede seguros, é necessário tornar as comunicações de rede seguras. A tecnologia de espalhamento espectral é a técnica de espalhar dados e seus sinais por uma faixa ampla de frequência para que a transmissão seja segura. Quando um sinal é transmitido utilizando técnicas de espalhamento espectral por saltos de frequência, o sinal salta continuamente de uma frequência a outra para impedir interceptação, interrupção da transmissão ou outra intervenção maliciosa. Quando um sinal é transmitido usando técnicas de espalhamento espectral por sequência direta, os 1s e 0s dos dados originais são convertidos em sequências mais longas de bits.

- Para tornar as comunicações seguras, administradores e usuários de rede devem estar cientes de ataques a computadores e vírus que podem causar danos a sistemas de computador. Eles também devem estar cientes de que software e hardware podem ajudar a proteger o sistema e seus usuários de ataques e vírus de computador. Antivírus têm três formas básicas: escaneamento baseado em assinatura, monitoramento termina execução e permanece residente em memória e verificação de integridade.

- Outro meio de tornar a comunicação segura é um firewall, um sistema ou combinação de sistemas que dão apoio a uma política de controle de acesso entre duas redes. Firewalls são de dois tipos básicos: (1) filtradores de pacote, que examinam todas as transmissões de entrada e saída e filtram aquelas transmissões consideradas ilegais, e (2) servidores proxy: computadores que operam na entrada de uma rede de computador e agem como porteiros da rede corporativa.

- A segurança de redes sem fio é um campo de estudo relativamente novo e excitante. Normas como a IEEE 802.11i são poderosas e robustas para oferecer proteção de chave dinâmica e autenticação de usuário.

- Um projeto apropriado de segurança de rede ajuda o pessoal de rede corporativa a delinear claramente quais transações de rede submetidas por colaboradores internos e usuários internos são aceitáveis.

PERGUNTAS DE REVISÃO

1. Descreva um exemplo simples de cifra de transposição.
2. Como a esteganografia é utilizada para esconder mensagens secretas?
3. Descreva um exemplo simples de cifra de substituição.
4. Em que circunstâncias um certificado pode ser revogado?
5. Como uma auditoria pode ser utilizada para proteger um sistema de computador de uso fraudulento?
6. Que tipo de entidade emite um certificado?
7. Qual é a maior fraqueza do sistema de senha? Qual é sua maior força?
8. Que tipo de aplicativos podem se beneficiar da infraestrutura de chave pública?
9. Quais são os tipos mais comuns de direito de acesso?
10. Faça uma lista dos elementos básicos da infraestrutura de chave pública.
11. Como um sistema de detecção de invasão funciona?
12. Kerberos é uma técnica de criptografia de chave pública ou privada? Explique.
13. Como a vigilância pode ser utilizada para melhorar a segurança de rede?
14. Que tipo de aplicativo pode se beneficiar da Pretty Good Privacy?
15. Faça uma lista de três formas de proteção física.
16. O que é uma assinatura digital?
17. O que é tempestade de ping e como ela se aplica ao ataque de negação de serviço?
18. Qual é a diferença entre o padrão de criptografia avançada e o padrão de criptografia de dados?
19. O que é falsificação e como ela se aplica ao ataque de negação de serviço?
20. O que é padrão de criptografia de dados?
21. Como um ataque de negação de serviço funciona?
22. Dê um exemplo comum de um aplicativo que utiliza camada de soquetes seguros.
23. O que é um cavalo de Troia?
24. Como a criptografia de chave pública pode tornar os sistemas mais seguros?
25. Como os hackers exploram vulnerabilidades de sistema operacional?
26. Quais são as vantagens de ter uma política de segurança?
27. Quais são as técnicas diferentes utilizadas para localizar e parar um vírus?
28. Quais são os dois tipos básicos de firewall?
29. O que é vírus de computador e quais são seus tipos principais?
30. Qual é a responsabilidade primária de um firewall?
31. Quais são as duas formas diferentes de tecnologia de espalhamento espectral?

EXERCÍCIOS

1. Por que uma sequência verdadeiramente aleatória em um sistema de espectro de difusão de salto de frequência não pode ser utilizada?
2. Você deseja escrever uma música e aplicar uma assinatura digital a ela, para provar mais tarde que ela é sua. Como você aplica a assinatura e, mais tarde, como você a utilizaria para provar que música é sua?
3. Você deseja esconder uma mensagem secreta dentro de um arquivo de imagem utilizando a esteganografia. Você decidiu colocar um bit por vez da mensagem nos pixels da imagem. Como você vai selecionar os pixels? Eles serão aleatórios ou em uma fileira? E uma vez que o pixel for escolhido, que bit você vai substituir pelo bit da mensagem secreta? Por quê?
4. A utilização da amostra de cifra baseada em transposição descrita neste capítulo e a mesma chave, COMPUTER, codificam a frase "Birthdays should only come once a year" (aniversários deveriam acontecer só uma vez por ano).
5. Quais são as respostas para as questões no exercício 13 se a chave tiver extensão de 128 bits?
6. Você está utilizando um navegador Web e deseja adquirir um CD de músicas de um varejista eletrônico. O varejista solicita o número do seu cartão de crédito. Antes de você transferir o número do seu cartão de crédito, o navegador entra em uma conexão segura. Que sequência de eventos criaram a conexão segura?
7. Suponha que uma chave seja de 56 bits. Se um computador demora 0,00024 segundos para tentar cada chave, quanto tempo ele demora para tentar todas as chaves possíveis? E se 10.000 computadores estiverem trabalhando juntos para tentar todas as chaves?
8. Utilizando a cifra Vigenére e a chave NETWORK, codifique a frase "this is an interesting class" (este é um curso interessante).
9. Um recurso de firewall é a capacidade de parar um pacote IP de saída, remover o endereço IP real, inserir um endereço IP "falso" e enviar o pacote para seu destino. Como esse recurso funciona? Você acha que ele é eficaz?
10. Descreva (em papel) um exemplo simples de cifra baseada em transposição.
11. Como o tamanho da chave afeta a força e a fragilidade da técnica de criptografia? Considere o uso amigável e o não amigável da chave.
12. Crie (em papel) um exemplo simples de cifra baseada em substituição.
13. Um firewall pode filtrar solicitações a um endereço IP específico, um endereço de porta, ou ambos? Qual é a diferença?
14. Você esqueceu sua senha, então você entra em contato com a assistência e pede ao representante para recuperar sua senha. Após alguns instantes, o representante da assistência informa a senha que você esqueceu. O que acabou de acontecer e qual é sua relevância?
15. Faça uma lista de três exemplos (além dos listados no capítulo) de ações cotidianas que podem se beneficiar da aplicação da PKI.
16. Uma grande universidade em Illinois costumava colocar a saída de computador das tarefas de estudantes em uma mesa na sala de computadores. Essa sala era a mesma sala de computadores que abrigava todos os mainframes do campus e os dispositivos de suporte. Os estudantes deveriam entrar na sala, pegar suas tarefas e sair. Que tipo de problemas de segurança os serviços de computadores podem encontrar com um sistema desse tipo?

PENSANDO CRIATIVAMENTE

1. Crie um esquema de codificação que seja composto de uma cifra de substituição, de transposição, ou ambas. Codifique a mensagem "Meet me in front of the zoo at midnight" (encontre-me em frente ao zoológico à meia-noite). Explique sua(s) técnica(s) de codificação.
2. Crie um negócio hipotético com aproximadamente 50 a 100 colaboradores. Coloque os colaboradores em dois ou três departamentos diferentes. Atribua a cada departamento um nome e funções básicas. Todos os colaboradores em todos os departamentos utilizam computadores pessoais para várias atividades. Identifique as atividades de computador para os colaboradores de cada departamento. Crie uma política de segurança para os colaboradores de cada departamento. Certifique-se de abordar quando e onde os colaboradores têm acesso a recursos de computador e se algum tipo de transação deve ser restrito.
3. Você está trabalhando para uma empresa que permite que seus colaboradores acessem recursos de computadores de locais remotos e permite que os fornecedores enviem e recebam transações de pedidos on-line. Sua empresa está considerando incorporar a PKI. Como você recomendaria que a PKI fosse implantada para dar apoio a essas duas áreas de aplicação?
4. Você tem um computador em casa com uma NIC sem fio e um roteador sem fio. Faça uma lista das medidas de segurança que devem ser empregadas para que sua rede residencial fique segura.
5. Seu supervisor pediu que você explorasse o conceito de gestão de ID para a empresa. O que está envolvido? Como isso pertence ao tópico da segurança? É razoável para a empresa considerar a implantação de gestão de ID, ou esse conceito é novo demais (e consequentemente arriscado demais) para que uma empresa em atividade o considere?

6 Algumas empresas utilizam o modelo prevenção/detecção/correção para estabelecer segurança corporativa. Como esse modelo funciona? Você pode dar exemplos de cada uma das três categorias? Se você está empregado no momento, como você acha que sua empresa se encaixa nesse modelo? Se você é um estudante de um curso universitário, como sua universidade ou faculdade se encaixa nesse modelo?

PROJETOS PRÁTICOS

1. Encontre e relate três técnicas de segurança diferentes que utilizem alguma parte das características físicas de uma pessoa para a verificação.
2. A detecção de invasão é uma área popular da segurança de rede. Várias empresas oferecem sistemas de software que executam a detecção de invasão. Escreva um resumo de uma a duas páginas sobre como os sistemas de detecção de invasão funcionam.
3. Quais são os direitos de acesso permitidos para proteção de arquivos e outros objetos no sistema de computadores na sua escola ou local de trabalho? Faça uma lista das opções para "quem" e "como".
4. Crie uma breve lista de alguns dos vírus recentes que percorrem macros de aplicativos, especificamente as macros que operam com os aplicativos do Microsoft Office.
5. Relate o estado atual dos padrões de criptografia para empresas que enviam dados para fora do país. As empresas desejam restrições mais ou menos rigorosas no envio de material criptografado para fora do país? Qual é a posição do governo? Que tipos de documentos criptografados o governo atualmente permitem que as empresas exportem?
6. Pretty Good Privacy (PGP) pode ser utilizada como uma forma de infraestrutura de chave pública (PKI). Explique como PGP e PKI se relacionam.
7. O que é o chip clipper? Ele chegou a ser uma realidade? Explique.
8. Eventualmente você ouve falar de um vírus que não é um vírus, mas sim um boato. Encontre um site na web que tenha uma lista de vírus de boato e relate alguns entre os mais interessantes.
9. Quais são algumas das tecnologias de espectro de difusão além do salto de frequência e sequência direta? Lembre-se de citar suas fontes.

13
Projeto e gerenciamento de redes

◆◆◆◆◆◆◆◆◆◆◆◆◆◆◆◆◆◆◆◆◆◆◆◆◆◆◆◆◆◆◆◆◆◆◆◆◆

SUPONHA QUE VOCÊ É UM ADMINISTRADOR DE REDES ou analista de sistemas de sua empresa e precisa pedir verba a seu chefe para comprar um novo sistema de rede ou equipamento. A revista *Network Computing* oferece dicas sobre como ser bem-sucedido nesses casos.

Conheça as pessoas responsáveis pela parte financeira: Se a direção costumar exigir um modelo detalhado de ROI (retorno sobre investimento) para sua solicitação, desenvolva um. Se a direção for mais flexível, você deve considerar ainda apoiar a sua solicitação preparando uma proposta de negócio menos formal que apresente os benefícios e custos subjetivos da nova compra.

Quantifique, se possível: como a criação de um ROI válido pode ser difícil, você deve, se precisar desenvolvê-lo, certificar-se de concentrar-se nos custos e benefícios que podem ser clara e legitimamente quantificados.

Envolva o departamento financeiro no processo: se você conseguir que um contador da empresa fique do seu lado desde o começo (para validar seus cálculos e apoiar a sua solicitação), ele ajudará no seu caso.

Pesquise: fale com qualquer pessoa na empresa que possa estar envolvida ou se beneficiar com a aquisição do novo sistema ou equipamento de computador. Certifique-se de utilizar essas informações para incrementar sua proposta.

Ofereça condições iguais: use a verificação apropriada de valor para o tipo de sistema solicitado. Por exemplo, para um produto ou sistema relacionado à segurança, você pode utilizar modelos de avaliação baseados em risco.

Produza evidência qualitativa: reúna testemunhos para suporte da compra de fontes diferentes, como outros colaboradores que podem se beneficiar da utilização do sistema e gerentes corporativos que possivelmente já estejam usando o novo produto. Para apoiar seu caso, você também deve considerar investigar se outras empresas (especialmente concorrentes) estão usando o produto.

É difícil calcular um ROI para um novo produto?

Os profissionais seguem um procedimento quando propõem e projetam sistemas de computador?

Fonte: Wilson, T., "What's It Worth to You?". *Network Computing*, p. 79-86, 17 mar. 2005.

Objetivos

Após ler este capítulo, você será capaz de:

▶ Reconhecer o ciclo de vida de desenvolvimento dos sistemas e definir cada uma de suas fases.

▶ Explicar a importância de criar um ou mais mapas de conectividade.

▶ Descrever as diferenças entre viabilidades técnica, financeira, operacional e temporal.

▶ Criar uma análise de custo-benefício que incorpore o valor temporal do dinheiro.

▶ Explicar por que executar o planejamento de capacidade e análise de tráfego é difícil.

▶ Descrever os passos relacionados com a execução de um estudo de baseline (base de referência).

▶ Discutir a relevância de um administrador de redes e as competências necessárias para essa função.

▶ Calcular a confiabilidade e a disponibilidade dos componentes e do sistema.

▶ Reconhecer as ferramentas básicas de diagnóstico de rede de hardware e software.

▶ Descrever a importância da assistência técnica com relação à gestão de operações de rede.

▶ Fazer uma lista das principais funções do protocolo simples de gerenciamento de rede (SNMP) e distinguir entre um gerente e um agente.

▶ Descrever o uso do protocolo de monitoramento remoto de rede (RMON) e sua relação com o SNMP.

Introdução

Para que uma rede de computadores seja eficiente, ela tem de suportar tanto a quantidade atual de tráfego quanto a futura, pagar-se em um tempo razoável de tempo e fornecer os serviços necessários para suportar os usuários do sistema. Todos esses objetivos são muito difíceis de atingir. Por quê? Primeiro, as redes de computadores estão constantemente crescendo em complexidade. Em vários ambientes corporativos, é extremamente difícil para uma pessoa compreender totalmente cada componente, protocolo e aplicativo de rede. Desse modo, a gestão de redes está se tornando cada vez mais desafiadora.

Uma segunda razão está relacionada à dificuldade para um indivíduo ou empresa definir adequadamente o futuro da computação em uma empresa. Cada empresa tem suas próprias expectativas sobre que serviços de computação ela deve oferecer. Além disso, cada usuário na empresa tem sua ideia dos serviços de computação que devem estar disponíveis. É extremamente difícil, portanto, determinar um serviço único ou conjunto de serviços que podem atender às necessidades de toda a empresa.

Por último, a tecnologia de rede de computadores muda a uma velocidade estonteante. Em algumas áreas, esperam-se grandes desenvolvimentos a cada seis meses; e em outras áreas, novas tecnologias surgem quase diariamente. Ficar atualizado em relação a novos hardwares, softwares e aplicativos de rede é um trabalho em tempo integral por si só. A incorporação de nova tecnologia na já existente, ao mesmo tempo em que se tenta prever as necessidades dos usuários, é exaustivo. Esse ambiente mutável é uma das principais razões pelas quais projetar novos sistemas e atualizar os atuais são áreas repletas de armadilhas perigosas. Uma decisão errada pode significar que muito tempo e dinheiro serão gastos.

A maioria dos tópicos apresentados neste capítulo vem de áreas de estudo muito amplas. A área de planejamento, análise, projeto e implementação de soluções baseadas em computadores, por exemplo, é tema de um curso universitário exclusivo ou uma sequência de cursos de dois semestres. Por essa razão, o capítulo não conseguirá abranger esses tópicos com muita profundidade. Por outro lado, tentaremos pesquisar o campo para oferecer um entendimento dos conceitos básicos envolvidos na criação de soluções baseadas em computadores.

Por que é importante compreender os conceitos básicos que são utilizados para desenvolver sistemas de computador? Esses conceitos são importantes porque, se você deseja seguir uma carreira relacionada a redes de computadores, há uma boa chance de que em algum ponto do futuro você projetará ou atualizará um sistema de rede, auxiliará uma ou mais pessoas que projetam ou atualizam um sistema de rede. Se você for executar essa tarefa por si mesmo, precisará conhecer como abordar o problema logicamente e estabelecer um desenvolvimento apropriado dos passos. Se você for trabalhar com um ou mais profissionais de redes, precisará conhecer os passos relacionados e como poderá participar deles. Além da compreensão dos conceitos básicos de projeto de rede, um gerente de redes precisa aprender outras competências complexas, como realizar estudos de viabilidade, planejamento de capacidade, análise de tráfego e criação de uma baseline (base de referência). Este capítulo apresentará cada uma dessas atividades e exemplos relativamente simples que demonstram o uso delas. O capítulo terminará com uma descrição das competências pessoais necessárias para um administrador de redes e avaliará algumas das ferramentas disponíveis para dar suporte adequadamente uma rede.

Ciclo de vida do desenvolvimento de sistemas

Toda empresa, seja com ou sem fins lucrativos, geralmente tem alguns objetivos principais, que podem incluir:

- Aumento da base de clientes da empresa.
- Satisfação dos clientes oferecendo os serviços da empresa da melhor maneira possível.
- Aumento do lucro da empresa ou, em uma entidade sem fins lucrativos, aquisição de verbas necessárias para atingir suas metas e objetivos.
- Fechamento de negócios de maneira mais eficiente e efetiva.

Com base nesses objetivos principais, os planejadores de sistemas e pessoal de gestão de uma empresa tentam gerar um conjunto de questões que, quando atendidas satisfatoriamente, ajudarão a organização a atingir seus objetivos e evoluir. Por exemplo, alguém na organização pode perguntar: Há um modo de otimizar o sistema de pedidos para permitir que a empresa feche negócios de maneira mais eficiente e efetiva? Podemos automatizar o sistema de renovação do cliente, para atender melhor os clientes e satisfazê-los? Há um modo mais eficiente de oferecer novos produtos para ajudar a empresa a aumentar a base de clientes? Há um modo melhor de administrar nosso sistema de depósito para aumentar o lucro da empresa?

Com muita frequência no mundo corporativo atual, as respostas a esse tipo de perguntas envolvem soluções que exigem o uso de sistemas de computadores, e esses sistemas são geralmente grandes e complexos. Quando grandes quantias de tempo, dinheiro e recursos estão relacionadas a uma solução computacional específica, você pode desejar se certificar de que essa solução é a melhor possível para o problema.

Para poder entender adequadamente um problema, analisar todas as soluções possíveis, selecionar a melhor solução, implantá-la e mantê-la, você precisa seguir um plano bem definido. Um dos planos mais populares e bem-sucedidos utilizados atualmente pelas empresas é o **ciclo de vida de desenvolvimento de sistemas (SDLC)**, uma abordagem estruturada para o desenvolvimento de um sistema de negócios. Embora técnicas mais recentes como RAD (desenvolvimento rápido de aplicação) e Agile se deem melhor com um processo de desenvolvimento mais iterativo, por razões de simplicidade, usaremos o SDLC por enquanto. Essa abordagem geralmente inclui planejamento, análise, projeto, implementação e suporte. Em geral, uma abordagem estruturada é uma série de passos e tarefas que profissionais, como desenvolvedores de sistemas, podem seguir para fazer que sistemas de alta qualidade fiquem mais rápidos, com menos riscos e com menores custos. Embora praticamente toda empresa que utiliza o SDLC e todo livro-texto que ensina SDLC tenha uma variação um pouco diferente da metodologia, a maioria concorda que o SDLC inclui pelo menos as seguintes fases:

- Planejamento – identifica problemas, oportunidades e objetivos.
- Análise – determina requisitos de informação, analisa necessidades do sistema e prepara uma proposta de sistema por escrito.
- Projeto – projeta e constrói o sistema recomendado no fim da fase de análise e cria a documentação que acompanha o sistema.
- Implementação – instala o sistema e prepara a mudança do sistema antigo para o novo; treina os usuários.
- Manutenção – corrige e atualiza o sistema instalado quando necessário.

A ideia de fases é crítica para o conceito de SDLC. A intenção do SDLC é que as fases não sejam passos separados de um plano maior, mas camadas sobrepostas de atividade. É bastante comum que duas ou três fases de um único projeto ocorram ao mesmo tempo. Por exemplo, o projeto de um componente de um sistema pode estar em progresso, enquanto a implementação de outro componente está sendo executada.

Um segundo conceito crítico é o de *ciclo*. Após um sistema ter sido mantido por um período de tempo, é relativamente comum reiniciar a fase de planejamento – desse modo outro ciclo – em uma tentativa de buscar uma solução melhor para o problema. Assim, o ciclo de vida de desenvolvimento de sistemas é um processo sem fim (veja a Figura 13-1).

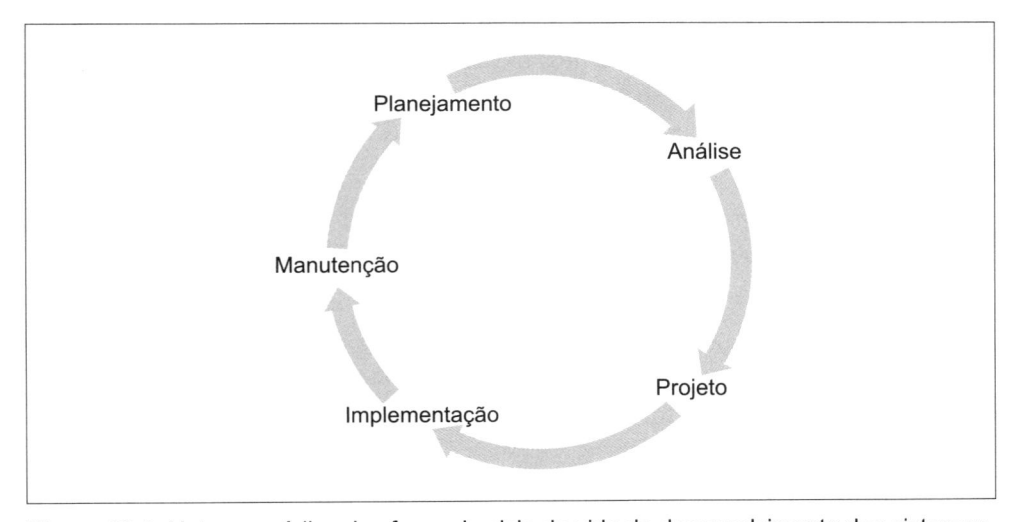

Figura 13-1 Natureza cíclica das fases do ciclo de vida de desenvolvimento dos sistemas.

Quem é responsável por iniciar as fases e guiar o projeto pelo ciclo? Um profissional chamado **analista de sistemas** geralmente é o responsável por administrar o projeto e seguir as fases do SDLC, especialmente as fases de análise e projeto. Embora tornar-se um analista de sistema exija treinamento profissional especializado, muitos indivíduos que trabalham com redes de computadores podem aprender análise de sistemas e métodos de projetos e incorporá-los aos projetos de redes de computadores. Também é possível que uma pessoa que dê suporte a redes de computadores possa ser chamada por um analista de sistemas para colaborar em uma nova solução de redes. Nesse caso, o profissional de rede deve estar a par do SDLC e preparado para fornecer as informações solicitadas ou os materiais de projeto.

Modelagem de rede

Quando for solicitado a um analista de sistemas, ou a uma pessoa que faça o papel de analista de sistemas, que projete um novo sistema de computadores, ele deve geralmente criar um conjunto de modelos para o sistema existente (se houver um) e o sistema proposto. Esses modelos são comumente projetados para mostrar o fluxo de dados pelo sistema e o fluxo de procedimentos no sistema, e assim eles ajudam o analista e outros profissionais a visualizar os sistemas atuais e propostos. Uma parcela muito importante da maioria dos sistemas de computadores hoje é a rede. A maior parte das empresas tem pelo menos uma rede local interna e uma ou mais conexões a redes de longa distância externas como a Internet. Várias empresas têm vários escritórios espalhados geograficamente. Os modelos criados para um projeto de rede podem descrever o estado atual da rede ou ilustrar a rede de computadores desejada.

O modelo de rede não tem de ser uma criação elaborada. Muitas vezes, é somente um modelo desenhado à mão que descreve a proposta de projeto para a rede. Uma técnica utilizada para modelar um ambiente de rede de uma corporação é criar **mapas de conectividade**. Mais precisamente, três técnicas de modelagem diferentes podem ser usadas, dependendo da rede que você estiver modelando: mapas de conectividade de longa distância, mapas de conectividade metropolitanos e mapas de conectividade locais. Nem todas as análises e os esboços de projeto necessitam dos três mapas de conectividade. Por exemplo, sua empresa pode não utilizar uma rede metropolitana para conectar sua rede local ao mundo exterior, portanto não necessitará criar um mapa de conectividade metropolitano. Por outro lado, todos os três mapas serão descritos aqui, visto que cada tipo tem características um pouco diferentes, mas importantes. Vamos começar com a perspectiva mais ampla do mapa de conectividade de longa distância e chegar até os menores detalhes, mostrados no mapa de conectividade local.

Mapa de conectividade de longa distância

Para criar um **mapa de conectividade de longa distância**, o modelador começa identificando cada planta ou local onde a empresa tem um escritório. Cada planta fixa é marcada por um círculo; plantas móveis ou sem fio são indicadas por círculos com a letra M; e plantas externas, como revendedores ou agentes externos, são marcados pela letra E. Uma linha contínua entre duas plantas indica um caminho desejado para a transmissão de dados (ou voz). A Figura 13-2 mostra um mapa com quatro plantas, Chicago, Seattle, Los Angeles e San Antonio. O usuário em San Antonio é, na verdade, um escritório do governo e, assim, é mostrado como uma planta com um E. Além do mais, há usuários sem fio no escritório de Chicago, e eles são exibidos todos com um único M circulado.

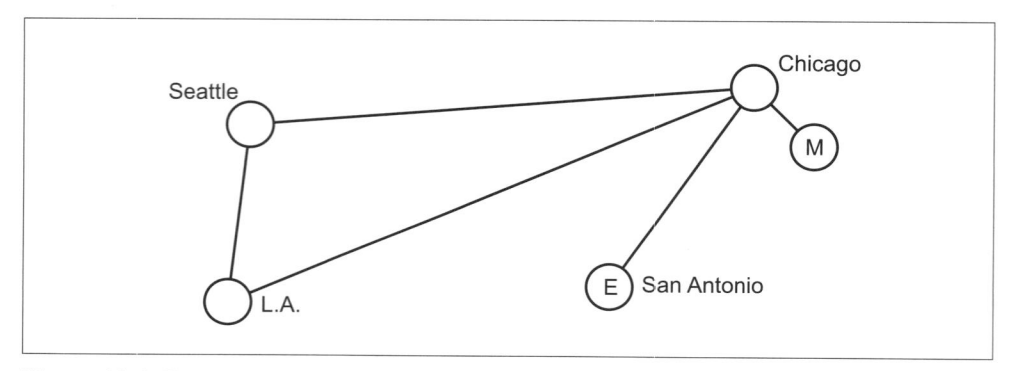

Figura 13-2 Exemplo de um mapa de conectividade de longa distância para as plantas em Chicago, Seattle, Los Angeles e San Antonio.

Para identificar as conexões entre as plantas, as seguintes características podem ser aplicadas para cada conexão (em qualquer ordem):

- d = distância da conexão (geralmente mostrada em milhas ou quilômetros).
- s = nível de segurança (alto, médio, baixo ou nenhum).
- du = duplexidade (full duplex, half duplex ou simplex).
- dr = taxa de dados desejados (em bps).
- l = latência, ou tempo de retardo aceitável pela rede (geralmente em milissegundos, ou ms).
- QoS = qualidade de serviço (CBR = taxa constante de bits, VBR = taxa variável de bits, ABR = taxa de bits disponível, UBR = taxa de bits não especificada, ou nenhuma).
- de = taxa de entrega (às vezes chamada porcentagem de vazão).

A Figura 13-3 mostra como essas características de enlace podem ser utilizadas para definir mais completamente uma conexão – neste caso, aquela entre Chicago e Los Angeles. A distância entre essas duas cidades é 3.620 quilômetros; o nível de segurança para a conexão é médio; a duplexidade é completa; a taxa de dados desejados é 256 kbps; a latência pela rede é 200 ms; a qualidade de serviço é ABR; e a taxa de entrega é 99,9 por cento.

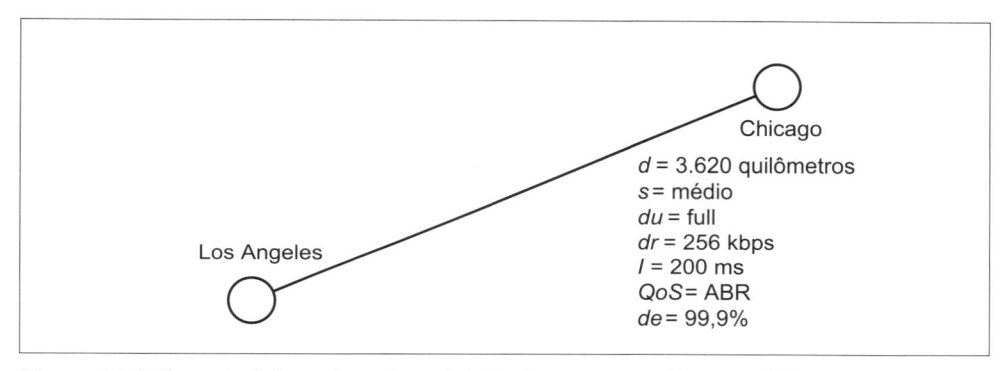

Figura 13-3 Características de enlace detalhado para conexão entre Chicago e Los Angeles.

Após identificar as plantas, o modelador definirá as características para cada enlace, criando um mapa que mostra as interconexões de rede de longa distância para toda a empresa. Agora que a rede de longa distância foi mapeada, o modelador pode dar um zoom nas conexões da rede metropolitana.

Mapa de conectividade metropolitana

Se uma empresa deseja uma conexão de rede metropolitana entre um de seus escritórios e outras empresas, como um provedor de serviço de Internet (ISP), ela pode utilizar um **mapa de conectividade metropolitano** para descrever essa conexão e definir as características desejadas de rede. Um mapa de conectividade metropolitano compartilha algumas das características dos mapas de longa distância e das características dos mapas locais. Taxa de dados, qualidade de serviço e segurança são parâmetros ainda importantes na camada metropolitana, mas a distância provavelmente não é tão importante quanto no mapa de longa distância. Um novo parâmetro que possa ter um impacto no projeto metropolitano é o tempo de *failover*. Lembre-se no Capítulo 9 que o tempo de failover é a quantidade de tempo necessário para a rede metropolitana reconfigurar-se ou refazer o roteamento de um pacote, se um enlace específico falhar. Um exemplo de um mapa de conectividade metropolitano é mostrado na Figura 13-4.

O mapa de conectividade metropolitano pode ser separado do mapa de conectividade de longa distância ou pode ser incorporado ao mapa de longa distância. O modelador ficaria com a última opção se incluísse o enlace da área metropolitana e suas as características na planta apropriada do mapa de conectividade de longa distância. Quando o mapa de conectividade metropolitano estiver completo (ou se não houver necessidade de criar um mapa metropolitano por não haver redes metropolitanas), o modelador continua até o conjunto final de mapas – o mapa de conectividade local.

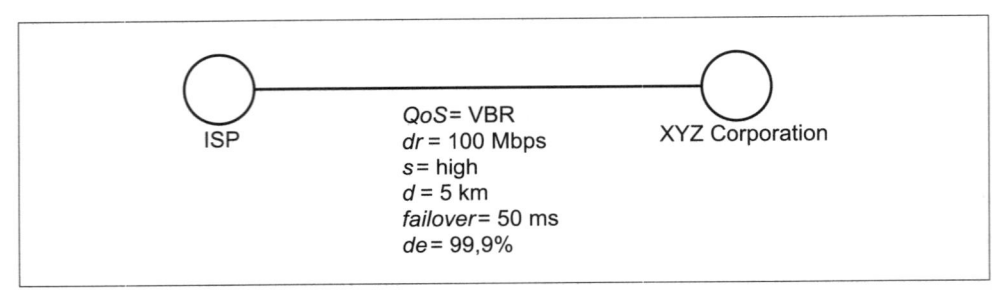

Figura 13-4 Dois nós e o enlace de conexão em um mapa de conectividade metropolitano.

Mapa de conectividade local

Para examinar os nós em um mapa de conectividade de longa distância mais detalhadamente, um analista pode expandir cada planta individual em um mapa de conectividade local. O projeto de rede local pode ser executado em uma ou duas etapas, dependendo do nível de detalhes desejado. Se somente uma visão geral de uma rede local for desejada, o analista pode criar um **mapa de conectividade local resumido**. Nessa etapa, todos os grupos lógicos ou físicos, como grupos de usuários e estações de trabalho, são marcados como um nó simples. Os enlaces entre esses nós são definidos por fatores como distância, segurança, taxa de dados, QoS, duplexidade e vazão, que é a porcentagem de dados reais transmitidos em um período de tempo específico. Latência, taxa de entrega e *failover* geralmente não são fatores suficientemente significantes a serem incluídos no nível local. A Figura 13-5 mostra um exemplo de um mapa de conectividade local resumido. Note que o mapa de visão geral não inclui nenhum ponto de conexão, como hubs, switches ou roteadores.

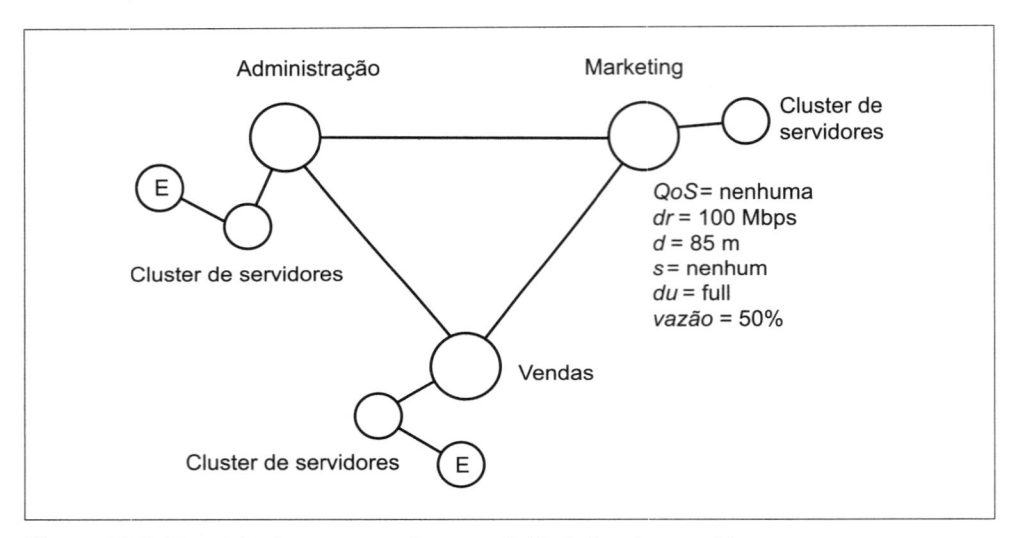

Figura 13-5 Exemplo de um mapa de conectividade local resumido.

Se mais detalhes forem desejados, o analista pode criar um mapa detalhado de conectividade local. Um mapa detalhado pode mostrar como estações de trabalho individuais ou grupos de estações são agrupados com switches, roteadores, hubs e clusters (conjuntos) de servidores. Por exemplo, o mapa de conectividade local detalhado na Figura 13-6 focou no nó de Marketing do mapa resumido na Figura 13-5 para mostrar as estações de trabalho desse nó e suas interconexões com os switches do nó. O nível de detalhe mostrado em um mapa de conectividade local detalhado depende da necessidade de um dado projeto. Alguns projetos necessitam que todas as interconexões entre os componentes sejam mostradas, enquanto outros podem trabalhar com um mapa que mostra somente as interconexões principais. Como você pode imaginar, mapas de conectividade detalhados costumam capturar uma quantidade boa de informações.

Agora que aprendemos sobre modelagem de redes, vamos examinar outra ferramenta utilizada no modelo SDLC – o estudo de viabilidade.

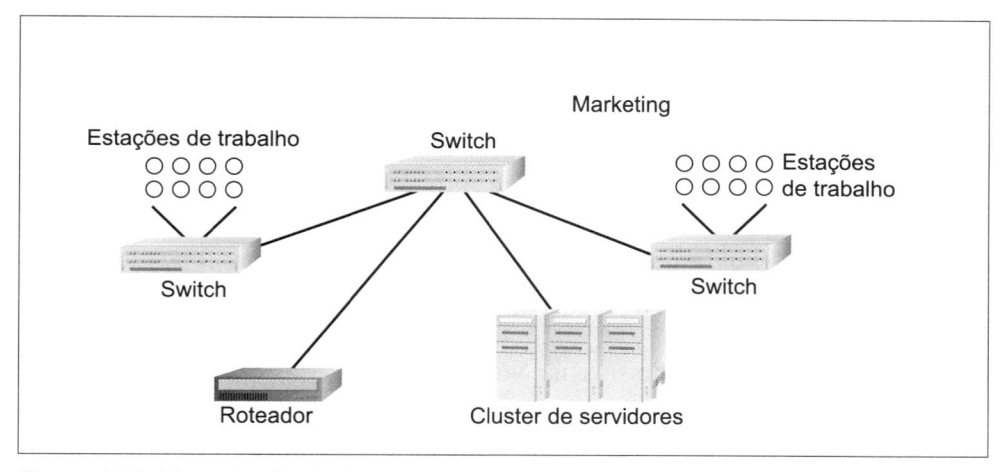

Figura 13-6 Mapa detalhado de conectividade local para Marketing

Estudos de viabilidade

A análise e o projeto de um novo sistema de computador podem gastar muito tempo e dinheiro. Enquanto o projeto está na fase de análise e antes de um sistema ser projetado e instalado, uma solução viável deve ser encontrada. O termo "viável" tem vários significados quando é aplicado a projetos baseados em computadores. O sistema proposto deve ser viável tecnicamente. A **viabilidade técnica** de um sistema é a extensão para a qual o sistema pode ser criado e implementado utilizando tecnologia que existe atualmente. A tecnologia especificada na proposta do sistema existe e pode ser incorporada em uma solução funcional? Se a tecnologia de dois ou mais fabricantes for sugerida, essas tecnológicas diferentes são compatíveis? Quando um fabricante alega que um hardware ou software específico fará o que é esperado dele, isso é realidade ou ilusão? Sua empresa tem o conhecimento técnico para construir, instalar ou manter o sistema proposto?

O sistema proposto também deve ser viável financeiramente. A **viabilidade financeira** de um sistema é a extensão para a qual o sistema deve ser criado, de acordo com as finanças atuais da empresa. O sistema proposto pode resolver o problema atual da empresa e não extrapolar o orçamento? O sistema proposto resultará em lucro? Se for o caso, quanto tempo isso vai levar para acontecer?

Além disso, o sistema proposto deve ser operacionalmente viável. Quando um sistema demonstra **viabilidade operacional**, ele opera conforme projetado e implementado. Então, a empresa deve perguntar: O sistema proposto produz os resultados esperados? Os usuários serão capazes de usar o sistema proposto, ou há uma chance de ele ser tão difícil ou inconveniente de utilizar que os usuários não vão adotá-lo?

Por último, o sistema proposto deve ser temporalmente viável. A **viabilidade temporal** de um sistema é a extensão pela qual o sistema pode ser instalado pontualmente e atender às necessidades organizacionais. O sistema proposto pode ser projetado, construído, testado e instalado em uma quantidade de tempo que todas as partes julguem razoáveis e concordem?

Todas essas questões de viabilidade são difíceis de responder, mas devem ser respondidas. Viabilidades técnica, operacional, financeira e temporal são mais bem determinadas quando os estudos são baseados em conhecimento sólido de sistemas computacionais, uma compreensão do estado do mercado atual e de seus produtos e experiência. Indivíduos que desejam projetar e instalar uma nova rede de computadores vão ter um desempenho melhor se também compreenderem análise e técnicas de projetos, técnicas de gestão de projeto e tempo, e técnicas de análise financeira. Essas técnicas são uma parte integral dos estudos de viabilidade.

Para dar um exemplo de como essas técnicas são utilizadas, vamos considerar uma técnica de análise financeira comum que envolve determinar os custos e benefícios de um sistema proposto: análise de retorno. A **análise de retorno** mapeia os custos iniciais e os custos anuais recorrentes de um sistema proposto em relação à renda anual (benefícios). Analistas de sistemas e a alta e a média direção usam a análise de retorno, juntamente como outras técnicas financeiras, para determinar a viabilidade financeira de um projeto.

Antes de você ver como executar um cálculo de análise de retorno, precisa revisar alguns conceitos financeiros básicos que se aplicam a sistemas computacionais. Para determinar o custo de um sistema, é necessário incluir todos os custos possíveis. Para fazê-lo, você precisa primeiro considerar todos os custos únicos, como:

- Custos pessoais relacionados àqueles indivíduos contratados para trabalhar especificamente no desenvolvimento do sistema; como salários de analistas, projetistas, programadores, consultores, especialistas, operadores, secretárias e assim por diante.
- Custos de uso do computador, que significam a computação necessária para executar a análise e os estudos de viabilidade.
- Custos de hardware e software para o sistema proposto.
- Custos para treinar os usuários, suporte pessoal e gestão para utilizar o sistema proposto.
- Custos com suprimentos, duplicação e mobília para o pessoal que está criando o sistema proposto.

Mas, para ter uma compreensão abrangente do custo do sistema, você deve calcular os custos recorrentes do sistema proposto. Eles são:

- Pagamentos de aluguel de hardware ou outros equipamentos de computadores.
- Custos recorrentes de licença para software adquirido.
- Salários do pessoal que dará suporte ao sistema.
- Suprimentos contínuos que manterão o sistema proposto funcionando.
- Custos com aquecimento, refrigeração e energia elétrica para manter o sistema proposto.
- Custos planejados de substituição de partes do sistema que falhem ou fiquem obsoletas.

Uma vez que os custos únicos e recorrentes tiverem sido estabelecidos, é tempo de determinar os benefícios que resultarão do sistema proposto. Ao calcular benefícios, você precisará incluir tanto os benefícios tangíveis quanto os intangíveis. Em relação aos benefícios tangíveis, a medida mais comum é a economia mensal ou anual que resultará do uso do sistema proposto. Benefícios intangíveis são aqueles para os quais a atribuição de quantia em moeda é difícil; eles incluem reputação com o cliente e motivação dos empregados.

Agora que os custos e benefícios foram determinados, você pode aplicá-los a uma análise de retorno. Ao executar um cálculo de análise de retorno, você deve mostrar as quantias em moeda utilizando o valor temporal do dinheiro. O **valor temporal do dinheiro** é um conceito que afirma que um dólar hoje vale mais que um dólar prometido daqui a um ano, pois o dólar de hoje pode ser investido agora e portanto acumula juros. Isso também quer dizer que, se algo vai custar um dólar daqui a um ano, você precisa gastar menos de um dólar hoje para pagar por isso. Quanto menos vai depender das suposições que você fizer sobre a taxa de desconto. A taxa de desconto é o custo da oportunidade de ser capaz de investir dinheiro em outros projetos, como ações e títulos. O valor da taxa de desconto é geralmente estabelecido pelo diretor financeiro da empresa. Supondo que a taxa de desconto seja, por exemplo, 8%, isso significa que você precisaria gastar somente 92,6 cents hoje por algo que vai custar um dólar em um ano. Assim, nesse caso, o valor de 92,6 cents é o valor atual de um dólar daqui a um ano. A Tabela 13-1 mostra o valor atual de um dólar por um período de sete anos, de acordo com quatro taxas de desconto diferentes.

Tabela 13-1 O valor atual de um dólar no tempo, de acordo com taxas de desconto de 4, 6, 8 e 10 por cento.

Ano	Valor atual de um dólar para taxas diferentes de desconto			
	4%	6%	8%	10%
1	0,961	0,943	0,926	0,909
2	0,924	0,889	0,857	0,826
3	0,888	0,839	0,794	0,751
4	0,854	0,792	0,735	0,683
5	0,821	0,747	0,681	0,621
6	0,790	0,704	0,630	0,564
7	0,759	0,665	0,583	0,513

A Figura 13-7 mostra um exemplo de uma análise de retorno. Ao examinar a figura, note que o custo de desenvolvimento é um custo único que ocorre no ano 0, e custos recorrentes estão listados como custos de operação e manutenção nos anos 1-6 (valores negativos estão marcados entre parênteses). Juntos, os custos de desenvolvimento e operação e manutenção totalizam os custos do projeto por sua vida útil projetada. Supondo uma taxa de desconto de 6%, a fileira *custos ajustados por tempo* reflete os custos totais para cada ano vezes o valor atual de um dólar para aquele ano. Os *custos cumulativos ajustados por tempo* são simplesmente as somas parciais do custo ajustado por tempo pelos anos. Valores de *benefícios derivados* são os benefícios ou quantidades de renda, esperados para cada ano. Supondo ainda uma taxa de desconto de 6 por cento, benefícios ajustados

	Análise de retorno para instalação de nova rede						
Descrição	Ano 0	Ano 1	Ano 2	Ano 3	Ano 4	Ano 5	Ano 6
Custo do desenvolvimento	($620,000)						
Custos de operação e manutenção		($17,400)	($16,500)	($17,700)	($17,900)	($18,300)	($18,350)
Fator de desconto: 6%	1,00	0,943	0,889	0,839	0,792	0,747	0,704
Custos ajustados pelo tempo	($620.000,00)	($16.408,20)	($14.668,50)	($14.850,30)	($14.176,80)	($13.670,10)	($12.918,40)
Custos cumulativos ajustados pelo tempo	($620.000,00)	($636.408,20)	($651.076,70)	($665.970,00)	($680.103,80)	($693.773,90)	($706.692,30)
Benefícios derivados	$0,00	$172.000,00	$184.000,00	$194.000,00	$199.000,00	$204.000,00	$208.000,00
Fator de desconto: 6%	1,00	0,943	0,889	0,839	0,792	0,747	0,704
Benefícios ajustados pelo tempo	$0,00	$162.196,00	$163.576,00	$162.766,00	$157.608,00	$152.388,00	$146.432,00
Benefícios cumulativos ajustados pelo tempo	$0,00	$162.196,00	$325.772,00	$448.538,00	$646.146,00	$798.534,00	$944.966,00
Custos cumulativos de vida útil ajustados pelo tempo	($620.000,00)	($474.212,20)	($325.304,70)	($177.389,00)	($33.957,80)	($104.760,10)	$238.273,70

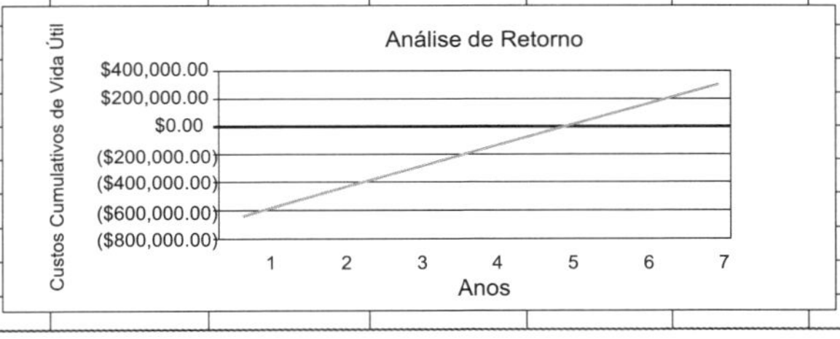

Figura 13-7 Cálculo de análise de recuperação para um projeto proposto.

por tempo são os benefícios multiplicados pelo valor atual de um dólar para cada ano. Os valores de *benefícios cumulativos ajustados por tempo* são as somas parciais dos *benefícios ajustados por tempo* pelos anos. *Custos cumulativos de vida útil* ajustados por tempo são os *custos cumulativos ajustados por tempo* mais os benefícios cumulativos ajustados por tempo para cada ano.

Como você pode ver na Figura 13-7, os valores na fileira *custos cumulativos de vida útil ajustados por tempo* se tornam positivos no sexto ano do projeto – o que significa que o projeto finalmente dará lucro dessa vez. Assim, nesse caso, leva aproximadamente cinco anos e meio para uma recuperação, ou **retorno sobre investimento (ROI)**, ocorrer. A maioria das empresas estabelece seu próprio período de ROI aceitável. Se a análise de retorno anterior foi feita para uma empresa cujo período de ROI foi de seis a sete anos, seus resultados demonstrariam que, para aquela empresa, esse projeto proposto pode ser financeiramente viável.

Agora vamos examinar técnicas adicionais que deveriam ser utilizadas ao desenvolver uma solução de sistemas.

Planejamento de capacidade

Redes de computadores são sistemas críticos, e projetar um nova rede ou aumentar a capacidade do sistema atual requer planejamento cuidadoso. Se você projetar um sistema para uma empresa e o sistema não for capaz de tolerar o tráfego gerado pela empresa, os tempos de resposta serão lentos e os usuários podem não ser capazes de completar seu trabalho a tempo. Essa incapacidade de executar deveres profissionais leva a prazos perdidos, retrocesso ou mesmo falha de projetos e baixo moral entre os colaboradores. Se essa empresa estiver vendendo um produto que pode ser adquirido eletronicamente, tempos lentos de resposta levarão a clientes insatisfeitos. Em tempos de Internet, quando um site web concorrente está somente a um clique de distância, clientes insatisfeitos vão rapidamente procurar outro lugar.

Na outra ponta do espectro, se você se exceder no projeto do sistema, pode gastar dinheiro desnecessariamente para criar um sistema que possivelmente nunca vai atingir sua capacidade. Pode ser dito que, se for para errar no projeto, é melhor que erre para mais, sobretudo porque é difícil prever a taxa de crescimento de novos usuários e aplicativos. Mas a realidade é que muitos dos sistemas projetados nos últimos dez anos são provavelmente muito pequenos e não serão, ou já não são, capazes de suportar as demandas exigidas deles. Uma pequena porcentagem dos sistemas de rede é projetada em excesso e permanece relativamente ociosa.

O **planejamento de capacidade** envolve tentar determinar a quantidade de largura de banda necessária para dar suporte a um aplicativo ou conjunto de aplicativos. O planejamento de capacidade é uma operação bastante difícil que leva tempo.

Mas se o planejamento de capacidade não for bem feito, pode ser terrivelmente fácil planejar mal e, consequentemente, projetar um sistema que não suportará as aplicações desejadas. Várias técnicas existem para realizar planejamento de capacidade, como projeção linear, simulação computacional, benchmarking e modelagem analítica.

A **projeção linear** envolve a previsão de uma ou mais funções de rede baseadas nos parâmetros atuais dela e a multiplicação dessas funções por alguma constante. Suponha que você tenha uma rede atualmente de, digamos, 10 nós, e ela tem um tempo de resposta de x. Ao utilizar uma projeção linear, você pode concluir que um sistema de 20 nós teria um tempo de resposta de 2x. Alguns sistemas, entretanto, não seguem uma projeção linear. Se você aplicar uma projeção linear a esses sistemas, pode produzir previsões imprecisas. Nesses casos, uma estratégia alternativa é necessária.

Uma **simulação computacional** envolve a modelagem de um sistema existente ou de um proposto utilizando uma ferramenta de simulação baseada em computador e a sujeição do modelo a vários níveis de demanda de

Detalhes

ROI para LANs sem fio e segurança de rede

Quando uma empresa calcula o ROI (retorno sobre investimento) de um projeto proposto, ela compara as receitas geradas pelo projeto com as despesas resultantes. Quando as receitas se tornam superiores às despesas, a empresa atingiu o retorno sobre o investimento. O que acontece se o projeto não gerar receitas, isto é, se não for sequer projetado para gerá-las? Como você mede o retorno sobre o investimento de sua empresa? Além disso, se você calcular o ROI, como você "vende" a relevância de seu projeto novo para a direção?

Duas tecnologias em redes de computadores que frequentemente não geram receitas são LANs sem fio e segurança de rede. Ou talvez devêssemos dizer que não geram receita nos termos dos cálculos do ROI tradicional. Para determinar como sua empresa pode se beneficiar dos investimentos em LANs sem fio e segurança de rede, um administrador de rede tem de visualizar além das técnicas tradicionais que simplesmente levam em conta o aumento do lucro e a redução dos custos, e considerar fatores qualitativos.

Por exemplo, se uma empresa estiver considerando a instalação de uma rede local sem fio, as despesas típicas resultantes são os custos associados a:

- Hardware (incluindo o custo de pontos de acesso e NICs sem fio).
- Software.
- Instalação.
- Treinamento e documentação.
- Manutenção contínua.

E os benefícios? Os benefícios de instalar uma LAN sem fio são:

- Não há necessidade de cabeamento de rede para os dispositivos sem fio.
- Custos baixos de manutenção, porque um conector de rede não tem de ser instalado toda vez que um colaborador mudar sua mesa ou local de trabalho.
- Maior produtividade (e moral) do colaborador ao oferecer benefícios, como liberdade de trabalhar em qualquer local e capacidade de, digamos, acessar diretamente suas notas em reuniões ou recuperar imediatamente especificações de produto no chão de fábrica.

usuário (chamada carga). A vantagem de usar uma simulação computacional é que ela pode reproduzir condições que seriam extremamente difíceis, se não impossíveis, de ser criadas em uma rede real. O ponto negativo é que as simulações computacionais são difíceis de criar, principalmente porque é fácil cometer erros no processo de modelagem e difícil de encontrá-los. Além disso, um simples erro em uma simulação pode produzir resultados falsos. Por isso, é necessário muito cuidado ao criar uma simulação.

O **benchmarking (parâmetro de comparação)** envolve a geração de estatísticas do sistema em um ambiente controlado e sua comparação com as estatísticas de medições conhecidas. Existem vários testes de benchmarking que podem ser utilizados para avaliar o desempenho de uma rede ou de seus componentes. Comparado com a simulação, o benchmarking é uma técnica relativamente simples e pode oferecer informações úteis quando utilizado para analisar uma rede. Mas fazer um teste de benchmarking pode levar bastante tempo. Infelizmente, como a simulação, esse processo também pode apresentar erros. Além do mais, se todas as variáveis no ambiente de teste não forem as mesmas que as variáveis no ambiente do benchmarking, o resultado será comparações imprecisas. Por exemplo, se o ambiente de teste da rede usa certa marca de roteador ou switch e a rede no benchmarking utiliza outra diferente, a comparação dos resultados das duas redes pode não ser válida.

A **modelagem analítica** envolve a criação de equações matemáticas para calcular vários valores de rede. Por exemplo, para calcular a utilização (a porcentagem de tempo que a linha está sendo usada) de uma única linha de comunicação em uma rede, você pode usar a seguinte equação:

$$U = t_{quadro} / (2t_{prop} + t_{quadro})$$

onde t_{quadro} é o tempo para transmissão de um quadro de dados, e t_{prop} é o tempo de propagação, isto é, o tempo que leva para um sinal ser transferido por um fio ou espaço.

Vários especialistas acreditam que a modelagem analítica é um bom modo de determinar a capacidade da rede. Como na técnica de simulação de computador, você pode criar modelos analíticos que representam sistemas de rede que são difíceis de criar no mundo real. Infelizmente, é fácil criar modelos analíticos imprecisos e, consequentemente, gerar resultados inválidos.

Note que, embora, as consequências financeiras do terceiro benefício – o aumento da produtividade do colaborador – sejam menos mensuráveis diretamente que as duas primeiras, não são menos significantes.

Vamos considerar a segurança. Quais são os custos típicos de incrementar ou aumentar a segurança de rede? Geralmente, esses custos estão associados a:

- Hardware (incluindo o custo de roteadores de firewall e outros dispositivos).
- Software.
- Manutenção e suporte contínuos.

Os benefícios de incrementar a segurança são os seguintes:

- Diminuição do tempo de inatividade, em virtude da redução de vírus, que ajuda a minimizar falhas e lentidões no sistema.
- Aumento de produtividade dos colaboradores, uma vez que eles gastarão menos tempo combatendo vírus.
- Diminuição de necessidade de armazenamento, porque menos vírus utilizarão ou destruirão espaço em disco rígido.

Uma vez que várias matérias são publicadas sobre os altos custos relacionados a infecções por vírus, os administradores de redes estão percebendo que está cada vez mais fácil documentar o tempo de produtividade perdido em razão de vírus.

Concluindo, não é impossível calcular o ROI para projetos de redes sem fio e segurança de redes. Mas, para fazê-lo, o administrador de redes tem de ir além das definições normais de receita e considerar modos mais criativos de definir benefícios. Muitas vezes, isso envolve calcular os custos relacionados aos vários cenários possíveis sendo que o principal é: E se não implementar as melhorias propostas? O que isso vai custar em termos de produtividade perdida e período de inatividade?

Como a maior parte das redes suporta várias aplicações, uma pessoa que faz o planejamento de capacidade tem de calcular a capacidade de cada aplicação da rede. Quando a capacidade de cada aplicação for determinada, deve ser possível determinar a capacidade de toda a rede. É possível calcular a capacidade individual utilizando métodos analíticos, e depois estimar a capacidade total da rede usando uma projeção linear. Vamos considerar dois exemplos de planejamento de capacidade para aplicações simples em uma rede de computadores.

O primeiro exemplo é baseado no cenário apresentado na seção Em ação do Capítulo 11. É um cálculo matemático que envolve a seleção de tecnologia adequada de telecomunicações que vai dar suporte à transferência de registros de vendas muito grandes. Cada registro de vendas tem 400.000 bytes e seu download tem de ser feito em 20 segundos ou menos. As seguintes equações calculam a capacidade (ou taxa de transferência de dados, n) necessária para um usuário fazer o download de um arquivo:

$$400.000 \text{ bytes} \times \text{bits} / \text{byte} = 3.200.000 \text{ bits}$$
$$n \text{ bps} = 3.200.000 \text{ bits} / 20 \text{ segundos} = 160.000 \text{ bps}$$

Desse modo, essa aplicação requer uma linha de telecomunicações capaz de oferecer uma taxa de dados de pelo menos 160.000 bps.

Outro exemplo de planejamento de capacidade, desta vez utilizando uma projeção linear, supõe que você trabalhe para uma empresa que permita que seus colaboradores acessem a Internet. Estudos informais feitos no final dos anos 1990 mostraram que o usuário médio de Internet necessita de um enlace de transmissão de 50 kbps. Como precaução, vamos dobrar esse número para 100 kpbs para permitir espaço para crescimento. Outros estudos mostraram que o horário de pico para acesso à Internet é por volta de 11 horas da manhã, quando por volta de 40 por cento dos usuários potenciais estão no sistema. Se seu sistema tem 1.000 usuários potenciais, sua capacidade de pico corresponderia a 400 usuários *concomitantes*, cada um com necessidade de conexão de 100 kbps. Para atender a essa demanda, a capacidade da rede teria de ser de 40 Mbps (400 × 100 kbps). A sua rede local pode suportar tanto tráfego assim? Nesse exemplo, o planejamento de capacidade indica que, se sua empresa não deseja instalar enlaces de comunicação de 40 Mbps, ela vai ter de aplicar restrições quanto ao uso da Internet aos colaboradores. Por exemplo, a empresa pode precisar limitar o número de usuários simultâneos ou não disponibilizar a capacidade total de 100 kbps para cada usuário. Outra opção é simplesmente esperar que não mais que 40 por cento de todos os seus usuários acessem a Internet ao mesmo tempo.

Como você pode ver, o planejamento de capacidade é um assunto difícil e nada trivial. Quando o planejamento é feito de forma adequada, entretanto, o administrador de redes pode determinar se as redes locais da empresa e as conexões de rede de longa distância podem suportar as aplicações pretendidas. Mas conhecer a capacidade necessária não abrange toda a questão. Outras questões importantes devem ser resolvidas. Por exemplo: como você sabe se a rede atual pode ou não dar conta das aplicações necessárias? Uma vez que a capacidade necessária for determinada, você precisa examinar de perto a rede atual para determinar sua capacidade real. Uma das melhores técnicas para determinar a capacidade atual da rede é a criação de uma *baseline*.

Criação de uma baseline

A criação de uma **baseline (base de referência)** para uma rede de computadores existente envolve a medição e registro do estado de operação de uma rede por um período específico de tempo. Como você verá a seguir, a criação de uma baseline, na verdade, envolve a captura de várias medições de rede por todos os segmentos da rede, como muitas medições em estações de trabalho, aplicativos de usuário, pontes, roteadores e switches. Como o agrupamento dessas informações parece ser um processo muito grande, por que você iria querer criar uma baseline? O pessoal de rede cria uma baseline para determinar as condições operacionais normais e atuais da rede. Uma vez que a baseline é criada, os resultados podem ser utilizados para identificar pontos fortes e fracos da rede, que podem então ser usados para atualizar a rede de modo inteligente.

Com frequência, administradores de rede sentem a pressão dos usuários e dos proprietários da rede para aumentar a largura de banda da rede. Sem um entendimento completo se os problemas de rede realmente existem ou, se for o caso, onde eles existem, um administrador de redes pode, sem saber, "solucionar" o problema errado. A melhoria da operação de rede pode envolver o aumento da largura de banda de rede, mas pode facilmente envolver algo mais barato, como atualização de equipamentos antigos ou segmentação da rede por meio de um switch. Ao fazer um estudo de baseline (de preferência um que seja *contínuo*), o administrador de redes pode entender melhor a rede e melhorar a qualidade geral mais eficientemente.

Estudos de baseline podem iniciar a qualquer momento, mas são mais eficazes ao iniciar quando a rede não está com problemas graves, como falha de nó ou jabber (uma placa de interface de rede que transmite ininterruptamente). Portanto, antes de você começar um estudo de baseline, deve apagar todos os incêndios momentâneos e tentar fazer que a rede esteja em operação basicamente normal. Como você vai gerar um número alto de estatísticas, é recomendável ter acesso a um bom aplicativo de banco de dados ou planilha para organizar os dados. Quando o banco de dados ou planilha for configurado, você está pronto para começar seu estudo de baseline.

A próxima questão é: De que itens você vai coletar informações para a baseline? Pode ser útil coletar informações sobre itens como usuários do sistema, nós do sistema, protocolos operacionais, aplicativos de rede e níveis de utilização de rede. A coleta de informações sobre usuários do sistema envolve a determinação do número máximo, o médio e o pico de usuários.

Para coletar informações de baseline sobre nós do sistema, você cria uma lista do número e tipos de nós de sistema da rede. Isso pode incluir estações de trabalho, roteadores, pontes, switches, hubs e servidores. É uma boa prática fazer desenhos atualizados dos locais de todos os nós, juntamente com seus modelos, números de série e qualquer informação sobre endereço como endereços Ethernet e IP. Essas informações também devem incluir o nome e número(s) de telefone(s) dos fabricantes de cada produto, caso seja necessária assistência técnica.

A coleta de informações de baseline sobre protocolos operacionais envolve a listagem dos tipos de protocolos operacionais usados pelo sistema. A maior parte das redes suporta vários protocolos, como TCP, IP, NetBIOS e outros. Quanto mais protocolos forem suportados, mais tempo de processamento é necessário para conversão de um protocolo para outro. Se um estudo de baseline encontrar um protocolo antigo que precisa ser substituído, ele pode contribuir para melhorar a eficiência da rede.

Durante o estudo de baseline, você também deve fazer uma lista das aplicações encontrados na rede, incluindo o número, tipo e nível de utilização de cada uma delas. Uma lista abrangente das aplicações na rede vai ajudar a identificar aplicações antigas que não devem mais ser mantidas, tendo de ser, portanto, excluídas do sistema. Uma lista de aplicações também ajuda a identificar o número de cópias de uma aplicação específica, fazendo, assim, que a empresa evite violar licenças de software. Ao criar uma lista abrangente de aplicações de rede, não se esqueça de incluir aquelas armazenadas tanto nas estações de trabalho individuais quanto nos servidores de rede.

A coleta de informações dos níveis de utilização de rede exige que você crie uma lista razoavelmente extensa de estatísticas. Essas estatísticas incluem vários dos valores a seguir:

- Utilização média da rede (%).
- Pico de utilização da rede (%).
- Tamanho médio do quadro.
- Pico no tamanho do quadro.
- Média de quadros por segundo.
- Pico de quadros por segundo.
- Colisões totais de rede.
- Colisões de rede por segundo.
- Total de runts.
- Total de jabbers.
- Erros totais de checksum de redundância cíclica (CRC).
- O(s) nó(s) com a maior porcentagem de utilização e quantidade correspondente de tráfego.

Uma vez que você coletou e analisou os dados de utilização da rede, é possível fazer várias observações importantes. Primeiro, você pode detectar quando uma rede pode estar perto da saturação. Tipicamente, uma rede atinge a saturação quando seu uso chega a 100 por cento, significando que 100 por cento do espaço utilizável de transmissão na rede estão consumidos por dados válidos. Em certos casos, entretanto, as redes podem atingir a saturação em níveis mais baixos de utilização. Veja o caso do segmento compartilhado CSMA/CD LAN, por exemplo. Como as redes de segmento compartilhado CSMA/CD são baseadas em contenção, elas sofrem com as colisões. Conforme o número de estações transmissoras aumenta, o número de colisões aumenta, o que diminui o uso da rede. Desse modo, as redes CSMA/CD que experimentam consistentemente níveis de utilização de rede na faixa de 40 a 50 por cento, provavelmente estão experimentando um número grande de colisões e podem ter de ser segmentadas por switches.

Uma segunda observação que você pode fazer é quando períodos de pico de utilização da rede ocorrem. Fazer observações sobre períodos de pico de uso de rede é mais fácil quando você representa graficamente os dados de atividade de rede. Considere o exemplo hipotético mostrado na Figura 13-8. Períodos de pico ocorrem por volta de 8h30, 11h30, 13h00 e 16h00. A razão mais provável para esses picos é que os usuários fazem login e checam e-mails às 8h30 e 13h00, e usuários terminam o trabalho antes de sair para o almoço (11h30) ou ir para casa (16h00). Quando você identificar períodos regulares de pico e suas causas subjacentes, você pode reconhecer quando um período de pico ocorre em uma hora incomum. Além do mais, se você sabe quando períodos de pico ocorrem e por que eles ocorrem, você pode rearranjar os recursos de rede para ajudar a diminuir a carga durante esses períodos.

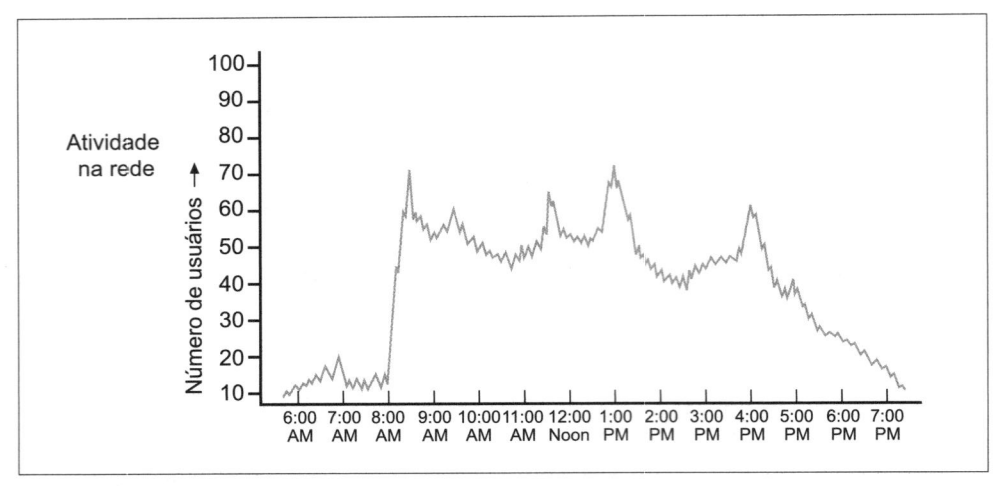

Figura 13-8 Períodos de pico de atividade de rede em um dia típico.

O exame da quantidade de tráfego em cada nó também produz informações valiosas sobre o desempenho de rede. Geralmente, uma pequena porcentagem dos nós gera uma alta porcentagem de tráfego de rede. Não é incomum encontrar um nó, como um roteador ou servidor, que está no centro de uma grande quantidade de tráfego. A estação de um usuário que gera uma grande quantidade de tráfego, entretanto, é suspeita e deve ser examinada mais de perto. Um exemplo comum hoje em dia é de um usuário fazendo download de música ou vídeo na rede corporativa ou acadêmica. Downloads de música e vídeo consomem muita largura de banda e comprometem recursos de rede, causando retardos para colaboradores e estudantes com solicitações legítimas de rede. Administradores de rede podem e devem detectar esses downloads, que geralmente não são autorizados, e pedir ao usuário para parar de executá-los nas estações de trabalho de rede.

Após realizar o estudo de baseline, não pare de observar a rede. Para que um estudo de baseline seja realmente eficiente, você precisa mantê-lo. Um estudo contínuo de baseline oferece ao gerente de sistemas uma ferramenta eficaz para identificar problemas de rede, reparar a rede, atender reclamações, melhorar seus pontos fracos e solicitar recursos adicionais.

Agora que estudamos todas as ferramentas e passos necessários para desenvolver uma rede, vamos examinar os tipos de competências que um administrador de rede precisa para manter o sistema operando eficientemente.

Competências do administrador de redes

Quando as fases de análise e projeto de desenvolvimento de rede estão completas e a rede de computadores estiver posicionada e operando, é do administrador de rede a responsabilidade de mantê-las funcionando. Manter a rede operando envolve fazer reparos em componentes quebrados, instalar novos aplicativos e atualizar os existentes, manter os usuários existentes do sistema atualizados, e procurar novas maneiras para melhorar o sistema geral e o nível de serviço. Não é uma tarefa fácil. Com a complexidade das redes de hoje e a dependência das empresas de seus aplicativos, administradores de redes estão altamente disponíveis, visíveis e sempre se movendo.

Como vários administradores de redes lidam com computadores e pessoas, eles precisam das competências necessárias para trabalhar com ambos. Um checklist de competências para o administrador de redes incluiria uma plataforma ampla de competências tecnológicas, incluindo, mas não limitado a, conhecimento de redes locais, redes de longa distância, sistemas de telecomunicações de voz, sistemas de transmissão de dados, transmissão de vídeo, conceitos básicos de hardware e competências básicas de software. Um administrador de redes também deve ter competências interpessoais, como a habilidade de falar com os usuários para solucionar problemas e explorar novos aplicativos, além de competências de treinamento, que envolvem a capacidade de treinar usuários ou outro pessoal de suporte de redes.

Para fazer uso eficiente dos recursos limitados, um administrador de redes também deve ter algumas competências comuns de gestão. Para começar, ele deve ter competências de gestão orçamentária, que incluem saber como preparar um orçamento para justificar desembolsos contínuos ou solicitar fundos adicionais. Juntamente com essas competências, um administrador de redes precisa de competências estatísticas básicas, o que significa que ele deve saber como coletar e utilizar as estatísticas do sistema para justificar o desempenho dos sistemas existentes ou validar o acréscimo de novos. Competências de gestão de tempo também são uma necessidade. Isso inclui a capacidade de administrar não somente o próprio tempo, mas também os projetos e qualquer informação de trabalhadores de tecnologia que possam trabalhar para o administrador. Tão valiosas quanto as competências de gestão de tempo são as competências de gestão de projeto, centralizadas na capacidade de manter um projeto dentro do prazo e usar ferramentas de estimativa de projeto, ferramentas de agendamento e cronograma de projeto e outros métodos para a avaliação contínua de projeto. Finalmente, um administrador de redes deve ter competências de criação e imposição de política, que incluem a capacidade de criar políticas relativas ao uso dos sistemas de computador, acesso a instalações, proteção de senha, acesso a aplicativos, acesso a banco de dados, distribuição de hardware e software, substituição de hardware e software e o controle de solicitações de serviço.

Para aprender novas competências e demonstrar proficiência em uma área específica, o administrador de redes pode obter certificação. É possível obter certificação em um tipo específico de sistema operacional de rede, como o Windows 2008, ou uma marca específica de equipamento de rede, como roteadores Cisco ou redes Nortel.

A lista a seguir é dos programas de certificação mais populares:

- Microsoft's Certified Network Systems Engineer (CNSE) – Esse certificado se relaciona ao projeto, à instalação e ao suporte do sistema operacional de rede Windows.
- Cisco Certified Network Associate (CCNA) – Esse certificado abrange os tópicos da instalação, configuração, operação, diagnóstico e correção de problemas de redes corporativas com roteador e switch.
- Nortel Networks Certification – O certificado da Nortel Networks oferece um estudo aprofundado dos sistemas de redes da Nortel.
- IBM Certified Systems Expert (CSE) e Certified Administrator (CA) – Esses certificados demonstram a capacidade de planejar, instalar e dar suporte eficientemente aos produtos de rede LAN da IBM.

A função do administrador de redes é exigente, desafiadora e muda o tempo todo. Ser um administrador de redes bem-sucedido requer uma faixa ampla de competências técnicas, gerenciais e interpessoais, além de estar sempre aprendendo novas competências para ficar a par da tecnologia que se desenvolve rapidamente. Um sistema de rede de computadores não pode sobreviver sem o administrador. O administrador de redes tem de lembrar, entretanto, que o sistema também não sobrevive sem os usuários.

Vamos analisar outra ferramenta que administradores de redes podem utilizar para dar suporte ou melhorar as estatísticas do sistema.

Geração de estatísticas úteis

Redes de computadores estão em um estado constante de mudança. Novos usuários e aplicações são acrescentadas, enquanto usuários antigos e aplicações indesejadas são excluídas. O tempo de uma rede (e de sua tecnologia subjacente) é geralmente contado em anos-Internet, que muitos especialistas consideram como 90 dias corridos. Como a tecnologia muda tão rapidamente e as redes sempre precisam suportar aplicações novas e computacionalmente intensivas, um administrador de redes trabalha constantemente para melhorar a velocidade de transferência de dados e a vazão das aplicações de rede.

Para permitir mudanças em uma rede, o administrador precisa de verba. A diretoria, infelizmente, nem sempre apoia o investimento de mais fundos em tecnologia. Frequentemente, é preciso persuadir a direção de que os serviços estão piorando ou que o tempo de resposta não é o desejado. As estatísticas em sistemas de rede de computadores podem ser uma ferramenta poderosa para demonstrar a necessidade de investir em tecnologia. Se forem geradas adequadamente, as estatísticas podem ser utilizadas para dar suporte à requisição de um novo sistema ou modificações em um sistema existente.

Quatro estatísticas, ou medidas, que são úteis na avaliação de redes são o tempo médio entre falhas, tempo médio de reparo, disponibilidade e confiabilidade. **Tempo médio entre falhas (MTBF)** é o tempo médio em que um dispositivo ou sistema opera antes de falhar. Esse valor é, às vezes, gerado pelo fabricante do equipamento e repassado pelo revendedor. Mas geralmente esse valor não está disponível, e o proprietário tem de gerar um valor MTBF baseado no desempenho do equipamento. Embora cada dispositivo seja diferente, quanto maior o tempo médio entre falhas, melhor.

Tempo médio de reparo (MTTR) é o tempo médio necessário para reparar uma falha na rede de computadores. Esse tempo inclui o tempo necessário para isolar a falha e para trocar o componente defeituoso por um componente funcional ou reparar o componente, seja no local, seja removendo-o e enviando-o para a oficina de reparos. Finalmente, o tempo médio de reparo inclui o tempo necessário para fazer o sistema retornar à operação normal. O valor do tempo médio de reparo depende de cada instalação e, dentro da instalação, de cada tipo de componente. Por exemplo, um servidor de rede com dispositivos hot swap deve ter um tempo médio de reparo mais curto que um dispositivo que tenha de ser desligado, aberto, reparado e iniciado.

A terceira estatística, **disponibilidade**, é a probabilidade de um componente ou sistema específico estar disponível durante um período fixo de tempo. Um componente ou rede com uma disponibilidade alta (próxima a 1,0) está quase sempre pronto para ser utilizado. O software que produz estatísticas geralmente calcula o valor da disponibilidade baseado no tempo médio de reparo e no tempo médio entre falhas. Componentes com MTTR pequeno e MTBF grande produzirão valores de disponibilidade próximos a 1,0. Por razões de simplicidade, entretanto, vamos calcular a disponibilidade apenas subtraindo o tempo de inatividade do tempo disponível total e depois dividindo pelo tempo disponível total:

% disponibilidade = (tempo disponível total − tempo de inatividade) / tempo disponível total

Suponha que você deseja calcular a disponibilidade de uma impressora por um mês (24 horas por dia por 30 dias, ou 720 horas), sabendo que a impressora estará inativa (inoperante) durante 2 horas nesse período.

% disponibilidade = (720 − 2) / 720 = 0,997

Como a disponibilidade é próxima a 1,0, há uma probabilidade muito alta de a impressora estar disponível durante esse período de um mês.

Para calcular a disponibilidade de um sistema composto por componentes, você deve calcular a disponibilidade de cada componente e encontrar o produto de todas as disponibilidades. Por exemplo, se a rede tem três dispositivos com disponibilidades de 0,992, 0,894, e 0,999, a disponibilidade da rede é o produto de 0,992 × 0,894 × 0,999, ou 0,886. As empresas geralmente gostam de ver os valores de disponibilidade na casa dos "noves", quanto mais noves melhor. Por exemplo, 0,9999 é melhor que 0,999.

A quarta estatística, **confiabilidade**, calcula a probabilidade de um componente ou sistema estar em operação pela duração de uma transação de tempo t. A confiabilidade é definida pela equação:

$$R(t) = e^{-bt}$$

em que: $b = 1/\text{MTBF}$
t = o intervalo de tempo da transação

Qual é a confiabilidade de um roteador se o MTBF for 3.000 horas e a transação demora 20 minutos, ou 11/3 de hora (0,333 horas)?

$$R(0{,}333 \text{ horas}) = e^{-(1/3000)(0{,}333)} = e^{-0{,}000111} = 0{,}99989$$

A confiabilidade do roteador é muito próxima de 1,0. Uma confiabilidade de exatamente 1,0 significa que a rede ou dispositivo é confiável 100 por cento do tempo.

E se a confiabilidade de um segundo dispositivo fosse calculada e resultasse em 0,995? Embora esse valor também pareça estar próximo a 1,0, há uma diferença entre as duas confiabilidades: 0,00489. O que essa diferença basicamente significa é que em 1.000 repetições de um teste, uma falha específica ocorre cinco vezes no segundo dispositivo. Em uma rede, vários eventos ocorrem ou se repetem milhares de vezes, então você não quer ter cinco falhas de dispositivos em um ano, especialmente durante a transmissão de dados. Portanto, vários administradores de redes lutam para manter os valores de disponibilidade e confiabilidade entre 0,9999 e 0,99999.

Vamos analisar agora outras ferramentas que um administrador de redes pode usar, com essas estatísticas úteis, para monitorar e dar suporte a um sistema.

Ferramentas de diagnóstico de rede

Para dar suporte a uma rede de computadores e todas suas estações de trabalho, nós, fiação, aplicativos e protocolos, administradores de redes e sua equipe de suporte precisam de um arsenal de ferramentas de diagnóstico. O arsenal de possíveis ferramentas de diagnóstico continua a crescer, com mais ferramentas poderosas e úteis sendo disponibilizadas todos os dias. Ferramentas de diagnóstico podem ser agrupadas em duas categorias: ferramentas que testam e depuram o hardware de rede, e ferramentas que analisam os dados transmitidos pela rede. Por último, o centro de comando e a assistência técnica devem ser considerados. Embora não sejam exatamente ferramentas no sentido tradicional, o centro de comando e a assistência técnica são acréscimos valiosos ao arsenal da equipe de suporte a redes. Vamos examinar as ferramentas que testam o hardware de rede primeiro.

Ferramentas que testam e depuram hardware de rede

Ferramentas que testam e depuram hardware de rede vão desde dispositivos simples até aqueles mais elaborados e complexos. Três dispositivos comuns de teste são testadores elétricos (os mais simples), testadores de cabo e testadores de rede local (os mais elaborados).

Testadores elétricos medem volts em CA e CC, resistência e continuidade. Um testador elétrico mostra se há tensão em uma linha e, se houver, qual sua tensão. Se dois fios desencapados estiverem tocando um no outro, eles criam um curto, e o testador elétrico indica resistência zero. O testador de continuidade é um dispositivo manual que mostra se dois fios estão aterrados um ao outro. Testadores elétricos e de continuidade são utilizados para determinar se os fios estão sofrendo problemas elétricos simples.

Testadores de cabo são dispositivos um pouco mais elaborados. Eles podem verificar a conectividade e testes de falhas de linha, como circuitos abertos, curtos-circuitos, circuitos revertidos e circuitos cruzados. Certos tipos de testadores de cabo de mão também podem testar linhas de fibra óptica, redes de modo de transferência assíncrona e circuitos T-1. Por exemplo, se um conector escondido em algum armário de fiação tiver dois fios que estão trocados, o testador de cabo vai detectar o problema e apontar a fonte desse problema.

Um dos dispositivos mais elaborados é o testador de rede local. Esses testadores podem operar na Ethernet e em redes em anel de token, tenham eles switches ou não. Alguns testadores de rede local têm um visor que mostra graficamente um segmento de rede e todos os dispositivos conectados a ele. Quando plugados em um conector de rede disponível, esses testadores podem fazer o diagnóstico de problemas da rede e sugerir possíveis correções. Um problema comum solucionado por esses dispositivos é a identificação e a localização de uma placa de interface de rede (NIC) que transmite continuamente, mas não envia dados válidos (um jabber). O testador indicará a NIC exata indicando o endereço NIC de 48 bits. Um administrador de redes pode então simplesmente olhar o endereço específico da NIC na documentação do sistema e mapeá-la em uma máquina em um escritório.

Sniffers de rede

A segunda categoria de ferramentas de diagnóstico abrange aquelas que analisam os dados transmitidos pela rede. Essas ferramentas incluem analisadores de protocolo e dispositivos ou software que simulam protocolos e aplicações. Uma das ferramentas mais comuns é o analisador de tráfego ou de protocolo. Um **analisador de protocolo**, ou **sniffer**, monitora uma rede 24 horas por dia, sete dias por semana, e captura e registra todos os pacotes transmitidos. Cada pacote do protocolo é analisado e estatísticas que são geradas mostram quais dispositivos estão falando com os outros e quais aplicações estão sendo utilizadas. Essas informações podem então ser usadas para atualizar a rede, de modo que ela opere mais eficientemente. Por exemplo, se um analisador de protocolo indica que uma aplicação específica está sendo muito utilizada e está diminuindo a capacidade dos recursos de rede, um administrador de redes pode considerar alternativas como substituir a aplicação por uma mais eficiente ou redistribuir a aplicação para locais onde é mais usada.

Um sniffer muito popular que pode ser utilizado nas redes Unix e Windows é o Ethereal (ou Wireshark). O Ethereal permite que você examine os dados coletados de uma rede ao vivo ou capture arquivos em disco. Você pode navegar interativamente os dados capturados e visualizar informações detalhadas para cada pacote ou informações reduzidas para toda a rede. O que talvez seja ainda mais interessante sobre o Ethereal é que ele é gratuito.

Mesmo uma empresa com as ferramentas e técnicas mais recentes pode ter problemas no suporte adequado a seus usuários. Outra "ferramenta" necessária é o centro de controle e assistência técnica, que possibilita à equipe de suporte de redes apresentar uma "face" amigável ao usuário, alguém para quem o usuário pode se voltar em caso de problemas.

Administração de operações

Para auxiliar os administradores de redes e tecnólogos da informação na realização de suas funções, as empresas têm centros de controle para seus serviços de computação. O centro de controle é o coração de todas as operações de rede. Ele contém, em local de fácil acesso, toda a documentação de rede, como manuais de recursos de rede, de treinamento, estudos de baseline, toda a documentação de equipamentos, manuais de usuários, nomes e números de telefones de fabricantes, manuais de procedimento e os formulários necessários para solicitar serviços ou equipamentos. O centro de controle também pode conter um centro de treinamento para auxiliar os usuários e outros tecnólogos da informação. Além do mais, o centro de controle contém todo o hardware e o software necessários para controlar e monitorar a rede e suas operações.

Um dos elementos mais importantes de um centro de controle é a assistência técnica, que atende a chamadas telefônicas e questões ocasionais relacionadas a serviços de computadores na empresa. Se for chamado para abordar problemas de hardware, responder questões sobre a operação de um pacote de software específico, ou apresentar os novos serviços de computação aos usuários da empresa, a assistência técnica é o caminho entre o usuário e os serviços de computação e rede. Felizmente, há bons pacotes de software de assistência técnica disponíveis para que a equipe de operações que dá suporte aos serviços de computação possa utilizar a fim de rastrear e identificar áreas problemáticas no sistema.

Um centro de controle e assistência técnica bem projetado pode ter um enorme impacto sobre os usuários em uma empresa. Quando os usuários sabem que há uma pessoa amigável e disponível para consultar em relação a qualquer problema com computadores, há muito menos atrito entre o sistema e o usuário de computadores.

Agora que examinamos as ferramentas físicas que podem ajudar um administrador de rede a dar suporte às redes de uma empresa, examinaremos algumas ferramentas de software que podem facilitar as atribuições de administração de redes.

Protocolo simples de gerenciamento de rede (SNMP)

Imagine que você é o administrador de uma rede composta por vários tipos diferentes de dispositivos, como estações de trabalho, roteadores, pontes, switches e hubs. A operação da rede tem sido tranquila por algum tempo, mas, de repente, começa a experimentar problemas. Ela se torna lenta e os usuários reclamam dos tempos ruins de resposta da rede. Há algo que você possa fazer para monitorar ou analisar a rede sem deixar seu escritório e ir para todas as salas e prédios? Há, se todos dispositivos na rede, ou a maior parte deles, suportarem um protocolo de gestão de redes. Um **protocolo de gerenciamento de redes** facilita o intercâmbio de informações de gestão entre dispositivos de redes. Tais informações podem ser utilizadas para monitorar o desempenho de rede, encontrar problemas de redes e então resolver esses problemas, tudo isso sem que o pessoal de rede toque fisicamente o dispositivo afetado.

Embora existam vários protocolos diferentes para suportar gestão de redes, um protocolo sobressai como o mais simples de ser operado, implementado, e mais amplamente utilizado – o protocolo de gestão simples de rede. O **protocolo simples de gerenciamento de rede (SNMP)** é uma norma industrial criada pela Internet Engineering Task Force e projetada originalmente para administrar componentes de Internet; também é usada para administrar a rede de longa distância e sistemas de telecomunicações. Atualmente, o SNMP está em sua terceira versão.

Todas as três versões do SNMP são baseadas no seguinte conjunto de princípios. Objetos de rede consistem de elementos como servidores, mainframes, impressoras, hubs, pontes, roteadores e switches. Cada um desses elementos pode ser classificado como administrado ou não administrado. Um elemento administrado tem software de gestão, chamado **agente**, operando nele, e é mais elaborado e caro que um elemento não administrado. Um segundo tipo de objeto, o software gerenciador SNMP, controla as operações de um elemento administrado e mantém um banco de dados das informações de todos os elementos administrados. Um **gerenciador SNMP** pode pesquisar cada agente e receber dados de gestão, que são armazenados no banco de dados. Um agente pode enviar informações não solicitadas ao gerenciador na forma de alarme. Finalmente, um gerenciador SNMP também pode atuar como um agente se um gerenciador SNMP de nível mais alto solicita a ele informações para um banco de dados de nível mais alto. Todo esse gerenciamento e o repasse de informações podem ser feitos local ou remotamente, por exemplo, de um extremo ao outro do país em casos onde as informações são transmitidas pela Internet.

O banco de dados que detém as informações sobre todos os dispositivos administrados é chamado de **base de informações de gerenciamento (MIB)**. As informações armazenadas na MIB podem ser utilizadas para reparar ou gerenciar a rede, ou simplesmente observar a operação da rede. Um gerenciador pode pesquisar um elemento administrado (agente), perguntando os detalhes específicos da operação daquele elemento naquele momento exato.

Essas informações são enviadas do elemento administrado à MIB para armazenamento. Por exemplo, um gerenciador pode perguntar a um roteador quantos pacotes entraram e quantos pacotes saíram do roteador, bem como quantos pacotes foram descartados em razão do espaço insuficiente em buffer. Essas informações podem ser utilizadas mais tarde por um programa de gestão, que consegue, após consultar as informações na MIB, concluir que aquele elemento específico não está funcionando adequadamente.

O SNMP pode também executar um tipo de operação de autodescoberta. Essa operação é utilizada para descobrir novos elementos que foram acrescentados à rede. Quando o SNMP percebe um elemento recentemente descoberto, as informações sobre ele são adicionadas à MIB. Assim, o SNMP é um protocolo dinâmico que pode se adaptar automaticamente a uma rede em mudança. Essa adaptação não requer intervenção humana (exceto na intervenção relacionada à conexão do novo elemento à rede).

Elementos administrados são monitorados e controlados utilizando três comandos básicos do SNMP: leitura, gravação e interceptação. O comando de leitura é emitido por um gerenciador para recuperar informações do agente em um elemento administrado. O comando de gravação é emitido por um gerenciador para controlar o agente em um elemento administrado. Ao usar o comando de gravação, um gerenciador pode alterar as configurações de um agente, fazendo, assim, que o elemento administrado opere de maneira diferente.

Uma fraqueza das duas primeiras versões do SNMP foi a falta de segurança nesse comando de leitura. Qualquer um que atue como um gerenciador SNMP pode enviar comandos falsos de gravação para elementos administrados, causando, assim, danos potenciais à rede. A versão atual do SNMP aborda a questão da segurança, de modo que gerenciadores falsos não possam enviar comandos de gravação.

O terceiro comando, a interceptação, é utilizado por um elemento para enviar relatórios ao gerenciador. Quando certos tipos de eventos ocorrem, como sobrecarga de buffer, um elemento administrado pode enviar uma interceptação para relatar o evento.

Com bastante frequência, o gerenciador SNMP solicita informações diretamente de um elemento administrado na mesma rede. Mas e se um gerenciador desejar coletar informações de uma rede remota? O **monitoramento remoto de rede (RMON)** é um protocolo que permite a um administrador de redes monitorar, analisar, diagnosticar e corrigir remotamente um grupo de elementos administrados. RMON é definido como uma extensão do SNMP, e a versão popular mais recente é RMON versão 2 (geralmente chamada RMON2). RMON pode ser suportado por dispositivos de monitoramento de hardware (conhecidos como sondas ou probes), pelo software ou por uma combinação de hardware e software. Vários fabricantes oferecem produtos de rede com suporte ao RMON. Por exemplo, a série de switches de rede local da Cisco inclui switches com software que podem registrar informações conforme o tráfego passa pelo switch, e armazenar essas informações na MIB do switch. RMON pode coletar vários tipos diferentes de informações, como número de pacotes enviados, número de bytes enviados, número de pacotes excluídos e alguns tipos de eventos que ocorreram. Um administrador de redes pode descobrir quanta largura de banda ou tráfego cada usuário está consumindo da rede e pode configurar alarmes para alertar de problemas iminentes.

Para completar nossa discussão sobre projeto e gerência de redes, vamos examinar a empresa Better Box para ver como ela pode aumentar sua capacidade de computação.

Planejamento de capacidade e projeto de redes em ação: Better Box Corporation

Para ver como o planejamento de capacidade e projeto de rede funcionam em uma situação real, voltaremos à Better Box Corporation, do Capítulo 11. Lembre-se de que a sede administrativa da Better Box fica em Chicago, e seus escritórios regionais em Seattle, São Francisco e Dallas. O grupo de marketing em Chicago executa aplicações em 25 estações de trabalho independentes. As outras plantas atualmente têm somente algumas estações. No Capítulo 11, resolvemos o problema primário de rede da Better Box encontrando um modo de oferecer acesso a rede a seus escritórios de vendas regionais, para que eles possam fazer upload dos registros de vendas para a sede da empresa. Essa solução, como você deve lembrar, envolvia estabelecer conexões MPLS/LAN virtual entre Seattle e Chicago, São Francisco e Chicago, e Dallas e Chicago.

A Better Box está expandindo sua capacidade de rede de dados agora e pediu sua ajuda para projetar sua nova rede corporativa. Ela deseja acrescentar novos hardwares e softwares e fornecer novas aplicações de dados. Embora a empresa tenha verba suficiente para suportar as novas aplicações, ela deseja encontrar a solução com o melhor custo-benefício no longo prazo. A Better Box planeja acrescentar 10 novas estações de trabalho para o escritório de Chicago e 35 estações para cada um dos outros escritórios, em Seattle, São Francisco e Dallas.

Em sua rede, a empresa também instalará os seis servidores a seguir:

- Servidor Web (Chicago) – um servidor HTTP para armazenar páginas web para acesso público a informações de marketing corporativo.
- Servidor de inventário (Chicago) – um servidor de banco de dados que armazena informações disponíveis sobre inventário de produtos disponíveis.
- Servidores de plantas (Chicago, Seattle, São Francisco, Dallas) – quatro servidores, um em cada planta, que fornecem serviços de e-mail para permitir que os colaboradores informem sobre projetos importantes, armazene arquivos de gestão e de vendas específicos de cada planta, e armazene software de uso pessoal e informações dos colaboradores de escritório.

Quando as novas estações de trabalho, servidores e equipamentos estiverem instalados, a Better Box gostaria de utilizar a rede para suportar acesso de servidor local de planta, serviços de e-mail e acesso a Internet, e continuar a suportar o acesso de rede a registros de vendas. Cada colaborador precisará acessar arquivos de dados no servidor de planta em seu local. Além disso, cada servidor de planta precisa ser capaz de trocar mensagens de e-mail com outro servidor. O servidor web precisa estar conectado à Internet, para que clientes atuais e potenciais pelo mundo possam usar os navegadores web para acessar informações da empresa.

Vamos encontrar a solução para todo o problema e estabelecer acesso ao servidor local de planta, a e-mail, a Internet e redes locais internas e conectar o acesso de rede recentemente instalado a registros de vendas.

Para poder suportar acesso a e-mail e acesso a página Web da internet, cada planta precisa de uma conexão de alta velocidade a um provedor local de serviço de internet. Cada usuário de internet terá uma conexão com capacidade de 100 kbps (baseada no cálculo que foi feito anteriormente neste capítulo, na seção sobre planejamento de capacidade). Supondo que um terço dos 35 usuários (digamos, 12 usuários) em uma planta vai acessar a Internet por vez, uma projeção linear de 12 vezes 100 kbps por enlace produz uma necessidade de conexão de 1,2 Mbps. Como a conexão de uma planta a um provedor de serviço de Internet deve ser local, uma linha local T-1 pode ser acrescida a cada planta para dar suporte ao acesso a Internet. Lembre-se de que as linhas T-1 são capazes de permitir um fluxo de dados contínuo de 1,544 Mbps entre dois locais. Como o acesso de e-mail também passa por um provedor de acesso a Internet e requer capacidade muito baixa comparada à navegação de página web, essas linhas T-1 adicionais também devem ser boas para suportar e-mail. Para permitir que o escritório de Chicago da Better Box tenha um servidor web exigirá outra conexão a um provedor local de serviço de Internet e o uso de pelo menos mais uma linha T-1 para fornecer acesso de 1,544 Mbps ao servidor web.

Para ajudar a visualizar o leiaute físico dos quatro locais geográficos, criaremos um mapa simples de conectividade de longa distância (Figura 13-9). O mapa de conectividade deve incluir os quatro locais: Chicago, Seattle, São Francisco e Dallas. A necessidade de rede que envolve o download de registros de vendas do escritório de Chicago requer a criação de uma conexão entre Seattle e Chicago, São Francisco e Chicago, e Dallas e Chicago. Note que, na Figura 13-9, a distância entre as plantas está incluída, além de suas conexões respectivas. Para oferecer acesso a e-mail pela Internet e acesso a web para seus usuários, cada planta requer uma conexão local a um

13. Projeto e gerenciamento de redes 357

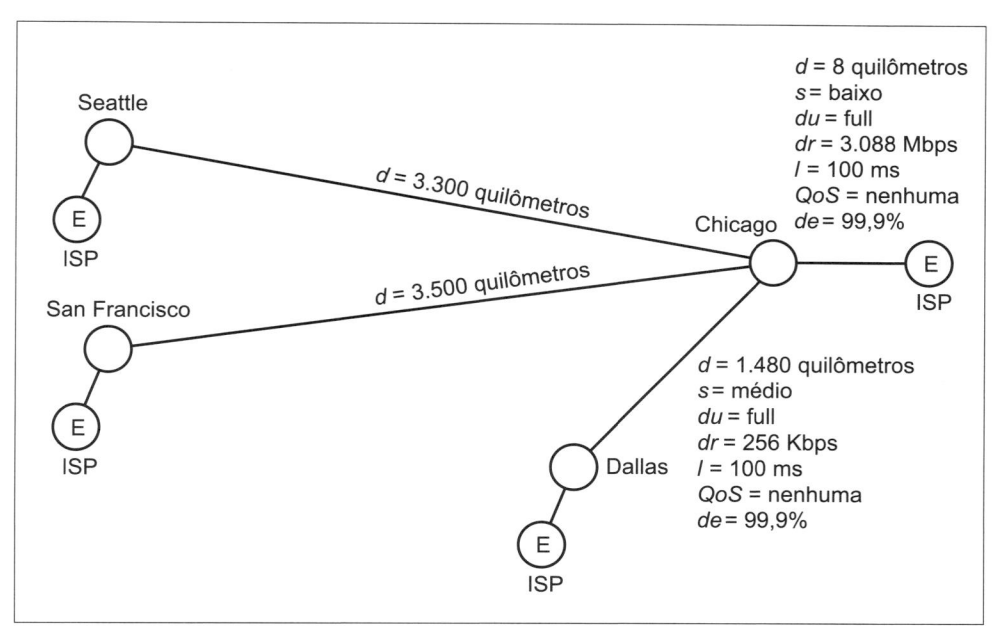

Figura 13-9 Mapa simples de conectividade de longa distância mostrando as plantas de Seattle, São Francisco, Dallas e Chicago.

provedor de serviço de Internet. Como os provedores de serviço de Internet são externos à Better Box Corporation, cada ISP é mostrado com um círculo e um E desenhado nele.

Para permitir acesso local ao servidor de planta (que inclui serviços de e-mail para permitir que colaboradores comuniquem projetos importantes, serviços de armazenamento para arquivos de gestão e vendas específicos da planta, e serviços de armazenamento para software pessoal e informações para colaboradores de escritório), cada planta precisa criar uma solução de rede local. A Figura 13-10 mostra um possível mapa local detalhado. Atualmente, cada colaborador acessa arquivos locais em quantidade suficiente para justificar a necessidade de pelo menos 1 Mbps de largura de banda para cada estação de trabalho em cada LAN compartilhada. Se cada planta tem 35 estações de trabalho, a rede local precisará dispor de pelo menos 35 Mbps de capacidade total. Desse modo, CSMA/CD LAN de 100 Mbps seria prudente. CSMA/CD também é uma boa escolha porque é a rede local mais popular, o que deve reduzir seus custos gerais e aumentar as chances de que o suporte de qualidade esteja disponível. Uma versão de 100 Mbps tem um custo bastante razoável e deve ser suficiente para permitir um total de 35 usuários por planta. Pode valer a pena utilizar switches de alta velocidade nessa rede local em vez de hubs para suportar as 35 estações de trabalho; switches oferecem segmentação de rede melhor e

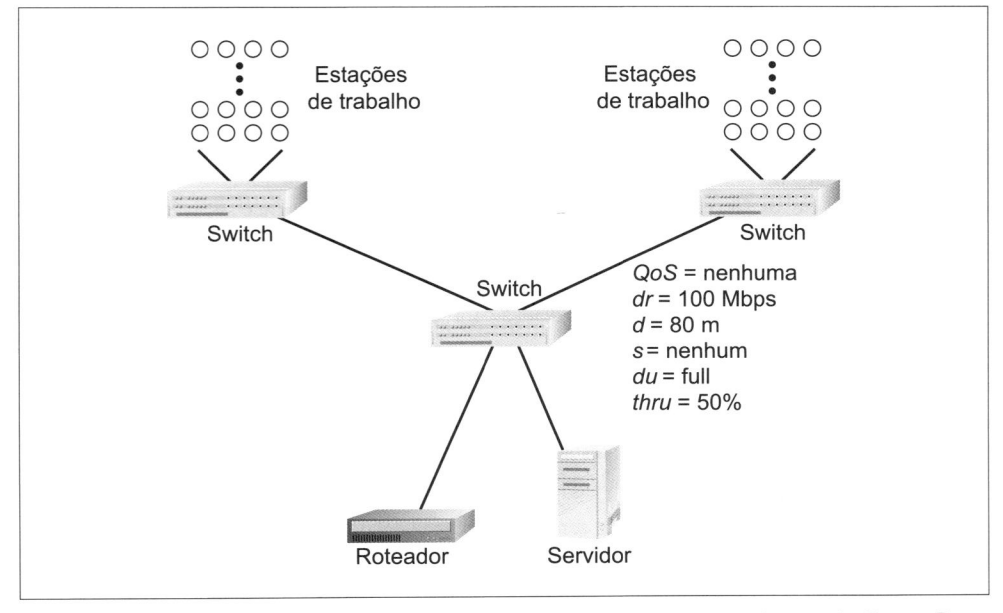

Figura 13-10 Mapa de conectividade local detalhado para uma das plantas da Better Box.

diminuem a probabilidade de colisões, aumentando, assim, a vazão geral de rede. Além disso, o custo dos switches continua a declinar, o que faz que tenham uma boa relação custo-benefício, em virtude do alto grau de segmentação de redes que eles oferecem.

Concluindo, a Better Box precisará de vários dispositivos de rede para suportar seus demandas computacionais ampliados. Conexões MPLS/LAN virtual de um provedor nacional criarão as conexões virtuais entre cada um dos escritórios regionais de vendas e o escritório administrativo em Chicago. Conexões T-1 conectarão cada escritório ao provedor virtual LAN utilizando serviços locais. Cada escritório também exigirá conexões T-1 adicionais locais a provedores de serviço de Internet. Essas conexões vão disponibilizar acesso a e-mail de Internet e acesso a World Wide Web. Finalmente, redes locais CSMA/CD fornecerão o meio local que permite a cada estação de trabalho acessar servidores locais e remotos pela Internet.

RESUMO

- Ao criar uma nova rede ou ampliar uma rede existente, várias armadilhas potenciais e oportunidades para avaliações imprecisas e incompletas podem ocorrer.

- O ciclo de vida de desenvolvimento de sistemas (SDLC) é uma das técnicas mais populares para guiar analistas pelo difícil processo decisório do projeto de redes. Embora existam várias versões do modelo SDLC, a maior parte dos modelos consiste das seguintes fases: planejamento, análise, projeto, implementação e manutenção.

- Pessoas que projetam uma nova rede ou atualizam uma rede existente podem desejar criar um ou mais modelos de rede para ajudá-los a visualizar o sistema. O mapa de conectividade é um dos modelos de rede utilizados para descrever estruturas internas e externas de rede.

- Uma parte importante do SDLC é a realização de um ou mais estudos de viabilidade. Estudos de viabilidade podem ser feitos durante as fases de planejamento, de análise e de projeto. Mas estudos de viabilidade também podem ser independentes (em outras palavras, eles não têm de ser realizados em conjunto com o SDLC). Os quatro tipos básicos de estudos de viabilidade são técnico, financeiro, operacional e temporal.

- Análise de retorno é uma técnica possível de análise financeira que pode ser aplicada a um sistema de rede de computadores proposto para determinar os custos e benefícios do sistema.

- Planejamento de capacidade é uma técnica fundamental que permite a um administrador de redes determinar a largura de banda de rede necessária para suportar uma ou mais aplicações em uma empresa. Várias técnicas existem para realizar planejamento de capacidade, como projeção linear, simulação de computadores, benchmarking e modelagem analítica.

- Um estudo de baseline envolve a medição e o registro do estado de operação de uma rede por um período específico de tempo. Vários administradores de redes acreditam que o estudo de baseline é um dever para todas as operações de redes, independentemente se mais recursos de rede estão sendo solicitados no momento. O estudo de baseline pode servir a vários objetivos, como fornecer um entendimento do sistema atual, ajudando a isolar e identificar problemas de rede e fornecer evidências que mais recursos computacionais serão necessários no futuro próximo.

- Quando uma rede estiver em operação, é necessária gestão eficiente de rede para mantê-la funcionando em períodos de pico. Um administrador de redes, responsável por isso, deve ter várias competências, incluindo conhecimento de hardware e software; gestão de pessoas, tempo e orçamento, e competências em resolução de problemas; e conhecimento de estatística. Para desenvolver as competências técnicas do gerente, os fabricantes mais populares de sistemas de hardware e software oferecem vários programas de certificação.

- Um administrador de redes deve ser capaz de criar e utilizar estatísticas básicas, como tempo médio entre falhas, tempo médio de reparo, disponibilidade e confiabilidade. Essas estatísticas podem ser utilizadas para justificar recursos atuais de rede ou validar a necessidade de recursos adicionais.

- Muitas ferramentas de diagnóstico estão disponíveis para auxiliar o pessoal de rede no diagnóstico e na correção de problemas, bem como na manutenção das redes de computadores complexas encontradas comumente hoje. As ferramentas mais comuns de diagnósticos são testadores elétricos, testadores de continuidade, testadores de cabo, testadores de rede local, analisadores de protocolo e dispositivos e programas que podem simular protocolos e aplicativos.

- Todas as redes precisam de um centro de comando. É nesse centro de comando que você encontra assistência técnica, documentação, centro de treinamento e o sistema nervoso central das operações de rede.

- O protocolo simples de gerenciamento de rede (SNMP) ajuda o pessoal de suporte de rede a monitorar o desempenho, encontrar problemas e resolvê-los sem tocar fisicamente o dispositivo afetado. Com o SNMP, há dispositivos ou elementos administrados ou não administrados. Elementos administrados têm agentes de software que operam neles e a partir deles o software do SNMP pode solicitar informações.

▸ Os gerenciadores SNMP também podem enviar informações a elementos administrados para controlar operações na rede. O banco de dados que detém as informações de cada dispositivo administrado é chamado base de informações de gerenciamento (MIB). O monitoramento remoto de rede (RMON) é um protocolo que permite a um administrador de redes monitorar, analisar, diagnosticar e corrigir remotamente um grupo de elementos administrados. RMON é uma extensão do SNMP e está atualmente em sua segunda versão.

PERGUNTAS DE REVISÃO

1. Faça uma lista das três competências mais importantes que um administrador de redes deve possuir.
2. Como o monitoramento remoto de rede pode ser utilizado para auxiliar o SNMP?
3. Por quais razões alguém executa um estudo de baseline?
4. Qual é a diferença entre um gerenciador e um agente no SNMP?
5. O que significa valor temporal do dinheiro?
6. Qual é a função do protocolo simples de gerenciamento de rede?
7. Descreva quatro maneiras diferentes para executar planejamento de capacidade.
8. O que deve ser encontrado no centro de controle de uma operação de rede?
9. Descreva quatro tipos diferentes de estudos de viabilidade.
10. Quais são as ferramentas básicas de diagnósticos usadas para dar suporte a uma rede de computadores?
11. O que é um mapa de conectividade e como pode ajudar no projeto de uma rede?
12. O que significa o termo estatístico "confiabilidade"?
13. Qual é o objetivo primário da fase de projeto do SDLC?
14. O que significa o termo "utilização"?
15. Qual é o objetivo primário da fase de análise do SDLC?
16. O que significa o termo estatístico "disponibilidade"?
17. Qual é o objetivo primário da fase de planejamento do SDLC?
18. Qual é a diferença entre tempo médio entre falhas e tempo médio de reparo?
19. Descreva cada fase do ciclo de vida de desenvolvimento de sistemas.

EXERCÍCIOS

1. Você está trabalhando para uma pequena empresa que tem uma rede local com hubs. A linha de comunicação entre os hubs foi cortada, mas você ainda não sabe disso. Como você pode determinar o que aconteceu?
2. Um componente tem operado continuamente por três meses. Durante esse tempo, falhou duas vezes, resultando em 4,5 horas de tempo de inatividade. Calcule a disponibilidade do componente durante esse período de três meses.
3. Quais são as diferenças entre testadores de continuidade de linha de rede e testadores de cabo de rede?
4. Durante um estudo de baseline, um grande número de erros de checksum foi descoberto, mas nenhum runt. Explique precisamente o que essa informação tem a ver com comprimento de segmento de rede.
5. É possível para um agente SNMP em um dispositivo administrado atuar como um gerenciador? Explique como essa situação pode funcionar.
6. Você está executando um estudo de baseline para sua empresa, que se localiza no extremo sul do país. Sua empresa tem vários negócios no extremo norte. Você percebe que o pico da utilização de rede ocorre por volta de meio-dia, quando a maior parte de seus colaboradores está em horário de almoço. O que poderia estar causando essa atividade de pico?
7. Se uma rede tem quatro dispositivos com as disponibilidades de 0,994, 0,778, 0,883 e 0,5, qual é a disponibilidade de toda a rede?
8. Crie um modelo analítico simples que inclua duas fórmulas para cálculo do tempo total aproximado t para n terminais que executem sondagem de lista de chamada e sondagem de hub. Use TD = tempo para transmitir dados, TRP = tempo para transmitir uma sondagem de lista de chamada e THP = tempo para transmitir uma sondagem de hub.
9. Se um componente tiver um MTBF = 500 horas e a transação demorar 4 segundos, calcule a confiabilidade do componente.
10. Utilizando os dados a seguir, calcule o período de retorno.
    Custo de desenvolvimento: $ 418.040
    Custos de operação e manutenção do ano 0 ao ano 6, respectivamente: $ 0; $ 15.045; $ 16.000; $ 17.000; $ 18.000; $ 19.000; $ 20.000

Taxa de desconto: 6%

Benefícios (ano 0–ano 6): $ 0; $ 150.000; $ 170.000; $ 190.000; $ 210.000; $ 230.000; $ 250.000

11. Se um componente tiver um MTBF = 10 horas e a transação demorar 20 minutos, calcule a confiabilidade do componente.
12. Relate durante qual fase ou fases do ciclo de vida de desenvolvimento de sistemas as ações a seguir são executadas:
    b. Instalação do sistema
    b. Treinamento de usuários
    c. Gravação de documentação
    d. Execução de estudos de viabilidade
    e. Teste do sistema
    f. Atualização do sistema

PENSANDO CRIATIVAMENTE

1. Solicitaram a você que criasse uma assistência técnica para a divisão de suporte de computadores da sua empresa. Que serviços sua assistência técnica oferecerá? Como você prestará esses serviços? Que tipo de colaboradores você contratará para trabalhar na assistência técnica?

2. Sua empresa deseja criar um servidor web para promover seus negócios. Uma das características desse servidor é permitir que usuários remotos façam download de boletins de serviço e manuais de reparo. Esses boletins e manuais de reparo têm tamanho aproximado de 240.000 bytes. Você prevê que aproximadamente 30 usuários por hora vão fazer download desses documentos. Que velocidade da linha de comunicações você precisa para tolerar essa demanda?

3. A empresa que você trabalha vende bonecas e roupas em uma loja de varejo e por meio de catálogos postais. Ela está considerando a venda de mercadorias pela web. Crie um plano SDLC para acrescentar um sistema de comércio na web para a empresa que mostre cada passo envolvido nas fases de análise, projeto e implementação. O plano deve ter a aparência de uma estrutura de tópicos. Por exemplo, a fase de análise deve começar do seguinte modo:

    I. Fase de análise
        A. Entrevista com alta direção
        B. Criação de questionário e apresentação aos colaboradores
        C. Criação de um modelo mostrando o fluxo atual de dados de negócio de catálogos postais
        D. Etc.

PROJETOS PRÁTICOS

1. Crie uma série de mapas de conectividade para sua empresa ou escola. Tente incluir o máximo possível de locais externos diferentes. Para um desses locais externos, crie um mapa de conectividade de longa distância e um ou mais mapas de conectividade locais.

2. Execute um estudo de baseline para a rede no seu trabalho ou escola. Crie uma lista de todos os dispositivos de rede (servidores, roteadores, pontes, switches, hubs e assim por diante). Que protocolos são suportados pela rede? Que aplicações são suportadas pela rede? Tente coletar algumas estatísticas para um tipo de dispositivo na rede. Se não for possível atingir valores reais, simplesmente crie uma lista de estatísticas que devem estar disponíveis para um serviço específico.

3. Que programas de certificação, além dos listados nesse capítulo, existem para administradores de redes? Para qual tipo de sistemas esses certificados foram projetados?

4. Quais são os vários testes de benchmarking para testar um sistema de computador ou rede de computadores? Escreva um parágrafo sobre cada teste de benchmarking, mostrando o que o teste realmente mede.

5. Analise os classificados do seu jornal local. Qual a porcentagem de anúncios que procuram por pessoal de suporte de redes que exigem um diploma de certificação?

6. Quais são as certificações atuais que as empresas estão procurando para administradores de redes?

7. Houve especulação sobre um novo tipo de vaga no mercado de redes: arquiteto de TI. O que é um arquiteto de TI e quais são as funções típicas associadas a esse cargo?

8. O SNMP é somente um entre vários protocolos de gestão. Quais são os outros protocolos de gestão? Quem os criou? Que tipos de situações eles administram?

9. Como o SNMP versão 3 administra a segurança? Escreva um relatório de uma ou duas páginas que resuma as principais funções da versão 3.

10. Como a função de autodescoberta do SNMP funciona?

Glossário

1000BaseCX Padrão 802.3, criado pelo IEEE para Ethernet (ou locais CSMA/CD), que incorpora sinalização de banda básica (digital) de 1.000 Mbps para transmissão de dados por distâncias curtas (na faixa de 0,1 a 25 metros) utilizando cabos de interconexão de pequeno comprimento de cobre.

1000BaseLX Padrão 802.3, criado pelo IEEE para Ethernet (ou redes locais CSMA/CD), que incorpora sinalização de banda básica (digital) de 1.000 Mbps para transmissão de dados por cabo de fibra óptica monomodo ou multimodo utilizado para o cabeamento de distâncias maiores no interior de um único edifício.

1000BaseSX Padrão 802.3, criado pelo IEEE para Ethernet (ou redes locais CSMA/CD), que incorpora sinalização de banda básica (digital) de 1.000 Mbps para transmissão de dados por cabo de fibra óptica multimodo utilizado para dar suporte a clusters de estações de trabalho e dispositivos que estejam relativamente próximos.

1000BaseT Padrão 802.3, criado pelo IEEE para Ethernet (ou redes locais CSMA/CD), que incorpora sinalização de banda básica (digital) de 1.000 Mbps para transmissão de dados pelo par trançado de Categoria 5e ou superior (UTP) por um segmento máximo de 100 metros de comprimento.

100BaseFX Padrão 802.3, criado pelo IEEE para Ethernet (ou redes locais CSMA/CD), que incorpora sinalização de banda básica (digital) de 100 Mbps para transmissão de dados por par trançado de Categoria 5 com dois pares por um segmento máximo de 100 metros de comprimento.

100BaseT4 Padrão 802.3, criado pelo IEEE para Ethernet (ou redes locais CSMA/CD), que incorpora sinalização de banda básica (digital) de 100 Mbps para transmissão de dados por par trançado de Categoria 3 ou superior com quatro pares por um segmento máximo de 100 metros de comprimento.

100BaseTX Padrão 802.3, criado pelo IEEE para Ethernet (ou redes locais CSMA/CD), que incorpora sinalização de banda básica (digital) de 100 Mbps para transmissão de dados por par trançado de Categoria 5 ou superior com dois pares por um segmento máximo de 100 metros de comprimento.

10Base2 Padrão 802.3, criado pelo IEEE para Ethernet (ou redes locais CSMA/CD), que incorpora sinalização de banda básica (digital) de 10 Mbps para transmissão de dados pelo cabo coaxial por um segmento máximo de 185 ou 200 metros de comprimento.

10Base5 Padrão 802.3, criado pelo IEEE para Ethernet (ou redes locais CSMA/CD), que incorpora sinalização de banda básica (digital) de 10 Mbps para transmissão de dados pelo cabo coaxial por um segmento máximo de 500 metros de comprimento.

10BaseT Padrão 802.3, criado pelo IEEE para Ethernet (ou redes locais CSMA/CD), que incorpora sinalização de banda básica (digital) de 10 Mbps para transmissão de dados pelo par trançado por um segmento máximo de 100 metros de comprimento.

10Broad36 Padrão 802.3, criado pelo IEEE para Ethernet (ou redes locais CSMA/CD), que incorpora sinalização de banda larga (analógica) de 10 Mbps para transmissão de dados pelo cabo coaxial por um segmento máximo de 3.600 metros de comprimento.

10GBase-CX Padrão 802.3, criado pelo IEEE para Ethernet (ou redes locais CSMA/CD), que incorpora sinalização de banda básica (digital) de 10 Gbps para transmissão de dados por cabo coaxial duplo.

10GBase-fiber Padrão 802.3, criado pelo IEEE para Ethernet (ou redes locais CSMA/CD), que incorpora sinalização de banda básica (digital) de 10 Gbps para transmissão de dados por cabo de fibra óptica.

10GBase-T Padrão 802.3, criado pelo IEEE para Ethernet (ou redes locais CSMA/CD), que incorpora sinalização de banda básica (digital) de 10 Gbps para transmissão de dados por par trançado.

1Base5 Padrão 802.3, criado pelo IEEE para Ethernet (ou redes locais CSMA/CD), que incorpora sinalização de banda básica (digital) de 1 Mbps para transmissão de dados pelo par trançado por um segmento máximo de 250 metros de comprimento.

1xEV (1 x Enhanced Version) Tecnologia de telefonia celular de terceira geração, capaz de dar suporte a taxas de download de 300 kbps a 500 kbps.

4B/5B Esquema de codificação digital que recebe quatro bits de dados, converte os quatro bits em uma sequência única de cinco bits e codifica os cinco bits utilizando NRZI.

ABR (Available Bit Rate, ou seja, taxa de bits disponível) Classe de serviço oferecida pelo ATM, utilizada para tráfego de dados sujeito a rajadas (chamados tráfego de rajadas) e cuja largura de banda é apenas grosseiramente conhecida, como o tráfego encontrado no conjunto de linhas dedicadas de uma corporação.

Active Directory Estrutura de diretórios de rede para o sistema operacional Windows 2000/2003; estrutura hierárquica que armazena informações sobre todos os objetos e recursos de uma rede e disponibiliza essas informações a usuários, administradores de rede e aplicativos.

ADSL (Asymmetric Digital Subscriber Line, ou seja, linha digital assimétrica de assinante) Forma popular da linha de assinante digital que transmite dados no downlink a uma taxa mais alta do que dados no uplink.

AES (Advanced Encryption Standard, ou seja, padrão avançado de criptografia) Nova técnica de criptografia selecionada pelo governo dos Estados Unidos para substituir o antigo DES (padrão de criptografia de dados). O AES baseia-se no algoritmo de Rijndael e utiliza chaves de 128, 192 ou 256 bits.

agente Software (ou software de gerenciamento) que é executado em um elemento; um elemento que possui agente é considerado um elemento gerenciado e pode responder a comandos e solicitações SNMP.

algoritmo 1-persistente Algoritmo CSMA/CD (Carrier Sense Multiple Access with Collision Detection) que faz que a estação de trabalho escute continuamente até que o meio de transmissão esteja livre; em seguida, transmite imediatamente.

algoritmo de árvore de extensão Algoritmo utilizado por pontes e comutadores que busca todos os caminhos possíveis em uma rede e cria uma estrutura de árvore que inclui apenas caminhos únicos entre dois pontos. As pontes e comutadores utilizam esse algoritmo para evitar o envio de dados por caminhos redundantes (loops) na rede.

algoritmo de criptografia Programa de computador que converte texto puro em uma forma criptografada.

algoritmo de custo mínimo de Dijkstra Procedimento que determina o caminho de custo mínimo de um nó da rede a todos os outros nós dessa rede.

algoritmo não persistente Algoritmo de persistência do CSMA/CD que, ao perceber que o meio está ocupado, aguarda um período aleatório de tempo para tentar escutar novamente.

algoritmo p-persistente Algoritmo de persistência do CSMA/CD que faz que a estação de trabalho ouça o meio e, ao detectar que ele está ocioso, transmite com probabilidade p.

AMI-bipolar Técnica de codificação digital sem presença de componentes CC; "0s" lógicos são representados por tensão zero e "1s" lógicos são representados por voltagens positivas e negativas alternantes.

amplificação Ganho de intensidade (potência) de um sinal analógico.

amplitude Altura da onda acima (ou abaixo) de um determinado ponto de referência.

AMPS (Advanced Mobile Phone Service, ou seja, serviço avançado de telefonia móvel) O sistema mais antigo de telefonia móvel analógica; chegou a cobrir quase toda a América do Norte e pode ser encontrado em mais de 35 países.

analisador de protocolos Programa de computador que monitora uma rede 24 horas por dia, sete dias por semana, e captura e registra todos os pacotes transmitidos.

análise de retorno Técnica de análise financeira que apresenta em gráfico os custos iniciais e custos recorrentes anuais de um sistema proposto em relação à renda (benefícios) anual projetada em decorrência desse sistema.

analista de sistemas Profissional normalmente responsável pelo gerenciamento de um projeto e cumprimento das fases do CVDS, especialmente as de análise e projeto.

anel de token Rede local que utiliza topologia em anel para o hardware e um protocolo de token circular para o software.

ANSI (American National Standards Institute, ou seja, Instituto Nacional de Padrões Americanos) Organização dos Estados Unidos que cria padrões para diversos produtos.

API (Application Program Interface, ou seja, interface de aplicativo) Módulo de software que atua como interface entre aplicativos e entidades técnicas, como sistemas de comutação telefônica.

Glossário

aplicação de rede orientada à conexão Tipo de aplicação de rede que fornece certa garantia de que as informações que atravessam a rede não serão perdidas e os pacotes de informação serão entregues ao receptor desejado na mesma ordem em que foram transmitidos.

aplicação de rede sem conexão Tipo de aplicação de rede que não exige a realização de uma conexão lógica antes da transferência de dados.

aplicações de servidor Servidor de rede especializado, como um servidor projetado especificamente para sistemas de bancos de dados ou serviços de web.

aprendizagem retroativa Técnica em que uma ponte ou comutador cria suas tabelas de roteamento observando o fluxo atual de tráfego.

ARP (Address Resolution Protocol, ou seja, protocolo de resolução de endereço) Protocolo de Internet que traduz um endereço IP de um datagrama IP para o endereço CSMA/CD adequado à transferência em uma rede local.

Arpanet Uma das primeiras redes de comutação por pacotes de longa distância nos Estados Unidos; precursora da Internet moderna; conectou universidades, laboratórios e instalações especiais do governo.

arquitetura cut-through Tecnologia em uma ponte ou comutador de LAN que permite ao quadro de dados deixar o comutador quase imediatamente após o início de sua entrada.

arquitetura de rede Modelo que descreve as camadas das operações de hardware e software de uma rede de computadores e suas aplicações.

árvores Topologias mais complexas de barramentos, que consistem de vários segmentos de cabos, todos interconectados.

ASCII Código de sete bits utilizado para representar todos os caracteres imprimíveis do teclado, além de muitos caracteres de controle não imprimíveis.

assinatura digital Tecnologia que utiliza criptografia de chave pública para atribuir, a determinado documento, um código cuja chave apenas o criador do documento possui.

ataques de negação de serviço Técnica maliciosa de hackeamento que bombardeia um terminal de computador com tantas mensagens que ele não é capaz de executar suas tarefas normais.

atenuação Perda contínua de intensidade (potência) que ocorre com um sinal conforme ele atravessa um meio.

ATM (Asynchronous Transfer Mode, ou seja, modo de transferência assíncrona) Serviço de comutação por pacotes de alta velocidade, similar ao frame relay, que dá suporte a diversas classes de serviço.

atraso de propagação Tempo que um sinal leva para atravessar o meio do transmissor ao receptor.

áudio e vídeo em streaming Download contínuo de um arquivo de áudio ou vídeo comprimido, que, assim, pode ser ouvido ou visto na estação do usuário.

auditoria computacional Processo em que um programa de software monitora todas as transações em um sistema.

autossincronia Característica de um sinal que sofre mudanças conforme um padrão regular, o que permite ao receptor permanecer sincronizado com o fluxo de bits de entrada do sinal.

backbone Principal cabo de conexão que vai de uma extremidade a outra de uma instalação ou rede.

backplane Principal hardware de um dispositivo (como comutador de LAN) ao qual se conectam todas as placas de circuito impresso.

banda de guarda Conjunto de frequências não utilizadas entre dois canais em um sistema multiplexado por divisão de frequência.

banda ultralarga Técnica de transmissão que envia dados por uma ampla faixa de frequências com baixa potência para não interferir em outros sinais existentes.

BECN (Backward Explicit Congestion Notification, ou seja, notificação explícita regressiva de congestionamento) Técnica de controle de congestionamento na qual a notificação de congestionamento é enviada pelo caminho de retorno ao transmissor.

benchmarking Envolve a geração de estatísticas do sistema em condições controladas e, em seguida, a comparação dessas estatísticas com medidas conhecidas.

bidirecional Tipo de transmissão em que um sinal transmitido de uma determinada estação de trabalho se propaga em ambas as direções do cabo a partir da fonte.

bindery Banco de dados que contém informações sobre todos os recursos conectados ao servidor, incluindo usuários, grupo de usuários, impressoras e conjuntos de dados.

bit de parada Utilizado em transmissão assíncrona; adiciona-se um 1 binário ao final de um caractere para sinalizar o término do quadro.

bit de paridade Bit adicionado a um caractere de dados para executar verificação simples de paridade.

bit de partida Utilizado em transmissão assíncrona; adiciona-se um 0 binário ao início de um caractere para informar ao receptor que um caractere de dados (quadro) de entrada está chegando.

bits por segundo (bps) Número de bits transmitidos em um meio em um dado segundo.

blog Abreviatura de web log. Website on-line no formato de um diário.

bluetooth Tecnologia sem fio que transfere sinais por distâncias curtas (de 10 metros ou menos) através de obstáculos não metálicos.

bombardeio de e-mails Técnica maliciosa de hackeamento na qual um usuário envia uma quantidade excessiva de e-mails indesejados a alguém.

botnet Programas maliciosos que assumem o controle de operações no computador afetado.

BSS (Basic Service Set, ou seja, conjunto básico de serviço) Área de transmissão ao redor de um ponto de acesso em uma rede local sem fio; assemelha-se a uma célula em uma rede de telefonia celular.

CA (Certificate Autority, ou seja, autoridade de certificação) Software especializado em uma rede ou organização ou empresa terceirizada de confiança que emite e gerencia certificados.

cabo 62.5/125 Cabo de fibra óptica monomodo (espesso) com núcleo de 62,5 mícrons de diâmetro e revestimento (material que envolve a fibra) de 125 mícrons de diâmetro; esse cabo possui mais reflexões e refrações do que o cabo de fibra óptica monomodo (veja cabo 8.3/125).

cabo 8.3/125 Cabo de fibra óptica monomodo (fino) com núcleo de 8,3 mícrons de diâmetro e revestimento (material que envolve a fibra) de 125 mícrons de diâmetro; esse cabo possui menos reflexões e refrações do que o cabo de fibra óptica multimodo (veja cabo 62.5/125).

cabo coaxial espesso Cabo coaxial cujo diâmetro varia entre, aproximadamente, 6 e 10 mm.

cabo coaxial fino Cabo coaxial com diâmetro de aproximadamente 4 mm.

cabo coaxial Fio simples circundado por um isolamento de espuma, envolvido por uma blindagem entrelaçada de metal e, finalmente, coberto por um envoltório de plástico.

cabo coaxial sólido Tipo de cabo coaxial que possui um único fio envolto pelo isolamento.

cabo coaxial trançado Cabo coaxial em que o fio central consiste realmente de muitos fios menores entrelaçados.

cabo de fibra óptica Cabo fino de vidro, um pouco mais grosso que um fio de cabelo humano, envolvido por um revestimento plástico. Os cabos de fibra óptica transmitem pulsos de luz; são capazes de transmitir dados a bilhões de bits por segundo. Sofrem muito pouco ruído e não são suscetíveis à radiação eletromagnética.

cabo de par trançado Dois ou mais pares de fios condutores simples de cobre, trançados um ao redor do outro.

camada de acesso à rede Camada inferior do conjunto de protocolos TCP/IP; define tanto o meio físico que transmite o sinal como o quadro que incorpora controle de fluxo e de erros.

camada de aplicação Camada superior no modelo OSI e no conjunto de protocolos TCP/IP; local em que se encontra a aplicação de rede.

camada de apresentação Camada do modelo OSI que executa uma série de funções variadas que precisam ser executadas para a apresentação adequada do pacote de dados ao emissor ou receptor.

camada de enlace de dados Camada do modelo OSI responsável por receber os dados brutos e transformá-los em uma unidade coesa chamada quadro.

camada de rede Camada do modelo OSI e do conjunto de protocolos TCP/IP responsável pela criação, manutenção e pelo encerramento das conexões de rede.

Glossário

camada de sessão Camada do modelo OSI responsável por estabelecer sessões entre usuários e por tratar do serviço de gerenciamento de token.

camada de transporte Camada de software do conjunto de protocolos TCP/IP e modelo OSI que fornece conexão de rede confiável de ponta a ponta.

camada física Camada inferior do modelo OSI; lida com a transmissão de bits por um canal de comunicação.

canal Caminho ou conexão que normalmente dá suporte a um único usuário.

CAT 1-7 (par trançado de Categoria 1-7) Sistema de nomenclatura utilizado para classificar cabos de par trançado conforme a distância e a velocidade de transmissão de dados.

Categoria 1 Designação da fiação de par trançado capaz de dar suporte a sistemas de telefonia analógica; raramente utilizada na atualidade.

Categoria 2 Designação da fiação de par trançado capaz de dar suporte a sistemas de telefonia digital, como T-1 e ISDN; raramente utilizada na atualidade.

Categoria 3 Designação da fiação de par trançado capaz de dar suporte a transmissões de dados de até 10 Mbps por 100 metros; raramente utilizada para redes locais; atualmente utilizada com frequência em sistemas de telefonia analógica.

Categoria 4 Designação da fiação de par trançado capaz de dar suporte a transmissões de dados de até 10 Mbps por 100 metros; raramente utilizada na atualidade.

Categoria 5 Designação da fiação de par trançado capaz de dar suporte a transmissões de dados de até 100 Mbps por 100 metros em redes locais.

Categoria 5e Designação da fiação de par trançado capaz de dar suporte a transmissões de dados de até 125 Mbps por 100 metros em redes locais.

Categoria 6 Designação da fiação de par trançado capaz de dar suporte a transmissões de dados de até 250 MHz por 100 metros.

Categoria 7 Designação da fiação de par trançado capaz de dar suporte a transmissões de dados de até 600 MHz por 100 metros.

cavalo de Troia Segmento de código destrutivo que se oculta em um segmento de código aparentemente inofensivo, como uma mensagem de e-mail ou aplicativo macro.

CBR (Constant Bit Rate, ou seja, taxa constante de bits) Utilizada no ATM; um tipo mais custoso de serviço, similar a uma linha dedicada de sistema telefônico atual.

CDM (Code Division Multiplexing, ou seja, multiplexação por divisão de código) (veja CDMA).

CDMA (Code Division Multiple Access, ou seja, acesso múltiplo por divisão de código) Técnica de multiplexação amplamente utilizada pelos militares e por empresas de telefonia celular, na qual "1s" e "0s" binários são substituídos por sequências maiores, exclusivamente binárias, permitindo que vários usuários compartilhem um conjunto comum de frequências. Tem como base a tecnologia de espalhamento espectral.

CDMA2000 1xRTT Técnica de sinalização para telefonia celular de geração "2,5 G", com base na multiplexação por divisão de código.

CDSL (Consumer Digital Subscriber Line, ou seja, linha digital de assinante do cliente) Versão de DSL com marca registrada, que resulta em velocidades um pouco menores do que as de ADSL comum.

central telefônica (CT) Contém o equipamento que gera o tom de discagem, interpreta o número de telefone discado, verifica serviços especiais e conecta a chamada recebida ao próximo ponto.

Centrex (Central Office Exchange Service, ou seja, serviço de comutação telefônica) Serviço oferecido por empresas locais de telefonia que permite aos usuários comerciais a contratação de serviço de comutação telefônica com os equipamentos instalados na empresa telefônica.

certificado Documento eletrônico, similar a um passaporte, que estabelece as credenciais de alguém que esteja realizando transações na web.

chave Conjunto único de informações utilizado para criar o texto criptografado e, posteriormente, decriptografá-lo em texto puro.

chaveamento de amplitude Técnica de modulação para a codificação de dados digitais que utiliza os diversos níveis de amplitude de um sinal analógico.

chaveamento de fase em quadratura Técnica de modulação que incorpora quatro ângulos de fases diferentes, cada um representando dois bits: um desvio de fase de 45 graus representa valor de dados 11; um desvio de fase de 135 graus representa valor de dados 10; um desvio de fase de 225 graus representa valor de dados 01 e um desvio de fase de 315 graus representa valor de dados 00.

chaveamento de fase Técnica de modulação para a codificação de dados digitais que utiliza diversas fases de um sinal analógico.

chaveamento de frequência Técnica de modulação para a codificação de dados digitais que utiliza as diversas frequências de um sinal analógico.

checksum aritmético Técnica de detecção de erros em que os valores ASCII dos caracteres a serem transmitidos são somados e incluídos no final da mensagem.

Ciclo de Vida do Desenvolvimento de Sistemas (CVDS) Metodologia de abordagem estruturada para o desenvolvimento de um sistema comercial; inclui as seguintes fases: planejamento, análise, projeto, implantação e manutenção.

cifra de substituição monoalfabética Técnica de criptografia relativamente simples que substitui um caractere ou grupos de caracteres por um caractere ou grupo de caracteres diferente.

cifra de substituição polialfabética Semelhante à cifra monoalfabética, exceto por utilizar várias cadeias alfabéticas, e não uma única cadeia, na codificação do texto puro.

cifra de transposição Técnica de criptografia em que a ordem do texto puro não é preservada, como nas cifras de substituição.

cifra de Vigenére Possivelmente o exemplo mais antigo de cifra polialfabética, criada por Blaise de Vigenére em1586.

CIR (Committed Information Rate, ou seja, taxa contratada de informações) Taxa de transferência de dados acordada entre o cliente e a operadora em uma rede de frame relay.

circuito de intercâmbio Sinal transmitido por um fio e relacionado a um pino específico em uma conexão de interface.

circuito ou enlace local Linha telefônica que sai de sua casa ou escritório; consiste de quatro ou oito fios.

circuito virtual Conexão de comutação de pacotes em uma rede; não se trata de uma conexão física dedicada, mas de uma conexão lógica criada pela utilização de tabelas de roteamento localizadas dentro de cada nó/roteador ao longo da conexão.

classe de serviço Definição de um tipo de tráfego e da tecnologia subjacente que lhe dá suporte. Normalmente encontrada em sistemas ATM.

CLEC (Competitive Local Exchange Carrier, ou seja, operadora competitiva de comutação local) Novos fornecedores de serviços telefônicos locais (sua criação foi iniciada nos Estados Unidos pela Lei das Telecomunicações de 1996).

cliente magro (thin client) Computador de estação conectado à rede que não possui unidade de disquete ou armazenamento de disco rígido.

cloud Nós de subestrutura de rede (roteadores e comutadores) e enlaces de alta velocidade.

coaxial de banda básica Tipo de sistema de cabo coaxial que utiliza técnica de sinalização/transmissão digital em que o cabo carrega apenas um canal de dados digitais.

coaxial de banda larga Tecnologia de cabo coaxial que transmite sinais analógicos e é capaz de dar suporte a vários canais de dados simultaneamente.

codec Dispositivo que aceita dados analógicos e os converte em sinais digitais. Esse processo também é conhecido como digitalização.

codificação perceptiva Técnica de compressão aplicada a arquivos de áudio e vídeo em que aspectos de dados com características normalmente não notadas pela média das pessoas são removidos dos dados ou comprimidos.

codificação run length Técnica de compressão em que um símbolo (ou símbolos) que ocorre com frequência em um conjunto de dados é substituído por um caractere mais simples e uma contagem de quantas vezes esse símbolo aparece.

código de dados Conjunto de todos os caracteres textuais ou símbolos e seus padrões binários correspondentes.

Código de Hamming Código que incorpora bits redundantes de modo que, se ocorrer um erro durante a transmissão, o receptor seja capaz de corrigi-lo.

código malicioso móvel Vírus ou verme projetado para ser transportado pela Internet.

código Manchester diferencial Técnica de codificação digital que transmite um 0 binário sempre que houver uma mudança de tensão elétrica no início do tempo de bit e um 1 binário sempre que não houver mudança de tensão no início desse tempo. Essa técnica garante que sempre ocorra transição no meio tempo de bit.

código Manchester Esquema de codificação digital que garante que cada bit tenha uma transição no meio do sinal e, assim, resolve o problema da sincronização.

código NRZI (Nonreturn to Zero Inverted, ou seja, sem retorno a zero invertido) Técnica de codificação digital que atribui um 1 binário a uma transição de tensão no início do tempo de bit e um 0 binário a uma ausência de transição.

código NRZ-L (Nonreturn To Zero-Level, ou seja, sem retorno a zero-nível) Técnica de codificação digital que atribui um 1 binário ou 0 binário a um nível de tensão elétrica, respectivamente, baixo ou alto.

códigos de espalhamento de chip Sequências binárias atribuídas a dispositivos de modo que eles possam executar o acesso múltiplo por divisão de código.

colisão Resultado do encontro de sinais de dois ou mais dispositivos em um meio.

componente de processo Um dos quatro componentes de uma interface; descreve como os circuitos específicos são utilizados para executar uma operação.

componente elétrico Parte de uma interface que lida com tensão, capacitância de linha e outras características elétricas.

componente funcional Função de cada pino ou circuito utilizado em uma determinada interface.

componente mecânico Uma das quatro partes de uma interface; lida com itens como descrição de conector ou plug.

compressão com perda Técnica de compressão em que os dados são comprimidos e posteriormente descomprimidos; porém, esse processo não retorna aos dados originais, ou seja, alguns dados são perdidos em razão da compressão.

compressão Processo de manipulação de dados de modo que eles se encaixem em um espaço mais compacto.

compressão sem perda Técnica de compressão em que os dados são comprimidos e posteriormente descomprimidos, de modo que os dados originais reapareçam, ou seja, nenhum dado se perde em razão da compressão.

comunicação de dados Transferência de dados digitais ou analógicos que utiliza sinais digitais ou analógicos.

Comunicação GSM (Global System for Mobile, ou seja, sistema global para telefonia móvel) Tecnologia de telefonia celular de segunda geração com base em uma forma de multiplexação por divisão de tempo.

comutador Dispositivo que combina hub e ponte: pode conectar várias estações (como o hub), mas também filtrar quadros, propiciando, assim, segmentação de rede (como a ponte).

comutador full-duplex Tipo de comutador que permite transmissão e recepção simultânea de dados de e para uma estação de trabalho.

conexão assimétrica Conexão em que os dados fluem em uma direção a uma taxa de transmissão mais alta do que na direção oposta; por exemplo, há vários sistemas que possuem uma conexão no downlink mais rápida (como da Internet) e uma conexão no uplink mais lenta.

conexão assíncrona Um dos exemplos mais simples de um protocolo de enlace de dados; encontrado principalmente em conexões entre microcomputadores e modems. Adiciona um bit de início, um bit de parada e um bit opcional de paridade para cada caractere transmitido.

conexão física A conexão efetiva entre emissor e receptor na camada física, em que o conteúdo digital da mensagem (os "1s" e "0s" reais) é transmitido.

conexão full-duplex Conexão entre emissor e receptor na qual os dados podem ser transmitidos de um para o outro, em ambas as direções, ao mesmo tempo.

conexão half-duplex Conexão entre emissor e receptor na qual os dados podem ser transmitidos de um para o outro, em apenas uma direção por vez.

conexão isócrona Conexão que fornece transporte de dados garantido a uma taxa predeterminada; essencial para aplicações multimídia.

conexão lógica Conexão não física entre o emissor e o receptor que permite uma troca de comandos e respostas.

conexão multiponto Fio simples com um mainframe conectado a uma extremidade e vários terminais conectados à outra.

conexão ponto a ponto Conexão direta entre um terminal e o computador mainframe.

conexão simétrica Tipo de conexão em que as velocidades de transferência em ambas as direções são equivalentes.

conexão simplex Sistema capaz de transmitir apenas em uma direção, como a transmissão de TV.

conexão sincrônica Técnica de manutenção de sincronização entre um receptor e o fluxo de dados de entrada.

confiabilidade Cálculo da probabilidade de que um componente ou sistema esteja operacional pela duração de um período de tempo.

congestionamento de rede Fenômeno que ocorre quando há pacotes de dados demais atravessando uma rede, levando à degradação de seus serviços.

conjunto de protocolos IEEE 802 Conjunto de protocolos que definem diversos tipos de redes locais, metropolitana e sem fio. Por exemplo, o protocolo IEEE 802.3 define o protocolo para redes locais CSMA/CD.

conjunto de protocolos TCP/IP Modelo de arquitetura de comunicação que incorpora protocolos TCP/IP, tendo ultrapassado o modelo OSI em popularidade e implantação.

contagem de saltos Contador associado a um pacote conforme ele passa de um nó a outro em uma rede de longa distância. Cada vez que o pacote passa para o nó seguinte, a contagem é aumentada/reduzida em 1.

contrato de licenciamento Contrato legal que descreve certas condições a serem mantidas para a utilização adequada de um pacote de software.

Contrato de Nível de Serviço (CNS) Documento escrito vinculativo que pode incluir parâmetros oferecidos em um acordo entre um fornecedor de serviços de comunicação e seu cliente.

controle de admissão de conexão Processo de não permitir que um usuário ou aplicação crie uma conexão sem que esteja garantido que a rede possa suportar a conexão solicitada.

controle de chamadas por terceiros Recurso telefônico que permite ao usuário controlar uma chamada (por exemplo, configurar uma chamada em conferência) sem fazer parte dela.

controle de erros "stop-and-wait" Técnica de controle de erros normalmente associada a uma classe de protocolos, também chamada "stop-and-wait", na qual uma única mensagem é enviada; em seguida, o emissor aguarda confirmação antes de enviar a mensagem seguinte.

controle de erros Processo de detecção de um erro, seguida de algum tipo de ação corretiva. Há três opções: não fazer, retornar uma mensagem ou corrigir o erro.

controle explícito de congestionamento Técnica de controle de congestionamento em que uma estação transmissora é informada do congestionamento por meio de um ou vários bits em uma mensagem.

controle implícito de congestionamento Técnica de controle de congestionamento na qual o emissor percebe o congestionamento de rede observando perdas ou atrasos de pacotes.

convergência Aproximação de vários conceitos de comunicação para se obter um único resultado. Mais precisamente, a convergência tecnológica é a junção de duas ou mais tecnologias em um único dispositivo; a convergência de protocolo é a junção de dois ou mais protocolos em um único protocolo; a convergência industrial é a fusão de duas ou mais empresas em uma única empresa.

Conversões texto para fala e fala para texto Sistemas telefônicos capazes de digitalizar a voz humana e armazená-la como arquivo de texto, ou receber um arquivo de texto e convertê-lo em fala humana.

conversores de mídia Dispositivos que convertem cabos e/ou sinais de uma forma para outra.

cookie Dados criados por um servidor web e armazenados no disco rígido da estação de usuário.

correção antecipada de erro Processo que permite que o receptor, ao detectar um erro nos dados que chegam, corrija o erro sem informações adicionais do transmissor.

correio eletrônico Versão computadorizada correspondente à escrita e à postagem de uma carta no correio local.

CRC (Cyclic Redundancy Checksum, ou seja, checksum de redundância cíclica) Técnica de detecção de erro que normalmente adiciona 16 ou 32 bits de verificação a pacotes de dados potencialmente grandes e tende à detecção de 100% dos erros.

criptografia assimétrica Técnica de criptografia em que duas chaves são utilizadas, uma para encriptografar e outra para decriptografar; geralmente conhecida como criptografia de chave pública.

criptografia de chave pública Uma chave encriptografa o texto puro e outra decriptografa.

criptografia Estudo da criação e utilização de técnicas de encriptografia e decriptografia.

criptografia simétrica Forma de criptografia em que a mesma chave é utilizada para codificar e decodificar os dados; geralmente chamada criptografia de chave privada.

critérios de seleção de mídia Lista de verificação utilizada no projeto e atualização de redes de computadores; inclui custo, velocidade, distância, direito de passagem, expansibilidade, ambiente e segurança.

CRL (certificate revocation list, ou seja, lista de revogação de certificados) Lista de certificados que tenham sido revogados, antes ou na data originalmente marcada para expiração.

CSMA/CA (Carrier Sense Multiple Access with Collision Avoidance, ou seja, acesso múltiplo com detecção de portadora com prevenção de colisão) Protocolo de controle de acesso ao meio com base em contenção para redes sem fio no qual as estações de trabalho só podem transmitir em determinados momentos, numa tentativa de evitar colisões.

CSMA/CD (Carrier Sense Multiple Access with Collision Detection, ou seja, acesso múltiplo com detecção de portadora e detecção de colisão) Protocolo de controle de acesso ao meio com base em contenção para redes locais em barramento ou barramento em estrela com fio, no qual uma estação de trabalho que esteja esperando para transmitir só pode fazê-lo se o meio estiver ocioso; do contrário, ela tem de esperar. As colisões de sinais são detectadas pelas estações transmissoras, que, assim, retrocedem e retransmitem.

CSS (Cascading Style Sheets, ou seja, folhas de estilo em cascata) Permite que o autor de uma página da web incorpore diversos recursos (fontes, estilos, cores etc.) em uma única página HTML.

CSU/DSU Dispositivo de hardware, com aproximadamente o tamanho de um modem externo, que converte dados digitais de um computador na forma adequada à transferência por uma linha de telefone digital T-1 de 1.544 Mbps ou uma linha de telefone dedicada de 56 a 64 kbps.

CTI (Computer-Telephony Integration, ou seja, integração computador-telefonia) Novos serviços e sistemas de telefonia que combinam redes de voz tradicionais com redes modernas de computadores.

CWDM (Coarse Wavelength Division Multiplexing, ou seja, multiplexação por divisão de comprimento de onda esparsa) Forma mais barata de multiplicação por divisão de comprimento de onda que envolve a transferência de um pequeno número de fluxos de dados por uma única fibra óptica, utilizando transmissores laser de várias cores.

dados analógicos Dados representados por ondas contínuas, que podem estar em um número infinito de pontos dentro de um determinado mínimo e um máximo.

dados digitais Entidades representadas por formas de onda discretas, não contínuas. Entre um valor mínimo X e um valor máximo Y, a forma discreta toma apenas um número finito de valores.

dados Entidades que carregam significado dentro de um computador ou sistema de computadores.

D-AMPS (Digital Advanced Mobile Phone Service, ou seja, serviço avançado de telefonia móvel digital) Equivalente digital mais recente do AMPS (Advanced Mobile Phone Service) digital.

datagrama Entidade ou pacote de dados transmitido em uma rede de datagrama de comutação de pacotes.

DCE (Data Communications Equipment ou Data Circuit-Terminating Equipment, ou seja, equipamento de comunicação/final de circuito de dados) Dispositivo, como um modem, que encerra uma linha de transmissão de dados.

decibel (db) Medida relativa de perda ou ganho de sinal, utilizada para medir a intensidade de um sinal.

derivação Dispositivo passivo que permite a conexão de um cabo coaxial a outro segmento contínuo de cabo coaxial.

DES (Data Encryption Standard, ou seja, padrão de criptografia de dados) Método de criptografia comumente empregado por empresas para enviar e receber transações seguras.

DES triplo Solução temporária para as falhas da segurança com DES (que agora foi substituído por AES), em que os dados são criptografados utilizando DES três vezes; em muitos casos, a primeira vez utiliza uma primeira chave, a segunda vez, uma segunda chave, e a terceira vez, a primeira chave novamente.

desmultiplexador Multiplexador que desmultiplexa os fluxos de dados e transmite os fluxos individuais aos dispositivos adequados.

detecção de invasão Capacidade de monitorar eletronicamente fluxos de dados e solicitações que entram e saem de um sistema.

DHCP (Dynamic Host Configuration Protocol, ou seja, protocolo de configuração de host dinâmico) Protocolo que atribui dinamicamente endereços de Internet a estações de trabalho, conforme elas solicitem conexão à web.

diafonia (crosstalk) Acoplamento indesejado entre sinais percorrendo dois caminhos diferentes.

digitalização Processo de conversão de sinais ou dados analógicos em dados digitais.

direito de passagem Permissão para instalar um meio através de uma propriedade pública ou privada.

direitos de acesso Permissões atribuídas a um arquivo ou dispositivo; determina como usuário(s) ou grupo(s) pode(m) acessar o arquivo ou dispositivo.

DisplayPort Interface digital de áudio/vídeo entre computador e monitor ou entre computador e sistema de home-theater.

disponibilidade Probabilidade de que um componente ou sistema específico esteja disponível durante um período de tempo fixo.

dispositivo de armazenamento e envio Dispositivo que aceita um pacote, armazena-o temporariamente em um buffer, decodifica-o conforme necessário e o envia para o próximo dispositivo.

dispositivo passivo Um ponto de conexão simples entre dois segmentos de cabo que não regenera o sinal no cabo.

distância de Hamming O menor número de bits pelo qual os códigos de caracteres (em um conjunto de caracteres como ASCII) diferem.

distorção de atraso Erro que ocorre quando a velocidade de propagação de um sinal por meio de um fio varia com a frequência do sinal.

distorção de intermodulação Ruído que ocorre quando as frequências de dois ou mais sinais misturam-se, criando novas frequências.

distribuição Conceito utilizado em Raid, no qual os dados são divididos em pares, cada um dos quais armazenado em uma unidade de disco diferente.

DMT (Discrete Multitone, ou seja, multitom discreto) Técnica de modulação utilizada em linha de assinante digital.

DNS (Domain Name System, ou seja, sistema de nome de domínio) Banco de dados grande e distribuído de endereços e nomes de domínios na Internet.

domínio Unidade primária de administração em todos os sistemas operacionais de rede do Windows.

downlink Parte de uma ligação de comunicação entre um satélite e uma estação terrestre na qual os dados viajam do satélite para a Terra.

DSL (Digital Subscriber Line, ou seja, linha digital de assinante) Tecnologia que permite a linhas telefônicas existentes de par trançado transmitir conteúdo multimídia e dados de alta velocidade.

DSL Lite Forma de DSL para consumidores que possui velocidades de transmissão mais baixas, portanto custos mais baixos para o cliente.

DSL sem splitter Forma de linha de assinante digital em que não há sinal POTS que acompanhe o sinal DSL; assim, não há necessidade de splitter.

DTE (Data Terminal Equipment, ou seja, equipamento terminal de dados) Dispositivo, como estação de trabalho ou terminal, que se conecta ao DCE.

DWDM (Dense Wavelength Division Multiplexing, ou seja, multiplexação por divisão de comprimento de onda densa) Forma custosa de multiplicação por divisão de comprimento de onda que envolve a transferência de um grande número de fluxos de dados por uma única fibra óptica, utilizando transmissores laser de várias cores.

EBCDIC Código de 8 bits que permite 256 combinações possíveis de símbolos textuais ($2^8 = 256$).

eco Retorno refletivo de um sinal transmitido conforme o sinal passa através do meio.

e-commerce Termo surgido para se referir aos negócios de uma empresa que utilizam a Internet.

EDI (Electronic Data Interchange, ou seja, troca eletrônica de dados) Processamento de ordens, compras e pagamentos comerciais que utiliza apenas transferências de dados eletrônicos.

EIA (Electronic Industries Association, ou seja, Associação das Indústrias Eletrônicas) Organização que cria padrões e protocolos para uma grande variedade de dispositivos eletrônicos.

encapsulamento Processo por meio do qual são adicionadas informações de controle a um pacote de dados conforme ele atravessa as camadas de um módulo de comunicação, como o modelo OSI e o conjunto de protocolos TCP/IP.

Enum Padrão de voz por IP que converte um número de telefone em um endereço de Internet plenamente qualificado.

e-retailing Venda de bens e serviços pela Internet.

erro de quantização Erro introduzido durante a digitalização. Também conhecido como ruído de quantização.

escaneamento baseado em assinatura Técnica de antivírus que atua reconhecendo os padrões exclusivos de um vírus.

espalhamento espectral por saltos de frequência Técnica de modulação em que os dados são transmitidos por frequências aparentemente aleatórias, a fim de esconder as transmissões do inimigo.

espalhamento espectral por sequência direta Técnica de codificação que converte um 0 ou 1 binário em uma sequência maior de "0s" e "1s".

espalhamento espectral Técnica de transmissão altamente segura que, em vez de transmitir o sinal em uma frequência fixa, faz que o sinal varie em um conjunto aparentemente aleatório de frequências.

espectro Faixa de frequências por que um sinal se estende, de um mínimo a um máximo.

espelhamento de disco Técnica utilizada em sistemas Raid na qual os dados são duplicados em duas unidades simultaneamente para obter um backup.

ESS (Extended Service Set, ou seja, conjunto ampliado de serviço) Em topologia de LAN sem fio, a reunião de todos os BSS (conjuntos básicos de serviço) ligados a uma rede local por meio de seus pontos de acesso.

estação de trabalho Computador pessoal ou microcomputador em que os usuários executam tarefas de computação.

estação Dispositivo com que os usuários interagem para acessar a rede; contém aplicativos que permitem a utilização da rede para finalidades específicas.

esteganografia Tecnologia que esconde dados em outro documento não relacionado.

Ethernet de 10 Gbps Termo geral para representar redes locais Ethernet de 10 Gbps.

Ethernet Primeiro sistema de rede local comercialmente disponível (e atualmente o mais popular). Quanto à operação, é praticamente idêntico ao CSMA/CD.

EV-DO (Evolution Data Only) Variação de uma tecnologia de telefonia celular de terceira geração, capaz de dar suporte a taxas de download de 300 a 500 kbps.

exaustão da fibra Ocorre quando um cabo de fibra óptica transmite em sua capacidade máxima.

extranet Quando uma intranet se estende para fora dos limites da corporação, ficando disponível a fornecedores, clientes e outros agentes externos.

failover Processo de reconfiguração automática da rede caso seja detectada uma falha.

fase Posição da forma da onda em relação a um determinado momento de tempo ou ao tempo zero.

Fast Ethernet Grupo de padrões de Ethernet de 100 Mbps especificados pelo protocolo IEEE 802.3u.

fax-back Aplicação de CTI (integração computador-telefonia) em que o usuário pode discar para um servidor de fax, recuperar um fax digitando um número e enviá-lo a qualquer lugar.

FDM (Frequency Division Multiplexing, ou seja, multiplexação por divisão de frequência) A mais velha e uma das mais simples técnicas de multiplexação; envolve a atribuição de faixas de frequência não sobrepostas a sinais diferentes ou a cada "usuário" de um meio.

FECN (Forward Explicit Congestion Notification, ou seja, notificação explícita progressiva de congestionamento) Técnica de controle de congestionamento na qual um roteador de rede informa uma estação de destino (receptor) sobre o congestionamento da rede; o receptor solicita à estação de origem (emissor) que reduza a velocidade da transferência de dados.

fibra fotônica Tipo de cabo de fibra óptica com longos túneis de ar contínuos pelo vidro, através dos quais o laser percorre o cabo de uma extremidade a outra.

Fibre Channel Conexão ou séries de barramentos de alta velocidade utilizadas para conectar processadores e dispositivos periféricos e transferir dados a bilhões de bits por segundo.

filtragem de chamada Tecnologia em que os usuários podem especificar quais números de telefone têm permissão para chamar. Todas as outras chamadas serão encaminhadas para um atendente ou caixa de mensagem de voz.

filtro de pacotes Roteador programado para filtrar certos endereços IP e números de porta TCP, permitindo ou não sua passagem.

filtro Examina o endereço de destino de um quadro e envia ou não esse quadro com base em algumas informações do endereço armazenadas na ponte.

firewall Sistema ou combinação de sistemas que dão suporte a políticas de controle de acesso entre duas redes.

FireWire Nome de um barramento que conecta dispositivos periféricos, como modems sem fio e câmeras de vídeo digital de alta velocidade, a um microcomputador; atualmente, trata-se do padrão IEEE 1394.

fotodiodo Fonte de luz colocada na extremidade do cabo de fibra óptica para produzir os pulsos luminosos que atravessarão o cabo.

fotorreceptor Dispositivo na extremidade do cabo de fibra óptica que recebe pulsos de luz e os converte em sinais elétricos novamente.

frame relay Rede de comutação por pacotes comercialmente disponível, projetada para transmitir dados por linhas fixas (em oposição a linhas discadas).

frequência Número de vezes em que um sinal faz o ciclo completo em um determinado segundo.

FTP (File Transfer Protocol, ou seja, protocolo de transferência de arquivos) Um dos primeiros serviços oferecidos na Internet; as funções principais do FTP são: permitir que um usuário faça download de um arquivo para seu computador por um local remoto ou upload de um arquivo para um local remoto por seu computador.

gateway Termo genérico para um dispositivo que conecta duas redes; aplica-se também ao dispositivo que conecta um sistema VoIP a outra rede.

gateway VoIP Dispositivo que converte uma chamada telefônica analógica (voz e sinais) em pacotes de dados (e vice-versa) para a travessia de uma rede com base em IP.

gerenciamento de rede Projeto, instalação e suporte de uma rede e de seu hardware e software.

gerenciamento de token Sistema que controla qual estação pode transmitir e em que momento da sessão atual, passando um software token para a frente e para trás.

gerente SNMP Controla as operações de elementos gerenciados e mantém um banco de dados com informações sobre todos esses elementos em uma determinada rede.

Gigabit Ethernet Especificação de Ethernet para a transmissão de dados a 1 bilhão de bits por segundo.

GPRS (General Packet Radio Service, ou seja, serviço geral de rádio por pacote) Tecnologia de telefonia celular de geração "2,5 G" com base na tecnologia de comunicação GSM (Global System for Mobile) de segunda geração; o GPRS pode transmitir dados de 30 a 40 kbps.

GPS (Global Positioning System, ou seja, sistema de posicionamento global) Sistema de satélites capazes de localizar a posição de um usuário na Terra dentro de uma margem de alguns metros.

grafo ponderado de rede Estrutura utilizada para compreender o roteamento; consiste de vértices e arestas, de modo que à travessia de uma aresta é associado um determinado custo.

H.323 Padrão de voz por IP que provavelmente será substituído pelo SIP (protocolo de iniciação de sessão).

HDSL (DSL de alta taxa de bits) A primeira forma de DSL; fornece um serviço simétrico com velocidades normalmente equivalentes às de T-1 (1.544 Mbps).

Hertz (Hz) Ciclos por segundo ou frequência.

HiperLAN/2 Padrão europeu para redes locais sem fio; é capaz de transmitir dados a 54 Mbps utilizando a faixa de frequência de 5 GHz.

honeypot Armadilha montada pelo pessoal de rede para detectar utilização não autorizada de recursos.

hot swappable Possibilidade de remover um dispositivo de uma estação de trabalho sem desligar sua alimentação.

HTML (Hypertext Markup Language, ou seja, linguagem de marcação de hipertexto) Conjunto de códigos inserido em um documento (página da Web), utilizado por um navegador para determinar como o documento é exibido.

HTML dinâmico (D-HTML) Conjunto de novas tags e técnicas de marcação que podem ser utilizadas para criar páginas da web mais flexíveis e potentes.

HTTP (Hypertext Transfer Protocol, ou seja, protocolo de transferência de hipertexto) Protocolo de Internet que permite a navegadores e servidores da web enviar e receber páginas da World Wide Web.

hub Dispositivo que conecta duas ou mais estações de trabalho em uma rede local com barramento em estrela com fio e transmite os dados que chegam a todas as conexões de saída.

hub gerenciado Hub de uma rede local que possui capacidade de processamento suficiente para ser gerenciado por meio de uma localização remota.

hub não gerenciado Hub de uma rede local que possui pouca ou nenhuma inteligência, não podendo ser controlado por uma localização remota.

ICMP (Internet Control Message Protocol, ou seja, protocolo de mensagens de controle da Internet) Utilizado por roteadores e nós; esse protocolo executa a comunicação de erros para o IP.

IEC, IXC (interexchange carrier, ou seja, operadora de comutação) Nome dado a empresas de telefonia de longa distância após o desmembramento da AT&T em 1984 nos Estados Unidos.

IEEE (Institute for Electrical and Electronics Engineers, ou seja, Instituto dos Engenheiros Elétricos e Eletrônicos) Organização que cria protocolos e padrões para sistemas de computadores, especialmente redes locais.

IEEE 802.11a Protocolo de rede local sem fio capaz de dar suporte à velocidade teórica de transmissão de 54 Mbps na faixa de frequência de 5 GHz.

IEEE 802.11b Protocolo mais antigo de rede local sem fio capaz de dar suporte à velocidade teórica de transmissão de 11 Mbps na faixa de frequência de 2,4 GHz.

IEEE 802.11g Protocolo de rede local sem fio capaz de dar suporte à velocidade teórica de transmissão de 54 Mbps na faixa de frequência de 2,4 GHz.

IEEE 802.11i Padrão criado pelo IEEE para dar suporte à segurança de redes locais sem fio.

IEEE 802.11n Padrão criado pelo IEEE para dar suporte a redes locais sem fio com velocidades teóricas de transmissão da ordem de 600 Mbps.

ILEC (Incumbent Local Exchange Carrier, ou seja, operadora de comutação local encarregada) Empresa telefônica local existente antes da Lei das Telecomunicações de 1996 nos Estados Unidos.

IMAP (Internet Message Access Protocol, ou seja, protocolo de acesso a mensagens da Internet) Protocolo de Internet utilizado para suporte ao armazenamento e à recuperação de mensagens de correio eletrônico.

InfiniBand Conexão ou barramento serial de alta velocidade utilizado para conectar processadores e dispositivos periféricos e transferir dados a bilhões de bits por segundo.

interface de pequenos sistemas computacionais (veja SCSI).

interface usuário-rede Conexão entre um usuário e a rede no ATM (modo de transferência assíncrona).

interface gráfica de usuário PBX Interface em que diferentes ícones na tela do computador representam funções comuns de PBX, como espera e transferência de chamadas ou chamadas em conferência, tornando a utilização do sistema mais fácil aos operadores.

interface Processo de criação de conexão entre um periférico e um computador.

interface rede-rede Um dos tipos de conexões do ATM (modo de transferência assíncrona); a interface rede-rede é criada por uma rede e utilizada para transferir sinais de gerenciamento e roteamento.

interligação de redes Conexão de várias redes.

Internet2 Rede de longa distância de comutação de pacotes, mais recente e de velocidade muito alta, que complementa a Internet atual e pode eventualmente substituí-la.

intranet Rede TCP/IP interior a uma empresa que permite aos funcionários acessar os recursos de informações dessa empresa por meio de uma interface semelhante à da Internet.

Inundação (flooding) Protocolo de roteamento de rede de longa distância em que cada nó recebe um pacote e o retransmite para todos os enlaces de saída.

IP (Internet Protocol, ou seja, protocolo de Internet) Software que prepara um pacote de dados de modo que ele possa passar de uma rede a outra pela Internet ou dentro de um conjunto de redes de uma corporação.

IPsec Conjunto de protocolos, criados pela IETF (Força-Tarefa de Engenharia da Internet), capazes de fornecer transmissão segura utilizando IP.

IPv6 Protocolo de Internet mais moderno que aproveita a tecnologia atual. Atualmente, a maioria dos sistemas de Internet utiliza IPv4.

iSCSI (Internet SCSI) Protocolo que dá suporte à interface de pequenos sistemas de computadores (veja SCSI) pela Internet. O iSCSI permite que os dispositivos da interface estejam em duas localizações muito diferentes.

ISDN (Integrated Services Digital Network, ou seja, rede digital de serviços integrados) Serviço projetado em meados da década de 1980 para fornecer uma rede mundial pública de telecomunicações completamente digital que pudesse dar suporte a sinais telefônicos, dados e uma infinidade de outros serviços para usuários residenciais e comerciais.

ISO (International Organization for Standardization, ou seja, Organização Internacional para a Padronização) Organização que cria protocolos e padrões para uma grande variedade de sistemas e funções.

ITU-T (International Telecommunication Union – Telecommunication Standardization Sector, ou seja, União Internacional de Telecomunicação – Setor de Padronização de Telecomunicações) Organização que cria protocolos e padrões para o suporte de sistemas de telecomunicação.

janela de colisão Intervalo durante o qual os sinais de uma rede local CSMA/CD se propagam pelo barramento e voltam (intervalo durante o qual pode ocorrer uma colisão).

jitter Tipo de ruído que pode resultar de pequenas irregularidades de temporização durante a transmissão de sinais digitais, podendo ser amplificado conforme os sinais passem de um dispositivo a outro.

JPEG (Joint Photographic Experts Group) Técnica utilizada com frequência para comprimir imagens de vídeo.

Kerberos Protocolo de autenticação que utiliza criptografia de chave secreta e é projetado para funcionar em redes cliente/servidor.

keylogger Programa, geralmente malicioso, que registra cada tecla pressionada pelo usuário no teclado de uma estação de computador.

lambda Na multiplexação por divisão de comprimento de onda, o comprimento de onda de cada cor diferente de laser.

LAN (Local Area Network, ou seja, rede local) Rede de comunicação que conecta diversos dispositivos de comunicação de dados dentro de uma pequena área geográfica e transmite os dados a uma alta taxa de transferência, com incidência muito baixa de erros.

LAN sem fio Configuração de rede que utiliza ondas de rádio para comunicação.

LAN SOHO (Small Office/Home Office, ou seja, pequeno escritório /escritório residencial) Rede local encontrada em residências e pequenos escritórios.

largura de banda efetiva Largura de banda de um sinal após a incidência de ruído e outros fatores, como condições ambientais.

largura de banda Valor absoluto da diferença entre a frequência mais baixa e a mais alta.

LATA (Local Access Transport Area, ou seja, área de transporte de acesso local) Área geográfica, como uma grande região metropolitana ou parte de um grande estado. Chamadas telefônicas que permaneçam dentro de uma LATA geralmente são consideradas chamadas locais, ao passo que chamadas que passem de uma LATA a outra são consideradas de longa distância.

LEC (Local Exchange Carrier, ou seja, operadora de comutação local) Nome dado a empresas de telefonia local após o desmembramento da AT&T em 1984 nos Estados Unidos.

Lei das Telecomunicações de 1996 Evento importante na história do setor de telecomunicação nos Estados Unidos que, entre outras coisas, abriu as portas para empresas que não fossem companhias telefônicas locais oferecerem serviço de telefonia local.

licença corporativa Contrato que permite a instalação de um pacote de software em qualquer ponto de uma corporação, mesmo se essa instalação envolver vários locais.

licença de planta Contrato que permite a uma empresa instalar cópias de um programa de software em todas as máquinas de uma única planta.

licença de servidor de rede Similar à licença de usuário interativa; nesse caso, um produto de software tem permissão para operar em um servidor de rede local e pode ser acessado por uma ou mais estações de trabalho.

licença de uma estação para um usuário Contrato que permite a uma pessoa instalar uma cópia de um programa de software em apenas um computador.

licença de usuário interativa Contrato em que o número de usuários ativos ao mesmo tempo em um determinado pacote de software é rigidamente controlado.

licença de várias estações para um usuário Contrato que permite a uma pessoa instalar cópias de um programa de software em vários computadores, como, por exemplo, em seu computador doméstico e também em seu computador de trabalho.

limite de saltos Utilizado com o algoritmo de roteamento por inundação (flooding); esse valor é comparado à contagem de saltos de cada pacote quando ele chega a um nó. Quando a contagem do pacote se iguala ao limite de saltos, o pacote é descartado.

linha de base Uma das melhores técnicas para determinar as capacidades atuais de uma rede.

linha dedicada de 56k Serviço de linha dedicada fornecido por uma empresa telefônica; é fixo entre dois pontos e fornece transferência de dados e voz a taxas de até 56 kbps.

linha privada Linha telefônica dedicada que não exige discagem.

linha tie Linha telefônica dedicada que não exige discagem.

listserv Software popular utilizado para criar e gerenciar listas de e-mail na Internet.

login remoto (Telnet) Aplicação de Internet que permite efetuar login em um computador remoto.

LTE (Long Term Evolution, ou seja, evolução de longo prazo) Possível competidor para a quarta geração de sistemas de telefonia celular.

MAN (Metropolitan Area Network, ou seja, rede metropolitana) Redes que atendem a uma área de 5 a 50 km; aproximadamente a área de uma cidade comum.

mapas de conectividade Série de figuras utilizada para modelar redes de computadores; entre seus tipos, encontram-se mapas de conectividade de redes de longa distância, metropolitanas, locais resumidos e locais detalhados.

máscara de sub-rede Processo em que a parte de ID de host de um endereço IP (que é constituído por ID de rede e ID e host) é dividida em ID de sub-rede e ID de host.

matriz redundante de discos independentes Veja Raid.

MAU (Multistation Access Unit, ou seja, unidade de acesso multiestação) Dispositivo de uma rede local em anel de token que aceita dados de uma estação de trabalho e os transmite à próxima estação na sequência do anel.

mensagem instantânea (mi) Envio e recepção de mensagens de texto entre estações de usuário em tempo real.

mensagem unificada Serviço de telecomunicação que permite aos usuários utilizar uma única aplicação de desktop para enviar e receber e-mails, correio de voz e fax.

Metro Ethernet Serviço de transferência de dados que pode conectar duas empresas a qualquer distância, utilizando protocolos Ethernet padrão.

MIB (Management Information Base, ou seja, base de informações de gerenciamento) Banco de dados que mantém informações sobre cada dispositivo gerenciado de uma rede que dê suporte ao SNMP.

micromarketing Marketing direcionado a consumidores que utilizam a Internet para adquirir bens e serviços.

micro-ondas de satélite Sistema de transmissão sem fio que utiliza sinais de micro-ondas para transmitir dados de uma estação terrestre a um satélite no espaço e, em seguida, de volta para outra estação terrestre.

micro-ondas terrestre Sistema que transmite feixes estritamente focados de sinais de rádio de uma antena de transmissão de micro-ondas no solo a outra.

Milnet Rede de uso exclusivamente militar que o Departamento de Defesa dos Estados Unidos separou da Arpanet em 1983.

Mime (Multipurpose Internet Mail Extension, ou seja, extensão de correio eletrônico multifunção) Protocolo utilizado para anexar um documento, como um arquivo de processador de texto ou planilha eletrônica, a uma mensagem de e-mail.

Mimo (Multiple Input Multiple Output, ou seja, várias entradas, várias saídas) Tecnologia utilizada em LANs sem fio em que os dispositivos transmissores e receptores possuem várias antenas e transmitem dados por vários fluxos, numa tentativa de enviar dados mais rapidamente e com menos erros.

modelagem analítica Criação de equações matemáticas para calcular diversos valores de rede durante a análise de rede.

modelo OSI (Open Systems Interconnection, ou seja, interconexão de sistemas abertos) Estrutura composta de sete camadas que determina um modelo para as operações executadas em uma rede de computador.

modem a cabo Dispositivo de comunicação que permite acesso de alta velocidade a redes locais, como a Internet, por meio de conexão de TV a cabo.

modem Dispositivo que modula dados digitais em sinal analógico para transmissão por linha telefônica; em seguida, demodula o sinal analógico em dados digitais.

Modified Final Judgment Determinação judicial de 1984 que exigiu o desmembramento ou separação da AT&T nos Estados Unidos.

modulação delta Método de conversão de dados analógicos em sinal digital, no qual o sinal analógico que entra é analisado e 1 ou 0 binário é transmitido quando, respectivamente, o sinal analógico aumenta ou diminui.

modulação por chaveamento Técnica em que dados digitais são convertidos em sinal analógico para transmissão por linha telefônica.

modulação Processo de conversão de dados digitais em sinal analógico.

monitoramento TSR (Terminate-and-Stay-Resident, termina execução e permanece residente em memória) Software antivírus que é ativado e executado em segundo plano enquanto os usuários executam outras tarefas no computador.

MP3 Técnica de compressão/codificação que permite reduzir uma amostra de áudio de alta qualidade em um arquivo muito menor.

MPEG (Motion Pictures Expert Group) Técnica utilizada para comprimir imagens ou vídeos de movimento; em geral, MPEG é um nome comum para as versões MPEG-1 e MPEG-2.

MPLS (Multiprotocol Label Switching, ou seja, comutação multiprotocolo por rótulo) Técnica que permite a um roteador comutar dados de um caminho para outro.

MSA (Mobile Service Area, ou seja, área de serviço móvel) Quando o serviço de telefonia móvel foi introduzido pela primeira vez nos Estados Unidos, o país foi dividido em MSAs (áreas de serviço móvel) ou mercados.

MTBF (Mean Time Between Failures, ou seja, tempo médio entre falhas) Tempo médio em que um dispositivo ou sistema costuma operar antes de falhar.

MTTR (Mean Time To Repair, ou seja, tempo médio de reparo) Tempo médio necessário para reparar uma falha no interior da rede de computadores.

Multicasting IP Possibilidade de um servidor de rede transmitir um fluxo de dados a mais de um host ao mesmo tempo.

multiplexação T-1 Tipo de multiplexação sincrônica por divisão de tempo (envolvendo multiplexadores T-1) em que o fluxo de dados é dividido em 24 canais distintos de voz/dados digitalizados, com 64 kbps cada. Em conjunto, a multiplexação T-1 e os multiplexadores T-1 fornecem o serviço T-1.

multiplexação Transmissão de vários sinais em um único meio, essencialmente ao mesmo tempo.

multiplexador Dispositivo que combina (multiplexa) vários sinais de entrada para transmissão por um único meio e, em seguida, desmultiplexa o sinal composto em vários sinais novamente.

multiplexador T-1 Dispositivo que cria um fluxo de saída T-1, dividido em 24 canais distintos de voz/dados digitalizados, com 64 kbps cada.

NAS (Network Attached Storage, ou seja, armazenamento anexado à rede) Sistema de computadores anexado à rede que fornece tanto armazenamento de rede como o sistema de arquivos que controla esse armazenamento. Não é a mesma coisa que SAN (rede de armazenamento).

NAT (Network Address Translation, ou seja, tradução de endereço de rede) Protocolo de Internet que permite que todas as estações de trabalho de uma rede local assumam a identidade de um único endereço de Internet.

NDS (NetWare Directory Service, ou seja, serviço de diretório NetWare) Banco de dados que mantém as informações e o acesso a cada recurso da rede, incluindo usuários, grupos de usuários, impressoras, conjuntos de dados e servidores.

NIC (Network Interface Card, ou seja, placa de interface de rede) Dispositivo eletrônico, normalmente na forma de uma placa de circuito, que executa as conversões de sinal e as operações de protocolo necessárias para que a estação possa enviar e receber dados na rede.

níveis de quantização Divisões dos eixos y utilizados na modulação por código de pulso.

nó Dispositivo computacional que permite às estações de trabalho se conectarem à rede e decide para qual rota um fragmento de dados deve prosseguir.

nome de domínio Endereço que identifica um site específico da web.

NOS (Network Operating System, ou seja, sistema operacional de rede) Programa grande e complexo, capaz de gerenciar todos os recursos normalmente encontrados na maioria das redes locais, além de executar as funções-padrão de um sistema operacional.

objeto folha Objeto em uma estrutura hierárquica de diretórios que não é composto de nenhum outro objeto; inclui entidades como usuários, periféricos, servidores, impressoras, filas e outros recursos de rede.

óptica no espaço livre Técnica de transmissão sem fio de alta velocidade que utiliza lasers em linha de visibilidade através de distâncias curtas (inferiores a 100 metros).

padrão de fato Padrão que não foi aprovado por instituições responsáveis por normas, mas assumiu essa condição em razão da difusão de seu uso.

padrão EIA-232F Padrão de interface para a conexão de um DTE a um modem de voz (DCE) a ser utilizado em sistemas públicos analógicos de telecomunicação.

padrão V.90 Padrão de modem de discagem de 56.000 bps, aprovado por uma instituição responsável por normas, não apenas por uma única empresa; ligeiramente compatível com x2 e K56flex.

padrão V.92 Aprimoramento do padrão V.90 que fornece uma taxa de transferência de dados maior no uplink, além de fornecer serviço de espera de chamada, em que a conexão do usuário é colocada em espera quando alguém liga para seu número de telefone.

PAM (Pulse Amplitude Modulation, ou seja, modulação por amplitude de pulso) Análise de uma forma de onda analógica e conversão em pulsos que representam a altura da onda acima (ou abaixo) de um limite; faz parte da modulação por código de pulso.

PAN (Personal Area Network, ou seja, rede pessoal) Rede que envolve transmissões sem fio por uma distância curta, de alguns metros. Normalmente utilizada entre dispositivos como assistentes pessoais digitais (PDAs), laptops, dispositivos portáteis de música e estações de trabalho.

paridade ímpar Esquema simples de detecção de erro em que um único bit é adicionado para produzir um número ímpar de "1s" binários.

paridade longitudinal Às vezes chamada verificação de redundância longitudinal ou paridade horizontal; esse tipo de verificação de paridade tenta solucionar as principais fraquezas da paridade simples, na qual nenhum número par de erros é detectado.

paridade par Método simples de detecção de erro em que um bit é adicionado a um caractere para produzir um número par de "1s" binários.

paridade simples Técnica simples de detecção de erros em que um único bit é adicionado a um caractere para preservar o número par (paridade par) ou ímpar (paridade ímpar) de "1s".

PBX (Private Branch Exchange, ou seja, central privada de comutação) Grande comutador telefônico computadorizado que se localiza na sala de telefonia de uma empresa.

PCM (Pulse Code Modulation, ou seja, modulação por código de pulso) Técnica de codificação que converte dados analógicos em sinal digital. Também conhecida como digitalização.

PCS (Personal Communications System, ou seja, sistema de comunicação pessoal) Tecnologia de telefonia celular de segunda geração; é totalmente digital e engloba três tecnologias concorrentes (e incompatíveis): TDMA, CDMA e GSM.

perfil de largura de banda Documento que descreve diversas características sobre uma conexão de serviços de dados, como taxas básicas de transferência de dados e de rajada.

período Duração ou intervalo de tempo de um ciclo.

período entre quadros Tempo que uma estação de trabalho aguarda antes de transmitir por uma rede local sem fio. Normalmente há três períodos diferentes, dependendo da função a ser executada.

PGP (Pretty Good Privacy, ou seja, privacidade muito boa) Software de criptografia que se tornou o padrão de fato por criar mensagens seguras de e-mail e criptografia de outros tipos de arquivos de dados.

pharming Ataque na web em que um usuário busca visitar o site de uma empresa específica e é redirecionado, sem perceber, a um site falso, que parece exatamente igual ao dessa empresa.

phishing Ataque na web que envolve o envio à vítima de um e-mail criado para se parecer com uma solicitação verdadeira proveniente de uma empresa conhecida e, assim, ludibriá-la para revelar informações privadas.

piconet Outro termo para rede pessoal. Conjunto de um ou mais dispositivos conectados em uma pequena área por meio de comunicação sem fio.

piggybacking Conceito de combinação de dois ou mais campos de informação em uma única mensagem, como, por exemplo, o envio de uma mensagem que tanto reconhece os dados recebidos como inclui dados adicionais.

ping storm Forma de ataque em que o programa de ping da Internet é utilizado para enviar uma grande quantidade de pacotes (flood) a um servidor, impedindo sua operação.

PKI (Public Key Infrastructure, ou seja, infraestrutura de chave pública) Combinação de técnicas, software e serviços de criptografia; envolve todas as partes necessárias para dar suporte a certificados digitais, autoridades de certificação, além de geração, armazenamento e gerenciamento de chaves públicas.

planejamento de capacidade Uma operação demorada no processo de desenvolvimento de redes de computadores, que envolve a tentativa de determinar a quantidade de largura de banda necessária para atender a uma aplicação ou conjunto de aplicações.

POE (Power Over Ethernet, ou seja, alimentação por Ethernet) Uma forma de LAN Ethernet na qual a alimentação elétrica para a operação de um dispositivo é transmitida pelo cabeamento de dados de modo que não seja necessária uma conexão separada a uma tomada elétrica.

polinômio gerador Cadeia de bits aprovada em norma, utilizada para criar o resto do checksum cíclico.

polling de hub Técnica de sondagem em que o primário sonda o primeiro terminal, que, em seguida, passa a sondagem para o segundo terminal, e assim por diante; desse modo, cada terminal sucessivo passa adiante a sondagem.

polling Operação em que um mainframe solicita informações dos terminais para saber se eles possuem dados a lhe enviar.

polling por chamada Método de sondagem em que o computador mainframe (primário) sonda um terminal (secundário) por vez, de modo circular.

ponte Dispositivo que conecta duas redes locais que tenham uma subcamada de controle de acesso ao meio.

ponte remota Dispositivo capaz de passar um quadro de dados de uma rede local a outra quando as duas redes estão separadas por uma longa distância e, portanto, conectadas por uma rede de longa distância.

ponte transparente Dispositivo de conexão projetado para LANs CSMA/CD, que observa o fluxo de tráfego de rede e utiliza essas informações para tomar decisões futuras sobre o envio de frames (quadros).

ponto de acesso Ponte de interconexão entre uma estação de trabalho de rede local sem fio e a rede local com fio.

ponto de sincronização Forma de pontos de backup inseridos em uma transmissão longa para servir como marcos pelos quais seja possível iniciar retransmissões em caso de erros ou falhas.

POP 3 (Post Office Protocol, ou seja, protocolo de correio) Protocolo de Internet utilizado para armazenar e recuperar correio eletrônico.

porta paralela Conexão em que há oito linhas de dados transmitindo um byte inteiro ao mesmo tempo.

porta serial Conexão utilizada para ligar dispositivos como modems e mouses a computadores pessoais.

POTS (Plain Old Telephone System, ou seja, sistema telefônico comum antigo) Sistema básico de telefonia.

PPP (Point-to-Point Protocol, ou seja, protocolo ponto a ponto) Protocolo utilizado para conectar dois dispositivos utilizando uma conexão serial; normalmente utilizado para conectar o microcomputador de um usuário ao provedor de serviços de Internet por meio de linha de discagem.

pré-alocação de buffer Possível solução para congestionamento de rede em que uma aplicação solicita certo nível de espaço para transmissão e a rede pré-aloca os buffers necessários.

primário Durante o polling, o computador mainframe é chamado primário e cada terminal, secundário.

processamento de fax Aplicação de CTI (integração computador-telefonia) em que uma imagem de fax armazenada no disco rígido do servidor de uma LAN pode ser transmitida por rede local, convertida por uma placa de fax e enviada a um cliente por linha-tronco.

projeção linear Técnica de planejamento de capacidade que envolve a previsão de uma ou mais capacidades de rede com base nos parâmetros atuais da rede, multiplicados por uma constante.

projeto físico Padrão formado pelos locais dos elementos de uma rede, tal como se pareceriam se desenhados em uma grande folha de papel.

projeto lógico Processo ou produto final que mapeia como os dados se movem pela rede, de estação em estação.

protocolo circular Protocolo em que todas as estações de trabalho recebem turnos de transmissão, distribuídos uniformemente entre elas.

protocolo com base em contenção Protocolo do tipo primeiro a chegar, primeiro a ser servido; a primeira estação a perceber que nenhuma outra está transmitindo dados é a primeira a transmitir.

protocolo Conjunto de procedimentos de hardware e/ou software que permite que ocorra comunicação dentro de um computador ou por uma rede de computadores.

protocolo de anel FDDI (Fiber Data Distributed Interface, ou seja, interface distribuída de dados por fibra) Protocolo de controle de acesso ao meio para topologia de rede local em anel; baseia-se na passagem de tokens e utiliza cabos de fibra óptica.

protocolo de camada 2 Protocolo que opera na segunda camada, ou camada de enlace de dados, do modelo OSI de sete camadas.

protocolo de controle de acesso ao meio Protocolo que permite a um dispositivo (como uma estação de trabalho) obter acesso ao meio (sistema de transmissão) de uma rede local.

protocolo de gerenciamento de rede Facilita a troca de informações de gerenciamento entre dispositivos de rede.

protocolo de janela deslizante Protocolo que permite a uma estação transmitir certo número de pacotes de dados por vez antes de receber uma confirmação.

protocolo de tunelamento Conjunto de comandos que permite a uma empresa criar conexões seguras utilizando recursos públicos, como a Internet.

protocolo determinístico Protocolo (como o de controle de acesso ao meio de uma LAN) em que uma estação de trabalho pode calcular (determinar) quando será a sua vez de transmitir.

protocolo não determinístico Protocolo de controle de acesso ao meio de rede local em que não é possível calcular o momento em que a estação de trabalho poderá transmitir.

protocolo OSPF (Open Shortest Path First, ou seja, caminho mais curto aberto primeiro) Algoritmo de roteamento utilizado para transferir dados pela Internet; é uma forma de algoritmo de estado de enlace.

PVC (Permanent Virtual Circuit, ou seja, circuito virtual permanente) Conexão fixa entre duas extremidades em uma rede de frame relay. Diferente do circuito telefônico, que é físico, o PVC é criado com software de tabelas de roteamento, constituindo-se, assim, em um circuito virtual.

QAM (Quadrature Amplitude Modulation, ou seja, modulação por chaveamento de amplitude em quadratura) Técnica de modulação que incorpora vários ângulos de fase com vários níveis de amplitude para produzir numerosas combinações, criando um bps maior que a taxa de transmissão.

QoS (Quality of Service, ou seja, qualidade de serviço) Conceito de que taxas de transmissão de dados, taxas de erro e outras características de tráfego de rede podem ser medidas, aprimoradas e (espera-se) asseguradas de antemão.

quadro (frame) Unidade coesa de dados brutos. O quadro é o pacote de dados criado na camada de enlace de dados do modelo OSI.

RADSL (DSL de taxa adaptável) Forma de linha de assinante digital em que a taxa de transferência pode variar, dependendo dos níveis de ruído no enlace local da linha telefônica.

Raid (redundant array of independent disks, ou seja, matriz redundante de discos independentes) Descreve como os dados estão armazenados em várias unidades de disco.

reação interativa à voz Sistema que permite a uma empresa utilizar o número de telefone de um cliente para obter seus registros no banco de dados corporativo quando ele liga para a empresa.

reconhecimento e reação a voz integrados Sistema em que um usuário que liga para o sistema telefônico de uma empresa fornece algum tipo de dado falando ao telefone e uma consulta de banco de dados é executada utilizando essas informações faladas.

rede broadcast Rede de comunicação que transmite dados em modo de difusão ou broadcast (quando uma estação de trabalho transmite dados, todas as outras os recebem).

rede compartilhada Rede local em que todas as estações ouvem uma transmissão imediatamente.

rede de computadores Interconexão de computadores e equipamentos de computação que utiliza fios ou ondas de rádio por áreas geográficas pequenas ou grandes.

rede de comutação de circuito Rede de comunicação em que se estabelece um circuito dedicado entre o transmissor e o receptor e todos os dados passam por esse circuito.

rede de comutação de pacotes Rede de comunicação projetada para transferir todos os dados entre emissor e receptor em pacotes de tamanho fixo.

rede de dados Interconexão de computadores projetada para transmitir dados computacionais.

rede de datagrama de comutação de pacotes Rede de comunicação em que os pacotes são enviados individualmente com base em algum critério de encaminhamento; assim, cada pacote pode seguir seu próprio e possivelmente único caminho pela rede de comunicação.

rede de segmento compartilhado Rede local (ou parte dela) em que os hubs conectam várias estações de trabalho. Quando uma estação transmite, todas ouvem o sinal e, assim, compartilham a largura de banda do segmento de rede.

rede de segmento dedicado Rede local (ou parte de uma rede local) em que se utiliza um comutador para conectar duas ou mais estações de trabalho. Como não há um hub, nenhuma estação precisa compartilhar a capacidade de rede com as outras.

rede de voz Tipo de rede projetada para dar suporte a chamadas-padrão de telefone.

rede local com anel em estrela com fio Configuração de rede local similar à com barramento em estrela; um dispositivo como um hub conecta as estações de trabalho, passando-se um token de estação em estação para indicar quando elas podem transmitir.

rede local com barramento em estrela com fio Configuração mais comum de rede local; um hub (ou dispositivo similar) é o ponto de conexão para várias estações de trabalho e pode ser conectado a outros hubs.

rede local em barramento/árvore Primeira topologia utilizada quando as redes locais se tornaram comercialmente disponíveis no final da década de 1970; consiste essencialmente de um único cabo coaxial ao qual se conectam todas as estações de trabalho.

Glossário

redes não hierárquicas (peer-to-peer) Redes locais que podem não ter servidor; a maioria das comunicações é de estação para estação.

redirecionamento Técnica de mover um sinal de dados para um caminho alternativo.

reflexão Quando uma onda de luz incide sobre uma superfície e retorna.

refração Mudança de direção que uma onda de luz sofre quando passa de um meio a outro.

regra 5-4-3 Regra para a criação de LANs que estabelece que entre dois nós quaisquer de uma LAN pode haver no máximo cinco segmentos, conectados por meio de quatro repetidores, e apenas três dos cinco segmentos podem conter conexões de usuário.

repetidor Dispositivo que gera um novo sinal, criando uma réplica exata do sinal original.

Retorno sobre Investimento (RSI) Termo comercial para "recuperação", que ocorre quando a receita gerada por um novo projeto torna-se maior que as despesas associadas a esse projeto. Ao desenvolver um novo projeto, as empresas costumam recorrer a técnicas de análise financeira para determinar quando ele renderá um RSI ou, em outras palavras, pagará seu custo.

RIP (Routing Information Protocol, ou seja, protocolo de informações de roteamento) Protocolo utilizado para rotear dados pela Internet.

RMON (Remote Network Monitoring, ou seja, monitoramento remoto de rede) Protocolo que permite a um gerente de rede monitorar, analisar e resolver problemas de um conjunto de elementos gerenciados remotamente.

root kit Programa, geralmente malicioso, que se armazena profundamente no sistema operacional e é capaz de redirecionar as solicitações do usuário e executar operações incorretas.

roteador Dispositivo que conecta redes locais a redes de longa distância ou situa-se entre enlaces de transmissão dentro de uma rede de longa distância.

roteamento adaptativo Sistema dinâmico em que tabelas de roteamento reagem a flutuações de rede, como congestionamentos ou falhas de nós/enlaces.

roteamento centralizado Técnica de fornecimento de informações de roteamento que determina que as informações geradas a partir do algoritmo de menor custo sejam armazenadas em um ponto central da rede.

roteamento distribuído Técnica de roteamento de rede de longa distância em que cada nó mantém sua própria tabela de roteamento.

RS-232 Protocolo mais antigo projetado para a interface entre um terminal ou computador (o DTE) e seu modem (o DCE).

RTP (Real-Time Protocol, ou seja, protocolo de tempo real) Protocolo de camada de aplicação que os servidores e a Internet utilizam para transmitir dados de áudio e vídeo em streaming ao navegador do usuário.

RTSP (Real-Time Streaming Protocol, ou seja, protocolo de streaming de tempo real) Protocolo de camada de aplicação que os servidores e a Internet utilizam para transmitir dados de áudio e vídeo em streaming ao navegador do usuário.

ruído branco Tipo de ruído relativamente constante, muito parecido com a estática que se ouve quando se muda a estação de um rádio.

ruído de quantização Ruído que ocorre durante a digitalização. Quando a forma de onda analógica reproduzida não é uma representação precisa da original, diz-se que se introduziu um ruído de quantização.

ruído de sobrecarga de inclinação (slope overload) Ruído que resulta de uma conversão analógico-digital em que a forma da onda analógica sobe ou cai muito rapidamente, e o hardware de análise não é capaz de acompanhar a mudança.

ruído Energia elétrica ou eletromagnética indesejada que degrada a qualidade de sinais e dados.

ruído impulsivo Ruído não constante; trata-se de um dos erros mais difíceis de detectar, pois pode ocorrer aleatoriamente.

runts Quadros de uma rede local CSMA/CD que são menores (provavelmente em razão de uma colisão) que 64 bytes.

SAN (Storage Area Network, ou seja, rede de armazenamento) Sistema de armazenamento que permite aos usuários armazenar arquivos em rede. O sistema de arquivos não é controlado pela SAN, mas deixado por conta do cliente. Não é a mesma coisa que NAS (armazenamento anexado à rede).

satélite GEO (geosynchronous-Earth-orbit, ou seja, órbita geossíncrona) Satélites que se encontram a cerca de 36.000 km da Terra e ficam sempre sobre o mesmo ponto do planeta.

satélite HEO (highly elliptical orbit, ou seja, órbita elíptica de grande excentricidade) Satélite que segue um padrão elíptico; projetado para executar várias operações com base na distância do satélite em relação à Terra.

satélite LEO (Low-Earth-Orbit, ou seja, órbita de baixa altitude) Esses satélites encontram-se a distâncias de 160 a 1.600 km da Terra.

satélite MEO (Middle-Earth-Orbit, ou seja, órbita de média altitude) Satélites em uma órbita ao redor da Terra que é superior à do LEO, mas inferior à do GEO; encontram-se de 1.600 a 36.000 km de distância.

scatternet Conjunto de piconets.

SCSI (Small Computer System Interface, ou seja, interface de pequenos sistemas computacionais) Interface projetada especialmente para permitir transferências de dados de alta velocidade entre a unidade de disco e o computador.

SDH (Synchronous Digital Hierarchy, ou seja, hierarquia digital sincrônica) Tecnologia de alta velocidade para multiplexação sincrônica por divisão de tempo, desenvolvida na Europa pela ITU-T; utiliza cabos de fibra óptica para transmissão com grande largura de banda na faixa de megabit a gigabit para uma ampla variedade de tipos de dados. Praticamente idêntica à Sonet.

secundário (1) Canal de uma interface RS-232 no qual os dados e linhas de controle são equivalentes, quanto à função, aos dados e linhas de controle primários, exceto que são para uso em um canal reverso ou de retorno.

secundário (2) Terminal ou computador de uma conexão de rede primária/secundária. O computador mainframe é considerado o primário.

seleção Em um conjunto mainframe-terminal, processo em que o mainframe (primário) transmite dados ao terminal. O primário cria um pacote de dados com os endereços dos terminais pretendidos e transmite o pacote.

sem fio Termo utilizado para denotar a transmissão de sinais sem a utilização de fios.

senha Forma mais comum de proteção contra a utilização não autorizada de um sistema de computadores; normalmente uma cadeia de letras, números e símbolos.

serviço confiável Serviço de rede que entrega pacotes ao receptor na ordem em que eles foram transmitidos pelo emissor, sem duplicações ou perdas.

serviço T-1 Serviço de telefonia digital capaz de transferir voz ou dados a uma velocidade de até 1,544 Mbps (1.544.000 bits por segundo).

servidor blade Servidor de rede contido em uma placa de circuito impresso que pode ser conectado a um rack com outros servidores blade.

servidor Computador que armazena software de rede e arquivos de usuário compartilhados ou privados.

servidor de arquivos Estação de trabalho de alta potência em uma rede local que atua como depósito dos arquivos de usuário e de rede e, às vezes, é chamada servidor de rede; também mantém todos os arquivos necessários para o sistema operacional da rede.

servidor de impressão Software de rede local que permite que várias estações enviem seus trabalhos de impressão a uma impressora comum.

servidor de rede Computador que armazena recursos de software, como aplicações de computador, programas, conjuntos de dados, bancos de dados, além de permitir ou negar que estações conectadas à rede acessem esses recursos.

servidor proxy Computador que executa software de servidor proxy, atuando como a "bibliotecária de livros raros" na rede de uma empresa.

simulação computacional Software utilizado para simular operações geralmente complexas, como uma explosão nuclear ou a adição de uma pista a um aeroporto.

sinais analógicos Sinais representados por ondas contínuas, que podem estar em um número infinito de pontos dentro de um determinado mínimo e um máximo.

sinais Codificação elétrica ou eletromagnética dos dados. Os sinais são utilizados para transmitir dados.

sinais digitais Codificação elétrica ou eletromagnética de dados representados por formas de onda discretas, não contínuas. Entre um valor mínimo X e um valor máximo Y, a forma discreta toma apenas um número finito de valores.

sinalização DS-1 Técnica de sinalização utilizada para transferir 1,544 Mbps por um sistema T-1.

SIP (Session Initiation Protocol, ou seja, protocolo de iniciação de sessão) Padrão criado pela IETF (Força-Tarefa de Engenharia da Internet) para dar suporte a voz por IP (transferência de voz pela Internet).

sistema cliente servidor Sistema distribuído de computação que consiste em um servidor e um ou mais clientes que solicitam informações do servidor.

sistema de banda larga sem fio Uma das últimas técnicas para o oferecimento de serviços de Internet em residências e escritórios; emprega sinalização de banda larga utilizando frequências de rádio por distâncias relativamente curtas.

sistema operacional multitarefa Sistema operacional que agenda todas as tarefas e aloca um pequeno período de tempo para a execução de cada uma.

sistema operacional Programa carregado inicialmente na memória do computador quando a máquina é ligada; gerencia todos os outros programas (aplicativos) e recursos (como unidades de disco, memória e dispositivos periféricos).

sistemas de menus personalizados Sistema de menus que pode ser criado e/ou alterado dinamicamente conforme o perfil ou as necessidades do usuário.

SMTP (Simple Mail Transfer Protocol, ou seja, protocolo simples de transferência de e-mail) Protocolo de Internet para envio e recebimento de e-mail.

smurfing Nome de um programa automatizado que ataca uma rede, explorando o endereço de transmissão IP e outros aspectos da operação da Internet.

sniffer Dispositivo de software e hardware capaz de monitorar a rede para determinar se há transmissão de mensagens inválidas, relatar ocorrências como NICs com mau funcionamento e detectar problemas de congestionamento de tráfego; similar ao software de monitoramento de rede.

SNMP (Simple Network Management Protocol, ou seja, protocolo simples de gerenciamento de rede) Padrão criado pela IETF (Força-Tarefa de Engenharia da Internet); projetado inicialmente para gerenciar componentes da Internet, mas agora também utilizado no gerenciamento de sistemas de rede de longa distância e telecomunicação.

software antispam Software projetado para detectar e bloquear spams que tenham sido enviados a um computador.

software antispyware Software projetado para detectar e remover programas maliciosos conhecidos como spyware (veja spyware).

software antivírus Software projetado para detectar e remover vírus que tenha infectado a memória, os discos ou o sistema operacional de um computador.

software de acesso remoto Permite que uma pessoa acesse todas as funções possíveis de uma estação de computador pessoal por meio de um aparelho móvel ou local remoto.

software de avaliação de segurança Software projetado para avaliar os pontos fracos (e fortes) de segurança de uma rede.

software de backup Software que permite aos administradores de rede fazer backup dos arquivos de dados atualmente armazenados na unidade de disco rígido do servidor de rede.

software de desinstalação Programa que atua conforme solicitação do usuário para localizar e remover aplicativos que não são mais desejados.

software de Internet Conjunto de ferramentas de software de rede para dar suporte a serviços relacionados à Internet, incluindo: navegadores da web, software de servidor, software de publicação de páginas da web, entre outras aplicações.

software de monitoramento de rede Software projetado para monitorar uma rede e relatar estatísticas de utilização, interrupções, problemas com vírus e invasões.

software de proteção contra falhas Software cujo objetivo primário é contornar falhas (tentar manter o sistema operacional funcionando por tempo suficiente para uma saída adequada) em uma estação de trabalho ou rede.

software de servidor web Software projetado para armazenar, manter e recuperar páginas da web.

Sonet (Synchronous Optical Network, ou seja, rede óptica sincrônica) Tecnologia de alta velocidade para multiplexação sincrônica por divisão de tempo, desenvolvida nos Estados Unidos pelo ANSI; utiliza cabos de fibra óptica para transmissão com grande largura de banda na faixa de megabit a gigabit para uma ampla variedade de tipos de dados. Dois usuários comuns da Sonet são as empresas telefônicas e as empresas que fornecem serviço de backbone de Internet. Praticamente idêntica à SDH.

soquete Combinação de endereço IP e número de porta TCP, utilizada para reconhecer uma aplicação no servidor.

spam Grande quantidade de e-mails não solicitados (normalmente de natureza comercial) que têm se tornado um transtorno considerável tanto para usuários corporativos como para indivíduos.

spoofing Técnica (normalmente utilizada por hackers) em que a identidade do emissor de dados é disfarçada, como no caso de uma mensagem de e-mail que possui endereço de retorno de outra pessoa que não a que a envia. Também é possível executar spoofing em modem, imitando protocolos antigos, raramente utilizados nos dias de hoje.

spyware Software malicioso instalado no computador de um usuário (geralmente sem seu conhecimento) para monitorar suas ações.

SSL (Secure Sockets Layer, ou seja, camada de soquetes seguros) Camada adicional de software adicionada entre a camada de aplicação e a de transporte (TCP), que cria uma conexão segura entre o emissor e o receptor.

STP (Shielded Twisted Pair, ou seja, par trançado blindado) Fio de cobre utilizado para transmissão de sinais em que a blindagem circunda cada fio individualmente, pares de fios ou todos os fios juntos, a fim de fornecer uma camada extra de proteção contra interferência eletromagnética indesejada.

STS (Synchronous Transport Signals, ou seja, sinais síncronos de transporte) Técnicas de sinalização utilizadas para dar suporte a transmissões de Sonet quando os dados são transmitidos de forma eletrônica, não óptica.

subcamada LLC (Logical Link Control, ou seja, controle de enlaces lógicos) Subcamada da camada de enlace de dados do modelo OSI; principal responsável pelo endereçamento lógico e pelo fornecimento de informações de controle de erros e de controle de fluxo.

subcamada MAC (medium access control, ou seja, controle de acesso ao meio) Subcamada formada pela divisão da camada de enlace de dados do modelo OSI; o MAC funciona próximo da camada física e contém um cabeçalho, endereços (físicos) de computadores, códigos de detecção de erros e informações de controle.

sub-rede de comunicação (ou apenas sub-rede) Sistema físico subjacente de nós e enlaces de comunicação que dão suporte à rede.

sub-rede Sistema físico subjacente de nós e enlaces de comunicação que dão suporte à rede.

SVC (Switched Virtual Circuit, ou seja, circuito virtual comutado) Conexão que permite aos usuários de frame relay expandir dinamicamente suas redes PVC atuais e estabelecer, conforme necessário, conexões lógicas com pontos extremos da mesma rede ou, por meio de gateways, pontos extremos de outras redes.

taxa de amostragem Taxa à qual se obtém amostras de uma entrada analógica para convertê-la em um fluxo digital de "1s" e "0s".

taxa de dados Velocidade à qual os dados são transmitidos entre dois dispositivos; normalmente se refere a ela em bits por segundo (bps).

taxa de rajada Uma taxa acordada entre um cliente e um fornecedor de frame relay; esse acordo permite ao cliente, por um breve período, exceder em uma quantidade fixa a taxa de informação contratada.

taxa de transmissão de símbolos (baud rate) Número de mudanças de símbolo ou de nível do sinal por segundo.

TCP (Transmission Control Protocol, ou seja, protocolo de controle de transmissão) Protocolo de Internet que torna uma rede não confiável em confiável, livrando-a de perdas e duplicações de pacotes.

TDM (Time Division Multiplexing, ou seja, multiplexação por divisão de tempo) Técnica de multiplexação em que o compartilhamento de sinal é obtido dividindo-se o tempo de transmissão disponível em um meio entre seus usuários.

TDM estatística (Statistical Time Division Multiplexing, ou seja, multiplexação estatística por divisão de tempo) Forma de multiplexação por divisão de tempo em que o multiplexador cria um pacote de dados com apenas aqueles dispositivos que têm algo a transmitir.

TDM sincrônica (synchronous Time Division Multiplexing, ou seja, multiplexação sincrônica por divisão de tempo) Técnica de multiplexação que fornece a cada fonte de entrada um turno de transmissão, prosseguindo circularmente pelas fontes.

TDMA (Time Division Multiple Access, ou seja, acesso múltiplo por divisão de tempo) Técnica de multiplexação utilizada com telefones digitais PCS; baseia-se em TDM (multiplexação por divisão de tempo), que divide os canais de usuário disponíveis por tempo, fornecendo a cada usuário um turno de transmissão.

técnicas biométricas Técnicas de segurança que utilizam partes do corpo, como impressões digitais ou imagens da íris, para verificação.

Glossário

Telnet Programa de emulação de terminal para redes TCP/IP, como a Internet, que permite aos usuários fazer login em um computador remoto.

tempo de failover Tempo necessário para que a rede se reconfigure ou refaça seu roteamento diante da falha de um determinado enlace ou nó.

teorema de Nyquist Teorema que afirma que a taxa de transferência de dados de um sinal é função da frequência do sinal e do número de níveis de sinal.

teorema de Shannon Teorema que demonstra que a taxa de dados de um sinal é proporcional a sua frequência e nível de potência e inversamente proporcional a seu nível de ruído.

terminal de computador Dispositivo relativamente não inteligente que permite ao usuário inserir dados em um sistema ou exibir dados do sistema.

texto criptografado (ciphertext) Os dados após a aplicação do algoritmo de criptografia.

texto puro Dados antes de passar por qualquer criptografia.

timeout Ação que ocorre quando uma estação de transmissão ou recepção não recebe os dados ou uma resposta dentro de um período de tempo especificado.

TLS (Transport Layer Security, ou seja, segurança da camada de transporte) Versão ligeiramente atualizada da SSL (camada de soquetes seguros).

topologias A disposição ou configuração física de uma rede local ou de longa distância.

transmissão em infravermelho Forma especial de transmissão de rádio que utiliza raio de luz focado na faixa de frequência infravermelha ($10^{12} - 10^{14}$ Hz).

transmissão em linha de visibilidade Característica de certos tipos de transmissão sem fio em que o transmissor e o receptor estão ao alcance visual um do outro.

transmissão monomodo Técnica de transmissão de fibra óptica que envia um fluxo de luz estritamente focado por um cabo mais fino (8,3/125).

transmissão multimodo Técnica de transmissão de fibra óptica que envia um fluxo de luz com foco amplo por um cabo mais grosso (62,5/125).

tronco Conexão telefônica utilizada pelas empresas de telefonia que carrega vários sinais; normalmente é digital e de alta velocidade e não está associada a um número de telefone específico.

tweet Mensagem (ou post) com base em texto de até 140 caracteres enviada por um sistema de rede social twitter.

Twitter Sistema de rede social gratuito em que os usuários trocam tweets (mensagens com no máximo 140 caracteres cada).

UBR (Unspecified Bit Rate, ou seja, taxa de bits não especificada) Classe de serviços oferecida pelo ATM, capaz de transmitir tráfego de dados em rajadas, mas que não assume nenhum compromisso sobre quando os dados podem ser enviados. Além disso, diferentemente da ABR (taxa de bits disponível), a UBR não fornece realimentação de congestionamento quando esse problema ocorre.

UDP (User Datagram Protocol, ou seja, protocolo de datagrama de usuário) Protocolo de transferência simples, que não estabelece conexões ou recebe datagramas que fiquem na rede por muito tempo (que tenham ultrapassado seu limite de saltos).

UMTS (Universal Mobile Telecommunications System, ou seja, sistema universal de telecomunicação móvel) Tecnologia de telefonia celular de terceira geração capaz de dar suporte à transmissão de dados a milhares de kilobits por segundo.

Unicode Técnica de codificação de caracteres, capaz de representar todos os idiomas do planeta.

Unidade Organizacional (UO) Objeto de uma estrutura hierárquica em árvore no sistema operacional de uma rede local, composto de outros objetos.

uplink Conexão que parte da estação terrestre em direção a um satélite.

UPS (Uninterruptible Power Supplies, ou seja, fonte de alimentação ininterrupta) Dispositivos capazes de manter a alimentação de um computador ou outro dispositivo em caso de queda de energia por um período longo o suficiente para permitir o desligamento seguro.

URL (Uniform Resource Locator, ou seja, localizador uniforme de recurso) Técnica de endereçamento que identifica arquivos, páginas da web, imagens ou qualquer outro tipo de documento eletrônico que resida na Internet.

USB (Universal Serial Bus, ou seja, barramento serial universal) Padrão moderno para conexão de modems e outros dispositivos periféricos com microcomputadores.

Usenet Conjunto voluntário de regras para a transmissão de mensagens e manutenção de grupos de discussão.

utilitários Tipo de software de rede que normalmente opera em segundo plano e dá suporte a uma ou mais funções para manter a rede ou o computador funcionando com desempenho ideal.

UTP (Unshielded Twisted Pair, ou seja, par trançado não blindado) Forma mais comum de par trançado em que nenhum dos fios é envolvido por lâmina ou rede entrelaçada de metal.

valor temporal do dinheiro Conceito que estabelece que um dólar hoje vale mais que um dólar daqui a um ano, pois o dólar de hoje pode ser investido agora e, assim, acumular juros.

VBR (Variable Bit Rate, ou seja, taxa de bits variável) Classe de serviço oferecida pelo ATM, similar ao frame relay. A VBR é utilizada para aplicações em tempo real (ou dependentes de tempo), como envio de vídeo interativo comprimido, e sem tempo real (ou não dependente de tempo), e envio de e-mail com grandes anexos multimídia.

VCC (Virtual Channel Connection, ou seja, conexão de canal virtual) Utilizada no ATM (modo de transferência assíncrona); conexão lógica criada por uma conexão de caminho virtual.

VDSL (very high data rate DSL, ou seja, DSL com taxa de dados muito alta) Forma de linha de assinante digital com formato muito rápido (entre 51 e 55 Mbps) por distâncias muito curtas (inferiores a 300 metros).

velocidade de propagação Velocidade em que o sinal atravessa o meio.

velocidade de transmissão de dados Número de bits que podem ser transmitidos por segundo.

verificação de integridade Processo pelo qual um firewall observa transações e suas características em busca de irregularidades.

verme Tipo especial de vírus que copia a si mesmo de um sistema para outro em uma rede, sem ajuda humana.

viabilidade financeira Característica de um projeto que pode ser realizado conforme estabelecido nas restrições orçamentárias da empresa.

viabilidade operacional Característica de um projeto de que ele vai operar conforme projetado e implantado.

viabilidade técnica Característica de um projeto que pode ser criado e implantado com uso da tecnologia existente atualmente.

viabilidade temporal Característica de um projeto que pode ser instalado em um período de tempo adequado, atendendo às necessidades organizacionais.

vigilância Medida de segurança comum utilizada para monitorar locais importantes, a fim de impedir vandalismos e roubos, utilizando câmeras de vídeo e detecção de invasão.

virtualização de servidor Processo que faz um único computador (ou servidor) atuar como se fosse vários computadores (ou servidores) para isolar as operações de um servidor.

vírus Pequeno programa que altera o modo como um computador opera, sem o conhecimento de seus usuários; costuma causar vários tipos de danos, excluindo ou corrompendo arquivos de dados ou de programas ou alterando componentes do sistema operacional, de modo que a operação do computador seja prejudicada ou interrompida.

VLAN (LAN virtual) Técnica em que diversas estações de uma rede local podem ser configuradas por meio de software e comutadores que atuam como um segmento privado dessa rede.

VoFR (Voice over Frame Relay, ou seja, voz por frame relay) Técnica de realização de chamadas telefônicas por Internet que permite aos sistemas telefônicos internos das empresas se conectarem utilizando PVCs de frame relay.

VoIP (Voice over Internet Protocol, ou seja, voz sobre protocolo de Internet) Técnica de realização de chamadas telefônicas pela Internet.

VoIP privado Sistema de voz por IP encontrado dentro dos limites do sistema de redes de uma empresa; não se estende para a Internet.

voz por WLAN Sistema em que a voz é digitalizada e, em seguida, enviada pelos mesmos sinais utilizados em WLAN (rede local sem fio).

VPC (Virtual Path Connection, ou seja, conexão de caminho virtual) Utilizada no ATM (modo de transferência assíncrona) para dar suporte a um conjunto de VCCs (conexões de canal virtual) que tenha as mesmas extremidades.

VPN (Virtual Private Network, ou seja, rede privada virtual) Conexão de rede de dados que utiliza a infraestrutura pública de telecomunicação, mas mantém a privacidade por meio de protocolos de tunelamento e procedimentos de segurança.

VSAT (Very Small Aperture Terminal, ou seja, terminal de abertura muito pequena) Serviço de comunicação de dados de duas vias por sistema de satélite em que as estações terrestres utilizam antenas parabólicas não compartilhadas.

WAN (Wide Area Network, ou seja, rede de longa distância) Interconexão de computadores e equipamentos relacionados que executa determinada função ou funções; em geral, utiliza sistemas de telecomunicação locais e de longa distância e é capaz de englobar partes de estados, países ou mesmo do mundo.

WAP (Wireless Application Protocol, ou seja, protocolo de aplicações sem fio) Conjunto de protocolos utilizados para dar suporte à transmissão sem fio de páginas da web e outros serviços de Internet com base em texto, de e para dispositivos móveis e de mão.

war driver Pessoa que tenta encontrar sinais de LAN sem fio de outros.

WDM (Wavelength Division Multiplexing, ou seja, multiplexação por divisão de comprimento de onda) Multiplexação de vários fluxos de dados para um único cabo de fibra óptica por meio de lasers com comprimento de ondas variável.

WEP (Wired Equivalency Protocol, ou seja, protocolo de equivalência com fio) Primeiro protocolo de segurança utilizado para criptografar transmissões de LAN; utiliza longas chaves de criptografia de 40 bits que são estáticas (por oposição às dinâmicas). Em virtude da existência de vários pontos fracos, o WEP está sendo substituído pelo WPA (acesso protegido Wi-Fi).

Wi-Fi (Wireless Fidelity, ou seja, fidelidade sem fio) Também conhecido como IEEE 802.11b; protocolo para tecnologias de rede local sem fio que transmite a velocidade de até 11 Mbps.

WiMAX Tecnologia de transmissão de banda larga sem fio, capaz de transmitir sinais por cerca de 30 a 50 km, a taxas de dados na faixa dos milhões de bits por segundo.

World Wide Web (WWW) Conjunto de recursos na Internet acessado por protocolo HTTP.

WPA (Wi-Fi Protected Access, ou seja, acesso protegido Wi-Fi) Conjunto de padrões utilizados para proteger transmissões de LAN sem fio; trata-se de um aprimoramento do WEP (protocolo de equivalência com fio), que fornece criptografia de chave dinâmica (embora também utilize chave de 40 bits) e autenticação mútua para clientes sem fio.

xDSL Nome genérico para muitas formas de DSL (linha digital de assinante).

XHTML (eXtensible Hypertext Markup Language, ou seja, linguagem de marcação de hipertexto extensível) Linguagem de marcação que combina HTML, HTML dinâmico e XML em um único padrão.

XML (eXtensible Markup Language, ou seja, linguagem de marcação extensível) Subconjunto de SGML; essa especificação descreve como criar um documento para a web e cobre tanto a definição do documento (como o documento deve ser exibido no navegador) como seu conteúdo.

ZigBee Tecnologia de transmissão sem fio para a transferência de dados entre dispositivos menores, geralmente integrados, que exigem baixas taxas de transferências e, consequentemente, baixo consumo de energia.

---

[1] No Brasil esta interface pode também existir com apenas 2 fios. (NRT)

Índice remissivo

1Base5, 174
1xEV (1 x versão melhorada), 77
10Base2, 174
10Base5, 174
10BaseT, 174
10Broad36, 174
100BaseFX, 174
100BaseT4, 174
100BaseTX, 174
100Mbps, 60
1000BaseCX, 175
1000BaseLX, 175
1000BaseSX, 175
1000BaseT, 175
4D-PAM5, 60

A

ABR. Consulte Taxa de bits disponível.
Acesso discado, 6
Acesso múltiplo com detecção de portadora com prevenção de colisão (CSMA/CA), 165, 172, 179
Acesso múltiplo (MA), 173
Acesso múltiplo por divisão de código (CDMA), 77
Acesso múltiplo por divisão de tempo (TDMA), 77
multiplexação estatística por divisão de tempo, 115-117
    multiplexação síncrona por divisão de tempo (Sync TDM), 110-113
    multiplexação T-1, 113
    PCS, 74-77
    SONET/SDH, 114-115
Acesso protegido Wi-Fi (WPA), 330
ACK (reconhecimento positivo), 145
Acordo de nível de serviço, 239, 292
Administrador
    certificado (CA), 351
    de redes certificado, 212
ADSL. Consulte Asymmetric digital subscriber line.
Agência de Projetos de Pesquisa Avançada (ARPA), 246
Algoritmo
    algoritmo de custo mínimo de Dijkstra, 232, 232fig9-12
    definição, 231
    inundação (flooding), 232-234
Algoritmo de criptografia, 317

Algoritmo de custo mínimo de Dijkstra, 232, 232fig9-12
Algoritmo de roteamento de estado de enlace, 237
Algoritmo de roteamento de vetor de distância, 237
Algoritmo 1-persistente, 178
Algoritmo persistente, 178
American Insurance Company, 89, 89fig3-22
American National Standards Institute (ANSI), 17, 95
Ampères, 32
Amplificação, 34
Amplitude, 32, 36
Análise de retorno, 344, 344tab13-1, 345fig13-7
Analista de sistemas, 339
Analógico discreto, 28, 30
Analógico e digital, 30-32
Aplicação de rede orientada à conexão, 228
Aplicação de rede sem conexão, 228-229, 248
Aplicativo de tempo real, 101
Aplicativos de pergunta/resposta, 11
Aprendizado reverso, 168
Área de transporte de acesso local (LATA), 280
Área metropolitana, 341
Áreas de serviço móvel (MSA), 74, 75fig3-16
Armazenamento anexado à rede (NAS), 211
ARPANET, 14, 237, 246, 263
ARP. Consulte Protocolo de resolução de endereço.
Arquitetura cut-through, 169
Arquitetura de rede
    definição, 12
    modelo de interconexão de sistemas abertos (OSI), 13
    suíte de protocolo TCP/IP, 14
Arquitetura padrão da indústria (ISA), 185
ASCII (American Standard Code for Information Interchange)
    checksum aritmético, 141-142
    conexão assíncrona, 99
    correção antecipada de erros, 151
    correio eletrônico (e-mail), 263
    descrição, 49-50
    paridade simples, 139-140
Assinaturas digitais, 321
Assinaturas eletrônicas na Lei de Comércio Global e Nacional, 322
Assistentes digitais (PDA), 7
Associação de dados infravermelhos (IrDA), 78

Associação de rede certificada Cisco, 351
Asymmetric digital subscriber line (ADSL), 288
AT&T (American Telephone and Telegraph), 113, 281
Ataques a sistema, 308-310
Ataques de negação de serviço, 309
Atenuação
    definição, 36, 138
        fibra fotônica, 65-66
        micro-ondas terrestres, 70
Áudio e vídeo em streaming, 268
Auditoria de computadores, 316-317
Autoridade certificadora (CA), 323
Autossincronizado, 27-39

B

Backbone
    definição, 65
    NSFnet, 246, 246fig10-1
    SONET/SDH, 115
Backplane, 169
Banco National de Segurança, 319
Banda de guarda, 109
Bandas de radar, 73
Barramento, 96
Barramento serial universal (USB), 96
Base de informações de gerenciamento (MIB), 355
Baterias de carro, 1
Bell Labs, 201
Benenson, Joel, 57
Bidirecional, 96, 162
Bindery, 194
Bit de parada em conexão assíncrona, 99
Bit de paridade em conexão assíncrona, 99
Bit de partida, 99
Bits por segundo (bps), 39
Bits por segundo (bps) e frequência de sinal, 47
Blog, 269
Bluetooth, Harald, 80
Bombardeamento de e-mail, 309
Botnets, 309

C

Cabo 62.5/125, 67
Cabo 8.3/125, 67
Cabo coaxial, 62
    barramento de redes, 161
    cabo coaxial de um filamento, 63
    cabo coaxial espesso, 63
    cabo coaxial trançado, 63
    classificação em ohms, 63
    coaxial de banda base, 62
    coaxial de banda larga, 62
    coaxial fino, 63
    descrição, 62
    exemplo, 62fig3-4
    resumo de características, 63
Cabo de fibra óptica
    backbone, 65
    descrição, 64
    exemplo, 64fig3-6, 66fig3-8
    exemplo de fios múltiplos, 65fig3-7
    multiplexação óptica por divisão de tempo (OTDM), 118
    multiplexação por divisão de comprimento de onda (WDM), 118
    segurança, 317
    SONET/SDH, 114-115
    SONET, 118
    suporte a transmissões de velocidades múltiplas, 118fig5-12
    transmissão monomodo, 66
    transmissão multimodo, 66
Cabo de par trançado
    distância, 84-85
    LAN de barramento em estrela, 164
    quatro pares, 59fig3-1
    resumo de características, 62tab3-1
    tipos, 59-60
Camada de acesso à rede, 16
Camada de aplicativo
    conjunto de protocolos TCP/IP, 15
    modelo OSI, 16
    protocolo de transferência de hipertexto (HTTP), 14, 256
Camada de apresentação, 16-17
Camada de enlace de dados
    conexão assíncrona, 99-100
    detecção de erros, 139
    modelo OSI, 18
Camada de internet, 16
Camada de rede
    conjunto de protocolos TCP/IP, 6, 16, 21
    modelo OSI, 18
Camada de sessão, 17
Camada de soquetes seguros (SSL), 320
Camada de transporte
    conexão, 250
    descrição, 21fig1-19
    modelo OSI, 17-18
    TCP/IP, 15-16
Camada física, 16
    conjunto de protocolos TCP/IP, 16
    definição, 15
    dispositivos periféricos, 98

Índice remissivo

IEEE 802.11, 177
modelo OSI, 18
Camadas ponta a ponta, 16-18
Canal
multiplexação por divisão de frequência, 108-109
sinalização DS-1, 114
Cavalo de Troia, 309
CCNA. Consulte Associação de rede certificada Cisco.
CDMA2000 1xRTT, 77
CellPark, 57
Central de comutação telefônica celular (CTSO), 74
Central privada de comutação telefônica (PBX), 282
Central telefônica (CO), 280
Centrex (serviço de comutação telefônica), 282
Cerf, Vinton, 219
Certificação de redes Nortell, 351
Certificado, 323
Certificado digital, 323
César, Júlio, 325
Chave, 318
Cheapernet. Consulte 10Base2.
Checksum
aritmético, 141
cíclico, 101, 169
de redundância cíclico (CRC), 142-144, 144tab6-4
Ciclo de vida de desenvolvimento de sistemas (SDLC), 338
Cifras
de substituição monoalfabética, 318
de substituição polialfabética, 318
de transposição, 319
Cifra Vigenere, 318
Circuito virtual, 227-228
Circuito virtual permanente (PVC), 291
CIR Zero, 293
Classe de serviço, 294-296
Classificação em ohms, 63
Cliente fino (thin client), 12, 127, 211
CNSE. Consulte Engenheiro de sistemas de redes certificado Microsoft.
Coaxial de banda
base, 62
larga, 62
Coaxial fino, 63
Codec, 3, 44
Codificação
em treliça, 152
perceptiva, 124
run-length, 123
Codificador sem perda Apple (ALE), 124
Código de dados

ASCII (American Standard Code for Information Interchange), 49
EBCDIC (Código de intercâmbio decimal codificado binário estendido), 48
unicode, 50
Código de Hamming, 150-151, 151fig6-15
Código malicioso móvel, 308
Códigos Reed-Solomon, 152
Comcast, 283
Comitê Internacional Consultor de Telegrafia e Telefonia. Consulte União Internacional de Telecomunicações.
Competências do administrador de redes, 350-351
Componente
elétrico, 95
funcional, 95
mecânico, 95
procedural, 95
Compressão
áudio, 124
com perda, 122, 124, 129, 130
descrição, 122
música, 107
para transmissão, 122
sem perda, 122-124
Unix, 123
Computador Apple
iPod, 107
servidor Mac OS X, 202
Comunicação
conexão física, 19
conexão lógica, 19
linhas de, 19
Nyquist, 45
Comunicação de dados, 2
Comunicação transmissor/receptor, 19fig1-16
Comutação multiprotocolo por rótulo (MPLS), 252, 266, 296
Comutadores (Switches), 4, 86
cenário (dois comutadores), 168-169
comunicação entre servidores, 171fig7-14
conexão de duas LANs, 167fig7-9, 168fig7-10
descrição, 167
filtro, 167
frame relay, 290
full-duplex, 172-173, 173fig7-17
Conexão assimétrica, 286
Conexão assíncrona
definição, 99
letra parada/partida/paridade, 99fig4-2
palavra parada/partida/paridade, 100fig4-3
sincronização, 100
Conexão de canal virtual (VCC), 293

Conexão de enlace de dados
    conexão assíncrona, 99-100
    conexão isócrona, 101
    conexão síncrona, 100-102
Conexão de rede de longa distância-rede de longa distância, 9
Conexão física, 19
Conexão
    full-duplex, 96
    half-duplex, 96
Conexão isócrona, 97, 101
Conexão lógica, 19
Conexão microcomputador-internet, 6
Conexão multiponto, 102
Conexão ponto a ponto, 102, 290
Conexão simétrica, 286
Conexão síncrona, 101fig4
Conexão terminal/microcomputador-computador mainframe
    conexão direta, 101-103
    multiponto, 102fig4-5(b)
    polling de chamada, 102, 103fig4-6
    polling de hub, 103
    ponto a ponto, 102fig4-5(a)
Conexões básicas
    conexão de rede de longa distância-rede de longa distância, 9
    conexão microcomputador-internet, 6
    conexões de rede pessoal-estação de trabalho, 7
    conexões de satélite e micro-ondas, 9
    conexões de sensor-rede local, 9
    conexões de telefonia celular, 10
    conexões de terminal/microcomputador-mainframe, 11
    conexões rede local-rede local, 6-7
    configuração rede local-rede de longa distância, 8
    configuração rede local-rede metropolitana, 8
    rede microcomputador-rede local (LAN), 5-6, 20
Conexões de internet, 6
Conexões de rede
    conjunto de protocolos TCP/IP, 21, 21fig1-19
    navegador-internet e de volta, 20fig1-18
Conexões de satélite e micro-ondas, 9
Conexões de telefonia celular, 10
    convergência tecnológica, 12
    frequências, 68
Conexões rede
    local-rede local, 6-7
    local-rede metropolitana, 8
    pessoal-estação de trabalho, 7
Conexões redes locais-rede de longa distância, 8
Conexões sensor-rede local, 9
Conexões terminal/microcomputador-mainframe, 11
Confiabilidade, 352-353

Congestionamento de rede, 236-240
Conjunto básico de serviço (BSS), 176
Conjunto de protocolos IEEE 802, 177
Conjunto de protocolos TCP/IP
    caminho de uma solicitação de página Web, 20-21, 21fig1-19
    definição, 12-12
    definições das camadas, 15-16
    diagrama das camadas, 14fig1-12
    diagrama de transmissão, 15fig1-13
    exemplo de camada de aplicativo de rede, 14-16
    histórico, 16
    iSCSI, 98
    sistemas operacionais multitarefa, 203
    solicitação para comentário (RFC), 16
Conjunto estendido de serviço (ESS), 177
Consumo de energia, 81
Contagem de saltos, 234
Contrato de licenciamento
Controle de acesso ao meio (MAC), 180
Controle de admissão de conexão, 239
Controle de chamada de terceiros, 298
Controle de enlace lógico (LLC), 180
Controle de erros, 15
    correção de erros, 150-152, 151fig6-15
    fibra óptica, 65
    não fazer nada, 144
    ponta a ponta, 18
    pontos de sincronização, 18
    retorna uma mensagem, 144-149
Controle de erros de janela deslizante, 146-147, 153
Controle de erros ponta a ponta, 21
Controle de fluxo, 18, 251
Controle de fluxo ponta a ponta, 21
Controle
    explícito de congestionamento, 238
    implícito de congestionamento, 238
Controle stop-and-wait, 145-146, 145fig6-8
Convergência
    definição, 1, 12
    telecomunicações, 297-300
    tipos, 12
    USB, 97
Convergência
    das telecomunicações, 297-300
    industrial, 12
    tecnológica, 12
Conversão
    analógico para digital, 113
    de dados analógicos, 28
    de dados para sinais, 28, 28tab2-1
    de fala para texto, 299

Conversores de meios, 210-211
Cookie, 269
Correção antecipada de erros, 150
Correção de erros, 150-152, 151fig6-15
Correção perceptiva de ruído, 124
Correio eletrônico (e-mail), 71, 263
Cox Communications, 283
Cracker DES, 321
Criação de baseline (base de referência), 348
Criptografia, 255, 317
    assimétrica, 320
    de chave pública, 319-320
    simétrica, 320
CRL. Consulte Lista de revogação de certificado
CSE. Consulte Especialista em Sistemas certificado IBM.
CSMA/CA. Consulte Acesso múltiplo com detecção de portadora com prevenção de colisão.
CSMA/CD. Consulte Acesso múltiplo com detecção de portadora e detecção de colisão.
Custo
    cabo coaxial, 63
    fibra óptica, 65
    frame relay, 290
    micro-ondas terrestres, 69
    Multiplexação por divisão de comprimento de onda (WDM), 118
    órbita geossíncrona (GEO), 73
    par trançado, 61
    protocolo de configuração de host dinâmico (DHCP), 254-255
    redes de entrega de dados, 293, 297, 297tab11-1
    SONET e Ethernet, 221-224

D

Dados
    combinação de sinais e, 36
    dados analógicos para sinais analógicos, 36
    definição, 3, 27
    digital, 31
Dados analógicos, 30
Dados analógicos para sinais analógicos, 36, 37fig2-11
Dados analógicos para sinais digitais
    modulação delta, 46
    modulação por amplitude de pulso (PAM), 44, 44fig2-21
    modulação por código de pulso (PCM), 44
    níveis de quantificação, 44, 44fig2-21
Dados digitais, 28-29, 31
Dados digitais com sinais analógicos discretos
    modulação, 40
    modulação por chaveamento de amplitude, 41, 41fig2-15
    modulação por chaveamento de frequência, 41-42

Dados digitais com sinais digitais
    esquema de codificação bipolar AMI, 39
    esquema de codificação digital 4B/5B, 40, 40fig2-14
    esquemas de codificação, 37
    esquemas de codificação digital Manchester, 38
    esquemas de codificação digital Manchester diferencial, 38, 51fig2-30
    sem retorno a zero invertido (NRZI), 38, 38fig2-12(b)
    sem retorno a zero - nível (NRZ-L), 37-38, 38fig2-12(a)
Dados textuais, 48
Daemon, 264
Daisy-chaining, 96, 98
Datagrama, 227, 248
DataMining Corporation, 87-88
Decibel (dB), 34
Delineamento, 13
Demultiplexador, 109
Departamento de Defesa dos Estados Unidos, 246
Departamento de Justiça dos EUA, 191
Derivação, 161
Desenvolvimento rápido de aplicação (RAD), 339
Desinstalação de software, 208
DES triplo, 321
Detecção de erros
    camada de enlace de dados, 139
    checksum aritmético, 141-142
    checksum de redundância cíclico (CRC), 142-144, 144tab6-4
    exemplo, 152-153
    paridade longitudinal, 140-141
    paridade simples, 139-140
Detecção de intrusão, 311
De transposição, 319
DHCP. Consulte Protocolo de configuração de host dinâmico.
Diafonia (crosstalk), 58, 136
Diafonia de campo magnético, 58
Diagramas
    conexão microcomputador-internet, 7fig1-3
    conexões de rede pessoal-estação de trabalho, 7
    conexões de satélite e micro-ondas, 9
    conexões de terminal/microcomputador-mainframe, 11fig1-11
    conexões rede local-rede local, 7
    conexões rede local-rede metropolitana, 8
    conexões sensor-rede local, 9
    configuração rede local-rede de longa distância, 9, 20fig1-18
    diagrama das camadas do modelo TCP/IP, 14fig1-12
    diagrama de transmissão de pacote no modelo TCP/IP, 15fig1-13
    visão de interconexão, 4fig1, 6fig1-2

Digitalização de sistemas de música, 29
Digitalizador, 3
Direito de passagem, 67
Direitos de acesso, 195, 312, 314-315
Diretório ativo, 195, 198-199
Diretórios com base em árvores, 195
DisplayPort, 104
Disponibilidade, 352
Dispositivo passivo, 86, 161
Dispositivos periféricos
    organizações envolvidas em normas, 95
    padrão de fato, 95
    protocolo, 95
Dispositivo store-and-forward, 169
Distância
    infravermelho, 77
    Marte, 133
    micro-ondas por satélite, 70
    micro-ondas terrestres, 69
    órbita de baixa altitude (LEO), 71
    órbita geossíncrona (GEO), 73
    redes de entrega de dados, 293, 297, 297tab11-1
    satélites de órbita de média altitude (MEO), 71
Distorção de intermodulação, 42
Distribuição em faixas (striping), 204
Domain Name System (DNS), 198, 257-258
Domínio, 198
DSL, 79, 119
    de taxa adaptável (RADSL), 288
    Lite, 287-288
    sem splitter, 287

E

EBCDIC (Código de intercâmbio decimal codificado binário estendido), 48
Eco, 136-137, 137fig6-5
E-commerce, 247, 269
EDI. Consulte Intercâmbio eletrônico de dados.
eDirectory, 197
EIA-232F, 95
Electronic Industries Association (EIA), 17, 95
Elegível para descarte~(DE), 293
Encapsulamento, 22, 252
Endereçamento
    com classe, 260
    sem classe, 260
Endereço IP e número de porta, 251
Engenheiro certificado de sistemas de redes Microsoft (CNSE), 351
Engenheiro certificado de sistemas Microsoft (MCSE), 213

Enlace
    ascendente (uplink), 70
    de assinante, 281
    descendente (downlink), 70
    local (local loop), 280
    local sem fio. Consulte Sistema sem fio de banda larga.
Entrada múltipla saída múltipla (MIMO), 178
ENUM, 267
Equipamento de comunicação de dados (DCE), 95
Equipamento terminal de dados (DTE), 95
E-retailing, 269
Erros de quantificação, 45
Espaço entre quadros (IFS), 179
Espalhamento espectral por salto de frequência, 326, 326fig12-8
Espalhamento espectral por sequência direta, 325, 326fig12-9
Especialista certificado em sistemas IBM (CSE), 351
Especialista em sistemas certificado (CSE), 351
Especificação de interface de serviço de dados por cabo (DOCSIS), 289
Espectro, 33
Espelhamento de discos, 204
Espionagem
    satélite de órbita de baixa altitude (LEO), 71
    satélite de órbita elíptica de grande excentricidade (HEO), 73
Esquema de codificação, 60
Esquema de codificação bipolar AMI, 39, 38fig2-12(e)
Esquema de codificação digital 4B/5B, 40
    10Base5, 174
Esquemas de codificação digital Manchester
    assíncrona, 99
    autossincronizado, 39
    conexão síncrona, 101
    definição, 36
    desvantagens, 39
    exemplo, 50-52
    redes em barramento, 162
    taxa de símbolos (baud rate), 39, 39fig2-13
Esquemas de codificação digital Manchester diferencial, 38, 51fig2-30
Estação, 225
Estação base, 79
Estação com tráfego multiplexado, 71, 72fig3-14(b)
Estação de operadora de grande porte, 71, 72fig3-14(a)
Estação para usuário individual, 71, 72fig3-14(c)
Estações de trabalho, 4
Esteganografia, 324
Ethernet
    e SONET, 221-223
    ethernet de 10 Gigabits, 60, 175
    ethernet Gigabit, 60

ethernet Metro, 222
histórico, 174
normas, 175tab7-1
Power Over (PoE), 175
rápida, 174
sem fio, 175
topologia MAN, 222fig9-3
Ethernet de 100Gbps, 175
Ethernet de banda larga, 174
Ethernet de 10 Gbps, 175
Ethernet de 40 Gbps, 175
Ethernet de 10 Gigabits, 60
Ethernet Gigabit, 60, 174
Ethernet Metro, 222
Ethernet rápida, 174
Ethernet sem fio. Consulte Rede local sem fio.
Evolução de longo prazo (LTE), 77
Evolução somente dados (DV-DO), 77
Exaustão da fibra, 117
Exemplos
    dados, sinais e códigos de dados, 50-51
    meios com fio, 86-87, 86fig3-20
    meios com fio, 87, 88fig3-21
    telefone, 52
Extensões de correio de internet multifunção (MIME), 264, 265
Extranet, 270

F

Faixa de frequências, 32-33
Falha de rede, 238
Fase, 33, 34fig2-8, 36
Fax back, 298
FCC (Comissão Federal de Comunicações dos Estados Unidos)
    controle de frequência, 68
    identidade básica de telefone celular (ID), 75
    níveis de potência, 285
    satélite de órbita elíptica de grande excentricidade (HEO), 73
    serviços Telefônicos Móveis Melhorados (IMTS), 74
    sinais de televisão digital, 27
Feiras Comdex, 93, 197
Ferramentas de diagnóstico de rede, 353-354
Fiber Channel, 98
Filtragem, 31, 167
Filtragem de chamada, 298
Fio de aramida, 64
Firewall, 255, 328-329, 328fig12-10
Firewall de filtro de pacote, 329
FireWire, 96-97, 101
FLAC (Codec de áudio livre sem perda), 124
Flag, 100

Folhas de estilo em cascata (CSS), 262
Fonte de alimentação ininterrupta (UPS), 210
Formas de onda digitais, 31-32
Formas de ondas
    análise de Fourier, 34fig2-9
    dados analógicos para sinais analógicos, 36
Formato de datagrama, 249, 249fig10-4
Forrester Research, 74
Fotodiodo, 64
Fotorreceptor, 64
Fragmentação, 249
Frame relay, 290-292, 299
Frequência
    definição, 32-36
    infravermelho, 77
    rádio AM, 36
    redes locais sem fio, 80
    telefone celular, 76-78
Frequência de sinal e bits por segundo (bps), 47
Fundação
    para o Software Livre, 201
Fundamentos de endereço IP, 259-260

G

Gates, Bill, 1, 93
Gateway VoIP, 267
Gerenciador SNMP, 354
Gerenciamento de token, 17
Gestão de redes, 3
GPS baseado em satélite, 2
GPS. Consulte Navegação de superfície do sistema de posicionamento global.
Gráfico de rede ponderado, 231, 231fig9-11
Guia de rádio (RG), 63
Gzip, 123

H

H.323, 267
Hertz (Hz), 32
Hibrido fibra e coaxial (HFC), 283
Hierarquia digital síncrona (SDH), 114-143. Consulte também SONET/SDH
HiperLAN/2, 178
Hot pluggable, 96, 98
HTML dinâmico (D-HTML), 260
HTTP seguro (S-HTTP), 320
Hubs
    definição, 164
    protocolo de controle de acesso ao meio, 165
    rede compartilhada, 164
Hughes Network Systems, 88

I

IBM, 1, 49
IEEE 802.1q, 173
IEEE 802.3, 179-180
IEEE 802.3ae, 175
IEEE 802.3af, 175
IEEE 802.3u, 174
IEEE 802.3z, 174
IEEE 802.11, 80, 177
IEEE 802.11a, 80, 177
IEEE 802.11b, 80, 177
IEEE 802.11g., 80, 177
IEEE 802.11i, 330
IEEE 802.11n, 80, 177-178
IEEE 802.15.4, 81
IEEE 802.16, 80
IEEE 802.16a, 79
IEEE 802.16c, 79
IEEE 802.16e, 79-80
IEEE 802.20, 80
IEEE 1394, 97
InfiniBand, 98
Informações básicas de identificação (ID), 75
Infraestrutura de chave pública (PKI), 322-324
infravermelho, 77, 177
In-Stat, 57
Institute for Electrical and Electronics Engineers (IEEE), 17, 95
Instituto Profissional Linux, 213
Integração computador-telefonia (CTI), 298
Intercâmbio eletrônico de dados (EDI), 269
Interceptação, 64
Intercomunicação, 69
Interconexão de componentes periféricos (PCI), 185
Interface
    definição, 94
    digital, 96-97
    EIA-232F, 95
    IEEE 1394, 97
    iSCSI, 98
    organizações envolvidas em normas, 95
    RS-232, 95
    SCSI, 97
    sistemas, 98
    USB, 95, 96-97, 97fig4-1
Interface
    de aplicativo (API), 192
    gráfica de usuário PBX, 298
    rede-rede, 294
    usuário-rede, 293

Interferência
    cabo de par trançado, 58
    fibra óptica, 65
    multiplexação por divisão de frequência, 109-111
    par trançado com blindagem (STP), 61
Interferência eletromagnética
    cabo de par trançado, 64
    definição, 64
    fibra óptica, 65
    jitter, 137
    seleção de meios, 85
Intermodulação, 69
International Organization for Standardization (ISO), 17, 95
Internet, 1, 273
Internet Architecture Board (IAB), 17
Internet Engineering Task Force (IETF), 17, 256, 271
Internet Interplanetária (IPN), 219
Internet Research Task Force (IRTF), 17
Internet Society (ISOC), 17
Intranet, 270
Inundação (flooding), 232-234
IPN. Consulte Internet Interplanetária.
iPod, 107
IPsec (segurança de IP), 255, 320
IPv6, 271-272
Iridium, 72
Iridium da Motorola, 72
ISA. Consulte Arquitetura padrão da indústria.
iSCSI, 98
ISDN, 59
ISO 2110, 95
ITU-T. Consulte União Internacional de Telecomunicações - Setor de Padronização de Telecomunicações.
ITU (União Internacional de Telecomunicações), 73
ITU V.24, 95
ITU V.28, 95

J

Janela de colisão, 166
Jitter, 137-138, 137fig6
JPEG (Joint Photographic Experts Group), 124
Julgamento final modificado, 281

K

Kerberos, 322
Keylogger, 310

L

Lambda, 117
LAN de barramento, 161, 162fig7-2
LAN de barramento em estrela, 163-165

LAN sem fio ad-hoc. Consulte não hierárquica.
LAN sem fio multicelular, 177, 177fig7-19
LAN sem fio não hierárquica, 177, 177fig7-20
LAN sem fio unicelular, 176, 176fig7-18
LAN virtual (VLAN), 173
Laptop
    conexões, 103-104
    infravermelho, 77
Largura de banda, 33
Largura de banda efetiva, 33
LEAP (protocolo de autenticação leve extensível) da Cisco, 332
LED (diodo emissor de luz), 64
Lei Antitruste de Sherman, 191
Lei das telecomunicações de1996, 283
Lei de Murphy, 134
Leitor de cartão de mídia 7 em, 1, 104
Licença corporativa, 209
    assento, 203
    definição, 209
    licença de servidor de rede, 209
    licença de usuário múltiplo e várias estações, 209
    licença de usuário único e várias estações, 209
    licença do terminal, 209
    licença interativa de usuário, 209
Licença de local, 209
Licença de servidor de rede, 209
Licença interativa de usuário, 209
Licença para uma estação para um usuário, 209
Licença para várias estações para um usuário, 209
Limite de saltos, 234
Linguagem de marcação generalizada padrão (SGML)
    HTML dinâmico (D-HTML), 260, 262
    linguagem de marcação de hipertexto extensível (XHTML), 263
    linguagem de marcação de hipertexto (HTML), 256, 261-263
    linguagem de marcação extensível (XML), 261, 263
Linha de transmissão, 3
Linha de visada
    IEEE 802.16c, 79
    infravermelho, 77, 177
    micro-ondas terrestres, 70
Linha digital de assinante (Digital subscriber line, DSL), 6
    equipamentos necessários, 287, 287fig11-6
    formatos, 288
    sem splitter, 287
    velocidade de transferência, 286
Linhas
    internas, 282, 283
    privativas, 282, 283
Lista de revogação de certificado (CRL), 324

Listserv, 268
LLC. Consulte Controle de enlace lógico
Localizador uniforme de recurso (URL)
    descrição, 258fig10-8
    nome de arquivo, 258
    nome de domínio, 257
    subdiretório, 259
    tipo de serviço, 257
Login remoto, 265

M

MAC. Consulte Controle de acesso ao meio.
Mainframes, 49
MAN. Consulte Redes metropolitanas.
Mapa de conectividade de longa distância, 340-341
Mapas de conectividade
    área local detalhada, 341-342
    área metropolitana, 341
    mapa de conectividade de longa distância, 340-341
    visão geral da área local, 342
Marte, 133
Mascaramento de sub-rede, 260
Matriz redundante de discos independentes (RAID), 204
Meio. Consulte Meios.
Meios com fio
    banda larga, 79-80
    bluetooth, 80-81
    cabo de par trançado, 58-62
    definição, 67
    histórico, 67-68
    infravermelho, 77
    LAN sem fio, 80
    micro-ondas terrestres, 69
    óptica no espaço livre, 81
    resumo, 82-83tab3-4
    resumo de características, 66tab3
    satélite, 70-73
    sistema de banda ultralarga, 80-81
    sistema de telefonia celular, 74-77
    ZigBee, 81
Meios (meio)
    ambiente, 85
    com fio, 58-67
    custo, 84
    gasto/distância, 84-85
    segurança, 85-87
    sem fio, 58, 67-83
    velocidade, 84
Mensagens
    instantâneas (IM), 268
    unificadas, 298

Meteorologia, 73
MIB. Consulte Base de informações de gerenciamento.
Microcomputador, 5
Microcomputador-rede local(LAN)
    plano geral, 4
    sistema cliente/servidor, 5
    visão de interconexão, 6fig1-2
Micromarketing, 269
Micro-ondas por satélite
    cenário, 89, 89fig3-22
    descrição, 70
    órbita de baixa altitude (LEO), 71-72
    órbita de média altitude (MEO), 71-72
    órbita de satélite, 70fig3-13
    órbita elíptica de grande excentricidade (HEO), 73, 74fig3-15
    órbita geossíncrona (GEO), 73
Micro-ondas terrestres
    descrição, 69
    frequências, 68
    solução de micro-ondas terrestres ProNet, 89
    tipos, 68-71
Microsoft
    ações judiciais, 191
    compressão, 123
    diretório ativo, 195
Microsoft Corporation, 93
Modelagem
    analítica, 347
    de redes, 340-343
Modelo da internet, 18
Modelo de interconexão de sistemas abertos (OSI)
    camadas, 16-18
    comparação com TCP/IP, 13-15, 16fig1-14
    definição, 12-12
    subcamadas, 180
Modem discado de 56K, 284
modem V.92, 285
Modems, 3, 28
Modems a cabo, 79, 288-289, 289fig11-8
Modo de transferência assíncrona (ATM), 239, 293-295, 303
Modulação, 36
    amplitude em quadratura, 42
    dados digitais com sinais analógicos discretos, 40
    modução delta, 46
    modulação por chaveamento, 41, 41fig2-16
    modulação por chaveamento de amplitude, 41, 41fig2-15
    modulação por chaveamento de fase, 42
    modulação por chaveamento de frequência, 41-42
Modulação por chaveamento de fase
    conexão telefônica, 284
    definição, 42
    exemplo, 42fig2-18
    modulação por chaveamento de fase em quadratura, 42
Modulação por chaveamento de fase em quadratura
    definição, 42
    doze ângulos de fase, 43fig2-20
    quatro ângulos de fase, 43fig2-19
Modulação por chaveamento de freqüência
    distorção de intermodulação, 42
    exemplo simples, 42fig2-17, 51fig2-31
Modulação por código de pulso (PCM), 44, 44fig2-21
Monitoramento remoto de rede (RMON), 355
Monitoramento termina execução e permanece residente em memória, 327
Monkey's Audio, 124
MP3, 124
MPEG-4 ALS (Codificação sem perda de áudio), 124
MPEG (Moving Picture Experts Group), 124
MPLS. Consulte Comutação multiprotocolo por rótulo.
MTBF. Consulte Tempo médio entre falhas.
MTTR. Consulte Tempo médio de reparo.
Multicast de IP, 260
Multiplexação
    acesso múltiplo por divisão de tempo (TDMA), 77, 112-119
    comparação, 121, 122tab5-3
    definição, 3, 108
    divisão de código, 119-121
    divisão de frequência, 108-111
    exemplo, 126-130
    multiplexação estatística por divisão de tempo (Stat TDM), 115
    multiplexação óptica por divisão de tempo (OTDM), 118
    multiplexação óptica por divisão espacial (OSDM), 118
    multiplexação ortogonal por divisão de frequência (OFDM), 118
    multiplexação síncrona por divisão de tempo (Sync TDM), 110-113
    multitom discreto, 119
    SONET/SDH, 114-115
    T-1, 113
    TCP, 250
Multiplexação assíncrona por divisão de tempo. Consulte Multiplexação estatística por divisão de tempo.
Multiplexação densa por divisão de comprimento de onda (DWDM), 118
Multiplexação estatística por divisão de tempo (Stat TDM)
    campos de dados, 116fig5-10
    descrição, 115
    estação transmissoras, 116fig5-8
    fluxo de saída do multiplexador, 116fig5-9

pacote de informações, 117fig5-11
Multiplexação óptica
    por divisão de tempo (OTDM), 119
    por divisão espacial (OSDM), 118
Multiplexação ortogonal por divisão de frequência (OFDM), 118
Multiplexação por divisão de código (CDM)
    militar, 119
    tecnologia de espalhamento espectral, 120
Multiplexação por divisão de comprimento de onda, 117-120
Multiplexação por divisão de comprimento de onda esparsa (CWDM), 118
Multiplexação por divisão de comprimento de onda (WDM), 118-147. 118fig5-12
Multiplexação por divisão de frequência (FDM)
    banda larga, 162
    descrição, 108
    exemplo, 110fig5-1
    utilizações, 108-110
Multiplexação por divisão em código militar (CDM), 119
Multiplexação síncrona por divisão de tempo (Sync TDM)
    amostragem diferenciada, 111fig5-3
    buffer, 111
    descrição, 110
    fluxo de saída de, 111fig5-2
    multilplexação T-1, 113
    sincronização, 113fig5
    SONET/SDH, 114-115
Multiplexação T-1, 113
Multitom discreto (DMT), 119

N

NAK (reconhecimento negativo), 145
Napster, 206
NASA, 219
NAT. Consulte Tradução de endereço de rede.
National Science Foundation (NSF), 246
Navegação de superfície do sistema de posicionamento global (GPS), 2, 57, 72
Negociação de posição de recuo, 138
NetBEUI, 203
NetWare Core Protocol, 197
Níveis de quantificação, 44, 44fig2-21
Norma V.90, 286
Norma X.509, 323
Nós, 4, 225
Notificação explícita
    progressiva de congestionamento (FECN), 238
    regressiva de congestionamento (BECN), 238
Novell Linux, 202
Novell NetWare
    árvore de rede, 196fig8-1, 196fig8-2, 198fig8-3
    serviços de diretório NetWare (NDS), 195
    servidor aberto corporativo (OES), 191, 197
    sistema operacional Linux, 196
NRZI e NRZ-L, 38, 38fig2-12(b)
NSFnet, 246
Número de porta e endereço IP, 251
Número pessoal de identificação (PIN), 312
Nuvem de rede
    definição, 223
    rede de comutação de circuito, 226
    resumo de características, 228tab9-1
Nyquist, 45, 47

O

Objetos folha, 195
Olson, Ken, 1
Ondas de rádio, 3, 74-78
Ondas eletromagnéticas, 68, 68fig3-10
Operadoras de longa distância (IECs), 282
Operadoras locais (LECs), 282
Operadoras Regionais Bell (RBOCs), 281
Óptica no espaço livre, 81
Órbita de baixa altitude (LEO), 71-72
Órbita de média altitude (MEO), 71-72
Órbita elíptica de grande excentricidade (HEO), 73, 74fig3-15
Órbita geossíncrona (GEO), 73
OSI. Consulte Modelo de interconexão de sistemas abertos.
OSPF. Consulte protocolo aberto caminho mais curto primeiro.

P

Pacote de dados, 9, 21, 310. Consulte também Datagrama.
Pacote rotulado, 253
Padrão
    de criptografia avançada (AES), 321
    de criptografia de dados (DES), 320-321, 321fig12-7
    de fato, 95
Parâmetro de comparação, 347
Paridade
    horizontal, 140
    ímpar, 139
    longitudinal, 140-141
    par, 139-140
    simples, 139-140
Par trançado com blindagem (STP), 61, 61fig3
Par trançado de Categoria 1, 59
Par trançado de Categoria 2, 59
Par trançado de Categoria 3, 59
Par trançado de Categoria 4, 59
Par trançado de Categoria 5, 60

Par trançado de Categoria 5e, 60
Par trançado de Categoria 6, 60, 175
Par trançado de Categoria 6a, 175
Par trançado de Categoria 7, 60
Par trançado sem blindagem (UTP), 61
Patch, 308
PBX, 298
PCI. Consulte Interconexão de componentes periféricos.
PDA (Assistente pessoal de dados), 80
Perda logarítmica, 34
Perfil de largura de banda, 224
Período, 32
PGP. Consulte Pretty good privacy.
Pharming, 310
Phishing, 310
Pico de ruído, 134
Piconet, 80
Piggybacking, 149
Pixels, 29
Pkzip, 123
Placa
    de interface de rede (NIC), 161
    de PC/Smart Card, 104
    PCMCIA, 104
Placas de circuito, hot swap, 169, 204
Planejamento de capacidade, 345-348
Plenum, 61
Polling, 96, 102, 103fig4-6
    de hub, 103
    de substituição polialfabética, 318
    por chamada, 102
Ponte, 5
Ponto de acesso, 176
Pontos de sincronização, 18
Portadoras ópticas (OC), 114
Pote de mel (Honeypot), 311
POTS. Consulte Velho e simples serviço telefônico.
Power over Ethernet (PoE), 175
PPP. Consulte Protocolo ponto a ponto.
PPTP. Consulte Protocolo de tunelamento ponto a ponto.
Pré-alocação de buffer, 238
Pretty good privacy (PGP), 322
Prevenção de erros, 138-139, 139tab6-1
Privacidade equivalente com fio (WEP), 178
Processamento de fax, 298
Projeção linear, 346
Projeto lógico, 164
Proteção
    contra falhas, 207
    física, 311-312
Protocolo
    aberto caminho mais curto primeiro (OSPF), 237
    de acesso a mensagens da internet (IMAP), 264
    de camada, 1, 292
    de configuração de host dinâmico (DHCP), 254-255
    de controle de acesso ao meio, 165
    de controle de transmissão (TCP), 15, 248, 251-254
    de datagrama de usuário (UDP), 15, 253
    de equivalência com fio (WEP), 330, 332
    de fluxo de tempo real (RTSP), 268
    de gestão de redes, 354
    de informações de roteamento (RIP), 235, 237
    de iniciação de sessão (SIP), 267
    de linha serial da internet (SLIP), 255
    de mensagem de controle da internet (ICMP), 253
    de resolução de endereço (ARP), 254
    de tempo real (RTP), 268
    de transferência de arquivos (FTP), 15, 228, 264-265
    de transferência de hipertexto (HTTP), 14, 256
    de tunelamento, 255
    de tunelamento ponto a ponto (PPTP), 255
    do correio versão 3 (POP3), 264
    leve de acesso a diretórios (LDAP), 198
    não-determinista, 167
    ponto a ponto (PPP), 255
    simples de gerenciamento de rede (SNMP), 15, 354-355
    simples de transferência de e-mail (SMTP), 14, 264
    temporal de integridade de chave (TKIP), 332-333
Protocolo de internet
    cabeçalho, 248
    camada de internet, 16
    camadas, 247fig10-2
    camadas de comunicação, 21fig1-19
    definição, 248
    formato de datagrama, 249, 249fig10-4
    fragmentação, 249
    smurfing, 309
    transmissão de pacotes, 248fig10-3
Protocolos
    analisador, 353
    baseado em contenção, 165
    convergência, 12
    de fidelidade sem fio (Wi-Fi), 80
    definição, 12
    fidelidade sem fio (Wi-Fi), 80
    LAN, 81
    protocolo de controle de acesso ao meio, 165
    protocolo não-determinista, 167
    terminais, 11
Protocolos baseados em contenção
    acesso múltiplo com detecção de portadora com prevenção de colisão (CSMA/CA), 165-166

colisão, 166, 166fig7-8
definição, 165
Provedor de serviço de internet, 6
PVC. Consulte Circuito virtual permanente.

Q

Quadro (Frame)
conexão assíncrona, 99
detecção de erros, 139
pacote de dados, 16
Qualidade de serviço (QoS), 239
questões de projeto, 330

R

RAD. Consulte Desenvolvimento rápido de aplicação.
Rádio
dados analógicos para sinais analógicos, 36
multiplexação por divisão de frequência, 108-109
transmissão, 67
rádio AM
conversão de dados analógicos, 28
frequências, 68
transmissão sem fio, 67
Rádio FM
conversão de dados analógicos, 28
frequências, 68
transmissão sem fio, 67
RADSL. Consulte DSL de taxa adaptável.
RAID. Consulte Matriz redundante de discos independentes.
RealPlayer, 268
Receptor, 29
Reconhecimento e resposta de voz integrados, 299
Recuperação de erros, 250
Rede
broadcast, 228
cliente/servidor, 206
compartilhada, 164
de armazenamento (SAN), 211
de comutação de circuito, 226, 226fig9-7
de dados, 3
de voz, 3
em malha, 224
local de pequeno escritório/escritório residencial (SOHO), 184
não hierárquica, 206
óptica síncrona (SONET), 114-143. Consulte também SONET/SDH
privada virtual (VPN), 205-208, 255, 273, 274fig10-12, 296
Rede de comutação de pacote
ARPANET, 246

circuito virtual, 227-228
datagrama, 227
Rede de longa distância (WAN)
componentes, 3
definição, 4, 224
estação, 225
nó, 225
nuvem de rede, 225-230, 225fig9-6
sub-rede, 4, 225
Rede local de barramento/árvore
conexões, 164
sinalização, 162
Rede local sem fio (LAN)
descrição, 175
LAN sem fio multicelular, 177, 177fig7-19
LAN sem fio não hierárquica, 177, 177fig7-20
LAN sem fio unicelular, 176, 176fig7-18
Redes
área local (LAN), 3
área pessoal (PAN), 3
comparações entre sistemas operacionais, 204tab8-2
componentes, 3
dados, 3
explicação de utilização, 4
microcomputador-rede local (LAN), 5-6
rede cliente/servidor, 206
rede de longa distância (WAN), 3
rede metropolitana (MAN), 8
rede não hierárquica, 206
sem fio, 2
visão de interconexão, 4fig1
voz, 3
Redes de computadores. Consulte Redes.
Redes locais (LAN)
analógico discreto, 30
checksum de redundância cíclico (CRC), 142-144, 144tab6-4
compartilhamento de recursos, 5
componentes, 3
definição, 3, 157
desvantagens, 160
dispositivos de suporte, 210-211
exemplo de escolha de software corporativo, 211-213
exemplo de LAN sem fio residencial, 214
exemplos de configuração, 181-185
funções, 159-160
LAN de barramento em estrela, 163-165
LAN virtual (VLAN), 173
rede de segmento dedicado, 170fig7-13
rede local em barramento/árvore, 161-163
segmento compartilhado, 170fig7-12

sistema cliente/servidor, 5
switches, 167
vantagens, 157, 160-161
visão de interconexão, 159fig7-1
Redes locais sem fio, 80
Redes metropolitanas (MAN), 3, 8
    e rede local, 220-221
    modo de transferência assíncrona (ATM), 295
    SONET e Ethernet, 221-224
Redes pessoais (PAN)
    definição, 4
    diagrama, 7fig1-4
Redirecionamento, 194
Redundante, 204
Refração, 67
Refração e reflexão, 67fig3-9
Regenerador de sinal, 134
Regra 5-4-3, 182
Reid, Ipsos, 245
Repetidor
    definição, 60
    tronco, 281
Resposta interativa de voz, 298
Retardo de propagação, 71
Retorno de mensagem de controle de erro
    controle de erros de janela deslizante, 146-147
    controle de stop-and-wait, 145-146, 145fig6-8
Retorno sobre investimento (ROI), 337, 345
Rifkin, Stanley Mark, 319
RJ-11, 103, 164
RJ-45, 103, 164
RMON. Consulte Monitoramento remoto de rede.
Rootkit, 310
Roteadores
    combinação de comutador (switch), 171-172, 172fig7-16
    comutação multiprotocolo por rótulo (MPLS), 252
    conexão, 8
    de fronteira de área, 236
    descrição, 3
    firewall de filtro de pacote, 329
    roteadores de fronteira de área, 236
    tradução de endereço de rede (NAT), 255
Roteamento
    algoritmo, 231
    algoritmo de custo mínimo de Dijkstra, 232, 232fig9-12
    algoritmo de roteamento de estado de enlace, 237
    algoritmo de roteamento de vetor de distância, 237
    descrição, 230-232
    inundação (flooding), 232-234
    roteamento adaptável, 236
    roteamento centralizado, 234-235, 234tab9-2

roteamento distribuído, 235
roteamento fixo
RS-232, 95
Ruído, 30, 45
    diafonia (crosstalk), 58, 136
    eco, 136-137
    esquemas de codificação digital Manchester, 39
    firewire, 97
    gaussiano, 135
    jitter, 137-138
    modulação por chaveamento de fase, 42
    par trançado de cobre, 286
    ruído branco, 135, 135fig6-1
    ruído de sobrecarga de inclinação, 46, 46fig2-24
    ruído impulsivo, 135-136, 136fig6-2, 136fig6-3
    térmico, 135
    USB, 96
Runts, 180

S

Salto de frequência, 178
Satélite
    configuração de topologia, 71
    Telstar, 68
    VSAT, 88
Satélites de órbita de média altitude do Departamento de Defesa dos EUA (MEO), 72
Scatternet, 80
SCSI (Interface de pequenos sistemas computacionais), 97, 98, 204
SDLC. Consulte Ciclo de vida de desenvolvimento de sistemas.
Segurança
    de camada de transporte (TLS), 320
    de comunicações, 325-331
    de dados, 317-325
    meios, 85-86
    Novell NetWare, 195
    privacidade equivalente com fio (WEP), 178
    rede não hierárquica, 206
    sem fio, 330
    software de avaliação, 208
    tradução de endereço de rede (NAT), 255
Segurança de redes
    acesso de controle, 312-317
Seleção, 103
Seletor de canais, 108
Sem fio, 330
    convergência tecnológica, 12
    definição, 3
    redes telefônicas, 10

segurança, 178
suíte de protocolos IEEE 802, 177
Sem fio de ponto fixo. Consulte Sistema sem fio de banda larga.
Sem retorno a zero invertido (NRZI), 38, 38fig2-12(b)
Sem retorno a zero - nível (NRZ-L), 37-38, 38fig2-12(a)
Senha, 312-314
Sensoramento remoto, 71
Sequência de verificação de quadro (FCS), 116
Serviço
    avançado de telefonia móvel (AMPS), 75
    avançado digital de telefonia móvel (D-AMPS), 75
    confiável, 228
    de comunicação pessoal (PCS)
    de linha dedicada, 289-290
    geral de rádio por pacote (GPRS), 77
    local de distribuição multiponto (LMDS), 79
    multicanal de distribuição multiponto (MMDS), 79
    não confiável, 249
Serviços de diretório NetWare (NDS), 195
Serviços de entrega de dados
    classe de serviço, 294-296
    comparação de serviços, 296-297, 297tab11-1
    frame relay, 290-292
    linha digital de assinante (digital subscriber line, DSL), 286-288
    modem discado de 56k, 284
    modems a cabo, 288-290
    modo de transferência assíncrona, 293-295
    T-1, 290
    taxa contratada de informaç, 292
Serviços de telecomunicações, 300-302, 300tab11-2
Serviços Telefônicos Móveis Melhorados (IMTS), 74
Servidor
    aberto corporativo (OES), 197
    appliance, 205
    blade, 205
    de arquivos, 158
    de impressão, 158
    Mac OS X, 202
    Proxy, 329, 330fig12-11
    web Apache, 202
    Windows 2000, 198-199
    Windows 2003, 200
    Windows 2008, 200
Servidores, 4
Servidores de redes, 204-205
Simulação computacional, 346
Sinais
    amplificação, 34
    amplitude, 32
    analógico, 3
    atenuação, 33, 34
    combinação de dados e, 36
    dados analógicos para sinais analógicos, 36
    decibel (dB), 34, 35fig2-10
    definição, 27
    digital, 2, 31
    escaneamento baseado em assinatura, 327
    espectro, 33
    esquemas de codificação digital Manchester, 39
    faixa de frequências, 32-33
    fase, 33
    frequência, 32-33
    largura de banda, 33
    multiplexação, 3
    processo de transmissão, 3
Sinais analógicos
    cabo coaxial, 62
    enlace de assinante, 281
    formas de onda, 30
    multiplexação por divisão de frequência, 108-109
    par trançado de Categoria 1, 59
    televisão, 24
Sinais digitais
    remoção de ruído, 32
    televisão, 24
    troncos telefônicos, 280
Sinais síncronos de transporte (STS), 114
Sinalização
    de banda base, 162, 163fig7-4
    de banda larga, 162
    DS-1, 112
Sincronização
    conexão assíncrona, 99
    esquema de codificação bipolar AMI, 39
    esquema de codificação digital 4B/5B, 40
    esquemas de codificação digital Manchester, 38-39
    NRZI e NRZ-L, 38
Sintonizador, 108
Sistema
    cliente/servidor, 5
    de banda ultralarga, 81
    de terminação de modem a cabo (CMTS), 289
    DNS, 240
    global para comunicações móveis (GSM), 77
    operacional Linux, 196, 201-202
    operacional (OS), 192
Sistema de telefonia
    dados analógicos para sinais analógicos, 36
    diafonia (crosstalk), 136
    EIA-232F, 95

enlace local, 281fig11-1
espectro, 33
largura de banda, 33
par trançado de Categoria 1, 59
universal de telecomunicação móvel (UMTS), 77
velho e simples serviço telefônico (POTS), 280

Sistema sem fio de banda larga
configuração metropolitana, 79fig3-19
serviço local de distribuição multiponto (LMDS), 79
serviço multicanal de distribuição multiponto (MMDS), 79
WiMax, 79

Sistemas
CISCO, 255
Codec, 45
de menu customizados, 299
de satélite, 68
operacionais multitarefa, 192

Sistemas operacionais de rede (NOS)
descrição, 192
funções, 193tab8-1
Novell NetWare, 194-197
servidor Windows 2000/2003/2008, 197-200
Unix, 201
Windows NT, 197-198

SmartCard, 104
Smurfing, 309, 310fig12-1
Sniffers, 208, 353

Software
antispam, 207
antispyware, 207
antivírus, 206, 327
de acesso remoto, 207-208
de backup, 207
de internet, 208
de monitoramento de redes, 207
de servidor Web, 208
Telnet, 12, 15, 265, 328

Solicitação para comentário (RFC), 16
Solução de micro-ondas terrestres ProNet, 89

SONET/SDH, 114-115
e Ethernet em MAN, 221-224
formato de quadro, 115fig5-7
níveis de sinalização STS, 114tab5-2
portadoras ópticas (OC), 114
sinais síncronos de transporte (STS), 114

Soquete, 252
Spam, 207
Splitter DSL, 287
Sprint, 227
Spyware, 207
Sub-rede, 4, 225

Suse Linux Professional, 202

T

T-1, 59, 290

Taxa
constante de bits (CBR), 295
contratada de informações (CIR), 292
de bits disponíveis (ABR), 295
de bits não especificada (UBR), 295
de bits variável (VBR), 295
de dados, 39
de dados muito alta DSL2 (VDSL2), 288
de rajada, 292
de símbolos (baud rate), 39

Taxa de amostragem
definição, 45
Nyquist, 45
reconstrução, 45fig2-22, 46fig2-23

TCP/IP (Protocolo de controle de transmissão/protocolo de internet), 4
Técnica Lempel-Ziv, 123-124
Técnicas biométricas, 314

Tecnologia de espalhamento espectral
IEEE 802.11, 177
multiplexação por divisão de código (CDM), 119-121
saltos de frequência, 178
sequência direta, 325-326

Tecnologia de transmissão sem fio, 78
Telefone a cabo, 283
Telefone por satélite portátil global, 72

Telefones
conversão de dados analógicos, 28
digitalização, 29
DSL, 79, 119
micro-ondas terrestres, 69
telefone por satélite portátil global, 72

Telefones celulares
áreas de serviço móvel (MSA), 75, 75fig3-16
definição de celular, 74
frequências, 77-78
geração 2.5, 77
informações básicas de identificação (ID), 75
multiplexação por divisão de frequência, 108-111
serviço avançado de telefonia móvel (AMPS), 75
serviço avançado digital de telefonia móvel (AMPS), 75 (D-AMPS), 75
Serviços Telefônicos Móveis Melhorados (IMTS), 74

Telefonia
a cabo, 283
marítima, 73

Televisão

controle de erros, 152
dados analógicos para sinais analógicos, 36
direta, 73
frequências, 68, 109tab5-1
multiplexação por divisão de frequência, 108-111
seletor de canais, 108
sinais, 27, 36
sintonizador, 108
transmissão sem fio, 67

Televisão a cabo
cabo coaxial, 62
conversão de dados analógicos, 28

Telstar, 68
Tempestade de ping, 309
Tempo médio
de reparo (MTTR), 352
entre falhas (MTBF), 352

Tensões
Teorema de Shannon, 47, 284
Terminais
de computadores, 11
não inteligentes, 11

Terminal de abertura muito pequena (VSAT), 71
Terminal-modem, 95
Terminal primário, 102
Terminal secundário, 102
Texto
cifrado, 317-318, 317fig12-6
simples, 317, 317fig12-6

Timeout, 145
TKIP. Consulte Protocolo temporal de integridade de chave.
Topologia
banda larga, 163fig7-5
configuração de satélite, 71

Torre celular, 74
Tradução de endereço de rede (NAT), 255
Transferências
de controle, 97
de dados de interrupção, 96
de dados em massa, 96
isócronas de dados, 96

Transmissão
dados analógicos para sinais analógicos, 36
infravermelho, 77
telefone celular, 76-78

Transmissão
monomodo, 67
multimodo, 67

Transmissor, 29
Transparente, 168
Triangulação, 72

Tronco, 281
TTA, 124
Tweets, 268
Twitter, 269, 275

U

UDP. Consulte Protocolo de datagrama de usuário.
União Internacional de Telecomunicações (ITU), 95
União Internacional de Telecomunicações-Setor de Padronização de Telecomunicações (ITU-T), 17, 323
Unicode, 50
Unidade organizacional (OU), 195
Unix, 201
URL. Consulte Localizador uniforme de recurso.
USB
conexão isócrona, 101
definição, 99
exemplos, 97fig4-1
ruído, 96
transferências de dados, 96
velocidade, 96

Utilitários, 206
Valor temporal do dinheiro, 344

V

VDSL2. Consulte Taxa de dados muito alta DSL2.
Velho e simples serviço telefônico (POTS), 280, 287
Velocidade
CDMA2000 1xRTT, 77
estação com tráfego multiplexado, 71
estação de operadora de grande porte, 71, 72fig3-14(a)
estação para usuário individual, 71
Fiber Channel, 98
fidelidade sem fio (Wi-Fi), 80
IEEE 802.20, 80
InfiniBand, 98
micro-ondas por satélite, 70
micro-ondas terrestres, 69
multiplexação por divisão de comprimento de onda (WDM), 118
multiplexação por divisão de frequência, 108-111
órbita geossíncrona (GEO), 73
redes de entrega de dados, 293-297, 297tab11-1
redes locais sem fio, 80
sistema universal de telecomunicação móvel (UMTS), 77

Velocidade de propagação, 84
Velocidade de transferência de dados
óptica no espaço livre, 81
sistema de banda ultralarga, 81

Velocidade de transmissão de dados, 18, 84
Verificação

de erros, 101
de integridade, 327
de redundância longitudinal, 140
de redundância vertical, 139
VeriSign, 323
Viabilidade
financeira, 343
operacional, 343
técnica, 343
temporal, 343
Videoconferência, 71
Vigenere, Blaise de, 318
Vigilância, 311
Virtualização de servidor, 205
Vírus, 309, 327-329
Bagle, 307
de macro, 309
do setor de inicialização, 309
infectante de arquivos, 309
Lirva, 307
Nimda, 307
polimórfico, 309, 327
SoBig, 307
SQL Slammer, 307
verme, 309
Yaha, 307
Visão geral da área local, 342
VoIP privado, 266-267
Volts, 32

Voz
humana, 52, 283
por LAN sem fio (VoWLAN), 267
por Wi-Fi, 267
sobre protocolo de internet (VoIP), 12, 265-267
VSAT, 88

W

War drivers, 332
Watson, Thomas, 1
WavPak, 124
Wi-Fi5, 80
Wi-Fi (fidelidade sem fio), 85, 178
WiMAX
definição, 79
distância, 85
rede broadcast, 228
telefone celular, 79-81
Windows NT, 197-198
WinZip, 123
World Wide Web (WWW), 256
WPA. Consulte Acesso protegido Wi-Fi.

X

xDSL, 288

Z

ZigBee, 81
Zimmerman, Phillip, 322